中华全国工商业联合会
年　鉴
2020

中华全国工商业联合会　编著

中华工商联合出版社

图书在版编目（CIP）数据

中华全国工商业联合会年鉴. 2020 / 中华全国工商业联合会编著 . -- 北京：中华工商联合出版社，2021.2
ISBN 978-7-5158-2994-4

Ⅰ.①中… Ⅱ.①中… Ⅲ.①中华全国工商业联合会－2020－年鉴 Ⅳ.①D665.4–54

中国版本图书馆CIP数据核字（2021）第167027号

中华全国工商业联合会年鉴 2020

作　　者：中华全国工商业联合会
出 品 人：李　梁
责任编辑：李红霞　孟　丹
装帧设计：周　琼
责任审读：李　征
责任印制：迈致红
出版发行：中华工商联合出版社有限责任公司
印　　刷：北京毅峰迅捷印刷有限公司
版　　次：2021年9月第1版
印　　次：2021年9月第1次印刷
开　　本：787mm×1092mm　1/16
字　　数：541千字
印　　张：24.25
书　　号：ISBN 978－7－5158－2994－4
定　　价：198.00元

服务热线：010－58301130－0（前台）
销售热线：010－58302977（网店部）
010－58302166（门店部）
010－58302837（馆配部、新媒体部）
010－58302813（团购部）
地址邮编：北京市西城区西环广场A座
19－20层，100044
http://www.chgslcbs.cn
投稿热线：010－58302907（总编室）
投稿邮箱：1621239583@qq.com

《中华全国工商业联合会年鉴2020》
编审委员会

目　录

第一部分　专题

第二部分　工作成果

第三部分　重要会议

第四部分　领导讲话

第五部分 调研报告

第六部分 全国工商联2020年大事记

第七部分 地方工商联工作

第一部分　专题

全国工商联关于对抗击新冠肺炎疫情做出优异成绩的先进民营企业予以表扬的通报

各省、自治区、直辖市和新疆生产建设兵团工商联，机关各部门，各直属单位，各直属商会：

新冠肺炎疫情是新中国成立以来我国遭遇的传播速度最快、感染范围最广、防控难度最大的重大突发公共卫生事件。疫情发生后，以习近平同志为核心的党中央坚持人民至上、生命至上，把人民生命安全和身体健康放在第一位，迅速打响疫情防控的人民战争、总体战、阻击战。经过全国上下努力，目前我国疫情防控取得重大战略成果，经济发展呈现稳定转好态势，在疫情防控和经济恢复上都走在世界前列。

在这场严峻斗争中，广大民营企业充分发挥自身优势，积极履行社会责任，通过捐款、捐物、组织转产复产、全球采购防疫物资和直接投身抗疫一线等多种途径积极参与应对疫情防控的人民战争，不仅为疫情防控提供了有力物质支撑，也为扎实做好“六稳”工作，落实“六保”任务，促进经济社会发展做出重要贡献。

为大力弘扬在抗击新冠肺炎疫情中形成的伟大精神，充分激发广大民营经济人士的责任感使命感荣誉感，广泛凝聚众志成城、共克时艰的强大正能量，全国工商联决定，对百度在线网络技术（北京）有限公司等1000家“抗击新冠肺炎疫情先进民营企业”给予表扬。

当今世界正经历百年未有之大变局。希望受到表扬的民营企业珍惜荣誉、再接再厉，坚持以习近平新时代中国特色社会主义思想为指导，进一步弘扬企业家精神，继续在爱国、创新、诚信、社会责任和国际视野等方面不断提升自己，努力成为新时代构建新发展格局、建设现代化经济体系、推动高质量发展的主力军，为实现“两个一百年”奋斗目标、实现中华民族伟大复兴的中国梦做出更大贡献。

附件：抗击新冠肺炎疫情先进民营企业表扬名单

中华全国工商业联合会

2020 年 12 月 14 日

附件

抗击新冠肺炎疫情先进民营企业表扬名单

（排名不分先后）

百度在线网络技术（北京）有限公司
北京三快在线科技有限公司
北京快手科技有限公司
北京畅聊天下科技股份有限公司
新世纪东方投资集团有限公司
北京闽龙世纪建材市场有限公司
拉卡拉支付股份有限公司
北京蓝色光标数据科技股份有限公司
东方时尚驾驶学校股份有限公司
北京猿力教育科技有限公司
贝壳找房（北京）科技有限公司
北京旷视科技有限公司
北京纵情向前科技有限公司
利亚德光电股份有限公司
北京佳讯飞鸿电气股份有限公司
北京绿伞化学股份有限公司
爱慕股份有限公司
探路者控股集团股份有限公司
奇安信科技集团股份有限公司
洛娃科技实业集团有限公司
北京中欣安泰投资有限公司
北京元六鸿远电子科技股份有限公司
北京叶氏企业集团有限公司
北京丽贝亚投资控股有限公司
天九共享控股集团有限公司
北京蓝调庄园文化发展有限公司
北京巴比龙时装有限公司
时空堂（北京）科技有限公司
集美控股集团有限公司
北京嘉林药业股份有限公司
北京东方蓝地服装股份有限公司
北京五方天雅互联网加汽车产品市场有限责任公司
北京胜鸿都汽车销售服务有限公司
北京柯瑞健康科技产业集团
北京丰顺工贸集团
北京联东投资（集团）有限公司
国美电器有限公司
北京蓝城兄弟技术有限公司
惠佳丰健康产业集团有限公司
北京佳诚物业管理有限公司
北京中成康华科技发展股份有限公司
北京景福元记珠宝有限公司
北京慧忠亮马桥收藏品市场有限责任公司
地利农产品投资控股有限公司
鑫方盛控股集团有限公司
中国宏泰产业市镇发展有限公司
北京东兴联永同昌投资管理有限公司
北京中华民族园有限公司
居然之家新零售集团股份有限公司
北京科技职业学院
北京曲一线图书策划有限公司
北京尚融资本管理有限公司
国浩律师事务所
北京观韬中茂律师事务所
北京宏华电器有限公司
北京元隆雅图文化传播股份有限公司
北京建龙重工集团有限公司
北京泰德制药股份有限公司
北京中航智科技有限公司
美利信控股有限公司
北京高能时代环境技术股份有限公司
戎威远保安服务（北京）有限公司
科瑞集团有限公司
北京市盈科律师事务所
北京德恒律师事务所

北京海山控股集团有限公司
北京华远卫士保安服务有限公司
新东方教育科技集团有限公司
中国泛海控股集团有限公司
宜信惠民投资管理（北京）有限公司
北京和合谷餐饮管理有限公司
启明星辰信息技术集团股份有限公司
神州数码（中国）有限公司
联想（北京）有限公司
迈胜医疗科技（北京）有限责任公司
天士力控股集团有限公司
天津红日药业股份有限公司
天津光明梦得乳品有限公司
天津华北集团有限公司
天津市新天钢钢铁集团有限公司
云账户（天津）共享经济信息咨询有限公司
天津亿联控股集团有限公司
博奥赛斯（天津）生物科技有限公司
恒银金融科技股份有限公司
天津友发钢管集团股份有限公司
天津九安医疗电子股份有限公司
博迈科海洋工程股份有限公司
滴滴出行科技有限公司
天津建城基业集团有限公司
中财鼎盛（天津）环境管理有限公司
天津卓朗科技发展有限公司
天津市新宇彩板有限公司
融创房地产集团有限公司
冀南钢铁集团有限公司
河北普阳钢铁有限公司
华夏幸福基业股份有限公司
石药控股集团有限公司
新奥集团股份有限公司
河北津西钢铁集团股份有限公司
河北安丰钢铁有限公司
秦皇岛宏兴钢铁有限公司
河北邯郸丛台酒业股份有限公司
荣盛房地产发展股份有限公司
河北丰源环保科技股份有限公司
河北养元智汇饮品股份有限公司
承德建龙特殊钢有限公司
唐山梦牌瓷业有限公司
秦皇岛中秦兴龙投资控股有限公司
今麦郎食品股份有限公司
五得利面粉集团有限公司
金木集团有限公司
承德避暑山庄企业集团股份有限公司
河北海滨建工集团有限公司
河北天山实业集团有限公司
家乐园商贸股份有限公司
中红普林集团有限公司
河北建设集团股份有限公司
石家庄四药有限公司
河北海生实业集团有限公司
乐仁堂投资集团股份有限公司
廊坊市龙茂华园区建设投资有限公司
河北华胜科技有限公司
河北小放牛餐饮管理有限公司
河北双月节能环保科技有限公司
蓝鲸控股集团有限公司
唐山市金匙荷花坑市场经营管理有限公司
河北东华实业集团有限公司
保定市龙凤祥珠宝有限公司
精英集团有限公司
河北鑫海控股集团有限公司
玉锋实业集团有限公司
张家口弘基实业集团有限责任公司
敬业集团有限公司
河北鑫达钢铁集团有限公司
河北新金钢铁有限公司
河北先河环保科技股份有限公司
金鼎钢铁集团有限公司
河北千喜鹤饮食股份有限公司
山西振东健康产业集团有限公司
山西潞宝集团
山西宏源集团有限公司
山西鑫飞能源投资集团有限公司
山西建龙实业有限公司

山西永鑫煤焦化有限责任公司
山西广誉远国药有限公司
山西玉和泰煤业有限公司
山西安泽玉华煤业有限公司
山西晋城钢铁控股集团有限公司
山西教场坪能源产业集团有限公司
山西鹏飞集团有限公司
山西中阳钢铁有限公司
山西美锦能源股份有限公司
山西建邦集团有限公司
山西安泰控股集团有限公司
代县久力新型球团厂
太原绿城房地产开发有限公司
大同建云集团建设有限公司
太原白鸽服装有限责任公司
阳泉市矿区羊上树迎宾餐厅
山西蓝海实业集团有限公司
鄂尔多斯市乌兰煤炭（集团）有限责任公司
内蒙古多蒙德实业集团有限公司
内蒙古伊泰集团有限公司
内蒙古鄂尔多斯投资控股集团有限公司
内蒙古东源科技有限公司
金宇生物技术股份有限公司
乌海市包钢万腾钢铁有限责任公司
内蒙古奥特奇蒙药股份有限公司
内蒙古蒙北燕麦健康产业集团有限公司
包头市中融置业有限公司
内蒙古亚新隆顺特钢有限公司
内蒙古天奇蒙药集团有限公司
内蒙古锦联铝材有限公司
内蒙古源源能源集团有限责任公司
内蒙古富豪投资集团有限责任公司
内蒙古哈伦能源集团
内蒙古经纬建设有限公司
内蒙古兰格格乳业有限公司
内蒙古耀星医疗器械有限公司
内蒙古迪士牛食品有限公司
锡林郭勒盟羊羊牧业股份有限公司
内蒙古鹿王羊绒有限公司
内蒙古鸿茅药业有限责任公司
内蒙古信泰实业有限公司
伊金霍洛旗金鹭大酒店
内蒙古华喜酒店管理有限责任公司
华讯高科股份有限公司
乌兰察布市集宁区联营商场有限公司
内蒙古祺泰服饰业有限责任公司
乌拉特中旗大公热力有限责任公司
大连万达集团股份有限公司
辽宁方大集团实业有限公司
辽宁熙峰药业集团有限公司
辽宁宝来企业集团有限公司
辽宁开影医疗有限公司
恒力石化（大连）化工有限公司
大连金广建设集团有限公司
北票市宏发食品有限公司
大杨集团有限责任公司
抚顺罕王傲牛矿业股份有限公司
辽宁嘉晨控股集团有限公司
锦州奥鸿药业有限责任公司
辽宁禾丰牧业股份有限公司
凯森蒙集团有限公司
方林家居装饰有限公司
辽宁中蓝电子科技有限公司
奥克控股集团股份公司
辽宁紫竹集团有限公司
辽宁五一八内燃机配件有限公司
辽宁三沟酒业有限责任公司
辽宁秘参堂药业有限公司
大连升运物流有限公司
辽宁雪松医药连锁有限公司
铁岭龙晟矿山有限责任公司
辽宁乾元国际投资集团有限公司
辽宁中金欧亚珠宝有限公司
大连新星集团有限公司
吉林亚泰（集团）股份有限公司
佐丹力健康产业集团（吉林）有限公司
迪瑞医疗科技股份有限公司
吉林九台农村商业银行股份有限公司

吉林吉春制药股份有限公司
吉林云飞医药有限公司
辽源市巨峰生化科技有限责任公司
长春大政药业科技有限公司
长春生修堂中医院有限公司
吉林福源馆食品集团有限责任公司
吉林省华兴工程建设集团有限公司
吉林敖东洮南药业股份有限公司
康乃尔化学工业股份有限公司
中民康达药业股份有限公司
通化市正尚丰商贸有限公司
吉林省基翔净水科技有限公司
哈尔滨松雷股份有限公司
哈尔滨红旗家俱城有限责任公司
哈尔滨禧龙国际商贸物流园区有限公司
绥化市华辰实业有限公司
齐齐哈尔百花集团有限公司
齐齐哈尔百货大楼股份有限公司
哈尔滨曼哈顿多元集团有限公司
东方集团有限公司
黑龙江应赫投资集团有限公司
金太阳投资集团
黑龙江叁壹叁羊庄餐饮管理有限公司
黑龙江北大仓集团有限公司
黑龙江省高盛投资发展有限公司
黑龙江建龙钢铁有限公司
佳木斯煜丰农业设施科技有限公司
大兴安岭地区正言堂药房连锁有限公司
齐齐哈尔恒鑫医疗用品有限公司
哈尔滨鹏程药用包装新材料科技股份有限公司
上海赫程国际旅行社有限公司（携程）
汉海信息技术（上海）有限公司（美团）
上海百雀羚日用化学有限公司
上海寻梦信息技术有限公司（拼多多）
上海均瑶（集团）有限公司
远景科技集团
上海美浮特生物科技有限公司
红星美凯龙家居集团股份有限公司
上海世茂股份有限公司
上海莘越软件科技有限公司
上海中谷物流股份有限公司
上海微创医疗器械（集团）有限公司
上海景林资产管理有限公司
上海宝龙实业发展（集团）有限公司
上海同联制药有限公司
上海兰卫医学检验所股份有限公司
上海森马服饰有限公司
万达信息股份有限公司
春秋航空股份有限公司
旭辉集团股份有限公司
波克科技股份有限公司
上海宽娱数码科技有限公司（哔哩哔哩）
大华（集团）有限公司
上海永达控股（集团）有限公司
上海富申评估咨询集团有限公司
伽蓝（集团）股份有限公司
月星集团有限公司
上海莱士血液制品股份有限公司
上海德茵菲科企业发展有限公司
东方财富信息股份有限公司
上海阑途信息技术有限公司
汇付天下有限公司
万得信息技术股份有限公司
上海致盛实业集团有限公司
上海捷诺生物科技有限公司
上海熊猫机械（集团）有限公司
上海柯渡医学科技股份有限公司
上海环世物流（集团）有限公司
奥盛集团有限公司
上海保集控股集团
丰收日（集团）股份有限公司
上海分众软件技术有限公司
上海森信建设集团有限公司
上海相宜本草化妆品股份有限公司
上海威派格智慧水务股份有限公司
上海回天新材料有限公司
上海益中亘泰（集团）股份有限公司

上海嘉乐股份有限公司
寰泰能源股份有限公司
上海新通联包装股份有限公司
上海康德莱医疗器械股份有限公司
上海钰翔投资控股集团有限公司
上海清美绿色食品(集团)有限公司
上海耶里夏丽实业有限公司
上海铭言企业管理集团有限公司
上海万杰环境管理服务有限公司
南侨食品集团（上海）股份有限公司
上海海融食品科技股份有限公司
上海德龙钢铁集团有限公司
钜成企业管理集团有限公司
上海复地产业集团有限公司
恒力集团有限公司
扬子江药业集团
雅迪科技集团有限公司
中天钢铁集团有限公司
济川药业集团有限公司
远景能源有限公司
中南控股集团有限公司
江苏沙钢集团有限公司
南京卫岗乳业集团
江苏永钢集团有限公司
江苏洋河酒厂股份有限公司
江苏文峰集团有限公司
连云港亚新钢铁有限公司
建华建材（中国）有限公司
江苏硕世生物科技股份有限公司
苏宁环球集团
弘阳集团
维维食品饮料股份有限公司
雅鹿集团股份有限公司
江苏徐钢钢铁集团有限公司
亨通集团有限公司
东方润安集团有限公司
中新钢铁集团有限公司
朗新科技集团股份有限公司
东山精密制造股份有限公司
金浦投资集团
常州华利达服装集团有限公司
江苏先声药业有限公司
江苏综艺集团
江苏武进不锈股份有限公司
苏州天马医药集团天吉生物制药有限公司
万顺集团
江苏丰山集团股份有限公司
江苏共创人造草坪股份有限公司
江苏乾宝生物科技有限公司
南京天加环境科技有限公司
苏州迅镭激光科技有限公司
江苏宁清和生物科技公司
江苏凯润建设集团有限公司
江苏弗瑞仕环保科技有限公司
南京巨鲨显示科技有限公司
江苏亿茂滤材有限公司
江苏苏嘉集团有限公司
江苏天工工具有限公司
波司登国际服饰（中国）有限公司
江苏阳光集团有限公司
江苏瑞祥科技集团有限公司
无锡汉和航空技术有限公司
南京南瑞继保工程技术有限公司
中国蔷薇村上海青蔬菜基地
江苏庆亚信息技术集团有限公司
苏州金螳螂文化发展股份有限公司
阿特斯阳光电力集团有限公司
朗诗控股集团
浙江吉利控股集团有限公司
中天控股集团有限公司
杭州娃哈哈集团
杭州品茗安控信息技术股份有限公司
杭州千芝雅卫生用品有限公司
圣奥集团有限公司
新华三技术有限公司
浙江中南控股集团
康恩贝集团有限公司
杭州滨江房产集团股份有限公司

浙江大华技术股份有限公司
浙江天皇药业有限公司
杭州顺网科技股份有限公司
浙江盘石信息技术股份有限公司
宁波富邦控股集团有限公司
奥克斯集团有限公司
太平鸟集团有限公司
宁波金田投资控股有限公司
得力集团有限公司
公牛集团股份有限公司
宁波力勤矿业有限公司
宁波中百股份有限公司
宁波银行股份有限公司
维科控股集团有限公司
正泰集团股份有限公司
浙江奥康鞋业股份有限公司
森马集团有限公司
美欣达集团
康诚石矿（湖州）有限公司
香飘飘食品股份有限公司
浙江大东吴集团有限公司
浙江洪扬汽车零部件有限公司
海亮集团有限公司
浙江世纪华通集团
浙江京新药业股份有限公司
新和成控股集团有限公司
三花控股集团
浙江元垄控股集团有限公司
浙江华天实业有限公司
浙江天圣控股集团有限公司
祥生地产集团
横店集团控股有限公司
浙江天晨胶业股份有限公司
衢州国金控股股份有限公司
舟山市定海畚金针织服装厂
浙江泰隆商业银行
浙江华海药业股份有限公司
纳爱斯集团有限公司
意尔康股份有限公司
珀莱雅化妆品股份有限公司
万洋集团有限公司
雅戈尔集团股份有限公司
瑞立集团有限公司
力邦集团有限公司
梦百合家居科技股份有限公司
浙江泰杭律师事务所
中国三江精细化工有限公司
胜达集团有限公司
盈峰环境科技集团股份有限公司
华立集团股份有限公司
浙江新安化工集团股份有限公司
浙江英树生物科技有限公司
安庆市泰发能源科技有限公司
玉禾田环境发展集团股份有限公司
安徽丰原集团公司
蚌埠市宝旺航运有限公司
亳州市利辛县富亚纱网有限公司
安徽省贵航特钢有限公司
安徽金禾实业股份有限公司
滁州金弘安米业有限公司
阜阳瑶海农产品市场开发有限公司
安徽华米信息科技有限公司
安徽杨府锦调味食品股份有限公司
淮南东方医院集团
黄山市金太阳置业投资集团有限公司
安徽迎驾集团股份有限公司
泰尔重工股份有限公司
安徽省南翔贸易（集团）有限公司
芜湖恒信汽车内饰制造有限公司
铜陵市旋力特殊钢有限公司
三只松鼠股份有限公司
安徽紫金新材料科技股份有限公司
安徽爱维迈德医疗用品有限公司
科大讯飞股份有限公司
安徽安景瑞无纺布制品有限公司
安徽创业机电设备有限公司
安徽爱家食品有限公司
安徽雄亚塑胶科技有限公司

安徽洞天春餐饮有限公司
安徽中吉生物科技有限公司
黄山市仁和人力资源服务有限公司
安徽汇隆建设工程有限公司
马鞍山锐生工贸有限公司
芜湖悠派护理用品科技股份有限公司
安徽华栋中鲜农业开发有限公司
芜湖张恒春药业有限公司
安徽贝克联合制药有限公司
芜湖三七互娱网络科技集团股份有限公司
美岭集团
福信集团有限公司
阳光城集团
金牌厨柜家居科技股份有限公司
永同昌集团
厦门盈趣科技股份有限公司
正荣集团
三棵树涂料股份有限公司
福建大东海实业集团
安踏体育用品集团
名城集团
祥兴集团股份有限公司
盼盼集团
三宝集团股份有限公司
武夷星茶业有限公司
国航远洋
福建龙马环卫装备股份有限公司
福建福安闽东亚南电机有限公司
三明宾馆
盛辉物流集团有限公司
福建永丰鞋业有限公司
春晖科技集团有限公司
福建点景科技股份有限公司
福建七匹狼实业股份有限公司
福建三叶集团有限公司
福建省爱迪尔实业股份有限公司
九牧厨卫股份有限公司
泉州英良石材有限公司
漳州科华技术有限公司
鸿星尔克实业有限公司
思创数码科技股份有限公司
正邦集团有限公司
赣州华坚国际鞋城有限公司
江西济民可信集团有限公司
晶科能源有限公司
江西百神药业股份有限公司
煌上煌集团有限公司
江西青峰药业有限公司
仁和（集团）发展有限公司
江西洪达医疗器械集团有限公司
毅德国际控股有限公司
方大集团股份有限公司
江西普正制药股份有限公司
江龙集团鸿海物流有限公司
江西佳兴投资有限公司
上饶市广信区阳光电器有限公司
中阳建设集团有限公司
威高集团有限公司
山东步长制药股份有限公司
瑞康医药集团股份有限公司
信发集团有限公司
日照钢铁控股集团有限公司
金猴集团有限公司
山东恒信集团有限公司
鲁南制药集团股份有限公司
齐鲁制药集团有限公司
永锋集团有限公司
华勤橡胶工业集团
山东鲁花集团有限公司
山东华邦建设集团有限公司
日照兴业集团有限公司
翔宇实业集团有限公司
临沂新程金锣肉制品集团有限公司
利华益集团股份有限公司
山东海科控股有限公司
烟台杰瑞石油服务集团股份有限公司
山东东明石化集团有限公司
山东海王银河医药有限公司

山东新凤祥集团有限公司
中化弘润石油化工有限公司
石横特钢集团有限公司
东岳氟硅科技集团有限公司
青建集团股份公司
山东欣悦健康科技有限公司
道恩集团有限公司
山东德建集团有限公司
安侨集团有限公司
山东申科汽车销售服务集团有限公司第二分公司
淄博海悦餐饮有限公司
济南圣都食品有限公司
青岛思达心脏医院
东营市尊尚商贸有限公司
五莲县新华鲁抗医药有限公司
烟台菊福堂生物科技有限公司
山东郓城水浒旅游发展有限公司
菏泽天华实业控股集团有限公司
世纪金榜集团股份有限公司
青岛新大唐资产管理集团有限公司
万达控股集团有限公司
山东金佰特商用厨具有限公司
山东华泰纸业股份有限公司
山东太阳控股集团有限公司
济南圣泉集团股份有限公司
景津环保股份有限公司
山东乾宏产业园开发有限公司
蓝帆医疗股份有限公司
青特集团有限公司
河南亚新钢铁集团有限公司
漯河双汇商业投资有限公司
河南大张实业有限公司
春华秋实科技集团有限公司
河南省大地水泥有限公司
信阳西亚和美商业股份有限公司
仲景宛西制药股份有限公司
河南亿星实业集团有限公司
鹏宇投资集团有限公司
河南康利达投资集团有限公司
河南羚锐制药股份有限公司
河南省矿山起重机有限公司
天明城乡建设开发集团有限公司
邦杰食品股份有限公司
郑州思念食品有限公司
河南瑞贝卡控股有限责任公司
好想你健康食品股份有限公司
龙蟒佰利联集团股份有限公司
王守义十三香调味品集团有限公司
许昌恒达房地产集团有限公司
河南华东医药有限公司
河南仰韶酒业有限公司
白象食品股份有限公司
宝丰酒业有限公司
郑州昌煜实业有限公司
河南正商置业有限公司
河南正华置地控股集团有限公司
天海集团
濮阳市百姓量贩有限公司
河南金马能源股份有限公司
恒利康科技股份有限公司
驻马店市华源商贸有限公司
华润安阳医药有限公司
河南护理佳实业有限公司
平顶山市万福源商贸有限公司
国隆科技股份有限公司
濮阳天地人环保科技股份有限公司
三门峡赛诺威制药有限公司
河南省汴京仪表有限公司
乾坤环保股份有限公司
许昌元化生物科技有限公司
漯河市顺康医疗用品有限公司
许昌市胖东来商贸集团有限公司
河南泰祥控股集团有限公司
河南大桥石化股份有限公司
河南圆方物业管理有限公司
武汉当代科技产业集团股份有限公司
合众人寿保险股份有限公司

福星惠誉控股有限公司
武汉伟鹏控股有限公司
武汉美联地产有限公司
武汉博大投资控股集团
塞力斯医疗科技集团股份有限公司
周黑鸭国际控股有限公司
武汉华星光电技术有限公司
武汉斗鱼鱼乐网络科技有限公司
湖北白云边酒业股份有限公司
武汉爱帝集团有限公司
良品铺子股份有限公司
金澳科技(湖北)化工有限公司
骆驼集团股份有限公司
荆门市格林美新材料有限公司
湖北三宁化工股份有限公司
稻花香集团
荆州中大豪盛置业有限公司
湖北瑞晟生物有限公司
金马凯旋集团
宝业湖北建工集团有限公司
武汉猫人集团
黄冈卫尔康医药有限公司
湖北梨花村酒业有限公司
田野集团股份有限公司
湖北远大建筑劳务有限责任公司
程力专用汽车股份有限公司
武汉智能电梯有限公司
湖北盛天网络技术股份有限公司
湖北回天新材料股份有限公司
湖北京山轻工机械股份有限公司
湖北孝棉实业集团有限责任公司
大冶市新冶特钢有限责任公司
鑫鼎集团
湖北信义兄弟建设集团有限公司
襄阳博亚精工装备股份有限公司
湖北齐星集团
湖北恒隆汽车系统集团有限公司
湖北犇星新材料股份有限公司
武汉客厅文化发展有限公司
武汉市仟吉食品有限公司
武汉股权托管交易中心
湖北省华建石材股份有限公司
武汉同济现代医药科技股份有限公司
劲牌持正堂药业有限公司
软通智慧科技有限公司
运鸿集团股份有限公司
人福医药集团股份公司
湖南汉坤实业有限公司
湖南比扬医疗科技有限公司
长沙芙蓉口罩厂
湖南有吉食品有限公司
唐人神集团股份有限公司
湖南康宁达医疗科技股份有限公司
湖南博宇置业发展有限公司
临湘市凡泰矿业有限公司
湖南赵华文医药股份有限公司
康普药业股份有限公司
张家界锦华药业（集团）有限公司
奥士康科技股份有限公司
湖南夏生实业有限公司
深圳市中科创新高科技产业合伙企业（有限合伙）永州分公司
湖南怀仁大健康产业发展股份有限公司
娄底市星城建筑工程有限公司
湘西州丰达合金科技有限公司
湖南宾之郎食品科技有限公司
株洲联诚集团控股股份有限公司
浏阳河集团股份有限公司
绿之韵生物工程集团有限公司
长沙五十七度湘餐饮管理有限公司
湖南派意特服饰有限公司
湖南华夏投资集团有限公司
湖南兰天集团有限公司
湖南永通集团
华自科技股份有限公司
湖南岳麓山建设集团有限公司
广东长隆集团有限公司
美的集团股份有限公司

深圳海王集团股份有限公司
星河湾集团有限公司
香江集团有限公司
碧桂园控股有限公司
广州市时代控股集团有限公司
雪松控股集团有限公司
广州市香雪制药股份有限公司
广州和祥贸易有限责任公司
祈福集团
金发科技股份有限公司
佳都集团有限公司
广东海大集团股份有限公司
广东东升实业集团有限公司
广州市乐天企业管理有限公司
广州市冠桦劳保用品有限公司
恒大集团有限公司
深圳翰宇药业股份有限公司
深圳前海微众银行股份有限公司
顺丰控股股份有限公司
腾讯科技（深圳）有限公司
万科企业股份有限公司
欣旺达电子股份有限公司
中国平安保险（集团）股份有限公司
深圳市丰盛福实业有限公司
深圳市粤美特医疗股份有限公司
汤臣倍健股份有限公司
健帆生物科技集团股份有限公司
广东泰恩康医药股份有限公司
广东省联泰集团有限公司
佛山市海天调味食品股份有限公司
广东新明珠陶瓷集团有限公司
蒙娜丽莎集团股份有限公司
佛山市南海必得福无纺布有限公司
佛山市三水日日升商业连锁有限公司爱伦堡分店
广东东阳光科技控股股份有限公司
广东三友集团有限公司
广东塔牌集团股份有限公司
广东宝丽华集团有限公司
TCL科技集团股份有限公司
惠州市百利宏创业投资有限公司
广东省永道生态集团有限公司
玖龙纸业（控股）有限公司
慕思健康睡眠股份有限公司
OPPO广东移动通信有限公司
维沃移动通信有限公司
东莞市丰盛年农业有限公司
广东格兰仕微波生活电器制造有限公司
中顺洁柔纸业股份有限公司
明阳智慧能源集团股份公司
江门市科恒实业股份有限公司
无限极（中国）有限公司
阳江十八子集团有限公司
华邦控股集团有限公司
湛江国联水产开发股份有限公司
广东昌华海利科技有限公司
广东远光电缆实业有限公司
广东凯普生物科技股份有限公司
广东国鑫实业股份有限公司
温氏食品集团股份有限公司
深圳市霖峰投资控股有限公司
深圳市金宝盈文化股份有限公司
广东丸美生物技术股份有限公司
广东虹宝水产开发股份有限公司
广东恒兴集团有限公司
富力地产集团有限公司
卓越置业集团有限公司
广东坚朗五金制品股份有限公司
深圳点筹互联网农业控股有限公司
华氏医药生物控股有限公司
研祥高科技控股集团有限公司
深圳市中意集团有限公司
广东华银集团有限公司
佛山市顺德区聚福山庄饮食有限公司
珠海高瓴股权管理投资有限公司
广西裕达集团有限公司
广西平铝集团有限公司
广西威壮投资集团

广西天昌投资有限公司
皇氏集团股份有限公司
广西云天实业集团
广西华控投资集团
广西洋浦南华糖业集团
广西荣和企业集团
广西双英集团
广西中缘五象投资有限公司
靖西市福喜乐养殖有限公司
广西未来家环保节能科技有限公司
福达控股集团有限公司
广西壮族自治区花红药业集团
广西梧州市同欣商贸有限公司
北海黑珍珠海洋生物科技有限公司
广西盛隆冶金有限公司
广西百菲乳业股份有限公司
广西广开电气有限公司
陆川县长隆电子有限公司
广西万益康医疗器械有限公司
贺州市益豪医疗设备有限公司
广西南丹南方金属有限公司
来宾市忻城县思练镇仁云安康诊所
广西桂盛合中药制药有限公司
广西百姓乐淘科技有限公司
海马投资集团有限公司
康芝药业股份有限公司
海南第一成美医疗产业集团有限公司
椰树集团有限公司
齐鲁制药（海南）有限公司
海南春蕾天涯农业科技发展有限公司
海南一龄医疗产业发展有限公司（琼海）
海南槟榔谷黎苗文化旅游发展有限公司
海南传味文昌鸡产业股份有限公司
三亚明佳园林环卫集团有限公司
罗牛山股份有限公司
龙湖集团控股有限公司
重庆金山科技股份有限公司
重庆智飞生物制品股份有限公司
重庆华宇集团有限公司
金科地产集团股份有限公司
隆鑫控股有限公司
重庆小康工业集团股份有限公司
重庆财信企业集团有限公司
重庆陶然居饮食文化（集团）股份有限公司
重庆博赛矿业集团有限公司
重庆国瑞控股集团有限公司
重庆市中科控股有限公司
重庆五洲世纪文化产业投资集团有限公司
重庆富民银行股份有限公司
重庆纯芝生物科技有限公司
重庆星河光电科技股份有限公司
重庆周师兄餐饮文化有限公司
重庆东华医院
通威集团有限公司
四川海特高新技术股份有限公司
成都蛟龙港
成都华阳建筑股份有限公司
四川好医生药业集团有限公司
四川铁骑力士实业有限公司
中诚投建工集团有限公司
四川金象赛瑞化工股份有限公司
蓝润集团有限公司
四川巨能天然气股份有限公司
成都康弘药业集团股份有限公司
舍得酒业股份有限公司
四川省远达集团有限公司
四川龙蟒矿冶有限责任公司
四川剑南春（集团）有限责任公司
乐山福华农科投资集团有限责任公司
广安诚信化工有限责任公司
四川科志人防设备股份有限公司
巴中市容邦投资集团有限公司
红原牦牛乳业有限责任公司
四川仁厚建设集团有限公司
四川天伦药业有限公司
四川恒通动保生物科技有限公司
四川金泰纺织集团有限公司
四川蓝剑饮品集团有限公司

广元万贯川陕甘五金机电建材城有限公司
四川景宏实业集团有限公司
四川天王牧业有限公司
四川宝兴三兴汉白玉开发有限公司
四川省乐至贵均卫生材料有限公司
康定民族贸易有限责任公司
成都万贯实业集团有限公司
环龙工业集团有限公司
中天金融集团股份有限公司
贵州宏立城集团
贵州通源集团
贵州长通集团
贵州神奇药业有限公司
贵州益佰制药股份有限公司
贵州健兴药业有限公司
贵州山珍宝绿色科技开发有限公司
贵州林达投资集团有限公司
贵州省三特药业（集团）有限公司
厦门万绿城集团有限公司
贵州黔中香绿色产业有限责任公司
威宁县亿林峰建筑工程有限公司
玉屏温氏畜牧有限公司
贵州从江明达水泥有限公司
贵州恒力源实业（集团）有限公司
贵州高原乳业有限公司
黔西南州融泰商贸有限公司
黔西南州天地药业贸易有限公司
贵州车行家网络商贸有限公司
云南奥斯迪实业有限公司
云南侨通包装印刷有限公司
云南靖兴药业集团有限公司
云南省活发集团
云南腾药制药股份有限公司
恒业文化旅游开发集团有限公司
云南爱尔发生物技术股份有限公司
云南刘源生三七药业有限公司
勐海茶业有限责任公司
大理沧龙物流有限公司
丽江正龙实业集团有限公司
云南文产香格里拉巴拉格宗旅游开发有限公司
云南南方教育投资集团有限公司
云南晟睿德农业发展有限公司
宣威市亚鑫经贸有限公司
瑞丽市畹町长合商贸有限公司
云南省久泰药业有限公司临沧分公司
云南世博汽车市场有限公司
大理漾濞苍山石门关旅游开发集团有限公司
云南湄公河集团有限公司
云南万兴隆生物科技集团有限公司
西藏宏发集团
西藏金塔建设集团有限公司
西藏日喀则德旺燃气有限责任公司
西藏奇正藏药股份有限公司
西藏山南羊湖建设集团有限公司
西藏山南隆子县日当镇宗那建筑有限责任公司
西藏昌都日通藏医药研制中心有限责任公司
西藏仲青塘拉商贸有限公司那曲分公司
陕西华秦科技实业有限公司
西安天隆科技有限公司
西安大明宫建材家居股份有限公司
今正药业（集团）有限公司
新山海源人力资源集团有限公司
陕西西建实业发展集团有限公司
陕西和氏乳业集团有限公司
宝鸡市育才玻璃(集团）有限公司
陕西康惠制药股份有限公司
陕西优利士乳业集团有限责任公司
陕西红星美羚乳业股份有限公司
陕西西岳制药有限公司
延安治平（集团）机械化施工有限公司
陕西恒源投资集团有限公司
陕西鼎兴建筑工程有限公司
商洛晨光（集团）科技发展有限责任公司
陕西荣民集团有限公司
陕西鸿基建筑工程有限责任公司
汉中驼人工贸有限公司

陕西斯普瑞克工艺制造有限公司
陕西咸阳昱盛珠宝有限公司
隆基绿能科技股份有限公司
世纪荣华投资控股集团有限公司
方大炭素新材料科技股份有限公司
甘肃省新世纪投资控股集团有限责任公司
甘肃开盛实业集团
兰州亚太实业（集团）股份有限公司
盛达集团
大禹节水集团股份有限公司
甘肃金江集团
兰州市红古区鑫源天然气有限公司
甘肃天庆房地产集团有限公司
甘肃忠恒集团房地产开发集团有限公司
燎原乳业股份有限公司
甘肃新乐连锁超市有限责任公司
兰州九州通医药有限公司
嘉峪关索通公司
甘肃古河州酒业有限责任公司
甘肃红川酒业有限责任公司
武威今朝房地产开发有限责任公司
庆阳陇牛乳业有限公司
天水易德商贸城有限公司
甘肃明丰建筑工程集团有限公司
甘肃远达投资集团有限公司
青海互助青稞酒股份有限公司
青海天麒置业有限公司
正平路桥建设股份有限公司
青海民泽龙羊峡生态水殖有限公司
祁连县绿地农牧业发展有限公司
青海力盟实业集团有限公司
青海雪峰牦牛乳业有限责任公司
青海天露乳业有限责任公司
西宁伟业房地产开发有限公司
青海运达农贸有限公司
青海德义博置业有限责任公司
金昆仑锂业有限公司
宁夏马连富电子科技有限公司
宁夏兴俊实业集团有限公司
银川建发集团股份有限公司
宁夏大地循环发展股份有限公司
宁夏光耀实业有限公司
宁夏青龙管业股份有限公司
宁夏汇融实业集团有限公司
宁夏金昱元化工有限公司
宁夏建龙龙祥钢铁有限公司
宁夏易巨能实业有限公司
中卫市英特嘉实业有限公司
宁夏荣和春医药有限公司
彭阳县好又多商贸有限责任公司
和田帝辰医药生物科技有限公司
新疆华凌工贸（集团）有限公司
新疆广汇实业投资（集团）有限责任公司
太平洋建设集团有限公司
新疆地王实业集团有限公司
新疆天莱牧业集团有限责任公司
新疆金茂实业有限公司伊犁分公司
克拉玛依市鼎泰建设（集团）有限公司
新疆钵施然智能农机股份有限公司
新疆德安环保科技股份有限公司
新疆锦城劲远建筑工程有限公司
新疆六师煤电有限公司
新疆利康祥运生物科技有限公司
天津市金凤科技发展有限公司
新疆通嘉房地产开发(集团）有限公司
新疆大安特种钢有限责任公司
双河市普大地塑料制品有限公司
石河子国民村镇银行有限责任公司
新疆金正建投工程集团有限公司
新疆天山汇丰投资（集团）有限责任公司
新疆金业建筑安装有限公司
信德集团有限公司
敏华实业有限公司
北京纳通科技集团有限公司
和龙市八家子玉顺堂大药房
上海宏隆医疗用品设备有限公司
台州市黄岩伊曼工贸有限公司
灵宝市振宇商贸有限责任公司

广州科盈化妆品有限公司
清华德人西安幸福制药有限公司
兰州和盛堂制药股份有限公司
宁夏中房实业集团股份有限公司
新疆华源控股集团有限公司

全国工商联关于对抗击新冠肺炎疫情先进商会组织通报表扬的决定

各省、自治区、直辖市和新疆生产建设兵团工商联，全国工商联各直属商会、特殊专委会、团体会员：

新冠肺炎疫情是新中国成立以来我国遭遇的传播速度最快、感染范围最广、防控难度最大的一次重大突发公共卫生事件。疫情发生后，以习近平同志为核心的党中央高度重视，习近平总书记亲自指挥、亲自部署，做出一系列重要指示批示，为疫情防控提供了根本遵循和科学指引。

在抗击新冠肺炎疫情过程中，各级工商联商会组织把疫情防控作为重大政治任务，坚决贯彻落实习近平总书记重要指示精神和党中央决策部署，立足自身优势，主动担当作为，统筹做好疫情防控和复工复产，为统筹推进疫情防控和经济社会发展取得阶段性胜利做出了重要贡献。

为弘扬新时代中国特色商会组织的责任担当，进一步增强商会组织的凝聚力、动员力、攻坚力，全国工商联决定，对在抗击新冠肺炎疫情工作中表现突出并做出重要贡献的全国工商联金银珠宝业商会等一批商会组织进行通报表扬。

望受到表扬的商会组织珍惜荣誉、再接再厉，充分发挥模范带头作用，为持续推进工商联所属商会改革发展、开创新时代民营经济统战工作新局面、有效促进“两个健康”做出新的更大贡献。

附件：抗击新冠肺炎疫情先进商会组织名单

中华全国工商业联合会
2020 年 11 月 17 日

附件

抗击新冠肺炎疫情先进商会组织名单

（共 507 个）

全国工商联

全国工商联金银珠宝业商会
全国工商联水产业商会
全国工商联五金机电商会
全联房地产商会
全国工商联汽车摩托车配件用品业商会
全联旅游业商会
全联并购公会

全联农业产业商会
全联冶金商会
全国工商联医药业商会
全联科技装备业商会
全联环境服务业商会
全国工商联女企业家商会
中非民间商会
全国工商联青年企业家委员会
全国工商联知名企业委员会
全国工商联餐饮业委员会
亚布力企业家论坛
阿拉善生态协会

北京市

北京保洁商会
北京青年企业家商会
北京市交通运输业商会
北京市静态交通业协会
北京金属材料流通行业协会
北京市物流商会
北京医疗器械商会
北京经济技术开发区科技创新企业商会
中关村民营科技企业家协会
北京知诚社会组织众扶发展促进会
中关村联创军民融合装备产业联盟
北京湖北企业商会
北京浙江企业商会
北京福建企业总商会
北京黑龙江企业商会
北京广西企业商会

天津市

天津市安徽商会
天津市福建商会
天津市河南商会
天津市黑龙江商会
天津市湖北商会
天津市美发美容行业协会
天津市宁波商会
天津市青年商会
天津市清洁行业协会
天津市山东商会
天津市山西商会
天津市温州商会
天津市文化传媒商会
天津市物业管理协会
天津市医疗器械商会
天津市自行车电动车行业商（协）会

河北省

河北省不动产商会
河北省湖北商会
河北省信用协会
河北省石油业商会
河北省康养产业商会
邯郸市工商联鼎峰企业文化促进会
邢台市湖北商会
张家口市青年企业家商会
秦皇岛市唐山商会
石家庄市甘肃商会
石家庄市温州商会
沧州市浙江商会
唐山市钢铁工业协会
衡水衡商总会
廊坊市女企业家商会
承德市企业家联合商会
保定市福建商会

山西省

山西省青年企业家商会
晋城市房地产商会
山西省内蒙古商会
运城市非公有制企业家商会
山西省山东商会
晋中市太谷区新生代企业家商会
晋城市福建商会
山西省浙江商会
阳泉市河北商会
山西省广东商会
山西省江西商会
太原市河北商会
长治河南商会

内蒙古自治区

内蒙古农牧业产业化龙头企业协会
内蒙古福建商会
内蒙古湖北商会
内蒙古川渝商会
乌海市东北商会
通辽粮食行业商会
乌兰察布温州商会
二连浩特察哈尔商会
包头赤峰商会
包头湖北商会
赤峰青年企业家商会
乌兰察布市石材行业协会
呼和浩特市女企业家商会

辽宁省

辽宁省福建商会
辽宁省湖北商会
辽宁省广东商会
辽宁省浙江商会
辽宁省交通运输企业商会
辽宁省矿业企业商会
沈阳市江苏商会
沈阳市山东商会
大连市食品行业协会
丹东市医药零售行业协会
盘锦市化学工业暨新材料产业协会
辽宁葫芦岛东戴河新区商会
阜新市青年商会

吉林省

吉林省吉商联合会
吉林省工商联装饰材料行业商会
吉林省福建商会
吉林省河北商会
吉林省河南商会
吉林省浙江商会
吉林省内蒙古商会
长春新区工商联生物医药与健康行业商会
辽源市医药健康产业商会
通化市女企业家协会
白山商会
公主岭市浙江商会
梅河口市工商联商会山城镇分会

黑龙江省

黑龙江省福建商会
黑龙江省河南商会
黑龙江省潮汕商会
黑龙江省辽宁商会
哈尔滨市文化产业协会
黑龙江省工商联房地产商会
黑龙江省化工产业商会
荣市街道商会
哈南食品医药产业商会
齐齐哈尔市南昌商会
大庆市餐饮服务业商会
七台河市家庭服务业协会
鹤岗市青年民营企业家商会

上海市

上海市工商联房地产商会
上海市工商联纺织服装商会
上海市湖北商会
上海市江苏商会
上海市浙江商会
上海市福建商会
上海市新疆商会
上海市湖北十堰商会
上海市徐汇区徐家汇街道商会
上海市长宁区北新泾街道商会
上海市普陀区长寿街道商会
上海市宝山区大场镇商会
上海市闵行区吴泾镇商会
上海市金山区张堰镇商会
上海市杨浦区延吉新村街道商会
上海市静安区石门二路街道商会

江苏省

南京市青年民营企业家联合会
南京市民营女企业家商会
无锡市湖北商会
徐州市福建商会

徐州市科技园企业商会
常州市湖北商会
苏州市相城区漕湖商会
苏州市滨海商会
南通市温州商会
南通市药品业商会
连云港福建商会
淮安市健康产业商会
盐城市福建商会
盐城市工商联酒业商会
扬州市机电装备维修服务协会
镇江市福建商会
泰州市江西商会
泗洪县温州商会
江苏省工商联餐饮业商会
江苏省工商联服装业商会
江苏省工商联房地产商会
江苏省温州商会
宜兴市陶都陶瓷城同业商会
江苏省钢铁服务业协会

浙江省

杭州市温州商会
杭州市新生代企业家联谊会
杭州市诸暨商会
宁波市鄞州区姜山镇商会
余姚市低塘街道商会
宁波市湖北商会
温州市服装商会
温州市物流商会
温州市物业管理行业协会
湖州市餐饮商会
嘉兴市湖北商会
嘉兴市福建商会
绍兴市柯桥区印染工业协会
绍兴市潮汕商会
金华温州总商会
衢州市湖北商会
舟山市定海区金塘镇商会
台州市福建商会
台州市湖北商会
杭州市丽水商会
浙江省卫生用品商会
浙江省广东商会
浙江省山东商会
浙江省湖北商会

安徽省

安徽省汽车经销商商会
合肥市蜀山区太湖商会
淮北市浙江商会
亳州市汽车后市场商会
宿州市青年企业家商会
蚌埠市蚌山区城南商会
阜阳餐饮商会
滁州市小微企业商会
霍邱县城关镇商会
马鞍山无为商会
芜湖浙江商会
郎溪县工商业联合会建平商会
铜陵市餐饮商会
池州福建商会
安庆市新生代企业家商会
黄山市建材商会
安徽省青年徽商商会

福建省

福建省卫生用品商会
福建省民营企业商会
福建省军民融合企业商会
福州市民营企业家协会
福州市服装同业公会
福州市泉州商会
厦门市南安商会
厦门市湖北商会
厦门市青年企业家联合会
长泰县古农农场商会
晋江市英林商会
石狮市锦尚商会
南安市水头镇商会
三明市南安商会

莆田市中小企业商会
南平市建筑业协会
南平市青年民营企业家商会
龙岩市专用车行业商会
龙岩市青年企业家协会
宁德市青年宁商联合会
平潭综合实验区青年企业家商会

江西省

江西省民营企业投资商会
江西省浙江总商会
江西省福建总商会
江西省江苏总商会
江西省民营企业家协会
江西省女企业家商会
江西省赣商联合总会
北京江西企业商会
赣抚商会
江西省物流行业协会
南昌商会联合总会
赣州商会联合总会
丰城高新技术产业开发区企业商会
江西省新余市水北商会
上饶市浙江商会
抚州市新生代企业家商会
萍乡市工业陶瓷商会

山东省

山东省湖北商会
山东省民营企业家协会
山东省炼油化工协会
山东省生物发酵产业协会
山东省房地产商会
山东省医药商会
济南市工商联企业家协会
青岛市湖北商会
淄博市总商会女企业家商会
枣庄市薛城区常庄街道商会
东营市烟台商会
烟台市湖北商会
诸城市龙城青年商会
济宁经济开发区企业家联合会
泰安市泰山商会
威海市湖北商会
五莲县街头镇商会
临沂市小商品商会
德州市儒商商会
东阿县阿胶行业协会
滨州市代理商商会
菏泽市流通业供应商商会

河南省

许昌市青年创业促进会
郑州市青年企业家商会
安阳市新生代民营企业家商会
濮阳市安阳商会
焦作市江苏商会
灵宝市城关商会
驻马店市上蔡商会
开封市汴商联合会
泌阳县福建石材行业商会
洛阳市南阳商会
鹤壁市清洁能源与新材料行业商会
河南省广东商会
河南省房地产业商会
河南省晋商会
河南省非公有制青年企业家联合会
河南省江苏商会
河南省浙江商会
河南省福建商会
河南省豫南商会
河南省芒砀商会
河南省湖北商会
河南省科技装备行业商会

湖北省

湖北省安徽商会
湖北省江苏商会
湖北省浙江企业联合会（总商会）
湖北省湖南商会
湖北省福建商会
湖北省重庆商会

湖北省广东商会
湖北省江西商会
湖北省闽南商会
湖北省电力机电行业协会
湖北省工程机械商会
武汉市温州商会
武汉市台州商会
武汉黄冈商会
武汉市莆田商会
武汉市清洁行业协会
武汉宜昌商会
武汉市南通商会
黄石市烹饪酒店行业协会
十堰市工商联郧阳商会
十堰市工商联竹山商会
宜昌市三峡物流园市场商会
宜昌市福州商会
襄阳楚商联合会
襄阳市湖南商会
襄阳市随州商会
鄂州市花湖经济开发区商会
荆门楚商联合会
荆州市江苏商会
荆州市湖南商会
黄冈楚商联合会
麻城市石材协会
咸宁福建商会
随州市食品行业协会
潜江市楚商联合会
天门楚商联合会

湖南省

湖南省山东商会
湖南省浙江总商会
湖南省广西商会
湖南省湖北商会
湖南省金属材料商会
湖南省旱杂粮商会
长沙市五金商会
衡阳市青年企业家商会
株洲市餐饮行业协会
湘潭市浙江商会
邵阳市创业商会
岳阳市湖北商会
常德市女企业家商会
张家界市商业企业商会
益阳市浙江商会
郴州市设计师协会
永州市宝庆商会
怀化市宝庆商会
娄底市女企业家联合会
湘西自治州浙江（温州）商会

广东省

广东省福建商会
广东省民营经济国际合作商会
广东省湖北商会
广东省医药商会
广东省环境保护产业协会
广东省江西商会
广州市番禺区南村总商会
广州连锁经营协会
深圳市潮青联谊会
深圳市宝安区石岩街道商会
珠海市湖北商会
佛山市湖北商会
韶关市江西商会
梅州市五华商会
惠州市湖北商会
汕尾市江西商会
东莞市厚街商会
中山市横栏镇商会
江门市湖北商会
阳江市五金刀剪行业协会
茂名市民营企业商会
肇庆市端州区南粤企业家商会
揭阳市投资协会
罗定市餐饮服务行业商会

广西壮族自治区

桂商总会

广西女企业家商会
广西非公经济健康发展和非公经济人士健康成长促进会
玉林市玉商总会
广西医药商会
广西新桂商商会
广西归国留学人员商业界人士联合会
广西城市基础设施投资商会
平南县商会
广西福建总商会
广西湖北商会
广西广东商会
广西江苏商会
梧州市女企业家协会
广西深圳商会
广西湘商联合会

海南省

海南省医药行业协会
海南省湖北商会
海南省潮商经济促进会
海南省潮汕商会
琼海市中原镇商会

重庆市

重庆市餐饮商会
重庆市湖北商会
重庆市商贸物流商会
重庆市环保企业商会
重庆市酒类流通商会
重庆市广东商会
重庆市工商联青年委员会
重庆市建筑装饰协会
重庆市福建商会
重庆市房地产商会
重庆市渝北区医药医疗商会
重庆市南川区物流行业协会
重庆市璧山区女企业家商会
重庆市潼南区青年商会
重庆市开州区紫水乡商会
酉阳土家族苗族自治县龙潭镇商会

四川省

巴中市巴商联合商会
成都达州商会
德阳市建筑房地产业联合协会
成都广安商会
广元市利州区宝轮商会
乐山市进出口商会
西昌市雟商商会
绵阳市剑阁商会
自贡市房地产商会
四川省福建商会
四川省河南商会
四川省浙江商会
四川省重庆商会
四川省川联川菜调料商会
四川省电力企业协会
四川省建筑业商会
四川省科技装备业商会

贵州省

贵州省贵商总会
贵州省江西商会
贵州省重庆商会
贵州省温州总商会
贵阳市房地产商会
遵义市江西商会
六盘水市医疗行业商会
安顺市河南商会
毕节市中小企业商会
铜仁市湖南商会
黔东南州药品零售行业商会
福泉市湖南商会
黔西南州江西商会

云南省

云南省青年企业家商会
云南省陕西商会
云南省电动车商会
勐腊县磨憨镇商会
昆明市襄阳商会
保山市川渝商会

楚雄州湖北商会
红河州江西商会
文山州湖北商业联合会
普洱市江西商会
西双版纳州湖南商会
大理白族自治州湖北商会
德宏州湖南商会
丽江市广东商会
怒江州农业特色产业商会
拖顶聪奔商会
临沧市中小企业发展促进会
西藏自治区
西藏湖北商会
西藏自治区四川商会

陕西省

陕西省湖北商会
陕西省长乐健康养老产业协会
陕西省餐饮业商会
陕西省秦商总会
西安市浙江东阳商会
眉县首善街办商会
渭南市新生代企业家联合会
延安市石油天然气企业商会
榆林市未来企业联合会
汉中市河南商会
安康市河南商会
柞水县创业商会

甘肃省

甘肃省房地产业商会
甘肃省福建商会
甘肃省广东商会
甘肃省浙江企业联合会
甘肃省江苏商会
甘肃省投资商会
甘肃省粤港澳企业联合会
甘南州工商联产业投资商会
临夏回族自治州福建商会
甘肃省特色农产品进出口商会
甘肃省安徽商会

青海省

青海省重庆商会
青海省湖北商会
青海省河北商会
宁夏回族自治区
宁夏湖北商会
宁夏陕西商会
宁夏福建总商会
宁夏江苏商会
宁夏安徽商会
银川浙江临海商会

新疆维吾尔自治区

新疆阿克苏地区川渝商会
阿克苏地区香梨产业联合会
巴州河南商会
克拉玛依市陕西商会
乌鲁木齐商丘商会
乌鲁木齐市嘉陵商会
伊犁哈萨克自治州混凝土协会
哈密市江苏商会
新疆维吾尔自治区工商业联合会直属会员商会
新疆维吾尔自治区建筑材料行业商会
新疆维吾尔自治区浙江企业联合会（商会）

新疆生产建设兵团

新疆生产建设兵团江苏商会
新疆生产建设兵团浙江商会
（排名不分先后）

举办“知名企业湖北行”活动，助力湖北疫后重振脱贫攻坚

全面贯彻习近平总书记关于“在湖北最艰难的时期搭把手、拉一把”的重要指示精神和中央决策部署，全国工商联与湖北省委省政府、中国光彩会在5月30日至6月3日举办“知名民企湖北行”网上行活动，8月11日至12日举办“知名民企湖北行”实地行活动。法律部牵头有关筹备工作，活动探索了疫情条件下组织大型活动的新经验，取得了预期成果，社会反响良好，成为广大民营企业家学习贯彻习近平总书记在企业家座谈会上重要讲话精神的生动实践，也是对新时期民营经济统战工作成效的全面检验。湖北省委省政府专门来信致谢。

在网上行活动中，设计了“爱心认筹”“惟楚有才”“项目超市”“味爱湖北”“诗画荆楚”“市（州）长会客厅”云助湖北网上平台6大板块。在“爱心认筹”板块，有430家单位（个人）参与爱心认筹，认筹金额 11288.4万元，实现湖北省时有贫困人口帮扶全覆盖；从5月30日至8月11日，共598家民营企业（商会组织）结对帮扶当时湖北的454个扶贫攻坚村，实现了村企帮扶全覆盖。在“惟楚有才”板块，针对湖北反映的45万应届大学毕业生和农民工就业难等问题，搭建就业创业人才服务平台，从5月30日至8月11日，累计有2193家企业提供106203个就业岗位。“项目超市”板块通过“直播+录播+云推介”汇集了湖北省级、市州近千个重大项目，同时湖北17个“市（州）长会客厅”进行了线上直播，共促进民营企业家达成投资项目41个，合同投资额1228.8亿元，涵盖芯片制造、新能源电池、新型建材等新科技产业以及智慧医疗康养、商业文创旅游等项目。在“味爱湖北”板块，从5月30日至8月6日，在平台直播与企业大宗采购的共同助推下，完成销售额近3.49亿元。在“诗画荆楚”板块，通过云上推介，在线带货湖北文化旅游产品，共同助力湖北文旅产业复苏、实现高质量发展，如5月30日至6月3日，通过携程预订湖北旅游产品人次环比活动前增长约19%、收入环比增长约15%，马蜂窝平台有关湖北文旅资源和产品的浏览、搜索等数据较活动前环比增长80%、交易量近千单。

在实地行活动中，大会现场签约项目30个，投资金额1166.5亿元。

（刘登森）

“万企帮万村”先进民营企业表彰

11月12日，全国“万企帮万村”精准扶贫行动现场交流会暨先进民营企业表彰会在贵州省织金县召开。会议传达了中共中央政治局常委、全国政协主席汪洋对“万企帮万村”行动的指示，传达了中共中央政治局委员、国务院副总理胡春华和中共中央书记处书记、中央统战部部长尤权对“万企帮万村”行动的批示。

全国政协副主席、全国工商联主席高云龙出席会议并讲话。时任贵州省委副书记、省长谌贻琴致辞。中央统战部副部长，全国工商联党组书记、常务副主席，中国光彩会会长徐乐江出席会议。国务院扶贫办主任刘永富、中国农业发展银行副行长徐一丁出席会议并讲话。贵州省政协主席刘晓凯，国务院扶贫办副主任洪天云等领导出席会议。全国工商联副主席、中国光彩会副会长谢经荣主持会议。

会上对北京科泰兴达高新技术有限公司等100家全国“万企帮万村”行动先进民营企业进行表彰，对北京市光彩事业促进会办公室等100家“万企帮万村”行动组织工作先进集体进行通报表扬。贵州省织金县、河北省工商联、河南省工商联、重庆市扶贫办、春秋航空股份有限公司、协鑫集团、河北千喜鹤饮食股份有限公司、新疆昆仑绿源农业科技发展公司做交流发言。重庆陶然居集团等10家民营企业与织金县签署投资合作协议，协议投资总额55.9亿元。

会前，与会代表实地考察了织金县马场镇大陌现代高效农业产业园、文丰村智能大棚项目，猫场镇大寨产业园皂角加工车间、龙潭村乡村振兴示范点建设项目，三甲街道裕民村南瓜加工项目，珠藏镇龙山村织金正邦养殖有限公司种猪养殖项目，双堰街道花红社区乌蒙利民茶项目等“万企帮万村”产业项目。

全国工商联、国务院扶贫办、中央统战部、中国农业发展银行有关部门负责人，各省“万企帮万村”行动领导小组成员单位负责人，受表彰企业代表参加会议。

（高宇超）

关于表彰2020年工商联理论研究和工作实践创新成果的决定

各省、自治区、直辖市和新疆生产建设兵团工商联，机关各部门，各直属单位，各直属商会：

为深入贯彻落实党的十九届五中全会精神，全面贯彻落实习近平总书记关于加快推进工商联各项改革，更好促进“两个健康”的重要指示，进一步激励各级工商联组织开拓创新，切实发挥优秀创新成果的示范带动作用，提升工商联系统理论研究能力和创新实践水平，依据《关于印发〈工商联理论研究和工作实践创新成果评选工作方案〉的通知》和《关于开展2020年工商联理论研究和工作实践创新成果评选工作的通知》中提出的标准和要求，本着公平公正、保证质量、合理平衡的原则，经单位推荐、初评、二评、综合评奖等程序，决定授予《发挥民营经济统战工作优势，凝聚民营经济人士智慧力量》等5篇文章理论研究创新成果一等奖，授予《关于建立党委政府与商会组织、民营企业沟通协商制度的理论研究》等10篇文章理论研究创新成果二等奖，授予《工商联调查研究与参政议政工作机制研究》等15篇文章理论研究创新成果三等奖。决定授予“组建‘四个联盟’助推消费扶贫”等10个项目工作实践创新成果一等奖，授予“调动社会力量依法保护产权，创建全国首家民营企业产权保护社会化服务体系”等20个项目工作实践创新成果二等奖，授予“开展‘企业服务日’活动，优化法治化营商环境”等30个项目工作实践创新成果三等奖。

希望获奖单位珍惜荣誉、再接再厉。各级工商联、机关各部门、各直属单位、各直属商会向获奖单位或部门学习，紧紧围绕“两个健康”主题不断进行理论创新和实践创新，努力提高理论研究能力和工作实践水平，为促进“两个健康”和工商联事业创新发展作出更大贡献！

附件：

1．2020年理论研究创新成果获奖名单

2．2020年工作实践创新成果获奖名单

中华全国工商业联合会

2020 年 12 月 20 日

2020年理论研究创新成果获奖名单

（按行政区划序列排序）

序号	题目	报送单位	奖项
1	发挥民营经济统战工作优势 凝聚民营经济人士智慧力量	上海市工商联	一等奖
2	清廉浙江建设中的亲清政商关系构建深化研究	浙江省工商联	一等奖
3	商会人民调解参与社会治理的实践与思考	安徽省工商联	一等奖
4	从特区到先行示范区 深圳民营经济发展成就经验与展望	广东省工商联	一等奖
5	法治民企建设研究报告	全国工商联法律部	一等奖
6	关于建立党委政府与商会组织、民营企业沟通协商制度的理论研究	辽宁省工商联	二等奖
7	关于推进商会在参与社会治理中发挥更大作用的实践与思考	浙江省工商联	二等奖
8	关于激发商会活力推进参与社会综合治理的探索	山东省工商联	二等奖
9	民营企业和商会在参与基层经济治理和社会治理的地位作用研究	河南省工商联	二等奖
10	发挥商会参与基层社会治理的作用	湖北省工商联	二等奖
11	以设立省级商会联合党委为突破口 探索商会党建“破题”之路	贵州省工商联	二等奖
12	探索有效方式 丰富服务内容 充分发挥民间商会（总商会）功能作用	陕西省工商联	二等奖
13	关于加强异地商会登记管理工作的思考	全国工商联会员部	二等奖

续表

序号	题目	报送单位	奖项
14	工商联推动民营企业高质量发展的研究报告	全国工商联经济部	二等奖
15	共同体视角下民营企业履行社会责任的机制研究	全国工商联 人才交流服务中心	二等奖
16	工商联调查研究与参政议政工作机制研究	北京市工商联	三等奖
17	工商联发挥作为民间商会（总商会）功能作用的形式研究	天津市工商联	三等奖
18	工商联组织上下级工作指导关系实现形式研究	吉林省工商联	三等奖
19	工商联所属商会党组织建设体制机制问题浅析	黑龙江省工商联	三等奖
20	商会党建“两个覆盖”的实践探索与理论思考	江苏省工商联	三等奖
21	关于健全和发挥工商联作为民间商会功能的思考与建议	福建省工商联	三等奖
22	构建民营经济人士理想信念教育长效机制的四维度思考	河南省工商联	三等奖
23	关于对商协会“后脱钩”时代总商会功能定位和作用发挥的思考与建议	湖南省工商联	三等奖
24	工商联推动民营企业高质量发展工作机制研究	广西壮族自治区工商联	三等奖
25	工商联发挥总商会功能作用形式研究--以海南省总商会实践为例	海南省工商联	三等奖
26	关于工商联所属商会党组织发挥作用的路径研究	重庆市工商联	三等奖
27	工商联所属商会党建工作体制机制探索及实践研究	四川省工商联	三等奖
28	关于新时代民营经济统战工作几点思考	甘肃省工商联	三等奖
29	关于工商联制度体系建设情况的报告	全国工商联研究室	三等奖
30	关于民营企业参与第三方市场合作的理论与实践研究	全国工商联联络部	三等奖

2020年工作实践创新成果获奖名单

（按行政区划序列排序）

序号	题目	报送单位	奖项
1	组建“四个联盟”助推消费扶贫	天津市工商联	一等奖
2	推动建立“政会银企”四方合作机制 打通民营企业融资服务最后一公里	上海市工商联	一等奖
3	聚焦数据统计 推动共建共享 服务民营经济高质量发展	江苏省工商联	一等奖
4	三级联动举办“亲清直通车 政企恳谈会”搭建新时代政企沟通协商新平台	浙江省工商联	一等奖
5	推动首部商会条例出台	安徽省工商联	一等奖
6	搭建维权平台 护航民企发展	江西省工商联	一等奖
7	高举政治建会大旗 全力创新民营经济领域思想政治建设	湖南省工商联	一等奖
8	加强“五联五防”凝心聚力服务新时代广东“两个健康”	广东省工商联	一等奖
9	万家民营企业评营商环境	全国工商联研究室	一等奖
10	开展“无接触贷款助微计划”助力小微企业复工复产	全国工商联经济部	一等奖
11	调动社会力量依法保护产权 创建全国首家民营企业产权保护社会化服务体系	北京市工商联	二等奖
12	以创新推动服务 以直通车促进“两个健康”	河北省工商联	二等奖

续表

序号	题目	报送单位	奖项
13	以“三项任务”为统领助力“两个健康”	山西省工商联	二等奖
14	创新多元化解矛盾纠纷有效形式	内蒙古自治区工商联	二等奖
15	开展民营企业评议政府服务工作促进政府提升服务民营企业能力	吉林省工商联	二等奖
16	“合力共维”优化法治营商环境	黑龙江省工商联	二等奖
17	建立长三角企业家联盟和长三角浙商联盟助力长三角地区率先构建新发展格局	浙江省工商联	二等奖
18	金融科技赋能 民企逆势上扬	福建省工商联	二等奖
19	深入实施“政治引领工程”增强促进“两个健康”工作成效	山东省工商联	二等奖
20	搭建民营企业诉求响应平台	河南省工商联	二等奖
21	搭建舆情监测平台 助力民企防控风险	湖北省工商联	二等奖
22	以乡镇、街道商会建设为抓手推动统战工作向商会组织有效覆盖	广东省工商联	二等奖
23	五大举措探索推进所属商会参与诚信体系建设	广西壮族自治区工商联	二等奖
24	建立民营经济发展软环境评价机制	海南省工商联	二等奖
25	开展百日大走访 探索服务“两个健康”新模式	重庆市工商联	二等奖
26	推动民营经济参与成渝地区双城经济圈建设	四川省工商联	二等奖
27	助力“六稳”“六保”决战脱贫攻坚	贵州省工商联	二等奖
28	实践中受教育担责任 促年轻一代民营企业家健康成长	宁夏回族自治区工商联	二等奖
29	推进内循环互动 创新高质量服务	全联农业产业商会	二等奖
30	建立优质中成药评价标准 推动行业规范发展	全国工商联医药业商会	二等奖
31	开展“企业服务日”活动 优化法治化营商环境	天津市工商联	三等奖
32	创机制搭平台 双月对接促发展	山西省工商联	三等奖
33	携手政法单位聚合力 法治护航民营经济	辽宁省工商联	三等奖
34	用活联络机制 发挥调研实效	上海市工商联	三等奖
35	以“民营视角”评价营商环境	江苏省工商联	三等奖
36	工商导报数字报破解传统报纸传播之困	安徽省工商联	三等奖
37	以评促优 持续开展营商环境评价	江西省工商联	三等奖
38	实施新时代中原民营企业家“百千万”培训计划促进“两个健康”	河南省工商联	三等奖
39	开展“万企大走访 同心促发展”活动 助力民营企业纾困解难健康发展	湖南省工商联	三等奖
40	粤桂民企携手发力挂牌督战村吹响决胜脱贫攻坚“冲锋号”	广西壮族自治区工商联	三等奖
41	以“网上工商联”助推民营经济统战工作	海南省工商联	三等奖
42	新时代“两个健康”的四川实践	四川省工商联	三等奖
43	组织海内外贵商全球采购疫情紧缺物资	贵州省工商联	三等奖
44	扎实推进新时代非公党建提质创新	云南省工商联	三等奖
45	陕西省总商会党建工作创新破题	陕西省工商联	三等奖
46	不断深化所属商会改革创新	甘肃省工商联	三等奖
47	创新运行机制优化服务理念 以深化改革打造服务“两个健康”新格局	青海省工商联	三等奖

续表

序号	题目	报送单位	奖项
48	成立直属商会党委推动商会党建工作“破题”	新疆维吾尔自治区工商联	三等奖
49	深化理想信念教育 持续推进行业诚信建设实践	全国工商联金银珠宝业商会	三等奖
50	为“十四五”贡献商会智慧	全联新能源商会	三等奖
51	以党建促商会健康发展	全联科技装备业商会	三等奖
52	积极建言献策 提升商会参政议政水平	全联环境服务业商会	三等奖
53	政企面对面座谈会	全国工商联办公厅	三等奖
54	加强制度顶层设计 推动商会改革发展	全国工商联会员部	三等奖
55	培训工作实践创新	全国工商联宣教部	三等奖
56	倾助织金县解决“两不愁三保障”突出问题	全国工商联扶贫部	三等奖
57	一带一路信息服务平台助力民营企业高质量走出去	全国工商联联络部	三等奖
58	努力形成检察机关工商联依法保护促进民企发展合力	全国工商联法律部	三等奖
59	成立直属商会综合党委 持续推动商会党建破题	全国工商联机关党委	三等奖
60	提升信息化服务能力技术支撑	全国工商联信息中心	三等奖

第二部分　工作成果

民营经济人士理想信念教育实践活动

【综述】全国工商联十二大以来，党组把深化理想信念教育作为加强“四会”建设的重要内容，指导各地始终把增进民营经济人士政治认同作为首要任务，组织开展各类报告会、宣讲会、培训班，深入开展习近平新时代中国特色社会主义思想学习教育，民营经济人士学理论、用理论的主动性不断提升，重视、支持党建工作的行为更加普遍，理想信念更加坚定。始终紧扣“守法诚信、坚定信心”这个重点，开展联系调研、政策宣讲、“法律三进”等活动，推进民营企业信用体系建设，加大政策解读对接力度，广泛宣传推广先进典型，努力搭建政企面对面、政企直通车等平台，不断创新服务支持民营企业的方法。民营经济人士践行亲清政商关系更加自觉，闯关转型、努力实现高质量发展的信心更加坚定，在参与“万企帮万村”和“光彩行”活动中起作用、受教育、促发展、做贡献等责任担当意识进一步提升。始终把年轻一代作为重要着力点，创新开展年轻一代教育培训，积极搭建年轻一代实践平台，组建青年企业家工作委员会，一支有理想、有本领、有担当的年轻一代队伍逐步形成。始终注重探索创新新时代、新群体思想政治工作方式方法，建成一批理想信念教育基地，构建了大宣传格局，探索建立了舆情分析研判处置的联动机制，形成了摸底调查、正面引导、政企沟通、强化服务、培训互动、协调推进等一批长效机制，为推动理想信念教育常态化制度化奠定了坚实基础。

突如其来的新冠肺炎疫情，是对民营经济人士理想信念工作成效的一场大考。面对这场大考，广大民营经济人士自觉服从疫情防控大局，踊跃捐款捐物，有序复工复产，做出了“自己人”的贡献，表现出以国家利益为重、舍小家顾大家的家国情怀；展现出对中国特色社会主义制度优势的高度认同、对坚持党的领导统筹做好疫情防控和经济社会发展工作的坚定信念；展示出迎难而上、化危为机，积极复工复产的良好风貌；彰显出危难之处显担当、大灾面前显大义，同舟共济、共克时艰的奉献精神。这份令人满意的答卷，可以说是近年来各地理想信念教育成果的一次集中检验和生动展示，也是多年来全系统上下坚持不懈抓理想信念教育工作成效的充分体现和有力证明。

面对新的形势，民营经济人士理想信念教育工作还面临许多新的挑战。2020年以来，全国工商联党组把理想信念教育摆在更加突出的位置，抓住重点、统筹推进，组织召开了民营经济人士理想信念教育推进会，对新形势下理想信念教育进行再动员、再部署；与中央统战部共同制定下发了《关于加强新时代民营经济人士理想信念教育的意见》，对新形势下推进民营经济人士理想信念教育制度化常态化做出专题部署；起草完成了首个针对年轻一代民营经济人士的成长促进计划；以理想信念教育基地为依托，开展了丰富多彩的教育活动，推动理想信念教育再上新台阶、再创新局面。

（刘佩华）

【制定《关于加强新时代民营经济人士理想信念教育的意见》】为贯彻落实中央关于推进理想信念教育常态化制度化的要求，贯彻落实中央关于加强民营经济统战工作的要求，指导各地加强新形势下的民营经济人士理想信念教育，2020年上半年，中央统战部四局、全国工商联宣教部共同启动了《关于加强新时代民营经济人士理想信念教育的意见》（以下简称《意见》）起草工作。专门成立了《意见》起草组，深入学习习近平总书记关于加强理想信念教育重要指示精神、《关于加强新时代民营经济统战工作的意见》和近年来中央促进"两个健康"、做好民营经济统战工作有关决策部署，明确了起草方向。深入梳理近年来开展民营经济人士理想信念教育的做法，向部分省市书面征集了开展理想信念教育工作的经验做法和意见建议，召开理想信念教育视频座谈会，结合全国工商联联系调研开展了部分省份理想信念教育情况专题调研；召开民营经济人士思想状况座谈会，广泛听取意见建议。《意见》初稿形成后，书面征求12个省级党委统战部和20个省级工商联意见，并根据反馈意见做了修改。经全国工商联党组会议、中央统战部部务会审议后，2021年1月6日由中央统战部、全国工商联正式印发。《意见》分为4个部分，共19条。第一部分是总体要求。主要提出了加强新时代民营经济人士理想信念教育的指导思想、基本目标和基本原则。第二部分是重点内容。分别是科学理论武装、爱国主义教育、形势政策教育、新发展理念教育、诚信守法教育、社会责任教育6个方面。第三部分是主要举措。部署了开展调研联系、加强教育培训、强化典型示范、加强舆论引导、注重实践锻炼、主动排忧解难、推进党建工作7个方面的具体举措。第四部分是组织保障。围绕如何深入推进理想信念教育，提出了加强组织领导、发挥商会作用、鼓励地方探索创新3个方面的保障措施。

（刘佩华）

【做好民营企业抗击新冠肺炎疫情宣传引导工作】1月26日，全国工商联党组召开疫情防控专题工作会议，对全国工商联疫情防控工作做出部署，成立包括宣传引导等工作组，抗击疫情宣传工作迅速启动。1月30日，全国工商联党组召开会议专题研究部署民营经济领域抗击疫情宣传工作。按照会党组部署，迅速建立工作机制，明确任务分工，安排工作力量，创新手段方法，扎实组织抗击疫情宣传工作，为打赢疫情防控攻坚战提供舆论支持。一是动员主流媒体扩大宣传。建立由中央主要媒体、中央主要新闻网站、财经类媒体、统一战线系统媒体等40余家媒体组成的"抗击疫情民营企业在行动"媒体群，及时提供国家及各地各部门帮扶企业政策措施以及民营经济领域抗击疫情、复工复产宣传线索和综述报道材料，积极动员主流媒体加大宣传力度。截至4月30日，向主流媒体推送重点综述稿23篇、提供宣传线索2300余条，主流媒体推出综合性报道197篇，网信部门全网推送35篇。二是加强直属媒体舆论引导。《中华工商时报》

《中国工商》杂志及其网站和新媒体开设专题专栏，深入宣传习近平总书记重要讲话和指示精神，宣传各地各部门联防联控抗击疫情、帮助企业纾困和复工复产的政策措施，报道各地工商联、商会组织和民营企业参与疫情防控、推动复工复产的经验做法和典型事迹。截至4月30日，完成“同心抗疫”综述报道26篇，“同心抗疫好故事”25篇，“党旗在抗疫一线飘扬”17篇，“企业复工了”44篇，报纸相关报道2047篇；新媒体推出报道1698篇，系列图片新闻图组6组，短视频156个，图片新闻77个，同步在不同平台发布。三是加强门户网站政策宣传。全国工商联网站、微信公众号开辟“抗疫阻击战，工商联在行动”和“稳增长保就业，支持民企在行动”等专栏，第一时间转发中央、地方党委政府出台的政策信息和举措，分类梳理编辑2版《新冠肺炎疫情防控期间国家及全国各地企业帮扶政策措施摘编》。截至4月30日，全国工商联网站累计发布防控疫情、复工复产文章9800余篇，百度百家号累计发布文章近1100篇，今日头条号累计发布文章近1200篇。四是开展针对性宣传引导。积极参与国务院联防联控机制关于民营企业、中小企业有序推进复工复产情况发布会。向中宣部推荐民营企业抗疫典型线索，协调中央主要媒体集中宣传，支持湖北打赢疫情防控阻击战和脱贫攻坚战宣传。组织中华工商时报推出《疫情终将去，坚信春会来》《助力夺取“双胜利”，民营企业重任在肩》《不惧风雨，笃定前行》等系列评论员文章。与央视电影频道联合制作《风雨无阻向前进》21集企业家系列公益宣传片，鼓舞广大民营经济人士坚定信心、迎接挑战，积极营造上下同心、共克时艰、举国抗疫的良好氛围。

（刘晶晶）

【召开民营经济人士理想信念教育推进会议】为深入贯彻落实习近平总书记重要指示精神，全面推进落实中央关于加强民营经济统战工作决策部署，总结近年来理想信念教育工作的经验做法，研判民营经济人士理想信念教育工作面临的新形势新挑战，安排部署推进工作的新思路新举措，6月18日，全国工商联在北京召开全国民营经济人士理想信念教育推进视频会议。全国政协副主席、全国工商联主席高云龙出席并讲话，中央统战部副部长，全国工商联党组书记、常务副主席徐乐江主持会议并做总结讲话。上海市工商联、江苏省工商联、浙江省工商联、河南省工商联、重庆市工商联、青岛市工商联、温州市工商联就做好新时代民营经济人士理想信念教育，从不同角度做了经验交流。全国工商联专职会领导、党组成员、机关各部门负责同志，中央统战部四局负责同志在现场参会，各省级工商联党组书记、分管宣教工作副主席、宣教部门工作人员和部分商会负责同志，全国工商联各直属商会会长、秘书长以视频形式参会。

高云龙指出了新形势下加强民营经济人士理想信念教育的重大意义，总结了近年来特别是工商联十二大以来各地开展理想信念教育的情况，充分肯定各地工商联所做的扎实工作。强调面对新形势、新挑战，必须把理想信念教育摆在工商联工作更加重要的位置，在凝聚共识上再下实功，进一步筑牢共同思想政治基础；在增强信心上再出实招，进一步凝聚化危为机的强大力量；在实践教育上再见实效，切实强化民营经济人士责任担当；在年轻一代教育上再出新招，引导他们肩负起民族复兴的时代重任，推动理想信念教育再上新台阶、再创新局面。

徐乐江强调，面对新形势、新变化，民营经济人士理想信念教育只能加强、不能削弱，要提高政治站位、密切联系服务、强化阵地意识、统筹力量资源、注重工作规划，把理想信念教育提升到一个新的水平。

（刘佩华）

【加强疫情期间民营经济人士思想政治引导】全国工商联认真贯彻落实习近平总书记关于统筹推进疫情防控和经济社会发展的重要讲话和指示要求，高度关注疫情期间民营企业家思想波动，通过网络、微信、电话方式，了解疫情影响下企业家的思想情绪状况，形成疫情下的民营企业家思想动态报告并向中央领导同志做了专题汇报。形成《湖北民营企业家思想动态》《民营企业家危机中有反思》等信息专报上报上级单位。先后制定下发了《关于引导民营经济人士为打赢疫情防控阻击战贡献力量的通知》《关于学习宣传贯彻习近平总书记给郑州圆方集团重要回信精神的通知》《关于学习宣传贯彻习近平总书记在企业家座谈会上重要讲话精神的通知》《关于学习宣传贯彻民营经济统战工作会议精神的通知》《关于学习宣传贯彻党的十九届五中全会精神的通知》，对各地工商联学习宣传贯彻工作提出要求，引导广大民营经济人士积极响应党的号召。制定《民营经济人士思想状况调研工作方案》，组织各联系调研组、各省级工商联以一对一访谈、专题座谈会为重点，对民营经济人士思想状况开展实地调研。积极探索运用新手段开展民营经济人士思想状况调研，形成《民营经济人士网络公开言论分析报告》。

（刘佩华）

【召开年轻一代民营经济人士座谈会】为深入贯彻落实习近平总书记对年轻一代民营经济人士健康成长的指示精神，听取部分年轻一代民营经济人士的意见建议，以更好地推进年轻一代教育培养工作，6月29日，全国工商联在北京召开促进年轻一代民营经济人士健康成长视频座谈会，全国政协副主席、全国工商联主席高云龙出席并讲话，中央统战部副部长，全国工商联党组书记、常务副主席徐乐江主持会议并做总结讲话。座谈会上，北京三替城市管理（集团）公司总经理李萌、小桔科技创始人兼CEO程维、石家庄以岭药业股份有限公司总经理吴相君、上海哔哩哔哩科技有限公司董事长兼CEO陈睿、人天通信集团有限公司董事长肖飞、郑州圆方集团总经理李圆方、甘肃朗乾环境科学有限公司董事长王刚、91科技集团董事长兼CEO许泽玮先后结合创业、接班经历，对促进年轻一代民营经济人士健康成长提出了意见建议。全国工商联党组副书记、副主席樊友山，全国工商联党组成员、副主席李兆前出席座谈会。

（刘佩华）

【召开“学习习近平总书记重要讲话、弘扬企业家精神”座谈会】为深入学习贯彻习近平总书记在企业家座谈会上的重要讲话，进一步弘扬企业家精神，发挥民营企业家在做好“六稳”工作、落实“六保”任务中的重要作用。9月2日，全国工商联、求是杂志社在北京联合举办座谈会。座谈会上，北京叶氏企业集团有限公司董事长叶青，奥盛集团董事长汤亮，郑州圆方集团党委书记、总裁薛荣，沙钢集团党委书记、董事长沈彬，亨通集团党委书记、董事局主席崔根良，广东拓斯达科技股份公司董事长吴丰礼，均瑶集团总裁王均豪，海特集团党委书记、董事长李飚，依文集团董事长夏华等9位企业家代表在现场或通过视频形式发言，畅谈感想体会和行动举措。全国工商联党组成员、副主席李兆前，求是杂志社总编辑陈扬勇出席会议并讲话。全国工商联党组成员、副主席鲁勇主持会议。求是杂志社副总编辑张宇、童怀出席会议。

（刘佩华）

【新设“全国民营经济人士理想信念教育基地”和“全国民营企业家培训基地”，并举办年轻一代民营经济人士理想信念教育培训班】2020年8月至9月，全国工商联在青海原子城、四川映秀、福建古田3个地区挂牌设立全国民营经济人士理想信念教育基地；11月，在亚布力论坛永久会址挂牌设立全国民营企业家培训基地，并与当地政府、培训机构签署合作共建协议，共同开展教育基地建设。

为规范全国民营经济人士理想信念教育基地的建设与管理，2020年1月印发《全国民营经济人士理想信念教育基地管理暂行办法》，为更好地发挥教育基地作用提供了依据。

2020年8月至11月，全国工商联分别在青海原子城、福建古田、陕西延安的全国民营经济人士理想信念教育基地举办3期年轻一代民营经济人士理想信念教育培训班；指导四川省工商联结合当地实际，在映秀全国民营经济人士理想信念教育基地举办1期四川省年轻一代民营经济人士理想信念教育培训班。培训班结合专题讲座、参观学习、现场教学、讨论交流、观看演出等多种形式开展理想信念教育。共有近300名来自全国各地的45岁以下年轻一代民营企业家参加培训，其中古田班、延安班中小企业比例达90%以上。

参训学员对培训班给予高度评价。学员们认为，通过培训心灵受到了震撼，思想得到了启迪，精神得到了鼓舞，经历了一次宝贵难忘的学习之旅。

（吴巍）

【与中央统战部、中央社会主义学院共同举办“中华文化传承与创新研修班”】2020年12月，全国工商联与中央统战部、中央社会主义学院共同举办“中华文化传承与创新研修班”。培训班聚焦“中华文化传承与创新”，同时兼顾国内外政治理论与经济形势，邀请北京大学、中国人民大学、中国现代国际关系研究院以及中央社院的知名专家学者，为学员讲授了十九届五中全会精神、当前宏观经济形势、中华文化与文化自信、中华儒商传统与企业家精神、“一带一路”与人类命运共同体、近代民营企业家和中华民族伟大复兴等课程，并组织学员开展了丰富多彩的交流研讨活动。来自全国各地的64位年轻一代民营企业家参加了研修班。《中华工商时报》2021年1月14日头版刊发深度报道《凝聚起青年企业家共生共创共助的文化力量——第11期中华文化传承与创新研修班侧记》。

（吴巍）

【举办地市级和县级工商联学习贯彻全国民营经济统战工作会议精神网络培训班】2020年10月，全国工商联举办地市级和县级工商联学习贯彻全国民营经济统战工作会议精神网络培训班。采用网络直播形式，邀请中央统战部四局副局长胡林辉宣讲《中共中央办公厅关于加强新时代民营经济统战工作的意见》精神和全国民营经济统战工作会议精神。全国各地市级和县级工商联主席、党组书记、专职副主席参训，点击量超过8万人次。

（吴巍）

【与中央统战部合作，委托清华大学经管学院组织实施“新时代民营企业家培养计划”】自2018年9月开始，中央统战部、全国工商联委托清华大学经管学院组织实施“新时代民营企业家培养计划”，每年选调近百名知名企业家和年轻一代民营企业家，以集中教学与日常教学相结合的方式参加系统学习，着力培养一批政治素质过硬、经营管理能力强，视野开阔、具有战略眼光的民营经济后备人才。第二期于2020年11月底结业，第三期在2020年10月正式开学，并组织开展相关培训活动。

（吴巍）

【举办全国民营企业年轻一代党员出资人培训示范班】为深入学习习近平总书记在民营企业座谈会、企业家座谈会、深圳经济特区建立40周年庆祝大会等会议上的重要讲话精神，引导民营企业年轻一代党员出资人增强“四个意识”、坚定“四个自信”、做到“两个维护”，继承发扬听党话、跟党走的光荣传统，进一步弘扬企业家精神，自觉履行党员义务，更好发挥党员企业家的先锋模范作用，11月16日至20日，中央组织部、中央统战部、全国工商联在深圳市委党校联合举办“全国民营企业年轻一代党员出资人培训示范班”。各省区市和新疆生产建设兵团影响力大、党员人数较多的民营企业年轻一代党员出资人，部分有代表性的新产业新业态年轻一代党员企业家，负责非公有制经济组织党建工作业务部门有关同志共161人参加了培训班。培训班采取专题辅导、现场教学、经验交流、学员讲堂、分组讨论、学员论坛等多种方式，组织学员深入学习贯彻习近平新时代中国特色社会主义思想，开展习近平总书记关于民营企业健康发展的重要讲话精神和中央政策文件解读、中国强起来的文化支撑、当前国际形势新特点等专题授课，参加了在莲花山公园邓小平同志塑像广场、庆祝深圳经济特区建立40周年展览、前海展示厅、深圳湾创业广场、蛇口网谷产业园区等地开展的现场教学，举办了“不忘初心、牢记使命”音乐主题党课。全国工商联党组成员、副主席李兆前做开班动员。

（刘佩华）

【与中国科协共同举办2020企业自主创新研讨系列活动】在线上组织开展“抗疫情 化危机 促发展”企业云课堂活动，邀请金灿荣、周海江、汪力成、韩利等专家学者、知名企业家、商会负责人和法律界人士直播授课，推动企业化危为机、创新发展。累计上线126课，486万人次点击学习，其中中小企业占90%以上。在河南、湖北、湖南、四川4地举办线下活动，400余位民营企业家或民营企业科技创新负责人参加，通过开展技术创新服务，促进企业疫后创新转型发展，推动科技经济深度融合。

（吴巍）

【指导开展民营经济人士健康成长评价指标体系研究】把指导温州开展民营经济人士健康成长评价指标体系研究作为推进两个健康先行区建设、探索民营经济人士健康成长新途径的重要内容，指导温州市工商联完善了民营企业家健康成长评价指标体系，具体包括爱国敬业、守法经营、创业创新等8个一级指标、13个二级指标和55个观测点。指标体系一是解出了精准画像的“刻度尺”。以习近平总书记提出的“四个典范”为基础框架，吸纳中央14个部委发布的“非公有制经济代表人士综合评价意见”，把爱国敬业、守法经营等定性概念转化为可统计、可分析的定量指标，由政府和企业对比打分、综合评价，实现了企业家的精准画像。二是解出了精准评价的“全景图”。通过指标体系核算，对全市5800多家规上企业和工商联执常委企业进行全面评价，构建全国首个民营企业家数据库，有效破解区域企业家发展现状难定论、难量化的问题。三是解出了精准施策的“坐标系”。依托指标精准分析，有效提升政府精准施策能力。如在“政府官员廉洁守法”“经营者和家人人身安全保障”评价上得分较高，说明亲清助企举措得到了企业家的充分认可；但人才、土地供给负担等指标评分较低，为此及时研究制定“人才住房租售并举”“工业区块线管理”等新政，为精准助企开辟了新路径。指标体系相关情况在2020新时代温州“两个健康”论坛上发表。

（刘佩华）

【指导推动各地积极参与民营企业党建工作】认真落实《中国共产党统一战线工作条例》“统战部、工商联按照同级党委安排，参与民营企业党建工作”要求，积极参与民营企业党建工作。加强对各地执委企业“两个覆盖”督促力度，利用联系调研、召开工作会议等机会，了解各地执委企业“两个覆盖”情况，指导推进相关工作。推动各地加强对非公党建工作的情况摸底，山西省工商联在全省范围内开展了“十百千”非公党建调研活动。推动各地加强对党员民营企业家的教育培训，湖南、云南、广东等省工商联先后举办党员民营企业家培训班。认真梳理参与民营企业党建的经验做法，形成了《全国工商联参与民营企业党建工作的思考》，在《中国工商》杂志上刊登，进一步扩大了工作影响。杂志社举办“学习总书记重要讲话精神、弘扬企业家精神”座谈会，组织8位企业家交流体会，发挥党员企业家的示范引领作用。

（刘佩华）

理论研究和建言献策

【综述】2020年，根据会党组和会领导班子的统一部署，理论研究和建言献策各项重点工作任务扎实开展。

一、创新重大建言机制

服务重大建言是建言献策工作的重中之重，我们注重将广泛调研了解情况、深入开展政策研究和扎实进行调查分析相结合，集中优势力量做好重大建言服务。起草制定《全国工商联建言献策工作规范》。提前制定工作计划。结合中央对做好政党协商的年度工作安排，对会主要领导参加的重大建言工作明确时间节点，提前安排人手，倒推工作日程。召开专家企业家座谈会。紧密结合形势任务，组织开展6次重大建言专题座谈会，围绕土地政策、人口、经济形势等内容，分别听取专家、企业家意见，做好意见梳理甄别和储备。密切跟踪会主要领导在座谈会上提及的重点建议，及时反映到重大建言文稿中。综合多方素材成果。及时了解各部门的联系调研和专题调研成果，跟踪知名经济学者相关重大观点，及时梳理形成建议条目。去年，服务高云龙主席重大建言7次、谈心汇报3次；服务会党组重大建言2次。

二、统筹重点调研活动

统筹组织开展调研是理论研究和调查

研究的基本功。一年来，应对新冠肺炎疫情，通过网络调查、视频会议和实地调研相结合的形式组织会主要领导重点调研活动。统筹安排高云龙主席“两新一重”调研。起草下发调研方案，组织各省级工商联同步开展调研，召开4场地方企业视频座谈会、3场企业座谈会和2场地方政府部门座谈会，组织开展民营企业500强“两新一重”投资状况网络调查，组织相关部委和专家赴江苏开展实地调研。完成重点调研总报告上报中央统战部和国务院，上级单位要求提供材料供领导参阅。周密组织乐江书记联系调研。起草2020年联系调研宣讲通稿，组织第一联系调研组赴浙江、新疆联系调研。根据浙江调研情况形成6篇信息专报上报，根据新疆调研情况形成3篇信息专报上报。在新疆组织公益扶贫项目13个，捐款捐物折合300万元。

三、主动参与政协工作

更加注重服务我会通过人民政协平台开展凝聚共识和参政议政工作。服务会领导参加政协工作。起草高云龙主席3月和7月在全国政协季度经济形势分析会上的讲话稿；7月全国政协主席团成员工作务虚会上的发言稿；11月在中央党校党建论坛上的发言稿。参与起草黄荣副主席参加政协经济形势分析会发言稿。服务工商联界别政协委员工作。推荐并参与起草黄立委员在政协全体会议上的发言，磨长英、黎昌晋、郝远委员在政协常委会上的发言。组织刘振东、莫天全委员参加关于租售同权议题的远程协商会。代为政协委员起草发言稿4篇。做好参政议政工作。报送大会提案50件和大会书面发言7篇，其中有11件抗击疫情专题提案；报送平时提案4件；办理全国人大建议26件和全国政协提案51件；提交社情民意信息782篇，截至11月底有155篇被采用。健全工作制度。修订了《全国工商联提案工作办法》，制定了《全国工商联贯彻落实〈关于加强和促进人民政协凝聚共识工作的意见〉的落实方案》，制定《全国工商联参政议政工作改进建议》。

四、服务重要文稿起草

一年来，我们注重以深入学习为基础，以对业务工作成果的总结提炼为支撑，全力做好会领导重要文稿起草工作。规定文稿突出提前安排。对于执委会、常委会、在学习政府工作报告和全国政协报告、中央全会、中央经济工作会议等重大会议的表态文章，提前做好工作安排，提前成稿，并根据最新会议精神及时修改，确保效率。重大文稿注重以老带新。在重大文稿上，处长带着年轻干部起草提纲、撰写文稿，集体推稿，努力确保文稿质量。配合文稿做到主动介入。对于全会的一些重要文稿、重大会议材料，我们及时根据双月计划安排，提前与相关部门进行沟通联系，第一时间介入研究，在文稿成文后，能够认真把关，确保无纰漏。去年，共起草高云龙主席重要文稿24篇，徐乐江书记重要文稿17篇，其他会领导发言稿10份，配合修改部门起草讲话文稿数10篇，起草全会重要工作文稿、会领导署名文章和工作方案数十份。

五、推进专题研究与评价工作

将重大工作任务项目化，打造工作品牌，是这些年逐步形成的重要工作方法。开展万家民营企业评营商环境工作。依托全国工商联民营企业调查系统开展线上问卷调查，有效样本40216份。11月1日在2020中国（温州）新时代“两个健康”论坛上发布主要结论。根据评价报告形成2份信息专报上报上级单位，获得中央领导同志批示，国税总局、人社部、自然资源部来函来电了解相关情况。开展抗击疫情专题调研和政策研究。研究起草报送建言献策稿75篇。其中《工商联信息专报》57篇（含3篇合作稿），其中被采用28篇；直送上级单位政策研究稿8篇，上级单位约稿8篇，全部被采用。获得中央领导同志批示7篇。其中，民营抗疫情况、民营企业家悲观情绪值得关注、民营企业海外采购抗疫物资问题、民营企业资金链分别获得中央领导同志批示。起草《疫情下灵活用工面临的制度障碍及政策建议》，被上级单位采用并获中央领导同志批示。起草《疫情下鼓励支持民营业主减免租金的政策建议》，被上级单位采用，并体现到中央出台的有关政策中。修改转报江苏、武汉工商联政策建议，被上级单位采用，江苏建议获得国务院领导批示。推进民营企业调查点工作。全年共组织13次调查，其中民营企业季度运行状况调查4次、抗疫调查5次，围绕民营企业参与“两新一重”、小微企业融资、民营企业“走出去”、新增财政资金惠企情况开展专项调查4次，每次调查企业均超过3.5万家。相关调研报告20余篇，均被上级单位采用。在9月中央调研协商会上，汪洋主席对民营企业调查点工作拓宽调研覆盖面给予充分肯定。举办小微企业融资状况调查发布会。联合蚂蚁金服开展小微企业融资状况研究并举办发布会。起草会领导讲话、发布会讲话稿、新闻稿等，协助联系新闻媒体报道。其中中央媒体连续报道3次，新华社发布会议通稿，各类网络转载量1000万次以上。启动构建亲清政商关系研究工作。制定《全国工商联推动构建亲清政商关系典型案例研究工作方案》，形成《全国工商联推动构建亲清政商关系（宁波）典型案例研究报告》。收集各地制定出台的政商交往相关制度规则并汇编成册。

六、持续推进理论研究和调查研究

组织开展工商联工作制度体系研究，形成《关于工商联制度体系建设情况的报告》；形成《发挥民间商会（总商会）功能有效形式专题研究工作方案》，并围绕方案开展了实地和书面访谈。参与中央统战部关于推进国家治理体系和治理能力现代化中的促进“两个健康”课题研究。起草制定《全国工商联关于进一步提高调研质量的意见》。参加国家发展改革委“十四五”规划纲要编制民营企业意见建议征集活动，形成报告送国家发展改革委。首次组织开展全国工商联理论研究创新成果评选，持续做好全系统优秀调研成果评选。出版《中国民营经济发展报告No.16（2018—2019）》。推进《中国商会发展报告》（蓝皮书）组稿及主报告撰写工作。完成《工商史苑》编印发送工作。积极联系智库和民研会，召开2020年度智库委员全体会。举办民研会主题峰会。联络发包2020年度重点研究课题，完成2019年、2020年度课题评审和汇编工作。

【开展万家民营企业评营商环境工作】2020年6月至10月，全国工商联连续第三年组织开展了2020年“万家民营企业评营商环境”工作。此次调查参与大中小微民营企业共50625家，共收回有效问卷40216份，有效数据1200多万个。继续沿用全国工商联营商环境评价指标体系框架，保持评价指标体系基本不变；参与调查的企业保持基本稳定，涵盖东中西地区、各行业大中小微企业。坚持“让企业说真话，反映企业的真实感受”，利用全国工商联民营企业调查系统和组织网络，全部问卷由企业直接线上填报；数据分析做脱敏处理，使企业能够说真话，敢于说真话。采用科学的统计分析方法，调查分析人员对所得结论不做任何人工干预，不掺杂任何人为因素。11月1日，在2020中国（温州）新时代“两个健康”论坛上发布评价主要结论。根据评价报告形成2份材料上报上级单位，获得国务院领导同志批示，国税总局、人社部、自然资源部来函来电了解相关情况。

（房安文）

【开展民营企业参与“两新一重”投资状况重点调研】7月中旬至8月下旬，全国工商联联合地方工商联组织开展了民营企业参与“两新一重”投资状况重点调研。调研组前期召开了广东、四川、江苏、浙江4省民营企业家视频座谈会，通过全国工商联民营企业调查系统对37265家民营企业和224家中国民营500强企业进行了问卷调查，全国政协副主席、全国工商联主席高云龙带队赴江苏省南京、淮安、连云港3市进行了实地调研，召开政府部门座谈会，座谈51家企业、实地走访11家企业，听取意见建议。重点了解了民营企业参与“两新一重”投资的现状，发现民营企业在参与“两新一重”建设主要面临认识不明确，各方对“两新一重”建设缺乏科学谋划、准入门槛高，民营企业遭遇隐形壁垒和不合理的资格限制情形依然存在、机制创新不够，重大工程项目“回报”低、大规模投资中要素获取难，民营企业在资金、人才方面缺乏有力支持，部分地方政府部门不作为、导致民营企业遭遇损失等五个方面问题，围绕问题，提出了7条政策建议。形成的调研报告报送国务院后，上级单位来电要求追报。在9月份中央调研协商座谈会上，汪洋主席听取调研汇报后，专门点名表扬了全国工商联民营企业网络调查系统，表示全国工商联网络调查工作扩大了调研覆盖面和参与度。

（陈明琪）

【开展民营企业季度运行状况和涉企政策落实情况调查】全年共组织民营企业季度运行状况调查4次、围绕民营企业参与“两新一重”、小微企业融资、民营企业“走出去”、新增财政资金惠企情况开展专项调查4次，每次调查企业均超过3.5万家。形成相关调研报告20余篇，均被上级单位采用，得到相关中央领导批示、重视。

（幺惠迪）

【召开2020年度工商联系统调查研究工作会议】2020年4月1日至2日，2020年度工商联系统调查研究工作会议以网络会议形式召开，会议全面总结2019年工商联系统调查研究和参政议政工作情况，研究部署2020年工作任务，对优秀调研成果和“做好新时代调查研究工作”主题征文获奖单位和人员进行了表彰。黄荣副主席、李兆前副主席在会上发表讲话并参与了交流讨论。各省、自治区、直辖市和新疆生产建设兵团，各副省级城市工商联分管调查研究工作的副主席、研究室负责人，各直属商会参政议政工作负责人，全国工商联研究室全体干部参加了会议。各地工商联和商会参会同志就统筹调查安排、共享调查成果、加强调研活动中解决企业实际问题的力度、制定年度调研计划指导地方调研活动、建立调查研究、参政议政工作交流协作机制、建立工商联工作成果内部通报机制、加强智库力量发挥智库作用等方面，结合地方实际，提出了意见建议。黄荣副主席、李兆前副主席参与讨论，不时点评发言，使得与会同志深受鼓舞，各省市工商联同志结合地方实际踊跃发言，有交流、有讨论、有争论。发言内容丰富、观点有据、建议中肯。会议期间共计收到42家工商联书面发言和近千条自由发言，充分体现了工商联系统研究室干部的工作热情。

（房安文）

【开展2020年度团体提案工作】对各省级工商联、副省级城市工商联、各直属商会和企业提交的团体提案初稿进行精心筛选，认真修改把关，组织专家评审，报主席办公会议审议，形成大会提案50件（其中10件为抗击疫情专题提案）、大会书面发言7篇、平时提案4件，5件大会提案被政协确定为重点督办提案。工商联系统提供的4件提案背后的故事被收录至全国政协出版的《100件有影响力重要提案故事》一书。

（张明凡）

【承办2020年度全国人大代表建议和全国政协团体提案工作】承担26件全国人大建议和51件全国政协提案的办理工作。办理期间召开了两次工作调度会，两次集中督办，全程跟踪办理进度。下发《关于进一步规范人大建议和政协提案办理工作，提高答复满意率的通知》，制定统一答复函模板供各部门使用。提出沟通要求，强调“没有初步办理意见的，不与代表委员沟通；没有沟通或者沟通不满意的，不作书面答复”，实现了100%沟通满意。各承办部门按照“能采纳的尽量采纳”原则，从建议和提案中形成工作改进举措170余条。

（张明凡）

【组织、服务政协委员参加全国政协有关会议】“两会”期间，推荐来自湖北武汉的黄立委员在政协全体会议上以《狠抓政策落实 促进“六稳”“六保”》为题发言，产生积极反响。推荐磨长英、黎昌晋、郝远委员在政协常委会上进行现场发言。组织刘振东、莫天全委员参加关于租售同权议题的远程协商会并发言。

（张明凡）

【组织开展反映社情民意信息工作】全年收到信息初稿1226篇，经修改报送全国政协782篇，采用183篇，在各民主党派、工商联的排名中大幅上升。开展社情民意信息工作培训3次。围绕中美关系发展预判、外贸企业受疫情影响、民营企业内部腐败、平台企业收费、民营医院发展等问题开展不同范围专题约稿10余次。

（张明凡）

【征集民营企业对“十四五”规划《纲要》编制意见建议】根据国家发展改革委《关于协助开展“十四五”规划〈纲要〉编制重点群体意见建议征集活动的工作安排》（以下简称《纲要》），依托各省级工商联、各直属商会、机关各部门、全国工商联民研会、智库等单位，采取填报问卷、召开座谈会等方式，广泛征集民营企业对“十四五”规划《纲要》编制的意见建议。回收问卷306份（其中大型企业97份、中型企业209份），相关建议近千条。与对外经济贸易大学国家对外开放研究院共同汇总整理后形成《“凝思汇智共谋新局”——“十四五”规划〈纲要〉问计求策问卷信息整理》。国家发展改革委来函对全国工商联工作表示高度肯定。

（张明凡）

【建立重大建言专家、企业家座谈会工作机制】每季度挑选党和国家中心工作、经济社会发展领域重大选题、“两个健康”工作中的新情况、新问题和主要会领导交办任务，作为重大建言的备选议题。针对备选议题，邀请相关领域国内知名专家学者、企业家和全国工商联智库委员参与课题相关意见建议的研讨、论证，保障建言内容更具针对性、可操作性，表述更加科学严谨专业。2020年，先后召开了经济形势专家座谈会、收入分配专家座谈会和农村土地问题专家座谈会，部分参会专家的观点被运用到重大建言文字材料中。

（章小东）

【**持续加强民营企业调查点建设**】通过民营企业调查系统全年共开展了13次线上调查，其中，疫情专项调查4次、“两新一重”年度重点调研1次；总计回收有效问卷25.4万份。截至2020年年底，调查点注册企业扩容至83588家。2020年，全国工商联组织了一次全国性的总结交流活动、数次片区交流会，两次印发工作通报，表扬省级工商联51家次、基层工商联353家次。在9月中央调研协商会上，汪洋同志对民营企业调查点工作拓宽调研覆盖面给予充分肯定。民营企业调查点工作已经成为研判民营企业运行和政策获得情况的全国性平台，是工商联联系服务民营企业的独有渠道，是工商联强化定量分析、提高建言献策质量的重要支撑，也是工商联体系协同联动、强化上下指导关系、增强整体工作效能的改革举措。

（幺惠迪）

【**组织推动构建亲清政商关系研究工作**】2020年10月，全国工商联研究室、浙江省工商联研究室和浙江工商大学公管学院组成课题组，以宁波市为典型案例，开展推动构建亲清政商关系（宁波）典型案例研究。重点了解市县党委政府在构建亲清政商关系方面的整体考虑、出台了哪些政策文件、召开了哪些专题会议、采取了哪些具体举措，了解政府部门与民营经济人士沟通交往的感受，民营经济人士对政府各方面举措的感受和与政府部门工作人员沟通交往的感受。总结宁波市推动构建亲清政商关系的典型经验，深入分析存在的问题，提炼在宁波市行之有效可在全国推广的经验做法，提出新形势下进一步推动构建亲清政商关系的意见建议。课题组还对全国各地制定出台的政商交往“正负面清单”等相关制度进行收集整理，分类汇编成册。

（房安文）

【**出版《中国民营经济发展报告No.16（2018—2019）》**】《中国民营经济发展报告No.16（2018—2019）》主要是邀请国家市场监督管理总局（原国家工商总局）、商务部、中国人民银行、国家税务总局、中国证券市场研究设计中心和部分省级工商联人员执笔，撰写反映中国民营经济发展情况的专题报告、区域报告和有特色的地方专题报告。该书共分两个部分：一是5份专题报告，用大量翔实的数据系统分析了我国个体私营经济、民营企业融资、民营经济税收、民营企业对外贸易投资和民营上市公司等多个领域的民营经济发展状况；二是12份区域报告，对京津冀地区、东北地区、中部地区、西南地区、西北地区、长三角、粤港澳大湾区7个区域和福建、山东、海南、广西、西藏5个省区的民营经济发展情况进行了综合分析。该书自2003年至今已出版发行16本，在社会上产生了重要影响。

（高阳）

【**开展2020年全国工商联系统优秀调研成果评选**】2020年5月中旬，研究室以全联办公厅名义印发《关于开展2020年工商联系统优秀调研成果评选工作的通知》，启动了2020年工商联系统优秀调研成果评选工作。共收到各省级工商联、各直属商会推荐报送调研成果274篇，包括调研报告86篇、民营企业调查系统数据分析报告39篇、政协提案74篇、社情民意信息75篇。经过初步筛选、专家评审、会议审定和公示监督等程序，共评出173篇获奖成果。印发《关于表扬2020年全国工商联系统优秀调研成果的决定》，将173篇获奖成果汇编成册印发各单位，交流各单位调研工作成果、调动工作积极性。

（高阳）

【开展第十四次私营企业调查】中国私营企业调查由中央统战部、全国工商联、国家市场监督管理总局（原国家工商总局）、中国社会科学院、中国民营经济研究会等单位共同组织开展，全国工商联研究室负责总体统筹、沟通协调和组织实施。该项调查自1993年以来已经持续27年，基本每两年一次，已组织了13次。调查工作积累了大量基础数据，成为各级领导了解和评估民营经济、民营企业家动态和发展趋势的重要数据库。第十四次私营企业调查中，全国工商联研究室会同中国社会科学院等单位编写调查问卷，通过民营企业调查系统开展调查，并撰写调查报告。

（高阳）

【制定《全国工商联关于进一步提高调研质量的意见》】根据年度工作安排和会领导指示，为解决工商联调查研究工作中存在的矛盾问题，抓好中央巡视反馈意见涉及调查研究问题整改落实，印发了《全国工商联关于进一步提高调研质量的意见》（以下简称《意见》）。《意见》共包括8个部分，分为三个板块。第一板块为第1部分，是文件的总体要求，简要指出了加强调研工作、提高调研质量的指导思想和原则目标。第二板块是文件的主体（第2至第6部分），从实施计划管理、突出重点调研、改进调研工作、促进成果使用、注重保障激励五个方面，明确了进一步提高调研质量的16项重点内容。第三板块是作风和组织保障（第7、第8部分），从注重工作实效、执行有关规定、提高政治站位、强化检查监督四个方面提出了要求。《意见》重点对全国工商联机关部门开展调查研究工作进行规范，提出有关要求。同时，根据工作需要，《意见》涉及了与调查研究工作相关的全国工商联智库、中国民营经济研究会、全国工商联信息中心等单位；部分内容也兼顾了与外部研究机构、主流宣传媒体等在工作中的相关合作。

（高阳）

【开展“做好新时代调查研究工作”主题征文活动】各省级工商联、副省级城市工商联、机关各部门和各直属商会共提交90篇文章。经过初评、专家评分、综合考量等环节，共评出50项个人奖和5项组织奖。印发《关于“做好新时代调查研究工作”主题征文获奖情况的通报》，并颁发获奖证书，对进一步做好新时代调查研究工作，确保调查研究的精准性、专业性、深入性和高效性产生积极作用。

（高阳）

【持续加强全国工商联智库建设】2020年，全国工商联智库围绕工商联工作全局，围绕经济社会重大问题及时开展研究、积极建言献策。研判疫情对我国经济产生的影响，准确判断国际国内经济走势和企业发展趋势，形成《立足当前 兼顾长远 支持民营经济持续健康发展的政策建议》报告，在全国“两会”前夕，针对疫情对民营实体经济影响较大的实际情况，形成《准确研判国际国内经济走势、以更大力度更实举措应对疫情冲击的对策建议》上报。全年撰写《全联智库专报》

11期，其中6期以工商联信息专报形式上报上级单位参考。《怎样认识和发展民营经济》《我国农村金融改革面临的体制机制问题及政策建议》《关于健全产权保护制度的建议》《关于加快资本市场改革、完善民营经济直接融资支持的建议》等专报，从正确处理政商关系、加强产权保护、加快资本市场改革、营造良好营商环境、支持非公经济健康发展等多领域多角度提出相关建议，都具有较高的政策参考价值。

（房安文）

【召开中国民营经济研究会五届二次理事会暨新阶段新格局新使命研讨会】 2020年12月7日，中国民营经济研究会召开了五届二次理事会。审议通过了李兆前会长代表常务理事会所做的工作报告和有关制度、人事事项。12月8日，中国民营经济研究会新阶段新格局新使命研讨会在北京召开。会议认真学习贯彻党的十九届五中全会精神，贯彻落实习近平总书记关于促进非公有制经济健康发展和非公有制经济人士健康成长的重要指示批示精神，研究探讨新发展阶段构建新发展格局过程中服务促进“两个健康”的新方法、新模式、新路径。全国政协副主席、全国工商联主席高云龙，中央统战部副部长，全国工商联党组书记、常务副主席徐乐江出席会议并讲话。全国工商联党组成员、副主席、中国民营经济研究会会长李兆前主持会议。全国政协常委、政协经济委员会副主任杨伟民出席会议并做主题演讲。中国民营经济研究会第五届理事会全体理事、部分全国工商联智库委员和机关干部参加会议。

（房安文）

【组织开展抗疫期间网络调查】 全国工商联分别于2月1日、2月12日、3月1日、3月20日开展了全国民营企业应对疫情防控阻击战情况调查、民营企业抗击疫情扶持政策落实情况调查、全国民营企业复工复产稳产情况调查、全国民营企业应对海外疫情冲击和国际局势动荡影响调查四次抗击疫情专项网络调查，共计回收有效问卷97326份。根据调查所得，共形成工商联信息专报11期、调查报告2份、政策建议2份，其中三篇得到中央领导批示，《复工复产下民营企业资金风险状况及政策建议》中相关政策建议以中央专题会议形式落实。深刻体现出民营企业调查点队伍能够随机应变、快速转变工作方式，提高调查研究效率的能力和意识。

（幺惠迪）

【开展抗疫政策研究】 全国工商联立足自身力量，组织中国民营经济研究会、全国工商联智库专家，协同有关部委和部分企业研究院，聚焦纾困惠企，提高政策研究的深度和精准度。围绕境外经贸合作区、平台经济、大型民营科技企业风险、民间借贷司法保护、光伏产业链、芯片产业生态等多个主题开展抗疫政策调查研究，定期开展民营经济运行监测，有针对性地提出减税降费、畅通循环、解决融资难融资贵、支持小微企业发展等方面的政策建议。2020年1—4日，向上级单位报送各类专报材料300余篇、回复相关政策文件和法律法规征求意见100余份，向全国政协报送团体提案及社情民意信息800余件，其中抗疫政策落实、海外采购抗疫物资、民间投资情况、灵活用工、政商关系等10多篇材料获得中央领导同志批示。在被批示和被采用的文稿中，从各方面反映了不同时期民营经济状况和不同领域民营企业具体情况和实际问题，提出各方面政策建议近150项，有效推动或直接转化形成相关国家政策。

（马梁耘）

服务非公有制经济和区域经济发展

【综述】2020年是全面建成小康社会和“十三五”规划的收官之年，是全面打赢脱贫攻坚战的决胜之年。在全国工商联党组和主席会议的领导下，经济部以习近平新时代中国特色社会主义思想为指导，聚焦“两个健康”主题，坚持思想引导与经济服务相融合，坚持将中央要求、企业诉求、工商联职责能力有机结合的工作理念，坚持精进与创新并重的工作思路，完成了各项任务，经济服务工作取得了新成效。

一、积极参与顶层设计，推动改善民营经济发展环境

参与筹备总书记主持召开的企业家座谈会，向中央财办推荐11位民营企业家参会，修改完善2位民营企业家发言材料，协助做好会务保障工作。制定全国工商联贯彻落实中央政治局民主生活会精神工作方案、贯彻落实中央49号文件的实施方案，推动中央“六稳”“六保”等重要决策部署落地。牵头完成“十四五”规划建议重大课题研究中的“优化非公有制经济发展环境研究”。参加国务院新闻办公室政策例行吹风会，与国家发展改革委共同介绍《关于支持民营企业加快改革发展与转型升级的实施意见》有关情况。起草2个提案，办理并回复全国人大建议、全国政协提案22件。

二、积极参与新冠肺炎疫情防控，推动民营企业复工复产

通过调研，形成关于新冠肺炎疫情对民营经济的影响及建议等十余篇信息专报，报上级单位及有关部门。积极参与抗疫物资保障，协调700多台压条机以及500多台呼吸机、移动DR、ECMO等医疗器械，相关情况登载于国务院有关工作简报中；及时协调解决民营企业物资捐赠、企业复工复产等过程中遇到的问题，协调解决企业海外医疗防疫物资国际运输问题。创新金融服务，联合推出“无接触贷款”方案，帮助小微企业抗击疫情，国务院领导同志对该项工作给予肯定。和工信部共同参加国务院联防联控机制新闻发布会，全面介绍民营企业复工复产情况，通过主动发布，稳定企业发展预期、提振企业发展信心。联合阿里云有限公司、北大光华管理学院等对中小企业开展公益培训。对31家直属商会会员企业进行复工复产情况调查，分析企业复工复产遇到的困难和问题，提出政策建议。

三、推动民营企业转型升级高质量发展

开展2019年度上规模民营企业调研，共有5956家企业参加，创历史新高。严把守法诚信关，将9家存在失信和违法违规情况的企业剔除出榜单。9月在北京以“线下+线上”形式举办500强峰会，发布500强榜单和分析报告，各直播平台累计观看量达350多万人次。委托有关机构对500强报告开展专题研究，形成13篇报告并报上级单位。总结温州新时代“两个健康”先行区创建经验，向中央领导同志呈报有关报告。11月在温州成功举办2020中国（温州）新时代“两个健康”论坛。开展民营光伏企业产业链状况、电子信息产业龙头企业等有关情况调研，形成多份调研报告，报上级单位及有关部门。对民间借贷利率司法保护上限调整的落实情况进行调查研究，形成情况报告。跟踪主流电商平台运营情况，形成报告报上级单位。召开民营经济运行数据报送工作视频会议，对开展数据报送工作进行动员和部署。

四、创新模式，深化与金融机构合作

与网商银行共同发起“无接触贷款助微计划”，118家银行业金融机构累计服务企业2099万户，累计发放贷款8721亿元，为助力民营企业复工复产发挥积极作用；形成三期“无接触贷款助微计划”情况简报，报上级单位及有关部门；新闻联播先后3次对该项工作进行报道。与工商银行签署战略合作协议，共同发布支持民营经济发展的“融资、融智、融商、融信、融链、融创、融惠、融新”“八融”措施。与建设银行签署全面战略合作协议，打造融资服务、小微成长、创新支持、投融顾问、善融撮合、教育培训、数据治理、党群社服八大平台。与交通银行签订合作协议，共同推动建立银企商联动的金融服务平台。将与3家银行的合作协议印发各省级工商联，推动与当地分支机构建立合作，将协议落地落细落实。

五、防范化解民营企业风险，推动民营企业信用体系建设

持续关注民营企业融资和债务风险情况，每季度形成一期《民营上市公司股票质押情况和民营企业债券融资情况的报告》，印发各省级工商联，报送两办及有关部门。对一些大型民营企业反映的困难问题，积极沟通协调有关单位进行解决。会同国家发展改革委等有关部门共同推广“信易贷”。开展“黑名单”比对，并将有关情况向各省级工商联和直属商会进行通报，指导和督促企业开展信用修复。

六、开展民营企业科技创新服务

探索开展创新型、成长型民营中小企业发掘培育工作，采集入库首批企业2332家，征集首批企业赋能平台100家，启动赋能对接。开展民营企业科技综合服务，推荐民营企业、民营企业家参加科技部科技创新创业人才、高技能人才评选、全国创新争先奖评选等。落实与科技部的部际合作机制，进一步明确9方面合作事项。开展民营企业参与两化融合发展专题调研,起草关于进一步推动民营企业两化融合发展的意见。与国家发展改革委等17家部门联合发起《数字化转型伙伴行动倡议》，推荐13家民营企业参与倡议，提出65项支持企业数字化转型举措，累计惠及近660万家中小微企业。与工信部、国资委和江苏省人民政府联合主办“两化融合暨工业互联网平台大会”。支持广西壮族自治区举办“广西高质量工业暨数字经济专题活动”。开展高新区高质量发展调研，形成有关情况汇报。

七、推动民营企业参与区域协调发展战略

与贵州省人民政府共同主办2020全国工商联主席高端峰会暨全国优强民营企业助推贵州发展大会。协助贵州省深入开展项目衔接洽谈工作，共达成签约和意向项目616个，投资金额3159.51亿元。助推湖北疫后重振，积极参与“知名民企湖北行”和“全国工商联携手知名民企助力疫后重振脱贫攻坚湖北行”活动。与海南省人民政府共同主办民营企业助力海南自贸港建设投资对接峰会。做好全国知名民营企业助推“建设壮美广西 共圆复兴梦想”大会组织工作，大会现场签订投资合作项目60个，投资总额2083亿元；集中开工项目28个，总投资2139亿元；“民企入桂”活动共签订招商合同项目991个，总投资12201亿元。配合做好“全国工商联直属商会进甘南暨民企甘南行活动”。

八、推动民营企业参与混合所有制改革

开展民营企业参与混合所有制改革情况调研，形成调研报告及14份典型案例。印发了解民营企业参与混改意向的通知，征集民营企业引入国有资本意向项目66个，向国家发展改革委和国资委推荐。支持举办中央企业混合所有制改革项目专场推介会暨中央民营企业协同发展项目推介会。

九、推动民营企业参与军民融合深度发展

组织召开全国工商联军民融合发展工作领导小组全体会议，学习传达并贯彻落实中央有关会议精神，部署工商联系统有关工作。成立专家委员会，遴选40名来自军地有关单位的专家担任委员。围绕有关工作部署和企业需求实际，对来自12个省份的175名民营企业负责人和工商联干部进行培训。针对装备制造领域民营企业产业链状况等组织多项调研，完成相关报告报送有关单位。完成民营企业高新技术及产品研发生产情况专项调查，编印第十册《目录》，近400家民营企业入选。有序推进企业信息数据库建设。推荐民营企业入围高技术装备成果展览。继续支持举办“中国（绵阳）科技城国际科技博览会”。

十、推动中小微企业健康发展

履行国务院促进中小企业发展工作领导小组成员单位职责，认真做好中小企业工作年度总结和工作计划，形成全国工商联贯彻落实第4、5、6次领导小组会议精神的工作方案。成立全国工商联小微企业工作委员会，委员会主任由全国工商联经济部部长林泽炎担任，副主任、委员由各省区市工商联推荐的227位小微企业负责人组成，企业涵盖国民经济主要行业分类。印发通知，推动各省级工商联成立小微企业工作委员会。通过向小微企业工作委员会委员征求意见，形成调整中小微企业划型标准的建议。向工信部提出支持个体工商户发展的政策建议。就关于应对疫情支持个体工商户的政策措施，向市场监管总局提出修改意见。派员参加国务院第八次大督查，围绕中小企业发展和清理拖欠民营企业账款情况开展督查。

（孙昱）

【推动“无接触贷款助微计划”】为帮助小微企业抗击疫情，助力民营企业有序复工复产，2020年2月下旬，全国工商联会同网商银行并与中国邮政储蓄银行、中信银行、招商银行等25家银行合作，充分发挥金融科技作用，面向全国符合条件的小微企业，推出纯信用、无须担保或抵押的“无接触贷款”方案，受到了合作银行的积极响应和中小微企业的热烈欢迎。2月26日，在国务院促进中小企业发展工作领导小组第5次会议上，国务院领导同志对全国工商联会同网商银行等共同推广无接触贷款，服务广大小微企业和个体工商户的做法给予肯定。3月初，全国工商联进一步会同有关协会，与网商银行共同发起“无接触贷款助微计划”，联合全国数百家金融机构、县域政府及品牌企业，支持小微企业、个体经营者及农户有序复工复产和疫情之后的扩大生产。形成三期“无接触贷款助微计划”情况简报，以工商联信息专报形式报中央有关部门参阅。活动累计服务小微企业和个体工商户超2200万户，发放贷款超9800亿元，为助力民营企业特别是小微企业复工复产发挥了积极的作用。央视新闻联播先后三次对该项工作进行了报道。

（陆军）

【与中国工商银行签署战略合作协议】2020年9月3日，全国工商联与中国工商银行在北京签署战略合作协议并召开民营企业座谈会，双方发挥合力共同加强对民营企业的精准支持。全国政协副主席、全国工商联主席高云龙出席活动并讲话。全国工商联副主席黄荣，全国工商联党组成员、副主席鲁勇，全国工商联党组成员、秘书长赵德江，中国工商银行党委书记、董事长陈四清，中国工商银行行长、党委副书记谷澍，中国工商银行副行长王景武出席活动。签约仪式上，双方共同发布支持民营经济发展"八融"新措施，从"融资、融智、融商、融信、融链、融创、融惠、融新"八个方面，进一步加强对民营企业的全面赋能，全方位、立体化支持民营企业发展壮大。签约仪式后召开了民营企业座谈会，12家民营企业介绍了企业生产经营情况，并就金融助推民营经济高质量发展提出意见建议。

（陆军）

【与中国建设银行签署全面战略合作协议】2020年10月9日，全国工商联与中国建设银行在北京签署全面战略合作协议。全国政协副主席、全国工商联主席高云龙，中国建设银行董事长田国立出席活动并致辞，中央统战部副部长，全国工商联党组书记、常务副主席徐乐江主持活动。全国工商联党组副书记、副主席樊友山，全国工商联副主席黄荣，全国工商联党组成员、秘书长赵德江，时任中国建设银行行长刘桂平，中国建设银行监事长王永庆，中国建设银行副行长吕家进，中国建设银行党委委员王浩出席活动。签约仪式上，全国工商联与中国建设银行共同发布了支持民营经济发展的企业综合服务系统，打造全面赋能民营经济高质量发展的"八大平台"，即融资服务平台、小微成长平台、创新支持平台、投融顾问平台、善融撮合平台、教育培训平台、数据治理平台、党群社服平台，促进民营经济宜商宜业生态发展，服务非公有制经济健康发展和非公有制经济人士健康成长。

（陆军）

【与中国交通银行签署合作协议】为缓解民营企业及中小微企业融资难题，更好服务民营经济健康发展，2020年3月30日，全国工商联与交通银行签署战略合作协议，推动建立银企商联动的网格化新型融资服务平台，探索适合民营企业发展特征的金融服务机制，不断提升服务民营企业及中小微企业的能力和水平。

协议明确了双方合作原则、合作内容、合作机制等事项。双方同意建立全面稳定的合作关系，发挥各自优势，围绕支持民营企业健康发展的工作主题，开展长期合作。双方坚持"平等协商，独立决策"的原则，以推动解决民营企业融资困难问题为重点，建立银企商联动的新型金融服务平台。全国工商联积极发挥自身作用，创造有利于加强银行与民营企业合作的政策环境，组织协调和推动落实有利于民营企业健康发展的政策措施。交通银行充分发挥融资能力强、业务范围广、服务经验丰富等优势，创新完善金融产品与服务，积极为民营企业提供集融资、结算、产业链金融、现金管理、投资银行、电子银行、企业年金、私人银行等全方位金融服务。

为有效推动协议的落实，双方还建立了定期联席会议制度，及时沟通信息，推进协议相关事项的办理。同时积极推动地方工商联和交通银行各分支机构开展联系对接，指导各级工作机构发挥自身优势，紧密协作，推动合作协议落实落地。

（张志伟）

【召开2020年全国工商联经济服务工作会议】2020年1月9日，全国工商联经济服务工作会议在北京召开。会议的主要任务是深入学习贯彻党的十九届四中全会和中央经济工作会议精神，继续深入贯彻落实习近平总书记在民营企业座谈会上的重要讲话精神，贯彻落实全国工商联十二届三次执委会议精神和全国工商联2020年工作要点部署，总结2019年工作，对2020年经济服务重点工作进行部署。全国工商联副主席黄荣出席会议并讲话。

黄荣同志指出，要准确分析和把握经济形势，增强经济服务工作的针对性和有效性，要在正确认识我国经济稳中向好、长期向好的基本趋势没有改变的同时，对国内外风险挑战明显增多，发展环境的复杂性、严峻性仍在上升的形势有清醒的认识和把握。他强调，要深入学习贯彻党的十九届四中全会和中央经济工作会议精神，深刻认识和理解基本经济制度、深刻把握中央经济工作会议的内涵，深刻领会坚定不移贯彻新发展理念、着力推动高质量发展有关要求的准确内涵。他指出，要认真学习贯彻党中央、国务院关于推动民营经济发展的重要文件，把这些文件作为工商联系统做好经济服务工作的根本遵循。他强调，各级工商联、商会和广大民营企业要高度重视民营企业信用体系建设工作，按照全国工商联有关工作部署，切实加强组织领导。最后，他要求各级工商联要按照经济服务领域2020年重点工作部署，认真组织实施，在落实和见效上下功夫，努力推动工商联经济服务工作再上新台阶。

会上，全国工商联经济部部长林泽炎对2019年经济服务工作进行了总结，从持续推动习近平总书记在民营企业座谈会上提出的六方面政策举措落地见效、推动解决实体经济实际困难、开展民营企业信用体系建设、推动民营企业科技创新、推动民营企业参与军民融合深度发展、推动温州新时代“两个健康”先行区创建、做好500强峰会和中小企业服务工作、引导民营企业参与区域经济协调发展、做好联系调研等九方面对2020年重点工作进行了部署。黑龙江省、上海市、江苏省、浙江省、江西省、广东省、四川省、杭州市的工商联参会代表就各自在经济服务方面的特色工作进行了交流发言。

会议还邀请万得信息技术股份有限公司、中企云链（北京）金融信息服务有限公司有关专家分别围绕“通过大数据防范民营企业经营风险”“产业互联网+金融科技，助力大中小企业融通发展”主题进行了辅导。

全国工商联经济部副部长、一级巡视员罗力主持会议，副部长袁媛参加会议。来自各省、自治区、直辖市，新疆生产建设兵团和副省级城市工商联分管经济工作的负责同志，全国工商联各直属商会负责同志，全国工商联经济部有关同志共140余人参加会议。

（孙昱）

【联合举办经贸活动】与贵州省人民政府共同主办2020全国工商联主席高端峰会暨全国优强民营企业助推贵州发展大会。7月28日，大会在贵阳举行，主题为“助力‘六稳’‘六保’决战脱贫攻坚”。全国政协副主席、全国工商联主席高云龙做主旨讲话。中央统战部副部长，全国工商联党组书记、常务副主席徐乐江出席会议。贵州省委书记、省人大常委会主任孙志刚致辞，时任贵州省委副书记、省长谌贻琴做招商引资项目推介。国家发展改革委、中国银保监会有关同志，著名经济学家林毅夫先后做政策解读和主旨演讲。郑跃文、丁佐宏、陈志列、罗玉平等企业家先后发言。活动期间达成签约意向项目616个，投资总额3159.51亿元，其中30个有代表性的项目现场签约。全国工商联有关负责人，贵州省有关单位，各市（州）政府、“1+8”国家级开放创新平台主要负责同志，部分省级工商联负责人，中国民营企业500强、全国工商联常委企业代表等参加会议。

与广西壮族自治区人民政府共同主办全国知名民营企业助推“建设壮美广西 共圆复兴梦想”大会。12月21日，大会在南宁市举行。全国政协副主席、全国工商联主席高云龙，广西壮族自治区党委书记、自治区人大常委会主任鹿心社出席大会并讲话。广西壮族自治区党委副书记、自治区代主席蓝天立主持大会。中央统战部副部长，全国工商联党组书记、常务副主席徐乐江，广西壮族自治区政协党组书记孙大伟出席大会。会上，广西壮族自治区党委常委、自治区常务副主席秦如培做广西投资环境推介。全国工商联副主席李书福宣读《2020全国工商联十二届执委民营企业广西倡议》。南存辉、张茵、周南方等企业家代表先后发言。会上举行2020年“民企入桂”成果发布暨签约仪式、开工仪式，共签订投资合作项目60个，总投资2083亿元；集中开工项目28个，总投资2139亿元。大会期间，举行了广西高质量工业暨数字经济、中国（广西）自由贸易试验区暨西部陆海新通道、广西文化旅游和健康产业等专题推介活动。全国工商联和广西壮族自治区有关领导，全国工商联执委、抗击新冠肺炎疫情先进民营企业代表等出席大会相关活动。

与海南省人民政府共同主办民营企业助力海南自贸港建设投资对接峰会。11月19日，大会在海口市举行，主题为“聚力自贸港，共创新未来”。全国工商联副主席黄荣、海南省副省长沈丹阳出席峰会开幕式并致辞。常兆华、宗庆后、吕建中等企业家先后发言。海南省委深改办和省政府有关职能部门负责人做海南自由贸易港建设总体方案及产业政策解析并进行招商推介。活动吸引了包括中国民营企业500强在内的国内知名民营企业170家，共300余人出席峰会。

此外，组织开展了知名民营企业网上湖北行项目超市招商引资活动，并在湖北实地行活动中，促成民营企业投资项目41个，合同投资额1228.8亿元。组织民营企业和商会参与“全国工商联直属商会进甘南暨民企甘南行活动”“2020中国企业国际融资洽谈会暨民企投融资洽谈会”“首届辽宁国际投资贸易洽谈会”“福建省产业项目招商推介会”等活动，协助上海市工商联邀请目标民营企业参与投资促进专题活动。

（安静）

【开展“十四五”重大课题研究】根据中央财经委员会办公室、国家发展改革委的统一部署，全国工商联承担“十四五”规划建议重大课题研究中的“优化非公有制经济发展环境研究”课题，在黄荣、李兆前副主席的牵头领导下，总结了“十三五”民营经济发展取得的成就，分析了民营经济发展面临的困难问题和“十四五”发展趋势，提出了十二个方面推动民营经济高质量发展的建议。

（陆军）

【开展关于促进“十四五”时期我国光伏产业高质量发展研究】习近平主席在第七十五届联合国大会一般性辩论时指出，中国将提高国家自主贡献力度，采取更加有力的政策和措施，二氧化碳排放力争于2030年前达到峰值，努力争取

2060年前实现碳中和（简称“3060”碳排放目标）。为引导民营企业深入贯彻落实“3060”碳排放目标，进一步发挥工商联参政议政职能，积极为“十四五”规划编制工作建言献策，推动光伏行业特别是民营光伏企业健康发展，全国工商联通过组织民营光伏行业龙头企业发展座谈会、听取企业和商会的意见建议、组织所属商会调研行业发展状况等，开展了“十四五”光伏产业发展研究，并形成《关于促进“十四五”时期我国光伏产业高质量发展的建议》，报送国家发展改革委、工信部和国家能源局。

（陆军）

【围绕重点领域开展民营企业产业链发展状况系统研究】突如其来的疫情给我国民营经济造成巨大冲击，也暴露出民营企业在产业链协同发展等方面存在突出问题。稳定经济的关键是稳定企业，稳企业才能稳民生、稳就业、稳外贸、稳投资。为进一步了解重点领域民营企业产业链状况，特别是龙头企业生产经营情况，引导民营企业克服困难、应对疫情挑战，围绕重点领域开展民营企业产业链状况专题调研，形成《民营光伏企业产业链协同发展受新冠肺炎国际疫情蔓延影响明显》《关注疫情下电子信息产业链协同发展》等报告材料，以工商联信息专报形式报送中央有关部门参阅。

（陆军）

【开展民间借贷利率司法保护上限调整落实情况研究】2020年8月20日，最高人民法院发布新修订的《最高人民法院关于审理民间借贷案件适用法律若干问题的规定》，规定明确提出，以一年期贷款市场报价利率（LPR）的4倍为标准确定民间借贷利率的司法保护上限。为深入调研了解新规的贯彻落实情况、小微市场主体的获得感情况、新规实施前后的融资环境和融资状况变化情况，全国工商联会同中国民生银行研究院，以线上问卷调查的形式在全国范围内开展调研，并委托温州市工商联在温州同步开展调研。调研共回收问卷近2000份，形成《关于最高法民间借贷利率上限调整对市场主体影响情况的调研报告》《关于民间借贷司法新规对温州民间借贷市场及小微经济体影响情况调研的报告》，以工商联信息专报形式报送中央有关部门参阅。

（陆军）

【持续跟踪民营上市公司股票质押情况和民营企业债券融资情况】为做好民营企业风险防范工作，努力做到早发现、早预防、早处置，全国工商联经济部会同万得咨询公司，持续跟踪民营上市公司股票质押情况和民营企业债券融资情况，按季度形成报告并以工商联信息专报形式报送中央有关部门参阅，将股票价格接近预警线或平仓线的民营企业、存在可能信用债违约风险的民营企业名单推送至有关省级工商联，请各省对企业情况予以关注，防范可能出现的风险。

（陆军）

【制定《全国工商联关于贯彻落实〈中共中央 国务院关于营造更好发展环境 支持民营企业改革发展的意见〉的实施方案》】为认真贯彻落实《中共中央 国务院关于营造更好发展环境 支持民营企业改革发展的意见》，根据全国工商联职责定位，制定《全国工商联关于贯彻落实〈中共中央 国务院关于营造更好发展环境 支持民营企业改革发展的意见〉的实施方案》，方案围绕7大方面内容、38条任务要求，共提出97项具体贯彻落实举措。方案以办公厅名义印发，要求机关各部门结合工作实际进行贯彻落实。

（陆军）

【制定《全国工商联关于贯彻落实“六稳”“六保”重要决策部署的实施意见》】为进一步贯彻落实党中央决策部署和全国“两会”精神，坚持稳中求进工作总基调，坚持新发展理念，扎实做好“六稳”工作，全面落实“六保”任务，努力克服新冠肺炎疫情对民营经济的不利影响，引导民营企业妥善应对风险挑战，确保完成全年目标任务，全国工商联制定《关于贯彻落实“六稳”“六保”重要决策部署的实施意见》。意见从切实抓好中央决策部署、全国“两会”精神和重要文件的贯彻落实，进一步加强民营企业运行情况监测，充分发挥民营企业稳就业主力军作用，围绕保产业链供应链稳定推动制造业升级和新兴产业发展，全力支持小微企业和个体工商户保生存谋发展，以缓解融资难融资贵为重点防范化解民营企业风险，推动民营企业走科技创新和可持续发展道路，积极参与国家战略为民营经济发展创造更大空间，加强宣传教育引导，构建亲清政商关系营造促进民营经济发展良好环境等十个方面提出具体工作要求。

（陆军）

【制定《全国工商联关于贯彻落实〈关于健全支持中小企业发展制度的若干意见〉的分工方案》】为认真贯彻落实《关于健全支持中小企业发展制度的若干意见》，根据文件内容和全国工商联职责定位，制定《全国工商联关于贯彻落实〈关于健全支持中小企业发展制度的若干意见〉的分工方案》。方案围绕7大方面内容、25项机制（制度），共提出47项具体贯彻落实举措。方案以办公厅名义印发各省级工商联和机关各部门，要求各省和机关各部门结合工作实际进行贯彻落实。

（陆军）

【制定《全国工商联关于贯彻落实〈关于支持民营企业加快改革发展与转型升级的实施意见〉的分工方案》】为进一步贯彻落实中央巡视整改要求，认真贯彻落实国家发展改革委等六部委出台的《支持民营企业加快改革发展与转型升级的实施意见》，推动民营企业加快改革发展与转型升级，根据全国工商联职责定位，制定《全国工商联关于贯彻落实〈关于支持民营企业加快改革发展与转型升级的实施意见〉的分工方案》。方案围绕9大方面内容、聚焦与工商联密切相关的25条任务要求，共提出48项具体贯彻落实举措。

（陆军）

【印发《关于推动支持中小微企业纾困政策落地工作的通知》】党中央、国务院高度重视疫情防控和复工复产有关工作，出台了一系列政策措施，帮助中小微企业缓解疫情影响，有序推动复工复产。为进一步推动纾困政策落地落细落实，切实帮助中小微企业缓解困难局面，制定并印发《关于推动支持中小微企业纾困政策落地工作的通知》，从做好政策宣传、及时开展调研、主动靠前服务三个方面，对各省级工商联推动支持中小微企业纾困政策落地落实提出具体工作要求。

（陆军）

【参加国务院联防联控机制新闻发布会】为提振企业发展信心，正面引导民营企业，2020年4月16日，国务院召开联防联控机制新闻发布会，专场介绍民营企业和中小企业复工复产情况，工信部和全国工商联参加，林泽炎和涂文同志代表全国工商联进行发布，全面介绍民营企业复工复产情况，并对新闻媒体关心关注的问题进行了回应，央视新闻频道直播新闻发布会，在线浏览人数达5亿次，通过主动发布给广大民营企业和中小企业吃下定心丸，切实稳定企业发展预期、提振发展信心。

（陆军）

【参加国务院新闻办公室政策例行吹风会】经国务院常务会议审议通过，国家发展改革委、科技部、工业和信息化部、财政部、人力资源和社会保障部、中国人民银行六部门正式印发《关于支持民营企业加快改革发展与转型升级的实施意见》。为帮助社会各界更好地了解相关情况，2020年10月26日，国务院召开政策例行吹风会介绍《关于支持民营企业加快改革发展与转型升级的实施意见》有关情况。国家发展改革委副秘书长赵辰昕、工业和信息化部中小企业局副局长秦志辉、全国工商联经济部部长林泽炎参加，对媒体关心关注的问题进行了主动发布，进一步彰显了民营企业的地位和贡献。

（陆军）

【举办2020中国民营企业500强峰会】2020年9月10日，由全国工商联主办，市场监管总局、国务院扶贫办、中国工商银行支持的2020中国民营企业500强峰会在京举行。本届峰会以“弘扬企业家精神 激发市场主体活力”为主题，深入贯彻落实习近平总书记在企业家座谈会和经济社会领域专家座谈会上的重要讲话精神，结合“六稳”“六保”任务要求，弘扬企业家精神，引领广大民营企业准确把握新发展阶段的深刻内涵，努力成为新时代构建新发展格局、建设现代化经济体系、推动高质量发展的生力军。

全国政协副主席、全国工商联主席高云龙，工业和信息化部中小企业局局长梁志峰，市场监管总局食品安全总监王铁汉，国务院扶贫办党组成员、副主任洪天云，中国工商银行副行长张文武分别致辞。中央统战部副部长，全国工商联党组书记、常务副主席徐乐江做主题演讲。全国工商联党组副书记、副主席樊友山主持峰会。全国工商联副主席黄荣发布《2020中国民营企业500强调研分析报告》。全国工商联党组成员、副主席鲁勇发布“2020中国民营企业500强”“2020中国制造业民营企业500强”和“2020中国服务业民营企业100强”榜单。部分与会领导为2020中国民营企业500强代表颁发证书。

北京大学国家发展研究院朗润讲座教授周其仁，浙江省工商联主席、富通集团有限公司董事长王建沂围绕峰会主题发表演讲。

峰会采取线下+线上方式召开，全国工商联机关设主会场，各省级工商联设分会场。中央统战部及全国工商联有关领导同志，全国工商联、工业和信息化部、市场监管总局、国务院扶贫办、中国工商银行有关部门负责同志，中国民营企业500强代表参会。

（沙霖）

【举办2020中国（温州）新时代“两个健康”论坛】2020年11月1日，全国工商联、浙江省人民政府在温州市共同举办2020中国（温州）新时代“两个健康”论坛。论坛以“新阶段·新格局·新使命”为主题，认真学习贯彻十九届五中全会精神，深入贯彻落实习近平总书记关于促进非公有制经济健康发展和非公有制经济人士健康成长的重要指示批示精神，研究探讨新发展阶段构建新发展格局过程中促进两个健康的新方法、新模式。中央统战部副部长，全国工商联党组书记、常务副主席徐乐江出席论坛并讲话。浙江省委常委、统战部部长熊建平出席论坛开幕式并讲话。浙江省委常委、温州市委书记陈伟俊，中国建设银行党委副书记、监事长王永庆，国家发展改革委体改司副司长蒋毅分别致辞。开幕式上，全国工商联党组成员、副主席李兆前发布2020年万家民营企业评价营商环境报告。温州市委副书记、市长姚高员发布温州新时代“两个健康”先行区创建工作报告。苏州市委常委、副市长洪宗明，成都市人民政府副秘书长刘兴军，就优化营商环境工作作经验交流。中国民间商会副会长、奥盛集团董事长汤亮，均瑶集团董事长王均金，中国建设银行公司业务部总经理程远国，人文财经观察家秦朔做主题演讲。复星国际董事长郭广昌、比亚迪股份有限公司董事局主席兼总裁王传福做视频演讲。在分享交流会环节，全国工商联党组副书记、副主席樊友山在分享交流会上讲话，全国工商联副主席、科瑞集团董事局主席郑跃文，中国企业家俱乐部理事长、新奥集团董事局主席王玉锁等民营企业家代表，广东、四川、浙江等省级工商联主要负责同志雷彪、陈泉、陈浩，围绕“新阶段新格局民营企业和工商联改革发展”主题做交流发言。

（陆军）

【成立全国工商联小微企业工作委员会】为进一步落实新时代民营经济统战工作要求，有效扩大统战工作覆盖面，加强与小微企业的联系，了解和反映诉求，推动改善小微企业发展环境，更好发挥国务院中小企业领导小组办公室成员单位作用，经全国工商联主席办公会议研究决定，成立全国工商联小微企业工作委员会。委员会主任由全国工商联经济部部长林泽炎担任，副主任、委员由来自全国各省区市的227位小微企业负责人组成，企业涵盖国民经济主要行业分类。委员会的主要职责是加强政治引领，引导小微企业负责人弘扬企业家精神，做爱国敬业、守法经营、创业创新、回报社会的典范；扩大对小微企业的联系服务覆盖面，发挥示范带动作用，推动各级工商联成立小微企业工作委员会；推动国家支持小微企业发展的政策措施落地落实；推动改善小微企业发展环境。

2020年10月27日上午，全国工商联小微企业工作委员会成立会议以视频会议形式在京召开。全国工商联副主席黄荣出席会议并讲话，全国工商联党组成员、秘书长赵德江主持会议。

黄荣指出，党中央国务院高度重视中小微企业发展工作，习近平总书记十分牵挂、关注中小微企业的发展，党中央国务院出台了一系列支持中小微企业发展的政策措施。黄荣强调，各地工商联把加强对小微企业的服务作为工商联经济服务工作重要内容，要深刻认识加强对小微企业服务的重要意义，积极推动组建小微企业工作委员会，加大对小微企业的金融支持力度，加强对小微企业的培训。黄荣指出，小微企业工作委员会要反映诉求、宣贯政策、推动落实、扩大覆盖、创新载体，充分发挥作用。各位委员要做好企业自己的事，积极履职尽责。

全国工商联经济部部长、小微企业工作委员会主任林泽炎宣读了《全国工商联关于成立全国工商联小微企业工作委员会的决定》。黄荣副主席、赵德江秘书长向全国工商联小微企业工作委员会主任、副主任和在京委员颁发了聘书。天台朗歌建材科技有限公司总经理奚中平、上海新联纬讯科技发展股份有限公司董事长林卫慈和福建钰福楠教育科技有限公司董事长李立勇做了发言。

全国工商联小微企业工作委员会主任、副主任、在京委员，全国工商联各部门、直属单位，北京市工商联的相关负责同志共50多人在主会场参加会议。全国工商联小微企业工作委员会委员，各省级工商联分管领导、经济处负责人和有关直属商会负责人共300多人在分会场参加会议。

（苏谦）

【成立全国工商联军民融合发展工作专家委员会】经全国工商联军民融合发展工作领导小组第四次全体会议研究，并报请全国工商联主席办公会审议通过，决定成立全国工商联军民融合发展工作专家委员会（以下简称专家委员会）。2021年8月28日上午，专家委员会成立会议在北京召开，全国政协副主席、全国工商联主席高云龙，全国工商联党组副书记、副主席樊友山，全国工商联副主席黄荣，全国工商联党组成员、秘书长赵德江出席会议。会议由黄荣主持，会上高云龙主席向各位委员颁发聘书，并分别与每位委员合影留念，樊友山代表全国工商联党组书记徐乐江讲话。

樊友山指出，全国工商联高度重视军民融合发展工作，大力引导服务民营企业参与军民融合深度发展。成立专家委员会就是工商联贯彻落实军民融合发展战略的重要部署，助力“民参军”企业应对国内外风险挑战的重要举措，也是工商联延长军民融合工作手臂、提升工作成效的重要抓手。樊友山强调，专家委员会是全国工商联根据章程和工作需要设立的专门机构，是工商联组织体系的重要组成部分，要坚持正确方向，深入贯彻落实习近平总书记关于军民融合发展重要论述精神；要准确把握专家委员会的职责定位，建立务实高效的工作机制，搞好专家委员会自身建设；要聚焦工商联工作主题，充分发挥优势，为推动民营企业参与军民融合深度发展贡献力量。

会上，赵德江宣布了《关于成立全国工商联军民融合发展工作专家委员会的决定》，来自军队机关、军工集团、民营企业、有关商会的40位专家受聘成为委员会委员。委员会主任、原全军装备采购管理专家咨询组组长孙刚，委员会委员、全联科技装备业商会党委书记、海特集团董事长李飚做了发言。

全国工商联军民融合发展工作领导小组成员，全国工商联军民融合发展工作专家委员会主任、副主任、秘书长、委员，全国工商联军民融合工作办公室工作人员共60余人参加会议。成立会议结束后，委员会召开了第一次全体会议，传达学习了有关文件精神，研究讨论了专家委员会工作规则。

（刘铁、张志伟）

【召开平台企业研究院会议】为进一步加强全国工商联与各平台企业的合作，充分发挥平台企业所设研究机构民间智库的作用，全国工商联于2020年1月初组织召开平台企业研究机构座谈会，百度、阿里、腾讯、京东、美团、苏宁等9家平台机构参会。参会平台企业研究机构介绍了围绕各自领域开展的主要工作情况，黄荣、李兆前副主席与参会代表进行了交流，共同探讨全国工商联与平台企业研究机构加强交流合作、为民营经济高质量发展献智献策的方式和路径。

（陆军）

【开展“中小企业护航行动”】为推动中小企业渡过难关，全国工商联联合阿里云有限公司、北大光华管理学院于3月中旬发布“中小企业护航行动”系列公益课程，利用线上学习平台向中小企业培训，帮助广大中小企业提升管理水平和应对危机的能力，帮助企业尽快复工复产、恢复正常经营。

（陆军）

【加强对民营企业500强的调研分析】为深入分析民营企业500强的发展状况，有针对性地提出政策建议，提升建言献策的专业化水平，全国工商联经济部会同有关社会研究力量对《2020中国民营企业500强调研分析报告》进行深度挖掘，形成《民营企业500强总体特征分析》《民营企业500强产业结构分析》《民营企业500强投资情况分析》等13篇系列专题报告，并通过工商联信息专报报中央有关部门参阅。

（陆军）

【开展民营企业信用建设工作】开展全国工商联执委企业、直属商会会长副会长企业、各省级工商联执委企业信用“黑名单”比对，并将有关情况向省级工商联和直属商会进行通报，要求各省和各商会调研了解情况，指导和督促企业开展信用修复工作。会同国家发展改革委、人民银行、银保监会和金融机构共同推广“信易贷”模式，并将其作为缓解民营企业，特别是中小微企业融资难融资贵的一个重要抓手。

（陆军）

【开展创新型、成长型民营中小企业发掘培育工作】为深入贯彻落实党中央国务院关于支持民营经济发展的系列决策部署，推动民营中小企业深入实施创新驱动发展战略，实现高质量发展，加大民营中小企业支持培育力度，今年全国工商联首次开展了创新型、成长型民营中小企业（简称“创成型中小企业”）发掘培育工作。经前期研究制定工作方案，设计开发创成型中小企业信息系统，举办业务培训，广泛动员各级工商联及直属商会推荐一批主业突出、创新能力强、质量效益优、市场占有率高、发展前景广的创成型中小企业，累计入库企业2332家，入库赋能平台100家。在对入库企业填报信息进行统计分析的基础上，会同百融云创科技股份有限公司建立创成型中小企业评价指标体系，对入库企业进行综合指标评分和排序，形成了《2020全国工商联创新型、成长型民营中小企业调研分析报告》。在推动为创成型中小企业赋能方面，研究制定了《创成型中小企业赋能平台管理办法》，主动与猪八戒股份有限公司、数聚未来科技有限公司、上海联合产权交易所、中国建设银行、嘉实投资基金、丝路集团等赋能平台单位进行对接，征求基层工商联和有关企业意见，共同探索赋能工作开展方式。此项工作成为工商联系统上下联动，合力推动企业自主创新的重要工作载体，为全国工商联引导民营企业走“专精特新”道路，支持培育民营中小企业发展提供了重要工作平台。

（安静）

【开展推动民营企业数字化转型工作】2020年5月13日，全国工商联参与了国家发展改革委、中央网信办、教育部、工业和信息化部等17家部门联合发布的《数字化转型伙伴行动倡议》，共同启动“数字化转型伙伴行动（2020）”，央视新闻联播及朝闻天下对活动进行了报道。经全国工商联推荐，百度、奇安信、吉利、京东、滴滴等13家民营企业参与了联合倡议，提出了支持中小企业数字化转型的具体举措。为积极引导支持民营企业开展“上云用数赋智”行动，带动更广范围、更多中小微企业参与数字化转型，全国工商联在中华工商时报开辟“数字化转型中的民营企业”栏目，于2020年6月16日至7月14日间刊登11篇报道，先后对“京东数科‘战疫金盾’助力企业复工复产”“美团助力小店经济数字化实现V型复苏”“科大讯飞用人工智能为多行业赋能助力疫情防控和复工复产复学”等情况进行了宣传推广。据初步统计，相关支持举措已累计惠及约660万家中小企业。

（安静）

【开展2020科技综合服务工作】2020年全国工商联开展了第二届全国创新争先奖、科技部科技创新创业人才、第十五届技能人才的推荐工作。定向推荐常兆华、黄立、吴光胜以及武汉高德红外股份有限公司参评第二届全国创新争先奖，常兆华获得全国创新争先奖章。推荐陈志列、王蔚等10位科技创新创业人才参评科技部科技创新创业人才；江苏鑫亿鼎石英科技股份有限公司谢大春参评中华技能大奖；兰州液压新技术开发应用研究所白彩盛等5人参评全国技术能手；重庆市龙凤工艺品有限公司吴纯清参评国家技能人才培育突出贡献个人；咀香园健康食品（中山）有限公司参评国家技能人才培育突出贡献单位。全年共征集民营企业项目类科技成果160个，其中89个项目通过形式审查，进入专家评审环节，评出A+级项目2个，A级项目13个，B级项目27个，C级项目39个，D级项目8个。

（安静）

法律服务

【综述】2020年，在党组坚强领导下，全国工商联深入学习贯彻习近平总书记关于“法治是最好的营商环境”的指示精神，认真领会习近平法治思想精髓要义，坚持党建统领、服务大局，实干担当、创新求变，牵头开展“知名民企湖北行”活动、办好第二届民营经济法治建设峰会、举办民营经济领域标准化工作推进会，坚持立法协商与个案维权并举，统筹推进诚信守法教育和法治民企建设，认真抓好商会调解和构建和谐劳动关系工作，较好完成了全年各项任务。

一、服务疫情防控与经济发展，开展“知名民企湖北行”活动

全面贯彻习近平总书记关于“在湖北最艰难的时期搭把手、拉一把”的重要指示精神和中央决策部署，全国工商联与湖北省委省政府、中国光彩会在5月30日至6月3日举办“知名民企湖北行”网上行活动，8月11日至12日举办“知名民企湖北行”实地行活动。活动探索了疫情条件下组织大型活动的新经验，取得了预期成果，社会反响良好，成为广大民营企业家学习贯彻习近平总书记在企业家座谈会上重要讲话精神的生动实践，也是对新时期民营经济统战工作成效的全面检验。湖北省委省政府专门来信致谢。

二、立法协商与个案维权“头”“末”并行，共促营商环境优化

制定《全国工商联法律部立法协商征求意见办法（试行）》，选取8家县级工商联作为立法协商基层联系试点。全年参与制定修订契税法、增值税法、突发事件应对法、企业破产法等法律法规78部，以法的立改废释降低民营企业制度性交易成本，一些意见被立法机关采纳，如全国工商联提出的完善征收征用补偿制度的建议被《突发事件应对法（修订草案）》采纳。全年办理TCL、上海均瑶、新华联、金浦集团等企业司法诉求72件；其中，全国工商联已向最高人民检察院报送控诉申告线索11件，多家企业已收到检察机关反馈信息，一批诉求反映得到有效解决，有的还送来致谢锦旗，维权服务正在走深走实。

三、举办第二届民营经济法治建设峰会，打造良好法治环境

在最高人民法院、最高人民检察院、公安部、司法部大力支持下，成功举办第二届民营经济法治建设峰会。最高人民法院、最高人民检察院、全国工商联主要领导和公安部、司法部负责人出席。其间，最高法院与全国工商联开发的“工商联商会调解服务平台”正式上线；高检院发布支持民营经济发展的12个典型案例，并与全国工商联联合举办第36次检察开放日暨第31期德胜门大讲堂活动；公安部与全国工商联签署《关于加强服务保障民营经济合作框架协议》；司法部为民营企业代表颁发公司律师证书；全国工商联发布首份法治民企报告。经各方协力，峰会取得丰硕成果，社会影响进一步扩大，民营企业家反响强烈，当日共有240余万人次观看网络直播。

四、创新法律服务，深化开展“法治体检”“法律三进”活动

全国工商联与司法部、全国律协联合印发《关于深入开展民营企业“法治体检”活动 服务疫情防控和企业复工复产的通知》。据不完全统计，全国范围内开展活动3万多场次，覆盖民营企业17万多家。推动下发《全国工商联关于进一步做好民营企业疫情防控法律服务工作的通知》，向最高人民法院报送《防疫期间强化民营经济司法保护的建议》。创新开展“法律三进”活动，着力推动法治民企建设，法律部撰写的《法治民企建设研究报告》获评工商联系统2020年度理论研究创新成果一等奖。举办民营企业法律风险防范与合规管理培训班，与最高法院司法大数据研究院、北师大中国企业家犯罪预防研究中心联合开展企业涉诉风险和企业家刑事风险研究。《人民日报》以《工商联系统不断推动法律服务创新——改善营商环境 激发民企活力》为题，对我们创新法律服务的做法做了专门报道。

五、开拓新领域，以高标准引领民营经济高质量发展

深化与国家市监总局合作，积极探索民营经济领域标准化工作新路径，标准化作为工商联的一项新工作得到有效拓展。2020年3月，与国家标准委共同印发《关于鼓励、引导和规范工商联所属商会开展团体标准化工作的意见（试行）》。4月，全国工商联正式成为国务院标准化工作部际协调联席会议成员单位。参与《国家标准化战略纲要》编制咨询和论证工作。举办两期“民营企业标准化公益大讲堂”。10月10日，全国工商联与国家市监总局联合召开民营经济领域标准化工作推进会，这是工商联系统首次召开标准化方面会议，双方签订战略合作协议。10月，成立全国工商联标准化工作委员会，12月10日召开第一次全体会议，审议通过标委会《工作规则》和《2021年工作要点》。

六、协同推进构建和谐劳动关系与厂务公开民主管理

完成2019年度劳动关系监测，首次实现省域、年度全覆盖，形成2019年民营企业劳动关系报告。撰写《春节后有关民营企业劳动用工情况的监测报告》专报中央。会同国家三方印发《关于应对疫情影响充分发挥集体协商作用的通知》《关于做好新型冠状病毒感染肺炎疫情防控期间稳定劳动关系支持企业复工复产的意见》，服务“六稳”“六保”。开展“和谐同行”千户企业培育行动、“失业保险惠企政策进民企”特别推送，打造百家金牌劳动争议调解组织。会同全国总工会、国资委等单位开展全国厂务公开民主管理评选表彰，获评先进单位、示范单位的非公企业分别为166家、39家，占比41.5%、39%，较2017年均有提升。

七、加强商会调解能力建设，搭建调解服务信息化平台

会同最高人民法院立案庭共同举办商会调解能力建设暨调解服务平台管理员网络培训班，4200余人实名参训，“网络直播+回看播放”覆盖13.7万人次。指导全国工商联新能源商会等6家直属商会成立人民调解组织，目前全国工商联直属商会已成立8家人民调解委员会。截至2020年7月，工商联已建立各类商会调解组织2051家，调解员9724名，覆盖九成以上省份，2018年至今调解矛盾纠纷65285件。会同最高法院研发商会调解APP、微信小程序，2020年10月平台上线后入驻平台工商联组织达1941家，商会调解组织448家，调解员477名，在线开展诉调对接案件704件。

八、深化部际合作，形成服务保障民营经济发展新合力

2020年4月，与最高人民法院共同召开座谈会，就加强交流合作、推动民营经济平等保护深入交换意见。10月，与最高法院联合印发《关于建立健全人民法院与工商联沟通联系机制的意见》，与公安部签署《关于加强服务保障民营经济合作框架协议》。与检察机关在全国范围内共同举办“服务‘六稳’‘六保’护航民企发展”检察开放日活动，国家和省市县齐行动，取得良好成效。与检察机关密切合作、形成促进民企发展合力的做法获评工商联系统2020年度工作实践创新成果三等奖。与国家知识产权局共同细化落实《2020—2021年贯彻落实〈关于强化知识产权保护的意见〉推进计划》有关工作措施。参与非法集资部际联席会议，做好非法集资防范宣传工作。

九、坚持眼睛向下、重心下移，有力有序开展联系调研

适应疫情防控需要，以网络连线、视频交流、电话访谈形式对山西、广西开展访谈活动，受到全国工商联主要领导批示肯定。8月—11月间，鲁勇副主席率队赴山西、广西、吉林，就民营经济领域学习贯彻十九届五中全会精神、各地优化营商环境情况和民营经济人士思想状况开展实地调研，全国工商联2位企业家副主席、2位直属商会会长以及24位企业家执委一同调研，共走访9个地市、11个县级工商联和9家商会、36家民营企业、12家个体工商户，召开7场座谈会，访谈18位民营企业家。联系调研达到了预期目的，随行企业家还在广西开展项目签约，助推了当地经济发展。

十、以党建工作为部门中心工作提供精神动力和有效保证

认真落实机关党建“六好”工作机

制，支部书记履行“一岗双责”，推动部门创先争优。持续推进“两学一做”学习教育常态化制度化，加强理论武装，落实“三会一课”制度，寓党性教育于支部活动，着力实现“党建聚人心、党建促发展”的目标。坚持问题导向，围绕制度建设、党风廉政建设做好日常性查摆，驰而不息克服形式主义、官僚主义，不断加强支部建设，支部被全国工商联机关党委授予2016—2020年度先进基层党组织。

（毛红杏）

【举办第二届民营经济法治建设峰会】 2020年10月30日，习近平总书记在民营企业座谈会上的讲话发表两周年之际，第二届民营经济法治建设峰会隆重举行。最高人民法院党组书记、院长周强，最高人民检察院党组书记、检察长张军，全国政协副主席、全国工商联主席高云龙，司法部党组成员、副部长熊选国，公安部党委委员、部长助理陈思源作主旨演讲，中央统战部副部长，全国工商联党组书记、常务副主席徐乐江主持峰会。

会上，周强、高云龙启动了商会调解服务平台，最高人民检察院发布了支持民营经济发展的12个典型案例，陈思源与全国工商联党组副书记、副主席樊友山代表公安部、全国工商联签署了《关于加强服务保障民营经济合作框架协议》，熊选国为6位获得民营企业公司律师资格的代表颁发了证书，全国工商联党组成员、副主席鲁勇发布了全国工商联首份“法治民企”报告。新希望集团有限公司董事长刘永好、正泰集团董事长南存辉、武汉高德红外股份有限公司董事长黄立代表民营企业家做大会发言。

峰会采取电视电话会议+网络直播形式召开。最高人民检察院副部级专职委员万春，全国工商联党组成员、副主席李兆前，全国工商联党组成员、副主席邱小平，全国工商联党组成员、秘书长赵德江，中央统战部、最高人民法院、最高人民检察院、公安部、司法部、全国工商联有关负责同志，全国工商联机关部门、直属商会负责同志，地方工商联、商会、中小微民营企业代表180余人在主会场参会。各省级公检法司机关、工商联有关领导和负责同志，在32个分会场参会，市县公检法司机关、工商联及所属商会、民营企业通过直播收听收看峰会实况。

（李强）

【召开民营经济领域标准化工作推进会，开创标准化工作新局面】 2020年10月10日，全国工商联、国家市场监督管理总局在京联合召开民营经济领域标准化工作推进会，共促民营企业提质升级，共推商会团体标准建设，以高标准助力高质量发展。全国政协副主席、全国工商联主席高云龙，国家市场监督管理总局党组书记、局长张工出席会议并讲话，中央统战部副部长，全国工商联党组书记、常务副主席徐乐江主持会议。

高云龙指出，大力推进民营经济领域标准化工作，是深入落实习近平总书记关于标准化工作重要指示精神、有效实施国家标准化战略的重要内容，是促进民营企业提质升级、为商会赋能提能增强自律能力的重要途径，对于推进国家治理体系和治理能力现代化、推动构建双循环新发展格局、促进“两个健康”具有重要意义。高云龙强调，广大民营企业要进一步强化标准化意识，加大标准化创新力度，注重提升品牌标准化，助力品牌强国战略的实现。高云龙要求，工商联所属商会要大力推开团体标准建设，加快健全商会标准化工作机制，发挥团体标准在行为引导、规则约束等方面的积极作用，以团体标准建设更好地提升商会的服务能力、引导能力、自律能力。高云龙强调，各级工商联要切实抓好标准化推进工作，在“三个助力、一个主导、一个协同”上发力用力，助力国家标准化战略实施，助力民营企业迈向高质量，助力民营企业“走出去”，在工商联所属商会团体标准建设上发挥主导作用，在促进标准国际互联互通上发挥协同作用，推动民营经济领域标准化工作不断开拓新局面。

张工指出，以习近平同志为核心的党中央高度重视民营经济发展，做出一系列推动民营经济发展的重大决策部署。全国工商联、市场监管总局共同推动民营经济领域标准化工作，是补足民营经济发展短板和有效实施标准化战略的重大举措，更是围绕中心服务大局、促进经济高质量发展的职责使命。

徐乐江要求，各级工商联及所属商会要高起点站位，深刻领会习近平总书记关于标准化工作的重要指示精神，认真落实中央一系列决策部署，大力践行新发展理念，主动融入新发展格局，以高标准助推民营经济高质量发展，以高标准引领民营企业提质升级，以高标准提升商会服务能力，切实增强运用标准推进工作的素养本领和民营企业的核心竞争力。

会上，国家市场监督管理总局党组成员、副局长、国家标准化管理委员会主任田世宏，全国工商联党组成员、专职副主席鲁勇，代表国家标准化管理委员会和全国工商联签订战略合作协议。全国工商联党组成员、秘书长赵德江宣读关于成立全国工商联标准化工作委员会的决定，与会领导为委员会成员颁发聘书。国际标准化组织（ISO）前主席张晓刚担任主任。会议采取电视电话会议形式召开。中央统战部四局局长张天昱、民营企业代表等160多人在全国工商联主会场参加会议。各省级工商联、市场监管部门主要负责同志，相关部门负责同志以及地市工商联代表，商会和民营企业代表在31个省(自治区、直辖市)和新疆生产建设兵团分会场参加会议。同时，会议通过网络平台，面向基层市场监管部门、工商联及所属商会、民营企业现场直播。

（吕菊萍）

【举办民营企业标准化公益大讲堂】 2020年5月8日，为贯彻落实习近平总书记关于统筹推进疫情防控和经济社会发展的重要指示精神，加强标准化支撑服务，支持民营企业有序复工复产，全国工商联法律部和国家市场监督管理总局标准创新管理司联合举办了线上“助力民营企业复工复产标准化公益大讲堂”活动，此次活动由国家标准技术审评中心承办。全国工商联副主席鲁勇和市场监管总局副局长、国家标准委主任田世宏分别对办好标准化大讲堂提出工作要求。此次公益大讲堂在钉钉上举办，培训对象为各省级工商联标准化工作部门负责人、全联直属商会秘书处负责人、民营企业及部分地市工商联，实时在线观看直播的有2400余人，截至5月11日9时，观看（直播+回放）人次为8937，点赞数达到7883个。国家标准技术审评中心审评一部主任郭丹介绍了新型标准体系建设及体系化应用，认证认可技术研究中心主任刘宗德介绍了合格评定支撑贸易便利化、突破冲突壁垒的研究与应用。讲座宣传普及了标准化知识，介绍了标准及合格评定工作支撑贸易便利化的重要信息，提升了工商联及所属商会和广大民营企业积极实施标准化战略意识，以标准“走出去”带动企业和产业“走出去”，为广大民营企业疫后复工复产实现高质量发展，蓄力加油鼓劲，获得了地方工商联、商会和企业广泛好评。

2020年11月27日，为深入贯彻落实国家标准化战略，培育和发展具有市场竞争力和国际竞争力的团体标准，助力民营企业高质量发展，全国工商联法律部、市场监管总局标准创新管理司联合举办第2期“民营企业标准化公益大讲堂”活动。活动由国家标准技术审评中心承办，通过网络直播方式面向各级工商联及所属商会、民营企业介绍相关知识。中关村华清石墨烯产业技术创新联盟秘书长戴石锋、国家标准技术审评中心审评一部主任郭丹、审评中心审评一部金燕芳博士、中国标准化研究院资源与环境分院院长林翎，分别以“全国团体标准信息平台操作介绍”“新型标准体系中的团体标准”“团体标准制修订程序”“企业标准‘领跑者’制度建设及实施”为题进行了辅导讲解和经验分享，获得广泛好评。

（吕菊萍）

【召开全国工商联标准化工作委员会第一次全体会议】2020年12月10日，全国工商联标准化工作委员会在京召开第一次全体会，深入学习习近平总书记民营企业座谈会、企业家座谈会上重要讲话精神，认真领会党的十九届五中全会精神，围绕落实全国工商联、国家市场监管总局民营经济领域标准化工作推进会部署展开研究，审议通过了全国工商联标准化工作委员会《工作规则》和2021年《工作要点》。全国工商联党组成员、副主席鲁勇到会讲话，全国工商联标准化工作委员会主任张晓刚主持会议，副主任黄立、朱建民、寿子琪出席会议。

鲁勇指出，标准是工商联推动民营企业提质升级、迈向高质量发展的重要抓手，是赋能商会、发挥商会自律作用的重要载体，是商会拓展国际交往、协调利益分歧、破解经贸壁垒、助力“走出去”的重要依托。要全面贯彻习近平总书记关于标准化工作的一系列重要指示，深入落实党的十九届五中全会工作部署，深入研究新发展阶段，以标准引领民营经济高质量发展，为商会赋能、为企业增信的方法、路径和机制。要按照高云龙主席、徐乐江书记、张工局长在民营经济领域标准化工作推进会上提出的要求，抓好全国工商联、国家标准委联合印发的指导《意见》和战略合作协议的落地，在“十四五”开局之年开好新局。

鲁勇强调，要办好民营企业标准化公益大讲堂活动，抓好民营企业标准“领跑者”活动、民营企业对标达标活动，强化意识、普及知识、提升素养、增强能力，树好标杆、推广经验、保护产权，要对标找差距、对表查不足、对症促改进。积极筹办民营经济领域标准创新大会，加快聚合标准化工作的企业专业队伍、商会工作队伍、工商联指导队伍。积极探索“融进去”和“走出去”工作机制，商会团体标准体系和认证办法，摸索路径，积累经验。

全国工商联标准化工作委员会成员，国家市场监管总局标准创新管理司相关负责同志出席会议。会上，美团、贝壳等特邀企业代表介绍了开展标准化工作的做法。

（吕菊萍）

【坚持源头参与，有效开展立法协商】坚持源头参与，着力改进立法协商征求意见工作，制定《全国工商联法律部立法协商征求意见办法（试行）》，建立立法协商工作基层联系点，在湖北、山西、吉林、广西四家联系调研省份，通过地方推荐、特点筛选等方式，选取8家县级工商联作为立法协商工作基层联系试点，并建立微信群等日常联系机制，广泛收集民营企业立法诉求和建议。全年参与制定修订个人信息安全法、契税法、增值税法、企业破产法、仲裁法和植物新品种保护条例等法律法规和规范性文件78部，通过推动相关法律法规立改废释降低民营企业的制度性交易成本，争取普惠性法律政策支持，促进法治化营商环境不断改善。

（刘晓琳）

【深入开展民营企业“法治体检”活动，服务疫情防控和企业复工复产】3月11日，司法部、全国工商联、全国律协联合印发《关于深入开展民营企业“法治体检”活动 服务疫情防控和企业复工复产的通知》（以下简称《通知》）。全国各级工商联提高政治站位，靠前作为、勇于担当，聚焦主责主业，以开展专项“法治体检”活动为契机，着力实现疫情依法防控与有序复工复产的双轮驱动、互促共进。

全国工商联法律部积极加强对地方工商联贯彻落实《通知》确定的目标任务和服务内容的统筹指导，及时答疑解惑、统一认识，凝聚工作合力。各地工商联与司法行政机关和律协积极谋划部署、细化活动落实，纷纷成立领导小组或建立健全联席会议制度、印发实施方案，多措并举保障活动质效。如，专门组建律师志愿服务团开展工作，推动成立民营企业“法治体检”常态化服务中心，开展“三进三送”“四进四送”等专项行动，设定重点体检对象并开展“大走访”行动，通过大讲堂开展讲座、以案释法，借助公众号、微信、抖音以及信息化手段开展线上体检、制作宣传微视频，在“3·15”“4·26”“6·14”等时间节点开展专项宣传，开展风险点排查评估和预警提示、切实强化“治未病”，发挥商会调解组织作用、助企定分止争，加强与行政和司法机关沟通联系、帮助企业稳工复产和纾困解难。据不完全统计，全国范围内开展活动3万多场次，覆盖民营企业17万多家，取得较好的阶段性成效。

（刘登森）

【召开全国工商联法律服务工作会议】为深入贯彻习近平总书记关于统筹推进疫情防控和经济社会发展重要指示精神，统筹加强常态化疫情防控中工商联法律服务工作，助力民营企业依法有序推进疫情防控、复工复产与构建和谐劳动关系工作，全国工商联于4月8日至9日分别采取网络及视频方式召开了法律服务工作会议。全国政协副主席、全国工商联主席高云龙，中央统战部副部长，全国工商联党组书记、常务副主席徐乐江提出要求，全国工商联党组成员、副主席鲁勇出席会议并讲话。各省级工商联分管法律服务工作的副主席和相关处室负责人、全国工商联直属商会负责人参加会议。

高云龙指出，法治是最好的营商环境。在以习近平同志为核心的党中央坚强领导下，坚持在法治化轨道上优化营商环境、反映企业家关切诉求、维护民营企业合法权益、推进法治民企建设，始终是工商联的一项重要职责。2019年，工商联法律服务工作迈上了新台阶：与公检法司机关的沟通联动更加紧密，促进法治化营商环境建设取得了重要成果；“法治体检”“法律三进”、商会调解持续推进，培育了“民营经济法治建设峰会”新品牌，提升了立法协商与个案维权新成效，展现了构建和谐劳动关系新作为，开拓了商会团体标准化建设新领域。特别是面对新冠肺炎疫情，各级工商联努力以主动的法律服务助力民营企业疫情防控、复工复产、化解纠纷、稳定就业，取得了积极成效。

高云龙强调，2020年是全面建成小康

社会和“十三五”规划的收官之年。各级工商联及所属商会要始终坚持以习近平新时代中国特色社会主义思想为指导，紧扣“两个健康”工作主题，把法律服务工作摆在更加突出的位置抓好抓实抓细，持续推进法治观念立起来、法治民企建起来、法律服务强起来、营商环境靓起来，以法律维权服务的新成效，助力民营企业走向更加广阔的舞台。

徐乐江指出，过去一年，各级工商联及所属商会法律服务工作可圈可点，亮点很多，感谢大家付出的辛勤努力，祝贺大家取得的可喜成果。当前，我们正处在实现“两个一百年”奋斗目标的历史交汇点上。面对错综复杂的形势和新冠肺炎疫情的挑战，我们更深切体会到习近平总书记指出的“中华民族伟大复兴，绝不是轻轻松松、敲锣打鼓就能实现的”深刻含义。

徐乐江要求，各级工商联及所属商会要紧紧团结在以习近平同志为核心的党中央周围，树牢“四个意识”、坚定“四个自信”、做到“两个维护”，聚焦“两个健康”，全面贯彻习近平总书记关于统筹推进疫情防控和经济社会发展重要指示精神，认真落实高云龙主席在全国工商联十二届三次执委会上的部署要求，更充分地发挥法律服务作用。要结合形势要求和民企需求，更主动地参与立法协商，推进“法律三进”“法治体检”常态化，抓实依法维权个案服务，扎实推进商会调解，持续推进法治民企工程。要有力推开商会团体标准化工作，在深化商会改革中为商会进一步赋能提能。各省级工商联、直属商会的主要领导要高度重视法律服务工作，下移重心，贴近一线，努力开创新形势下工商联法律服务工作的新局面。

鲁勇在讲话中简要回顾了2019年全国工商联深入贯彻以习近平同志为核心的党中央做出的一系列决策部署特别是“法治是最好的营商环境”重要指示，共促“法治观念立起来”“法治民企建起来”“法律服务强起来”“营商环境靓起来”所做的努力、取得的成效，就落实中央部署和全国工商联安排，抓好当前工商联及所属商会法律服务工作做了具体部署。强调要在常态化疫情防控中进一步强化民营企业法律服务工作，努力实现法治环境与法治民企、法治民企与德治民企、维护权益与培育法商、发挥作用与提升能力的统筹抓，在统筹疫情防控和促进复工复产大考中，充分展现工商联及所属商会法律服务工作的担当作为。

在网络互动交流中，各省级工商联围绕优化法治营商环境、参与立法协商、深化守法诚信教育、商会团体标准建设、和谐劳动关系构建、促进商会调解工作、完善法律维权机制、引导企业防范化解风险、抗击疫情复工复产等议题展开了互动交流。

（刘晓琳）

【召开全国工商联法律服务和劳动关系委员会全体会议】2020年3月31日，为充分发挥专委会优势，助力疫情防控形势下工商联法律服务工作，全国工商联法律服务和劳动关系委员会第三次全体会议以网络会议方式召开。全国工商联党组成员、副主席鲁勇，全国工商联副主席、法律服务和劳动关系委员会主任、正泰集团董事长南存辉，中国民间商会副会长、法律服务和劳动关系委员会执行主任、陕西荣民控股集团董事长史贵禄出席会议并讲话。

会上，南存辉、史贵禄就做好今年法律服务保障，助推民营企业发展发表了意见。五位专家介绍了2019年专委会课题研究进展情况及下一步打算。陈宜芳、刘喆、舒国华、李俊四位委员分别介绍了最高法、最高检、司法部、人社部在各自领域依法服务保障民营经济发展的新政策和新举措。会议就“工商联贯彻落实十九届四中全会《决定》的法律服务举措”，“抗击新冠肺炎疫情工商联法律服务工作助推地方经济社会发展”“在公共卫生体系建设中充分发挥工商联及所属商会法律服务作用”等课题进行了交流讨论。

鲁勇在总结讲话中，首先代表全国工商联，代表高云龙主席、徐乐江书记向大家表示问候，对大家认真履行专委会职责，特别在抗击新冠疫情、推动民营企业复工复产中发挥的积极作用表示感谢！他表示，在特殊条件下，专委会采取网络会议方式加强交流、推进工作是一种创新，大家主动担当，推动工作取得了阶段性成果。他指出，推动法治民企建设、促进营商环境优化，是专委会服务“两个健康”的重要任务，希望各位专家进一步加强分工协作，抓好课题研究、应用转化等工作，力争形成一批有份量的成果。要立足当期、着眼中长期，立足非常态、着眼常态，从工商联及所属商会视角，围绕促进国家治理体系和治理能力现代化建言献策,为推进民营经济健康发展和民营经济人士健康成长做出新贡献。

（刘登森）

【发布法治民企报告（2020）】“企业家要做诚信守法的表率”，这是习近平总书记对企业家的殷殷嘱托。在民营企业座谈会上，总书记更强调，民营企业家要“练好企业内功”“在合法合规中提高企业竞争能力”。为深入贯彻习近平总书记重要指示精神，统筹推进法治营商环境和法治民企建设，全国工商联启动了“法治民企”工程，会同中国人民大学开展了抽样调查，就企业治理、商业模式、公司章程、合同管理、劳动者与消费者权益保护等情况进行了问卷分析，同时收集了各行各业民营企业法治实践的典型案例。为进一步了解疫情防控形势下依法治企状况和法律服务需求，全国工商联在与司法部、全国律协联合开展“法治体检”活动中，总结走进近17万家民营企业相关情况，形成了法治民企报告，在第二届民营经济法治建设峰会上发布。

报告显示，在走向市场化、法治化、国际化过程中，面对提质升级要求、市场竞争压力和不确定因素风险，越来越多的民营企业更加注重提升守法经营能力，更加重视依法规范企业经营行为，更加看中企业法务工作和全员法商素质培养。推进法治民企建设值得关注六方面问题：一是一些控股股东、实际控制人法治意识缺乏，股东会、董事会、监事会运作不规范，规章制度不完善。二是对民营企业腐败危害性认识不足，企业内部防腐机制不落实问题。三是公司章程注重一般硬性规定，但存在千篇一律现象。四是不重视合同法律风险防范，不经法律顾问把关，疏于审查交易对方和担保人情况，轻率签订合同，极易引发合同纠纷甚至造成损失。五是相关领域市场规制尚不完善，存在以商业模式创新为名的违法经营风险。六是对劳动者、消费者权益保护有关法律法规落实不到位，极易导致矛盾纠纷发生。

推进法治民企建设是一项久久为功的基础工程，更是一项需要协同发力、内外发功的联动工程。就进一步持续推进法治民企建设，提出如下建议：

第一，在良法善治上协同发力。持续深入贯彻习近平总书记“法治是最好营商环境”重要指示和党中央推进全面依法治国战略部署，共促法治观念立起来、法治民企建起来、法律服务强起来、营商环境靓起来。

第二，在法治民企上久久为功。崇尚法治精神，坚守诚信守法经营之道；增强法治素养，大兴尊法学法用法之风。共同努力，让谋发展有法治思维、搞经营有守法意识、谈诉求有法理思考、打官司有用法能力转化为广大民营企业的自觉行动。

第三，在助企良治上持续用力。坚守法律至上，坚持问题导向，特别是针对上述反映的问题，从理念、制度和实践三个层面不断完善和落实相关治理措施。加快法治政府建设步伐，完善相关领域市场规制，提升失信违法成本。完善容错纠错机制，为合法商业模式提供制度保障，严控违法空间。健全涉企腐败平等查处规制，严打腐败行为，严控外部诱因。

第四，在事业传承上未雨绸缪。大力弘扬企业家精神，进一步健全相关法律法规和引导政策，助力民营企业做好事业传承、文化传承、财富传承。

第五，在依法维权上形成合力。持续加强维护民营企业和企业家合法权益落实工作，在保障政法机关独立行使职权前提下，加大法律维权服务力度，让广大民营经济人士在每一案件审理审判中，充分感受党的温暖，充分感受法治的公平正义。

（刘晓琳）

【举办“宪法宣传周”主题活动】为迎接2020年宪法宣传周，全国工商联法律部11月中旬在山西开展联系调研时分三个小组分赴山西喜跃发集团、山西百信信息技术有限公司、山西科达自控股份公司开展“法律进企业”活动，在宣传宪法及宪法修正案的同时，还就企业合规经营和风险防范、完善内部治理、依法用工、税法运用、知识产权保护等进行宣讲，进一步引导企业尊法学好守法用法，不断提高依法治理水平，实现高质量发展。期间，向山西省工商联赠送150本《民营经济人士网络和信息安全政策法规应知应会手册》，供其开展普法宣传之用。

宪法宣传周期间，全国工商联积极开展全屏法治宣传活动，法律部编辑整理了法治宣传系列知识普及——2020年全国“宪法宣传周”活动主题、2020年“宪法宣传周”挂图（共4幅）以及有关民法典的释义精解，在机关电子显示屏播放，进一步提高机关干部法治意识。同时，机关党委、综合党委还向全体机关干部发送法律出版社出版的《中华人民共和国民法典》，该书附民法典草案说明，有利于机关干部全面准确学习领会民法典的核心要义和重点内容。

（刘登森）

【举办全国工商联2020年民营企业法律风险防范与合规管理培训班】为提升民营企业法律风险防范与合规管理水平，服务“六稳”“六保”，9月9日至10日，法律部采用网络直播形式举办全国工商联民营企业法律风险防范与合规管理培训班。全国工商联党组成员、副主席鲁勇出席开班式并讲话，全国工商联法律部副部长王洪武主持。全国工商联执委企业法务工作负责人、各省级工商联法律部门和全国工商联直属商会等300余人通过会议系统参加培训，整个培训通过“中国移动和直播”“百度直播”“快手直播”和“头条直播”4个平台同步直播，近10万人通过直播平台观看了学习课程。培训共设置4门课程，特邀最高人民法院民二庭庭长林文学、最高人民检察院第四检察厅副厅长王建平、司法部国际关系合作局副局长张晓鸣、北京知识产权法院高级法官司品华等专家授课围绕民法典涉企条款、企业刑事法律风险防范、知识产权保护和长臂管辖等与企业经营管理和发展密切相关的专题为学员作了授课。培训还设置了线上交流环节，由三家企业介绍自身法律风险防控和合规管理的经验做法，促进企业间相互学习提高。

（冯笑英）

【与最高人民法院联合印发《最高人民法院、全国工商联关于建立健全人民法院与工商联沟通联系机制的意见》】为深入贯彻落实党中央关于服务保障民营经济发展的决策部署，建立健全人民法院与工商联沟通联系机制，为民营经济发展营造良好法治环境，2020年10月16日，最高人民法院、全国工商联共同出台《关于建立健全人民法院与工商联沟通联系机制的意见》，共同推动加强民营经济领域产权保护，坚决依法保护企业家人身和财产安全。意见全文共14条，主要包括健全日常联系机制、完善民主监督机制、建立联合调研机制、建立信息互通共享机制、推进矛盾纠纷多元化解机制建设、探索建立民营企业司法重整工作机制、探索建立民营企业涉外涉港澳台法律服务机制等七个部分，围绕如何更好地服务保障民营经济发展进行交流，明确了双方根据工作需要定期举办主要会领导出席的高层会商，积极推动民营企业家、工商联和商会工作人员担任特约监督员、人民陪审员，依法及时交流通报办理民营企业和民营企业家司法诉求的情况以及推动有关建议落实情况，邀请参加涉及民营企业发展、产权保护、优化营商环境、纠纷解决等司法保护问题调研，共享调研成果，有效使用司法建议等多条具体举措，在联动机制保障下依法公平解决一批涉及民营企业的平等保护问题。

（冯笑英）

【举办“工商联法律维权服务在行动”主题展】2020年7月28日，全国政协副主席、全国工商联主席高云龙，中央统战部副部长，全国工商联党组书记、常务副主席徐乐江在机关一层大厅参观由法律部主办的“工商联法律维权服务在行动”主题展。全国工商联党组成员、副主席邱小平、鲁勇等会领导，出席全国工商联十二届五次常委会的部分常委以及机关有关部门负责同志陪同参观。

此次法律维权服务主题展旨在深入贯彻落实党的十九届四中全会精神，宣传各级工商联及所属商会法律维权工作成效、提升工商联法律维权服务影响力。本次展览形式多样、内容丰富，既有工商联法律维权书籍、民营企业赠送的感谢锦旗等实物展示，又有各级工商联、商会近年来法律维权工作成效电子展示。高云龙主席、徐乐江书记积极评价工商联法律维权工作取得的成绩，对各级工商联、商会在法律服务方面付出的努力给予肯定，并对今后的法律维权工作提出了希望和要求。

（焦鑫）

【与最高人民法院召开座谈会】4月22日上午，全国工商联、最高人民法院就深入贯彻习近平总书记关于统筹推进疫情防控和经济社会发展重要指示精神，依法平等保护民营经济，为民营企业复工复产提供司法保障和法律服务进行座谈。最高人民法院党组书记、院长周强，全国政协副主席、全国工商联主席高云龙出席会议并讲话。中央统战部副部长，全国工商联党组书记、常务副主席徐乐江主持座谈会。最高人民法院党组副书记贺荣、审判委员会专职委员刘贵祥，全国工商联党组成员、副主席鲁勇，党组成员、秘书长赵德江出席座谈会。最高人民法院、全国工商联有关部门负责同志参加座谈。

周强表示，人民法院要认真学习贯

彻习近平总书记重要讲话精神，增强“四个意识”、坚定“四个自信”、做到“两个维护”，坚决贯彻党中央决策部署，依法公正高效做好审判执行工作，统筹推进疫情防控和经济社会发展工作，为实现“六保”提供有力司法服务和保障。民营经济是推动社会主义市场经济发展的重要力量，在常态化疫情防控形势下，要更加重视和发挥民营企业在推动发展、促进创新、增加就业、改善民生、扩大开放等方面不可替代的重要作用，要充分发挥审判职能作用，保障民营企业复工复产，促进经济社会秩序全面恢复，进一步深入贯彻落实习近平总书记在民营企业座谈会上的重要讲话精神，坚决依法平等保护民营企业和企业家合法权益。

高云龙表示，工商联要认真贯彻习近平总书记重要指示精神，坚决落实中央部署，紧扣“两个健康”，以有力的工作举措和有效的法律服务，助力民营企业加快复工复产、恢复秩序。要进一步加强合作交流，完善联系机制，推动层层联动，不断推出新举措营造法治化营商环境、推进法治民企建设、探索依法维权服务经验、开拓部际协调联动领域，努力把法治保障、法律服务贯穿于促进民营企业复工复产、恢复秩序、化解纠纷、排查风险全过程，强化平等保护、公正司法、依法维权、法治民企建设，大力培育办事依法、遇事找法、解决问题用法、化解矛盾靠法的法治环境。

徐乐江表示，疫情发生以来，最高人民法院坚决贯彻习近平总书记重要指示和中央决策部署，及时出台多个指导意见和司法解释，着力为统筹推进疫情防控和经济社会发展提供有力司法保障，体现了人民法院司法为民的责任担当，赢得了广大民营企业的好评，要坚决贯彻落实党中央决策部署，强化法治理念、底线思维，以有力的法治保障和法律服务助力“六保”工作，助推民营企业加快复工复产、恢复秩序，坚定发展信心，努力克服疫情冲击和经营困难。

（冯笑英）

【服务民营企业法律维权】全国工商联始终高度重视民营企业家的财产保护、人身安全保护，积极发挥群团组织维护权益的职能，扎实推进合理合法诉求的个案维权服务工作，引导企业诚信守法经营、依法维权。2020年，维权中心全年共受理各级工商联、商会和民营企业反映诉求案件72件，案件涵盖刑事、民商、知识产权、执行与破产重整等类型，重点参与了均瑶集团资产被超标查封、“江小白”商标纠纷、重庆零壹空间科技公司公司账户被冻结等多起重要案件的调处工作，发挥法律维权服务中心作用，依托属地工商联，借助法律维权服务中心律师团的专业力量，指导企业纠纷处置，根据需要向最高人民法院、最高人民检察院、公安部等单位联系责任部门反映企业法律诉求，全年推动17件案件得到妥善解决或取得重大进展，取得较好效果，其余案件均在推动解决中。

（冯笑英）

【完成《民营企业诉讼风险数据分析报告（2019年）》《2020年民营企业高管刑事法律风险研究报告》】2020年，全国工商联法律部联合中国司法大数据研究院共同完成了《民营企业诉讼风险数据分析报告（2019年）》，报告依托人民法院大数据管理和服务平台，就2019年全国各级人民法院一审新收和审结涉民营企业的案件和判决文书数据进行了专项研究。报告通过对2019年企业涉诉数据的分析，提炼总结了民营企业涉诉的基本情况和特点，并提出对策建议。相比以往，此次报告在独角兽企业涉诉情况、企业涉用工类案件、涉融资类案件、涉税案件等方面进行了更深入的数据挖掘，对引导企业防范法律风险、加强合规建设具有指导借鉴意义。

2020年，全国工商联法律部与北京师范大学中国企业家犯罪预防研究中心共同完成了《2020年民营企业高管刑事法律风险研究报告》。该报告依托中国裁判文书网，就2019年全国各级人民法院公开的涉民营企业高管刑事犯罪的判决文书数据进行了专项研究，通过对2018年和2019年相关数据的分析，总结出了民营企业高管刑事犯罪总体情况、高发指数（空间、环节、高频罪名）的基本情况和特点，并提出了相应的风险预警与防控建议。此次报告首次将两年的高管犯罪情况及罪名进行对比，体现年度变化，对综合掌握民企高管犯罪情况、引导企业防范刑事法律风险、加强合规建设具有指导借鉴意义。

（焦鑫）

【与最高人民检察院联合举办检察开放日活动】10月30日，最高人民检察院与全国工商联联合举办“第36次检察开放日暨第31期德胜门大讲堂”活动，最高检党组书记、检察长张军向参加活动的各界代表发表了热情洋溢的致辞，介绍了检察机关在疫情防控期间出台服务保障“六稳”“六保”11条意见，37项具体检察政策中有22项涉及民营企业权益保护，落实“少捕慎诉”司法理念，部署开展涉民营企业刑事诉讼“挂案”及刑事申诉积案专项清理工作，健全涉产权冤错案件有效防范和常态化纠正机制，加大对涉民营企业虚假诉讼、恶意诉讼的惩治力度等一系列服务保障民营经济发展工作，并对检察机关落实党的十九届五中全会精神、更好服务“六稳”“六保”，护航民企发展发出“动员令”。全国政协副主席、全国工商联主席高云龙致辞，他表示，长期以来，检察机关始终坚持高起点站位，努力为民营经济健康发展提供优质检察产品和法治保障。全国工商联将认真领会党的十九届五中全会精神，持续深入贯彻习近平总书记“法治是最好的营商环境”重要指示精神，和检察机关一道共强法治，协力同心，持续推进法治观念立起来、法治民企建起来、法律服务强起来、营商环境靓起来。

最高检党组副书记、常务副检察长童建明主持欢迎仪式。全国工商联党组成员、副主席鲁勇，最高检检委会专职委员万春出席活动。最高检和全国工商联有关部门负责人参加活动。致辞环节后，在最高检工作人员的带领下，参加开放日活动的嘉宾分成四路，有序地参观了最高检网管中心、案件管理大厅、人民检察史展览陈列室、最高检检委会会议室等地。

此次开放日还以“落实宽严相济刑事政策，促进企业合法合规经营”“加强知识产权司法保护，创造良好发展环境”为主题开展网络直播和互动交流。6位全国人大代表、全国政协委员，70余位民营企业家，法律专家、律师、工商界代表和人士、首都8所高校法律和工商管理类专业在校大学生代表等近200人参加活动，约240万人次观看直播。

（冯笑英）

【印发《全国工商联关于进一步做好民营企业疫情防控法律服务工作的通知》】2月10日，为深入贯彻落实习近平总书记关于为疫情防控提供有力法治保障和法律服务重要指示精神，全国工商联下发《关于进一步做好民营企业疫情防控法律服务工作的通知》，要求各省级工商联和直属商会强化疫情防控普法宣传、法律服务，稳妥做好疫情期间矛盾纠纷化解工作、促进民营企业依法有序复工复产。通知围绕统一思想，依法科学有序做好疫情防控工作、加强法律服务的领导、创新开展法律服务工作、加强联动以支持民营企业复工复产、主动作为努力化解矛盾纠纷防范风险、靠前服务积极稳妥做好依法维权工作等内容明确了具体服务举措。疫情发生后，各级工商联及所属商会按照习近平总书记关于防控新型冠状病毒感染的肺炎疫情重要指示和中央做出的一系列决策部署，为抗击疫情、复工复产、稳妥处理劳动关系做出了大量工作，为民营企业依法有序复工复产和健康发展贡献了不可忽视的力量。

（冯笑英）

【组织商会调解能力建设在线培训】 为有效落实最高人民法院、全国工商联《关于发挥商会调解优势，推进民营经济领域矛盾纠纷多元化解机制建设的意见》，推进商会调解服务平台建设，助力“六稳”“六保”，2020年7月30日上午，全国工商联、最高人民法院启动商会调解能力建设在线培训。地方工商联及所属商会、商会调解组织有关同志，全国工商联直属商会有关同志共4000余人通过线上线下方式参加培训。

培训共安排2天时间，最高人民法院司法改革办公室刘峥副主任、北京市西城区人民法院立案庭舒锐副庭长和优秀商会调解组织负责人围绕多元解纷政策解读、商事调解技巧、商会调解组织运行等专题授课，组织商会调解服务平台技术辅导，安排6家基层法院、地方工商联、商会调解组织代表交流诉调对接、商会调解等情况，还通过建立“飞书”平台，展播各地商会调解经验做法，为各级商会调解人员互动交流、强化服务指导提供支持。

全国工商联党组成员、副主席鲁勇出席开班式并讲话，最高人民法院立案庭庭长钱晓晨致辞，全国工商联法律部副部长王洪武主持，鲁勇充分肯定了近年来各级工商联及所属商会深入落实中央精神，在商会调解统筹推进、协同联动、规范发展、实践创新等方面取得的积极成效。他强调各级工商联及所属商会要对标中央要求，深入学习贯彻习近平总书记重要指示精神和中央关于完善矛盾纠纷多元化解机制建设的决策部署，坚持高起点谋划、高标准推进商会调解工作；要坚持统筹协调，推动商会调解与工商联法律服务有效融合，强化与最高人民法院、司法部的联系合作，主动参与国际商事争端解决机制建设；要鼓励探索创新，支持发展适合行业企业和商会实际的商会调解模式，加大商会调解保障力度，推进商事调解组织建设，努力打造商会调解特色品牌；要坚持重点牵引，加快推进商会调解服务平台建设，构建线下线上一体化商会调解服务网络。

（袁堂军）

【启动工商联商会调解服务平台】 在深入贯彻落实习近平总书记在民营企业座谈会上重要讲话精神过程中，最高人民法院、全国工商联共同推出了《关于发挥商会调解优势，推动民营经济领域纠纷多元化解机制建设的意见》，携手开发了“工商联商会调解服务平台”。2020年10月30日，最高人民法院党组书记、院长周强，全国政协副主席、全国工商联主席高云龙共同启动“工商联商会调解服务平台”正式上线运行。

平台聚焦服务商会和民营企业开展线上线下纠纷调解，配套开发了商会调解APP、微信小程序，具备服务管理、在线调解、诉调衔接、统计分析等四大功能。当事人通过平台，可以在线提请调解。商会调解组织根据当事人申请、法院分派等方式，指派调解员开展调解。调解员可以通过手机APP受理案件，邀请当事人视频调解，在线生成调解协议并由当事人在线确认。商会调解组织、调解员、当事人还可以通过平台将生效的调解协议在线申请司法确认。对于调解不成功的，当事人通过平台在线申请立案，实现诉调有序衔接。工商联通过平台可以为商会调解组织、调解员提供服务指导。

启动仪式上，通过视频连线，安徽省天长市人民法院、天长市总商会人民调解委员会介绍了运用商会调解服务平台开展诉调衔接、服务民营经济发展的有关情况。

（袁堂军）

【会同国家三方印发《关于做好新型冠状病毒肺炎疫情防控期间稳定劳动关系、支持企业复工复产的意见》】为贯彻落实党中央关于新型冠状病毒感染肺炎疫情防控工作的决策部署，积极发挥广大企业和职工在疫情防控中的重要作用，全力支持企业复工复产稳定劳动关系，2020年2月7日，国家协调劳动关系三方人力资源社会保障部、中华全国总工会、中国企业联合会/中国企业家协会、中华全国工商业联合会联合印发意见，稳定劳动关系助力企业稳就业稳生产，从劳动用工、工资待遇、企业减负、指导服务等四方面提出了稳定劳动关系支持企业复工复产的多项措施。意见要求，各级协调劳动关系三方要充分发挥三方机制在保企业、保就业、保稳定中的独特作用，结合实际帮助企业制定复工复产的措施，加大对特殊时期企业劳动关系处理的指导服务，把稳定劳动关系支持企业与职工共渡难关作为当前重要工作来抓，为打赢疫情防控阻击战做出积极贡献。

（魏丹）

【开展民营企业劳动关系监测调查】为及时了解民营企业劳动关系状况，研判劳动关系形势，从2014年起，全国工商联会同中国劳动和社会保障科学研究院开展了劳动关系监测工作，2020年是第11次监测。本次监测调查首次依托网络开展，覆盖31个省、自治区、直辖市和新疆生产建设兵团，涉及企业15000余家。

监测显示，多年来，各地按照党中央国务院决策部署积极推动，广大民营企业自觉努力，企业劳动用工更加规范，工资支付状况良好，工时休假制度稳步落实，企业参保情况明显改善，企业内部协商协调机制建设稳步推进，民营企业劳动关系总体和谐稳定，并对新冠肺炎疫情常态化下民营企业劳动关系状况以及对疫情期间有关扶持政策服务和应对举措的效果进行评估。

经过几年的探索，劳动关系监测逐步建立了涵盖劳动用工、工资分配、工时休假、社会保险、协商协调机制建设等内容的监测框架，下一步将围绕“两个健康”工作主题，认真履行企业代表组织职能，积极引导民营企业构建和谐劳动关系，通过加强常态化监测，有效扩大覆盖面，反映聚焦难点问题，形成长期坚持、定期发布的特色品牌。

（刘静）

【与国家三方共同印发《关于应对疫情影响进一步做好集体协商工作的通知》】2020年5月19日，全国总工会、人社部、中国企联和全国工商联联合下发《关于应对疫情影响进一步做好集体协商工作的通知》，要求各级协调劳动三方深入贯彻习近平总书记关于统筹推进新冠肺炎疫情防控和经济社会发展重要指示精神，积极应对疫情影响，发挥集体协商协调劳动关系作用，努力做好“六保”工作，保障职工权益，助力企业发展。

《通知》强调，要发挥集体协商对于助力企业复工复产、稳定职工就业岗位、维护劳动关系稳定的重要作用，深入推进集体协商“稳就业促发展构和谐”行动计划。要针对企业经营发展现状和职工的现实诉求，着力围绕稳定劳动关系开展协商。要创新开展协商的方式方法，在确保程序规范的前提下，因地制宜、线上线下相结合地开展集体协商。

（袁堂军）

【会同国家三方部署开展劳动关系“和谐同行”三年行动计划】2020年9月，国家协调劳动关系三方印发通知，部署实施劳动关系“和谐同行”能力提升三年行动计划。通知明确，自2020年9月至2023年9月在全国范围实施“和谐劳动关系百千万计划”“重点企业用工指导计划”和“企业薪酬指引计划”，推动劳动关系工作方式方法创新，改进和完善对企业劳动用工、工资分配的指导和服务，提升劳动关系公共服务能力和基层调解仲裁工作效能，扎实推进劳动关系治理体系和治理能力建设。

通知要求，各级协调劳动关系三方要充分认识提升构建和谐劳动关系能力，对维护劳动者合法权益、促进企业发展，推进劳动关系治理体系和治理能力现代化的重要性，充分发挥职能优势，调动劳动关系主体双方的积极性，共同推动三年行动计划顺利开展，促进劳动关系和谐稳定。

实施劳动关系“和谐同行”能力提升三年行动计划，是深入贯彻落实党中央、国务院关于构建和谐劳动关系重要部署和党的十九大、十九届二中、三中和四中全会精神的重要举措。各级工商联要与当地人社、工会、企联等部门积极配合，形成工作合力，重点引导企业经营管理者、人力资源管理人员树立构建和谐劳动关系理念，督促企业提高规范劳动用工管理、防范化解劳动关系矛盾纠纷的能力，不断推进劳动关系治理体系和治理能力现代化。

（刘静）

【共同召开全国厂务公开民主管理工作经验交流暨先进单位表彰电视电话会议】2020年12月10日，全国厂务公开民主管理工作经验交流暨先进单位表彰电视电话会议在京召开。会议总结交流近年来各地开展企事业单位民主管理工作的经验做法，研究部署今后工作。全国总工会党组书记、副主席、书记处第一书记、全国厂务公开协调小组组长李玉赋出席会议并讲话。全国厂务公开协调小组成员、全国工商联副主席鲁勇主持会议，全国厂务公开协调小组成员，全总副主席、书记处书记蔡振华宣读《关于表彰全国厂务公开民主管理工作先进单位的决定》。

会上，北京市国资委、上海市总工会、中铁六局集团有限公司、四川德胜集团钒钛有限公司、杭州市西溪医院等受表彰单位代表发言，分享了推进民主管理工作的积极探索和实践成果。会议授予400个单位“全国厂务公开民主管理先进单位”称号，100个单位“全国厂务公开民主管理示范单位”称号，100个单位“全国推动厂务公开民主管理工作先进单位”称号。国务院国资委有关负责同志，全国各级厂务公开协调（领导）小组负责同志，各成员单位有关部门负责同志，受表彰的先进单位代表，驻京央企代表等分别在主会场和分会场参加会议。

（魏丹）

【举行全国工商联直属商会人民调解委员会揭牌仪式】2020年12月23日，全国工商联石材业商会人民调解委员会、全国工商联环境服务业商会人民调解委员会正式成立，全国工商联党组成员、副主席鲁勇，北京市司法局党委书记苗林出席揭牌仪式并讲话。

鲁勇指出，在司法部及各级司法行政部门有力指导下，各级工商联及所属商会认真落实以习近平同志为核心的党中央推进全面依法治国战略部署，商会调解工作取得了积极成效。他强调，党的十九届五中全会为我国经济社会发展擘画了宏伟蓝图、做出了全面部署，中央全面依法治国工作会议、中央《法治社会建设实施纲要（2020—2025年）》对充分发挥行业协会商会重要作用、自律功能提出了明确要求。各级工商联及所属商会要认真学习贯彻习近平法治思想，持续深入落实习近平总书记关于新时代民营经济统战工作重要指示精神和中央决策部署。要坚持高点站位，聚焦协同发力，不断细化举措，增强贯彻自觉；要加强携手联动，推动协力同行，深化与司法行政部门的沟通联系，做实做细做好商会人民调解工作；要秉承依法规范，注重务实创新，拓展推广商会调解服务平台和机制。要主动争取支持，有效做好保障，不断提升商会调解的知悉度、认可度和影响力。

自2018年全国工商联、司法部印发《关于推进商会人民调解工作的意见》以来，各级工商联和司法行政机关共同努力，商会人民调解规模和影响力不断扩大。目前，全国工商联直属商会中已有8家成立了人民调解委员会。

活动由全国工商联法律部副部长王洪武主持，北京市司法局二级巡视员夏涛宣读了成立商会人民调解委员会的复函，司法部人民参与和促进法治局二级巡视员白杰，全国工商联会员部副部长刘建，北京市司法局、北京人民调解协会有关同志，全国工商联有关直属商会负责同志出席活动，并围绕如何推进商会调解工作进行了专题座谈交流。

（李强）

扶贫与社会服务

【综述】2020年，在会党组和会领导的正确领导下，全国工商联深入学习贯彻习近平新时代中国特色社会主义思想和党的十九大精神，认真落实习近平总书记关于扶贫工作的重要论述精神和对“万企帮万村”行动的系列重要指示精神，按照“一条主线，两个重点”，即以引导民营企业履行社会责任为主线，以精准扶贫和污染防治为重点，形成“一体两翼”的工作新格局，取得了显著的工作成效。

一、深入推进“万企帮万村”精准扶贫行动

2020年1月14日，习近平总书记在同党外人士共迎新春讲话中，再次肯定了“万企帮万村”行动。今年，汪洋主席、胡春华副总理和尤权部长也分别对行动做出指示批示，进一步指导推进行动开展。截至2020年年底，进入“万企帮万村”精准扶贫行动台账管理的民营企业有12.7万家，精准帮扶13.91万个村（其中建档立卡贫困村7.32万个）；产业投入1105.9亿元，公益投入168.64亿元，安置就业90.04万人，技能培训130.55万人，共带动和惠及1803.85万建档立卡贫困人口。

1. 举办全国“万企帮万村”精准扶贫行动现场交流会暨先进民营企业表彰会。在贵州省织金县举办全国“万企帮万村”精准扶贫行动会议，围绕学习贯彻十九届五中全会会议精神，总结工作、交流经验、表彰先进、展望未来，会议传达了中共中央政治局常委、全国政协主席汪洋对“万企帮万村”行动的指示，传达了中共中央政治局委员、国务院副总理胡春华和中共中央书记处书记、中央统战部部长尤权对“万企帮万村”行动的批示。会上分别对100家全国“万企帮万村”行动先进民营企业和100家“万企帮万村”行动组织工作先进集体进行表彰和表扬。

2. 推进行动向深度贫困地区倾斜。一是助力凉山州脱贫攻坚。谢经荣副主席参加了四川省“万企帮万村”精准扶贫行动工作座谈会暨助力凉山脱贫攻坚专项行动会议，并组织召开了全国工商联系统东西部扶贫协作工作座谈会。二是开展“民营企业南疆行”。与国务院扶贫办和新疆维吾尔自治区人民政府联合在和田举办了2020年“民营企业南疆行”活动，签订项目协议106个，签约总金额339.41亿元。三是举办第五期民族地区小微企业经营者培训班。采用网络直播形式举办第五期民族地区小微企业经营者培训班，课程单场最高学习人次达6.8万，累计学习人次26.4万。四是赴西藏开展联系点调研。赴西藏自治区林芝、昌都等地，宣讲中央第七次西藏工作座谈会精神和习近平总书记在企业家座谈会上的重要讲话精神，推动“万企帮万村”精准扶贫行动深入发展。

3. 深入开展“万企帮万村”消费扶贫行动。一是联合国务院扶贫办等单位先后印发《关于开展消费扶贫行动的通知》《关于进一步深入开展“万企帮万村”消费扶贫行动的通知》等文件，引导民营企业在组织生产、流通销售、采购消费等环节发挥优势、贡献力量。据统计，截至2020年10月底，工商联系统已引导民营企业采购扶贫产品83.53亿元，帮助销售扶贫产品188.84亿元，其中通过“联成e家”帮助贫困地区销售扶贫产品2.36亿元。二是今年机关工会购买织金县扶贫产品33.61万元，机关干部购买贫困县贵州雷山县扶贫产品17.51万元。三是推动全国工商联定点扶贫县21个扶贫产品上线全国贫困地区农副产品网上销售平台。

4. 组织开展知名企业“湖北行”活动。深入贯彻落实习近平总书记“搭把手、拉一把”重要指示精神，组织京津冀苏浙粤鲁闽八省市结对帮扶湖北省16个地市州，并与湖北省人民政府、中国光彩会共同主办“知名民企湖北行”，在“味爱湖北”板块，直播带货1.83亿元；募捐资金1.12亿元，覆盖湖北省全部未脱贫的5.6万余名建档立卡贫困群众；设立“惟楚有才”就业创业人才服务平台，累计有2193家企业提供10.62万个就业岗位。

二、引导民营企业参与污染防治攻坚战

1. 开展联合调研。4—5月，全国工商联与生态环境部共同组织开展了疫情对民营企业生产经营和环境治理的影响及帮扶建议问卷调查，形成《疫情对民营企业生产经营和环境治理的影响及帮扶建议调查报告》。10月底，与生态环境部共赴安徽开展民营企业参与污染防治专题调研。

2. 举办联合会议。与生态环境部在京联合召开支持服务民营企业绿色发展座谈会，部分省份工商联、生态环境厅

（局）主要负责同志，部分商会协会、民营企业代表，共近200人分别在主会场和各地分会场参加会议。

3. 开展联合培训。与生态环境部综合司在安徽省马鞍山市举办第二期全国民营企业家及工商联干部污染防治专题培训班。

三、扎实有序推进定点扶贫工作

2020年全国工商联领导赴织金县调研5人次（其中主要领导2人次）；派遣挂职干部2名；投入帮扶资金3764.30万元，引入帮扶资金3200.78万元，培训织金县乡镇干部35人，培训织金县技术人员660人，购买贫困地区农产品51.11万元（其中织金县33.61万元），帮助销售贫困地区农产品2.36亿元，引入帮扶企业10家，签约投资55.9亿元。

1. 强化组织领导，统筹帮扶工作。召开扶贫工作领导小组全体会议，确立“一点一面一线”的定点扶贫工作思路，从帮助消除疫情影响、巩固脱贫成效、加大消费扶贫力度、开局乡村振兴、做好总结宣传五个方面做好全年工作安排。

2. 开展扶贫调研，助推产业发展。高云龙主席、徐乐江书记、樊友山副主席和谢经荣副主席多次到织金县开展调研，了解织金县资源禀赋、发展意愿和产业优势，帮助当地巩固脱贫成效，做好与乡村振兴有效衔接，助推毕节示范区建设，先后捐赠帮扶资金1000万元，动员正邦集团、月星集团等投资25亿元扩大生猪产能，建设家居市场。

3. 坚持扶志扶智，加大智力帮扶。举办全国工商联第十八期乡镇干部培训班、织金县商会负责人培训班，联合美团举办6期培训班，先后帮助织金县培训760余名基层干部、商会负责人、小微企业、专业合作社负责人和个体工商户，助力织金县做好“六稳”“六保”工作。

4. 参与疫情防控工作。完成民营企业参与疫情防控的统计工作，充分展现民营企业的家国情怀和高度的社会责任感。据不完全统计，在疫情防控期间，有11万余家民营企业捐款172亿元，捐物119亿元，设立基金62亿元。完成谢经荣副主席在中国资本50人论坛上演讲的相关工作，据统计，线上近150万人观看。完成表扬抗击疫情先进民营企业相关工作，在十二届四次执委会上通报表扬1000名抗击疫情先进民营企业。

四、编制并发布《中国民营企业社会责任报告（2020）》和《中国民营企业社会责任优秀案例（2020）》

开展2019年度民营企业社会责任调研。2020年3月印发《全国工商联办公厅关于开展2019年度民营企业社会责任调研的通知》，至截止日期，共收集到24223份有效问卷样本、1062个企业社会责任申报案例。同时，全国工商联民营企业社会责任课题组先后走访了江西、重庆、湖南、浙江、上海、山东、河南等十几个省市进行实地专项调研，在此基础上，撰写完成《中国民营企业社会责任报告（2020）》和《中国民营企业社会责任优秀案例（2020）》，并在12月中旬召开新闻发布会和民营企业社会责任工作座谈会。

五、持续深化部际合作

1. 继续深化与人力资源社会保障部、全国总工会等部门的部际合作机制。一是持续打造民营企业招聘月、金秋招聘月、全国就业与社会保障先进民营企业暨关爱员工实现双赢表彰等品牌工作。二是配合退役军人事务部，推荐物美控股集团有限公司等17家民营企业参与第三批退役军人就业合作企业集中发布仪式。三是在全国工商联官网及人才中心官网开辟“西藏自治区大学生就业通道”窗口，与“校联招聘月”活动结合，为西藏大学生提供就业服务。四是与人力资源社会保障部、国务院国资委、湖北省人民政府共同主办“湖北高校毕业生就业促进行动”，3.4万家用人单位提供岗位88万个，在线接收简历34万份。

2. *与国家林业和草原局、中国光彩会开展联合表彰和培训。*与国家林业和草原局、中国光彩会三方联合印发了《关于开展第八届“光彩事业国土绿化贡献奖”评选表彰工作的通知》，三方共同召开评审会，评选出40名拟表彰候选人。与国家林业和草原局、中国光彩会三方共同在山东省原山林场举办“第十六期全国民营企业家及管理干部林业草原专题培训班”。

3. *参与主办第八届中国公益慈善项目交流展示会。*与民政部、国务院国资委等单位在深圳共同主办第八届中国公益慈善项目交流展示会，围绕“决战脱贫攻坚，共创美好生活”的展会主题，通过设立扶贫产品展区，开展扶贫产品推介、信息发布等活动，有力促进了慈善扶贫资源的有效对接。

（高宇超）

【全国工商联党组在《求是》发表《汇聚民营企业力量 决战决胜脱贫攻坚》文章】习近平总书记多次强调，扶贫开发是全党全社会的共同责任，要动员和凝聚全社会力量广泛参与。广泛动员全社会力量共同参与扶贫开发，是我国扶贫开发事业取得伟大成就的成功经验，是中国特色扶贫开发道路的重要特征。多年来，民营企业在精准脱贫攻坚战中主动担当作为，倾情投入人力物力财力智力，为决战脱贫攻坚、决胜全面小康做出了积极贡献。面对新冠肺炎疫情给今年决战决胜脱贫攻坚带来的新挑战，全国工商联系统将继续引导民营企业努力克服疫情影响，助力打好脱贫攻坚收官战。

一、民营企业是脱贫攻坚的一支重要力量

改革开放以来，民营企业积极响应党中央的号召，参与智力支边、定点扶贫、光彩事业等农村扶贫开发事业，自觉融入“人人皆愿为、人人皆可为、人人皆能为”的社会扶贫参与机制，以其特有的优势，成为大扶贫格局中的重要一环，成为我国扶贫开发事业的重要参与者。

党的十八大以来，民营企业按照国家“集中连片、突出重点、全国统筹、区划完整”的整体部署，以14个集中连片特殊困难地区、680个县为主战场，积极参与新一轮农村扶贫开发。特别是2015年精准脱贫攻坚战全面打响以来，民营企业以建档立卡贫困村、贫困户为帮扶对象，以产业扶贫、就业扶贫、公益扶贫、消费扶贫为主要帮扶途径，组织发起了“万企帮万村”精准扶贫行动。习近平总书记多次做出重要指示批示，强调“万企帮万村”精准扶贫行动很好，要抓好落实、抓出成效，民营企业“万企帮万村”行动要向深度贫困地区倾斜。这些重要论述为民营企业参与精准脱贫攻坚战指明了方向。

“万企帮万村”精准扶贫行动，是中国减贫方案和减贫成就的一个缩影和写照。截至2019年12月底，进入“万企帮万村”行动台账管理的民营企业有9.99万家，精准帮扶11.66万个村（其中建档立卡贫困村6.56万个）的1434.42万人建档立卡贫困人口，产业扶贫项目投入819.57亿元，公益投入149.22亿元，安置就业73.66万人，技能培训111.33万人。在攻克深度贫困堡垒方面，民营企业在“万企帮万村”行动中结合东西部扶贫协作和对口支援机制，聚焦“三区三州”组织开展了中国光彩事业“凉山行”“怒江行”“临夏行”“南疆行”和“精准扶贫西藏行”“民营企业南疆行”等一系列活动，累计签订招商引资项目680多个，投资金额达3387.76亿元，捐款捐物5.15亿元，为解决“两不愁三保障”突出问题提供了有力支持。2018年10月20日，习近平总书记给“万企帮万村”行动中受表彰的民营企业家回信，对民营企业积极承担社会责任、踊跃投身脱贫攻坚给予充分肯定。

民营经济是在改革开放政策红利下发展起来的，民营企业家是先富起来的社会群体。众多民营企业在从小到大、由弱变强的过程中，始终牢记“先富帮后富”的历史使命，自觉将个人梦、企业梦融入中国梦，踊跃投身扶贫事业，既体现了共同富裕的基本价值取向，又体现了社会主义制度“坚持全国一盘棋，调动各方面积极性，集中力量办大事”的巨大优越性。

二、民营企业在脱贫攻坚中发挥着独特作用

在精准脱贫攻坚战中，民营企业充分发挥决策机制灵活、市场反应灵敏、资源配置高效等方面优势，坚持因户因人施策，因企因地制宜，在帮扶举措上下足“绣花”功夫，找准“穷根”、对症下药，不断探索创新帮扶路径、组织形式、合作机制，为丰富和发展中国特色扶贫开发理论提供了鲜活素材。

民营企业参与扶贫丰富了扶贫的帮扶路径。产业扶贫是拔穷根、强筋骨、确保脱贫不返贫的有效举措。民营企业深层次挖掘乡村资源、生态、文化等多元价值和多重功能，最大限度优化贫困地区生产要素资源配置，探索出高效农业、特色养殖、民俗旅游、田园综合体、农副产品加工等多种业态，以产业链为纽带形成了利益联结，进而保证了扶贫的可持续。就业扶贫是最有效最直接的脱贫方式。各行各业的民营企业为贫困群众创造因人而异的就业机会，通过设立卫星工厂、扶贫车间、扶贫作坊、生产基地等方式让贫困群众实现就近就地就业，通过开设农民夜校、实训店等方式提升贫困群众技能水平和就业能力，为持续增收、稳定脱贫提供保障。公益扶贫是“补短板”“救急难”“兜底线”的重要举措。民营企业通过实施公益项目、创办慈善超市、发起社会众筹等方式延展公益扶贫“手臂”，成为政府公益资源有益补充。很多民营互联网企业还充分发挥科技、流量和大数据等优势，为产业、就业、公益、消费、健康、教育等领域扶贫插上腾飞“翅膀”，装上强大“引擎”。

民营企业参与扶贫创新了扶贫的组织形式。民营企业根据自身行业特点、产业规模和资金实力等因素，与贫困村、贫困户构建起多种结对帮扶关系：大型企业包市、县、乡整体推进型，中小型企业一企帮多村、一企帮一村型，小微企业多企帮一村、一企帮多户型。组织形式影响着帮扶领域和参与深度，民营企业既有承担产业、就业、健康、养老、基础设施等全方位一揽子综合开发的，也有聚焦教育、健康、生态等领域开展专项帮扶的，参与的面很广。在参与深度方面，农牧业、中医药等行业企业具有天然扶贫基因，与农民生产就业深度融合，有的企业负责人亲自担任扶贫工作组长、带领高管员工全面参与，还有的企业专门设立了扶贫工作部门。

民营企业参与扶贫深化了扶贫的合作机制。民营企业在参与脱贫攻坚过程中，统筹考虑企业发展战略和帮扶对象实际，与贫困地区、贫困村、贫困户构建了形式多样的合作关系。从参与方式上看，有资源配置驱动型、改制企业反哺型、乡情感召奉献型、政府组织动员型。从利益关系上看，既有基于市场机制的平等交易，也有纯公益捐赠的不求回报，最多的还是坚持“义利兼顾、以义为先”理念，追求村企双赢、共同发展。从联结机制上看，既有股权量化、权属租赁、订单生产型辐射带动方式，也有“公司+基地+合作社+农户”的合作生产方式，企业与农民形成利益共同体，强化了发展共赢的内在驱动力，有利于以可持续性扶贫实现内源性脱贫。

民营企业参与扶贫促进了社会群体间的交融。民营企业参与扶贫的过程，也是民营企业家和农民两大群体交流交融、互惠互益的过程。民营企业家通过与贫困地区干部群众朝夕相处，深切感受到他们对脱贫致富的渴望和昂扬向上的奋斗精神。贫困地区农民在与企业家的交往中，体验到了企业家真心帮扶的奉献精神、家国情怀和社会责任，感受到了企业家干事创业、主动求变、坚韧不拔的意志品质，学习到了企业家配置资源、经营管理、化危为机的能力本领，激发了依靠劳动创造美好生活的内生动力。部分贫困农民在民营企业的帮助和个人的努力下，成长为农民企业家，成为民营企业家群体的一员。扶贫把民营企业家、贫困地区群众和当地干部紧紧地联系在一起，消除了不同群体之间的心理距离和情感空隙。

三、在决战决胜脱贫攻坚中更好发挥民营企业作用

志行万里者，不中道而辍足。习近平总书记在决战决胜脱贫攻坚座谈会上的重要讲话，吹响了向绝对贫困发起最后总攻的号角。我们将在创新做好民营企业服务，帮助民营企业克服疫情影响、渡过难关的同时，引导有条件的民营企业以更大决心、更强力度攻克深度贫困堡垒，为夺取脱贫攻坚战的最后胜利做出新贡献。

——努力克服疫情影响。新冠肺炎疫情发生以来，广大民营企业认真贯彻落实习近平总书记“精准落实疫情防控和复工复产各项举措”的重要指示精神，坚持脱贫攻坚收官战和疫情防控阻击战双线作战。一方面倾力驰援、共克时艰，积极参与各类抗击疫情援助和帮扶，合力阻断疫情在本土蔓延。据不完全统计，截至3月30日，全国共有11万多家民营企业捐款172.14亿元，捐物价值118.83亿元。另一方面复工复产，自救图强，把耽误的时间抢回来，把减少的扶贫投入补回来。全国工商联4月上旬调查显示，91.39%的民营企业已复工，49.99%的企业产能利用率超过50%，民营企业已经成为国内生产生活秩序加快恢复的重要力量。

当前，疫情对脱贫攻坚的影响依然存在。我们将推动民营企业把产业扶贫、就业扶贫放在更突出的位置，组织贫困群众发展生产、返岗就业，增加生产性和劳务性收入；大力组织开展消费扶贫行动，发挥民营企业组织生产、销售流通、采购消费方面的独特优势，多措并举解决好因疫情等原因导致的农畜产品滞销卖难问题，防范化解产业扶贫风险；将公益帮扶资源聚焦因疫致贫返贫群众开展救助帮扶，确保其基本生活不受影响。

——集中力量攻坚克难。民营企业将持续聚焦“三区三州”等深度贫困地区，瞄准剩余551万未脱贫人口开展帮扶，对尚未摘帽、挂牌督战的52个县和1113个村发起新一轮结对帮扶行动，助力啃下最后的硬骨头、消除绝对贫困。继续结合东西部扶贫协作和对口支援机制，开展光彩事业“回头看”活动，坚持开发式扶贫和精准扶贫相结合、输血与造血相结合、扶贫与扶志扶智相结合、传统扶贫路径与互联网扶贫相结合，以产业扶贫项目促进区域经济发展，以消费扶贫打通产业链循环，以公益扶贫补齐民生领域短板，以智力帮扶培育内生发展动力。

——巩固脱贫攻坚成果。巩固脱贫

攻坚成果，防止脱贫后返贫，是当前一项重要工作，民营企业大有用武之地。我们将引导民营企业认真落实摘帽不摘帮扶要求，对摘帽村和脱贫户，做到扶上马、送一程，继续深化产业帮扶，延长拓宽产业链条，把以农业农村资源为依托的二、三产业尽量留在农村，把农业产业链的增值收益和就业岗位尽量留给农民。探索解决相对贫困方式方法，对近200万存在返贫风险的脱贫人口和近300万存在致贫风险的边缘人口能帮尽帮。开展“回报家乡”行动，有序参与乡村振兴战略实施，坚持践行新发展理念，积极发展多种经营，把乡村美好生态、农耕文化等要素转化为经济效益、社会效益，助推乡村产业振兴、人才振兴、文化振兴、生态振兴、组织振兴。

（左田文）

【举办怒江州非公有制经济人士深入学习贯彻党的十九届五中全会和习近平总书记重要讲话精神专题研讨班】11月26日至30日，举办怒江州非公有制经济人士深入学习贯彻党的十九届五中全会和习近平总书记重要讲话精神专题研讨班。本期培训班深入学习贯彻党的十九届五中全会和习近平总书记对民营经济统战工作重要指示精神，精准聚焦助推怒江州民营经济健康发展和民营经济人士健康成长这个主题，内容涵盖党的十九届五中全会精神解读、习近平总书记对新时代民营经济统战工作重要指示精神、生态环境保护相关法律法规、农产品区域公用品牌创建、新零售与企业互联网转型，如何做好非公党建等。来自怒江州各县（市）民营企业家、各县（市）工商联机关干部、各乡镇商会负责人以及州工商联所属商协会负责人共计55人参加培训。通过培训，参训学员政治理论素养得到进一步提高，党性修养得到进一步锤炼，业务能力水平得到进一步提升，助推了怒江州经济社会发展。

（宇凯）

【召开全国“万企帮万村”精准扶贫行动领导小组第十次会议】1月16日，全国“万企帮万村”精准扶贫行动领导小组第十次会议在全国工商联机关召开。中央统战部副部长，全国工商联党组书记、常务副主席，中国光彩会会长徐乐江，国务院扶贫开发领导小组副组长、国务院扶贫办主任刘永富出席会议并讲话。会议由全国工商联副主席、中国光彩会副会长谢经荣主持。国务院扶贫办副主任洪天云，中国农业发展银行副行长徐一丁出席会议。

会议首先传达了习近平总书记在迎春座谈会上有关工商联的重要讲话精神，习近平总书记肯定了各级工商联持续开展“光彩行”活动，踊跃投身“万企帮万村”精准扶贫行动。

会议增补中国农业发展银行党委委员、副行长徐一丁为全国“万企帮万村”精准扶贫行动领导小组副组长，中国农业发展银行创新部总经理吴飚同志为成员。会议听取了全国“万企帮万村”精准扶贫行动领导小组2019年工作报告，审议了全国“万企帮万村”精准扶贫行动领导小组2020年工作要点，研究了全国“万企帮万村”精准扶贫行动现场交流会方案，2020年“万企帮万村”行动宣传工作方案，2020年“万企帮万村”行动理论提升工作方案。

徐乐江指出，“万企帮万村”行动启动四年来，截至2019年年底，进入台账管理的民营企业已有9.99万家，帮扶到11.66万个村，带动和惠及1434.42万建档立卡贫困人口，取得了显著的帮扶成效，先后得到了习近平总书记8次肯定。2020年是全面建成小康社会和打赢脱贫攻坚战的收官之年，我们要按照党中央、国务院统一部署，推进行动聚焦“三区三州”深度贫困地区攻坚，开展“光彩行”回头看，推动签约投资项目落地，公益帮扶特殊贫困群众解决“两不愁三保障”突出问题；着力推动国务院扶贫开发领导小组在贵州毕节召开“万企帮万村”行动现场交流会，全面展示毕节试验区30年来发生的深刻变化；要加强总结宣传，推动中央主流媒体讲好中国民营企业扶贫故事，彰显中国特色社会主义政治制度优势。

刘永富指出，要认真做好“万企帮万村”行动总结宣传，强化数据支撑，既要加强系统、宏观分析，也要讲好生动具体的扶贫故事。要动员民营企业积极参与消费扶贫行动，鼓励企业推荐扶贫产品。要将“万企帮万村”行动作为扶贫品牌持续推进、不断创新，探索民营企业助力解决相对贫困的长效机制。

全国工商联扶贫与社会服务部、国务院扶贫办社会扶贫司、中央统战部光彩事业指导中心、中国农业发展银行有关部门主要负责同志参加会议。

（高宇超）

【召开全国工商联扶贫工作领导小组2020年第一次会议】为深入学习贯彻习近平总书记在决战决胜脱贫攻坚座谈会上的重要讲话精神，统筹谋划、扎实推进全国工商联今年的定点扶贫工作，巩固提升定点扶贫工作成效，做好与乡村振兴战略的有效衔接，全国工商联扶贫工作领导小组全体会议3月25日在北京召开。全国政协副主席、全国工商联主席、扶贫工作领导小组组长高云龙，中央统战部副部长，全国工商联党组书记、常务副主席、扶贫工作领导小组副组长徐乐江出席会议并讲话。全国工商联副主席、扶贫工作领导小组副组长谢经荣主持会议。

会议传达学习了中共中央政治局常委、全国政协主席汪洋24日到国务院扶贫办调研时的讲话精神，审议通过了《全国工商联2019年定点扶贫工作总结》和《全国工商联2020年定点扶贫工作计划》。2019年，全国工商联继续对定点扶贫县织金县实施高质量帮扶，注重强化政治引领和组织领导，聚焦脱贫短板实施“五个一”等系列精准帮扶措施，超额完成定点扶贫责任书中的各项责任指标，帮助织金县于3月3日如期实现脱贫摘帽。2020年，全国工商联根据当前经济社会形势和织金县决战决胜脱贫攻坚现状，确立“一点一面一线”工作思路，同时从帮助消除疫情影响、巩固脱贫成效、加大消费扶贫力度、开局乡村振兴、做好总结宣传五个方面做好全年帮扶项目安排。

高云龙指出，习近平总书记亲自主持召开决战决胜脱贫攻坚座谈会并发表重要讲话，向全党全国全社会发出脱贫攻坚总攻动员令，吹响总攻冲锋号，这为我们做好今年脱贫攻坚工作坚定了信心，明确了方向。要深入学习贯彻习近平总书记在决战决胜脱贫攻坚座谈会上的重要讲话精神，要从讲政治讲规矩的高度充分认识定点扶贫的重大意义，深刻认识如期全面打赢脱贫攻坚战的重要性、必要性和紧迫性，以更加饱满的精神状态、更加务实的工作举措高质量完成各项目标任务。

高云龙强调，2020年是全面建成小康社会和“十三五”规划收官之年。站在“两个一百年”奋斗目标的历史交汇点上，面临更加复杂的国内外环境，我们更要目标明确，继续坚持问题导向、目标导向、结果导向。要紧盯未脱贫户，聚焦全面完成剩余脱贫任务，紧盯脱贫不稳定户、边缘易致贫户，着重防止返贫致贫。他表示，要做好经验总结，做好典型宣传，在全社会形成“民营企业在关键时刻冲得上、靠得住，民营企业家听党话、跟党走，是自己人”的广泛共识。让民营企业家参与脱贫攻坚工作有成就感、获得感。

高云龙要求，全国工商联要在乡村振兴工作上开好局、再立新功，就要做好提前规划、接续推进全面脱贫与乡村振兴的有效衔接，由点及面、尽力而为，既不大包大揽，也要有所作为，弘扬优秀企业家精神，体现职责担当。他特别强调，在脱贫攻坚工作中，要严守纪律，清正廉洁，确保脱贫攻坚总攻战扎实推进。

徐乐江指出，习近平总书记在决战决胜脱贫攻坚座谈会上强调要凝心聚力打赢脱贫攻坚战，确保如期完成脱贫攻坚目标任务，确保全面建成小康社会，我们的扶贫工作要紧紧围绕“两个确保”展开。决战决胜脱贫攻坚工作是党和国家今年的重点工作，全国工商联要把思想和行动统一到中央的决策部署上来，明确定点帮扶工作思路、举措和重点，抓早抓实、因情施策，帮助织金县打好疫情阻击战、脱贫攻坚清零战和乡村振兴战略，做好“四个不摘”，确保织金县脱贫不返贫，助力毕节市从“试验区”到“示范区”的转换。同时要发挥工商联特色优势和联系调研制度作用，结合各省市实际需求，积极参与仍未摘帽贫困地区的脱贫工作，为决战决胜脱贫攻坚做出贡献。

徐乐江表示，“万企帮万村”精准扶贫行动和定点帮扶织金县是全国工商联参与脱贫攻坚工作的两个抓手。全国工商联的定点扶贫工作已经持续26年，脱贫成绩的取得离不开历届工商联人和广大民营经济人士的无私奉献、责任担当。在决战决胜阶段，要讲好工商联的脱贫攻坚故事，进一步发挥典型示范作用，就要及早谋划基础工作。

全国工商联副主席、扶贫工作领导小组副组长樊友山、黄荣，全国工商联党组成员、扶贫工作领导小组成员赵德江出席会议。

（王立吉）

【召开定点扶贫推进视频会议】为深入学习贯彻习近平总书记在决战决胜脱贫攻坚座谈会上的重要讲话精神，进一步推进全国工商联定点扶贫工作，7月14日，全国工商联召开定点扶贫工作推进会。全国工商联副主席谢经荣出席会议并讲话，全国工商联扶贫与社会服务部部长王力涛主持会议。贵州省委统战部副部长,省工商联党组书记、常务副主席李岳德，织金县县长潘发勇参会并发言。

会议听取了2020年以来全国工商联定点扶贫工作情况，贵州省工商联帮扶织金县情况，以及织金县脱贫攻坚整体情况和推进全国工商联定点帮扶项目情况，分析了当前定点扶贫工作面临的形势和任务，安排部署了下一阶段重点工作。

谢经荣指出，打赢脱贫攻坚战是党中央对全国人民做出的庄严承诺，向世界做出的郑重宣誓。2020年以来，习近平总书记就统筹推进疫情防控和决战决胜脱贫攻坚多次发表重要讲话，做出一系列重要指示，为我们打赢脱贫攻坚战指明了前进方向、注入了强大动力、提供了根本遵循。织金县坚决落实习近平总书记关于脱贫攻坚重要指示批示和党中央决策部署，通过全县干部群众的共同努力和社会各界的倾力帮扶，脱贫攻坚取得显著成绩，按时高质量打赢脱贫攻坚战胜利在望。

谢经荣强调，下一步定点扶贫工作要继续围绕脱贫攻坚目标任务，补齐短板，夯实基础，做好与乡村振兴的有效衔接；要组织发动群众，激发内生动力，抓好产业就业，保障群众增收；要加强监测帮扶，特别是消除自然灾害影响，有效防止返贫致贫，确保脱贫攻坚经得起历史和人民的检验。全国工商联要按照“四个不摘”的要求，持续加大帮扶力度，不断加强监督指导，贵州省工商联要积极配合，共同完成好定点扶贫各项任务。

会议以网络视频形式召开，全国工商联设主会场，贵州省工商联和织金县分别设分会场。全国工商联扶贫与社会服务部二级巡视员邵逸、贵州省工商联副主席杨从明、织金县委副书记徐开焱等有关同志参加会议。

（王立吉）

【与国家发展改革委等部门联合发布《巩固拓展消费扶贫成果延安共识》】9月16—17日，2020年全国消费扶贫论坛在陕西省延安市成功举办。会上，国家发展改革委联合国务院扶贫办、全国工商联等22个部门发布了《巩固拓展消费扶贫成果延安共识》（以下简称《共识》）。论坛以“巩固拓展消费扶贫成果”为主题，总结交流各地区、各部门在消费扶贫战疫情、促攻坚等方面的典型经验做法，共同探讨消费扶贫新业态新模式，并展望2020年后消费扶贫可持续发展政策举措。

《共识》指出，消费扶贫作为一项脱贫攻坚创新举措，为打赢疫情防控和脱贫攻坚两场硬战做出了积极贡献。2020年年底打赢脱贫攻坚战、全面建成小康社会后，我国将开启全面建设社会主义现代化国家的新征程。通过持续扩大已脱贫摘帽地区的产品和服务消费，将在更大范围、更宽领域发挥更大作用。

在以“消费扶贫新业态新模式”为主题的平行论坛一上，国务院国资委、国家广电总局、全国工商联有关司局负责人，部分企业代表、基层干部和专家学者，围绕消费扶贫的新业态新模式开展讨论对话。

（高宇超）

【召开全国工商联扶贫与社会服务工作视频会议】2020年3月20日，全国工商联扶贫与社会服务工作视频会议在北京召开。全国工商联副主席谢经荣出席并讲话。

谢经荣强调，今年是决战脱贫攻坚、决胜全面建成小康社会的收官之年，必须深入学习贯彻习近平总书记在决战决胜脱贫攻坚座谈会上的重要讲话精神，深刻认识如期全面打赢脱贫攻坚战的极端重要性、极其必要性和极度紧迫性，绷紧思想弦、拉满行动弓，以更加饱满的精神状态、更加务实的工作举措高质量完成扶贫工作。

谢经荣指出，要全力以赴推进“万企帮万村”行动取得更大成效。要持续聚焦“三区三州”等深度贫困地区，引导企业新增帮扶力量向尚未摘帽、挂牌督战的52个县和1113个村倾斜，瞄准剩余551万未脱贫人口开展帮扶，做好消费扶贫、台账管理、总结表彰各项工作。当务之急，是要按照中央要求帮助扶贫企业和扶贫车间复工复产，加大支持服务力度，提高扶贫企业效益和带贫效果，把疫情影响降到最低。

谢经荣表示，要服务大局，把稳就业工作摆在更加突出位置，鼓励企业扩大招工数量，慎裁员、不裁员，要认真组织实施民营企业招聘周、金秋招聘月等活动，多渠道多方式搭建就业平台，着力解决“有岗无人、有人无岗”的结构性就业矛盾。他还指出，要力度不减推进污染防治工作，落实好《生态环境部全国工商联关于支持服务民营企业绿色发展的意见》。要统筹做好引导民营企业参与社会服务、编制民营企业社会责任报告等各项工作。

湖北省、河南省、河北省、四川省、山西省工商联交流发言。各省（区、市）及新疆生产建设兵团工商联设立分会场，分管扶贫与社会服务工作领导和相关处室负责同志参会。

（高宇超）

【举办全国“万企帮万村”精准扶贫行动论坛】全国“万企帮万村”精准扶贫行动论坛10月14日在北京举办。本次论坛是2020年全国扶贫日系列论坛的重要组成部分，由全国“万企帮万村”精准扶贫行动领导小组主办，中国光彩事业促进会承办。全国工商联副主席、中国光彩会副会长谢经荣，国务院扶贫办党组成员、副主任欧青平出席论坛并讲话。

谢经荣指出，“万企帮万村”精准扶贫行动实施5年来，得到了总书记和中央领导的高度重视，得到了各级领导的大力支持和广大民营企业的积极响应，取得了扎实的工作成果。截至2020年6月底，进入“万企帮万村”精准扶贫行动台账管理的民营企业有10.95万家，精准帮扶12.71万个村（其中建档立卡贫困村6.89万个）；产业投入915.92亿元，公益投入152.16亿元，安置就业79.9万人，技能培训116.33万人，共带动和惠及1564.52万建档立卡贫困人口。

谢经荣强调，“万企帮万村”用实践探索出社会扶贫新模式，丰富和发展了中国特色扶贫理论和扶贫实践，实现村企双赢，有效促进“两个健康”，成为社会扶贫领域的金字招牌，集中体现了中国政治优势和制度优势，深刻验证了习近平总书记关于“民营企业和民营企业家是我们自己人”的重要论断，充分利用市场机制实现了持续脱贫。

谢经荣指出，“万企帮万村”行动在当前和今后一段时间要引导企业帮扶力量重点向尚未摘帽、挂牌督战的地区倾斜，持续开展消费扶贫行动，加大服务支持力度，统筹做好疫情防控和经济发展。同时，在脱贫攻坚收官之年，要做好宣传总结和巩固提升工作。

欧青平在讲话中评价“万企帮万村”精准扶贫行动工作扎实、成效显著，有效发挥了典型引领作用。他指出，民营企业充分发挥决策机制灵活、市场反应灵敏、配置资源高效的优势，成为社会扶贫领域的主力军，丰富了行业扶贫、专项扶贫和社会扶贫“三位一体”的大扶贫格局，践行了“先富帮后富、实现共同富裕”理念，充分体现了社会主义制度优越性，有力诠释了社会主义本质要求。

欧青平对民营企业继续发挥作用提出三点建议：一是抓好脱贫攻坚收官工作，在就业扶贫上帮，在产业扶贫上帮，在消费扶贫上帮，在职业培训上帮；二是总结宣传成功经验和先进典型；三是推动民营企业扶贫常态化、可持续，要适应以国内大循环为主体、国内国际双循环相互促进的新发展格局，推进东部地区与中西部地区的合作，推动产业梯度转移，促进东部地区在巩固成果上帮，在脱贫攻坚与乡村振兴衔接上做文章。

此次论坛上，中国农业发展银行创新部副总经理栗华田围绕金融扶贫，介绍了农发行对参与行动的民营企业提供金融支持的相关情况。中国农业大学人文与发展学院陆继霞教授重点介绍了民营企业参与脱贫减贫的理论研究成果。山西省、河南省工商联分别介绍了组织民企参与“万企帮万村”行动的典型经验。万达控股集团有限公司、波司登国际控股有限公司、北京华博创科科技股份有限公司、贵州光秀生态食品有限责任公司、内蒙古国华园林绿化有限公司做了经验交流。

（高宇超）

【春节前赴贵州织金开展脱贫攻坚考察调研】2020年1月17日至18日，全国工商联扶贫与社会服务部部长王力涛一行赴织金县考察调研，考察组的主要任务是深入学习贯彻习近平总书记扶贫开发工作论述精神，全国扶贫开发工作会议精神。一行走访慰问贫困户，看望全国工商联在织帮扶干部，协商2020年定点帮扶和乡村振兴帮扶工作。期间，全国工商联在织金县购买14.94万元年货，并捐赠5万元在春节期间慰问织金县500户建档立卡贫困户。

（张勇）

【赴定点扶贫县开展节前慰问】2020年7月29日至7月30日，全国工商联党组副书记、副主席樊友山，全国工商联办公厅主任李春光，全国工商联扶贫与社会服务部部长王力涛，全国工商联机关党委副书记、人事部副部长李晓兵等一行32人赴织金考察调研。期间，调研组一行在马场镇马家屯村走访1户危房改造户，并调研文峰村智能温室大棚项目。在猫场镇大寨村皂角加工车间建设项目；在上坪寨调研坡脚村织金正邦养殖有限公司上坪寨种猪养殖项目；在龙场镇调研美满村经果林种植项目、民族村生态鸡养殖项目、青山村调研“五个一”皂角种植项目并慰问全联办公厅驻龙场镇民族村第一书记李洋同志；在金凤街道调研全国工商联机关捐赠修建水窖；在茶店乡磨大村调研中石化织金60万吨/年聚烯烃项目；在以那镇五星村调研五星村耀泓蔬菜项目。调研期间召开全国工商联定点帮扶工作座谈会。会上，滴滴出行向织金县捐赠1000个温暖包，贵州国台酒业股份有限公司（天士力集团捐赠）向织金县捐赠现金100万元，研祥集团向织金县捐赠现金50万元（30万元用于支持龙场镇民族村养鸡产业发展，20万元用于支持织金县“五好”工商联建设），全联科技装备业商会（研祥集团捐赠）向织金县捐赠现金100万元，北京奇虎360公益基金会向织金县捐赠现金200万元，星河湾集团向织金县捐赠现金500万元。

2020年9月11日至13日，全国工商联党组副书记、副主席樊友山率队赴贵州省织金县开展考察调研。调研组由全国工商联旅游业商会、全国工商联农业产业商会、中国民营文化产业商会、全国工商联家具装饰业商会、全国工商联餐饮业委员会等组成，共计民营企业家73人。调研组先后深入织金县4个乡镇 6个村考察脱贫攻坚和乡村振兴建设情况。听取了马场镇乡村振兴规划介绍，了解了大陌河乡村振兴示范带建设情况，查看了大陌现代农业综合产业园；走访了猫场镇龙潭村、大寨村，了解了脱贫攻坚和乡村振兴现状和发展前景，深入皂角加工厂生产车间听取项目介绍；在官寨乡红岩村调研组实地走访了红岩码头，考察了农旅项目；在官寨乡大寨村了解了苗族文化传承；考察了三甲街道大嘎村文旅小镇，详细了解了文旅小镇发展规划和基础设施建设情况。9月13日上午，调研组与织金县负责人和相关部门召开了座谈会， 商会会长和企业代表在会上做了交流发言，樊友山副主席做了讲话。贵州省政协副主席、省工商联主席李汉宇，省委统战部副部长、省工商联党组书记、常务副主席李岳德，毕节市、织金县有关负责同志参加调研或座谈。

（张勇）

【举行“万企帮万村”精准扶贫行动中外记者见面会】11月20日，国务院新闻办举行“万企帮万村——精准扶贫的民企行动”中外记者见面会。正邦集团党委书记、董事局主席、总裁林印孙，福耀集团创始人、董事长曹德旺，中国光彩会副会长、中国民间商会副会长、荣民控股集团有限公司董事长史贵禄，宁夏宝丰集团有限公司董事长党彦宝4位民营企业家代表，围绕民营企业在参与“万企帮万村”精准扶贫行动中的扶贫故事与大家进行交流。

4位企业家首先介绍了参与“万企帮万村”行动的初衷。曹德旺表示，如果没有改革开放，就没有福耀的发展平台，“出于对中国政府的感激和感恩，我把我口袋里的钱与社会来共享”。林印孙说，作为一家民营农业企业，正邦的核心价值观是“发展不忘根本，致富不忘农民，崛起不忘社会，把小公司做成大公司、把大公司做成大家的公司”，正邦员工通过扶贫得到了农民的拥护、各级政府的支持，坚定了做大做强农业企业的信心。史贵禄说，“我是来自农村的，我深深知道农村太穷了，我一定要想办法和农民共同富裕，农民富裕才是我最大的心愿”。党彦宝介绍了实施教育扶贫的初衷：“改变一个孩子就是改变一个家庭，让他们能从大山里走出来，帮助他们真正脱贫。”

据悉，2015年10月，全国工商联、国务院扶贫办、中国光彩会共同启动“万企帮万村”精准扶贫行动。五年来，全国已有近11万家民营企业精准帮扶12.71万个村，带动和惠及1500余万建档立卡贫困人口，参与规模之大、帮扶范围之广、投入力度之强前所未有。

（高宇超）

【举办助力凉山脱贫攻坚专项行动】9月26日至27日，指导四川省工商联在凉山州召开四川省“万企帮万村”精准扶贫行动工作座谈会暨助力凉山脱贫攻坚专项行动会议，深入喜德县实地考察通威光伏产业基地、铁骑力士生猪养殖扩繁场和京邡达农业产业示范园项目。组织民营企业向凉山州捐款捐物合计1431.5万元。谢经荣副主席出席会议并讲话，强调要在决战决胜脱贫攻坚与乡村振兴战略衔接中，要更好发挥民营企业作用，持续助力打赢脱贫攻坚战，助力啃下最后的硬骨头、消除绝对贫困；要持续抓好台账管理，加强台账更新和数据核实工作，确保全面、真实、准确，为专家学者做经济和社会研究提供数据支撑，提升脱贫攻坚理论水平，服务乡村振兴战略；要加大宣传力度、讲好民营企业扶贫故事，展示民营企业和企业家的良好形象，开展扶贫典型企业和先进企业家个人表彰活动；脱贫攻坚工作收官之后，脱贫不脱钩，要充分发挥工商联的组织优势，从产业的角度振兴地方经济，同时东西部协作要持续深入，合作共赢，共同发展，为经济社会发展做出更大贡献。

（宇凯）

【举办工商联系统东西部扶贫协作工作座谈会】9月26日，在四川省凉山州召开全国工商联系统东西部扶贫协作工作座谈会。北京、天津、辽宁、上海、江苏、浙江、福建、山东、广东等承担东西部扶贫协作任务的9省市工商联相关负责同志做了交流发言。谢经荣副主席出席会议，围绕贯彻落实习近平总书记关于“对工作难度大的县和村挂牌督战”的重要指示精神，引导企业新增帮扶力量向尚未摘帽、挂牌督战的52个县和1113个村倾斜，强调指出，下一步全国工商联系统参与东西部扶贫协作的重要任务是：积极引导企业稳定对口帮扶地区贫困人口就业岗位，为落实“六稳”“六保”做贡献；有序推动东部产业向对口帮扶地区梯度转移，实现产业互补，共同发展；落实消费扶贫，积极动员东部民营企业购买对口帮扶地区扶贫产品；补短板、强弱项，继续开展公益扶贫；推进东西部扶贫协作同乡村振兴有效衔接；做好总结宣传，向社会讲好民营企业扶贫故事。各级工商联要提高政治站位，加大落实习近平总书记重要讲话精神的工作力度；要进一步强化工作机制，东西部地方工商联之间要加强工作对接和信息沟通，建立常态化的沟通机制；要认真做好企业服务，帮助企业落实好政策服务，协调金融机构，把金融资源高效配置给扶贫项目，积极帮助企业协调解决项目审批、土地流转、水电路气等基础设施配套等方面遇到的具体困难。

（宇凯）

【举办第八届中国公益慈善项目交流展示会】2020年9月18—20日，全国工商联与民政部、国务院国资委等单位在深圳共同主办第八届中国公益慈善项目交流展示会，围绕“决战脱贫攻坚，共创美好生活”的展会主题，有力促进了慈善扶贫资源的有效对接。据初步统计，本届慈展会重点展示推介了1966家机构和项目以及1969种消费扶贫产品，开展了110场项目路演、扶贫产品推介、信息发布等资源对接活动。展会期间共达成意向对接资源逾135.2亿元，其中，17个扶贫项目（含扶贫产品订单采购）实现资源对接，总金额逾82.2亿元；促成重大产业扶贫投资项目6个，投资总额达53亿元。研讨会议版块，举办了1场国际公益主题研讨会、10场分议题研讨会和10场社群圆桌派，汇聚了200多位国内外关注减贫脱贫领域的专家学者，交流分享我国扶贫开发的智慧成果与经验模式。展会共迎来30个省、自治区、直辖市的1300余名代表观展，现场参展、参会公众近11万人次，线上浏览和参与直播带货、媒体直播等在线互动逾4045万人次。

（高宇超）

【举办“民营企业南疆行”活动】为深入贯彻落实习近平总书记关于扶贫工作的重要指示、第三次中央新疆工作座谈会精神特别是习近平总书记重要讲话精神，加快推进南疆深度贫困地区决战决胜脱贫攻坚工作进程，10月11日，全国工商联、国务院扶贫办和新疆维吾尔自治区人民政府联合在和田地区举办“民营企业南疆行”活动。中央统战部副部长，全国工商联党组书记、常务副主席徐乐江，原国务院扶贫开发领导小组副组长，扶贫办党组书记、主任刘永富，新疆维吾尔自治区党委副书记，教育工委书记、自治区脱贫攻坚指挥部指挥长李鹏新出席会议并讲话。

徐乐江表示，开展此次“民营企业南疆行”活动是深入学习贯彻第三次中央新疆工作座谈会精神、推动民营企业参与南疆经济社会发展的积极实践，是加强新时代民营经济统战工作的重要载体，是参与构建新发展格局的重要举措。全力助推南疆决战决胜脱贫攻坚，要继续发挥产业扶贫优势，要积极引导民营企业稳定南疆贫困人口就业，要积极开展消费扶贫行动，要持续推进民生改善工作，切实抓好公益扶贫项目落实。徐乐江要求，各级工商联尤其是新疆及对口援疆省市的工商联要牢固树立“四个意识”，进一步提高政治站位，要为民营企业援疆营造良好环境，做好支持服务。会上举行了投资项目签约仪式，共签订项目协议106个、签约总金额339.41亿元。签约项目以就业带动能力强、带贫益贫作用明显的产业为主，主要涉及电子产品类、纺织服装类、农副产品加工类项目。

（宇凯）

【举办“万企帮万村”精准扶贫行动现场交流会暨先进民营企业表彰会】11月12日，全国“万企帮万村”精准扶贫行动现场交流会暨先进民营企业表彰会在贵州省织金县召开。会议传达了中共中央政治局常委、全国政协主席汪洋对“万企帮万村”行动的指示，传达了中共中央政治局委员、国务院副总理胡春华和中共中央书记处书记、中央统战部部长尤权对“万企帮万村”行动的批示。

全国政协副主席、全国工商联主席高云龙出席会议并讲话。时任贵州省委副书记、省长谌贻琴致辞。中央统战部副部长，全国工商联党组书记、常务副主席，中国光彩会会长徐乐江出席会议。国务院扶贫办主任刘永富、中国农业发展银行副行长徐一丁出席会议并讲话。贵州省政协主席刘晓凯，原国务院扶贫办副主任洪天云等领导出席会议。全国工商联副主席、中国光彩会副会长谢经荣主持会议。

会上对北京科泰兴达高新技术有限公司等100家全国“万企帮万村”行动先进民营企业进行表彰，对北京市光彩事业促进会办公室等100家“万企帮万村”行动组织工作先进集体进行通报表扬。贵州省织金县、河北省工商联、河南省工商联、重庆市扶贫办、春秋航空股份有限公司、协鑫集团、河北千喜鹤饮食股份有限公司、新疆昆仑绿源农业科技发展公司做交流发言。重庆陶然居集团等10家民营企业与织金县签署投资合作协议，协议投资总额55.9亿元。

会前，与会代表实地考察了织金县马场镇大陌现代高效农业产业园、文丰村智能大棚项目，猫场镇大寨产业园皂角加工车间、龙潭村乡村振兴示范点建设项目，三甲街道裕民村南瓜加工项目，珠藏镇龙山村织金正邦养殖有限公司种猪养殖项目，双堰街道花红社区乌蒙利民茶项目等“万企帮万村”产业项目。

全国工商联、国务院扶贫办、中央统战部、中国农业发展银行有关部门负责人，各省“万企帮万村”行动领导小组成员单位负责人，受表彰企业代表参加会议。

（高宇超）

【民企甘南行】8月31日下午，“全国工商联直属商会进甘南暨民企甘南行”活动主体大会在甘肃省甘南藏族自治州合作市举行。全国政协副主席、全国工商联主席高云龙出席会议并讲话。甘肃省委书记、省人大常委会主任林铎讲话。全国工商联党组副书记、副主席樊友山主持。甘肃省领导欧阳坚、马廷礼、石谋军、王玺玉、俞成辉、何伟、郝远及甘肃省政协秘书长王建太，全国工商联党组成员、秘书长赵德江等出席。

高云龙在讲话中说，近年来，甘肃省委、省政府坚持以习近平新时代中国特色社会主义思想为指导，认真贯彻落实习近平总书记对甘肃重要讲话和指示精神，坚持稳中求进工作总基调，落实高质量发展要求，积极融入“一带一路”建设，制定一系列政策举措推动民营经济持续健康发展，全省经济社会呈现持续向好、不断发展的良好局面。甘南州贯彻新发展理念，积极推进全域旅游无垃圾示范区创建和生态文明小康村建设，脱贫攻坚、生态保护治理、民生改善等工作取得了明显成效。随着国家支持西部地区的一系列优惠政策落地落实，甘南蕴藏着巨大的后发优势和发展潜力。全国工商联将始终关注并全力支持甘肃经济社会发展，组织动员各地工商联和民营企业通过多种方式助力帮扶。此次活动中，民营企业、商会组织主动承担社会责任，积极捐款捐物，扶贫济困的善举令人感动。希望广大民营企业和商会组织深入贯彻落实习近平总书记在企业家座谈会上的重要讲话精神，继续发挥自身资金、技术、市场和品牌优势，找准支持、参与、融入甘肃及甘南发展的着力点，围绕特色优势产业，在更深层次、更广领域助力高质量发展，为甘肃及甘南持续巩固脱贫成果、全面补齐小康短板、有效对接乡村振兴做出贡献。

会上，7位省级工商联、企业家和商会代表交流发言。文化和旅游部数据中心主任、中国旅游研究院院长戴斌演讲。期间还举行了招商引资项目和消费扶贫产品购销协议签约仪式。

“全国工商联直属商会进甘南暨民企甘南行”活动共签约招商引资合同项目85个，签约总金额72.6亿元。同时，甘肃省工商联在全省范围的“民企陇上行”活动中，共签约合同项目14个，签约金额34.6亿元。民企甘南行主体活动现场签约合同项目9个，签约总投资13.4亿元。截至8月30日，共有220家单位（个人）承捐5608.3万元，其中承捐资金2419.18万元（到位资金909.33万元），承捐物资价值3189.12万元（到位物资价值1984.13万元）。

（张勇）

【表扬1000家抗击新冠肺炎疫情先进民营企业，现场表扬100家企业代表】12月21日，全国工商联十二届四次执委会议在广西南宁开幕。全国政协副主席、全国工商联主席高云龙出席会议并做工作报告。中央统战部副部长，全国工商联党组书记、常务副主席徐乐江主持会议。为大力弘扬在抗击新冠肺炎疫情中形成的伟大精神，充分激发广大民营经济人士的责任感使命感荣誉感，广泛凝聚众志成城、共克时艰的强大正能量，执委会议期间对百度在线网络技术（北京）有限公司等1000家“抗击新冠肺炎疫情先进民营企业”给予表扬。

（林原羽）

【编制并发布《中国民营企业社会责任报告（2020）》和《中国民营企业社会责任优秀案例（2020）》】开展2019年度民营企业社会责任调研，收集24223份有效问卷样本和1062个企业社会责任申报案例，并实地调研江西、重庆等十几省市，编制完成《中国民营企业社会责任报告（2020）》和《中国民营企业社会责任优秀案例（2020）》。12月30日，在京召开民营企业履行社会责任工作座谈会，徐乐江书记出席会议并发表重要讲话，对推动民营企业履行社会责任做了具体部署。会前，谢经荣副主席代表全国工商联首次以新闻发布会形式公开发布中国民营企业社会责任年度报告，充分展现了民营企业“自己人”的责任担当和家国情怀。

（宇凯）

【举办中国民营企业社会责任报告新闻发布会】在2018、2019连续两年依托执（常）委会发布中国民营企业社会责任年度报告的基础上，12月30日，在北京举办了“2020中国民营企业社会责任报告发布会”，邀请15家主流媒体采访报道。其中，经济日报、人民日报客户端、人民政协报、新华网、人民网、搜狐网等多家媒体刊发报道20余篇，相关报道在互联网广泛转发，百度搜索《中国民营企业社会责任报告（2020）》关键词，找到相关结果约7 450 000个。谢经荣副主席在会上发布了《中国民营企业社会责任报告（2020）》，从抗击疫情、精准脱贫、稳就业保民生、环境保护、科技创新、慈善捐赠等方面介绍了我国民营企业履行社会责任的年度总体情况。同时分析指出，经过多年实践积累，我国民营企业履行社会责任正在从自发走向自觉，从局部走向整体，从合规走向创新，从单边治理走向协同治理，呈现出鲜明的中国特色、时代特征和民营企业特点。未来我国民营企业履行社会责任也将呈现“普及化”“标准化”“法定化”和“个性化”趋势，民营企业社会责任快速发展阶段正在到来。

（宇凯）

【举办民营企业履行社会责任工作座谈会】12月30日，召开民营企业履行社会责任工作座谈会。深入学习贯彻习近平总书记关于民营企业履行社会责任的重要指示精神，邀请人力资源与社会保障部、生态环境部、国务院扶贫办有关部门负责同志做了发言，邀请河北省工商联负责同志，卓尔控股、拼多多、中天钢铁、重庆小康、浙江新湖5家企业代表进行经验交流。徐乐江书记出席会议并做重要讲话，强调指出，广大民营企业要认真探索有效的体制机制和实践载体，继续巩固好的做法，不断探索创新，在参与“十四五”规划实施、乡村振兴战略等方面多做贡献。民营企业家在创造财富，积累财富后，要始终坚守义利兼顾、以义为先理念，坚持做到致富思源、富而思进。要树立以民为本的导向，增强家国情怀，把企业发展与人民幸福紧密结合在一起，在稳定增长增加就业、巩固脱贫攻坚成果、补齐民生事业短板等方面积极作为，为做好“六稳”工作、落实“六保”任务做出民营企业应有的贡献。要在争做爱国敬业、守法经营、创业创新、回报社会表率的实践中，不断实现自我思想境界和能力素养的提升。各级工商联干部要胸怀“两个大局”，以更高的站位和更广阔的视野认识促进民营企业履行社会责任工作的重要性，将引导民营企业履行社会责任作为促进“两个健康”工作的重要抓手，切实加强组织领导，研究制定推动民营企业履行社会责任的总体规划方案，在“万企帮万村”精准扶贫行动和光彩事业等基础上搭建有效的平台，不断拓展工商联社会服务工作的领域；要培育打造民营企业社会责任标杆样板，以榜样的力量引领民营企业履行社会责任，重视建立企业社会责任报告发布制度，努力营造良好社会氛围；要积极推动有关部门加强企业社会责任体系的顶层设计，进一步完善相关政策和制度体系，建立健全企业履行社会责任激励和约束机制，依靠全社会的共同参与，形成制度化、规范化的良好局面。

（宇凯）

【举办“民营企业招聘月”活动】7月1—31日，全国工商联与人力资源社会保障部、教育部、全国总工会组织开展2020年全国民营企业招聘月活动。各地共有31.31万家企业参加此次活动，其中民营企业28.68万家。共举办招聘活动11098次，提供各类岗位信息499.45万条，69.63万名求职者与用人单位达成就业意向，其中，2020届高校毕业生20.95万人。

（高宇超）

【举办“金秋招聘月”活动】为深入贯彻落实党中央、国务院关于稳就业保就业的决策部署，助力企业发展，加大对重点群体就业服务力度，促进劳动者就业创业，2020年10月至11月，会同人力资源社会保障部、退役军人事务部、全国总工会在全国范围内开展以“稳就业政策助力　保就业服务筑桥”为主题的2020年金秋招聘月活动。

本次招聘月活动以纳入重点企业用工服务的企业、民营企业及下岗失业人员、离校未就业高校毕业生、退役军人、农民工等为重点，围绕“重点企业保用工、就业服务进民企、招聘活动求精准、就业岗位到基层、就业政策抓落实”展开。各地在活动前充分发挥人社部门官网、官微等宣传主阵地作用，利用各种媒体向社会进行广泛宣传，为活动做好预告。活动期间，各地统筹线上线下各种渠道，结合传统与新兴手段，组织了形式多样、内容丰富的招聘活动，提供了高效便捷的就业服务。

据统计，各地共有23.2万家企业参加此次活动，其中民营企业19.3万家；共举办招聘活动10003次，提供各类岗位信息585.4万条，85.1万名求职者与用人单位达成就业意向；累计发放就业政策等宣传材料590.2万份，提供维权及法律援助约12.1万人次。活动期间，中国公共招聘网设立“2020年金秋招聘月”网络主会场，设分人群招聘专区，面向高校毕业生发布岗位信息25万条，面向农民工发布信息近50万条，面向退役军人31万条，面向失业人员近30万条；设行业专场，联合智联招聘、58同城、中智等市场机构推出5期行业专场，共16万家企业参与，提供岗位超42万个。

（高宇超）

【举办全国工商联第18期乡镇干部培训班】2020年9月14日至19日，为进一步提高乡镇干部理论素养，提升能力素质，全国工商联在贵州民族大学举办全国工商联第十八期乡镇干部培训班，培训了100名毕节市、黔西南州乡镇干部，其中织金县乡镇干部35名。

培训班组织学员学习了习近平新时代中国特色社会主义思想和精准扶贫精准脱贫重要思想，基层社会治理与法治建设，加强村级党建，解读乡村振兴战略，解读“六稳”“六保”工作等课程。邀请“万企帮万村”先进企业荣华控股董事长崔荣华讲授村企共建典型案例，邀请易田电商董事长滕德素讲授消费扶贫案例，邀请贵州省扶贫办派员讲授“产业扶贫与脱贫攻坚”课程，组织学员到贵阳阳明文化园参加教学实践。通过培训帮助乡镇干部开阔了眼界、拓宽了思路、增强了工作能力，对今后工作中准确理解和把握相关要求，巩固脱贫成效，推动扶贫产业发展，做好脱贫攻坚与乡村振兴有效衔接起到了良好推动作用。

（王立吉）

【举办织金商会负责人培训班】2020年9月14日至19日，为进一步提高基层商会负责人的履职能力，更好发挥出基层商会在服务地方经济社会发展中的作用，全国工商联在贵州民族大学举办织金商会负责人培训班，培训了60名织金县商会和农民专业合作社负责人。

培训班组织学员学习了解了商会的历史和发展理论，民营企业法律知识、党建引领基层商会建设发展、县域经济发展与规划等，邀请贵州省民政厅派员讲授“商会登记注册与管理”课程，邀请企业家陈涌君、丁浩分享农产品营销策划案例和数字农业及网红经济。授课专家学者和企业家们通过理论教学、现身说法、互动交流等方式对学员进行启发式教学和专业化教学，让参训学员进一步开阔视野、拓宽思路、提升水平、增强执行力和创新力，提升织金县商会建设水平，提升凝聚力和影响力，推动商会更好地服务社会经济发展。

（王立吉）

【举办第五期民族地区小微企业经营者培训班】7月29日至31日，采用网络直播形式举办第五期民族地区小微企业经营者培训班。谢经荣副主席出席开班式并讲话。整个培训通过移动和直播、百度直播和头条直播三个平台同步直播，培训范围以52个国家挂牌督战县为重点，覆盖内蒙古自治区、广西壮族自治区、四川省、贵州省、云南省、西藏自治区、甘肃省、青海省、宁夏回族自治区、新疆维吾尔自治区和新疆生产建设兵团工商联。培训班共设置10个专题讲座和1次线上分组讨论。国家发展改革委国民经济综合司副司长金贤东讲授“疫情下经济形势分析及对企业的影响”；工信部中小企业局非国有经济处处长牟淑慧讲授“国家助推小微企业发展政策解读”；全国工商联执委、四川铁骑力士集团董事长雷文勇讲授“生态战略：小企业10倍增长的商业模式解密”；九阳集团董事长黄淑玲讲授“建立企业创新模式，推动民营企业高质量发展”；杭州网虹城科技有限公司董事长陈涌君讲授“数字农业拥抱网红经济”；全国工商联并购工会秘书长顾宁珂讲授“小微企业投融资风险与控制”；永辉超市总监、大供应链生鲜负责人李峰讲授“农超对接助农扶贫探索与实践”；拼多多副总裁陈秋讲授“互联网思维与新消费”；全国工商联农业产业商会扶贫办主任、北京造合科技有限公司CEO丁浩讲授“农产品营销策划案例分享”；花椒直播有关负责人讲解“直播+生态”。据统计，课程单场最高学习人次达6.8万，累计学习人次26.4万，网上评论近300条。

（宇凯）

【与生态环境部联合召开支持服务民营企业绿色发展座谈会】6月4日，全国工商联、生态环境部在京联合召开支持服务民营企业绿色发展座谈会。会前，全国政协副主席、全国工商联主席高云龙会见了生态环境部部长黄润秋一行。视频会上，天津、河北、江苏、浙江、山东、河南、湖北、广东8省（市）工商联、生态环境厅（局），部分商会协会、民营企业代表做交流发言。中央统战部副部长，全国工商联党组书记、常务副主席徐乐江，生态环境部部长黄润秋在主会场出席座谈会并讲话，全国工商联谢经荣副主席主持会议。生态环境部党组成员、副部长赵英民，全国工商联党组成员、秘书长赵德江出席会议。全国工商联、生态环境部有关部门主要负责同志，部分省份工商联、生态环境厅（局）主要负责同志，部分商会协会、民营企业代表，共近200人分别在主会场和各地分会场参加会议。会议是学习贯彻习近平生态文明思想和总书记关于统筹抓好疫情防控及经济社会发展重要指示精神，助力企业复工达产、绿色发展的具体举措，进一步强化了双方合作机制，深入了解了企业环境治理受疫情影响的问题困难，回应了企业关切。

（宇凯）

【开展疫情对民营企业生产经营和环境治理的影响及帮扶建议问卷调查】3月至5月，与生态环境部联合开展“疫情对民营企业生产经营和环境治理的影响及帮扶建议”问卷调查，回收有效问卷6033份，基本实现了制造业高污染、高耗能行业全覆盖。结合问卷调查和座谈会精神，集中研究梳理民营企业参与污染防治的突出做法和问题建议，形成《疫情防控下民营企业污染治理存在的困难和建议》专报，报送上级单位。

（宇凯）

【赴内蒙古调研民营企业参与生态治理与修复情况】8月29日至9月1日，中央统战部副部长，全国工商联党组书记、常务副主席徐乐江率队赴内蒙古呼和浩特、包头、鄂尔多斯3市的10余家民营企业详细考察企业转型发展情况，深入了解民营企业困难，听取民营企业家意见建议，鼓励广大民营企业家认真学习领会习近平总书记在企业家座谈会上的重要讲话精神，认真践行新发展理念，弘扬企业家精神，坚定发展信心，为做好“六稳”工作、落实“六保”任务做出积极贡献，在即将进入的“十四五”时期实现更好发展。

（宇凯）

【举办第二期全国民营企业家及工商联干部污染防治专题培训班】2020年10月27—30日，和生态环境部综合司在安徽省马鞍山市举办第二期全国民营企业家及工商联干部污染防治专题培训班。全国工商联副主席谢经荣，安徽省政府副省长、省工商联主席王翠凤出席开班式并讲话。来自全国各省（区、市）积极参与污染防治的民营企业家和各省工商联相关部门负责同志共100余人参加培训。

培训班共设六场专题讲座、一次分组讨论和一次现场教学。安徽省委统战部副部长，省工商联党组书记、常务副主席缪学刚讲授“认真学习环保法，做绿色发展企业家”；生态环境部环境规划院环境政策部副主任董战峰讲授“中国环境经济政策改革与企业绿色低碳发展”；生态环境部综合司督察专员夏光讲授“发达国家防治环境污染的主要政策及借鉴”；中央财经大学绿色金融研究院副院长徐洪峰讲授“企业如何获取绿色金融支持”；中国环境科学研究院环境标准研究所所长王海燕讲授“我国污染物排放标准发展现状与趋势”；安徽省生态环境厅环境监察局副局长王兴讲授“企业排污达标合规注意事项”。组织学员赴薛家洼生态园考察，学习习近平总书记考察时的重要讲话精神，组织学员赴安徽国星生物化学有限公司考察，学习企业绿色发展的典型经验做法。学员普遍表示，通过本次培训，既丰富了知识、更新了观念，又坚定了贯彻落实习近平生态文明思想、参与污染防治攻坚战的决心，今后将坚决扛起生态环保的政治责任，为打好污染防治攻坚战贡献力量。

（宇凯）

【开展第八届“光彩事业国土绿化贡献奖”评选表彰工作】与国家林业和草原局、中国光彩会联合印发《关于开展第八届“光彩事业国土绿化贡献奖”评选表彰工作的通知》，明确2020年将表彰40名积极参与光彩事业、为林业改革发展和生态文明建设做出突出贡献的民营企业家，并授予“光彩事业国土绿化贡献奖”荣誉称号。本次表彰严格按照自下而上、逐级审核推荐的方式进行，全国工商联和国家林业和草原局、中国光彩会按照实事求是、优中选优的原则共评选出40名获奖者，三方联合印发了《关于授予张海等40名民营企业家第八届“光彩事业国土绿化贡献奖”的决定》。

1月26日，三方联合在北京召开第八届“光彩事业国土绿化贡献奖”表彰大会。中央统战部副部长，全国工商联党组书记、常务副主席，中国光彩会会长徐乐江出席会议并讲话，国家林业和草原局党组成员、副局长彭有冬宣读表彰决定，全国工商联党组成员、秘书长赵德江主持会议。徐乐江书记在讲话中充分肯定了民营企业参与国土绿化的重要意义，希望广大民营企业顺应新时代发展大势，积极参与美丽中国建设，推动企业转型升级与国家绿色发展有机融合，并对下一步三方如何更好加强合作，营造鼓励民营企业参与国土绿化的良好环境提出明确要求。

会议以电视电话形式召开，在北京设主会场，各省区市工商联设分会场。各省工商联、林业和草原主管部门、光彩会分管领导及工作人员、本次受表彰的40名民营企业家在各地分会场参加会议。

（宇凯）

【举办第十六期全国民营企业家及管理干部林业草原专题培训班】2020年10月17日至21日，和国家林业和草原局、中国光彩会在山东原山集团联合举办第十六期全国民营企业家及管理干部林业草原专题培训班。来自全国参与光彩事业国土绿化、生态建设项目和林业草原产业的重点民营企业家和管理干部共计123人参加了培训。

培训班共设六场专题讲座和一次现

场教学。中央统战部光彩事业指导中心副主任牛建国主讲“民营企业参与光彩事业”；国家林业和草原局森林旅游管理办公室主任，林场种苗司副司长张健民主讲“生态旅游发展政策”；中国林业产业联合会森林康养分会理事长刘拓主讲“林业产业发展”；国家林草局对外项目合作中心常务副主任王春峰主讲“国际关注的涉林热点问题和企业绿色发展”；“林业英雄”孙建博主讲“深入践行‘两山’理念以担当实干推进原山改革发展始终走在前列”；原山爱心团队做了“他以病残之躯撑起了绿色的希望”先进事迹报告。

此次培训班以习近平生态文明思想为指导方针，以贯彻落实习近平生态文明思想，引导服务民营企业参与林业草原建设和国土绿化事业，促进非公有制林草产业发展为主题，课程安排紧扣新时代林业草原发展面临的新情况遇到的新问题，解读国家相关政策法规，讲授相关业务知识，培训取得了良好成效，得到了全体学员的一致认可和肯定。

（宇凯）

【开展重点流域省市工商联组织民营企业参与抗洪抢险工作调研】针对7、8月份我国长江、淮河等重点流域出现的重大洪涝灾害险情，持续对安徽、江西、湖北、湖南等重点流域省（市）工商联组织民营企业参与抗洪抢险工作情况进行了跟踪掌握和汇总梳理。据不完全统计，截至7月20日，安徽、江西、湖北、湖南、重庆等重点流域省市民营企业、商会捐款捐物累计达1889.898万元。整理上报民营企业和商会防汛救灾优秀案例10条，汇总汛情重灾省份救灾项目需求，重点是民营企业需求108条，会同有关省市工商联研究提出具体帮扶措施。

（宇凯）

国际及港澳台交流合作

【综述】2020年是不平凡的一年，新冠肺炎疫情冲击导致世界经济严重衰退和逆全球化思潮加剧，民营企业走出去参与“一带一路”建设遭遇现实困难，工商联国际合作工作面临诸多挑战。在全国工商联党组和领导班子的正确领导下，全国工商联认真贯彻落实习近平新时代中国特色社会主义思想和党的十九届五中全会精神，围绕服务“两个健康”，聚焦统筹推进疫情防控和经济社会发展重点任务，落实“六稳”“六保”要求，紧扣工作定位和企业需求，创新工作模式，拓展服务领域、防范境外风险，引导“走出去”民营企业在危机中育先机、于变局中开新局，各项工作取得积极成效。

一、聚焦疫情防控，务实服务企业复工复产

疫情暴发初期，“走出去”民营企业面临国内国外疫情双重困扰，供应链受阻、生产销售两难。疫情就是命令，防控就是责任，全国工商联第一时间调整工作重心，把统筹疫情防控与服务企业复工复产当作首要任务。一是积极引导“走出去”民营企业抗击疫情。下发《关于进一步做好疫情防控期间“走出去”民营企业引导服务工作的通知》，发布13个省级工商联42项服务信息，引导企业落实《境外企业和项目新冠肺炎疫情防控指引》，严格遵守驻在国疫情防控要求，完善各项管控措施。全力做好“双稳”工作，积极配合我国驻外使领馆工作，协助其与相关民营企业建立联系并做好海外防疫和留守工作。二是发挥海外资源网络优势。及时组建海外商会医疗物资采购微信群和“走出去”企业互助微信群，向工信部提供53条采购渠道信息，231家海外华商社团捐款3550余万元。设计民营企业海外捐赠统计系统，114家民营企业、基金会或商（协）会向100多个国家或地区捐款捐物超过1.8亿元，设立全球战疫基金约8亿元。三是及时反映“走出去”民营企业情况和诉求。密切关注疫情变化，科学研判形势，组织开展民营企业“走出去”和进出口受疫情影响情况、港区执常委和工商社团思想动态、外贸企业情况、疫情下印度密集出台保护主义政策对“走出去”民营企业影响等4次专题调研，发动地方工商联和商会开展2次网络问卷调查，6次视频调研调度会，跟踪调查350余家重点“走出去”民营企业运营情况，汇总115个项目落实信息表，形成6篇专题调研报告、58篇案例汇编，形成中国民营企业“一带一路”可持续发展——第三方市场合作研究报告，形成国别投资、境外园区、半导体行业、跨境并购等85篇信息和《“走出去”民营企业防控疫情资讯》11期，回复有关部委政策文件征求意见等58件，多篇信息报告被中央决策部门采用。四是搭建“走出去”民营企业复工复产服务平台。推出“走出去”民营企业战“疫”服务包，将相关项目集成打包，从政策汇编、园区指南、典型宣传等方面服务“走出去”企业；与贸促会商事认证中心开展办理新冠肺炎疫情不可抗力事实性证明工作，已累计出具不可抗力事实性证明7004件，涉及合同金额约6900亿元；与中国信保共同为企业办理进口预付款保险，共受理预付款保险涉保单94张，承保金额3750.6万美元，涉及民营企业保额1100万美元，助力民营企业保住国际市场，有序复工复产。

二、突出风险防范，着重引导企业合规经营

随着疫情重心转向海外，“走出去”企业境外疫情防控风险、经营风险、资金风险、法律风险陡增。围绕强风险意识、重合规经营，主动靠前服务。一是开展“两送一防”助推民营企业高质量“走出去”行动。以全国工商联名义印发《“两送一防”助推民营企业高质量‘走出去’行动方案》，在工商联系统开展以“送政策、送服务、防风险”为主要内容的“两送一防”行动。该行动以帮助“走出去”民营企业防范化解风险为主线，以“走出去”对外投资和贸易企业为重点对象，以宣传国内外政策、提供精准务实服务、排查提示风险为主要内容，在常态化疫情形势下进一步做好服务“走出去”民营企业疫情防控和项目建设工作，更好服务“六稳”“六保”工作大局。二是系统梳理风险点。首次开展“走出去”民营企业线上境外服务活动，密切跟踪了解柬埔寨、印度等地“走出去”民营企业防范疫情措施、人员安全、防疫物资保障等情况，指导企业识别和应对风险。对“一带一路”企业家大会签约项目等115个重点项目跟踪分析，排查风险点，及时协调解决项目推进过程中的困难和问题。与商务部等联合印发《关于促进对外设计咨询高质量发展有关工作的通知》，促进对外设计咨询行业稳健走出去。三是多渠道提示风险。通过网站、官方APP和微信公众号等多种渠道发布179个国家和地区入境管制、检疫措施和停飞航班调整、对华贸易投资和进出口政策调整、“走出去”企业疫情防控资讯等风险提示信息，做好形势通报和风险预警工作。四是推动解决企业有关问题。积极与我国驻土耳其大使馆沟通协调，帮助奥盛集团减免15%进口产品关税；配合我国驻沙特使领馆处理三一海外工程承配项目劳资纠纷；与外交部、发展改革委、商务部、海关总署等政府部门以及会计师事务所、律师事务所等中介机构沟通对接，推动解决特变电工医疗防疫物资出口受阻、新希望澳大利亚公司产品出口受阻、华坚集团埃塞俄比亚轻工业园经营困难、四达时代集团金融风险等问题诉求。

三、重视搭建平台，稳步推动企业健康发展

随着国内疫情防控取得阶段性胜利，以平台带发展、促发展、提升企业“走出去”组织化程度，推动“走出去”企业重回健康发展轨道。一是国际合作系统金融服务网络初步形成。与中国银行共同启动普惠金融服务“走出去”企业行动，在加强普惠金融利率优惠、支持延迟复工企业贷款延期通道等方面为民营企业缓解资金困难提供支持；与中国信保签署《深化战略合作协议》并共同召开“走出去”民营企业座谈会，高云龙主席、徐乐江书记出席，推出支持民营企业国际化发展若干举措，为民营企业“保订单”“保市场”“保履约”提供支持。27个省级工商联与当地中国银行建立了常态化合作机制，13个省级工商联与中国信保分支机构签署了战略合作协议，联动服务民营企业。二是服务境外园区抱团发展。在线发布45个境外经贸合作区指南，对分布在36个国家的40家民营境外经贸合作区进行了调研，积极向有关部门建言献策，为符合国家产能政策的园区和入园企业争取政策和资金支持。三是信息服务平台逆势上线。全国工商联“一带一路”信息服务平台上线运行，设置12个服务板块，集合资讯、培训、专业服务、项目合作四项功能，同步提供法律、会计、安保等集约式线上服务。目前已吸引塞尔维亚工商会、中国波兰商会、香港贸发局、澳门贸发局等机构在平台发布多个项目合作信息。四是能力培训广泛覆盖。联合国家发展改革委、商务部举办民营企业境外合规经营风险防范培训班，围绕疫情常态下的境外安全风险防范、舆情应对、风险挑战等内容开展培训，累计线上培训3000人次；邀请张文宏教授做民营企业境外疫情防控专题讲座，在线浏览点击量超196万人次；与中国信保联合举办3期“助力民企‘走出去’”微讲堂，用好政策性金融工具和保单融资帮助企业识别与应对风险；举办“中国驻东盟国家经商参赞与民营企业家云对话活动”，观看人数达87.1万人次，联合商务部有关部门和德国外贸与投资署共同举办线上研讨会，配合我国驻越南大使馆和越南计划投资部举办新形势下加强中越投资合作线上座谈会，以线上线下相结合形式为“走出去”企业防范风险“支招”，提升企业国际化经营水平。

四、创新对外交往，营造良好国际环境

后疫情时代，民营企业“走出去”面临复杂多变的国际环境。创新对外交往模式，为民营企业“走出去”参与“一带一路”建设营造开放、包容、有序的国际环境。一是支持举办世界旅游经济论坛。以“团结与创新：重塑世界旅游新经济”为主题，首次线上线下方式举办世界旅游经济论坛。高云龙主席利用线上线下双平台出席论坛并做主旨发言，广泛宣介中国抗疫经验，中国民营企业抗疫发展故事，以开放、创新、合作精神推动世界旅游业发展，共有50个地区的42万人次线上观看。二是举办中非民营经济合作论坛。积极落实习近平总书记在中非合作论坛成立20周年贺电指示，以“疫情下中非工业与贸易合作的机遇与挑战”为主题举办2020中非民营经济合作论坛，促成法律和商事等多个服务领域的项目合作。三是深化海外交流合作。以电话、信函等方式保持与63个国家的76家海外主流商协会、投促机构、驻华使领馆和国际组织的交流合作，积极宣介我国抗击疫情成果和制度优势。按照外交部、商务部相关要求指导亚布力中国企业家论坛组织企业海外捐赠事宜，帮助小米基金会向智利、俄罗斯、瑞士等国驻华大使馆捐赠口罩等急缺医疗物资。与美国、法国、日本、韩国等国家以及地区的工商组织、政府机构加强交流，组织并参加20余场交流对接活动。四是积极拓展线上经贸对接。利用“一带一路”信息服务平台，发挥境外投促机构、商会和华商团体桥梁作用，举办并组织企业参加中非投资推介暨驻华使馆与民营企业面对面活动、“2020韩国世界华商周”、香港“一带一路”高峰论坛、“2020粤澳名优商品展”等10场线上经贸交流活动，为中外工商界交流合作牵线搭桥。五是务实组织参与经贸合作活动。举办全国上市公司共建“一带一路”国际合作论坛，打造上市公司间推动国际合作、凝聚广泛共识的交流合作平台。积极参加中国国际服务贸易交易会、第三届中国国际进口博览会、大湄公河次区域商务理事会，深化互利共赢合作。

（石崇）

【与贸促会商事调解中心提供不可抗力事实性证明提示】新冠疫情发生以来，部分“走出去”民营企业面临无法按时履行合同被追责的情况。为帮助企业更好运用不可抗力事实性证明应对疫情影响，为企业营造被外国合作方公平对待的大环境和依据，以降低企业损失，支持民营企业渡过难关，2020年2月7日以来，全国工商联与中国贸促会商事认证中心联合开展了新冠疫情不可抗力事实性证明工作。为扩大该项工作覆盖面，通过多种渠道发布《全国工商联关于民营企业根据需要申请不可抗力相关的事实性证明的提示》，提示信息共覆盖至159家市区级工商联、710家各类商会、54017家企业。截至2020年3月中旬，中国贸促会商事认证中心计出具与新冠肺炎疫情相关的不可抗力事实性证明4318件，涵盖我国30多个行业，涉及合同金额约3308亿元，涵盖30多个行业，其中出具证明最多的五个领域为制造业，电力、热力、燃气及水生产和供应业，批发和零售业，建筑业，租赁和商务服务业。

（许聪）

【全国工商联 中国信保签署深化战略合作协议暨“走出去”企业座谈会】9月22日，全国工商联与中国出口信用保险公司在北京签署深化战略合作协议并召开“走出去”民营企业座谈会，双方将深化合作共同服务民营企业高质量参与共建“一带一路”、稳健开展对外贸易。全国政协副主席、全国工商联主席高云龙出席会议。中央统战部副部长，全国工商联党组书记、常务副主席徐乐江，中国信保董事长、党委书记宋曙光出席会议并讲话。中国信保总经理、党委副书记蔡希良，中国信保副总经理、党委委员张辉出席会议。全国工商联党组成员、副主席邱小平主持会议。签约仪式上，中国信保向来自北京、广东、深圳、江西、宁波的5家民营企业发放纾困赔款421万美元，彰显了信用保险在支持民营经济、保市场主体、保产业链供应链稳定和稳外贸方面的重要作用。签约仪式后召开了“走出去”民营企业座谈会，9家民营企业介绍了生产经营情况、“走出去”过程中遇到的困难问题，并就充分发挥出口信用保险作用、加强“走出去”民营企业金融支持提出意见建议。中国银行交易银行部、中信银行国际业务部负责人也在会上介绍了支持民营企业“走出去”情况，并就下一步携手服务民营企业提出了建议。来自北京、上海、江苏、湖北、广东等地的16家民营企业，全国工商联及中国信保有关部门负责同志参加会议。

（石崇）

【开展“走出去”民营企业线上境外服务活动】新冠肺炎疫情全球蔓延速度仍在加快，世界经济发展受到进一步冲击，部分国家“带疫解封”导致“走出去”民营企业复工复产、复商复市面临较大的风险和不确定性。为贯彻落实习近平总书记关于统筹推进疫情防控和经济社会发展工作系列重要讲话精神，跟踪了解“走出去”企业防范疫情措施、风险排查等情况，帮助“走出去”民营企业科学防控疫情、有序复工复产、有效防范化解风险，2020年8月28日下午，全国工商联举办首期“走出去”民营企业线上境外服务活动。印度中国企业商会、VIVO印度公司、三一印度公司、红豆西哈努克港经济特区、柬埔寨中国银行等派员参加。北京、山东、浙江、江苏、广东、湖南、江西7省市分别设立分会场。

活动中，“走出去”民营企业表示目前正遭遇全球疫情蔓延、世界经济衰退、贸易保护主义上升等不利因素叠加影响，面临多重风险和挑战。此次活动较好回应了“走出去”企业关于疫情防控和经济发展的疑问，有助于企业科学防控疫情，有序复工复产，防范化解风险。

（郝剑东）

【围绕新形势下“走出去”民营企业重点情况开展跟踪分析研判】近年来，国际和地区形势发生了深刻复杂变化，不确定不稳定因素逐步增多，我国企业在外面临的各类风险挑战不断增加。为更好贯彻落实会主要领导关于要研判国外疫情对民营企业“走出去”的影响的指示要求，引导民营企业认清疫情带来的重要变化，提升“走出去”参与“一带一路”建设能力的指示要求，全国工商联与商务部国际贸易经济合作研究院、中国信保机构合作部等合作开展“走出去”民营企业重点情况研究，通过重点企业访谈、调查问卷、数据分析等多种方式，针对当前民营企业“走出去”面临的热焦难点问题开展专业分析，有效归纳总结当前“走出去”形势发展特点、主要困难问题并提出针对性的建议意见。共形成中国民营企业“一带一路”可持续发展——第三方市场合作研究报告，形成国别投资、境外园区、半导体行业、跨境并购等85篇信息和《“走出去”民营企业防控疫情资讯》11期，多篇信息报告被中央决策部门采用。

（石崇）

【开展“两送一防”助推民营企业高质量“走出去”行动】为贯彻落实习近平总书记关于统筹推进疫情防控和经济社会发展工作系列重要讲话精神，按照推动构建以国内大循环为主体、国内国际双循环相互促进的新发展格局的要求，在常态化疫情防控中进一步做好服务“走出去”民营企业工作，更好服务“六稳”“六保”工作大局，2020年全国工商联在系统印发了《“两送一防”助推民营企业高质量“走出去”行动方案》，正式在系统开展以“送政策、送服务、防风险”为主要内容的助推民营企业高质量“走出去”行动。其中，送政策包括送疫情防控政策、送对外投资政策、送稳外贸政策；送服务包括送信息服务、送纾困服务、送金融服务、送专业服务；防风险包括做好风险提示评估、加强风险防范处置、提升风险防范能力。省级工商联和直属商会参照方案制定了实施方案。11月26日，“两送一防”助推民营企业高质量“走出去”行动推进会以线上线下相结合方式召开。会上，北京、湖南、黑龙江、浙江、云南、深圳等省市工商联和中非民间商会围绕“两送一防”行动开展情况及经验做法进行了分享，邱小平副主席对深入开展“两送一防”行动进行了部署。

（冯秀梅）

【全国工商联国际合作工作会暨“两送一防”助推民营企业高质量“走出去”行动推进会】为深入学习贯彻习近平新时代中国特色社会主义思想，落实习近平总书记关于构建以国内大循环为主体、国际国内双循环相互促进新发展格局的要求和统筹推进疫情防控和经济社会发展工作系列重要讲话精神，总结交流工商联国际合作工作，持续推进“两送一防”行动落地落实，11月26日召开了全国工商联国际合作工作会议暨“两送一防”助推民营企业高质量“走出去”行动推进会。会议传达了会主要领导对工商联国际合作工作的批示要求；邀请王一鸣教授对构建以国内大循环为主体、国际国内双循环相互促进新发展格局的内涵实质和要求进行了解读；5家省级工商联、1家副省级工商联，1家全国工商联直属商会围绕做好工商联国际合作工作，落实“两送一防”行动等发言；邱小平副主席出席会议并讲话。全国工商联机关各部门负责同志、31家直属商会秘书长，全国工商联国际合作委员会在京委员在现场参加会议；各省级工商联、副省级城市工商联领导及有关同志共计200余人在线上参加会议。

（石崇）

【开展“走出去”民营企业受疫情影响综合调研】为引导民营企业克服疫情影响、防范化解风险、实现平稳运行，2020年持续开展民营企业“走出去”及进出口受疫情影响情况专题调研，密切关注全球疫情变化，分析研判经济形势，动态跟踪“一带一路”重点企业和重点项目，了解掌握企业因疫情影响导致的生产经营困难和诉求，形成《新冠肺炎疫情对“走出去”民营企业产生的影响值得警惕》《民营企业“走出去”及进出口贸易受疫情影响情况调研报告》《部分民营企业“一带一路”项目受疫情影响情况调查报告》《新冠肺炎疫情对民营境外经贸合作区影响调查报告》以及58篇案例汇编，并通过信息专报、社情民意等形式报送中央决策部门参考。

（郝剑东）

【举办三期“助力民营企业‘走出去’”微讲堂】为进一步帮助“走出去”民营企业防范化解风险、提高参与“一带一路”建设能力，结合疫情防控需求，通过网络直播形式开展了以“积极运用保单融资，支持民营企业复产复工”“助力‘走出去’民营企业转危为机”“助力民企‘走出去’微讲堂走进联系调研点”为主题的三期系列活动。活动依托部际合作机制，发挥国际合作委员会智力富集、资源富集的优势，邀请有关部委和单位的负责同志、专家学者以及企业家针对疫情期间民营企业“走出去”面临的困难问题进行系列宣讲辅导，介绍国家和有关机构出台的惠企政策、对当前形势的预判及经验做法等，为“走出去”企业提供意见参考、答疑解惑。“助力民企‘走出去’”微讲堂活动，面向各地工商联和直属商会及民营企业，收看人数累计达到22万余人次，得到民企及地方工商联广泛好评。

（石崇）

【举办民营企业境外合规经营风险防范培训班】2020年10月15—16日，由全国工商联、国家发展改革委和商务部联合举办的民营企业境外合规经营风险防范培训班以线上线下相结合的形式举办。全国工商联党组成员、副主席邱小平出席开班仪式并讲话。中国传媒大学政府与公共事务学院院长董关鹏、北京新世纪跨国公司研究所所长王志乐、浙江大学国际联合商学院院长贲圣林以及国家发展改革委、商务部有关负责同志，围绕疫情常态化背景下的境外安全风险防范、海外舆情应对、境外合规经营、后疫情时代的机遇与挑战等进行了授课。各级工商联、直属商会、民营企业共3000余人通过网络参加了培训。

邱小平指出，当今世界正经历百年未有之大变局，新冠肺炎疫情全球大流行使这个大变局加速变化，世界进入动荡变革期。全球疫情扩散蔓延并不断反复，对企业境外项目生产建设造成很大冲击。一些民营企业走出去开展海外投资还带有一定盲目性，缺少国际化投资经营的经验，合规经营防范风险的意识和能力不足，对外投资合作的质量和水平有待提升。

邱小平强调，虽然民营企业“走出去”和参与“一带一路”建设面临许多困难和挑战，但仍有许多积极有利因素。面对新机遇新挑战，广大民营企业要善于抓住机遇，坚定开展海外投资合作的信心，立足主业、发挥优势，增强安全风险意识和防范能力，提升合规经营管理水平，继续稳妥有序走出去参与“一带一路”建设，努力在危机中创新机，于变局中开新局。

邱小平指出，各级工商联要高度重视指导“走出去”企业合规经营防范风险，通过宣传培训等多种方式，帮助企业提高合规经营防范风险的意识和能力。要进一步学习贯彻习近平总书记关于统筹推进疫情防控和经济社会发展工作的重要讲话精神，按照党中央、国务院决策部署，在抓好常态化疫情防控的同时，进一步做好服务“走出去”民营企业工作，扎实开展以“送政策、送服务、防风险”为主要内容的助推民营企业高质量“走出去”行动。

（靖安达）

【下发《关于做好抗疫期间“走出去”民营企业防范风险的通知》】为深入贯彻习近平总书记2月12日在中共中央政治局常务委员会会议上的重要讲话精神，进一步落实会议提出的“支持外贸企业抓紧复工生产，加大贸易融资支持，充分发挥出口信用保险作用，积极参与国际协调合作，为对外贸易发展营造良好国际环境”要求，积极稳妥引导服务民营企业参与共建“一带一路”，印发了《关于进一步做好疫情防控期间“走出去”民营企业引导服务工作的通知》，文件从积极引导“走出去”民营企业做好疫情防控工作，整合资源推出务实服务举措，积极支持“走出去”民营企业有序复工复产，创新国际合作工作方式方法，发挥优势营造良好国际环境等方面对地方工商联开展相关工作给予指导，各地积极按照有关文件内容开展服务民营企业有关工作。31个省级工商联积极转发《全国工商联关于民营企业根据需要申请不可抗力相关的事实性证明的提示》链接，动员企业根据需要及时办理，提示信息共覆盖至 159 家市区级工商联、 710家各类商会、54017家企业，极大提高了服务的知晓度和覆盖率。地方工商联在加强与银行机构合作、为“走出去”民企提供金融服务方面纷纷发力，北京市工商联、上海市工商联、江苏省工商联、山东省工商联纷纷与中国银行分支机构开展合作，其中北京市工商联与中国银行北京分行合作，针对“抗疫企业”“抗疫人才”创新推出多项专属金融产品，积极帮助民营企业抗击疫情、恢复生产。部分省市工商联还大胆创新，借助第三方机构，在国际商事法律服务及出口信用保险方面探索了新举措。如浙江省工商联和上海市工商联创新服务举措，分别与北京融商“一带一路”法律与商事服务中心及其“一带一路”国际商事调解中心共同开通国际商事调解专线，利用电话热线和互联网调解系统为企业提供网上国际商事纠纷调解服务。

（石崇）

【《全国工商联服务“走出去”民企抗击疫情活动·战“疫”服务包》上线】疫情期间，为加强对“走出去”民营企业的政策指导，帮助民营企业规避风险，整合疫情期间推出的服务举措形成了《全国工商联服务“走出去”民企抗击疫情活动·战“疫”服务包》并在全国工商联官网及 APP 上发布。“服务包”涵盖“服务项目”“风险提示”“防疫咨讯”“政策汇编”“园区指南”“工商联动态”等板块，发布信息上百条并在后期进行及时更新，“服务包”一经推出就得到了广泛好评，各地工商联也积极行动起来，推出了涵盖专业服务、风险提示、政策汇编、典型宣传等形式多样的线上服务举措。

（石崇）

【全力做好疫情防控重点物资保障，配合做好双稳工作】发挥海外资源网络优势及时组建海外商会医疗物资采购微信群和“走出去”企业互助微信群，向工信部提供53条采购渠道信息，231家海外华商社团捐款3550余万元。设计民营企业海外捐赠统计系统，通过各省级工商联、直属商会和企业报送信息定期整理情况报送外交部联防联控工作小组办公室，114家民营企业、基金会或商（协）会向100多个国家或地区捐款捐物超过1.8亿元，设立全球战疫基金约8亿元。按照外交部、商务部相关要求指导亚布力中国企业家论坛组织企业海外捐赠事宜，积极协调外交部有关司局，帮助小米基金会向智利、俄罗斯、瑞士等国驻华大使馆捐赠口罩等急缺医疗物资。

根据国务院应对新型冠状病毒感染肺炎疫情联防联控机制外事组会议精神和国务院相关文件要求，指导省级工商联、直属商会、“一带一路”重点项目企业和境外经贸合作区通过各自渠道做好“走出去”民营企业的引导工作，指导其海外分支机构和项目主动向我国驻外使领馆报备，在当地做好科学防疫和员工的心理疏导和安抚工作，避免出现中方员工无序回国情况。按照外交部全力做好“双稳”工作通知要求，积极配合我国驻外使领馆工作，协助其与相关民营企业建立联系并做好海外防疫和留守工作。

（王彤）

【举办民营企业境外疫情防控专题讲座】为深入贯彻落实习近平总书记关于统筹推进疫情防控和经济社会发展系列重要讲话精神，进一步提高“走出去”民营企业及其境外项目管理人员和员工的疫情防控意识和能力，帮助境外项目科学加强疫情防控，稳妥有序复工复产，全国工商联主办，上海市工商联承办的以“科学防控疫情、有序复工复产”为主题的民营企业境外疫情防控专题讲座于6月23日以网络视频直播方式举办。

这次专题讲座主讲嘉宾是上海新冠肺炎医疗救治专家组组长、复旦大学附属华山医院感染科主任张文宏。全国工商联党组成员、副主席邱小平在讲座开讲前致辞。上海市工商联主席寿子琪主持会议。中国民间商会副会长、上海市工商联副主席、奥盛集团有限公司董事长汤亮，上海市工商联副主席施登定，全国工商联家具装饰业商会会长、上海市工商联副主席、月星集团有限公司董事长丁佐宏等出席专题讲座。

张文宏介绍了世界各国当前新冠肺炎疫情现状，以及各国防疫能力，分析了中国武汉封城做法在国外难以实施的原因，提出了民营企业在境外发展中疫情防控的注意事项。他还与柬埔寨西哈努克经济特区、森大坦桑尼亚公司、华为挪威公司、中非民间商会联线，在听取了他们提出的问题后，逐一给出了疫情防控的建议。

邱小平表示，全国工商联把引导服务“走出去”民营企业做好境外项目疫情防控工作作为推进“一带一路”建设的首要任务，及时做出工作部署。各级工商联和有关商会组织迅速响应，闻令而动，积极创新线上线下相结合服务方式，及时整合资源推出战“疫”服务包，通过发布疫情防控资讯和风险提示、开展普惠金融服务行动、办理不可抗力事实证明、举办云对话和微讲座等系列服务举措，为统筹推进“走出去”民营企业境外项目疫情防控和生产建设做了大量工作。“走出去”民营企业及境外项目高度重视应对疫情风险，结合实际积极采取防疫抗疫措施，努力复工复产自救，同时全力支持国内和所在国家（地区）的抗疫行动，取得了重要的阶段性成效。

邱小平希望各级工商联、有关商会组织和广大“走出去”民营企业要坚持把应对疫情影响、防范疫情风险作为当前和今后一个时期的头等大事，进一步深入学习贯彻习近平总书记系列重要讲话精神和党中央、国务院决策部署，切实提高政治站位、增强大局意识，坚决克服麻痹思想、厌战情绪、侥幸心理、松劲心态，继续统筹做好境外项目疫情防控和生产建设工作，采取科学有力有效的措施，努力保护境外员工生命安全和身体健康，努力把疫情造成影响降至最低。

（靖安达）

【举办“在德投资合作——新冠疫情期间及之后的法律、税务和投资要点”线上研讨会】2020年7月8日，“在德投资合作——新冠疫情期间及之后的法律、税务、投资要点”线上研讨会成功举办。该线上活动由商务部投资促进事务局·中国国际投资促进中心（德国）、全国工商联、德国联邦外贸与投资署联合主办，上海市外商投资促进中心、重庆市招商投资促进局、中国雷达行业协会等单位协办，约120余位中国企业代表参会并进行了线上交流。

中国驻德国大使馆经济商务处公使衔参赞王卫东在致辞中表达了对中德经贸合作的信心，高度认可两国企业的紧密合作。王卫东回顾了疫情在德国的发展和当前应对疫情的态度，提醒做好将长期应对疫情及其对经济消极影响的准备，希望中国企业在赴德投资时提前规划，充分考虑德方在吸引外资政策上日趋保守，避免盲目投资和可能的风险。

德国CMS律师事务所执业律师、中国业务联席主管张宁分享了《德国对外经济法》针对外来投资的新规定；收购危机中德国企业的机遇与风险；以及疫情期间在德国设有子公司的中国母公司要了解的基本法律事项。林肯国际德国公司副总裁李飒回顾了近十年中德并购情况，基于实操经验介绍了中国企业如何在德国收购理想标的，以及并购后管理和经营方面的注意事项。德国致同会计师事务所中国事业部负责人羊菡简要介绍了德国的税收和财务政策，以及企业来德后应注意的财务合规，同时分享了疫情期间德国政府针对企业的各种税收优惠政策，并现场回答了观众的线上提问。德国联邦外贸与投资署驻华代表Robert Herzner分享了他在中德合作方面的经验，并向在线的中方企业家介绍了德国联邦外贸与投资署驻华办事处可以为其提供的服务和支持。

此次会议有助于中方企业和投资人及时了解在德投资合作有关的政策、法律和税务等方面的变化以及注意事项，有助于引导企业规避投资合作风险，在疫情之下能更好地主动作为，创新合作方式，把握合作机遇，更好地为两国经济界合作，拓展对方国家资源提供务实的信息和高效的渠道支持。

（王彤）

【讲好中国故事，宣介“走出去”民营企业抗疫行动】为给“走出去”民营企业营造良好国际环境，积极宣介民营企业为全球抗击疫情所做贡献，通过电话、微信访谈等形式，收集整理了“走出去”企业典型案例，在工商时报策划刊发“抗击疫情‘走出去’民营企业在行动”专版；整理编辑45个境外异地商会或海外华侨华人社团捐款捐物案例供报社刊发宣传，通过报道抗疫典型事迹反映“走出去”民营企业秉承强烈的“家国情怀”，以高度的爱国心和责任心，及时传播中国“负责任大国”正能量，树立中国民企海外新形象。为记录宣传“走出去”民营企业在“一带一路”建设过程中的感人故事，传播与驻在国民心相通、文化共融的典型事迹，联合中华工商联合出版社策划编辑短篇文学集《带梦逐路》，通过亲历者第一人称的口吻，讲述感人故事。

（王彤）

【举办2020中非民营经济合作论坛】2020年12月11日下午，2020中非民营经济合作论坛在北京召开，此次论坛主题为“疫情下中非工业与贸易合作的机遇与挑战”，在外交部、商务部的支持下，由全国工商联、非洲联盟驻华代表处、塞内加尔驻华大使馆、摩洛哥驻华大使馆、埃塞俄比亚驻华大使馆共同主办，中非民间商会承办。中央统战部副部长，全国工商联党组书记、常务副主席徐乐江，塞内加尔经济、计划和合作部部长阿马杜·奥特，外交部非洲司司长吴鹏分别以线下线上方式出席论坛并致辞，全国工商联党组成员、副主席邱小平主持开幕式。

徐乐江指出，进一步深化中非合作符合双方需求。中华全国工商业联合会作为中国最具影响力的工商界组织和中非合作论坛中方后续行动委员会成员单位，积极鼓励并支持有条件、有实力、有信誉的中国民营企业到非洲国家投资兴业，实现互惠共赢，也愿与非盟和非洲各国的政府机构、商会组织建立更加紧密的互动合作机制，积极落实中非领导人达成的重要共识，进一步引导服务中国民营企业在各领域深化与非洲的合作，推动中非民营经济合作不断迈上新台阶。

商务部西亚非洲司副司长贺松，中非民间商会会长、华立集团董事局主席汪力成，联合国南南合作办公室高级研究与项目顾问哈尼·贝萨达，非洲联盟工业与贸易委员阿尔伯特·穆昌加分别在现场和线上围绕中非合作发展的机遇与挑战、民营企业在中非发展中的力量作为、商会在促进中非民营企业交往中的作用等主题进行主旨演讲。中非政府官员、专家学者、民营企业代表等12位嘉宾分别围绕“宏观层面中非工业与贸易合作潜力、机遇，助力非洲工业化建设”和“顺应中非医疗合作新趋势，助力非洲民生改善”话题进行了交流分享。论坛还举行了中非民间商会中外继创者工作委员会成立仪式，举办了法律和商事服务领域的项目合作签约仪式。

塞内加尔驻华大使马马杜·恩迪亚耶等10余位非洲驻华使节以及来自中非双方的政府部门、专家学者、金融机构和民营企业家代表等150余人现场参加论坛，10余万中非工商界人士以线上方式参与论坛。

（冯秀梅）

【参与组织并出席2020中国国际服务贸易交易会】2020年9月4—9日，中国商务部和北京市人民政府在北京成功举办了2020中国国际服务贸易交易会（以下简称“服贸会”）。本届服贸会围绕“全球服务，互惠共享”主题，举办了占地面积20万平方米展览展示、190场论坛及洽谈活动，吸引了148个国家和地区的2.2万家企业和机构、38.5万人次参展参会，有力促进了国际服务贸易交流合作。2020年服贸会是新冠肺炎疫情以来，中国举办的首场线上线下相结合的重大国际经贸活动，对提振全球信心具有重要意义。中国国家主席习近平出席2020年服贸会全球服务贸易峰会并致辞。全国工商联党组成员、副主席邱小平出席2020年服贸会全球服务贸易峰会。此外，全国工商联作为2020年服贸会组委会成员单位，充分发挥组织优势，全面参与组委会各项工作部署，大力提供相关政策支持，并广泛组织各省、自治区、直辖市和新疆生产建设兵团工商联和各直属商会积极组织民营企业参展参会。

（冯秀梅）

【举办“中国驻东盟国家经商参赞与民营企业家云对话”活动】为贯彻落实习近平总书记关于统筹推进疫情防控和经济社会发展工作的系列重要讲话精神，以“疫情冲击下民营企业在东盟投资发展的挑战与应对”为主题的中国驻东盟国家经商参赞与民营企业家“云对话”活动暨全国工商联第24期德胜门大讲堂在北京举行。此次活动由全国工商联、商务部亚洲司、中国—东盟博览会秘书处和广西壮族自治区工商联联合主办，邀请中国驻越南、印度尼西亚大使馆公使衔经济商务参赞和工商联、企业家代表围绕当前海外疫情和国际局势的加速演变、“走出去”民营企业如何应对、工商联如何发挥作用等多个角度进行了精彩发言和互动，对于民营企业全面客观了解东盟国家受疫情影响情况，推动民营企业在东盟国家运营和布局形成准确判断，有序开展海外投资健康发展起到良好推动作用。据统计，87.1万人次通过线上方式观看此次活动，取得良好效果。

（郝剑东）

【举办中非企业投资推介暨驻华使领馆与民营企业面对面交流活动】2020年6月30日，全国工商联联合中非民间商会、摩洛哥投资促进署共同举办中非企业投资推介暨驻华使领馆与民营企业面对面交流活动。此次活动旨在全面贯彻落实习近平主席在中非合作论坛北京峰会上的重要讲话精神，积极落实峰会“八大行动”，进一步引导疫情下中国民营企业扩大对非投资，实现中非经贸合作可持续发展，来自非盟、埃塞俄比亚、摩洛哥、南非等7个国家和国际组织的政府机构和企业代表、专家围绕“疫情下中非贸易、工业与新基建合作的前景与调整”主题进行了深刻的交流探讨。据统计，16.7万人次在线参加了本次活动。

（王彤）

【高云龙主席出席第九届世界旅游经济论坛】2020年12月9日，以“团结与创新：重塑世界旅游与新经济”为主题的第九届世界旅游经济论坛在澳门以线下和线上相结合方式同步召开。全国政协副主席、全国工商联主席高云龙出席开幕式并致辞。论坛由澳门特别行政区政府主办，全国工商联旅游业商会协办。来自中国内地、澳门及全球多国的政府官员、国际旅游组织和企业领袖代表，共同探讨重建旅游信心及重塑旅游业的新策略、新动力。近50多个国家和地区的42万人次线上观看。

高云龙表示，2020年是人类历史上不平凡的一年，中国人民在习近平主席坚强领导下，对内统筹推进疫情防控和经济社会发展，对外展现负责任大国形象，赢得世界广泛赞誉。中国民营企业向多个国家和地区提供支持，为抗击疫情贡献中国民企力量。当前，全球疫情尚未得到有效控制，世界经济陷入衰退，逆全球化思潮上升。面对疫情冲击和全球变局，中国民营企业将继续同各国人民、工商界一道，守望相助，勠力同心，携手共渡难关。

高云龙强调，多年来，澳门致力于打造世界旅游休闲中心，奠定了在世界旅游经济发展中的独特地位。世界旅游经济论坛有力推动了澳门特区经济多元化和可持续发展。今年论坛以“团结与创新：重塑世界旅游与新经济”为主题，更显意义不凡。此次论坛的举办，一定会振奋全球旅游业的信心、澳门旅游业的信心，为澳门经济发展带来更大的机遇。

高云龙提出了三点倡议：一是坚持开放包容理念。新发展格局下，中国将继续高举开放合作大旗。旅游经济是典型的开放经济，面对疫情影响和逆全球化思潮，我们要秉持开放包容心态，进一步发挥世界旅游经济论坛等多边机制作用，为全球旅游复苏和未来高质量发展搭建交流合作平台。二是坚持创新驱动发展。当前，新一轮科技革命和产业变革加速发展，科技对提高社会生产力的贡献更加凸显。旅游企业要顺应数字化、网络化、智能化发展趋势，不断推动旅游业发展转型升级。三是坚持共享合作成果。和平与发展仍是当今时代的主题。世界各国旅游资源禀赋不同、发展阶段不同，共享发展经验、推动协同合作大有裨益。后疫情时代，旅游企业要在内涵、创意、市场、定位等方面更好互学共鉴，深化团结互信，在分享中共同成长。

（李圣汉）

【全国工商联“一带一路”信息服务平台上线】7月28日，全国工商联“一带一路”信息服务平台正式上线运行。建设“一带一路”信息服务平台，是建设“网上工商联”的重要内容，是创新引导服务民营企业参与“一带一路”建设的方法和手段的重要举措，也是运用互联网、大数据等技术更好服务“两个健康”的重要实践。平台以服务民营企业参与共建“一带一路”的需求和目标为导向，规划设计了资讯、在线培训、专业服务、海外项目合作四大服务功能。

（许聪）

【主办第二届全国上市公司共建“一带一路”国际合作论坛】12月20日，2020

年全国上市公司共建“一带一路”国际合作论坛在深圳举办。中央统战部副部长，全国工商联党组书记、常务副主席徐乐江，中国贸促会会长高燕，广东省人民政府副省长王曦，世界贸易中心协会执行总裁罗宾·范·普恩布罗贝克，中国上市公司协会会长宋志平、深圳市委常委黄敏等出席开幕式并致辞。广东省委副书记、深圳市委书记王伟中，深圳市领导高自民、杜玲出席。

本次论坛由中国贸促会、全国工商联、广东省人民政府、世界贸易中心协会主办，以“携手应对挑战，合作促进共赢”为主题，围绕“开展全球抗疫合作，推动构建人类命运共同体”“推进数字经济发展，共建数字丝绸之路”“提升国际合作水平，构建新发展格局”“强化国际产业协同，助力粤港澳大湾区建设”四项议题展开研讨。来自“一带一路”沿线国家和地区的政府部门、工商界、专业机构、企业等的代表近400人参加论坛。

徐乐江表示，推进“一带一路”建设、促进互联互通，是应对全球性危机和实现长远发展的必由之路。希望广大上市公司坚定发展信心，积极拓展国际视野，主动参与高质量共建“一带一路”；抓住发展机遇，在继续加大基础设施建设和优势产能合作的同时，主动顺应新一轮科技革命和产业变革趋势；坚持合规共赢，自觉遵守所在国法律和国际规则，尊重当地宗教文化和风俗习惯，坚持绿色发展、共享发展。全国工商联将继续致力于引导服务包括民营上市公司在内的广大民营企业参与“一带一路”建设，鼓励支持民营企业积极参与粤港澳大湾区建设并依托湾区优势更好开拓国际市场。

中非发展基金、巴基斯坦驻广州领馆、菲律宾工商会等机构负责人，清华大学、中国人民大学、中山大学、暨南大学、广东外语外贸大学等科研机构，中国外运、上海证券交易所、深圳证券交易所、国信证券、亚信集团、渣打银行、中非泰达、顺丰、金山、小米、传音、中海运、比亚迪等上市公司的负责人在全体会议上发言交流，讲述参与“一带一路”建设的亲身实践，为疫情防控新常态下共建“一带一路”走深走实建言献策。

此外，论坛还发布了《中国上市公司共建“一带一路”优秀实践案例选编（2020）》和第四批《企业对外投资国别（地区）营商环境指南》系列丛书。其中，《案例选编》遴选出56家经济社会效益显著、代表性强、受到中外高度评价的公司案例汇总成册，为参与共建“一带一路”的企业提供参考和借鉴。第四批《国别指南》系统介绍了包括德国、乌克兰、土耳其、塔吉克斯坦、马来西亚等共计18个国家的经贸概况、吸收外资环境及政策、中国企业投资形势及目标行业、企业融资渠道、合规运营及工作生活基本信息等，助力对外投资合作平稳、有序、健康发展。

（于明晟）

【搭建线上经贸合作服务平台】后疫情时代，民营企业“走出去”面临复杂多变的国际环境，以云为翼创新对外交往模式，搭建线上经贸合作与服务平台，助力企业应对海外疫情冲击。以电话、信函等方式保持与63个国家的76家海外主流商协会、投促机构、驻华使领馆和国际组织的交流合作，积极宣介我国抗击疫情成果和制度优势。与美国、法国、日本、韩国等国家以及地区的工商组织、政府机构加强交流，组织并参加20余场交流对接活动。利用“一带一路”信息服务平台，发挥境外投促机构、商会和华商团体桥梁作用，举办并组织企业参加中非投资推介暨驻华使馆与民营企业面对面活动、“2020韩国世界华商周”、香港“一带一路”高峰论坛、“2020粤澳名优商品展”等10余场线上经贸交流活动，为中外工商界交流合作牵线搭桥。

（王彤）

【海外园区与民营企业面对面交流活动】为服务民营企业“抱团”走出去参与“一带一路”建设、帮助民营企业有效防范海外风险，推动民营境外经贸合作区高质量发展，促进全球产业链、供应链协同，全国工商联国际合作委员会与江泰国际合作联盟于12月15日以线上线下相结合形式举办了“2020海外园区与民营企业面对面论坛”。此次论坛主题为“后疫情时代‘走出去’民营企业与海外园区机遇与挑战”。全国工商联国际合作委员会副主任、北京德恒律师事务所主任王丽，全国工商联国际合作委员会委员、江泰国际合作联盟主席沈开涛出席论坛并致辞。墨西哥北美华富山工业园、印尼华夏幸福卡拉旺产业新城集团、柬埔寨西哈努克港经济特区、乌干达辽沈工业园等园区负责同志就海外园区在抵御境外经营风险、抗击新冠肺炎疫情中的重要作用进行了宣介，部分企业代表分享了入驻园区感受。论坛由全国工商联国际合作委员会秘书长迟建新主持，各省级工商联、部分直属商会有关负责同志，1500余家“走出去”企业有关负责人在线参加了论坛。

（许聪）

组织建设

【综述】2020年组织建设工作紧扣形势任务，全面贯彻落实习近平总书记一系列重要指示精神，进一步深入贯彻落实中央30号文件、57号文件和全国民营经济统战工作会议精神，严格落实中央巡视整改要求，抓牢重点、聚焦难点、力促亮点，推动工商联组织建设形成新局面。

一、坚持抓牢组织建设和队伍建设，着力加强顶层设计

系统研究部署下一步商会改革发展重点任务。在全面梳理各地贯彻落实中央30号文件精神情况，系统总结两年来工商联所属商会改革发展成果的基础上，研究制定《2020—2022年工商联所属商会改革重点任务推进方案》，通过召开全国工商联商会工作会议部署下一步所属商会改革重点任务，组织地方工商联和所属商会交流商会改革工作经验，推动构建中国特色商会组织。

谋划建立直属商会打造一流的制度框架。研究制定直属商会建设一流商会的实施意见、直属商会管理办法、章程示范文本三个制度性文件，以实施意见明确建设目标、工作举措，以管理办法明确管什么、怎么管，以章程示范文本规范商会自我遵循、自我要求，推动直属商会打造中国特色一流商会当样板、做示范。将制度性文件印发各级工商联及所属商会参照执行，构建商会工作基本制度体系。

进一步明确抓基层、打基础工作思路。制定印发《2020—2022年全国“五好”县级工商联建设工作实施方案》，鼓励各地细化量化“五好”建设指标，不搞“一刀切”和“上下一般粗”的标准，强化精准指导、分层指导。调整“四好”内涵，修改“四好”商会认定条件，发挥对所属商会建设的导向性作用，部署开展“四好”商会互学互促，持续推进“学一防一推送一”工作任务，提升工作实效。同民政部沟通争取，就乡镇、街道商会有关问题进行深入研究，联合出台《关于加强乡镇、街道商会登记管理工作的通知》，指导推动相关工作。

研究更好发挥评价工作牵引导向作用。着力发挥好省级工商联工作评价、全联企业家执委履职评价、直属商会评价的“指挥棒”作用，结合年度工作修订完善评价指标体系，严格程序、规范评价，通过评价抓落实、强示范、促工作。

二、坚持紧扣巡视整改任务落实，做到立行立改和长远规划相结合

紧扣中央巡视整改工作这一全会重点任务，坚持问题导向，对标“政治巡视”要求，既“认真改”也“向前看”，确保整改措施拿得出、能落地、有成效。聚焦查摆问题、找准措施，明确整改思路。对照巡视组指出的问题，主动认领、组织研讨、剖析根源，在针对巡视反馈的工商联组织建设方面14个具体问题的基础上，举一反三进一步自查出5个问题，将共19个问题划分出“三类事”，即“具体事”、需完善制度机制的问题、需体系化设计的问题，明确责任到人。研究制定了《关于进一步加强工商联组织建设为两个健康事业提供有力支撑的工作方案》，明确到换届前两年多时间的工作思路。

将即知即改同制度建设结合起来，推动整改措施逐项落实。就联系调研“重形轻效”问题，细化已制定的有关纪律规定，印发《关于严肃联系调研工作纪律的通知》，会签各组每次活动方案，推动各组采取“小分队”形式直奔基层，进一步增强工作实效。就加强统战工作向商会组织有效覆盖问题，多措并举，除推动所属商会改革发展、强化商会党组织引领外，研究制定《关于规范全国工商联直属团体会员联系服务工作的若干意见(试行)》，吸纳阿拉善生态协会等作为团体会员，切实推进工作覆盖。就政治安排等重点环节风险犹存问题，研究起草《在民营经济代表人士政治安排工作中严格条件程序的意见建议》，开展廉政风险排查，研究起草直属商会负责人人选考察工作办法，加强工作规范。

三、坚持聚焦提效能、上水平，持续加强工作创新

既注重对过去几年已经开展的各项组织建设工作绵绵用力、久久为功，又着力切实加强工作创新，紧跟形势任务，出实招、抓实效。

创新开展民营经济代表人士队伍思想政治引导工作。首次开展全国工商联企业家执委、直属商会负责人、青委会委员思想状况调研，通过问卷调查等方式掌握重点群体思想状况，有针对性开展引导工作。把握“两会”等重要时间节点开展谈心谈话工作，反映情况问题、掌握思想动态，建立谈心谈话问题处置反馈机制，定期形成综合报告。

创新年轻一代企业家工作方式方法。在规范全国工商联青年企业家委员会运作、高规格举办第三届青年企业家峰会的同时，充分调动各地年轻一代企业家组织积极性参与共建青委会平台，推动十省市年轻一代企业家组织在疫情后开展互访交流活动。指导青委会理论学习小组强化自我学习、自我服务、自我教育，制作编发《青年学习》电子学习刊物，激发青委会内生活力。创新德胜门大讲堂举办方式。创新网络直播等方式举办13期德胜门大讲堂，充分展示民营企业积极克服疫情不利影响、逆势而上的精神风貌和务实举措，累计收看人次达1450万，有效扩大了宣传面，提升了活动效果。

创新设立特殊专门委员会。研究制定《全国工商联行业委员会工作规则》，上半年疫情期间探索成立餐饮业委员会、知名企业委员会、大数据运维（网络安全）委员会，进一步延伸工作手臂、扩大组织覆盖面。

（张越）

【全国工商联联系调研情况】2020年，在全国工商联领导的带领下，在企业家执委、直属商会、地方工商联和各承办部门等的共同探索下，8个联系调研工作组努力克服新冠肺炎疫情带来的不利影响，采取网上网下相结合的方式开展多种形式的联系调研活动，联系调研工作取得积极进展，全年共走访19个省级工商联，51个地市级工商联，164个县级工商联，137个工商联所属商会以及500多家民营企业和个体工商户。联系调研活动开展以来，已经走访了全部32个省级工商联，1365个县级工商联，近900个工商联所属商会以及2500多家民营企业和个体工商户，举办宣讲会超过500场，近8万名民营企业家现场参加，网络覆盖600多万人，联系调研工作取得了丰硕成果，得到各方普遍认可，成为全国工商联牌子亮、叫得响的改革工作品牌。2020年的联系调研工作主要有以下三方面特点：

一是突出抓好严格纪律规范。各工作组从讲政治高度，努力把中央巡视整改要求落实到联系调研工作中。各组按照《关于全国工商联领导联系地方工商联和所属商会的实施意见》《联系调研工作指南》等文件规定，坚决严控参加联系调研人员数量，努力减轻地方负担，采取“小分队”形式直奔市县。着力加大走访联系中小微企业力度，走访的个体工商户数量大幅增加。持续深入改进工作作风，在广联系基础上抓好深调研，进一步增强工作实效。

二是突出抓好形成丰富成果。民营企业家思想状况调研是今年联系调研工作中开展的专项重点调研，各工作组根据工作要求，通过联系调研与民营企业家开展谈心谈话活动，召开思想状况座谈会，深入了解思想动向，各组在总结报告中辟出专章对民营企业家思想状况进行分析，大多数工作组还形成了多篇思想状况专项报告。各组把形成参政议政成果作为重点，通过《信息专报》《工商联信息》等形成参政议政成果约40篇，比2019年有大幅提升，有的专报还得到国务院有关领导同志的批示。有的组在联系调研工作中，召集本组所联系省份的有关工商联负责同志等召开会议，交流研究县级工商联建设和商会改革发展中遇到的新问题，形成情况报告报会领导和有关业务部门，进一步推动基层组织建设。

三是突出抓好实践探索创新。有的组建立了企业家工作点评机制，在走访和座谈中，请参与联系调研活动的民营企业家从企业家角度点评当地营商环境、商会建设等，形成了不少有价值的意见建议，更好地发挥了企业家主体作用。有的组根据各地不同情况采取不同的政策宣讲安排，对相对集中的地区，由组长在市级为所在市县两级工商联的企业家执委和所属商会负责人等做集中政策宣讲。对较为分散的地区，由多位企业家分散到各区县开展宣讲。有的组和地方工商联、基层商会等建立健全了“四级联动”工作机制，多次开展联合调研，了解情况、收集信息，督查落实、推动工作，加强交流、锻炼队伍，真正起到上下一体、互联互动的作用。

（薛葵）

【完善落实企业家副主席副会长年度述职制度及企业家副主席副会长执委履职评价制度】2020年度，全国工商联继续开展企业家副主席副会长执委履职情况评价工作，并统筹完善企业家副主席副会长年度述职制度。自2019年度首次开展执委履职评价以来，各方普遍关注、高度重视，取得良好成效和积极反响。从工作效果看，评价激发了企业家副主席副会长执委的履职意识，促进他们更好履职尽责、发挥作用，较好体现了“指挥棒”作用。从工作过程看，评价实施总体平稳，评价结果客观反映了履职实际情况，特别是准确把握了“抓两头”的工作要求。从工作反馈看，省级工商联更加重视本地区推荐全国工商联执委的组织联系工作，不少省级工商联参照开展了本地区执委履职评价工作，以评价促履职的工作机制初步形成。

为促进企业家副主席副会长执委履职，2020年度先后对《全国工商联企业家副主席副会长执委履职情况评价办法（试行）》和2015年制定的《全国工商联企业家副主席述职办法（试行）》作了修改完善。印发《关于做好2019年度全国工商联企业家副主席副会长执委履职情况评价工作的通知》（全联厅发〔2020〕2号），对全国工商联335名企业家执委2019年度履职情况进行考核评价；印发《关于全国工商联企业家副主席副会长2020年度工作述职的通知》，组织开展全国工商联副主席、中国民间商会副会长年度工作述职。

稳慎做好评价办法修改完善。修改过程中，按照广泛听取意见的原则，先后征求了32个省级工商联和全国工商联机关各部门的意见建议。本次修改按照保持延续性、维持原有体例结构、只做必要修改的思路，坚持愿景牵引、问题导向、底线思维，突出指挥棒效应，对部分评价内容、个别评价实施环节做修改完善，增强可操作性和科学性。在评价内容上，由23大项27小项扩充为24大项31小项，补充了“企业发展良好”“参加民营企业调查”“积极到边远贫困地区开展联系调研”等评价内容；在评价方式上，将企业家执委自评、省级工商联评、机关部门评的分数权重由20%、30%、50%修改为10%、30%、60%；在评价等次上，增设“不予评价”等次，对涉嫌违法尚未有组织结论、未提交履职报告或自评表等的企业家执委“不予评价”；在评价结果运用上，明确约谈、提醒谈话相关安排，并就请辞、责令辞职、撤销职务的不同情形作出规定。

有序实施履职评价。受新冠肺炎疫情影响，不少企业家执委所在企业遭遇挑战，但各位企业家执委在按照中央要求统筹做好疫情防控和复工复产工作的同时，高度重视履职评价工作，认真落实工作要求。应参评的335名企业家执委中有330名及时提交了履职报告和自评表，参评率达到98.5%。与上一年度相比，提交履职报告的比例提高3.5个百分点。整体上看，企业家执委履职情况较上一年度有所提升，评价等次为A的从占比50.9%上升至71.3%，企业家执委履职情况评价工作起到推动作用。

规范完善企业家副主席副会长述职制度。为落实巡视整改任务要求，依据会党组、驻部纪检组制定印发的全国工商联企业家副主席副会长行为规范监督管理意见和《关于更好发挥全国工商联副主席副会长和执委作用的若干意见（试行）》，对企业家副主席副会长述职制度做了修订。修订在述职方法、评价方式上，依照目前工作中的做法做了调整，加入企业家副会长书面述职，评议统一纳入企业家副主席副会长执委履职评价工作，不再单独开展；在述职内容上，沿用近两年企业家副主席副会长执委履职评价的“三强一好”“两度”框架体系；在具体要求上，融入全国工商联企业家副主席副会长行为规范各项要求，更好推动行为规范的落实。

履职评价和工作述职紧扣企业家副主席副会长执委履职的本义，重点考察企业家在担任全国工商联职务中，发挥模范引领作用、完成全国工商联工作任务、与所推荐地方工商联组织密切联系、履行社会责任的情况，通过完善评价指标体系，客观评价其履职表现，激发履职意识和担当精神，促进了企业家副主席副会长执委更好履职尽责、担当使命。

（王子萱）

【完善落实与民营经济代表人士谈心谈话制度】2020年，全国工商联领导、机关部门局级干部与民营经济代表人士谈心谈话共计573人次，其中“两会”代表委员120人次，执委243人次，其他代表人士210人次。领导重视，周密部署。新冠肺炎疫情发生后迅速将谈心交心的工作重点转移到贯彻习近平总书记指示精神，引导民营经济人士参与抗击疫情阻击战和帮助民营企业依法有序复工复产。突出重点，加强引领。切实按照“与谁谈”突出“代表性”，重点选取影响力大、代表性强的民营企业家、商会组织负责人。“谈什么”突出“针对性”，以五个方面规定内容为基础，结合疫情防控、做好“六稳”“六保”工作、激发民营经济活力等重点内容。方法灵活，形式多样。努力将谈心谈话作为了解企业家、掌握其思想动态的重要抓手。针对疫情防控的要求，上半年主要采取电话、微信、视频、电子邮件等多种形式与民营经济代表人士交流。下半年与重要会议活动、联系调研结合起来，进行实地走访，与民营经济代表人士深入交流，最大限度调动积极因素、化解消极因素。研究梳理，确保实效。注重鼓励支持和教育引导“两手抓”、思想和困难“两关注”的思路，不仅有针对性地做好教育引导工作，而且帮助解决反映的困难问题，对谈心对象反映的涉及行业发展带有共性的意见建议以信息专报形式报送中央办公厅、全国政协办公厅和中央统战部等。

（王昭曒）

【落实会员制改革意见】为贯彻落实中央党的群团工作会议精神和工商联“十二大”和《全国工商联深化改革总体方案》做出推进工商联会员制改革的任务部署，2019年3月，全国工商联印发了《关于加强和改进工商联会员工作的意见》。文件印发以来，全国工商联积极推动各省级工商联落实会员制改革工作部署,与所属商会改革协同推进、有机融合，努力完成会员制改革各项任务目标，着力克服会员发展“贵族化”倾向，初步实现了全国工商联和省级工商联大力发展团体会员，市、县级工商联及所属商会大力发展会员，会员队伍发展呈现数量增长、质量提升、结构合理的向好态势。主要做法：一是，深入了解各地会员制改革配套文件出台及落实会员制改革情况，梳理会员制改革各地成效和存在问题，研究下步工作对策；二是，做好日常工作指导，加大省级工商联工作评价和“五好”县级工商联、“四好”商会建设中会员覆盖、会员服务、会员作用发挥等项目的评价比重，以工作评价为牵引，进一步细化会员制改革目标任务；三是，加强会员日常管理，起草《关于工商联会员证件制作、发放和管理的工作方案》，通过指导各级工商联和所属商会制作发放工商联会员证，增强工商联会员意识。完善会员信息管理系统，指导各地按时做好填报工作。

（崔玉南）

【完善落实省级工商联工作评价制度】开展省级工商联工作评价是全面深化工商联改革、加强对地方工商联工作指导的重要举措，在2018年省工商联工作评价的基础上，根据全国工商联年度工作安排，开展了2019 年省级工商联评价工作。根据《关于开展2019 年省级工商联工作评价的通知》（全联厅发〔2020〕3号），2019 年省级工商联工作评价内容包括政治建会、团结立会、服务兴会、改革强会和加分项5大部分，涵盖23个工作项目、52项评价指标。评价工作重点检验省级工商联职能任务完成情况、中央重大决策部署贯彻落实情况以及全国工商联年度重点工作的完成情况，具备较强的问题导向、实践导向和目标导向。采取省级工商联自评、抽取部分执常委企业家评和全国工商联机关评的方式进行。

全国工商联会领导高度重视评价工作，反复要求听取各方面意见建议，多次对评价办法进行修改完善，全程加强指导并亲自参与到评价工作中来。各省级工商联认真对待评价工作，召开专题会议研究部署评价工作，明确专人负责，结合本省实际制定评价工作方案，多数省级工商联成立了评价工作办公室。各省级工商联坚持以评价工作为契机，逐项逐条对照评价内容、评价项目和评价指标，对2019 年工作进行了全面回顾、梳理和总结，归纳提炼创新特色工作，形成了比较翔实的自评报告，并对各项工作开展情况进行了客观自评。为提高评价的便捷性和可操作性，今年首次采用企业家执常委网上评价方式，依托信息中心民营企业调查系统，开通线上评价入口，企业家执常委用手机扫码即可进行评价。382名企业家执常委积极参与，认真履职尽责，对所在的省级工商联工作进行逐项评价，并及时反馈评价意见。全国工商联机关部门按照业务分工，根据各省级工商联自评情况和日常工作推进落实情况，实施对口评价。

评价结果经全国工商联主席办公会议审议通过后，按照评价办法，对评价总分前十名的省级工商联进行了通报表扬，总分排在后三位的由全国工商联主要会领导进行了约谈，其他省级工商联评价结果由各联系调研组组长进行了反馈，充分发挥评价工作的正向激励作用。同时对部分省级工商联在推进自身改革、创新工作机制、助推区域经济发展、开展法律维权服务、参与精准扶贫行动等方面的突出亮点工作、独具特色的典型做法，通过中华工商时报、全国工商联官网、全联通和工商联信息专报等进行了宣传报道，促进相互学习借鉴。

根据中央巡视反馈意见和全国工商联巡视整改工作要求，为切实加强和改进工作作风，力戒“机关化”“行政化”，于10月份印发了《全国工商联办公厅关于规范省级工商联评价工作的通知》，重点对省级工商联工作评价的内容指标修订完善、精简报送材料、规范评价方法等方面提出了具体改进措施。在此基础上，为做好2020年省级工商联评价工作，结合在评价工作中发现的问题和各方反馈的意见，按照“精简内容指标，简化评价程序，兼顾地区差异实施精准评价”的原则，充分考虑到东中西部工商联工作基础不同、任务重心不同，对评价办法和内容指标进行了修改完善，印发了《全国工商联办公厅关于开展2020年省级工商联评价工作的通知》。

（邹丹丹）

【完善落实直属商会评价制度】为加强直属商会建设，全国工商联自2011年起对直属商会开展年度考评工作。党的十九大以来，党中央对工商联所属商会提出了新的要求，为适应新时代商会发展需要，更好发挥评价办法对直属商会建设的“指挥棒”作用，我们在贯彻落实中央有关文件精神、中央巡视反馈意见和总结以往工作经验的基础上，对评价办法做了修订。修订稿初稿完成后，我们征求了9个机关部门和31家直属商会的意见，并研究吸收相关建议。修订主要体现在以下方面：

一是切块打分、突出职能部门和承办部门作用。打分方式由各部门对商会全面打分改为按部门职责打分。提高分工负责承办部门打分比重，加强部门打分在商会等次确定中的作用。专门设置“分工负责承办部门综合评价”（50分），由承办部门根据掌握情况打分，打分应从高到低依次排序（形成123456不并列的排序）。这个排序影响商会最终结果，综合得分为优秀（A级）且承办部门排位前2位的商会才有资格获得优秀（A级）。综合评分为优秀（A级），但未排在前2位的，相应降至良好（B级）。

二是一表两评、提高评价使用效能。将班子履职评价纳入商会评价中，评价商会时也考核负责人年度履职情况，同时将商会评价结果与负责人履职等次做衔接。领导班子评价，侧重政治思想建设、参与商会工作意愿、领导能力、工作实绩、遵纪守法5个方面，评价结果分为优秀、良好、一般、较差4个等次，评价结果换算成相应分数计入商会评价结果。负责人评价侧重政治素质、参与商会工作意愿、履职能力、遵纪守法、完成工商联交办事项5个方面，评价结果分为优秀、称职、基本称职、不称职4个等次，评价结果只用于确定负责人等次，不换算成分数计入商会评价结果。理事长为名誉职务，两年一评价，评价结果不计入商会评价结果。商会为优秀（A级）商会，会长、秘书长原则为优秀。商会为优秀，会长、秘书长不是优秀的可提升一个等次。商会为（C级）商会、较差（D级），会长、秘书长为优秀的则降一个等次。监事长、常务副会长履职等次按负责人评价结果确定。

三是量化考核指标、突出导向作用。加重政治引领分值，专门设置政治引领内容且将分值设为最高，突出政治导向性。量化评价内容，增强可操作性，将原评价办法的附件《全国工商联直属商会评价表》细化分解成《标准表》《参考表》2张表，将38项评价标准调减至35项（在其中新确定6项为否决项，触碰则无资格获评优秀（A级）商会）。根据《标准表》提炼出113项量化评价内容构成《参考表》，这些内容多体现了全国工商联关注点和商会工作着力点。优化评价权重，统筹考虑调动商会自评积极性和有效化解“老实人吃亏”问题，将商会自评权重由20%调减至10%，会员评价权重由20%提高至30%。这一调整也有助于推动商会切实提高服务能力，增强会员获得感。同时，将最高分由720分调减至600分。

四是注重日常积累、增强评价客观性。注重平时积累与年终评价的结合，113项的参考表由全国工商联根据日常掌握的情况与商会共同填写，不再要求商会提供庞杂文字资料，减轻填报负担，也减轻评审人员负担。评价工作设立评价工作组，工作组下增设由3～5名局级退休干部组成的复核小组，对机关部门评分进行复核，同时聘请第三方力量作为统计小组，负责数据核准和录入工作，提升评价的公正性。

（程小东）

【制定进一步规范全国工商联直属团体会员联系服务工作制度】为贯彻落实中共中央办公厅《关于加强新时代民营经济统战工作的意见》，扩大民营经济统战工作覆盖面，进一步规范全国工商联直属商会以外的全国工商联直属团体会员的联系服务工作，更好地促进民营经济健康发展和民营经济人士健康成长，经全国工商联2020年第10次主席办公会议审议通过，于10月27日印发《关于规范全国工商联直属团体会员联系服务工作的若干意见(试行)》（以下简称《意见》）。主要内容如下：一是明确入会条件。《意见》提出，凡以民营企业和民营经济人士为主体的社会组织，包括在民政部门注册的全国性行业协会商会、跨省域综合性组织、企业家自组织等，承认并遵守《中国工商业联合会章程》和本意见，可成为全国工商联直属团体会员。二是完善入会程序。《意见》提出，有关申请经征求中央统战部相关业务局意见后，由全国工商联主席办公会议审议决定，举办直属团体会员入会仪式，并授牌。三是强化支持服务。《意见》提出，全国工商联加大服务力度为直属团体会员赋能，包括推荐参加部委举办的座谈会、推荐参加相关评选表彰、帮助解决有关问题、直属团体会员大事记可编入全国工商联年鉴等四条措施。四是健全联系机制。《意见》提出，全国工商联在联系服务直属团体会员工作中，尊重直属团体会员独立性，重点进行政治把关，确保正确的政治方向，建立健全工作指导、信息沟通、会议活动、交流合作等四项机制。五是优化组织体系。《意见》提出，全国工商联对领导和管理其党建工作的直属团体会员，或者组织开展理想信念教育实践活动的直属团体会员，其成员可视为全国工商联会员，并规定了相关退出情形。六是加强组织保障。《意见》提出，全国工商联将直属团体会员工作纳入重要议事日程，及时研究直属团体会员工作遇到的新情况新问题。全国工商联会员部牵头负责直属团体会员工作。根据直属团体会员的具体内容协调相关职能部门承办。全国工商联机关各部门均应主动加强与直属团体会员的联系服务，共同推动直属团体会员健康发展。

（马澄）

【探索在新兴领域和新兴业态成立全国工商联行业委员会】为做好民营经济领域统战工作，考虑到现阶段中央对于新登记成立全国性行业协会商会从严把控的实际，全国工商联创新商会组织形式，探索在涉及国计民生的重要行业、新兴产业和新兴业态领域组建全国工商联专业委员会，按照准商会的模式运行，先把民营企业和民营经济人士组织起来，把工作开展起来，待条件成熟时再推动成立新的直属商会。

为规范全国工商联行业委员会管理，更好发挥作用，全国工商联制定印发了《全国工商联行业委员会工作规则》，对委员会的定位、职责、设立范围、组织架构和管理运行机制等方面做了规定。按照确有必要、试点先行的原则，2020年主要在尚未成立直属商会的国民经济大类及二级细分行业和战略性新兴产业设立行业委员会，优先考虑服务国家重大发展战略、涉及国计民生、覆盖面较大的行业。经与各省级工商联、机关各部门和行业头部企业广泛沟通充分酝酿，全国工商联主席办公会议审议批准成立全国工商联知名企业委员会、全国工商联餐饮业和全国工商联大数据运维（网络安全）委员会。委员会设主席团，实行轮值制，2年1轮值，主席团成员由政治素质高、参政议政能力强、积极参与国家重大战略、承担社会责任、热心工商联事业的行业企业主要负责人担任。全国工商联知名企业委员会首任轮值主席为新希望集团董事长刘永好，全国工商联餐饮业委员会首任轮值主席为千喜鹤集团董事长刘延云，全国工商联大数据运维（网络安全）委员会首任轮值主席为360科技集团董事长周鸿祎。

按照新冠疫情防控的要求，委员会启动会采取视频会议的形式召开，2020年3月9日全国工商联餐饮业委员会启动会召开，4月28日全国工商联知名企业委员会启动会召开，6月15日全国工商联大数据运维（网络安全）委员会启动会召开。委员会成立后，在主席团的带领下，在加强政治引领、服务国家和区域发展战略、助推行业发展、强化行业自律方面发挥了积极作用。先后组织委员参加"知名民企湖北行""民企甘南行""第三届全国青年企业家峰会""第三届深圳餐饮博览会"等活动，全国政协副主席、全国工商联主席高云龙，中央统战部副部长、全国工商联党组书记徐乐江与参加活动的委员进行座谈，给委员颁发聘书。

（刘云莲）

【开展县级工商联"一个设立、五个有"回头看，研究制定全国"五好"县级工商联建设细化量化标准】2020年年初，全国工商联印发了《2020—2022全国"五好"县级工商联建设工作实施方案》，方案结合新时期全国"五好"县级工商联建设实际情况，提出了"政治建设好、队伍建设好、商会发展好、作用发挥好、工作保障好"的五好标准，为"五好"标准赋予了新的内涵，并对相关建设标准逐一进行细化量化，使之更具导向性、操作性。对各地开展"五好"县级工商联建设作出了相应工作安排，一是要求各省级工商联按此实施方案结合本地区实际情况，制定本地区实施方案，完善本地区"五好"标准和细则。适时组织开展"一个设立、五个有"建设情况回头看，对出现县级工商联合署办公情况进行梳理。加强对工商联干部的培训、轮训；建立互学互促常态化机制。二是明确提出开展2021年全国"五好"县级工商联确认工作要求，部署推进工作的重点，要求各地切实予以重视，加强统筹协调，实施分类指导，切实找准薄弱环节，持续精准发力，力争取得实效。三是提出到2022年全面总结"五好"县级工商联建设情况的任务。

（史红雪）

【举办全国工商联商会工作会议】2020年11月23—24日，全国工商联在江苏南京召开商会工作会议。会议深入学习贯彻习近平总书记对民营经济统战工作的重要指示和全国民营经济统战工作会议精神，紧紧围绕"全面深化工商联所属商会改革，大力推进中国特色商会建设"这个主题展开。会上，高云龙、徐乐江同志的讲话，总结两年来工商联所属商会改革成果，宣扬先进典型，分析改革形势，查找存在不足，研究部署下一步改革任务，重点就强化商会政治属性和统战功能，突出商会党建和统战工作的有效覆盖，聚焦商会服务能力和作用发挥，促进商会规范治理和高质量发展等任务，进行了精心谋划部署，系统提出了具体改革举措。全国工商联、省级工商联以及部分市、县级工商联主要领导，各地商会代表，中央统战部四局、民政部社会组织管理局有关负责同志，约300人参加了会议。

（袁鹏飞）

【举办第三届全国青年企业家峰会】第三届全国青年企业家峰会9月25日在福州举行。本次峰会以"弘扬企业家精神发挥生力军作用”为主题，由全国工商联、福建省人民政府共同主办，全国工商联青年企业家委员会、中共福建省委统战部、福建省工信厅、福建省商务厅、福建省工商联、福州市人民政府承办。全国政协副主席、全国工商联主席高云龙，福建省委副书记、省长王宁出席开幕式并致辞。全国工商联党组副书记、副主席樊友山，全国工商联党组成员、副主席李兆前，福建省委常委、常务副省长赵龙，福建省委常委、统战部部长庄稼汉，中国民间商会副会长、全国工商联青年企业家委员会主任、江苏沙钢集团党委书记、江苏沙钢集团有限公司董事长沈彬，福建省政协副主席、省工商联主席王光远，全国工商联党组成员、秘书长赵德江出席开幕式。全国工商联青年企业家委员会常务副主任、万向集团党委书记、董事长鲁伟鼎主持开幕式。

峰会通过线上、线下相结合的方式举办，帮助青年企业家把时局、强信心。高云龙主席在开幕式上的讲话中，勉励年轻一代民营企业家以更高的站位做信念坚定的追梦者，以更高的本领做爱拼会赢的奋斗者，以更高的标准做现代经营的践行者，以更高的觉悟做心怀众生的大爱者，以更高的视野做胸怀全球的开拓者；黄奇帆、陈春花等专家学者以及马云、曹德旺、陈东升等知名企业家分别从各自的视角阐释了对当前形势的看法和分析，启发年轻一代民营企业家深入思考变革中的机遇。来自全国各地的500名青年企业家代表现场参会，超过百万人次通过“新华社现场云”线上观看，均表示干货满满、收获满满。

此外，峰会还在拓交流、促经贸等方面取得积极成果。峰会期间不仅有内容丰富、精彩纷呈的嘉宾分享，同时也贴合年轻人喜好组织了知名企业观摩、数字小镇考察、自由联谊交流活动等。特别是在联谊交流环节，福建省青年闽商联合会等九省市青商会利用峰会契机，签订友好商会协议，打造全国青商朋友圈。活动期间，来自全国各地的企业共与当地对接产业项目155项，计划投资总金额2133亿元；在峰会当天下午的重点项目签约仪式上，现场签约21个项目，总投资685亿元，涵盖智能制造、健康养老、云计算、区域总部、数字经济、新能源等新兴产业和优势传统产业等，全方位助推福建省实现全方位高质量发展超越。

（张越）

【推进乡镇街道商会登记管理工作】为进一步发挥乡镇、街道商会积极作用，促进其健康有序发展，全国工商联会同民政部先后多次深入基层开展调查研究，根据《社会团体登记管理条例》等政策法规，共同起草了《关于加强乡镇、街道商会登记管理工作的通知》（以下简称《通知》）。《通知》主要涉及乡镇街道商会登记、商会党建、业务主管单位和登记机关职责、法人治理结构、会费收取管理、商会职能作用等内容，在征求中央组织部有关部门意见后，广泛征求了省、市、县级民政部门和工商联的意见建议。2020年6月15日，经全国工商联主席办公会议和民政部部务会议分别研究决定，由两单位联合印发了《关于加强乡镇、街道商会登记管理工作的通知》。

（袁鹏飞）

【开展2019—2020年全国“四好”商会认定和“互学互促”活动】工商联所属商会是做好民营经济统战工作的重要组织依托。为深入推进工商联所属商会改革发展，持续深化“四好”商会建设，全国工商联认真组织开展2019—2020年度全国

“四好”商会认定工作，经过严格的推荐、初审以及专家评审组评审等环节，认定了1478家全国“四好”商会。这是全国工商联第二次组织开展全国“四好”商会认定工作。

2019年以来，各级工商联按照全国工商联关于2019—2020年度“四好”商会建设工作部署，以“政治引领好、队伍建设好、服务发展好、自律规范好”为主要内容，加强对商会的指导引导服务，进一步强化商会政治属性和统战功能，推进商会规范化建设，发挥商会职能作用，不断赋予“四好”商会建设新内涵。此次全国“四好”商会认定，充分考虑了不同地区、不同层级、不同类型商会的代表性和差异性，首次将认定指标逐项细化，赋予分值，增强了认定工作的针对性、精准性和导向性。审核认定环节，在对各地商会申报材料进行初审的基础上，邀请了全国工商联智库委员会委员、组织委员会、直属商会党建工作委员会等有关方面专家组成了评审组进行复审，确保了认定结果的真实可靠。

从此次认定“四好”商会层级看，全国工商联直属商会8家，占比0.5%；省级工商联所属商会336家，占比22.7%；地市级工商联所属商会770家，占比52%；县级工商联所属商会364家，占比24.6%。

从此次认定“四好”商会类型看，此次认定的“四好”商会中，行业商会410家，占比27.7%；异地商会651家，占比44%；乡镇、街道商会184家，占比12.5%；园区、市场、楼宇等其他类型商会233家，占比15.8%。从数量上看异地商会占比最大。

从此次认定“四好”商会地域分布看，此次认定“四好”商会中东部地区568家，占比38.6%；中部和东北地区487家，占比33.1%；西部地区415家，占比28.2%。

此外，这次认定的1478家商会在今年抗击新冠疫情中，都能够把疫情防控作为重大政治任务，立足自身优势，主动担当作为，组织会员捐款捐物，引导会员复工复产，为统筹推进疫情防控和经济社会发展取得阶段性胜利做出了应有贡献。

同时，为促进各地工商联、商会之间学习交流，推进落实“学一防一推送一”工作，在认定过程中，全国工商联结合东中西部地区商会发展差异和当前疫情防控常态化工作要求，还组织各地因地制宜开展了全国“四好”商会互学互促活动，取得了较好的效果，受到了各地普遍欢迎，形成了四好商会建设“互学互促”专题调研报告。

全国工商联将持续深化工商联所属商会改革，着力解决商会改革和发展中的重点难点问题，不断丰富工作内涵，拓展工作思路，创新工作手段，努力提升指导引导服务商会的能力水平。积极培树全国“四好”商会标杆，充分发挥“四好”商会示范带动作用，引导广大商会主动参与到“四好”商会创建工作中来，为开创新时代民营经济统战工作新局面贡献重要力量。

（崔玉南）

【指导帮助民营企业科学防疫、有序复工复产】将统筹做好疫情防控和服务“六稳”“六保”各项工作贯彻全年组织建设工作始终。一是动员所联系重点民营经济人士参与抗疫，春节期间指导各直属商会、青委会发出倡议，全力组织广大民营经济人士和商会投身抗击疫情阻击战，开展全国工商联执委、直属商会、民营经济代表人士抗疫捐赠实时统计，配合做好典型抗疫事迹宣传报道工作，为向中央报送有关情况打下基础。二是快速搭建新冠肺炎物资公益平台、复工复产人才对接平台，建立“八方支援”微信群，对接多方资源切实服务抗击疫情。三是疫情期间与有关部门合作举办“统筹推进疫情防控和企业复工复产”“疫情冲击下民营企业在东盟投资发展的挑战与应对”主题“空中”德胜门大讲堂，同时，制定印发《关于积极发挥各级工商联所属商会作用支持民营企业复工复产的通知》，调研执委企业和直属商会会员企业复工复产情况，整理典型案例向上级单位反馈意见，推动纾困惠企政策落地。四是组织动员全国工商联企业家执委、直属商会会员、专委会成员等300余名民营经济代表人士参加“知名企业湖北行”网上行和实地行活动，会同有关部门组织“爱心包”认筹，响应中央号召助力湖北疫后重振。五是配合中央统战部四局开展全国抗击新冠肺炎疫情民营经济先进个人表彰，组织开展抗击新冠肺炎疫情先进商会组织表扬，通过抗疫检视和锤炼工商联系统组织力，也在其中锻炼干部队伍，磨砺干部在急难险重任务中的担当，将其作为创建模范机关的重要内容。

（张越）

【制定关于进一步加强工商联组织建设为“两个健康”事业提供有力支撑的工作方案】为深入学习贯彻习近平总书记关于新时代民营经济统战工作的重要指示和全国民营经济统战工作会议精神，贯彻党的十九届五中全会精神，结合中央巡视整改要求，对组织建设工作进行顶层设计，形成摸清情况、学习研判、难点研究、落实推进、健全机制、评价反馈的体系化工作推进方案，全面强化工商联组织体系建设和民营经济代表人士队伍建设，力争到2022年年底，实现工商联和所属商会组织体系化建设水平有效提升，组织和工作覆盖面不断扩大，“网格化”工作格局逐步形成，以评价为核心的工作指导机制基本健全的工作目标，为“两个健康”事业长远发展提供坚强组织保证。共有六方面主要内容：

第一，摸清底数，掌握情况。一是建立健全覆盖民营经济统战和工商联组织建设重点领域的年度统计制度，主要是形成县级工商联建设、工商联所属商会建设、代表人士队伍建设、组织和工作覆盖以及与组织建设相关民营经济发展情况等方面的统计体系。二是建立健全数据分析制度，主要是根据有关统计数据深入分析县级工商联建设、商会改革发展、代表人士建设、组织覆盖和工作覆盖等方面的情况，摸清底数和发展趋势。

第二，加强针对性，提高学习力。一是着力学用结合。把理论学习和工作实践深度融合，自觉用理论指导实践，解决好学用两张皮问题，不断提升学习力。二是立足知行合一。在形成思路想法的基础上，努力将学习成果研究转化成解决问题的有效举措和办法，提升学习的转化力。

第三，强化研究，攻克难点。针对发现的组织体系建设、代表人士队伍建设中制约工作深化的重点难点课题进行深入研究，找到行之有效的思路和办法。主要是以下四个方面课题：一是县级工商联建设研究；二是工商联所属商会改革发展研究；三是代表人士队伍建设研究；四是提升工商联组织和工作覆盖面研究。

第四，求真务实，有效推进。在工商联建设方面，一是改进和加强对省级工商联的指导，把任务落实到省级层面；二是抓好县级工商联建设，深化“一个设立五个有”和“五好”县级工商联建设。在商会建设方面，一是以努力扩大商会的组织覆盖，带动扩大工作覆盖；二是深入开展“四好”商会建设，带动工商联所属商会建设整体质量提升；三是创新突破难点任务，进一步深化商会改革发展。在队伍建设方面，一是加强全国工商联企业家执委队伍建设，抓好全国工商联直接掌握的民营经济代表人士队伍基本盘；二是加强年轻一代队伍建设，抓好新时代民营经济代表人士队伍建设的重要着力点；三是加强直属商会负责人建设，大力推进中国特色一流商会建设；四是加强会员队伍建设，夯实工商联队伍建设的基础。

第五，健全机制，增强活力。一是健全联系调研工作机制，推动联系调研工作不断提升规范性和质量水平。二是建立健全工商联“互学互促”和商会“联谊交流”工作机制，组织和引导工商联开展“互学互促”活动，商会开展“联谊交流”活动。三是健全谈心谈话工作机制，发挥好谈心谈话在思想引导方面的重要作用。四是健全德胜门大讲堂工作机制，使德胜门大讲堂成为有知名度、有思想性、有研究力、有传播力的品牌化“四有”平台。五是进一步加强实践创新，有效提升工作效能。

第六，完善评价，有效反馈。一是完善评价制度，不断增强评价的有效性。二是开展日常工作通报，探索建立定期通报机制，将考核评价融入日常。三是加强有效反馈，增强对评价对象反馈的及时性和针对性。

（薛葵）

【举办“两个健康”展示交流平台】2020年，因受新冠肺炎疫情影响，及时调整了工作计划，全年共举办了三期。“工商联法律维权在行动”主题展主要展示工商联系统依法维护民营企业权益、扎实推进法律维权、开展守法诚信教育、营造良好法治环境和营商环境的做法及成效。“勇立潮头的民企力量 中国民企500强风采”主题展主要展示习近平总书记主持召开民营企业座谈会并发表重要讲话，高度评价改革开放40年来民营经济为我国发展做出的重大贡献，充分肯定民营经济的重要地位和作用。民营企业500强在党和政府的鼓励、支持、引导下，聚焦实业、做精主业，积极自主创新，增强核心竞争力，加强质量品牌建设，主动参与国家战略，推动企业实现高质量发展。“万企帮万村”行动主题展主要展示习近平总书记对“万企帮万村”行动的重要批示指示和“万企帮万村”行动取得的帮扶成效。全国工商联认真贯彻落实党中央的决策部署，扎实开展“万企帮万村”行动，五年来，发挥组织优势和资源优势，为脱贫攻坚做出了重要贡献。民营企业作为打赢脱贫攻坚战的生力军，有效带动了贫困村、贫困户脱贫增收，夯实了贫困地区的经济发展基础，增强了贫困地区的发展活力。

（王昭暾）

【指导组织委员会深入研究工商联组织建设工作】2020年，组织委员会全体委员认真贯彻落实中央关于民营经济统战工作文件和中央30号文件精神，按照《工商联组织建设工作五年规划（2018—2022）》和全国工商联组织工作会议部署，以深化商会改革为主线，以扩大组织和工作覆盖面为根基，以规范化建设为重点，克服新冠肺炎疫情影响，充分调动积极性，深入开展组织建设调研、建言献策，形成了一批质量较高的调研成果，全年共收到调研成果63篇。为进一步推动调研工作深入开展，促进成果转化，组织有关专家开展了组织建设优秀调研成果评选活动，并在全国工商联商会工作会期间对获奖调研成果进行了表彰。

（王昭暾）

【开展异地商会归口管理工作专题调研】2020年5—8月，为贯彻落实中共中央办公厅、国务院办公厅《关于促进工商联所属商会改革和发展的实施意见》和《关于改革社会组织管理制度促进社会组织健康有序发展的意见》精神，研究探索推进异地商会归口管理的措施办法，进一步规范异地商会登记管理工作，全国工商联会员部会同民政部社会组织管理局对异地商会管理情况进行了调研。调研采取书面调研、实地走访及座谈形式开展，一是向32个省级工商联、民政部门印发通知开展了书面调研，了解各地异地商会登记管理等情况；二是先后实地走访北京遵义企业商会、北京福建企业总商会、北京温州企业商会、北京浙江企业商会，与异地商会班子成员及秘书处工作人员座谈交流，了解异地商会办会情况；三是与北京市民政局、工商联有关同志和北京江西企业商会、北京湖北企业商会、北京莆田企业商会、北京仙桃企业商会、北京济宁企业商会等异地商会秘书长座谈，听取情况介绍和意见建议。2020年10月，在充分调研的基础上，会员部起草形成了《异地商会登记管理工作调研情况报告》（以下简称《报告》），主要包括异地商会登记管理基本情况、异地商会登记管理工作存在的问题、关于异地商会登记管理工作的建议三个部分。《报告》报会领导审阅，并按照领导批示要求，报中央统战部四局参阅。

（袁鹏飞）

【工商联所属商会改革情况报告】2020年3月，根据《中央统战部 全国工商联关于进一步做好〈关于促进工商联所属商会改革和发展的实施意见〉贯彻落实工作的通知》（统发〔2019〕39号）精神，会员部对2019年商会改革工作进行了梳理总结，并在研究室、机关党委以及中央统战部四局审提意见基础上，形成了《2019年工商联所属商会改革工作推进落实情况报告》（以下简称《报告》）。《报告》共分三个部分，一是商会改革的主要做法和初步成效，主要对全国工商联和地方各级工商联的改革的工作经验做法和成绩进行了整理归纳；二是存在的问题，主要是梳理出协同推进改革的合力需进一步增强等五个方面的问题；三是下一步打算，主要是坚持实践导向和问题导向，提出了六个方面工作措施。《报告》以全国工商联办公厅名义，分别报送中央统战部、国家发展改革委办公厅和民政部办公厅。

（袁鹏飞）

【研究制定中国特色一流商会顶层设计方案、直属商会管理办法和直属商会章程示范文本等】2020年5月，全国工商联印发了《关于印发〈关于深化直属商会改革建设中国特色一流商会的实施意见〉等三个制度性文件的通知》（全联厅发〔2020〕21号）。主要包含了《关于深化直属商会改革建设中国特色一流商会的实施意见》《全国工商联直属商会管理办法》《全国工商联直属商会章程示范文本》三个文件。实施意见主要是明确直属商会的建设目标、实现路径、保障措施，管理办法主要是明确全国工商联对直属商会基本的管理规范、管理要求，章程示范文本主要是明确直属商会基本的自我遵循、自我要求。

《关于深化直属商会改革，建设中国特色一流商会的实施意见》文件稿，共分三部分，分别是第一部分“建设目标”，第二部分“实现路径”，第三部分

"保障措施"。文件稿提出商会建设总目标是建成中国特色一流商会，并围绕中国特色一流商会分解为5个具体目标，即成为加强党对社会组织领导的重要标杆、促进民营经济人士健康成长的重要阵地、促进民营经济健康发展的重要助手、构建现代社会治理体系的重要力量、履行社会责任的重要示范。针对5个具体目标分别提出各自的实现路径，从实现党组织成员与决策监督管理层党员双向进入，发挥党组织把方向、议大事、促落实作用两个方面强化党的建设；从深化理想信念教育、提升会员覆盖率、积极参政议政三个方面强化统战职能；从服务国家战略、争取政府赋能、加强行业领域分析研判、打造工具性服务平台四个方面强化服务功能；从落实民主办会、推行秘书处职业化、开展信用建设、建立调解机制四个方面强化治理能力；从严守法律法规和行业规则、投身公益事业、建设商会文化三个方面强化商会责任担当，共15项具体措施。"保障措施"主要是对全国工商联的要求，明确全国工商联作为业务主管单位职责，将从实行专职副主席分工负责商会制度、成立商会综合党委、加强商会工作指导、整合系统资源支持商会发展、协助商会对接相关部委和金融机构、加大商会宣传力度六个方面，加大指导、引导和服务力度，为直属商会早日实现建设目标提供全面保障。

《全国工商联直属商会管理办法》文件稿，共分十个部分30条。第一部分是"基本原则"，明确直属商会管理应坚持党的领导、坚持服务统战、坚持依法依规、坚持分类管理、坚持自主办会。第二部分"成立"，对成立商会应具备的条件、成立程序等进行了明确。第三部分"人事"，主要明确商会负责人的管理范围、产生程序、联系培养、考核评价、非届期原因调整程序等内容。第四部分"机构"，对商会成立分支机构、秘书处等内容进行了明确。第五部分"事务"，依据民政部有关规定和日常商会管理实际，区分报批、报备、报告三类对商会事务进行分类管理。第六部分"财务"，明确商会资产财务实行自主管理、全国工商联进行监管。第七部分"党建"，对商会党组织的领导和管理体制、加强商会党建指导进行了明确。第八部分"评价"，对商会年度评价内容、方式、结果运用等进行了明确。第九部分"退出"，对商会退出的情形和程序做了规定。第十部分"管理机制"，对商会管理实行专职副主席分工负责制，机关部门在商会管理上的职能分工、工作程序等内容进行了明确。

《全国工商联直属商会章程示范文本》，共十一章七十六条。第一章，总则。第二章，党建工作，主要对商会成立党的组织、隶属关系、党组织职能定位、保障措施等进行了明确。第三章，业务范围，主要包括政治引导、经济服务、诉求反映、权益维护、诚信自律、协同参与社会治理、完成全联和有关部门交办事项等。第四章，会员，主要对商会会员条件、权利、义务、处分等进行了规定。第五章，组织机构和负责人产生、罢免，主要对商会决策机构的职权、负责人条件和任免等内容进行了明确。第六章，监事会（独立监事），主要对商会监督机构的职权、人选条件和任免等进行了规定。第七章，资产管理和使用。第八章，信息公开与信用承诺。第九章，章程的通过与修改。第十章，终止程序及终止后的财产处理。第十一章，附则。

（程小东）

【举办直属商会会长联席会】2020年8月31日，2020年度全国工商联直属商会会长联席会议在甘肃省甘南藏族自治州召开，全国政协副主席、全国工商联主席高云龙出席并讲话。全国工商联党组副书记、副主席樊友山主持会议。福建省政协副主席、省工商联主席王光远，西藏自治区政协副主席、自治区工商联主席阿沛·晋源，甘肃省政协副主席、省工商联主席郝远和全国工商联党组成员、秘书长赵德江，以及全国工商联直属商会会长、副会长、秘书长，餐饮业委员会主席团成员、8省市工商联主要负责人等150余人参加会议。

会上，高云龙为中非民间商会、科技装备业商会、家具装饰业商会、城市基础设施商会、农业产业商会、医药业商会、旅游业商会颁发了2019年度优秀商会证书。中非民间商会会长汪力成、农业产业商会会长王均豪、环境服务业商会会长赵笠钧、新能源商会会长钟宝申、纺织服装商会会长高德康、城市基础设施商会秘书长程林、甘肃家庭服务行业协会会长宋艾芳、福建省民营企业商会党委书记兼秘书长邹棋藩在会上做了交流发言。

高云龙在讲话中对近年来直属商会工作取得的积极进展给予肯定。他说，以习近平同志为核心的党中央高度重视新时代工商联及所属商会工作，提出明确改革要求，出台一系列政策，为工商联所属商会改革发展明确了方向，争取了空间。为贯彻落实党中央要求，全国工商联和直属商会共同努力，取得了改革发展的良好开局。改革发展呈现新局面，以打造中国特色一流商会为牵引，推出一系列改革举措；加强商会改革顶层设计，建立评价体系并不断完善、探索创新组织形式，努力扩大民营经济领域统战工作覆盖面；政治引领职能逐步增强，经济服务有所创新，建言献策能力得到提升，社会责任意识逐步增强；自身建设取得新进展，一些商会法人治理体系得到完善，商会党建工作积极探索破题，内部管理制度进一步完善，秘书处职业化水平逐步提升。

高云龙指出，当前世界正经历百年未有之大变局，国际政治环境日趋复杂，不稳定性不确定性明显增加，产业链安全风险增加，关键核心技术受制于人，我国经济面临的外部环境挑战明显增多；党中央提出要在做好“六稳”“六保”的基础上，构建以国内大循环为主体、国内国际双循环相互促进的新发展格局，这些挑战和机遇为直属商会发挥作用提供了新空间。党的十九届四中全会提出要发挥行业协会商会自律功能，夯实基层社会治理基础，构建基层社会治理新格局；商会作为市场主体最为集中的社会组织，是不可或缺的治理主体，在行业自律、维护权益、人民调解、化解矛盾等方面发挥独特作用，在推动实现国家治理体系和治理能力现代化方面前景广阔。同时，工商联及所属商会在促进民营经济健康发展和民营经济人士健康成长发挥着不可或缺的重要作用，要落实好新时代民营经济统战工作的要求，始终坚定正确的政治方向，边实践、边总结、边探索，努力建设中国特色一流商会。

高云龙强调，要通过切实推动商会党的建设，创新形式开展理想信念教育，强化民营经济人士责任担当，牢牢把握商会建设的政治方向；要通过选优配强商会班子，搞好班子团结协作，会长带头抓好个人修为，不断加强商会领导班子建设；要努力加快组织发展，稳步增加会员数量，不断优化会员结构；要着力提高商会服务能力，在服务党委政府重大部署、行业可持续发展、会员所思所想所盼上着力，努力增强组织黏性；充分发挥商会民间性的优势，主动适应行业特点和需求，创新运行机制，丰富活动方式和内容，为会员搭建融资、信息、法律、技术、人才、对外交流等服务平台，助推企业转型升级、提质增效、创新发展；要注重打造商会工作品牌，树立品牌意识，培育商会文化；要切实提升商会规范化建设水平，健全内部管理制度，主动信息公开，加强秘书处职业化建设。

（程小东）

【举办德胜门大讲堂】2020年，在会领导的关心支持下，会员部会同各承办单位，团结一致、共克时艰，积极克服疫情影响，创新方式方法，通过网络直播等方式继续开展德胜门大讲堂活动，全年共开展现场活动7期、线上直播活动6期，网络点看数达1450万次，其中单期最高有350万人次在线点看。会员部、经济部、联络部、法律部、机关党委等机关部门，以及并购公会、农业产业商会、餐饮业委员会、大数据委员会等参与了相关活动的承办。

本年度活动更加注重疫情防控和中央精神贯彻，开展了“疫情冲击下民营企业在东盟投资发展的挑战与应对”“统筹推进疫情防控和企业复工复产”“直播带货扩大消费激活双循环”等主题活动；更加注重走出去，开展了德胜门大讲堂走进最高检、走进江苏、走进重庆等系列活动，持续扩大德胜门大讲堂影响力；更加注重品牌塑造，积极打造工作团体，加强海报设计、现场布置、网上直播、新闻宣传等全链条管理；更加注重为中小企业提供舞台，泰洋川禾、黎元食品、万邦新能源等中小企业负责人应邀走上德胜门大讲堂讲台，分享交流心得体会。

（马澄）

机关建设

【综述】2020年，机关以习近平新时代中国特色社会主义思想为指导，深入学习贯彻党的十九大和十九届二中、三中、四中、五中全会精神，及中央和国家机关党的建设工作会议精神，坚持全面从严治党，以党建“六好”工作机制为抓手，统筹推进新冠肺炎疫情防控和服务“两个健康”，配合中央巡视，抓好巡视反馈意见整改，认真开展强化政治机关意识教育、“灯下黑”问题专项整治，全面推进党支部标准化规范化建设，推动模范机关创建、直属单位改革、商会党建“破题”，严肃监督执纪，为工商联事业高质量发展提供坚强的政治和组织保证。

【学习宣传贯彻党的十九届四中、五中全会精神】全国工商联把学习宣传贯彻党的十九届四中、五中全会精神作为首要政治任务，通过党组带头学、支部集体学、小组反复学等方式，不断深入学习领会习近平新时代中国特色社会主义思想和党的十九届四中、五中全会精神，将学习成果转化为指导实践的行动指南，不断提升服务“两个健康”的工作能力。

为教育引导广大党员进一步深入学习党的十九届四中全会精神，组织举办了学习贯彻十九届四中全会精神网络培训班，及时制定方案、下发通知、明确专人负责，要求各党组织把学习贯彻十九届四中全会精神作为重要政治任务，组织全体在职党员认真参加网络学习，并先后5次进行督促检查，全体党员都按时完成培训并顺利通过结业考试。各直属党组织也掀起了学习的热潮，探索新方法、拓展新形势、充实新内容，以党课、主题党日、专题讲座、理论征文等方式组织全体党员全面学习领会会议的精神实质，深刻把握中央对民营经济统战工作的总体要求。

11月26日，全国工商联召开学习贯彻党的十九届五中全会精神宣讲报告会。高云龙主席出席会议，徐乐江书记就党的十九届五中全会精神向全体党员做专题宣讲。徐乐江书记要求，学习贯彻党的十九届五中全会精神，要站在“两个大局”的高度，准确把握工商联在新发展阶段、贯彻新发展理念、构建新发展格局、服务高质量发展的新使命新任务，统筹谋划工商联在推进国家治理体系和治理能力现代化的新职责新定位，把学习的成效转化为工作的思路，把行动的落点放在工商联促进“两个健康”实践上，真正做到学以致用，知行合一，引导民营企业坚持创新驱动、参与畅通国内国际双循环、参与乡村振兴和社会建设、坚信两个“毫不动摇”，为国民经济实现高质量发展做贡献。

（黄卫、徐莎莎）

【充分发挥党组织作用，坚决打赢疫情防控阻击战】按照党组部署要求，坚决把打赢疫情防控阻击战作为重大政治任务，充分激发各基层党组织战斗堡垒作用和广大党员先锋模范作用，为打赢疫情防控的人民战争、总体战、阻击战积极贡献力量。一是认真学习贯彻习近平总书记关于疫情防控重要指示精神。及时印发《关于深入贯彻落实习近平总书记重要指示精神坚决打赢疫情防控阻击战的通知》，编发《习近平总书记关于疫情防控工作重要指示、讲话和重要会议精神汇编》并持续更新，组织开展“让党旗在防控疫情工作中高高飘扬”主题征文，引导广大党员干部职工将总书记重要指示精神转化为抗疫的具体思维思路、措施办法。二是做好内部疫情防控。严格落实“日报告”“零报告”制度，每日做好疫情防控数据调查统计上报工作，全面了解掌握党员干部职工状况。按照上级疫情防控统一部署要求和疫情形势变化，研究制定并及时调整机关防控措施，确保各环节无漏洞、无死角。多渠道筹措采购防护用品，做好防疫物资保障，累计为1300余人次发放口罩近5万个、药品600余盒。组织滞留在鄂机关党员干部在做好自身及家人防护的同时，积极参与社区防控工作，并按要求做好干部返京组织协调工作。三是加强监督，激励担当。印发《关于贯彻落实中央纪委国家监委和中央组织部有关在疫情防控中积极履职发挥作用做好监督部署要求的通知》，在全国工商联官网开设疫情防控监督举报信箱，受理在疫情防控工作中不作为以及形式主义等问题，对各直属党组织疫情防控情况开展2次实地监督检查。建立机关部门和直属单位党组织、党员发挥作用清单，把参与疫情防控工作作为考察、识别、评价、使用干部的重要内容。四是加强宣传，凝聚力量。建立“让党旗在抗疫战线高高飘扬”微信交流群，连续编发多期机关党委简报，及时总结宣传在疫情防控工作中涌现出的先进典型和感人事迹，凝聚起众志成城、共克时艰的强大正能量。在党组领导下，机关部门和直属单位党组织迅速行动，主动对接、搭建平台、建言献策，把参与疫情防控作为围绕中心、服务大局、促进“两个健康”的具体实践；直属商会党组织发挥行业优势，积极组织会员企业投身疫情防控和复工复产；广大党员不忘初心、牢记使命，冲锋在前、勇挑重担。在党员自愿捐款支持新冠肺炎疫情防控工作中，756名党员累计捐款340731.13元。

（徐莎莎）

【接受中央第一巡视组巡视】在党组和巡视整改工作领导小组领导下，始终把配合中央巡视和抓好巡视整改作为重大政治任务。一是做好统筹协调。按要求组建配合巡视工作联络组，下设4个小组，具体承担配合巡视工作职责，选派6名同志到巡视组驻地协助开展联络沟通、信访接待工作。高标准完成巡视见面沟通会、进驻工作动员会、党组工作汇报会、巡视意见反馈会等会议服务保障工作。及时收集、整理、报送相关文件材料，做好个别谈话、下沉调研等组织协调工作。二是主动查摆问题。按照中央巡视工作要求，聚焦职责使命，对照习近平新时代中国特色社会主义思想、对照党章党规党纪、对照党的路线方针政策和党中央重大决策部署、对照“三定”规定，围绕“四个落实”“十六个看”，主动查摆在党建、纪检、选人用人方面存在的问题，分别形成全国工商联党组工作以及党建、纪检和选人用人专项工作情况汇报，以讲政治的高度自觉接受政治体检。三是协助党组履行巡视整改主体责任。起草巡视整改工作方案，将中央巡视反馈意见指出的4大类13个方面问题，细分为56个具体问题，制定问题及责任清单、任务清单、制度建设清单，形成整改落实情况台账。党组召开巡视整改工作动员部署会、与驻部纪检监察组专题会商会、3次巡视整改工作领导小组会和2次办公室会、15次专题会议，听取巡视整改情况汇报，研究推动工作。每月梳理整改工作进展，向驻部纪检监察组报送情况。党组召开巡视整改专题民主生活会，组织机关部门和直属单位召开专题民主生活会，形成情况报告报党中央。组织起草巡视整改情况报告，按要求报送中央纪委国家监委、中央组织部、中央巡视办。起草选人用人工作整改情况报告报中央组织部。

（徐莎莎）

【全国工商联巡视信息中心党支部】2020年9月9日，召开党组巡视全国工商联信息中心党支部动员部署会，巡视工作领导小组成员赵德江出席会议并提要求，巡视工作领导小组成员郭孟谦出席会议，巡视办主任、巡视组组长李冰做动员讲话，信息中心党支部书记李山海做表态发言。作为全国工商联开展的首次内部巡视，巡视工作坚持政治巡视定位，围绕“四个落实”，按照“十六看”要求，深入查找和推动纠正政治偏差。

巡视组采取设立信访举报箱和监督举报电话、听取工作汇报、个别谈话，调阅资料、组织问卷调查和理论测试、检查人事档案以及领导干部报告个人有关事项、因私出国（境）等情况，多方面、多渠道了解情况、发现问题。

9月1日巡视组入驻信息中心，9月30日完成现场巡视。11月27日，巡视组向信息中心党支部反馈巡视意见，提出整改要求。

（刘鸿柱）

【全国工商联召开警示教育大会】11月26日，全国工商联召开警示教育大会，学习贯彻习近平总书记关于全面从严治党系列重要论述，传达学习中央统战部警示教育大会精神，通报2015年以来全国工商联干部被查处的违纪违法案件，部署一体推进不敢腐、不能腐、不想腐。中央统战部副部长，全国工商联党组书记、常务副主席徐乐江出席会议并讲话。

徐乐江指出，要深入学习领会习近平总书记对持续推进全面从严治党提出的新要求，充分认识“三不”是相互依存、相互促进的有机整体，自觉把惩治、预防、教育统筹谋划，一体推进“三不”机制建设。

徐乐江强调，要强力正风肃纪，持续强化不敢腐的震慑效应。加强对违规违纪案件的查处力度，把“严”的主基调长期坚持下去，对党的十九大以来不收敛不收手，严重阻碍党的理论和路线方针政策贯彻执行、严重损害党的执政根基的腐败问题，从严从快，坚决查处。要实现第一种形态的常态化运用，通过运用第一种形态传递挺纪在前、有错必纠、越来越严的信号。认真落实“三个区分开来”要求，在坚持强力正风肃纪的同时，宽容干部在创新创业中的失误和错误，注重保护干部的积极性、创造性和主动性。

徐乐江要求，完善制度建设，加快形成不能腐的有效机制。进一步落实民主集中制，推行直属单位“三重一大”事项党组织决策前置。对人事管理、财务管理、项目管理、新闻采编等关键岗位，定期进行廉政风险排查。对参与非公经济人士政治安排，直属商会会长等领导人选考察把关，评选、表彰民营企业等敏感工作，加强监督制约。充分发挥巡视“利剑”作用，加强对制度建设特别是制度执行情况的监督检查，进一步形成靠制度管权、管事、管人的长效机制。

徐乐江强调，要加强思想政治建设，切实夯实不想腐的思想根基。持续深化“不忘初心、牢记使命”主题教育，深入学习习近平新时代中国特色社会主义思想，引导党员、干部加强道德品质修养，使“不想腐”成为思维习惯和价值取向。进一步涵养工商联机关政治文化，严肃党内政治生活，加强干部、人才队伍建设，深入开展警示教育，把中华优秀传统文化融入机关政治文化建设，推动形成不想腐的文化氛围和文化心理。

全国政协副主席、全国工商联主席高云龙出席会议，全国工商联党组副书记、副主席樊友山主持会议，会领导班子成员、党组成员出席会议。驻部纪检监察组、中央统战部机关纪委有关负责人，全国工商联机关全体干部、直属单位领导班子成员、直属商会负责同志参加会议。

（刘鸿柱）

【全国工商联召开2020年党风廉政建设工作会议】1月21日，全国工商联召开2020年党风廉政建设工作会议，深入学习贯彻十九届中央纪委四次全会精神，特别是习近平总书记在全会上的重要讲话精神，认真落实中央统战部党风廉政建设工作部署，总结、安排全国工商联党风廉政建设年度工作。

中央纪委国家监委驻中央统战部纪检监察组组长周小莹传达了习近平总书记在十九届中央纪委四次全会上的重要讲话和赵乐际同志所做工作报告精神，点评了全国工商联2019年党风廉政建设工作，对做好2020年党风廉政建设工作提出要求。她强调，要深入学习领会习近平总书记重要讲话精神，围绕贯彻落实十九届中央纪委四次全会精神抓好全年工作；巩固深化“不忘初心、牢记使命”主题教育成果，不断增强“两个维护”的自觉性坚定性；强化权力运行监督制约，推动政治监督具体化常态化；压紧压实“两个责任”，一以贯之推进全面从严治党；打造亲清政商关系，着力推进新时代民营经济统战工作；一体推进不敢腐、不能腐、不想腐，以高标准监督保障高水平治理；加强业务培训、实战练兵，建设高素质专业化纪检干部队伍。

会议传达了中央统战部党风廉政建设工作会议精神。中央统战部副部长，全国工商联党组书记、常务副主席徐乐江就全国工商联党风廉政建设工作进行总结和部署。他指出，2019年，全国工商联认真学习贯彻习近平新时代中国特色社会主义思想，坚持以政治建设为统领，坚持党要管党、全面从严治党，扎实开展“不忘初心、牢记使命”主题教育，压实全面从严治党主体责任，深化党风廉政教育，进一步严格监督执纪，党风廉政建设工作取得新进展。他强调，2020年，全国工商联要以习近平新时代中国特色社会主义思想为指导，全面贯彻落实党的十九大和十九届二中、三中、四中全会以及十九届中央纪委四次全会精神，进一步强化政治建设，坚决做到“两个维护”；加强政治监督，确保党中央重大决策部署在工商联工作中全面落实；夯实作风建设，积极践行亲清政商关系；开展内部巡视，加强监督执纪问责；落实完善监督体系要求，提升监督工作效能；加强队伍建设，推动工商联事业高质量发展。

全国政协副主席、全国工商联主席高云龙出席会议，全国工商联党组副书记、副主席樊友山主持会议，会领导班子成员、党组成员出席会议。驻部纪检监察组、中央统战部机关纪委有关负责人，全国工商联机关全体干部、直属单位中层以上管理人员、直属商会党组织负责人参加会议。

（张强）

【机关制度建设综述】近年来，全国工商联认真学习贯彻习近平总书记关于“两个健康”和工商联工作的重要指示精神，坚持以制度建设为牵引，全面深化改革，积极创新发展，工商联的组织体制不断完善、运行机制不断优化、工作方式不断改进，教育引导、参政议政、经济服务、法律维权、组织建设等方面的工作性制度逐步健全完善。目前，全国工商联机关制度主要有9类，包含160多项具体工作制度。

一、贯彻落实党对新时代工商联工作的重大部署制度

主要包括坚持党对工商联工作集中统一领导的总体要求；贯彻落实习近平总书记重要指示批示和党中央决策部署有关制度；落实意识形态领域主体责任工作制度；落实全面从严治党主体责任工作制度；推动构建亲清政商关系工作制度；向党中央和中央统战部请示报告制度。

二、参政议政和建言献策工作制度

围绕调查研究、政协和提案工作、智库建设等建章立制。包括《全国工商联建言献策工作规范（试行）》《全国工商联调查研究工作制度》《全国工商联关于进一步提高调研质量的意见》《全国工商联民营企业调查点管理办法（试行）》《关于做好工商联参与政协工作的意见（试行）》《全国工商联提案工作办法（试行）》《全国工商联智库建设方案》《关于充分发挥全国工商联智库委员、团体委员作用的办法》《全国工商联智库课题管理办法（试行）》等。

三、民营经济人士思想政治工作制度

围绕宣传报道、舆情引导、教育学习、谈心交心等建章立制。包括《中央统战部 全国工商联关于加强新时代民营经济人士理想信念教育的意见》《全国工商联关于进一步加强思想引导和服务工作深度融合、促进两个健康的实施意见》《全国工商联新闻宣传办法》《全国工商联新闻发布制度》《全国工商联“两个健康”展示交流平台管理办法（试行）》《全国工商联舆情工作实施方案（试行）》

《关于加强和改进全国工商联执行委员学习的意见》《关于建立同非公有制经济代表人士谈心交心制度的意见》《全国民营经济人士理想信念教育基地管理暂行办法》等。

四、民营经济服务工作制度

围绕服务企业科技创新、信用体系建设等内容建章立制。包括《全国工商联关于进一步加强联系协作机制建设的指导意见（试行）》《全国工商联关于加强民营企业信用体系建设的实施意见》《科技部 全国工商联关于推动民营企业创新发展的指导意见》《全国工商联关于进一步做好大型民营科技企业引导服务工作的方案》等。

五、扶贫和社会服务工作制度

围绕绿色发展、善款管理建章立制。包括《全国工商联 国务院扶贫办 中国光彩会关于推进“万企帮万村”精准扶贫行动的实施意见》《生态环境部 全国工商联关于支持服务民营企业绿色发展的意见》《全国工商联善款管理办法》等。

六、国际合作服务工作制度

围绕国际合作、外事和出访活动建章立制。包括《国家发展改革委 商务部 人民银行 外交部 全国工商联关于发布〈民营企业境外投资经营行为规范〉的通知》《“两送一防”助推民营企业高质量走出去行动方案》《全国工商联外事工作管理规定》《全国工商联出访团组人员选派办法》等。

七、法律服务工作制度

围绕日常法律服务、维权工作、团体标准、协作工作等建章立制。包括《关于加强工商联法律服务工作的意见》《全国工商联法律维权服务中心工作规则》《全国工商联 国家标准化管理委员会关于鼓励、引导和规范工商联所属商会开展团体标准化工作的意见》《关于建立健全检察机关与工商联沟通联系机制的意见》《司法部 全国工商联关于深入开展民营企业“法治体检”活动的意见》《全国工商联 司法部 全国普法办关于开展“法律三进”活动的意见》。

八、组织建设工作制度

围绕代表作用发挥、联系调研、专门委员会、考核评价等建章立制。包括《民政部 全国工商联关于加强乡镇、街道商会登记管理工作的通知》《中国工商业联合会全国代表大会代表任期制实施办法》《关于全国工商联领导联系地方工商联和所属商会的实施意见（试行）》《全国工商联行业委员会工作规则》《省级工商联工作评价办法（试行）》《关于加强和改进工商联会员工作的意见》《中华全国工商业联合会执行委员会和常务委员会组成人员届中调整办法》《全国工商联企业家副主席副会长执委履职评价办法（试行）》《关于更好发挥全国工商联企业家副主席副会长和执委作用的若干意见（试行）》《全国工商联直属商会评价办法（试行）》《全国工商联关于在直属商会实行会长轮值制的指导意见（试行）》《全国工商联直属行业商会会长、副会长、监事长人选综合考评办法（试行）》《全国工商联直属行业商会会长、副会长年度考评办法（试行）》《全国工商联直属行业商会秘书长管理办法（试行）》《工商联理论研究和工作实践创新成果评选工作方案》《全国工商联优秀调研成果评选办法》《网上工商联顶层设计2.0》等。

九、机关行政工作制度

围绕公文档案、信息编报、会议活动、保密机要、督促检查、财务审计、资产管理等建章立制。主要包括《全国工商联机关公文处理办法》《全国工商联档案管理办法》《全国工商联会议活动制度

（试行）》《全国工商联涉密人员管理规定》《全国工商联机要文件管理规定》《全国工商联预算管理制度》《全国工商联机关财务管理制度》《全国工商联公务接待制度》等。

根据中央统一部署，2020年5—7月，中央第一巡视组对全国工商联开展了常规巡视。巡视整改开始，党组就建立了新建31项、修订12项的制度建设清单。随着整改持续推进，党组及时总结分析整改阶段性成效，在贯彻落实习近平总书记重要指示批示、开展民营经济人士思想状况调研、解决形式主义突出问题等方面，进一步提出了一系列需要建立长效机制的整改任务，在此基础上梳理形成了《新时代工商联制度体系基本框架》。通过统筹推进具体问题整改和制度机制建设，着力从根本上解决问题、破解难题，力争整改一类问题、建立一项制度、完善一套机制。

新时代、新阶段，全国工商联将认真学习贯彻习近平总书记关于“两个健康”和工商联工作的系列重要指示精神，以十九届四中全会《决定》《中国共产党统一战线工作条例》以及《关于加强新时代民营经济统战工作的意见》等近年来中央关于民营经济统战工作、工商联和商会改革发展的系列重要文件为指导，根据全国工商联机关的主要职能任务，着眼“两个健康”面临的形势、未来趋势和发展需要，加强总体统筹，突出工作重点，分步组织实施，协同推进落实，确保在制度建设上更加完善、更加成熟、更加定型。

【全国工商联2020年深化改革情况综述】2020年，全国工商联认真贯彻落实习近平总书记年初同党外人士共迎新春时提出的“全国工商联要加快推进工商联各项改革”的重要指示，在统筹参与疫情防控和助力“六稳”“六保”、落实中央巡视整改要求两项重点任务中不断深化改革，努力克服机关化、行政化、贵族化、娱乐化倾向，切实增强政治性、先进性、群众性，持续推进各项重点改革任务落实。有关情况报告如下。

一、以开展理想信念教育为载体，健全思想引导机制

组织动员民营企业参与疫情防控，及时掌握民营经济人士思想状况。新冠肺炎疫情发生后，迅速建立系统联动机制和防疫物资对接机制，广泛动员民营企业和商会、境外异地商会参与抗疫斗争，全国11万家民营企业捐款172亿元，捐物价值119亿元。组织“知名民企网上湖北行”活动，签约投资1200亿元。创新开展思想状况调研，通过多种形式了解民营经济人士思想动态，解疑释惑、疏导情绪。制定关于加强新时代民营经济人士理想信念教育的意见，设立青海原子城等三个教育基地，举办温州新时代“两个健康”论坛。优化舆情会商、研判、应对、处置流程，与相关部门共同化解重点舆情危机。

加强思想政治引领，促进年轻一代民营经济人士健康成长。落实中央深改委要求，在广泛调研基础上，制定年轻一代民营经济人士健康成长促进计划。参与实施“新时代民营企业家培养计划”。举办3期年轻一代理想信念教育培训班，联合举办年轻一代党员出资人培训示范班、中华文化传承与创新研修班。加强全国工商联青委会建设，完善工作制度，联系规模进一步扩大，代表性进一步增强。在福建举办第三届全国青年企业家峰会，带动十省市青年企业家组织互访交流。

加强正面宣传，营造良好舆论氛围。深入学习宣传全国“两会”和党的十九届五中全会精神，做好习近平总书记关于新时代民营经济统战工作重要指示和全国民营经济统战工作会议精神宣传报道，大力宣传各地工商联、商会和广大民营企业参与疫情防控、推动复工复产的经验做法和典型事迹。举办“万企帮万村——精准扶贫的民企行动”中外记者见面会，营造决胜全面小康、决战脱贫攻坚的舆论氛围。

二、以助力民营企业高质量发展为导向，改进服务企业方式

积极搭建民营企业服务平台，汇聚优势资源合力。制定贯彻落实“六稳”“六保”重要决策部署实施意见，会同中国银行业协会、网商银行等发起“无接触贷款助微计划”，118家金融机构累计为2099万户小微企业和个体经营者发放贷款超过8721亿元；与工行、建行、交行分别签订合作协议，提供“八融措施”“八个平台”等金融服务。搭建“走出去”民营企业复工复产服务平台，推出战“疫”服务包，与中国贸促会出具不可抗力事实性证明7004件；与中国银行共同启动普惠金融助力民营企业抗疫情行动；与中国信保共同为民营企业办理进口预付款保险，涉及民营企业保额1100万美元；上线“一带一路”信息服务平台。搭建中小微企业服务平台，加大对小微企业和个体工商户的金融、政策支持力度，参与全国减轻企业负担和促进中小企业发展专项督查，成立小微企业工作委员会。启动工商联商会调解服务平台，推动化解涉企纠纷，成立全国工商联标准化工作委员会，联合出台关于鼓励引导和规范工商联所属商会开展团体标准化工作的意见。

积极推动纾困惠企政策措施出台，助力“政策跑在企业困难前面”。及时开展政策研究，服务中央重大决策，全年共参与中央层面协商11次。采用线上调查和书面访查等方式，及时发动各级工商联和商会，围绕纾困惠企政策落实等开展调查，了解企业发展困难和意见诉求，推动资金和政策直达基层、落在企业，全年开展13次网络调查，调查企业超过30万家次。梳理发布中央和部委支持外贸企业复工复产相关政策汇编，发布多期关于有关国家和地区出台贸易投资及进出口等政策的提示。定期开展民营经济运行监测，提出减税降费、畅通循环、解决融资难融资贵、支持小微企业发展等方面的政策建议。开展民营企业参与“两新一重”投资状况重点调研，完成国家“‘十四五’时期优化非公有制经济发展环境”重大课题研究，组织民营企业参与规划《纲要》编制征求意见活动。会同国家三方联合发文，助力稳定劳动关系，支持企业复工复产。今年以来，向上级单位报送专报材料300余篇、回复相关政策文件和法律法规征求意见100余件、提案及社情民意信息近700件。

积极推动营商环境优化，助力民营企业高质量发展。贯彻落实《优化营商环境条例》，组织开展2020年万家民营企业评价营商环境。举办第二届民营经济法治建设峰会，发布法治民企报告。持续推进“法律三进”，开展专项“法治体检”活动3万多场次覆盖企业超过17万家，推动解决近70件民营企业维权纠纷案件。促进企业加快数字化转型，联合主办“两化融合暨工业互联网平台大会”，共同发起《数字化转型伙伴行动倡议》。举办2020中非民营经济合作论坛、全国上市公司共建“一带一路”国际合作论坛，引导民营企业高质量参与共建“一带一路”。与生态环境部联合开展疫情对民营企业生产经营和环境治理影响的调查，共同召开支持服务民营企业绿色发展座谈会。举办污染防治、林业草原专题培训班，开展光彩事业国土绿化贡献奖评选。

三、以抓好中央巡视整改为契机，加强制度体系建设

把落实中央巡视整改要求作为重大政

治任务，建立工作协调机制、整改督办机制，实现“一周一计划、半月一汇总、一月一督查”，以整改推动工商联自身改革发展。针对反馈意见，梳理出56个问题，制定了157项整改措施，明确了责任分工，狠抓整改落实，取得了阶段性成效。党组在整改中既注重“当下改”，又着眼解决长期制约工商联事业发展的深层次问题，注重形成“长久立”的机制，力求标本兼治，全面梳理工商联制度建设成效，形成工商联制度体系建设情况的报告；巡视整改开始，就建立了新建31项、修订12项的制度建设清单。在贯彻落实习近平总书记重要指示批示方面，出台《全国工商联党组贯彻落实习近平总书记重要指示批示办法（试行）》；在开展民营经济人士思想状况调研方面，出台《全国工商联加强思想状况调研工作办法》；在履行核心职能方面，出台《全国工商联关于进一步加强思想引导和服务工作深度融合、促进“两个健康”的实施意见》。在解决形式主义突出问题方面，先后印发《关于规范省级工商联评价工作的通知》，明确禁止报送佐证材料；制定《关于规范指导引导服务直属商会的若干意见》，堵住工商联成为“二政府”的制度漏洞；制定《全国工商联精文减会规范》，坚决整治文山会海，鼓励创新会议形式，倡导采用视频会议、网络会议部署推进工作，提高工作效率；制定《关于进一步提高调研质量的意见》，切实提高调研实效。

四、以扩大覆盖面为目标，完善系统组织建设

注重商会改革顶层设计。研究制定本届内商会改革重点任务推进方案，与民政部联合出台乡镇街道商会登记管理文件，召开全国工商联商会工作会议。通过积极培育和发展新商会、领导和管理商会党建工作、大力发展工商联团体会员、探索组建专业委员会等多种形式，使商会组织覆盖更多以民营经济为主体的行业领域，目前，由工商联作为业务主管单位的所属商会达到3万个，比改革前增加约7千个。推动直属商会改革做示范，制定出台打造中国特色一流商会的三个基础制度文件，成立直属商会综合党委，在直属商会试点成立党委和党建工作委员会。以评促建，开展全国“四好”商会认定工作，组织“互学互促”活动，落实“学一防一推送一”工作部署。

加强对工商联系统改革工作指导。制定《进一步加强工商联组织建设为“两个健康”事业提供有力支撑的工作方案》，召开工商联深化改革座谈会，对深化地方工商联改革进行再动员、再部署，在已有21个省级工商联出台改革方案基础上，又推动8个省级工商联出台改革方案。持续开展省级工商联工作评价，发挥评价导向作用。大力加强“五好”县级工商联建设，开展“一个设立、五个有”回头看专题调研，摸清工作底数，实施分类指导，不断巩固县级工商联建设成果。目前，全国各级工商联组织共3420个，基本实现了应建尽建。首次组织开展工商联理论研究和工作实践创新优秀成果评选活动，推出一批改革创新成果，激励各地工商联加快改革步伐。

加强民营经济代表人士队伍管理。与中央纪委国家监委驻中央统战部纪检监察组联合出台文件，加强对企业家副主席副会长遵守行为规范情况的监督管理。开展企业家副主席副会长执委履职情况评价，建立履职档案，激发履职活力。规范民营经济代表人士谈心交心工作。

五、以党的建设为引领，推进机关自身改革

研究制定加强和改进党的建设的工作措施、加强全面从严治党责任体系建设的实施方案、推进落实主体责任清单，建强“明责、融责、履责、督责、考责、追责、研责”闭环式全面从严治党责任体系，推进“模范机关”创建，打造“第一方阵”。强化执纪监督“第一种形态”，组织开展警示教育，严肃查处违纪案件。强化干部教育培训、选拔任用、管理考核，提升工作能力。持续改进工作作风，加强会议、调研、培训、活动、督查统筹，全年会议同比减少42%。组织开展机关基础管理专项提升工作，加强保密工作，扎实推进直属单位改革。创新机关工作方式，推进网上工商联建设，通过视频会、飞书文字交流、在线调研、网上直播等形式，召开工作会议，组织座谈访谈，开展企业培训，发布调研成果，建设支持民营经济发展的企业综合服务系统。

虽然工作取得了一定进展。但是，还存在帮助民营企业纾困解难、推动政策落实的方式和手段不多，民营经济人士思想动态掌握不够全面，新时代理想信念教育有待深化，各地工商联改革发展不平衡，干部队伍素质需进一步提高等问题。

2021年，将深入学习贯彻习近平总书记关于深化改革和新时代民营经济统战工作、工商联工作重要指示批示精神，紧扣“两个健康”，落实“四会”要求，将制度建设贯穿始终，提高改革攻坚的能力，充分发挥工商联和商会在社会治理中的作用，一体化推进工商联系统的改革发展。进一步深化工商联顶层设计，指导地方工商联改革，推进商会改革发展，加强工商联组织建设，配合做好换届调研，加强模范机关建设，切实推进中央巡视反馈问题整改落实，以钉钉子精神深入推动各项改革措施，不断增强工商联凝聚力、影响力、执行力。

【关于全国工商联机关2020年财务资产基础管理专项提升工作总结】为深入贯彻中央指示精神，有效落实十九届中央第五轮巡视有关要求，进一步夯实财务、资产、合同、采购、项目等基础管理，自2020年10月起在全国工商联机关本级和直属单位开展了基础管理专项提升工作。通过落实“五查五纠”和“回头看”等具体举措，取得了积极的阶段性成果，现将有关情况报告如下。

一、工作情况

专项提升工作聚焦中央巡视反馈问题、国家审计指出问题、“不忘初心、牢记使命”主题教育检视问题和内部审计发现问题，全面梳理机关本级、直属单位在财务资产管理等方面存在的问题及风险，重点开展“五查五纠”，即查财物管理制度的不足与缺失,纠正无规可循、管理缺位等问题；查财务规矩执行的时效与绩效，纠正预算管理、绩效管理中的突出问题；查资产基础数据的底数与台账，纠正不实不细、账实不符等问题；查招标采购的程序与执行，纠正决策失范、违规操作等问题；查服务合同的签订与管理，纠正监管不利、逾期不立等问题。坚持问题导向，进一步完善管理制度、决策程序、工作机制、过程监管、绩效评价、督查问责等措施。

自2020年9月启动工作以来，通过机关和直属单位自检自查形成了问题清单，在“五查五纠”中重点梳理了预算、收支、采购、资产、合同及项目管理全过程中的薄弱环节。办公厅对各单位自查中发现的34项问题逐一复核，形成《全国工商联基础管理专项提升工作自查问题清单》，在此基础上建立了《直属单位基础管理专项提升工作整改台账》，明确整改措施、责任人和完成时限，督促各单位推进整改、按月更新完成情况。对已完成的整改事项进行“回头看”，对整改中的事项加强业务指导。同时，对工商时报驻各地记者站进行了专项审计调查，提交了专题报告。

截至2020年12月28日，中央巡视反馈意见指出的相关问题已完成立行立改工作，自查发现的34项问题中已整改26项，8项正在持续推进。总体看，机关和直属单位的预决算及绩效管理进一步提升，资产监管机制进一步健全，项目监管进一步强化，账户管理进一步加强，对外投资行为在进一步清理规范之中。我会国有资产编报工作获财政部通报表扬，预算执行绩效在财政部评价中获得最高的A档。

二、主要特点

（一）领导重视，组织落实

高云龙主席批示要求“务实务要，抓紧抓好。”徐乐江书记批示强调，“巡视整改工作应该这样谋划、这样开展。这些管理工作提升是夯实基础，意义重大且深远；希望扎实落实。”会领导的指示要求，为组织开展好基础管理专项提升工作明确了方向。为推进工作落实，办公厅牵头制定了《全国工商联基础管理专项提升工作实施方案》，成立了以鲁勇副主席任组长，办公厅、机关党委、信息中心、服务中心、工商时报、杂志社、出版社和人才中心负责人为成员的专项提升工作领导小组，统筹协调推进工作。同时，组建了以办公厅审计处、财务处、管理处以及各直属单位财务部门或办公室负责人为成员的领导小组办公室，负责具体的组织实施和督促检查工作。

（二）抓实落点，细化措施

为提高各单位“五查五纠”自查质量，办公厅牵头认真分析中央巡视反馈的相关问题及各单位历年审计发现的问题，总结归纳问题集中的业务领域，梳理经济业务流程中的共性风险点和廉政关键环节，选取经济业务制度、预决算和绩效管理、资产管理及监督、项目及采购管理、财务基础管理和对外投资管理共6个方面，设计7张自查表，帮助各单位明确自查重点。其中，《直属单位制度建设情况自查表》重点关注预算管理、财务收支管理、采购管理、资产管理、项目管理、合同管理和公章管理7个主要经济业务类别制度建设及覆盖情况，查找制度建设是否存在盲区。《直属单位预算管理风险自查表》《直属单位收支管理风险自查表》《直属单位资产管理风险自查表》《直属单位采购管理风险自查表》和《直属单位合同管理风险自查表》主要关注各经济业务领域全过程风险点管控情况，制度执行情况和是否落实监管责任到岗到人。《直属单位2019年度整体绩效自评表》作为自填表，各单位自行设计评价指标和内容、据实填报，办公厅对填报的指标及数据进行审核。

（三）跟进调度，全程指导

为确保工作落实落细，领导小组及其办公室始终把跟踪督促指导贯穿全程。鲁勇副主席多次听取办公厅关于基础管理专项提升工作的情况汇报，在工作启动和推动整改的关键节点上及时召开工作部署会和整改督导会，统一思想、压实责任。在各单位自查期间，办公厅专人到工商时报、杂志社和人才中心进行实地督促指导，讲解自查工作要求及自查方法，指导绩效评价指标的设计和自查表的填报，解答自查工作中遇到的问题，帮助各单位提高自查工作效率，保证了自查工作的有序推进。

【组织开展“政企面对面”座谈交流】“政企面对面”是办公厅正在探索的政企沟通和对话协商平台。自2019年5月起，已组织9次政企面对面座谈会，围绕全局重点，适时确定决战脱贫攻坚、保产业链供应链稳定、民营企业账款清欠、降低企业社保费、小微金融、助力中小微企业纾困政策等座谈主题，面对面了解民营企业所思所想所盼，当面交流民营企业面临的市场性、政策性的困难和建议，畅通政企沟通渠道，取得良好成效。

1. 制度机制完善和创新方面。“政企面对面”，让民营企业、商会和发展改革委、工信、税务、市场监管等政策制定部门的负责同志面对面沟通交流，为民营企业反映问题和建议提供直接通道，同时为政府部门向民营企业解答政策搭建有效平台。许多政府部门的同志反映，听了企业家的当面发言，深受教育，能在短时间内获得一手资料，可为政策制定提供重要参考。企业家普遍反映，通过与政府部门的面对面交流，更加深刻体会到政府为民营企业发展创造条件做了大量工作，对很多政策有了更准确的把握。实践证明，“政企面对面”是政企双方对话机制的新尝试，是畅通民营企业建言献策的新探索，对发挥工商联桥梁纽带作用、推动构建亲清政商关系具有重要意义。

2. 服务内容和方式创新方面。每次座谈会都是根据党政部门所需、民营企业所盼谋划议题，突出反映政策落实情况和民营企业所思所盼，提出有关对策建议。比如，2019年6月召开“政企面对面：降低企业社保费领域座谈会”，民营企业与国务院研究室、工业和信息化部中小企业局、中国税务报社有关负责人，就实施降低社保费率政策后企业感受进行深入交流。2019年7月召开“政企面对面：当前就业形势分析座谈会”，民营企业与全国政协经济委员会交流在稳就业方面的经验做法、存在的突出问题和意见建议。2020年6月召开“政企面对面：保产业链供应链稳定座谈会”，了解制造业民营企业在保产业链供应链稳定方面的问题和意见建议，引导制造业民营企业坚定发展信心，以贯彻落实中央保产业链供应链稳定的要求。从服务方式方面，采用了视频会议的形式，在工商联机关设主会场，各地工商联和企业以视频形式参会，节省了时间成本，提高了工作效率。

3. 推动问题解决方面。每次政企面对面座谈会召开后，迅速整理归纳，摘取核心观点和关键信息，在有限篇幅内尽可能多地反映全面情况，形成专报信息报上级单位，多篇被上级采用，更好服务领导科学决策。很多企业在会上反映的问题会后得到有关部门的推动落实，如，“政企面对面：助力中小微企业纾困政策落实座谈会”召开后，国家税务总局督促上海市嘉定区税务局关心了解西口文化反映的出口退税有关困难问题。“政企面对面暨民营企业账款清欠工作座谈会”召开后，工信部有关部门将企业欠款情况移交有关部门督促解决。

4. 扩大工作覆盖方面。每次政企面对面座谈会的主题不同，围绕不同主题，我们挑选各行各业具有代表性的民营企业和商会负责同志参加会议，充分考虑其代表性。同时，还邀请不同地区的工商联参加座谈会，尽可能扩大会议活动的覆盖面和影响力。会后，我们进行深度报道，广泛宣传。

5. 成果的可推广性。工商联是党和政府联系民营企业家的桥梁纽带，是政府管理和服务民营企业的助手，同时，也是民营企业的家园。政企面对面是发挥工商联作用的有效形式，示范性强，可在各地工商联广泛推广；企业和政府部门的参与度高，可操作性强。

【组织开展“模范机关”创建】以创建“模范机关”为牵引，着力打造“第一方阵”和政治机关。从1月开始，认真制定并落实实施方案，推动机关各部门和各直属单位争做对党绝对忠诚的模范、学习贯彻习近平新时代中国特色社会主义思想的模范、基层党组织坚强有力的模范、促进“两个健康”的模范、作风务实严谨的模范、风清气正自律的模范。4月16日，组织召开创建工作推进会，交流经验做法，推动加快创建步伐。建立“打造‘六好’党建 创建模范机关”微信群，在全国工商联官网开设同名宣传专栏，鼓励引导机关部门、直属单位实时发布创建工作动态，营造创建模范机关良好氛围。

12月，按照中央和国家机关工委、中央统战部关于创建模范机关评选活动的有关规定，结合全国工商联工作实际，组织开展全国工商联创建模范机关先进集体和先进个人评选活动。机关党委按照中央统战部机关党委《关于开展创建模范机关先进集体和先进个人评选活动的通知》后，结合中央和国家机关工委《关于中央和国家机关创建模范机关先进单位和标兵单位评选表彰办法（试行）》，立即制定《全国工商联关于创建模范机关先进集体和先进个人评选活动的方案》。按照“优中选优、广泛激励”的评选原则，机关部门和直属单位党组织推荐、评审委员会评审并报党组会审议同意，授予机关党委（人事部）、扶贫与社会服务部2个部门为全国工商联创建模范机关先进单位，研究室理论处、会员部组织处、机关服务中心机关服务处3个单位先锋模范岗，刘佩华、张一卫、葛军3名同志为学习标兵，聂志军、畅欢、冷晓辉3名同志为敬业标兵，吴艳雄、毛红杏、冯秀梅3名同志为创新标兵。机关党委（人事部）、扶贫与社会服务部、刘佩华、聂志军获得表彰，机关党委（人事部）还获得了“中央和国家机关创建模范机关先进单位”称号。

（徐莎莎）

【**打造党建“六好”品牌**】全国工商联作为党领导下的人民团体和商会组织，是推动民营经济领域践行“两个维护”的第一方阵，贯彻执行党中央关于“两个健康”决策部署的“第一棒”。全国工商联党组始终坚持政治机关的政治本色，着力构建党建“六好”工作机制，全面提升党组织和党员的学习力、组织力、约束力，扎实创建模范机关，为推进新时代民营经济统战工作提供了坚强政治保证。

全国工商联党组将创建模范机关作为加强自身建设的总目标和各项工作的总牵引，引入精细化管理理念，在基层党组织中推动构建党建“六好”工作机制，以党建带创建，为创建模范机关提供有力抓手。注重“查摆问题针对性好”，着力推动党组织从深刻领会中央精神、摸清摸透现实情况、准确把握工作规律中发现问题，从思想作风、行为习惯中深挖根源、找准症结，在解决问题中推动事业发展。注重“工作措施有效性好”，着力推动党组织围绕目标、针对问题，出实招、硬招，狠抓落实执行，狠抓能力提升，以扎实有效的行动推动既定目标的实现和各种问题的解决。注重“工作计划导向性好”，着力推动党组织制定具有鲜明政治导向和实践指向的党建工作规划计划，坚决贯彻落实习近平总书记重要讲话和重要指示批示精神，贯彻落实党的路线方针政策和上级党组织部署。注重“与中心工作融合性好”，着力推动党组织提升组织力，围绕“两个健康”、年度重点工作任务谋划和推进党建工作，积极搭建党建工作与中心工作深度融合的平台和载体。注重“基础建设体系性好”，着力推动党组织强基固本，统筹推进党的政治建设、思想建设、组织建设、作风建设、纪律建设，把制度建设贯穿其中，深入推进反腐败斗争，分类推进各类型党组织定准位、履好职。注重“工作成果考核性好”，着力推动党组织通过加强党的建设、全面从严治党，做到对党中央绝对忠诚，党组织作用有效、动员有力、运行有序，坚持高线守住底线，推动各项工作取得实效。

“六好”党建工作机制在实践中不断加强总结，准确把握新时代全国工商联机关部门、直属单位党建工作特点规律，不断加强基层党组织标准化规范化建设，建强基层党支部。《构建“六好”强党建狠抓落实创模范》等6篇经验交流材料在《旗帜》杂志以及中央和国家机关工委简报、党建网、共产党员网、旗帜网等平台刊发。

（徐莎莎）

【分类指导直属党组织加强党建工作】准确把握新时代全国工商联党建工作的特点和规律，总结经验，将党建“六强”工作机制修订为党建“六好”工作机制，按照不同类型党组织的组织特征和工作特点，进一步细化考核评价体系，推动各直属党组织加强党建过程管理，不断提升党建工作水平。指导机关部门党支部要讲政治、建队伍、抓落实，按照“一个带头、三个表率、做模范机关”的要求，聚焦“围绕中心、建设队伍、服务群众”，扎实开展模范机关创建，不断提升党支部标准化规范化建设水平，切实发挥战斗堡垒作用。指导直属单位党组织修订完善重要事项决策制度，把方向、管大局、保落实，保证监督党和国家方针政策、会党组决策部署在本单位的贯彻执行，保证监督本单位改革发展正确方向；组织开展党员交纳党费、参加组织生活专项整治，进一步加强党员教育管理监督，切实发挥领导作用和战斗堡垒作用。指导直属商会党组织开展党建工作试点实践，在科技装备业商会、并购公会成立党委，在房地产商会、环境服务业商会、家具装饰业商会和文化产业商会成立党建工作委员会，商会领导班子和党组织班子交叉任职，将商会党组织镶嵌到决策监督管理层，组织商会党组织扎实开展“八个一”活动，把方向、议大事、促落实，切实发挥政治引领作用。

（徐莎莎）

【开展“两优一先”评选表彰活动】为充分展示2016年以来特别是党的十九大以来全国工商联各级党组织和广大党员在深入学习习近平新时代中国特色社会主义思想和党的十九大精神，贯彻全面从严治党要求，推动“六好”党建机制，充分发挥战斗堡垒作用和先锋模范作用，推动工商联工作创新发展中取得的成绩；充分展示新冠肺炎疫情发生以来，各级党组织和广大党员认真学习贯彻习近平总书记关于疫情防控的重要指示精神，把积极参与疫情防控、助力企业复工复产作为当前围绕中心、服务大局的重要政治任务和深化各项改革、促进“两个健康”的具体实践，不断增强政治性、先进性、群众性所作的贡献，进一步弘扬正气、树立标杆，激励各级党组织和广大党员坚定信念、对党忠诚，履职尽责、奋发有为，形成学习先进、争当先进、赶超先进的浓厚氛围，机关党委在庆祝建党99周年之际，组织开展优秀共产党员、优秀党务工作者和先进基层党组织评选表彰活动。在直属党组织推荐、党委会研究、公示等程序后，经党组批准，机关党委决定，授予丁学祥等101名同志“优秀共产党员”、马君等40名同志“优秀党务工作者”、全国工商联会员部党支部等20个党组织“先进基层党组织”称号。

（徐莎莎）

【成立直属商会综合党委】为认真落

实习近平总书记关于加强社会组织党建工作重要指示要求，推进全国工商联直属商会党建“破题”，5月30日，全国工商联举办直属商会综合党委成立揭牌仪式，标志着全国工商联直属商会党建工作迈上新台阶，将为进一步探索创新，全面提升商会党建质量，推动新时代商会改革发展，建设中国特色一流商会提供坚强政治保证。全国政协副主席、全国工商联主席高云龙，中央统战部副部长，全国工商联党组书记、常务副主席徐乐江出席仪式并揭牌。

徐乐江同志表示，党的十八大以来，习近平总书记和党中央高度重视社会组织党建工作。全国工商联党组坚决贯彻落实习近平总书记和党中央指示要求，坚定不移加强党对商会组织的领导，坚定不移推进“两个全覆盖”，坚定不移探索商会党建工作“破题”，此次成立直属商会综合党委，就是进一步加强党对直属商会领导、理顺直属商会党建工作领导管理体制、推进商会党建“破题”的又一具体举措。

徐乐江同志强调，直属商会综合党委要集中智慧和力量，扎实推进商会党建工作，提高质量水平。一是要提高政治站位，教育引导31家直属商会听党话、跟党走，增强“四个意识”，坚定“四个自信”，做到“两个维护”。二是要大胆探索实践，切实以习近平总书记关于社会组织党建工作的指示要求为指导，进一步解放思想，转变观念，主动作为，敢于担当，按照党建“六好”工作机制要求，指导直属商会党组织规范党建工作开展。三是要及时总结推广，紧紧围绕工作主线，深入走访调研，开展理论研究，力争形成一批具有前瞻性指导性的研究成果和实践总结，加强思想引领，广泛凝聚共识。

全国工商联副主席、北京叶氏企业集团有限公司董事长叶青，全国工商联副主席、三一集团有限公司董事长梁稳根，全国工商联知名企业委员会执行主席、新希望集团有限公司董事长刘永好，全国工商联知名企业委员会主席团成员、湖北省楚商联合会会长、泰康保险集团董事长陈东升，全国工商联知名企业委员会秘书长、新东方教育集团董事长俞敏洪，全国工商联大数据运维委员会执行主席、360科技安全公司董事长周鸿祎等全国知名民营企业家出席成立揭牌仪式。大家表示将协助做好商会党建工作，更加紧密地团结在以习近平同志为核心的党中央周围，高举中国特色社会主义伟大旗帜，以习近平新时代中国特色社会主义思想为指导，迎难而上，锐意进取，为夺取疫情防控和经济社会发展双胜利，为决胜全面建成小康社会、书写新时代中国特色社会主义新篇章、实现中华民族伟大复兴的中国梦，做出新的更大贡献。

全国工商联党组副书记、副主席，机关党委书记樊友山主持仪式。中央统战部机关党委常务副书记姚植传宣读《关于同意成立中国共产党全国工商联直属商会综合委员会的函》，全国工商联党组成员、副主席鲁勇宣读关于成立直属商会综合党委的决定。全国工商联党组成员、秘书长赵德江及中央和国家机关工委、中央统战部有关领导，直属商会综合党委委员，直属商会党组织负责人、党建工作指导员、督导组成员代表，共约50人参加成立揭牌仪式。

（邢海涛）

【推动商会党建破题研究】认真学习贯彻习近平总书记关于社会组织党建破题的重要批示要求，通过课题研究、试点实践、宣传引导等方式推动商会党建破题。一是依托直属商会与非公党建工作委员会，围绕“工商联党组织领导和管理所属商会党建工作组织体系、商会党组织的职责定位与作用发挥”积极开展课题研究，形成40余篇课题研究报告，从理论层面系统总结了商会党建工作，为推动所属商会党建破题奠定坚实基础。二是在直属商会积极推进成立商会党委、党建工作委员会的试点实践，将商会党组织镶嵌到决策监督管理层。结合商会工作实际，坚持规定标准，严把关、稳推进，按照“三上报四征求五听取一综合考察”的工作模式，指导科技装备业商会、并购公会成立党委，房地产商会、环境服务业商会、家具装饰业商会、文化产业商会成立党建工作委员会。三是印发《关于直属商会党委发挥把方向、议大事、促落实作用的会议纪要》（以下简称《纪要》），就商会党委建立方式、委员组成、主要任务、工作机制等做出明确规定，组织商会党组织按照《纪要》要求，扎实开展“八个一”活动。四是加大宣传推广力度，以“喜迎建党99周年，让党旗在商会和民企中高高飘扬”为主题采取网络直播形式举办德胜门大讲堂，组织直属商会、省级工商联所属商会、民营企业党建典型及社会组织领域党建专家，共话商会和民企党建，累计观看人次80余万。总结商会党建工作经验做法，形成《打赢三场“攻坚战” 翻开商会党建新篇章——全国工商联抓直属商会党建工作纪实》宣传稿，在人民政协报、中华工商时报、光明网、旗帜网等10余家媒体刊发，在工商联系统取得较好反响，推动了地方工商联加快所属商会党建工作研究实践步伐。

（李秀华）

【开展全国工商联干部人才胜任素质模型课题研究】为深入贯彻习近平新时代中国特色社会主义思想和党的十九大精神，贯彻落实中央统战工作会议精神、全国组织工作会议精神，落细落实新时代好干部标准，着力打造一支高素质、专业化、结构合理的全国工商联机关干部队伍和政治过硬、专业化程度高、综合业务能力强的直属单位干部人才队伍，机关党委（人事部）与全国工商联人才交流服务中心开展了全国工商联干部人才胜任素质模型课题研究。

课题组根据全国工商联的职能定位、性质特点、目标任务和干部人才队伍现状，通过一对一行为事件访谈、问卷调查等方式，经多轮专家小组讨论后，最终形成《全国工商联干部人才队伍胜任素质模型及应用建议》课题报告。报告共包括四个部分，第一部分概述，第二部分干部人才胜任素质模型的架构，第三部分干部人才胜任素质模型的内容，第四部分基于胜任素质模型的意见建议，总字数3.5万字。干部人才胜任素质模型的建立，有利于进一步提高人岗相适度、考核精准度和培训精细度。

（郭蕾）

【制定《全国工商联所属事业单位及其领导人员年度考核办法（试行）》，实行绩效工资】为进一步加强全国工商联党组对所属事业单位工作的领导，切实履行监管职责，规范事业单位及其领导人员管理，建立有效的激励和约束机制，促进事业单位发展，经党组会议审议通过，2020年3月27日正式印发了《全国工商联所属事业单位及其领导人员年度考核办法（试行）》（以下简称《办法》）。

《办法》明确，在事业单位实行“计评对”工作制度，重点考核计划完成情况。《办法》共分六个章节，分别从党的建设、工作业绩、内部管理3个方面，政治素质、履职能力、工作作风、工作饱和度、廉洁守纪、业绩成效6个方面，详细设置了事业单位年度考核、事业单位领导人员年度考核的主要内容和指标要求，并明确了加（减）分项、整体否决项，力求考核指标科学合理、考核程序简便易行。《办法》还明确了事业单位及其领导人员年度考核的计分方式和考核评价等次、考核组织实施的一般程序、考核结果的使用等问题。《办法》的制定，为全国工商联所属事业单位及领导人员考核提供了制度遵循。

（杨宗伟）

【制定《关于进一步加强全国工商联干部人才建设的实施方案（试行）》】 为贯彻落实习近平新时代中国特色社会主义思想和党的十九大精神，贯彻落实全国组织工作会议精神和《2019—2023年全国党政领导班子建设规划纲要》，解决中央巡视中指出的全国工商联党组在选人用人工作中存在的突出矛盾和问题，针对目前全国工商联干部人才队伍建设存在的问题短板，经党组会议审议通过，2020年12月16日正式印发了《关于进一步加强全国工商联干部人才队伍建设的实施方案（试行）》（以下简称《实施方案》）。

《实施方案》分为四个部分，共19条工作措施，明确了以习近平新时代中国特色社会主义思想为指导，以党的政治建设为统领，充分体现了新时代党的建设总要求和党的组织路线，坚持党管干部、党管人才原则，提出了到2022年全国工商联干部人才队伍建设的阶段目标，按照新时期好干部标准，坚持正确选人用人导向，从学研、选人、培育、任用、管理、考核、激励7个方面制定了具体工作制度和机制，对全国工商联机关、直属单位、直属商会加强干部人才队伍建设提出了明确要求。《实施方案》的制定，有利于进一步优化全国工商联干部人才队伍结构、提升专业素质和业务能力、激发担当作为精神，促进干部人才更好适应新时代民营经济统战工作新需要。

（郭蕾）

【加强党员干部培训】 制定《全国工商联学习宣传贯彻习近平总书记关于民营经济统战工作重要论述方案》，组织各基层党组织和广大党员干部职工深入学习贯彻党的十九届五中全会精神、全国民营经济统战工作会议精神，收集学习体会，编发机关党委简报，促进学习交流。制定《全国工商联加强青年理论学习的工作措施》，丰富学习形式，组织“重温习近平总书记青春岁月，做新时代统战好青年”主题读书活动、习近平总书记在企业家座谈会上的重要讲话精神“快闪”学习活动，教育引导青年党员干部不断提升理论学习水平。制定《全国工商联贯彻〈2019—2023年全国党员教育培训工作规划〉实施方案》，以“思想建党、理论强党、从严治党，围绕中心、服务大局，分类指导、按需施教，联系实际、继承创新，简便易行、务实管用”为原则，每年有计划、分层次高质量开展党员教育培训，把全体党员和党务工作者普遍轮训一遍，实现习近平新时代中国特色社会主义思想学习教育更加扎实深入，教育培训效果更加显著，新时代党员教育培训体系更加健全，引导党员增强“四个意识”、坚定“四个自信”、做到“两个维护”，努力建设政治合格、执行纪律合格、品德合格、发挥作用合格的党员队伍；为全面促进“两个健康”、服务我国民营经济高质量发展提供坚强有力保证。编制《全面从严治党有关文件法规制度汇编（二）》，举办学习贯彻党的十九届四中全会精神网络培训班，开展党员干部应知应会党内法规知识竞赛。举办6期工商联大讲堂，邀请会领导、有关专家学者、民营企业家为党员干部做辅导讲座，提升党员干部服务“两个健康”综合素质和能力。开展4次季度理论征文活动，共征集近160篇理论文章，促进党员干部职工切实提升学习力。举办入党积极分子培训班，发展9名党员，指导有关党支部做好预备党员转正工作。制定《全国工商联党建工作指导员工作指南》，举办党务纪检工作培训班和党建工作指导员培训会，提升专兼职党务工作者能力水平。

（李秀华）

【改进完善“计评对”管理机制】 2020年，在试行两年的基础上，为进一步发挥“计评对”管理机制评估和管控工作的积极作用，提升谋篇部局的全局性、落实推进的计划性、统筹指挥的节奏性、团队配合的协同性、攻坚克难的创造性，我们对月对表、季评估工作进行了改进，特别强调在对表和评估时，不谈工作成绩，只讲存在问题，从任务分解、任务标的、完成时间、人员分工等角度剖析问题产生的原因和改进措施。同时，为落实中央关于公务员平时考核工作的有关要求，我们强调各部门要在“计评对”工作任务推进中注重对干部的观察了解和分析研判，季评估时要将表现突出和表现较差的干部重点标记出来、登记在册，并且正在以“计评对”管理机制为基础起草制定重点工作项目人员角色贡献度评价办法，从而更科学有效地做好干部平时考核工作。

（夏洁）

【开展网上述职】 在新冠肺炎疫情防控复杂严峻的态势下，根据中央组织部、中央统战部关于基层党建述职评议考核的有关要求，全国工商联创新方式，借助现代信息技术手段，通过全国工商联“信息共享与即时对话平台”，召开机关部门、直属单位和直属商会党组织书记抓党建述职评议考核会。创新、开放、共享、高效的述职方式，既达到了考核评议、研判打分、推优评先的目的，同时，又为全体与会人员积极有效融入会议、交流党建工作搭建起平台，在述职说明、点评发言、互学互鉴中统一思想、提高认识、共同提升，使得述职会成为一场全员参与推动党建高质量发展的学习会、宣传会、鼓劲会，取得了良好的效果。从会议实际情况和与会人员的反馈来看，通过“即时对话平台”召开的会议，达到了“全员参与”的实际效果。

这一创新的会议形式，可以不受空间限制，只要有一部移动通信设备或联网办公电脑即可灵活参与；打破了传统模式逐个发言的时间限制，与会人员共享会议时间，可同时在线发言，发言时间更加充裕；评论发言对全体参会者开放，不同角度的评论相互交融，点评更加全面充分；并且相比较于传统的现场发言、视频发言，“文字发言”效率更高、表达更深入、可理解性更好，也更便于收集归档、避免了资源浪费。会议过程中，各党组织书记述职后，机关党委委员、纪委委员、其他党组织书记及党员代表均踊跃发言，党组成员、会领导认真点评，参与度非常高，3天半时间里共有130余人参加，评论发言达1000余条，有些党组织书记述职后的互动发言达40余条，切实呈现出全员参与、真正融入的良好态势。

在新的会议模式中，述职人员不再是仅仅“带着嘴”读给大家听，而是要将本人述职报告和党组织工作总结以文字形式直观呈现在大家面前，同时还要结合实际对述职报告进行高度凝练、个性化的说明；参会人员也不再只是“带着耳朵”

听别人讲，而是要认真阅读文稿，深入思考，然后形成相对严谨且有深度的发言。一些参评的同志说，“由于是文字呈现，更加谨慎规范”。这既是对党组织书记工作水平的直接考核，也是对参会人员能力素质的现场检验，更是对广大党员干部的一次实战锻炼，这就要求述职书记及参会人员必须认真做好会议准备。有些党组织书记在会议即将开始前还在不断修改完善着述职文稿，确保了会议的高质量召开。

新的会议模式真正为大家提供了全面展示自身党建工作、深入学习交流的平台载体。通过述职、发言和党组成员、会领导有针对性的点评引导，大家在同一个平台上学习交流经验做法，对比亮点特色、点出短板不足、研究改进措施，促进了对全年党建思路，以及机关部门、直属单位、直属商会不同类型党组织的定位、职责思想认识的统一。大家一致认为，要以习近平新时代中国特色社会主义思想为指导，以党的政治建设为统领，以创建“让党中央放心、让人民群众满意的模范机关”为牵引，以党建“六好”工作机制为抓手，针对自身党组织不同的职责和定位，切实提升学习力、组织力和约束力，全面推动全国工商联党的建设高质量发展，带动党员干部队伍建设，促进“两个健康”和工商联工作高质量发展。

积极肯定与诚恳建议，形成重视党建浓厚氛围。会议过程中，对于工作亮点、精彩发言，参会人员及时给予真诚点赞，党组成员、会领导从党建工作与业务工作融合发展的角度给予鼓励肯定，也提出希望。会议既给被肯定者以鼓舞与信心，也给其他人员以激励与鞭策，同时提出的希望也引发大家对如何设计谋划、推动执行、检查落实好党建工作带来深入思考，使得大家更加熟悉党建业务，形成学习党建、重视党建、团结向上的良好氛围。

（李秀华）

2020年“网上工商联”工程建设稳步推进

【工作综述】2020年，在会党组和网信工作领导小组的领导下，“网上工商联”有序推进。

一、立项申报工作

“网上工商联”工程（一期）项目纳入了“党的执政能力信息化工程整体框架”，按要求进行项目可行性研究报告申报。加强新时代民营经济统战工作意见明确提出，要加快推进“网上工商联”建设。该项目是工商联信息化建设的基础工程，对实现民营经济统战工作信息化升级具有决定性意义。“基于大数据智能的非公经济群体感知与服务辅助技术研究及应用”获批，该项目是国家科技创新2030—“新一代人工智能”重大项目的定向项目，主要针对民营经济群体体量庞大、分布广泛、不确定强的特点，攻克对其全面感知、精准服务引导所需的关键技术。

二、全面安排部署推进工作落实

1. 编制“网上工商联”顶层设计方案V2.0。为贯彻落实习近平总书记关于新时代民营经济统战工作指示精神和《关于加强新时代民营经济统战工作的意见》，在国内国际新形势下，打造适应工商联自身改革发展需要、服务“两个健康”的信息系统，2020年进一步深化“网上工商联”需求分析、功能设计，确定工程建设20条基本原则，拟定以数据资源为核心、业务应用为基础、能力建设为目标的工作思路，对“网上工商联”顶层设计方案V1.0进行了修订完善，经主席办公会议审议通过，形成了“网上工商联”顶层设计方案V2.0。

2．组建“网上工商联”项目实施工作机构。印发《“网上工商联”项目实施工作方案》，建立了行政指挥线、技术指挥线、专家委员会工作机构，并在行政指挥线办公室下设综合协调组、需求分析组、功能设计组、财务保障组、合规审核组，加强工程建设的计划调度、方向把控，确保项目建设的顺利实施。

3．制定项目管理办法。根据《全国工商联工程项目建设管理办法》有关规定要求，拟定《“网上工商联”项目管理办法》，包括项目立项、项目实施、支付审批等管理规定，已征求办公厅意见，拟正式报批。

4．完善工作例会、工作周报等制度。为确保行政指挥线办公室各项工作部署落地落细，制定并严格执行了季度例会、月例会、周例会和周报制度，有计划、有组织地安排各工作组的重点工作，明确目标、量化进度，提高工作效率。

三、网络安全保障工作

1．加强顶层设计。结合“网上工商联”顶层设计方案的完善，强化网络安全防护，明确建立安全标准、制度、保障支撑一体化的网络安全体系。

2．落实网络安全措施。根据上级保密检查反馈意见，拟定网络安全改造方案，开展安全加固；重大活动期间，按照上级要求制定网络安全保障方案、并严格执行。全年及时处置全国工商联系统的10多个风险提醒，两家商会网站安全事件；核查备份策略，形成72项备份清单、46项安全运维清单。保障了全年无重大网络安全事件。

3．做好网络安全基础工作。办公平台系统通过网络安全等级保护二级测评；认真履行网络安全通报机制职责，定期通报全国工商联网络安全情况；组织参加网络安全部门、专业公司举办的培训会、论坛等，提高专业能力。

4．开展网络安全宣传。在机关、直属单位、直属商会组织开展“网络安全法”“国家密码法”宣贯活动；编制了《民营经济人士网络和信息安全政策法规应知应会手册》，通过执常委会、各类培训班向民营企业家发放。

【工作成果】在行政指挥线办公室的领导下，统筹推进项目建设，与业务部门积极配合，2020年新建业务系统9个，并对已有系统进行升级维护。

一、业务系统建设

1．机关办公平台作用显著。全年登录96.8万人次，其中文件审批81472次，移动端审批29298次，办理报批件4242件、收文796件、发文412件，知会69066人次，外出报备审批34637件。

2．企业数据采集门户初步形成。基于会员组织管理系统建设了创成型中小企业、民营企业参与“一带一路”、小微企业委员会等业务库，统一入口，共享企业基础信息、分别录入各自所需数据。会员组织系统收录企业会员107万、个人会员74.3万、团体会员6万，执委23万，商会4.9万家，2151家工商联组织更新了组织信息。创成型企业库支持企业注册、申报，各级工商联审核、推荐功能，已收录2200家企业。民营企业参与“一带一路”库已收录600家走出去企业、150个项目。研发军民融合项目管理系统，基于数据安全保密考虑，目前软件系统限于单机运行。

3．民营企业调查系统有效支持疫情期间的相关调查，全年支持各级组织开展了60次有效调查，系统中的8万多家企业填报问卷32万多份；基于该系统开发了劳动关系监测模块、联系调研工作调查问卷支持模块。

4．上规模民营企业调研系统有效支撑全联民企500强、15个省联民企100强的统计分析排名工作，收录1.6万多家企业数据。“万企帮万村”精准扶贫台账系统支持精准扶贫行动的信息填报、查询统计，2020年核准系统中的12万个贫困村，更新4.2万家企业帮扶6万多个村的情况，向胡春华副总理展示帮扶数据。

5．信息直报系统可支撑各级工商联建立本级的信息直报系统，全联信息直报点上报信息6800多篇，全国工商联发布近300篇。联系调研系统已收录全国工商联调研28个省级、191个市级、978个县级工商联，召开工商联座谈会274个、党政部门座谈会91个。“计评对”及干部综合考评系统有效支撑全国工商联工作计划、月对表、季评估、督办考核工作。疫情防控捐赠录入系统及时支持民营企业疫情防控捐款捐物统计工作，收录99790条企业捐赠信息。

二、基础支撑系统建设

统一机构用户管理系统部署上线、支持各系统使用授权的管理。新版“联成e家”APP系统已测试验收，其中人脸识别、会议报到等功能已在执委会投入使用。

非公经济数据资源库与数据操作系统是“网上工商联”核心支撑系统。重点完善了数据结构与各项指标，编制了《数据标准管理制度》《信息交换标准》等标准规范，接入了会员组织管理系统数据、部分外部数据。大数据操作系统规划建设11个子系统，已开展数据接入等3个子系统的设计研发。设计了数据服务门户。

三、服务平台建设

建设“一带一路”信息服务平台，包括中文站、英文站、移动端三个站点。建设企业服务平台，推出金融贷款、撮合等服务，并为各级商会提供赋能的服务功能。

四、网络服务工作

视频会议、即时信息共享与会话系统有效支持了155场视频会议，其中48场进行了网络直播，支持召开联系调研、所属党组织书记述职评议考核等图文会议。

较好地保障了工商联信息系统、机关机房动力环境、网络和服务器、通信系统（电话、电视、视频会议等）、一卡通系统（门禁、访客、消费等）正常运行，有效支持保障了机关正常办公、业务工作的开展。

五、信息服务工作

制定贯彻落实《全国工商联党组落实意识形态工作责任制实施细则》具体措施，发挥网络媒体思想政治引领阵地的作用，加强民营经济领域新闻宣传和舆论引导。通过“工作专题”突出宣传效果，疫情期间推出“抗疫阻击战 工商联在行动”“稳增长保就业 支持民企在行动”“云服务助力控疫情”“新冠疫情期间的企业帮扶政策”“助力企业复工复产平台总汇”“人才对接平台”“物资对接平台”等。

严格执行《全国工商联网络媒体信息发布管理规定》，坚持全国工商联网络媒体上发布信息的政治性、针对性、真实性、安全性、时效性，落实多级信息审核制度，确保信息安全可靠。全年官网发稿量1.89万篇，同比增长125%；官微发稿429篇、阅读量22.75万次，百家号发布1904篇、阅读量1.31亿次，今日头条号发布1991篇、阅读量1535.19万次。通过官方政务账号直播平台完成41场活动直播，其中知名民企湖北行，5月30日至6月3日，共举办20场网络直播，参与人数累计达361.81万人次。

第三部分　重要会议

全国工商联十二届十五次主席会议综述

4月28日，全国工商联以视频会议形式召开十二届十五次主席会议，传达学习4月17日中共中央政治局会议精神，研判分析形势，安排部署下一阶段工作。会议由徐乐江同志主持，全国政协副主席、全国工商联主席高云龙同志出席会议并讲话，全国工商联专职副主席、机关部门主要负责人参加会议，兼职会领导叶青、李湘平、张近东、郑跃文、南存辉、钱颖一、黄立、常兆华、梁稳根、王伟、史贵禄、朱建民、汤亮、苏志刚、李彦宏、张兴海、张建宏、冷友斌、沈彬、周海江、徐冠巨、魏立华等通过视频会议系统参加了会议。会议上，高云龙同志要求广大民营企业科学研判形势，对国际疫情蔓延、世界经济下行、我国发展环境变化、民营企业面临困难、民营经济舆论环境等方面的风险做出充分估计；要求坚定发展信心，善于抢抓国内疫情基本阻断的时间机遇、数字化赋能的企业转型机遇、人民美好生活需求蕴藏的市场潜力机遇、国家拉动经济增长的系列政策机遇；要求提高政治站位，自觉担当奉献，带头稳岗促就业、带头稳链保安全、带头稳经营防风险、带头遵法守底线。徐乐江同志希望，在这个特殊时期，全国工商联企业家副主席、中国民间商会副会长更要充分发挥模范带头作用，加强政治理论学习，积极建言献策，助力落实“六保”任务。全国工商联企业家副主席、中国民间商会副会长交流了学习中央政治局会议精神的体会，介绍了企业复工复产进展情况，畅谈了对当前形势的看法，提出了对工商联工作的意见建议。现将副主席副会长发言等有关会议情况报告如下。

一、企业复工复产达产情况

全国工商联副主席、副会长企业，多是行业领域中的龙头企业，具有较强的代表性。

（一）大部分企业已经恢复正增长

三一重工出现了“超补偿反弹”。梁稳根反映，公司受疫情冲击影响主要体现在2月份，一季度销售额、利润、现金流分别下降了17%、37%和88%，但整体情况好于预期，一季度保持了29亿元的利润、5.2亿元的现金流。公司2月5日复工复产，到3月上旬基本实现满负荷生产，4月1日至21日，挖掘机产能已经达到2019 年高峰时期的152%，混凝土机械达到144%，起重机达到134%。目前市场需求很旺盛，截至4月20日，主机合同缺货11.6亿元，潜在缺货超过69亿元。高德红外、红豆等参与抗疫医用物资供应和保障企业实现快速增长。高德红外为抗击疫情提供了2万多台红外测温仪，公司2019年业绩比2018年实现了翻番，今年一季度特别是上半年，预计产值和利润会同比再翻一番。红豆集团抗疫期间生产了65万件防护服，电视上常见的蓝色防护服大多出自红豆，一季度较去年同期利润增长超过30%。正泰集团复工复产后已经出现增长迹象。南存辉反映，集团今年1—2月受疫情影响较大，一季度销售同比有所下降，随着复工复产等政策落地产能恢复正常，3、4月份同比分别增长30%和40%以上。奥盛集团旗下普实医疗器械公司业务因疫情导致一些手术需求延后而受到影响，但公司的科研工作一直没有停顿，创新产品二尖瓣夹取得了突破性进展，预计疫情过后国内外手术量会有一个高峰，公司目前正在积蓄能量，扩大生产。三一集团反映目前基建领域已经超过2019年高峰值。据三一ECC系统（也被称作“挖掘机指数”）动态监测39万台工程机械设备情况数据显示，2月份全国挖掘机开工率为14.0%、3月为46.1%、4月达到57.2%，已经高于2019年高峰值0.4个百分点，充分说明市场真实需求旺盛，市场势头也很好。

（二）企业数字化智能化转型效应凸显

苏宁集团推动技术创新和商业模式创新，取得了较好效果。集团大力开展离店销售、到家服务等模式，实现线下业态全面升级，一季度，线上平台商品交易规模同比增长12%；推动营销模式创新，启动了24 期免息、发放消费券等活动推动业务发展，取得了较好效果。正泰集团、小康集团、东岳集团等企业，依托智能制造无人化、少人化的优势，努力把失去的时间“抢回来”，目前生产经营已经走上正轨。其中，正泰集团的新能源、高端装备等战略性新兴产业由于业态特性、自动化程度较高，一季度逆势增长30%以上。微创医疗旗下医疗机器人公司，自主研发了全球首个用于新冠肺炎诊疗的支气管手术机器人，有效防范了医护人员的感染和暴露风险。

（三）部分行业和湖北地区整体受冲击还比较严重

汽车行业，吉利集团李书福反映，一季度汽车行业下降45%，吉利也差不多，估计四月份可能下降10%至25%。小康集团一季度销量下降50%，与行业基本持平，4月份汽车销量可能恢复至去年同期水平。纺织服装行业，红豆集团周海江反映，一季度整个行业的营业收入下降23.5%，利润下降43%。钢铁行业，沙钢集团一季度同比基本保持平稳，但产量、营业收入和利润还是分别同比下降5.2%、13.8%和10.5%。乳品业，君乐宝乳业魏立华反映，初步统计整个乳品行业已经有几十万吨库存积压，大量占用企业流动资金，问题不解决很可能出现“倒奶”“杀牛”的现象。湖北企业家黄立反映，目前湖北企业普遍面临订货下降问题，各地客户因为害怕交不了货或其他原因取消订货，而订货下降、产能下降直接导致就业出现困难，据调研今年湖北毕业的大学生90%都没办法在湖北留下来，人才可能大量流失。

（四）部分企业受国际疫情影响趋势加重

部分企业海外项目面临非常严重的仇华情绪。微创医疗常兆华反映，部分国家因为疫情歧视中国企业，公司在印度的子公司遇到特别审查。公司在美国、法国的贷款，银行批了政府却不给，在美国的手术原本每月2000例左右而整个3月只有2例。美国、法国、意大利的子公司前三个月业务整体下降70%。部分企业面临需求不足、订单减少等问题。吉利集团在比利时、瑞典、美国、马来西亚的工厂均已开工，但市场需求较少。东岳集团反映，受全球疫情的爆发影响，国外市场疲软，出口贸易受阻。奥克集团、东明石化等反映，随着原油和化工产品价格大幅下跌和市场需求下降，企业的销售收入和利润也受到较大影响。正泰集团4月份开始国际业务“断崖式下跌”，全球工厂除泰国外其他都处在关闭状态，太阳能电站项目基本全部延后。部分企业面临原材料断供危险。高德红外反映，海外疫情导致企业海外供应链受阻，光刻胶等一些电子元器件和原材料紧缺。荣民集团反映，国际疫情对公司的冷链物流和进口贸易冲击较大，往年1至4月份要从巴西欧洲进口超过50亿元牛肉，今年则全部没有。

二、对当前形势的看法和政策建议

围绕当前的疫情形势和经济形势，副主席、副会长企业家提出了许多建议。

（一）加强对民营企业稳就业的宣传鼓励

叶氏集团叶青建议，加大对民营企业保就业的宣传，通过宣传党和国家为解决民营企业困难而采取的政策举措、宣传努力克服疫情影响实现企业回暖发展的典型、宣传企业面对困难不裁员、不降薪，为党和政府分忧解难的事迹，营造积极向上、充满主旋律、体现正能量的舆论氛围。传化集团徐冠巨建议，把稳信心、稳民企、稳中小企业就业放到重要位置，增强民营企业政策获得感，引导行业抱团取暖，共克时艰，避免行业恶性竞争。

（二）进一步加大金融支持力度

叶青建议加大降息力度，认为一味依靠减税降费帮扶企业，损害的是国家的“粮仓”，不利于国家正常运转。要通过降息减少企业融资成本，稳定企业经营，促进经济复苏。魏立华建议延展疫情融资优惠政策，将现出台的特殊优惠贷款延长2至3年，给予实体经济更多支持。东明石化李湘平建议简化批贷流程，对一些重点项目融资，开设简化流程、快速审批的绿色通道，保障资金快速、高效注入。科瑞集团郑跃文建议放宽资本市场对民间资本的限制，遵从市场化原则，加速改革进程，扩大交易空间，让更多民营企业参与直接融资；建议根据中小企业实际情况调整银行贷款审批标准，修改对放贷款人终身追责的规定，让企业在宽松的环境中得到修复。

（三）重点救助中小微企业渡过难关

魏立华建议国家出台中小微企业救助计划并纳入特别国债范围，由国家财政拿出专项资金，根据上一年度中小微企业纳税情况进行直接支持。周海江建议，将企业员工工资、社保费用以及银行贷款利息纳入增值税抵扣，帮助更多中小企业活下去。荣民集团史贵禄建议，将疫情发生以来针对中小企业出台的税费减免政策时限由6 月底到期延长至年底。各级政府加大对中小企业产品的采购力度，缓解企业产品近期销售难问题。

（四）出台更加精准的行业帮扶政策

针对汽车行业，吉利集团李书福建议，将汽车消费税的一定比例返还地方财政，调动地方政府鼓励汽车消费的积极性和主动性；小康集团张星海建议，减免汽车购置税、补贴购车贷款利息。针对生活必需品行业，魏立华建议，对目前库存压力较大的乳制品实施国家收储。

（五）加大对制造业的支持力度

周海江建议，出台具体优惠政策，让自主品牌工业企业与高新技术企业一样享受到15%的税收政策，支持龙头企业实现产业链全球布局。徐冠巨建议，更加重视传统制造业发展并给予政策倾斜，进一步支持国家应急物流体系及供应链系统建设。

（六）加大对新经济新业态的政策支持力度

南存辉建议，鼓励工业互联网平台建设，引导企业积极投入数字化、智能化转型与科技创新，推动生产、经营、管理、服务模式的变革。高德红外黄立建议，加大对半导体产业发展的支持力度，加快完善国内产业链。百度公司李彦宏建议，加大对智能产业技术培训的政策支持力度，将教育培训费用纳入个税抵扣范围，让更多的人有机会接受培训，投身民营经济高质量发展。常兆华建议，加大对医疗行业重视和投入，大力培育医疗器械核心原材料与元器件加工的龙头企业；建议外交部、商务部等部门加强与各国政府联系，共同出台相关刺激措施，帮助“走出去”民营企业扩大市场份额和出口。提升中国品牌形象，缓解排华情绪。

（七）着力促消费、保稳定

周海江建议在更多地区精准发放消费券，发挥我国内需优势和消费潜力。苏宁集团张近东建议，对于受疫情影响较大的线下实体商业企业，在政策制定上应给予特别关注，防止出现结构性失业。黄立提出，建议加大对湖北民营企业的政策支持力度，扩大企业所得税地方留存比例，保证恢复发展。

（八）理性判断危机影响

清华大学钱颖一认为，这次危机不是过去那种我们熟悉的金融危机、经济危机、周期性危机，而是在疫情冲击下的一种经济停顿，类似于一种“经济超长假”。建议，应对政策应“是救助而不是刺激”，着力点要放在人民健康和稳定就业上，保障企业活下来。

三、对工商联工作的意见建议

全国工商联企业家副主席、副会长普遍表示，疫情发生以来，全国工商联、各级工商联和所属商会，积极引导企业参与抗疫，稳妥推进复工复产达产，广大民营企业都很有认同感。为了更好发挥工商联作用，提出了以下4方面工作建议。

（一）深入开展调查研究，全面了解企业情况

叶青提出，工商联要深入调研，在帮助企业建立中国特色现代民营企业制度、促进企业增强核心竞争力和创新能力、提升从业人员整体素质等方面继续发力，助力培育更多扛得住风险、经得起风雨的“百年老店”。史贵禄建议，对目前困难的中小企业做一个全面系统的评估和研判，积极协调财政部、人民银行等部门，针对不同类型的企业制定不同的金融政策，让企业平稳度过困难时期。奥盛集团汤亮提出，希望加强对企业参与稳就业的调查研究，给国家提供更为到位的政策建议，探索诸如根据企业的就业贡献对给予企业补贴的政策。奥克集团朱建民提出，建议运用线上视频系统开展当前民营企业面临困难与应对挑战经验做法的调研，引导企业正确认识当前疫情与经济形势，充分发挥民营企业在落实“六保”任务中的重要作用。

（二）开展经济服务工作，帮助解决企业困难

郑跃文提出，工商联应帮助民营企业向各地政府反馈复工复产中的情况和各类困难，降低企业关停的风险，千方百计帮助企业实现复工并恢复订单，全力帮助企业打通复工复产的堵点、化解痛点、解决难点。叶青提出，工商联应发挥平台优势、资源优势，为企业用工对接、人才培养、人力咨询、人力储备等提供长期、有效帮助。南存辉提出，工商联要不断优化融资对接、法律咨询、产业合作、专业培训等服务供给。建立并深化与政府职能部门及相关机构的合作机制，汇聚各相关部门力量，共同营造良好的营商环境。组织

开展协调会、企业家访谈、线上问卷调查、第三方评估等，加强政策部门政策信息与企业商会获得感反馈的双向传递，保障中小企业政策申请的渠道通畅、简便，打通政策落实“最后一公里”。

（三）发挥商会作用，助力产业链供应链复苏

南存辉提出，要进一步发挥商协会组织互助共享优势，倡导强强联合、弱弱抱团、以强扶弱，鼓励龙头企业充分发挥自身技术、资金、人才、市场和资源优势，主动对接小微企业，帮助小微企业解决订单、市场、资金、原材料等问题。飞鹤乳业冷友斌提出，要充分发挥工商联作为民营经济组织交流促进的大平台的作用，充分发挥优秀民营企业家的带头示范作用，加大先进经营理念的推广应用。

（四）更加注重对中小民营企业的服务工作

李彦宏建议，工商联要依托31家全联直属商会和5万家所属商会，组织开展各专业领域的智能产业技术培训。建议开展“人工智能千万民企行动”，向中小民营企业宣传和推广人工智能技术应用，加速其智能化升级进程。充分利用市场上的成熟人工智能平台，使中小企业零成本、低门槛使用领先技术，进行生产运营各个环节创新，让人工智能触达到千万家民营企业，满足企业智能化转型的内生需求。

四、全国工商联下一步工作举措

围绕贯彻落实4月17日中共中央政治局会议，结合企业家副主席、副会长提出的工作建议，拟从以下5个方面进一步加强工作、发挥作用。

（一）持续开展企业跟踪监测和政策研究

结合当下开展的民营企业融资情况调研、年轻一代民营经济人士健康成长促进计划调研，跟踪研究企业复工复产达产状况、政策落实情况、国际国内经济形势变化情况，重点监测部分有代表性企业情况，加强政策分析研判，做好政策建议储备，及时向中央有关部门报送情况，提出建议。

（二）加强对民营企业先进典型的宣传

继续巩固疫情防控以来创新发展的宣传矩阵机制，通过主流媒体和自有媒体，宣传民营企业抗疫作用贡献和复工复产达产典型案例。大力宣传面对困难不降薪、少降薪，努力不裁员、少裁员，为党和政府分忧的企业典型，引导企业为“六稳”“六保”做贡献。

（三）推动中央支持抗疫系列惠企政策的落地落细落实

加大党和国家扶持政策的宣传解读力度，推动政企沟通机制建设，促进企业诉求与政策信息的双向反馈，促进营商环境改善，构建亲清政商关系。

（四）整合企业家副主席副会长优势资源，创新开展经济服务工作

加强与百度等企业的沟通对接，探索开展“人工智能千万民企行动”，组织开展中小微企业智能产业技术培训工程。继续发挥商会平台优势，为企业提供供需对接、政策咨询、教育培训、法律维权等方面服务。加强网上工商联建设，依托网络开展经济服务。

（五）开展对湖北民营经济发展的专项支持活动

组织全国工商联副主席、副会长企业，民营企业500强，全国知名民营企业，以线上线下相结合的方式，加强对湖北地区的产业投资、吸纳用工和购买产品，全力支援湖北援企稳岗保民生。

高云龙同志在全国工商联十二届十五次主席会议上的讲话

（2020年4月28日）

今天的会议形式很特殊，内容很重要。刚才，我们传达学习了4月17日中央政治局会议精神，大家交流了学习体会，介绍了企业复工复产进展情况，还谈了对当前形势和工商联工作的意见。研究室、办公厅要认真梳理，通过适当形式报送中央有关部门；其中一些重要的政策建议，我们也会在今后中央召开的党外人士座谈会、调研协商会上予以反映。下面，围绕学习贯彻习近平总书记系列重要指示和中央政治局会议精神，把握当前形势，推动企业发展，我谈3点意见。

一、科学研判形势，充分估计风险

4月17日中央政治局会议在研判当前疫情防控和经济形势时，用了两个“前所未有”：一是今年一季度极不寻常，突如其来的新冠肺炎疫情对我国经济社会发展带来的冲击“前所未有”；二是当前经济发展面临的挑战“前所未有”。这充分说明了形势的复杂性和严峻性。

（一）国际疫情还可能持续蔓延

截至北京时间4月28日，疫情已蔓延海外212个国家和地区，累计确诊超过297万例，死亡病例超过20万。世卫组织发出警告，病毒将长期存在，大部分国家仍处于流行初期。许多专家认为，主要疫情国家的“峰值”尚未到来，个别国家还有潜在的疫情失控风险，影响和冲击还会进一步加深加大。

（二）世界经济还可能继续下行

从某种程度上讲，全球疫情变化决定着国际经济走势。目前，国际疫情蔓延加剧了国际金融市场、大宗商品市场巨幅震荡，美股短时间内多次熔断，近期国际原油期货跌至负值，都属于“史上罕见”。国际货币基金组织预测，2020年全球经济增长将会下降到-3%（此前预期为3.3%）；世贸组织预测2020年全球贸易将缩水13%至32%。可以说，世界经济深度下行已是大概率事件。

（三）我国经济发展环境会变得更加复杂

受疫情蔓延、经贸摩擦及疫情导致的国际市场萎缩等叠加影响，我国经济社会发展外部环境的不稳定、不确定、不和谐因素进一步增多。很多国家出于抗疫需要，经济活动近乎停滞，国际市场低迷，出口订单减少，产业链、供应链的完整性遭受极大考验。一些西方国家拿疫情做幌子，试图全方位地孤立、围堵我们，在外交、金融、科技、贸易等领域对我持续施压。从国内看，出口受阻、消费低迷、投资不足，三驾马车同时乏力，必然带来经济全面降速。今年一季度，国内生产总值同比下降6.8%，固定资产投资同比下降16.1%。这是改革开放以来的最低季度增幅。国际货币基金组织（IMF）预测我国全年经济增长为1.2%，国内一些专家也认为不会超过3%。

可以说，今年要完成决战决胜脱贫攻坚目标，全面建成小康社会，任务将十分艰巨。

（四）民营企业面临的困难将进一步加大

这次疫情对民营企业带来了严重冲击。从近期调查和企业反映情况看，疫情冲击对民营企业的影响在短期内难以消除，有可能持续较长一段时期。餐饮住宿、文旅、影视、外贸等行业，转型升级中的大企业，以及大量中小微企业是这次疫情的重灾区。一些企业关门倒闭，更多的企业现金流会更加紧张，需要勒紧裤腰带过日子。下岗失业人口的增加和收入水平的下降，会通过消费市场影响企业的生产经营，相应地也会影响技术创新投入和民间投资的积极性，一季度民间投资同比下降18.8%。可以预见，今年后半段时间民营企业面临的困难还将持续加大。

（五）民营经济发展的舆论环境将更加复杂

从历史上看，每当经济出现波动，都是各种陈词滥调泛起的时候。疫情发生以来，关于基本经济制度、民营经济和民营企业的议论又多了起来，舆论场上出现了一些不理性、不客观的声音。有的借国有医院在抗疫中的作用，拿我国基本经济制度说事，否定发展民营经济；有的不顾民营医院参与抗疫的实际情况，上纲上线，全盘否定民间投资进入医疗卫生领域的改革取向；有的片面夸大民营企业遇到的困难，只见树木不见森林，一味唱衰，恶意做空。

面对这些风险和困难，我们要保持清醒的头脑，既要未雨绸缪，周密准备，带领自己的企业克服困难，走出困境，也要切实担负起政治责任，团结和影响身边的民营经济人士，紧跟党中央决策部署，共同奋斗，共克时艰。

二、坚定发展信心，善于抢抓机遇

习近平总书记强调，“危和机总是同生并存的，克服了危即是机。要深入分析，全面权衡，准确识变、科学应变、主动求变，善于从眼前的危机、眼前的困难中捕捉和创造机遇。”越是在困难的时候，越要坚定信心；越是在低谷的时候，越要看到希望；越是在关键的时候，越要抢抓机遇。

（一）国内疫情防控向好的时间机遇

当前我国疫情防控向好态势进一步巩固，经济社会运行逐步趋于正常，生产生活秩序加快恢复，复工复产正在逐步接近或达到正常水平。可以说，与世界各国相比，我国防控疫情措施有力、效果很好，综合国力经受住了“压力测试”，经济展现出巨大韧性，也为我们加快复苏赢得了宝贵的时间窗口。尽管疫情影响下逆全球化思潮泛起，产业全球布局会重新洗牌，但是全球化趋势不会就此终结。一些旧的机遇依然存在，新的机遇不断显现，在新一轮产业链重构中，我们有机会做一些提前布局。疫情引发世界性的股市振荡、油价下跌和经济衰退，给海外投资并购提供一些选择机会；国外疫情持续蔓延，防疫物资、医疗产品的市场需求很大，对我们医疗防疫物资生产企业也是机会。

（二）数字化赋能的企业转型机遇

据工信部数据，以5G、大数据、云计算、人工智能、区块链、工业互联网、物联网为代表的中国数字经济规模已超过30万亿元，位居世界第二位。疫情发生以来，新一代信息技术应用需求增长迅速，一些企业加快了数字化转型，在危机下实现了逆势增长。比如，一些企业探索出无人配送、在线医疗、远程办公、直播卖货等新业态，一些企业入住“云”端，开发出了基于平台的数字化管理、智能化生产、网络化协同、个性化定制、服务化延伸等新模式，打造出“云”上产业链。随着信息化与工业化的深度融合，“中国制造”向“中国智造”转变将会提档加速，更多的企业会享受到数字化红利。

（三）人民美好生活需求蕴藏的市场潜力机遇

发展最终是为了不断满足人民对美好生活的向往。目前，居民收入受疫情影响有所下降，但疫情下“掌上经济”“宅经济”热度不减，人民群众对衣食住行等个人和家庭生活方式、身体健康、教育培训、生态环境等生活质量的追求没有变，疫情缓解后消费补偿和升级的潜力非常大。当下一个最直接的市场机遇，就在健康领域。一方面，维护个人健康的需求会成为一轮新的消费热点。比如，带新风功能、具有消毒灭菌功能的家电产品将更受消费者青睐，健康基础设施、医疗产品、医护人员培养等领域需求将会增多。另一方面，疫情推动政府加大对公共卫生领域的投入力度，科学处理城市污水、下水道消毒、生鲜市场提质改造等，料将成为新的增长点。随着经济社会发展逐渐趋于正常状态，14亿人的消费潜力不断释放，文化、体育、养老、家政等领域的高质量服务消费潜在空间巨大，资源再生产品、环保产品、绿色建材、新能源汽车等绿色生产领域都将会迎来更大的机遇。

（四）国家拉动经济增长的系列政策机遇

疫情以来，中央密集出台了促进经济恢复、支持企业发展的系列政策。据不完全统计，10个部委出台涉企政策近30个，地方各级政府也纷纷跟进，出台配套政策。4月17日中央政治局会议又从财政政策、金融政策、中小企业政策、税费政策等方面提出了新的举措。这些政策既有救企业的临时性帮扶政策，还有更多着眼高质量发展要求的长期战略性政策，比如在推进要素市场化配置、实施扩大内需战略、积极扩大有效投资、促进传统产业改造升级等方面，国家进一步深化各领域改革，释放出了积极信号，必将培育出更多新的增长点增长极。在一定意义上，疫情在倒逼着企业转型升级。渡过难关的企业，必然会获得新的发展机会，获得更多市场，赢得更大的发展空间。

机遇是客观存在的，如何抓住机遇、用好机遇则是主观的、能动的，考验着民营企业家的智慧和胆识。民营企业家要善于审时度势，把机遇的“时”转化成克服疫情影响、推动企业发展的“势”。

三、提高政治站位，自觉担当奉献

4月17日中央政治局会议强调了“一个大局”“一项战略”“四个坚持”“六保”任务（稳是大局；扩大内需战略；坚持稳中求进工作总基调，坚持新发展理念，坚持以供给侧结构性改革为主线，坚持以改革开放为动力；保居民就业、保基本民生、保市场主体、保粮食能源安全、保产业链供应链稳定、保基层运转），这是中央对全国的总体部署，也是对广大民营企业的明确要求。广大民营企业家，尤其是工商联的副主席、副会长，要发挥表率作用，把讲政治、讲担当、讲奉献落到个人行动上，落到企业发展上，做到党中央关心什么、强调什么，我们就去贯彻什么、落实什么。

1．带头稳岗促就业。民生是最大的政治，就业是民生的基础。从“六稳”到“六保”，就业都排在首要位置。从全国形势来看，尽管疫情冲击严重，但是尚没有发生大规模裁员情况，就业形势总体相对平稳，3月份全国城镇调查失业率5.9%，25到59岁人群调查失业率5.4%。随着大学生毕业季到来，加之有效需求不足，企业订单减少，就业压力会进一步增大。我们要站在讲政治、保稳定的高度看待稳岗问题，通过加强培训、灵活用工等方式，争取不降薪、少降薪，努力不裁员、少裁员，为党和政府分忧。要加强对湖北的支持，助力湖北做好援企稳岗保民生。要积极投身“万企帮万村”精准扶贫行动，优先使用贫困地区劳动力，助力如期全面完成脱贫攻坚任务。

2. 带头稳链保安全。近年来，美、欧、日等国家和地区高度重视产业链供应链，通过制定规划、调整政策、国家立法等方式确保本国产业链供应链安全，美国更是将其上升到国家战略的高度。这次疫情中出现的医疗物资短缺现象，更加凸显产业链供应链完整和稳定的重要性。近期，美国、日本有人呼吁在中国投资的企业撤离回国，政府解决搬家费用，这一动向值得警惕。我们在进行产业全球布局时，既要考虑比较优势、经济效益，又要服从和服务于国家总体战略，哪些可以走出去、哪些该留在国内要总体规划、通盘设计。要不断加大研发投入，争取把产业链的关键环节掌握在自己手中。要加强供应链管理，建立供应链风险应对机制，构建安全、弹性、完整的供应链体系。要发挥龙头企业的带动作用，着力帮扶中小企业渡过难关，促进全产业链协同复工复产，携手走出困境。

3. 带头稳经营防风险。对于企业来说，稳定的资金链是企业正常生产经营的基本条件。近年来，有些大企业资产负债率快速上升，疫情发生以来，又有不少房企、车企、餐饮企业曝出资金链紧张问题。中央高度重视这一问题，从减税降费、延期还本付息、优惠利率贷款、减缓社保费等方面，研究出台了一系列帮扶政策。但要看到，有些企业的资金链紧张问题不是一时产生的，这次叠加疫情影响，风险和隐患会更加突出。我们要强化风险意识和底线思维，投资决策既要寄希望最好的结果，又要从最坏结果处做好准备，加强企业的风险管控，确保重大风险可控。要重点关注企业的资产负债表，储备必要的流动资金，随时应对各种突发情况。

4. 带头遵法守底线。疫情发生以来，个别企业生产假冒伪劣产品、哄抬市价，这些不法行为影响了民营企业的整体形象，自身也受到了严厉惩罚。遵规守法是对企业最大的保护，一定要严把质量关，诚信守法搞经营。要绷紧疫情防控这根弦，严密做好企业内部防护，防止疫情反弹，抓紧抓实抓细常态化疫情防控。企业在实施对外抗疫援助和防疫物资出口时，更要严把质量关，维护企业形象，维护我国国际声誉。要遵守国家互联网信息内容生态治理的有关规定，提高政治敏感性和鉴别力，不信谣、不传谣，依法上网、文明上网，理性客观反映诉求、表达观点。

疫情发生以来，全国工商联迅速行动，组织动员民营企业做了大量工作，汪洋主席、尤权部长都给予高度肯定。其中，各位副主席副会长企业发挥了重要带头作用。国务院医疗防控物资重点保障企业中，民营企业占70%以上，在座多家企业都收到了国务院应对新型冠状病毒疫情联防联控机制相关工作组的感谢信。据不完全统计，全国共有11万多家民营企业通过捐款捐物、设立基金等方式捐赠500多亿元，其中全国工商联副主席、副会长和执常委企业发挥了很好的示范带动作用。

下一步，我们会进一步加强针对性调研，跟踪了解民营企业生产经营情况，及时反映企业遇到的困难问题，研究提出政策建议。同时，配合中央有关部门，研究解决政策落实中存在的“最后一公里”问题，推动现有政策落地落细落实，让广大民营企业更多更好享受政策红利，增强政策获得感，引导和帮助民营企业战胜疫情，实现健康发展，为决战决胜脱贫攻坚目标、全面建成小康社会贡献力量。

全国工商联十二届五次常委会议和2020全国工商联主席高端峰会暨全国优强民营企业助推贵州发展大会情况综述

2020年7月28日，全国工商联十二届五次常委会议和2020全国工商联主席高端峰会暨全国优强民营企业助推贵州发展大会以线上线下相结合的方式召开。会议深入学习贯彻习近平新时代中国特色社会主义思想和党的十九大精神，认真贯彻落实习近平总书记关于统筹推进疫情防控和经济社会发展的重要讲话和指示要求，深入贯彻落实习近平总书记在企业家座谈会上的重要讲话精神，全面贯彻落实中央关于新时代民营经济统战工作的决策部署，回顾总结今年以来主要工作，分析当前形势，研究部署下一步重点工作；引导推动广大民营企业激发市场主体活力、实现更好发展，弘扬企业家精神、发挥更大作用，助力“六稳”“六保”、决战脱贫攻坚，为全面建成小康社会做出新的贡献。现将相关情况报告如下。

一、全国工商联十二届五次常委会议

7月28日上午，全国工商联十二届五次常委会议在北京以视频会议形式召开。全国政协副主席、全国工商联主席高云龙出席会议并讲话。中央统战部副部长，全国工商联党组书记、常务副主席徐乐江主持会议并做总结讲话。全国工商联副主席，中国民间商会副会长，全国工商联十二届常务委员会委员，中央统战部有关部门负责人，全国工商联秘书长，全国工商联机关各部门和有关直属单位主要负责人参加会议。

（一）总结今年以来主要工作，研究部署下一步重点工作

高云龙主席的讲话分三个部分。一是回顾总结工作。今年以来，在国内经济下行压力和新冠肺炎疫情的叠加冲击下，民营经济发展面临较多困难。全国工商联深入学习贯彻习近平总书记重要讲话精神，坚决贯彻落实中央决策部署，坚持围绕中心服务大局，致力促进“两个健康”，聚焦统筹推进疫情防控和经济社会发展重点任务，充分发挥工商联职能优势，积极组织民营企业抗疫，精准建言服务中央决策，服务民营企业有序复工复产，在抗疫中深入开展理想信念教育，助力完成全面建成小康社会目标任务，持续推进工商联和所属商会改革，各项工作取得积极成效。

二是分析研判形势。疫情已经成为影响当前经济社会发展的最大变量，对世界政治经济和我国经济社会产生了巨大冲击。国际国内局势的复杂程度前所未有，但中国经济的企稳为世界经济注入了信心和动能；民营企业面临的困难程度前所未有，但危机中孕育着新的蓬勃生机；中央纾困惠企政策的帮扶力度前所未有，但民营企业也要自强不息，坚定信心，实现更大发展。7月21日，习近平总书记主持召开企业家座谈会并发表重要讲话，就保护和激发市场主体活力、弘扬企业家精神等提出明确要求。广大民营经济人士要积极

响应总书记的号召，坚持用全面、辩证、长远的眼光看待当前的困难风险挑战，弘扬企业家精神，带领企业奋力拼搏、力争一流，在危机中育新机，于变局中开新局，努力实现质量更好、效益更高、竞争力更强、影响力更大的发展。

三是安排部署下一步重点工作。目前国内疫情防控进入常态化阶段，要聚焦企业当前面临的突出困难，把工作重点放到落实“六稳”“六保”决策部署上来，把保市场主体放在首要位置，多措并举帮助企业恢复信心、加快发展。要以学习贯彻习近平总书记在企业家座谈会上重要讲话精神为重点，推动落实中央最新决策部署；以推动中央各项纾困惠企政策落实为重点，助力民营企业稳发展；以推进理想信念教育为重点，引导民营企业坚定疫后发展信心；以提升建言献策质量为重点，更好发挥工商联桥梁纽带和助手作用；以“万企帮万村”行动为重点，推动打赢“三大攻坚战”；以深化改革为重点，加强全国工商联机关建设。

徐乐江书记重点提出四点要求。一是要以改革破解发展中的难题，抓好保企业稳信心工作。工商联作为党领导的政治组织，要切实担起保企业稳信心这个政治责任，以改革破解当务之急，教育引导企业增强信心、迎难而上，努力把疫情造成的损失补回来，争取全年发展取得好成绩。二是要以改革促进政策落实，抓好助企业谋发展工作。工商联作为党领导的人民团体和商会组织，既要抓好中央系列政策文件的学习领会、宣传解读，也要根据中央的总体部署细化任务分工、拿出具体举措，更要着眼工商联的职能定位，积极推进中央政策在基层和企业落地落细落实。三是要以改革理顺体制机制，抓好优化组织激发活力工作。坚持目标导向和问题导向，全面深化改革，持续推进改革，凝聚系统合力，强化组织依托，抓住代表人士。四是要以改革提升执行能力，抓好创模范提效率工作。以党建引领创建模范机关，以干部培养激发内生动力，以方式创新提升工作效率。

（二）审议并通过有关人事事项

在会议筹备阶段，针对组织视频会议特点，专门制定《十二届五次常委会议组织人事工作方案》，按照会前、会中、会后三个阶段细化工作安排，会前提前组织文件印制、建立联络员群、制定人事事项表决情况统计表；会中各分会场进行人事事项举手表决，由联络员统计举手人数；会后各分会场集中收回和销毁相关文件，既保证组织程序严密，又确保了会议效果。

全国工商联十二届五次常委会议按程序报告了有关人事事项说明，审议通过了本届常委会议有关人事事项，免去王志雄、刘子强、李怀珍、张发卫、张志祥、林宽海、赵福禧、洪崎、熊续强九位同志全国工商联十二届执行委员、常务委员职务；免去王有德、王彦怀、毛卫华、白莲湘、曲春雨、佟杰、高学刚七位同志全国工商联十二届执行委员职务；接受王兵同志请辞全国工商联十二届执行委员职务；替补寿子琪、张成林、黄国平三位同志为全国工商联十二届执行委员、常务委员；替补董才平同志为全国工商联十二届执行委员；增补宋汉平同志为全国工商联十二届执行委员、常务委员；增补丁铭、任宏雷、徐伟三位同志为全国工商联十二届执行委员。

（三）举办全国工商联“一带一路”信息平台启动仪式

会上，高云龙主席、徐乐江书记共同启动全国工商联“一带一路”信息平台。平台以服务民营企业参与共建“一带一路”的需求和目标为导向，规划设计了资讯、在线培训、专业服务、海外项目合作四大服务功能，是建设“网上工商联”的重要内容，是创新引导服务民营企业参与“一带一路”建设的方法和手段的重要举措，是运用互联网、大数据等技术更好服务“两个健康”的重要实践。

二、2020全国工商联主席高端峰会暨全国优强民营企业助推贵州发展大会

7月28日下午，2020全国工商联主席高端峰会暨全国优强民营企业助推贵州发展大会以线上线下相结合的方式举办。会议由全国工商联与贵州省人民政府共同举办，以“助力‘六稳’‘六保’决战脱贫攻坚”为主题，在北京和贵阳设双主会场，各省区市设分会场。

全国政协副主席、全国工商联主席高云龙出席会议并讲话。贵州省委书记、省人大常委会主任孙志刚出席会议并致辞。中央统战部副部长，全国工商联党组书记、常务副主席徐乐江出席会议。时任贵州省委副书记、省长谌贻琴出席会议并做推介讲话。贵州省政协主席刘晓凯出席。会议由全国工商联党组副书记、副主席樊友山和贵州省人民政府副省长胡忠雄分段主持。本届全国工商联副主席，中国民间商会副会长，往届企业家副主席、副会长，贵州省有关领导，全国工商联十二届常委，中央统战部四局负责人，全国工商联秘书长、副秘书长，全国工商联机关部门、直属单位、直属商会负责人，全国优强民营企业代表等分别在主会场和各地分会场参加会议。

会上，全国政协常委、经济委员会副主任，北京大学国家发展研究院名誉院长、新结构经济学研究院院长，全国工商联原副主席林毅夫围绕疫情下的全球经济及中国应对做主旨演讲。国家发展改革委和银保监会有关负责同志，分别围绕支持民营企业改革发展和银行业保险业服务民营企业等做政策解读。全国工商联副主席、科瑞集团有限公司董事局主席郑跃文，全国工商联家具装饰业商会会长、月星集团董事局主席丁佐宏，全国工商联科技装备业商会会长、研祥高科技控股集团董事局主席陈志列，贵州省贵商总会会长、中天金融集团董事局主席罗玉平作主旨演讲，腾讯公司董事会主席兼首席执行官马化腾、高级执行副总裁汤道生视频发言。

会议还举行了项目签约仪式。2020年4月起，在全国工商联的大力支持和帮助下，贵州省各级各部门全力对接民营企业，深入开展项目衔接洽谈工作。截至7月27日，共达成有签约意向项目616个，涵盖了贵州省12个农业特色产业、十大工业产业和服务业创新发展十大工程等产业领域，投资金额3159.51亿元。本次会议遴选了30个有代表性的项目进行现场签约。

三、会议活动成效

此次会议活动是认真贯彻落实习近平总书记关于统筹推进疫情防控和经济社会发展的重要讲话和指示要求，深入贯彻落实习近平总书记在企业家座谈会上重要讲话精神的具体举措。一是体现了大局意识。全国工商联现任和往届企业家副主席、副会长汇聚一堂，紧扣助力“六稳”“六保”、决战脱贫攻坚主题，围绕妥善应对疫情冲击、激发市场主体活力、决战脱贫攻坚等党中央、国务院全局性决策部署交流思想、献计献策，有效凝聚起广大非公有制经济代表人士的智慧力量。二是体现了创新意识。此次会议活动采取一系列创新的组织方式，在抓好疫情防控安全工作的同时确保了会议效果，比如常委会议首次以视频会议形式，异地同步组织人事工作；2020全国工商联主席高端峰会暨全国优强民营企业助推贵州发展大会分为北京、贵州两个主会场，9家媒体全程多平台网上直播，在线观看234.68万人次，各地约10余万民营经济人士在线观看直播，进一步扩大了社会影响。三是体现了服务意识。通过搭建对话平台，让企业家站前台、当主角，帮助企业和政府拓宽合作共赢渠道，推动部分世界500强企业、优强企业代表积极参与贵州建设，为贵州圆满完成决战脱贫攻坚目标任务、促进经济更高质量发展做出贡献。

高云龙同志在全国工商联十二届五次常委会议上的讲话

（2020年7月28日）

这次会议的主要任务是学习贯彻习近平新时代中国特色社会主义思想和党的十九大精神，认真贯彻落实习近平总书记关于统筹推进疫情防控和经济社会发展的重要讲话和指示要求，深入贯彻落实习近平总书记在7月21日企业家座谈会上的重要讲话精神，全面贯彻落实中央关于新时代民营经济统战工作的决策部署，回顾总结今年以来主要工作，分析当前形势，研究部署下一步重点工作。

一、今年以来的主要工作

今年以来，在国内经济下行压力和新冠肺炎疫情的叠加冲击下，民营经济发展面临较多困难。我们坚持围绕中心服务大局，坚持促进“两个健康”，聚焦统筹推进疫情防控和经济社会发展重点任务，充分发挥工商联职能优势，各项工作取得积极成效。

（一）积极组织民营企业抗疫

我们认真落实习近平总书记关于做好疫情防控工作的重要指示，第一时间组建工作机构，建立系统联动机制，向各级工商联和商会发出通知，搭建“新冠肺炎防疫物资公益平台”“八方支援平台”“民企医疗保障物资国际运输平台”，积极动员民营企业投身疫情防控阻击战。1月26日，全国工商联就向中央报出了民营企业抗疫的第一份信息专报，27日汪洋同志批示肯定工商联工作高效。在各级工商联的组织动员下，全国11万家民营企业，共捐款172亿元，捐物价值119亿元。许多民营企业紧急复工转产保供应、积极参与抗疫物资海外采购和防控救助，努力驰援抗疫一线。我们组建了包括40多家媒体在内的“抗击疫情民企在行动”宣传矩阵，新华社、人民日报、央视、中新社等主流媒体多次播发我会推送的稿件；与广电总台联合制作的《风雨无阻向前进》企业家系列公益宣传片在电影频道滚动播放，引起了广泛的好评，营造了民营企业共克时艰、齐心抗疫的良好舆论氛围。

（二）精准建言服务中央决策

建言献策是工商联履职的重要形式。我们认真落实总书记关于深入调查研究的重要指示，发挥各地工商联组织网络优势，及时反映企业意见诉求、研究提出政策建议，助力推动“政策跑在困难企业前面”。一是创新调研调查方式。发动各级工商联和商会，开展了6次网络问卷调查，组织了近20次视频座谈会，同时协调全国工商联智库、民营经济研究会专家，协同国家发展改革委、商务部等有关部委和研究机构，分专题开展政策研究。跟踪调查300多家全联执委企业和31家直属商会会员企业复工复产情况，动态跟踪“一带一路”重点企业和重点项目运营情况，持续开展民营企业“走出去”及进出口受疫情影响情况、境外经贸合作区等专题调研。开展民营企业参与“两新一重”投资状况调研和民营企业资金链状况调研。各级工商联和商会多渠道了解企业情况，通过专报渠道和信息直通车，加大信息报送和情况反映工作力度。二是畅通建言献策途径。通过参与高层协商和政协专题协商会，报送信息专报、政协提案、社情民意信息、政策文件意见征询稿，多层次、多渠道建言献策。上半年全国工商联3次参加中央高层协商，向上级单位报送各类材料180余篇，回复相关政策文件和法律法规征求意见50余件。三是建言献策成效显著。上半年全国工商联共有抗疫政策落实情况、民营企业资金链情况等10篇材料获得中央领导同志批示，100多项情况、问题及政策建议被有关政策文件吸纳。上海、湖北、广东等地工商联和全联环境商会、旅游商会等直属商会提供的专报信息被上级单位采用，江苏关于国有房租减免的专报信息获得国务院领导批示。江苏、浙江、福建、河南、陕西等地形成的专报信息和调查报告都得到了本地党委政府主要领导的重视。

（三）服务民营企业有序复工复产

精准帮扶才能助力企业脱困。我们认真落实总书记关于有序复工复产的重要指示，全力做好企业服务，帮助企业纾困解难、稳定发展。一是新建优惠融资平台。与网商银行共同发起“无接触贷款助微计划”，与交通银行共同搭建“战时”融资平台。其中，参加“无接触贷款助微计划”的118家银行业金融机构共为1593万户小微企业和个体经营者发放贷款6511亿元，刘鹤副总理给予高度肯定，央视新闻联播3次报道。二是精准帮扶企业复工复产。与国家发展改革委等17家单位发起“数字化转型伙伴行动倡议”，与有关大型互联网科技企业联合推出网上复工复产平台和云签平台，帮助企业降低运营成本。建立复工复产人才对接平台，成功协调企业用工7万余人，帮助200多家企业解决用工荒，协助800多家企业员工顺利返岗。各地工商联还及时向企业和商会编发推送惠企政策摘编。三是助力“走出去”企业应对海外疫情冲击。与中国贸促会开展办理新冠肺炎疫情不可抗力事实性证明工作，累计出具不可抗力事实性证明7004件，涉及合同金额约6900亿元；协调中国信保为民营企业办理进口预付款保险，涉及保额1100万美元；与中国银行共同启动普惠金融服务“走出去”企业行动。创新开展线上涉外经贸交流活动，与商务部有关部门和部分国家驻华代表处共同举办助力企业应对海外疫情的“云对话”活动和线上研讨会。推出“一带一路”信息服务平台。四是做好疫情下的法律风险防范工作。与有关部门合作开展民营企业专项“法治体检”“和谐同行”千户企业培育共同行动，联合印发做好稳定劳动关系支持企业复工复产的意见，努力帮助企业化解疫情引发的潜在法律风险。推进法律维权中心工作机制化，发挥商会调解职能，协调推进解决部分企业法律维权和涉法涉诉案件。

（四）在抗疫中深入开展理想信念教育

稳定预期才能稳定发展。我们认真落

实总书记关于开展耐心细致的思想工作的重要指示，密切与企业家沟通联系，加强思想引导和心理疏导，化解负面情绪，引导企业家把思想统一到中央相关决策部署上来。一是落实谈心交心制度。会领导班子成员带头同企业家人大代表、工商联界别企业家政协委员进行谈心交心，带动机关局级干部和地方工商联领导开展谈心交心活动，充分利用网络方式加强与企业家的沟通联系，充分听取企业家特别是代表人士的意见诉求。二是组织实施民营经济人士思想状况重点调研。与3000多名民营经济人士、近百名商会秘书长开展深度访谈，及时汇总分析网络舆情，形成疫情下的民营企业家思想动态报告并向中央领导同志做了专题汇报。配合有关部门建立民营经济领域舆情监测引导处置联动机制。召开全国民营经济人士理想信念教育推进会议，制定年轻一代民营经济人士健康成长促进计划，加强青年企业家工作委员会建设，推进理想信念教育工作走向深入。三是创新开展线上联系调研。创新联系调研的活动方式，开展3次网上联系调研，组织部分执委常委企业家和知名企业家参加网上研讨，开展云宣讲、云交流等活动。

（五）助力完成全面建成小康社会目标任务

我们认真落实总书记关于决胜全面建成小康社会、决战脱贫攻坚的重要指示，努力克服疫情影响，狠抓中央决策部署落实。一是组织开展“知名企业湖北行”。与湖北省政府、中国光彩会以云直播方式启动“知名民企湖北行”，组织京津冀等8省市工商联结对帮扶湖北省16个地市州，举办项目超市、惟楚有才、爱心认筹等活动，助力湖北疫后重振。在历时一周的活动中，民营企业认筹扶贫款9800多万元，累计提供超10万个就业岗位，达成投资意向近3000亿元，采购农产品近3亿元。二是落实中央“六稳”“六保”决策部署。开展民营企业融资状况重点调研。制定《全国工商联关于贯彻落实做好“六稳”工作落实“六保”任务的实施意见》，大力推进责任分工落地。搭建“政企面对面”网上专题交流平台，围绕服务脱贫攻坚、产业链供应链等专题，邀请国家相关部委与企业互动沟通。三是引导民营企业参与“三大攻坚战”。持续跟踪大型民营企业资金链情况，帮助多家大型民营企业纾困，探索建立民营企业风险预警系统。深入贯彻总书记在决战决胜脱贫攻坚座谈会上的重要讲话精神，持续推进“万企帮万村”行动向“三区三州”等深度贫困地区倾斜，组织民营企业与52个县1113个挂牌督战村开展新一轮结对帮扶，巩固织金定点脱贫成果。截至2020年6月底，近11万家民营企业精准帮扶12.7万个村，带动和惠及1500多万建档立卡贫困人口，产业扶贫项目投入920亿元。与生态环境部共同开展问卷调查、召开支持民营企业绿色发展座谈会。本次常委会期间，我们将组织召开全国优强民营企业助推贵州发展大会暨2020全球贵商大会，助力贵州发展再上新台阶。

（六）持续推进工商联和所属商会改革

深化改革是活力之源。我们认真落实总书记关于全国工商联要加快推进工商联各项改革的重要指示，突出工商联和商会两个改革重点，力求突破关键环节见实效。一是深化工商联改革。持续推进会员制改革，扩大联系覆盖面。完善企业家副主席副会长执委常委履职评价办法并开展评价，加强对兼职企业家副主席副会长遵守行为规范情况的监督管理。开展省级工商联评价，持续推进“五好”县级工商联建设，并组织县级工商联“一个设立、五个有”回头看线上调研。加强对省级工商联改革工作的指导。二是推动商会改革发展。与民政部联合印发乡镇、街道商会登记管理办法，开展全国“四好”商会认定和直属商会评价，制定直属商会改革规范性文件，成立全国工商联直属商会综合党委。组建餐饮业、知名企业和大数据运维（网络安全）等3家委员会，推进筹建小微企业委员会。三是创新机关工作方式。推进网上工商联建设，通过视频会、飞书文字交流、在线调研、网上直播等形式，召开工作会议、组织座谈访谈、开展企业培训和举办发布活动。举办小微企业融资状况线上发布会，央视3次采编报道，网络转载量超过1000万。组织开展网上工商联大讲堂、德胜门大讲堂等活动，加大干部线上培训力度。全力支持配合中央巡视工作，及时修订全国工商联“三定”方案，开展“模范机关”创建。

这些成绩的取得是党中央正确领导的结果，是各级党委政府大力支持的结果，也是各级工商联和各位常委共同努力、密切配合的结果。在此，我代表全国工商联向大家表示衷心的感谢！在总结成绩的同时，也要看到，我们工作中还存在对疫后民营企业困难了解不够精准，民营经济人士思想状况掌握不够全面，推动政策落实的方式和手段不多，工商联改革发展不平衡，干部队伍素质有待提高等问题，需要努力加以改进。

二、准确把握当前的新形势新要求

今年上半年，面对突如其来的新冠肺炎疫情，以习近平同志为核心的党中央果断决策、科学部署，全国人民万众一心、共克时艰，仅用3个月的时间就取得了国内疫情防控阻击战的重大战略成果，二季度经济增长由负转正，经济呈现恢复性增长态势，充分彰显了党的领导和中国特色社会主义制度的显著优势，充分展现了中国经济的巨大潜力和强劲韧性。要看到，疫情已经成为影响当前经济社会发展的最大变量，对世界政治经济和我国经济社会同步产生了巨大冲击，加速了百年未有之大变局的演变进程。

国际国内局势的复杂程度前所未有，但中国经济的企稳为世界经济注入了信心和动能。从国际上看，境外疫情仍在持续蔓延，世界经济陷入深度衰退，国际货币基金组织预测2020年全球经济增长率为-4.9%，世界银行预测为-5.2%。逆全球化思潮异常活跃，经贸摩擦加剧，以美国为首的西方国家大肆推行保护主义和单边主义，并借机推动与我国经济、科技“脱钩”。地缘政治风险上升。台湾、香港、南海以及中印关系走势直接影响我国发展大局。未来，我们将会长期在一个不稳定、不确定的世界环境中谋求发展。从国内来看，受疫情冲击和世界经济衰退叠加影响，上半年我国GDP同比下降1.6%，推动疫后经济重振的压力仍然很大。但相比其他经济体，我国在疫情防控和经济恢复上都走在了世界前列。二季度我国GDP同比增长3.2%，环比上涨10%，投资增速环比大幅提升20.9个百分点；6月份我国进口、出口同比分别增长6.2%、4.3%。这也充分表明，中国依然是稳定世界经济的重要力量。

民营企业面临的困难程度前所未有，但危机中孕育着新的蓬勃生机。疫情下，餐饮、旅游和影视等部分行业受冲击严重，持续低迷，局部地区行业和企业因疫情反弹面临更大压力。企业现金流仍然比较紧张，部分大型企业困难风险加剧，1—5月有20家民营企业的32只债券出现违约。一些企业产业链供应链还存在安全隐患，在关键领域核心技术方面被“卡脖子”。还有一些“民营医疗企业抗疫缺席论”“中小企业消失论”等质疑基本经济制度和市场化改革的非理性言论，更是加剧了民营企业家的焦虑情绪，“深挖洞、广积粮、少投资”的认识在一定范围内存在。但也要看到，疫情发生以来，网络购物、云课堂、网上展会、远程办公、在线娱乐、直播卖货等无接触经济正在成为拉动经济发展的新动能，一些民营企业抓住机遇实现了逆势增长。据统计，上半年我国实物商品网上零售额同比增长14.3%，民营企业进出口同比增长4.9%，民间投资降幅连续4个月收窄，民间投资信心正在加速恢复，市场预期趋于稳定。随着新一轮科技革命浪潮的加速到来，数字经济、智能制造、生命健康、新材料等战略性新兴产业的加快推进，“两新一重”建设项目的持续落地、县域消费市场的崛起，这些新的经济增长点、增长极，将会为民营经济回暖提供更多动力。

中央纾困惠企政策的帮扶力度前所未有，民营企业要坚定信心、实现更大发展。习近平总书记和党中央、国务院高度重视解决企业的现实困难。疫情发生以来，中央印发了推进要素市场化配置、完善社会主义市场经济体制、优化营商环境更好服务市场主体等重要政策文件，《政府工作报告》专门用两个章节来强调保企业，国务院常务会议先后出台了支持外贸企业产品转内销、清除不合理涉企收费项目、降低工商业电价和宽带专线资费等系列政策，建立了直达基层的新增财政资金特殊转移支付机制，目的都是回应企业关切，加大政策支持力度，让政策加快落地惠企。目前，各项政策的积极效应正在显现。7月21日，总书记主持召开企业家座谈会并发表重要讲话，就保护和激发市场主体活力、弘扬企业家精神等提出明确要求。这是继2018年11月1日民营企业座谈会后，总书记再一次面对面为企业家鼓劲加油。特别是总书记强调为经济发展积蓄基本力量，将落实好纾困惠企政策明确作为保护和激发市场主体的首要任务，同时要求打造市场化、法治化、国际化营商环境，推动构建亲清政商关系，支持个体工商户发展，更是为广大民营企业攻坚克难、实现更大发展注入了强大动力。广大民营经济人士要积极响应总书记的号召，坚持用全面、辩证、长远的眼光看待当前的困难风险挑战，弘扬企业家精神，带领企业奋力拼搏、力争一流，在危机中育新机，于变局中开新局，努力实现质量更好、效益更高、竞争力更强、影响力更大的发展。

三、下半年重点工作

目前，国内疫情防控进入常态化阶段，民营企业正在全力复工复产、复商复市复业。下一步，我们要聚焦企业当前面临的突出困难，把工作重点放到落实“六稳”“六保”决策部署上来，把保市场主体放在首要位置，多措并举帮助企业恢复信心、加快发展。

（一）以学习贯彻习近平总书记在企业家座谈会上重要讲话精神为重点，推动落实中央最新决策部署

学习贯彻习近平总书记在企业家座谈会上的重要讲话精神是当前及今后一段时期工商联系统的一项重要政治任务。要认真制定实施方案，加强宣传解读，大力营造推动总书记重要讲话精神落地落实的良好氛围。继续加大力度落实好《全国工商联关于贯彻落实做好“六稳”工作落实“六保”任务的实施意见》。

（二）以推动中央各项纾困惠企政策落实为重点，助力民营企业稳发展

开展民营企业政策落实情况跟踪调查和民营企业运行状况月度数据分析。开展新增财政资金直接惠企情况专题调研。继

续建设完善政策、融资、技术、法律、用工服务平台。开展好“两个健康”先行区创建、500强峰会、民营经济法治建设峰会、民营经济标准化工作推进会、民营企业信用体系建设、营商环境评价、助推民营企业高质量走出去行动，以及中小企业服务等工作。

（三）以推进理想信念教育为重点，引导民营企业坚定疫后发展信心

关注民营经济人士思想状况，进一步完善和落实与民营经济代表人士谈心交心制度，研究制定加强新时代民营经济人士理想信念教育的意见。加强对民营经济人士的世情党情国情教育，加强形势政策宣讲，加强正面典型宣传，加强舆情监测研判处置。实施年轻一代民营经济人士健康成长促进计划。推进政企沟通制度建设，组织开展政企面对面活动，推动构建亲清政商关系。

（四）以提升建言献策质量为重点，更好发挥工商联桥梁纽带和助手作用

进一步完善参政议政工作机制、重大建言工作机制和调查研究工作机制。高标准做好民营企业参与“两新一重”投资状况重点调研。围绕“十四五”规划编制做好重大建言工作。重点围绕民营企业运行困难、纾困惠企政策落实、应对海外疫情和国际局势变化等情况，开展专题政策研究，加强与中央决策部门的沟通和合作，及时提出针对性的政策建议。

（五）以“万企帮万村”行动为重点，推动打赢“三大攻坚战”

持续跟踪大型企业经营风险，积极协调有关部委和金融机构帮助企业脱困。组织开展民营企业“回报家乡”行动，做好“万企帮万村”精准扶贫行动总结活动，发挥商会帮扶作用，大力开展消费扶贫，统筹推进光彩行和援藏援疆工作。强化与生态环境部的合作机制，落实好支持服务民营企业绿色发展座谈会精神。

（六）以深化改革为重点，加强全国工商联机关建设

按照中央巡视组反馈意见，及时制定整改措施，高质量完成整改任务。持续推进会员制改革，着力扩大会员覆盖面，提高会员组织管理信息化水平。认真落实中办发57号文件责任分工方案。落实所属商会改革意见，督促乡镇街道商会登记管理文件落地。加快“网上工商联”建设。全面推进党支部标准化规范化建设，开展常态化干部教育培训，改进工作作风，提高管理效能。关于这个问题，乐江书记还要做专门部署。

各位常委，同志们！新时代是奋斗者的时代！大变局下更需要我们脚踏实地，努力工作。让我们紧密团结在以习近平同志为核心的党中央周围，奋发向前、攻坚克难，为实现决战决胜脱贫攻坚目标任务、全面建成小康社会做出新的更大贡献！

徐乐江同志在全国工商联十二届五次常委会议上的讲话

（2020年7月28日）

全国工商联十二届五次常委会议就要结束了。会议期间，我们听取了高云龙主席所做的工作报告，审议通过了有关人事事项，举行了“一带一路”信息平台启动仪式，圆满完成各项议程。下一步，要认真学习领会会议精神，切实抓好贯彻落实。

今年年初，习近平总书记明确要求全国工商联要加快推进工商联各项改革，更好促进非公有制经济健康发展和非公有制经济人士健康成长。7月21日，总书记主持召开企业家座谈会，对支持服务市场主体提出了新要求。工商联只有坚定不移参与改革、支持改革和抓好自身改革，才能更好发挥桥梁纽带作用，在保市场主体、服务“两个健康”中发挥更大的作用。下面，我讲四点意见。

一、以改革破解当务之急，抓好保企业稳信心工作

今年以来，在世界处于百年未有之大变局的时代背景下，新冠肺炎疫情全球蔓延，我国发展面临的不确定不稳定因素进一步增多。受此影响，民营经济发展遇到前所未有的困难挑战。中央对此高度重视，连续印发了多个重要政策文件，出台了一系列纾困惠企政策措施。7月21日习近平总书记专门召开企业家座谈会，向全社会释放了大力扶持企业的强烈信号。市场主体是经济的力量载体，保市场主体就是保社会生产力。留得青山，才能赢得未来。习近平总书记强调，要千方百计把市场主体保护好，为经济发展积蓄基本力量。工商联作为党领导的政治组织，要切实担起保企业稳信心这个政治责任，以改革破解当务之急，教育引导企业增强信心、迎难而上，努力把疫情造成的损失补回来，争取全年发展取得好成绩。

一方面，保企业稳信心要坚持内外同时发力。所谓“内”，就是要不断深化理想信念教育，引导民营企业正视困难挑战，提振发展信心，激发内部动力。要深入调研了解，善于从企业最关心最直接最现实的利益问题入手，找准他们思想认识上的疑惑之处，生产经营中的困难所在，增强教育的针对性。要客观介绍情况，既要讲清国际国内的严峻复杂形势，又要引导企业充分认清我国经济潜力足、韧性强、回旋空间大、政策工具多的优势，增强教育的说服力。要改进教育手段，坚持网上网下相融合，传统媒体和现代媒体相结合，理论讲解和实践教育相配合，扩大教育覆盖面，增强教育的实效性。所谓“外”，就是要进一步树牢服务意识，提高服务质量，为企业解决实际困难，做好外部助力。要按照习近平总书记的要求，更多提供优质公共服务，支持企业家以恒心办恒业。疫情初期，我们搭建了多个服务平台，发挥了积极作用，就是成功的尝试。要进一步强化平台思维，不断总结改进、创新发展疫情以来具有工商联特色的各项平台，特别是要着眼当前国际市场需求大幅下降、西方国家封锁制裁打压、企业融资困难资金紧张、多地发生洪涝灾害以及合同纠纷、涉法涉诉问题增多等突出困难问题，研究更多新办法，采取更多新举措，解决民营企业遇到的燃眉之急，为企业脱困解难、转型发展提供外部助力。这次启动的全国工商联“一带一路”信息平台，设计合理、内容丰富、功能多样，各级工商联要广泛宣传、充分利用，切实发挥好平台对企业的服务作用。

另一方面，保企业稳信心要坚持大小同样关注。目前，全国和省级工商联的执常委企业，多数都是地区或行业的龙头企业，工商联组织与中小微民营企业的联系面还不够广，大量的中小微民营企业还没有进入到工商联和所属商会组织中。大企业体量规模和影响带动作用大，有较强的代表性；中小微企业量多面广，集合起来同样不容忽视。我们抓大但是不能放小，既要抓住重点，又要抓好大面。要进一步扩大中小微民营企业的联系覆盖面，探索成立中小微企业委员会或专门的商会组织；各级组织的会议活动以及座谈调研等，也要进一步扩大中小微企业参与比例。要提高联系服务中小微民营企业的信息技术水平，加快推进“网上工商联”民营企业服务平台建设，在设计论证中充分考虑中小微民营企业特点，设置相应的功能模块，提高平台化、网络化、信息化服务水平。要积极参与本地促进中小企业发展工作协调机制，联合政府有关部门共同组织活动，不断创新合作载体和工作方式，提高综合服务水平。

二、以改革促进政策落实，抓好助企业谋发展工作

去年10月份以来，党中央、国务院围绕优化营商环境、支持民营企业改革发展、加强要素市场化配置、完善社会主义市场经济体制等，先后制定颁布了多份重要政策文件。这些重要政策文件，及时回应了社会上关于是否坚持改革、改革的方向如何等许多模糊认识，特别是在平等待遇、产权保护、市场准入等涉及民营企业发展的多个方面迈出了实质性步伐，为民营企业实现长期健康发展提供了政策保障和制度支撑。7月21日的企业家座谈会上，习近平总书记把落实纾困惠企政策放在保护和激发市场主体活力的首要位置，提出了明确要求。当前和今后一个时期，抓好这些政策举措的贯彻落实，服务和引导民营企业战胜困难谋求发展，是中央明确的重要和紧迫任务。工商联作为党领导的人民团体和商会组织，既要抓好中央系列政策文件的学习领会、宣传解读，也要根据中央的总体部署细化任务分工、拿出具体举措，更要着眼工商联的职能定位，积极推进中央政策在基层和企业落地落细落实。

一要提高站位抓落实。工商联不是党政部门，没有行政职责，不直接负责制定改革举措，但是不等于没有抓落实的任务和责任。要强化全局观念，对国之大者时刻做到心中有数，把“两个健康”工作放到国家发展大局中去思考和谋划，站在国家治理体系和治理能力现代化的高度看待工商联和商会组织的地位作用。要树立“有为才能有位”的思想，在推动与民营经济相关的政策举措落实上，积极主动作为，强化责任担当，探索开展更多具有工商联特色的工作模式。要坚持正确的政绩观，转变工作作风，坚持实事求是，尊重客观规律，把主要心思放在加强政治引领和帮困解难上，把更多精力投向基层和企业一线，力戒形式主义、官僚主义，在务实功、求实效上下功夫。

二要建言献策促落实。统一战线工作条例和工商联章程都规定，工商联参加政治协商、参政议政，发挥民主监督作用。这是党中央赋予我们的重要职能，也是我们推进政策落实和参与国家治理的重要途径。今年以来，全国工商联报送《工商联信息专报》160余期，很多建议被中央采纳。要利用好党外人士座谈会、政协提案、社情民意、工商联信息等平台和渠道，全面调研了解，客观反映实情，多向党委政府提出建设性、可行性的意见建议。要推动建立地区性的支持民营企业改革发展工作协同机制，促进各部门改革政策举措实现系统集成。要积极发挥桥梁纽带作用，开展好“党政部门与民营企业面对面”等活动，加强政企沟通，推动构建亲清政商关系，推动打造市场化、法治化、国际化营商环境。

三要突出重点保落实。当前服务企业发展工作千头万绪，下半年更是工作多任务重，要紧跟中央的重大政策、重点项目，立足工商联的实际和企业反映突出、亟须解决的难点问题，突出工作重点，抓住主要矛盾，保证重点工作落实。要关注国家惠企政策落实情况，特别是减税降费、金融机构合理让利、社保减免等规模性纾困政策的落实情况，重点开展新增财政资金惠企情况专题调研，推动2万亿元新增财政资金直达基层直接惠企。要关注受疫情影响较大的行业，特别是外贸、航空、旅游、餐饮等类型企业，加强对行业发展和境外情况的跟踪研究、预测分析，联合行业主管部门提供更多专业服务、专项支持。要关注民营企业参与“两新一重”投资情况，在中央统战部的指导下，发挥系统内外合力，抓好年度重点考察调研，推动建立健全市场化投融资体制机制，保障和支持民营企业能够平等参与。

同时，我们也要看到，无论在任何时候，企业发展自己才是内因，关键在自身努力。各位企业家常委要模范带头，在困难和挑战面前自强自立，在诱惑和考验面前自警自律。要落实总书记的要求，带领企业战胜当前的困难，走向更辉煌的未来；要弘扬企业家精神，在爱国、创新、诚信、社会责任和国际视野等方面不断提升自己，努力成为新时代构建新发展格局、建设现代化经济体系、推动高质量发展的生力军。

三、以改革理顺体制机制，抓好优化组织激发活力工作

体制顺则工作顺，机制活则全盘活。近年来，我们不断完善组织体制、优化运行机制、改进工作方式，工商联和商会组织建设水平有了大的提升。我们注重把深化改革与完善制度结合起来，建立完善了一整套制度机制，工商联制度体系已经初步定型、基本成熟。疫情发生后，全国工商联快速响应、积极行动，在短时间内主动对接中央有关部门，多点联动各地工商联和直属商会，得到企业的广泛认可，改革成效初步显现。行百里者半九十，越是取得成绩越要看到困难，越是接近成功越要倍加努力。对照中央的要求和民营企业的期盼，我们在推进改革上还存在许多差距，比如制度机制建设还存在系统性不够的问题，商会组织还存在党建薄弱、发展不均衡等问题，联系调研、谈心交心、考核评价等工作质量还需要进一步提升。改革从来不是一蹴而就的，我们要坚持目标导向和问题导向，全面深化改革，持续推进改革。

一要凝聚系统合力。当前，工商联的总体力量仍然相对薄弱，特别是县级工商联普遍存在人手不足、手段有限等问题。落实中央指示要求，完成各级党委和政府交办的任务，我们亟须推动工商联系统协同联动，形成强大工作合力。要进一步加大改革工作力度，目前已有21个省级工商联出台了工商联改革方案，要继续推动出台改革方案，抓好方案的贯彻落实。要完善以评价促提高的工作指导机制，不断优化省级工商联、企业家副主席副会长执委、直属商会等多层次评价制度，统筹好单位自评、对口评价和企业评价，利用好通报表扬和约谈等手段，促进评价工作全面真实、客观公正，更好发挥评价的激励、约束和推动作用。上级工商联既要加强对下级工商联的指导，更要注重把资源和力量向基层倾斜，持续推进“五好”县级工商联建设，开展好县级工商联“一个设立、五个有”回头看活动。

二要强化组织依托。57号文件明确规定，工商联所属商会是民营经济统战工作的重要组织依托。推进商会改革发展，当前要重点在“三个有效覆盖”上着力：一是加强和改进对商会的指导引导和服务，综合利用好考核商会主要负责人、开展商会会员思想政治工作、教育培训等方式，在推动统战工作向商会组织有效覆盖上有实质性进展；二是坚持积极组建与规范建设并重，提升商会竞争力，在推动商会组织向民营经济各个行业和领域有效覆盖上有实质性进展；三是充分发挥党组织的政治引领功能，促进会建和党建融合发展，在推动商会党的组织和工作有效覆盖上有实质性进展。要认真筹备召开全国工商联商会工作会，组织开展全国“四好”商会认定工作，完成异地商会归口管理调研工作，探索更好发挥工商联作为民间商会（总商会）功能的有效形式。近期，民政部、全国工商联印发了《关于加强乡镇、街道商会登记管理工作的通知》，各级工商联要抓好贯彻落实，切实把基层乡镇、街道商会建设好、管理好、利用好。

三要抓住代表人士。目前，各级执常委企业已经超过20万，这些执常委企业和企业家都是队伍中的优秀分子，具有“一根头发”带动“一把头发”的示范效应。要加强执常委企业家队伍建设，重点抓好年轻一代民营企业家理想信念培训班、民营企业党组织书记培训示范班、企业自主创新系列研讨等活动。要善于和代表人士联谊交友，通过联系调研、谈心交心，密切联系执常委企业，引导他们在投资发展、参与国家战略、履行社会责任、参政议政等方面当模范作表率。要加强规范指引，引导他们建立现代企业制度，提高风险管控能力，遵守资本市场运行规则，遵守国家法律法规。要关注企业传承问题，引导他们管好企业和家族事务，实现企业新老交接和财富有序传承，在激烈市场竞争中做长做久、做强做优。要大力弘扬企业家精神，引导企业家们增强爱国情怀、勇于创新、诚信守法、承担社会责任、拓展国际视野。

四、以改革提升执行能力，抓好创模范提效率工作

深化工商联各项改革，更好服务“两个健康”，关键在党组、在各级党组织，重点在人、在干部。关键在党组，就是要充分发挥各级党组织的政治引领作用，促进会建和党建融合发展；重点在人，就是要建设一支忠诚、干净、担当的高素质干部队伍，保证各项工作高质量落实。近年来，中央高度重视党的建设和干部队伍教育管理，出台了一系列法规文件，明确了许多规范标准，提出了很多具体要求。近期，全国工商联正在接受中央巡视组政治巡视，我们要结合落实巡视反馈意见，进一步加强机关建设，夯实人才基础，提高执行能力。

一要以党建引领创建模范机关。习近平总书记提出创建“模范机关”、做到“三个表率”，这是对中央和国家机关的要求，也是对各级党组织和广大党员的号召。各级工商联要始终把党的政治建设摆在首位，引导党组织和党员干部坚决做到

“两个维护”，做好“三个表率”，主动担当作为，争创一流业绩，争当先进模范。要把创建活动与当前重点任务结合起来，把参与打赢疫情防控阻击战和做好“六稳”“六保”作为实践载体，统筹推进疫情防控和服务企业工作。要把接受上级巡视巡察作为推进创建活动的重要契机，抓好整改落实，层层压实全面从严治党主体责任。民营企业和商会的党组织也要加强自身建设，努力打造成坚强的战斗堡垒。

二要以干部培养激发内生动力。全面深化改革，人人都是主人翁。只有把工商联系统的干部队伍建设好，才能最大限度地调动一切积极因素，形成强大的改革合力。要按照总书记提出的好干部标准，培养一支信念坚定、为民服务、勤政务实、敢于担当、清正廉洁的干部队伍。要结合民营经济统战工作和工商联工作特点，推进干部人才能力素质模型研究工作，开展理论知识和业务能力培训，完善干部选拔任用制度，调动大家的积极性。要关心年轻干部成长，培养一批合格接班人队伍，保证工商联事业后继有人。

三要以方式创新提升工作效率。改进工作方式是工商联改革的重要内容，也是贯彻落实中央改进作风要求的具体体现。疫情期间，我们多次组织各类网上会议、网络调查，研发使用信息录入系统，工作效率大大提高。要认真总结好视频会议、在线调研、网络调查、委托代理等高效、便捷、覆盖广、效果好的工作方式，进一步创新工作方法，优化工作内容，更好实现减文简会、提高效率，减轻基层和企业负担。要适应疫情防控常态化需要，加快推进“网上工商联”建设，加快实施民营经济数据资源库和大数据操作系统建设，提高对业务工作的支持力度。

同志们，久久为功方可滴水穿石,驰而不息才能善作善成。发展没有回头路，改革只有进行时。我们要以习近平新时代中国特色社会主义思想为指导，认真贯彻落实党中央决策部署，牢牢把握“两个健康”主题，埋头苦干、奋力拼搏，推动广大民营企业发挥更大作用、实现更大发展，为决战决胜脱贫攻坚、全面建成小康社会贡献力量！

全国工商联十二届四次执委会议情况综述

2020年12月21日至22日，全国工商联十二届四次执委会议在广西南宁举行。会议以习近平新时代中国特色社会主义思想为指导，深入学习贯彻党的十九届五中全会和中央经济工作会议精神，总结2020年工作，部署2021年工作，表扬抗击新冠肺炎疫情先进民营企业，发布2020年工商联理论研究和工作实践创新成果，审议有关人事事项。会议期间，与广西壮族自治区人民政府共同举办全国知名民营企业助推“建设壮美广西共圆复兴梦想”大会。全国政协副主席、全国工商联主席高云龙出席会议并做工作报告。中央统战部副部长，全国工商联党组书记、常务副主席徐乐江讲话。现将相关情况报告如下。

一、深入学习领会中央重要会议精神

会议深入学习贯彻党的十九届五中全会和中央经济工作会议精神，邀请国务院发展研究中心副主任隆国强做中央经济工作会议精神专题辅导。会议指出，“十四五”时期我国将进入新发展阶段，党中央着眼全面建设社会主义现代化国家目标，审时度势做出我国仍然处于重要战略机遇期，但机遇和挑战都有新的发展变化的科学判断，以及构建新发展格局的战略抉择。2021年是我国现代化建设进程中具有特殊重要性的一年，中央经济工作会议围绕贯彻新发展理念、构建新发展格局，对财政政策、货币政策做出部署，明确了重点任务，提出了系列重大举措。

会议强调，构建新发展格局，需要民营企业深度参与培育完整的内需体系，促进生产、分配、流通、消费各环节循环贯通，助力提升供给体系对国内需求的适配性；需要民营企业发挥科技创新主体作用，扎根实体经济，加大研发投入，打好关键核心技术攻坚战，助力实现产业链、供应链、创新链的自主可控和良性循环；需要民营企业树立系统观念，积极稳健扩大有效投资，防范化解各种风险挑战，积极投身社会事业，助力推动经济与金融的良性循环、发展与安全的相互统筹、区域与城乡的协同发展；需要民营企业更好利用国际国内两个市场、两种资源，努力塑造国际合作和竞争新优势，助力高水平对外开放，实现国际循环与国内循环的相互促进；需要民营企业准确把握宏观调控政策，用好政策机遇，遵守政策约束，坚持守法诚信经营，提高公司治理水平，助力推动有为政府和有效市场的更好结合。

二、部署2021年工作

会议指出，2021年是中国共产党成立100周年，是“十四五”时期开局之年，是开启第二个百年目标新征程的第一年。全国工商联将以习近平新时代中国特色社会主义思想为指导，认真学习贯彻党的十九大和十九届二中、三中、四中、五中全会精神以及中央经济工作会议精神，深入学习贯彻习近平总书记关于新时代民营经济统战工作和工商联工作重要指示批示精神，把握新发展阶段，贯彻新发展理念，构建新发展格局，紧扣“两个健康”，落实“四会”要求，加强系统协同联动，以弘扬企业家精神为重点，加强民营经济人士思想政治建设；以推动企业创新和数字化转型为引领，服务民营经济高质量发展；以“万企兴万村”行动为载体，努力推进乡村振兴、促进共同富裕；以制度机制建设为抓手，持续深化工商联及所属商会改革发展，以优异成绩庆祝中国共产党成立100周年。

会议要求，要提高工商联系统整体效能，切实抓好2021年各项工作落实。进一步强“三性”、去“四化”，加强纵向联动、横向协作，实现整个系统有机融合，以提升系统合力促进重点工作落实。各级工商联、所属商会、民营企业要充分调动各方面积极性，结合自身职责，主动担当作为，创造性开展工作。要切实突出工作重点，把推进系统协同和抓好2021年重点工作结合起来。要强化协作意识，增强协作主动性，找准协作载体，推进协作不断深化。各级工商联要抓好“两支队伍”建设，对工商联机关干部和民营经济代表人士“两支队伍”建设一体谋划、一体部署、一体推进。

三、审议并通过有关人事事项

全国工商联十二届四次执委会议按程序报告了十二届五次常委会议人事调整事项，审议通过了本次执委会议有关人事事项，接受王伟请辞中国民间商会副会长和全国工商联十二届执行委员、常务委员；免去李青华、李德才、梁静全国工商联十二届执行委员、常务委员职务；撤销郭全茂全国工商联十二届执行委员、常务委员职务；免去吕伟民、张林山全国工商联十二届执行委员职务；庄建球、高鹰群、梁淑琴替补为全国工商联十二届执行委员、常务委员；孙纲替补为全国工商联十二届执行委员；石磊、白元龙、邬剑刚、刘伟、江浩然、阮世忠、李彪、杨晖、吴荣照、张邦鑫、陈军、陈良刚、陈益智、郁亮、尚吉永、罗玉平、金政辉、周鸿祎、荣成、高迎欣、屠红燕、彭国禄、程维、傅高武增补为全国工商联十二届执行委员。

会前，全国工商联召开了十二届十七次主席会议、十二届六次常委会议。会议期间，全国工商联召开了十二届十八次主席会议。中央纪委国家监委驻中央统战部纪检监察组组长周小莹、副组长刘汝鹏，中央统战部四局局长张天昱、副局长胡林辉、干部局副局长李辉，审计署统战审计局局长方超应邀参加了主席会议、常委会议和执委会议。

四、表扬抗击新冠肺炎疫情先进民营企业

疫情期间，广大民营企业充分发挥自身优势，积极履行社会责任，通过捐款、捐物、组织转产复产、全球采购防疫物资和直接投身抗疫一线等多种途径积极参与应对疫情防控的人民战争，不仅为疫情防控提供了有力物质支撑，也为扎实做好“六稳”工作、落实“六保”任务，促进经济社会发展作出重要贡献。为大力弘扬在抗击新冠肺炎疫情中形成的伟大精神，充分激发广大民营经济人士的责任感使命感荣誉感，广泛凝聚众志成城、共克时艰的强大正能量，全国工商联对百度在线网络技术（北京）有限公司等1000家“抗击新冠肺炎疫情先进民营企业”给予表扬。

五、发布2020年工商联理论研究和工作实践创新成果

为进一步激励各级工商联组织开拓创新，切实发挥优秀创新成果的示范带动作用，提升工商联系统理论研究能力和创新实践水平，经单位推荐、初评、二评、综合评奖等程序，决定授予上海市工商联《发挥民营经济统战工作优势，凝聚民营经济人士智慧力量》等5篇文章理论研究创新成果一等奖，授予辽宁省工商联《关于建立党委政府与商会组织、民营企业沟通协商制度的理论研究》等10篇文章理论研究创新成果二等奖，授予北京市工商联《工商联调查研究与参政议政工作机制研究》等15篇文章理论研究创新成果三等奖。决定授予天津市工商联《组建“四个联盟”助推消费扶贫》等10个项目工作实践创新成果一等奖，授予北京市工商联《调动社会力量依法保护产权，创建全国首家民营企业产权保护社会化服务体系》等20个项目工作实践创新成果二等奖，授予天津市工商联《开展“企业服务日”活动，优化法治化营商环境》等30个项目工作实践创新成果三等奖。

六、助推“建设壮美广西共圆复兴梦想”大会

会议期间，全国工商联与广西壮族自治区人民政府共同举办了全国知名民营企业助推“建设壮美广西共圆复兴梦想”大会。在2020年“民企入桂”成果发布暨签约仪式、开工仪式上，共签订投资合作项目60个，总投资2083亿元；集中开工项目28个，总投资2139亿元。期间，还举行了广西高质量工业暨数字经济、中国（广西）自由贸易试验区暨西部陆海新通道、广西文化旅游和健康产业等专题推介活动。

高云龙同志在全国工商联十二届四次执委会议上的工作报告

（2020年12月21日）

受常委会委托，我向中华全国工商业联合会第十二届执行委员会第四次会议报告工作，请予审议。

一、一年来的工作

今年是新中国历史上极不平凡的一年。面对严峻复杂的国际形势、艰巨繁重的国内改革发展稳定任务特别是新冠肺炎疫情的严重冲击，以习近平同志为核心的党中央统筹国内国际两个大局、统筹疫情防控和经济社会发展，做出系列重大决策部署，取得了人民满意、世界瞩目、可以载入史册的巨大成就。一年来，各级工商联围绕中心服务大局，充分发挥职能优势，战疫情、助发展，强引导、稳预期，促改革、激活力，促进“两个健康”工作取得新的进展。

（一）突出加强民营经济人士思想政治引领

我们认真落实习近平总书记关于新时代民营经济统战工作的重要指示，持续深化理想信念教育，加强思想政治引领，引导民营经济人士切实把思想和行动统一到中央决策部署上来。一是做好教育引导工作。及时组织广大民营经济人士学习习近平总书记重要讲话精神、党中央最新决策部署。高度关注疫情下民营经济人士思想波动，创新手段开展企业家思想状况调研，形成报告并向中央领导同志做了专题汇报。为加强对重点群体的正面引导，及时组建餐饮委员会、大数据运维委员会、知名企业委员会3个行业委员会，通过线上线下多种形式开展联系调研、政企面对面、谈心谈话等活动，有针对性地了解困难突出行业的企业家，以及工商联界别的企业家政协委员、执常委、商会会长等代表人士思想动态，加强情绪疏导。今年以来，全国工商联8个联系调研组共开展3次线上调研、19次线下调研，实地走访164个县级工商联，召开132场座谈会，举办135场政策宣讲会，密切联系、强化引导、凝聚共识的成效持续显现。组织开展“抗疫情 化危机 促发展”企业云课堂活动，累计上线课程超过100课，近350万人次点击学习。召开民营经济人士理想信念教育推进会议，新设3个教育基地和1个培训基地，举办“学习总书记重要讲话精神、弘扬企业家精神”座谈会。持续推动温州“两个健康”先行区建设，举办“两个健康”论坛。各地不断创新思想政治工作方式，山西的晋商培训学院、浙江的“品质浙商提升”“浙商青蓝接力”工程都是很好的教育平台。二是制定并实施年轻一代健康成长促进计划。落实中央深改委要求，在广泛调研的基础上，制定年轻一代民营经济人士健康成长促进计划。参与实施“新时代民营企业家培养计划”。举办3期年轻一代理想信念教育培训班，联合举办年轻一代党员出资人培训示范班、中华文化传承与创新研修班。加强全国工商联青委会建设，完善工作制度，增补29位青委会委员，联系规模进一步扩大。在福建举办第三届全国青年企业家峰会，支持年轻一代学习借鉴，带动十省市青年企业家组织互访交流。三是常态化开展舆情分析研判。加强民营经济领域意识形态工作，开展线上线下舆情收集梳理分析，编印舆情报告。制定舆情风险应对工作方案，优化舆情会商、研判、应对、处置流程，与相关部门一起化解涉及民营经济、民营企业和民营企业家的重点舆情危机。

（二）广泛动员民营企业抗击疫情

疫情发生后，各级工商联立即行动，充分发挥组织优势，建立系统联动机制和防疫物资对接机制，广泛动员民营企业和商会参与抗疫斗争。全国工商联31家直属商会第一时间发出倡议，组织会员企业积极投身抗疫。广大民营企业紧急复工复产保供应，踊跃参与抗疫物资海外采购和防控救助，火速驰援抗疫一线。从雷神山、火神山医院到方舱医院，从武汉前线到全国各地防控一线，都能看到民营企业的身影。全国11万家民营企业，捐款172亿元，捐物价值119亿元，作出了“自己人”的贡献。各级工商联共同开展民企抗疫信息收集和报送工作，主动向上级和相关部门报告动态；全国工商联参加国务院联防联控机制权威发布，组建“抗击疫情民企在行动”媒体群，及时向主流媒体和新媒体提供宣传素材，与央视电影频道一起组织企业家制作《风雨无阻向前进》系列公益宣传片，营造了上下同心、共克时艰、举国抗疫的良好氛围。在9月全国抗击新冠肺炎疫情表彰大会上，33位民营经济人士、21家民营企业和2家商会组织受到表彰。11月，全国工商联表扬了507家抗疫先进商会组织，本次会议期间还将表扬1000家抗疫先进民营企业。目前，全国工商联正在与中央统战部、工业和信息化部、市场监督管理总局3部委联合推进表彰全国抗击新冠肺炎疫情民营经济先进个人工作。

事实表明，党和政府有号召，国家和人民有需要，工商联和民营企业就有行动。抗疫斗争再次证明，民营企业有活力、有灵性、有韧性，民营企业家有情怀、有格局、有担当，是值得信赖和依靠的“自己人”！

（三）全力推动纾困惠企政策措施出台实施

我们认真学习贯彻习近平总书记关于落实“六稳”“六保”决策部署的重要指示，统筹线上线下调查资源，及时开展政策研究，多渠道精准建言，努力推动实现“政策跑在企业困难前面”。一是服务中央重大决策。全年共参与中央高层协商会等重大建言11次。在中央党外人士座谈会上提出的有关建议得到总书记和党中央重视。参与筹备7月21日的企业家座谈会，推荐11位民营企业家参会，指导2位企业家重点围绕核心技术创新、创新产品推广应用向总书记汇报。开展民营企业参与“两新一重”投资状况重点调研，完成国家“‘十四五’时期优化非公有制经济发展环境”重大课题研究，组织民营企业参与规划《纲要》编制征求意见活动。二是密切监测企业运行情况。采用线上调查和书面访查等方式，及时发动各级工商联和商会，围绕抗疫政策落实、企业复工复产、企业资金链、“走出去”及外贸企业受疫情影响情况、纾困惠企政策落实等开展跟踪调查，了解企业发展困难和意见诉求，推动资金和政策直达基层、落在企业。全年开展13次网络调查，32家省级工商联全部参与，调查企业超过30万家次，浙江、山东、云南、贵州四省每次线上调查平均填报量都超过2000家。汪洋主席在中央调研协商座谈会上对全国工商联发挥民营企业调查系统优势，广泛开展调研的做法给予充分肯定。三是开展细分领域政策研究。立足自身力量，组织中国民营经济研究会、全国工商联智库专家，协同有关部委和部分企业研究院，聚焦纾困惠企，提高政策研究的深度和精准度。围绕境外经贸合作区、平台经济、大型民营科技企业风险、民间借贷司法保护、光伏产业链、芯片产业生态等多个主题开展政策调查研究，定期开展民营经济运行监测，有针对性地提出减税降费、畅通循环、解决融资难融资贵、支持小微企业发展等方面的政策建议。今年以来，上级单位报送各类专报材料300余篇、回复相关政策文件和法律法规征求意见100余份、提案及社情民意信息近700件，其中抗疫政策落实、海外采购抗疫物资、民间投资情况、灵活用工、政商关系等10多篇材料，以及江苏省工商联、全联环境服务业商会等一些单位提供的专报信息，获得中央领导同志批示，很多建议被有关政策文件采纳。人力资源和社会保障部、自然资源部、国家税务总局等部门主动联系全国工商联，就反映的有关问题和政策建议进行沟通协商，推动了相关政策的出台和完善。北京、江苏、湖北、广东、海南、云南、新疆等地的专项调研报告，受到当地党委政府的充分肯定。北京、上海、江苏、宁波等地依托执委企业、所属商会和智库，创造性地开展提案及社情民意信息工作，不少建议被全国政协采用。

（四）助力民营企业运行逐步恢复常态

我们认真贯彻落实习近平总书记关于统筹疫情防控和经济社会发展的重要指示，不断提升经济服务工作质量，推动政策措施落地落实，促进民营企业加快复工复产。一是搭建金融服务平台。为缓解民营企业资金压力，全国工商联会同中国银行业协会、网商银行等单位发起“无接触贷款助微计划”，获得中央领导同志肯定；与工行、建行、交行分别签订合作协议，为民营企业提供“八融措施”“八个平台”等金融服务，推动各地与金融单位分支机构开展业务对接；开展全联执委企业、直属商会会长副会长企业信用“黑名单”比对，与国家发展改革委共同开展“信易贷”平台培训。各方合力推动缓解民营企业融资难的良好态势初步形成。各地创新搭建政策、人才、用工、法律等服务平台，在帮助小微企业纾困解难，化解重点企业资金链风险方面发挥了积极作用。二是促进企业加快数字化转型。开展民营企业参与两化融合发展调研，与有关部门联合主办“两化融合暨工业互联网平台大会”，共同发起《数字化转型伙伴行动倡议》。与地方合作举办数字赋能转型升级论坛、工业互联网赋能制造业高质量发展讲堂等活动。开展创新型、成长型民营中小企业发掘培育工作，已发掘企业2332家。推荐民营企业家参与全国创新争先奖评选。三是开展“助力疫后重振”系列经贸活动。第一时间响应党中央号召，5月底组织“知名民企网上湖北行”活动，民营企业签约投资额1200亿元，8月组织开展知名民企实地湖北行活动，全面助力湖北疫后重振、脱贫攻坚。以“弘扬企业家精神 激发市场主体活力”为主题，举办2019中国民营企业500强峰会，发布500强榜单和分析报告，举办专场论坛。配合天津、辽宁、福建、湖北、广东、广西、海南、贵州等地组织多场经贸活动。其中，2020全国优强民营企业助推贵州发展大会，民营企业签约投资额3160亿元。本次会议期间，我们将组织全国知名民企助推“建设壮美广西共圆复兴梦想”大会，促进广西建设再上新台阶。四是支持企业绿色发展。与生态环境部联合开展疫情对民营企业生产经营和环境治理影响的调查，共同召开支持服务民营企业绿色发展座谈会。举办污染防治、林业草原专题培训班，开展光彩事业国土绿化贡献奖评选，40名民营企业家获得表彰。五是促进中小微企业健康发展。加大对小微企业和个体工商户的金融、政策支持力度，参与全国减轻企业负担和促进中小企业发展专项督查。成立小微企业工作委员会。

实践证明，服务是工商联的兴会之要。只要我们架好桥梁、拉紧纽带、当好助手、做实服务，就一定能够赢得民营企业家的信任和支持！

（五）奋力推进“万企帮万村”行动落地

我们认真落实习近平总书记在决战决胜脱贫攻坚座谈会上的重要讲话精神，聚焦深度贫困地区，凝心聚力打赢脱贫攻坚战。截至2020年11月底，12.3万家民营企业精准帮扶13.72万个村（其中建档立卡贫困村7.28万个），带动和惠及1779.03万建档立卡贫困人口。一是开展东西部协作扶贫。抗疫期间，搭建复工复产人才对接平台，成功协调企业用工7万余人，为300多家企业解决了用工难题，带动贫困地区劳动力就业。召开东西部扶贫协作工作座谈会，动员东中部11省（市）组织2273家企业和其他社会力量，帮扶1113个挂牌督战村。部分东部省市民营企业和全国工商联直属商会参加甘南行、南疆行，捐款捐物和协议投资达412亿元。民营企业踊跃参与消费扶贫行动，采购和帮助销售扶贫产品达272亿元。举办民族地区小微企业经营者培训班，网络学习达26.4万人次。二是推动织金成功脱贫摘帽。今年3月，贵州织金成功脱贫。我们持续巩固脱贫成果，协调各方投入帮扶资金3760万元，引入正邦集团等10家帮扶企业，签约投资56亿元。继续加大智力帮扶力度，举办全国工商联第十八期乡镇干部培训班、织金县商会负责人培训班和6期技能人才培训班。11月在织金举办全国“万企帮万村”精准扶贫行动现场交流会暨先进民营企业表彰会，传达学习汪洋主席指示和胡春华副总理、尤权部长批示，表彰100家先进民营企业，表扬100家组织工作先进集体。三是推动完善企业参与精准扶贫的政策措施。及时开展疫情影响下的民营企业参与脱贫攻坚情况摸底调查，提出促进扶贫产业持续发展的政策建议，并报中央有关部门。完善与农发行的合作机制，截至目前，共有1674家企业获得政策性金融支持，贷款余额1235亿元。协调国务院新闻办围绕“万企帮万村——精准扶贫的民企行动”主题，举行中外记者见面会。地方在参与脱贫攻坚上也总结出很多经验，比如天津成立“企业、商协会、电商、媒体”四大联盟助力消费扶贫，甘肃的商会党建引领商会扶贫工作成效明显。

“万企帮万村”的成功实践，充分彰显了中国特色社会主义的制度优势，充分展现了中国民营企业的智慧力量，丰富和发展了中国特色扶贫开发理论。在打赢脱贫攻坚战、全面建成小康社会的伟大进程中，民营企业的地位作用不容置疑，民营企业家的历史贡献不可磨灭！

（六）着力引导走出去企业有效应对海外冲击

我们认真落实党中央关于促进外贸平稳发展、支持高水平对外开放的决策部署，创新服务方式，引导走出去企业克服海外疫情影响和国际经贸局势波动。一是搭建“走出去”民营企业复工复产服务平台。推出“走出去”民营企业抗疫服务包，与中国贸促会开展办理疫情不可抗力事实性证明工作，出具不可抗力事实性证明7004件，涉及合同金额约6900亿元；与中国信保签署战略合作协议，共同为民营企业办理进口预付款保险,举办“助力民企走出去”微讲堂，13个省级工商联与信保分支机构联动服务企业；与中国银行共同启动普惠金融服务“走出去”企业行动，27个省级工商联与当地中国银行建立常态化合作机制。“一带一路”信息服务平台成功上线。二是创新开展国际经贸对接交流活动。积极参加国家级双多边机制下的经贸活动，举办以“疫情下中非工业与贸易合作的机遇与挑战”为主题的2020年中非民营经济合作论坛，参与2020中国国际服务贸易交易会、第三届中国国际进口博览会。举办世界旅游经济论坛、中非投资推介暨驻华使馆与民营企业面对面、中国驻东盟国家经商参赞与民营企业家云对话等数10场线上经贸交流活动。与63个国家的76家海外主流商协会等单位机构保持线上沟通，积极宣介我国抗击疫情成果和制度优势。三是实施以“送政策、送服务、防风险”为主要内容的“两送一防”助推民营企业高质量“走出去”行动。首次组织开展线上境外服务活动，推送惠企政策，及时协调相关部门解决减免进口产品关税、海外工程劳资纠纷、防疫物资出口等企业诉求。与商务部等联合印发《关于促进对外设计咨询高质量发展有关工作的通知》，发布45个境外经贸合作区指南，以及179个国家和地区疫情防控、复工复产等风险提示和“走出去”企业疫情防控资讯，组织民营企业境外疫情防控专题讲座，在线点击量超过196万人次；举办民营企业境外合规经营风险防范培训班，累计培训达3000人次。各地也都充分发挥特色优势服务企业走出去，比如江苏、福建、广东等地推动国内外商协会合作和上海打造的走出去民营企业国际商事调解服务平台等都很有成效。

（七）持续推动优化法治化营商环境

我们认真学习习近平法治思想，深入领会“法治是最好的营商环境”的重要论断，促进营商环境改善，帮助企业化解疫情下的法律风险，引导企业依法经营、依法治企、依法维权。一是推动优化营商环境。贯彻落实《优化营商环境条例》。组织开展2020年万家民营企业评价营商环境工作，4万多家企业参与调查，评价报告在温州“两个健康”论坛上发布，社会各界给予广泛关注。各地也纷纷推进政企沟通，江西开展全省营商环境评价、云南开展民企评议政府职能部门工作，都是促进营商环境改善的有力举措。二是切实加强法律服务。成功举办第二届民营经济法治建设峰会，发布首份法治民企报告；持续推进“法律三进”，组织《中华人民共和国民法典》宣讲解读；全国范围内开展民营企业专项“法治体检”活动3万多场次，覆盖企业超过17万家，开展企业风险防范与合规管理培训。加强疫情防控期间民营企业法律服务工作，发布企业法律指引，开展法律适用解读，向最高人民法院报送司法保护建议。三是强化法律维权。完善与司法部门高层会商机制，推进部际合作。充分发挥法律维权服务中心职能，协调联动省级工商联，推动解决近70件民营企业维权纠纷案件。启用商会调解平台，举办商会调解能力建设培训班，持续打造商会调解品牌。截至目前，各级工商联所属商会已建立调解组织2051家，2018年以来调解矛盾纠纷6.5万件。一些地方工商联积极探索维护企业合法权益工作，湖北、江西、四川等省成立维权服务中心并大力推进民营企业法律服务省市全覆盖，辽宁省成立中小企业律师团，都值得借鉴。四是创新开展标准化工作。成立全国工商联标准化工作委员会。与市场监督管理总局联合召开民营经济领域标准化工作推进会，与国家标准委共同印发规范工商联所属商会开展团体标准化工作的意见，推动落实“八项提升、八项支持”措施，助力企业高质量发展。五是参与构建和谐劳动关系。会同国家劳动关系三方联合印发疫情防控期间稳定劳动关系、支持企业复工复产的意见，开展“和谐同行”千户企业培育行动，实施“失业保险惠企政策进民企”特别推送，鼓励企业与员工开展集体协商、共克时艰。参与全国就业与社会保障先进民营企业表彰、全国厂务公开民主管理工作先进表彰。与有关部门联合开展全国民营企业招聘月活动、金秋招聘月活动、湖北高校毕业生就业促进行动。其中在民营企业招聘月活动中，3500家民营企业提供就业职位超过1.5万个，招聘人数近30万人。

实践证明，只要优化营商环境，厚植发展土壤，企业的创新活力就会充分迸发，创业激情就会充分涌流，民营经济就会展现新的蓬勃气象！

（八）协同推进工商联组织建设

我们认真贯彻落实中办国办30号文件和中办57号文件精神，以工商联所属商会改革为重点，持续夯实工商联的组织基础和工作基础。一是研究攻坚商会改革难题。注重顶层设计，研究制定本届内商会改革重点任务推进方案，与民政部联合出台乡镇街道商会登记管理文件，召开全国工商联商会工作会议，总结成效、把握方向、交流经验、部署工作。通过积极培育和发展新商会、争取领导和管理商会党建工作、大力发展工商联团体会员、探索组建专业委员会等多种形式，使商会组织覆盖更多以民营经济为主体的行业领域。目前由工商联作为业务主管单位的所属商会达到3万个，比改革前增加约7千个。推动直属商会改革做示范，制定出台打造中国特色一流商会的三个基础制度文件，成立直属商会综合党委，在直属商会试点成立党委和党建工作委员会，将直属商会党组织镶嵌到决策监督管理层，组织开展“八个一”活动，推动商会党建“破题”。以评促建，开展全国“四好”商会认定工作，组织“互学互促”活动，落实“学一防一推送一”工作部署。二是加强对地方工商联的指导服务。加强对工商联系统改革工作指导，召开工商联深化改革座谈会，对深化地方工商联改革进行再动员、再部署，推动8家省级工商联出台深化改革方案，持续开展省级工商联工作评价。大力加强“五好”县级工商联建设，开展“一个设立、五个有”回头看专题调研，摸清工作底数，实施分类指导。目前全国各级工商联组织共有3420个，基本实现了应建尽建。首次组织开展工商联理论研究和工作实践创新优秀成果评选活动。三是加强民营经济代表人士队伍管理。与中央纪委国家监委驻中央统战部纪检监察组联合出台文件，加强对企业家副主席副会长遵守行为规范情况的监督管理。开展企业家副主席副会长执委履职情况评价，建立履职档案，激发履职活力。规范民营经济代表人士谈心交心工作。地方工商联在组织建设上积极探索，广东“五联五防”改革举措以及江苏、浙江推进商会改革的许多做法，值得大家借鉴。

（九）以巡视整改为契机加强工商联机关建设

我们深入学习贯彻习近平总书记关于巡视工作的重要指示精神，认真配合中央第一巡视组工作，以整改推动工商联自身改革发展。一是推进工商联制度体系建设。全面梳理工商联制度建设成效，形成工商联制度体系建设情况的报告，并报送中央统战部。针对整改问题，重新梳理工作思路，出台了关于舆情风险应对、工商联职责定位研究等多个工作方案。注重举一反三，进一步改进和完善了贯彻落实习近平总书记重要指示批示、思想引导与经济服务深度融合、履行意识形态主体责任等工作制度。二是创新机关工作方式。推进网上工商联建设，通过视频会、飞书文字交流、在线调研、网上直播等形式，召开工作会议，组织座谈访谈，开展企业培训，发布调研成果。全年共举办6期工商联大讲堂、3期“两个健康”主题展览，以网络直播等方式举办的13期德胜门大讲堂，累计收看达1450万人次；召开小微企业融资状况报告网络发布会，参与直播媒体平台近30家，网络观看量超过1000万人次。三是加强机关建设。全国工商联党组认真接受中央政治巡视，针对反馈意见，梳理出56个问题，制定了157个整改措施，明确了责任分工，狠抓整改落实，取得了阶段性成效。认真履行全面从严治党主体责任，持续落实“六好”党建工作机制，推进“模范机关”创建，打造“第一方阵”。强化执纪监督“第一种形态”，组织开展警示教育，严肃查处违纪案件。强化干部教育培训、选拔任用，提升工作能力。持续改进工作作风，加强会议活动统筹，全年会议同比减少42%。组织开展机关基础管理专项提升工作，加强保密管理，扎实推进直属单位改革。多地工商联以接受巡视为契机，结合推进改革各项工作，不断加强机关建设和干部队伍建设。

同志们！这些成绩的取得是党中央坚强领导的结果，是中央统战部直接领导的结果，是各级党委政府大力支持的结果，也是各级工商联和各位执委共同努力、密切配合的结果。在此，我代表全国工商联向大家表示衷心的感谢！

在总结成绩的同时，也要看到，我们工作中还存在诸多问题和不足。比如，帮助民营企业纾困解难、推动政策落实的方式和手段不多，民营经济人士思想动态掌握不够全面，新时代理想信念教育有待深化，各地工商联改革发展不平衡，干部队伍素质需进一步提升，等等。这些都需要努力加以解决和改进。

二、深入学习贯彻党的十九届五中全会精神和中央经济工作会议精神

近期，党的十九届五中全会和中央经济工作会议胜利召开，习近平总书记发表重要讲话。“十三五”时期，在以习近平同志为核心的党中央坚强领导下，我国经济社会发展取得新的历史性成就，经济实力、科技实力、综合国力和人民生活水平跃上新的大台阶，全面建成小康社会胜利在望，中华民族伟大复兴向前迈出了新的一大步。“十四五”时期我国将进入新发展阶段，党中央着眼全面建设社会主义现代化国家目标，审时度势做出我国仍然处于重要战略机遇期，但机遇和挑战都有新的发展变化的科学判断，以及构建新发展格局的战略抉择。明年是我国现代化建设进程中具有特殊重要性的一年，中央经济工作会议提出深化在严峻挑战下做好经济工作的5个规律性认识，同时紧紧围绕贯彻新发展理念、构建新发展格局，立足当前求稳，放眼长远求进，对财政政策、货币政策做出部署，明确了8方面重点任务，提出了系列重大举措。站在两个一百年目标的历史交汇点上，各位企业家执委和各级工商联领导干部要认真学习贯彻中央系列决策部署，坚持胸怀大局、把握大势，强化机遇意识、风险意识，善于从讲政治的高度思考和推进企业发展与工商联工作，坚定战胜困难、应对挑战的意志和决心，集中精力办好自己的事情，努力成为参与构建新发展格局的行家里手。

构建新发展格局，需要民营企业深度参与培育完整的内需体系，促进生产、分配、流通、消费各环节循环贯通，助力提升供给体系对国内需求的适配性。形成强大国内市场是构建新发展格局的重要支撑。扩大内需，核心是实现供给质量提升和消费提质扩容。14亿人的内需大市场是我们发展的最大优势。但长期以来，制造业等很多领域产能过剩，而高端产品、公共产品、公共服务等领域供给严重不足。中央经济工作会议强调紧紧扭住供给侧结构性改革主线，提出注重需求侧管理，明确要求把扩大消费同改善人民生活品质结合起来，有序取消一些行政性限制消费购买的规定，充分挖掘县乡消费潜力；合理增加公共消费，提高教育、医疗、养老、育幼等公共服务支出效率。这预示着，未来中国市场的巩固扩大和良性提升需要从供需两端发力，政策将会在以改善民生为导向的扩大有效需求上持续加力，从合理引导消费、储蓄、投资等方面做出有效制度安排，提高居民消费能力，激发居民消费意愿，最终形成需求牵引供给、供给创造需求的更高水平动态平衡。目前，国内居民消费升级趋势明显，国家正在积极扩大“两新一重”投资，推行“出口转内销”，深化收入分配制度改革，完善居民社保体系，支撑消费的政策体系正在完善，国内消费市场潜力加速复苏释放。今年三季度全国服务业增加值增长4.3%，增速环比增长2.4个百分点；实物商品网上零售额6.6万亿元，环比增长15.3%。扩大内需，民营企业是主力。一方面，要助力扩大消费需求，在稳定企业发展的同时，想尽办法稳岗扩员，构建和谐劳动关系，承担员工社保单位缴纳责任，稳步提升员工工资水平，不断增强员工消费能力。另一方面，要助力扩大投资需求，科学研判行业发展形势，在改善人民生活品质的行业领域加大投资，积极发展消费型产业高端产品的进口替代，持续创新商业模式、拓展下沉市场、发展服务消费，努力以高质量的产品服务培育新的消费增长极。

构建新发展格局，需要民营企业发挥科技创新主体作用，扎根实体经济，加大研发投入，打好关键核心技术攻坚战，助力实现产业链、供应链、创新链的自主可控和良性循环。产业链供应链安全稳定是构建新发展格局的基础，其中科技自立自强是关键支撑。今年是中国的科技大年，火星探测任务首次实施，嫦娥五号登月采样，九章量子计算机闪亮问世，中国新一代“人造太阳”开始放电等一系列科研取得了重大进展，极大振奋了民心。制造业是立国之本，是实体经济之基，但目前在一些关键领域我们仍然被“卡脖子”。中央经济工作会议明确提出强化国家战略科技力量，增强产业链供应链自主可控能力。民营企业是制造业和科技创新的主体，要有为国创新的担当，不断加大研发投入，加强“微创新”和“再创新”，带动提升原始创新能力。行业领军企业要积极组建创新联合体，敢于参与“揭榜挂帅”，重点在进口依存度比较高的高技术产业上着力，锻长造优，补齐短板，促进关键领域核心技术自主安全可控，助推国民经济体系整体效能提升。在5G商用、大数据、移动支付、电子商务等领域，具备先发优势的民营企业要加速优化升级，在产业优势领域精耕细作，搞出更多独门绝技，同时带动中小企业创新，持续增强产业链韧性和竞争力。

构建新发展格局，需要民营企业树立系统观念，积极稳健扩大有效投资，防范化解各种风险挑战，积极投身社会事业，助力推动经济与金融的良性循环、发展与安全的相互统筹、区域与城乡的协同发展。建设实体经济、科技创新、现代金融、人力资源协同发展的现代产业体系，是构建新发展格局的重要基础。实体是金融的根基，金融是实体的血脉，两者相互依存。民营企业要坚守实体经济，避免脱实向虚。民营房地产企业要坚持“房住不炒”原则，积极参与保障性租赁住房和长租房市场建设，促进房地产市场平稳健康发展。民营金融类企业和平台企业开展金融创新必须在审慎监管的前提下进行，坚持以服务实体经济为方向，努力降低实体企业资金成本，持续巩固合力缓解融资难融资贵的良好态势。构建新发展格局，安全是保障。近期债券市场违约现象增多，加之受海外疫情冲击和市场扰动，资本市场风险加大，一些企业股权质押风险隐患仍存，部分大企业的潜在风险在产业链上的传导逐渐显性化。中央经济工作会议明确提出，要抓好各种存量风险化解和增量风险防范。民营企业要坚持底线思维，提高风险预见预判能力，严密防控法律风险、金融风险、舆情风险和海外风险，努力做好预警预案。城乡区域经济循环是国内大循环的重要方面。中央经济工作会议强调要大力发展数字经济，加大新型基础设施投资力度，扩大制造业设备更新和技术改造投资，完善支持社会资本参与的机制和政策；实施城市更新行动，推进城镇老旧小区改造，建设现代物流体系；巩固拓展脱贫攻坚成果，做好同乡村振兴有效衔接。这将为民营企业扩大有效投资提供更多机遇。广大民营企业要强化战略规划引领，坚持绿色发展，优化产能布局，在参与城市群、都市圈建设中，在参与乡村振兴、发展社会事业中，积极扩大有效投资，实现自身结构转型，为促进新型城镇化和区域协调发展、促进民生改善、生态保护、推进共同富裕取得实质性进展作贡献。

构建新发展格局，需要民营企业更好利用国际国内两个市场、两种资源，努力塑造国际合作和竞争新优势，助力高水平对外开放，实现国际循环与国内循环的相互促进。今年以来，中国国际进口博览会的再次举办，RECP协议的成功签署，自贸区、自贸港、自贸岛等对外开放新高地的加速建设，标志着对外开放进入新阶段。特别是，国际抗疫合作更是体现了我国恢宏的世界胸怀和坚定的大国担当。前不久，总书记还宣布我国正在积极考虑加入全面与进步跨太平洋伙伴关系协定。中央经济工作会议强调要实行高水平对外开放，推动改革和开放相互促进。未来，我国的对外开放将会以制度开放为重点，以稳外资稳外贸为基点，以“一带一路”建设为着力点，全面推进对外开放，努力增强国内市场引力，带动国际市场循环，不断提高全球资源配置能力。这为广大民营企业加快提升发展质量和效益，在新的经济全球化格局中塑造国际合作和竞争新优势，提供了更多机遇。

构建新发展格局，需要民营企业准确把握宏观调控政策，用好政策机遇，遵守政策约束，坚持守法诚信经营，提高公司治理水平，助力推动有为政府和有效市场的更好结合。当前，我国经济运行逐步恢复常态，但基础尚不牢固，疫情变化和外部环境仍存在诸多不确定，各类风险不容忽视。中央经济工作会议强调要巩固拓展疫情防控和经济社会发展成果，更好统筹发展和安全，继续做好“六稳”工作、落实“六保”任务，科学精准实施宏观政策，努力保持经济运行在合理区间。这也表明，短期调控和长期改革相互衔接将会成为推动中国经济稳中求进的基本思路。明年宏观政策保持连续性、稳定性、可持续性，与减税降费、普惠金融、资金直达基层等纾困惠企政策措施一体化推进，将会充分发挥集成效应。尤其是政策操作更加精准有效，保持宏观杠杆率基本稳定这一提法，有利于更好稳定市场预期，引导资金有序流入实体经济，也预示着对于科技创新、制造业、小微企业、绿色发展的信贷支持仍将保持一定强度，重大科技产业体系有望获得更多金融支持。这为民营经济实现恢复性增长提供了有力的政策扶持。建设规范的市场秩序是有效市场和有为政府的重要结合点。前不久市场监管总局公开征求平台经济领域反垄断指南的意见。中央经济工作会议明确提出要放宽市场准入，促进公平竞争，保护知识产权，建设统一大市场，营造市场化、法治化、国际化营商环境；支持平台企业创新发展、增强国际竞争力，强化反垄断和防止资本无序扩张。这对民营企业尤其是平台公司依法规范发展、优化公司治理、守法诚信经营提出了更高要求，也为中小民营企业创新营造了公平竞争环境，开辟了广阔发展空间。大型民营科技公司要胸怀两个大局，放眼全球市场，坚守行业价值，全力培育产业链，打造更加健康、更具国际竞争力的企业生态系统，努力承担起推进科技创新、推动社会进步的历史使命。

同志们！党中央要求，构建新发展格局明年要迈好第一步，见到新气象。我们坚信，有以习近平同志为核心的党中央的坚强领导，有全国人民的砥砺奋进，有民营企业的创新奋斗，我国经济一定能克服风险挑战，行稳致远，迈向更加光明的未来！

三、2021年的工作

2021年是中国共产党成立100周年，是“十四五”开局之年，是开启第二个百年目标新征程的第一年。2021年工作总体思路是，以习近平新时代中国特色社会主义思想为指导，认真学习贯彻党的十九大和十九届二中、三中、四中、五中全会精神以及中央经济工作会议精神，深入学习贯彻习近平总书记关于新时代民营经济统战工作和工商联工作重要指示批示精神，适应新发展阶段，贯彻新发展理念，构建新发展格局，紧扣“两个健康”，落实“四会”要求，树立系统观念，以弘扬企业家精神为重点，加强民营经济人士思想政治建设；以推动企业创新和数字化转型为引领，服务民营经济高质量发展；以“万企兴万村”行动为载体，努力推进乡村振兴、促进共同富裕；以制度机制建设为抓手，持续深化工商联及所属商会改革发展，以优异成绩庆祝中国共产党成立100周年。

（一）加强政治引领，广泛凝聚民营经济人士思想共识

把团结好、引导好民营经济人士作为一项重要任务，提高运用统战法宝的能力，积极推进思想观念、方式方法、手段载体创新，推动统战传统优势与现代信息技术融合，切实把坚持党的领导不折不扣落实到民营经济领域，更好地凝聚共识、汇聚力量。

贯彻落实总书记重要指示批示，做到“两个维护”。在全系统组织开展政治理论学习系列活动，重点学习贯彻党的十九届五中全会、中央经济工作会议和全国民营经济统战工作会议精神，特别是要学深悟透习近平总书记关于新时代民营经济统战工作的重要指示和关于修订统一战线工作条例的重要讲话精神，切实抓好新修订条例的学习培训、宣传解读和贯彻落实工作。落实好《全国工商联党组贯彻落实习近平总书记重要指示批示办法（试行）》，建立常态化工作机制，加强督促督办。

深化理想信念教育，筑牢思想根基。深入推进理想信念教育，组织开展庆祝建党100周年系列活动。与中央统战部联合印发民营经济人士理想信念教育的意见，召开理想信念教育工作会议，以“厚植爱国情、奋进新时代”为题举办新时代民营经济人士理想信念教育报告会，开展知名企业家进高校活动，继续推进理想信念教育基地建设。深入开展民营经济人士思想

状况调研。依托民营平台企业，打造民营新媒体传媒矩阵，在各级执常委企业、各级工商联中选拔培养建立一批宣传员骨干，加强和改进工商联系统的宣传工作。深化民营经济领域舆情分析研判，强化舆情引导。加强年轻一代思想引导，实施年轻一代民营经济人士健康成长促进计划。组织开展民营企业纾困、民营企业家传统文化、工商联十二大代表培训。

推进法治民企建设，促进守法诚信。持续开展“法治体检”“法律三进”，举办第三届民营经济法治建设峰会，制定《法治民企行动方案（2021—2025）》。与有关部门启动“援企稳岗政策进民企”专项行动，落实劳动关系“和谐同行”行动计划。推动构建亲清政商关系，征集先进典型，开展案例研究，出台政商交往“清单”，召开构建亲清政商关系交流推进会议。

启动“万企兴万村”行动，增进家国情怀。研究部署“万企兴万村”行动，引导民营企业参与乡村振兴战略实施。持续推动民营企业履行社会责任品牌化、常态化、标准化、平台化，充分发挥光彩事业在“万企兴万村”行动中的重要作用，探索民营企业参与乡村振兴的新模式。

完善联系调研机制，强化情感认同。继续下沉基层一线开展联系调研，重点覆盖县级工商联和小微企业，优化执常委企业参与联系调研工作方式。持续落实与知名民营企业家的谈心交心制度，加强与企业家自组织的联系，不断扩大工商联工作覆盖面。

加强民营经济领域党建，扩大“两个覆盖”。加强民营企业党建先进典型宣传，举办年轻一代党员出资人培训班，努力推动省级工商联执委企业实现党的组织和党的工作“两个覆盖”。发挥全国工商联直属商会综合党委作用，指导地方加强商会党建工作，着力提高商会党建水平。

（二）创新经济服务，有效组织民营企业参与构建新发展格局

做实服务平台，创新服务载体，提高服务经济社会发展的能力，引导民营企业立足扩大内需战略基点，扎根实体经济，提供高质量供给，实现高质量发展。

服务惠企政策落实，积极反映企业意见和建议。围绕党和国家重大决策部署，积极参加高层政治协商，履行参政议政、资政建言政治职能。组织开展促进民营企业参与乡村振兴政策体系重点调研，配合做好民营经济代表人士专题调研，更好发挥工商联界别委员作用，组织民营经济代表人士通过工商联主渠道建言献策。围绕优化民营经济发展环境，持续跟踪民营企业运行状况和惠企政策落实情况，开展系列调研活动和政策研究，及时收集反映民营企业诉求，充分发挥中国民营经济研究会和全国工商联智库作用，不断提高建言献策精准度和有效性。积极参与“十四五”规划《纲要》编制，围绕促进“两个健康”提出具体落实措施。

服务企业技术创新，引导创新要素向企业集聚。召开民营企业科技创新工作会，举办民营企业科技成果对接会，编制发布中国民营企业创新指数和中国民营企业科技创新100强榜单。持续开展创新型成长型民营中小企业发掘工作，开展赋能对接。做好中小微企业联系服务工作，推动各省级工商联成立小微企业工作委员会。组织开展信息产业和生产性服务业民营企业产业链协同发展状况、大型民营科技企业发展状况调研。出台推动民营企业两化融合发展的指导意见，举办民营企业数字化转型培训班，推进“数字化转型伙伴行动”。落实与金融机构合作协议，拓展“无接触贷款助微计划”服务面。推广温州新时代“两个健康”先行区创建经

验。持续开展万家民营企业评价营商环境工作，积极参与举办“中国企业论坛”。举办民营经济领域标准创新大会，以高标准助力高质量发展。

服务企业有效投资，助推区域和城乡协调发展。务实办好常委会议和主席高端峰会、中国民营企业500强峰会以及助推区域经济发展大会，配合开展西博会、中博会、青洽会、兰洽会、融洽会等经贸活动。召开工商联系统援藏援疆工作座谈会，继续组织开展民营企业南疆行等活动。

服务重点企业纾困，助力防范化解重大风险。跟踪了解民营企业股票质押情况和债券融资情况，会同有关部门推动重点民营企业纾困。开展民营企业信用体系建设调研，召开工作会议，推进重点企业“黑名单”比对，指导地方开展失信企业信用修复。

服务企业绿色转型，引导企业参与社会事业。认真落实关于支持服务民营企业绿色发展的意见，统筹推进污染防治与乡村振兴、国土绿化等工作。深化部际合作，引导民营企业积极投身教育、医疗、旅游、养老、居民服务、体育等社会事业。

服务企业国际化发展，引导企业参与“一带一路”建设。深入推进“两送一防”行动。探索深化走出去民营企业金融服务工作，开展“支持民营企业稳健走出去专项服务”。举办2021中非民营经济合作论坛、全国上市公司共建“一带一路”国际合作论坛、RCEP成员国使领馆与民营企业面对面、境外经贸合作园区推介会以及第十五届海峡两岸和香港、澳门经贸研讨会等经贸交流活动，与有关部门共同举办“一带一路”企业家大会、世界华人华侨工商大会。加强“一带一路”数据库建设，摸清民营企业境外项目底数，做好项目服务工作，指导企业防范化解境外项目风险。开展走出去民营企业跟踪调研，动态了解企业情况，积极协调解决困难问题。进一步完善“一带一路”信息服务平台，充分发挥平台引导服务民营企业走出去的作用。

服务企业产权保护，保障企业合法权益。推进与司法部门的实质性合作。加快推进法律维权信息化平台建设，召开商会调解工作推进会，发挥商会调解和法律维权服务中心作用，跟踪协调并推动解决部分热点案件。

（三）深化改革发展，全面提升工商联凝聚力影响力执行力

将制度建设贯穿始终，提高改革攻坚的能力，充分发挥工商联和商会在社会治理中的作用，一体化推进工商联系统的改革发展，为加强新时代民营经济统战工作、推动民营经济高质量发展提供坚实的组织依托。

深化工商联顶层设计。深入研究阐释习近平总书记关于“两个健康”和工商联工作的重要论述，组织开展新时代工商联职责定位系列研究。加强工商联制度建设，梳理构建新时代工商联制度体系基本框架。优化工商联组织体系，持续探索更好发挥工商联作为民间商会（总商会）功能的有效形式。适应新的职责任务变化，加快推进机关“三定”规定修订工作。

推进商会改革发展。深入落实全国工商联商会工作会议精神，推动改革重点任务落地。会同民政部门督促各地贯彻乡镇街道商会登记管理文件，联合推进异地商会归口管理工作。加强“四好”商会建设，探索创建商会团体标准体系，努力提升商会秘书处职业化水平。更好发挥全国工商联青委会作用，以地市级为重点推动各地组建青年企业家组织。

加强工商联组织建设。研究制定“十四五”期间商会发展规划，力争本届

内工商联所属商会和实际开展工作的商会，以及商会会员数量在现有基础上实现10%以上的增长。组织召开全国工商联组织工作会议。指导省级工商联加快改革，优化省级工商联评价。组织全国“五好”县级工商联认定，开展互学互促活动，继续落实“学一防一推送一”工作部署。加强对尚未完成“一个设立、五个有”的县级工商联的调研督导，举办“一个设立、五个有”未达标县级工商联主席书记培训示范班和地市级工商联主席书记培训示范班。推进会员制改革，加快推进工商联会员证件制作、发放和管理工作，开展市、县级工商联会员发展工作试点。继续组织开展理论研究和实践创新优秀成果评选。

配合做好换届调研。配合中央统战部做好中央关于工商联换届文件的调研。深入研究民营经济代表人士队伍政治安排的条件标准和工作程序，制定工商联十三大代表产生及名额分配办法，扩大选人用人视野。做好全国工商联直属商会换届工作。

加强模范机关建设。持续推动全国工商联深化改革总体方案落实。着力夯实党建工作基层基础，全面落实党建“六好”机制。指导各级工商联加强干部教育培训和实践锻炼，优化素质结构，持续推进正风肃纪，树立正确用人导向，营造健康向上、充满活力的机关文化。继续抓好常态化疫情防控工作。加快网上工商联建设，继续举办德胜门大讲堂、工商联大讲堂。巩固巡视整改成果，开展制度衔接和制度执行专项整治，统筹各类会议活动和课题研究，不断改进会风文风，坚决纠治形式主义、官僚主义。

同志们！新阶段赋予我们新使命，实现新目标需要新担当。让我们更加紧密地团结在以习近平同志为核心的党中央周围，锐意进取，扎实工作，以优异成绩迎接建党100周年，为全面建设社会主义现代化国家、实现中华民族伟大复兴的中国梦做出新的更大贡献！

徐乐江同志在全国工商联十二届四次执委会议上的讲话

（2020年12月22日）

全国工商联十二届四次执委会议就要结束了。会议期间，我们听取了高云龙主席代表常委会做的工作报告，听取了中央经济工作会议精神专题辅导，举办了知名企业助推广西发展大会，审议通过了有关人事事项，圆满完成了各项议程。下面，我就贯彻落实中央决策部署，完成好云龙主席在工作报告中提出的各项任务，讲三点意见。

一、坚持工商联事业发展正确方向，把思想和行动统一到中央精神上来

习近平总书记强调指出，党政军民学，东西南北中，党是领导一切的。工商联作为党的统战组织和政治机关，要把坚持党的领导作为根本原则，牢牢把握工商联事业发展的正确方向。

坚持正确方向，就要认真学习贯彻习近平总书记重要讲话精神，从统筹两个大局的高度研究谋划工作。习近平总书记指出，领导干部要胸怀两个大局，一个是中华民族伟大复兴的战略全局，一个是世界百年未有之大变局，这是我们谋划工作的基本出发点。今年以来，总书记着眼两个大局，亲自主持召开企业家座谈会，多次到地方和企业考察调研，围绕民营企业转型升级、发展实体经济、参与技术创新、承担社会责任等提出许多新要求。今年下半年，全国民营经济统战工作会议、党的十九届五中全会、中央全面依法治国工作会议和中央经济工作会议先后召开，总书记发表系列重要讲话，对许多重大问题做出战略部署，特别是对新时代民营经济统战工作作出重要指示，进一步丰富了习近平总书记关于加强和改进统一战线工作的重要思想。近期，习近平总书记主持召开中央政治局会议审议了《中国共产党统一战线工作条例》，就做好新时代统战工作提出明确要求。总书记的这些重要讲话和重要指示，为我们把握两个大局、推进工商联事业发展指明了前进方向，提供了根本遵循。各级工商联要组织开展学习研讨，引导机关干部和广大民营经济人士吃透精神实质，把握内涵精髓，把总书记的重要讲话和指示精神，体现到工商联围绕“两个健康”主题履行职能、发挥作用各个方面。要将服务“两个健康”工作放到两个大局中去思考和把握，引导民营经济人士坚定不移听党话、跟党走，把个人成长、企业发展融入全面建设社会主义现代化国家新征程，融入实现中华民族伟大复兴的中国梦中。

坚持正确方向，就要聚焦党中央重大决策部署，教育引导广大民营经济人士与党中央保持一致。党中央始终高度重视和大力支持民营经济健康发展。新冠肺炎疫情发生以来，以习近平同志为核心的党中央统揽全局，果断决策，统筹推进疫情防控和经济社会发展，从财政、金融、用工等方面出台了一系列扶持政策，助力企业战胜困难，很多民营企业快速走出困境，实现了“逆势增长”。但总体来看，目前民营经济还在逐步恢复常态，部分行业企业运营困难较大，一些企业面临的资金紧张问题还比较突出。近一段时期，企业债务违约“爆雷”、互联网金融快速发展缺乏有效监管等问题，存在的风险隐患逐渐显现；线上平台催生的新业态、新模式给经济发展带来新动能、满足人民美好生活需要的同时，也出现市场集中度不断提高、市场资源加速向头部平台集中的趋势，对市场公平竞争、资源有效配置、消费者权益保护都带来直接影响。实际上，企业遇到的困难和问题中，有的是长期积累又叠加疫情影响后集中爆发的，有的是企业早就存在的老问题，有的是企业探索创新过程中新出现的，当然也有一些是由于企业盲目扩张、风险管控不力引发的，还有一些是资本过度逐利引起的。中央经济工作会议将“强化反垄断和防止资本无序扩张”作为明年的一项重点任务，既支持平台企业创新发展，又重视反对垄断和不正当竞争，强调金融创新必须在审慎监管的前提下进行。全国工商联将探索成立平台企业、互联网金融企业相关商会组织或委员会，推动完善相关法律规范和运营规则。各级工商联要引导民营企业正确领会中央意图，清醒认识放任市场垄断、纵容野蛮生长对经济健康可持续发展的危害，不能舆论场有一点波动就左右摇摆，不能有一点“风吹草动”和“空穴来风”就对“两个毫不动摇”产生质疑。要引导企业始终坚定不移走好创新之路，同时要增强合规意识，主动接受监管，依法规范发展，维护市场公平竞争和社会公平利益。互联网企业、平台企业总部大多在发达地区，这些地区的工商联要更加重视做好政策解读和教育引导工作。中央经济工作会议指出，明年宏观政策将保持连续性、稳定性、可持续性，保持对经济恢复的必要支持力度，政策操作上要更加精准有效，不急转弯，把握好政策时度效。要认真组织传达学习中央的决策部署，深入宣传解读党心系民营企业的各项政策，引导民营企业家正确看待当前经营中的困难问题，坚定发展信心，努力推动企业转型升级、实现创新发展。企业家执委要发挥表率作用，增强机遇意识和风险意识，加强风险管控，扩大有效投资，特别是在科技创新上加大力度，提高资金、人才等资源的使用效率；要遵守国家政策和法律法规，自觉维护市场公平竞争，坚持理性发展，实现多方共赢。各级工商联虽然不是发展经济的主责部门，但是做民营经济统战工作就要关心了解民营经济。要关注明年第一季度民营经济情况。由于今年基数低，所以明年一季度宏观数据会很好看，但并不能说明企业问题就解决了、发展就平稳了。要积极发挥桥梁纽带作用，通过民营企业调查系统和各类专题调研、联系调研活动，区分不同地区、行业和大、中、小企业类型，及时调研了解企业发展遇到的困难问题，及时反映企业家的意见建议，为营造有利于民营企业健康发展的良好环境建言献策。

坚持正确方向，就要抓好工商联机关和民营经济领域的党建工作，把党的全面领导制度落到实处。完成好明年各项工作，关键是加强党的建设，发挥好各级工商联党组的领导核心作用，发挥好基层党组织的战斗堡垒作用和广大党员的先锋模范作用。各级工商联党组要真正担起党建工作主体责任，班子成员和领导干部要切实履行“一岗双责”。全国工商联和各省级工商联党组要树立大抓基层的鲜明导向，针对机关、直属单位和所属商会党组织特点，坚持分类研究和指导推进，切实解决部分基层党组织弱化、虚化、边缘化问题。要按照同级党委安排，积极参与做好民营企业党建工作，切实履行对所属商会党组织的领导和管理责任，推动商会党建全面破题，带动商会会员企业党建质量提升，促进民营企业和商会党建与现代企业治理、商会法人治理有机融合，发挥商会党建和企业党建的政治引领作用。各位企业家执委要重视和支持企业党建工作，积极为党组织和党员发挥作用提供条件。

二、强化思想政治引领，履行好工商联促进“两个健康”核心职能

工商联的工作主题是“两个健康”，也是我们的核心职能。民营经济健康发展，民营经济人士健康成长是前提。工商联工作做得好不好，关键是对民营经济人士的教育引导和政治引领工作强不强。要以人的健康成长保证和促进企业的健康发展，实现“两个健康”深度融合、共同发展。在12月8日召开的中央党外人士座谈会上，习近平总书记提出了“深化学习、提高认识”“统一思想、发挥优势”“加强引导、凝聚共识”三点希望。落实总书记的指示要求，关键是强化思想引领，重点要做好以下工作。

一要关注思想状况，增强工作针对性。在我国深化改革、扩大开放、建设中国特色社会主义的伟大实践中，广大民营经济人士普遍拥护党的集中统一领导，拥护我国的根本政治制度和基本经济制度，拥护党和国家的方针政策。特别是我国抗击疫情的显著成效，“中国之治”与“西方之乱”形成鲜明对比，更加坚定了大家对以习近平同志为核心的党中央的高度信赖，对中国特色社会主义道路、理论、制度、文化的充分自信。许多民营经济人士思想觉悟高，主动服从服务于党和国家大局，积极承担社会责任，得到了社会的广泛认可。随着国际国内形势发展变化，民营经济人士的价值观念、利益诉求日趋多样，及时了解民营经济人士的思想困惑，有针对性地做好教育引导工作，是民营经济统战工作的重点和难点。下一阶段，要扎实开展思想状况调研，及时了解民营经济人士的思想状况，更好为民营经济人士解疑释惑。要高度关注网络舆情，进一步细化落实舆情引导工作机制，主动回应社会关切。今年，一些民营企业和民营经济人士在网络上处于风口浪尖，民营医院参与抗疫、平台企业履行社会责任、一些企业涉法涉诉、个别人士公开言论等情况，引发炒作。有些企业因舆情发酵，给生产经营带来了不利影响。这些都对民营经济人士的思想动态、社会形象产生了负面影响。我们要更加重视网络舆论阵地建设，及时了解和回应社会上涉民营经济和民营经济人士的舆情，及时澄清和反驳各种杂音、噪音，为“两个健康”营造风清气正、积极向上的舆论环境。

二要抓住重点环节，注重工作协调性。当前，民营经济市场主体超过1.2亿。推动工商联工作在民营经济领域广覆盖，必须抓住重点，发挥撬动效应。要抓好代表人士队伍这一重点群体。目前，各级工商联执委有23万余人，都是在一定区域、行业内有一定示范效应和社会影响力的知名人士。明后年工商联将进入集中换届期，要集中系统力量，深入调查研究，全面分析研判民营经济代表人士队伍建设情况，为换届工作提前做好准备。要关注小微企业中的代表人士，不断扩大代表人士的广泛性、代表性。要抓住商会这一重要组织依托。据统计，工商联作为业务主管单位的商会有3万余家，这是我们做好工作的重要基础和有力抓手。要培育和发展中国特色商会组织，引导商会积极发展会员；要加大理想信念教育在商会考核中的权重，推动统战工作向商会组织有效覆盖。在座的执委有些是商会的负责人，希望你们在商会建设中更加突出政治引领功能，把凝聚共识的工作放在首位。要抓好“网上工商联”平台建设。近年来，我们积极和国家有关部委沟通，各项工作正有序推进。下一步，要加强民营企业和民营经济代表人士基础数据库建设，为工商联换届工作提供数据支撑；要推进服务各级工商联和民营企业的移动端建设，扩大工商联网上工作覆盖面。要抓住理想信念教育基地这一重点阵地。当前，全国工商联已在井冈山、延安、西柏坡等地设立了11个理想信念教育基地，举办了直观形象、内容丰富的教育培训活动，学员普遍反映收获很大。下一步，要重点研究如何利用好现有基地，根据各自特点深入挖掘教育资源，打造特色亮点品牌，发挥其示范作用。各地也可以充分利用自己的特有资源，设立一些理想信念教育基地。要抓好建党100周年这一重大节点。明年是中国共产党成立100周年，要按照党中央统一部署，深入开展党史教育，增进民营经济人士对中国共产党和中国特色社会主义的政治认同、思想认同、情感认同，引导他们富而有德、富而有爱、富而尽责。

三要把握“十字方针”，体现工作包容性。《关于加强新时代民营经济统战工作的意见》首次把“信任”纳入民营经济统战工作方针并摆在首位，提出了“信任、团结、服务、引导、教育”的“十字方针”，为我们做好民营经济人士工作提供了理念指引、方法指导和工作范畴。我们一定要深入学习理解习近平总书记“两个重大”“内在要素”“自己人”等重要论断，发挥企业家执常委主体作用，让企业家站前台、当主角。要推进建立基于信任的政企沟通机制，引导民营企业家在自我学习、自我教育、自我提升中提高道德修养和人格力量，增强在工商联工作中的责任担当。要以开阔坦荡的胸襟加强与民营经济人士的思想交流，营造讲真话、进诤言的良好氛围。只要是坚持党的基本理论、基本路线、基本方略，对问题的各种不同意见，哪怕刺耳一些、尖锐一些，都要允许大家讲出来，都要能够听得进去。说得对要采纳，说得片面或者错误，要主动加以引导，及时进行纠正。要持续落实与企业家谈心交心制度，也希望广大企业家执委敞开心扉、有一说一，及时反映思想认识、观点建议。

四要促进相互融合，提升工作实效性。民营经济统战工作是经济工作与统战工作的“叠加学科”，既要懂得党的统战工作艺术，又要熟悉经济工作方法。要推动教育与服务相融合，下大力气破除工作中存在的教育与服务“两张皮”现象。前不久，全国工商联印发了《关于进一步加强思想引导和服务工作深度融合、促进“两个健康”的实施意见》。各级工商联要抓好落实，在思想政治工作中做好服务,在服务工作中增进共识。要持续推进温州新时代“两个健康”先行区建设，做好现有经验的总结和推广工作，扩大创建范围，发挥示范带动作用。同时，要讲究工作方法和艺术，坚持正面激励与制度约束相结合。我们既要积极树立表扬先进典型，激励带动更多民营企业家争做“四个典范”，又要加强代表人士管理。近期，全国工商联与驻部纪检监察组还将对企业家副主席、副会长遵守行为规范做出工作安排。

三、提高工商联系统整体效能，切实抓好明年各项工作落实

近年来，全国工商联高度重视形成系统内外合力，协同联动推进工作。在与外部协同上，主动加强与中央有关部委、司法机关、金融机构、国有企事业单位和地方党委政府的合作，积极参与部际联席会议，取得了良好效果。在内部协同上，出台了一系列文件，制定了一系列制度，在重点工作中实现了上下一体、同步推进，共同打造出一批具有社会影响力的工作品牌。组织网络体系健全，是工商联最大的工作优势。各级工商联服务对象相同，工作主题相同，职责任务相同，共用同一部章程，上下级间具有工作指导关系，要进一步“强三性”“去四化”，加强纵向联动、横向协作，实现整个系统有机融合，以提升系统合力促进重点工作落实。

一要充分调动各方面积极性。各级工商联、所属商会、民营企业都要结合自身职责，主动担当作为，增强干事创业热情，创造性开展工作。对于涉及工商联工作全局的问题，包括新时代工商联职责定位研究、党的建设和组织体系建设、工商联所属商会发展规划制定、年轻一代健康成长促进计划实施等，全国工商联要搞好顶层设计，为地方工商联提供引领和指导。做顶层设计时，要重视对地方经验的提炼，注意听取地方工商联、所属商会和民营企业的意见建议。地方工商联、所属商会、民营企业要发挥首创精神，因地制宜，大胆探索，努力形成更多可复制、可推广的经验。明年，全国工商联将更多采取分区域召开片会的形式，根据各地实际情况，有针对性地指导和推动地方工商联改革发展。系统上下、左右要共同努力，推动形成顶层设计和基层探索良性互动的格局。

二要切实突出工作重点。各级工商联、所属商会、民营企业要把推进系统协同和抓好明年重点工作结合起来。近3年来，全国工商联以推动改革工作为重点，注重发挥改革对其他工作的带动作用，在一些方面实现了新突破，推动工商联工作取得整体进步。工商联工作的整体进步也为改革提供了良好环境，要深入总结这方面的经验，应用到各项工作中。中央经济工作会议要求，构建新发展格局明年要迈好第一步，见到新气象。我们要充分发挥民营经济领域人才、智力优势和工商联的渠道优势，着眼构建新发展格局、推动高质量发展，围绕经济平稳运行、深化供给侧结构性改革、优化区域协调发展、防范化解风险等重点任务，围绕促进民营企业参与乡村振兴政策体系、智能制造业企业发展状况等重点课题，深入调查研究，为中央制定政策提出更多建设性的意见建议。要推动落实好党中央关于为中小企业纾困发展的各项政策部署，推动营商环境不断优化。要认真抓好庆祝建党100周年系列活动、“万企兴万村”行动、推动企业创新转型等重点工作，以点带面、整体推进，促进“两个健康”工作整体提升。这些重点工作，都需要举全系统之力，需要各单位各部门从人员、经费、精力等方面做好重点保障。

三要着力推动有效协作。各级工商联、所属商会、民营企业要强化协作意识，增强协作主动性，找准协作载体，推进协作不断深化。要推进理论研究协作，围绕涉及“两个健康”和工商联工作的重要理论，从全国工商联、地方工商联、直属商会、智库、民研会同时抽调人员，科学配备研究力量，共同研究重大问题，必要时还可以邀请民营企业参与。要推进实践工作协作，在机关干部、民营经济代表人士培训，以及联系调研、考察调研等方面，上下级工商联、工商联和商会之间可以联手举办，在实践协作中交流经验、增进了解。

四要抓好“两支队伍”建设。形成系统合力，促进“两个健康”，关键是靠各级工商联机关干部和民营经济代表人士“两支队伍”。各级工商联要对“两支队伍”建设一体谋划、一体部署、一体推进。各位执委都是工商联领导机构的成员，本身就是工商联系统的一员，自身言行代表着工商联形象，要进一步增强工商联组织意识和执委意识，更加主动参与工商联工作，认真履职尽责，积极发挥作用。近年来，各级工商联多名执委因涉嫌违法犯罪或企业经营、个人言行等问题被免职、撤职或主动请辞。各地要深刻吸取教训，引以为戒。同时，各级工商联对他们不能“退避三舍”，从此不管不问。虽然他们不在工商联担任职务，但身份仍然是民营经济人士，还是要加强沟通联系，做好日常的引导和服务工作。

同志们，我国将进入新发展阶段，乘势而上开启全面建设社会主义现代化国家新征程。新的征程是千帆竞发、百舸争流的征程，也是工商联大有可为、大有作为的征程。让我们在习近平新时代中国特色社会主义思想指引下，上下一心，协调一致，锐意进取，真抓实干，为“十四五”开好局、起好步做出积极贡献。

第四部分　领导讲话

高云龙同志在全国工商联商会工作会议上的讲话

（2020年11月23日）

今天，我们召开全国工商联商会工作会议，主要任务是认真学习贯彻党的十九届五中全会精神，深入学习贯彻习近平总书记关于新时代民营经济统战工作的重要指示和全国民营经济统战工作会议精神，总结商会改革发展实践，分析研判新形势新任务，研究部署下一步重点工作。下面，我讲三个方面内容。

一、商会改革发展取得积极成效

中共中央办公厅、国务院办公厅印发《关于促进工商联所属商会改革和发展的实施意见》（以下简称《实施意见》）两年以来，我们把推进商会改革发展，作为贯彻落实习近平总书记重要指示批示和党中央重大决策部署的实际行动，坚持问题导向、目标导向、结果导向，推动落实各项改革任务，取得了积极成效。

（一）商会改革合力正在形成

我们加强顶层设计和统筹协调，在把握改革方向、推动工作落实上不断加大力度。与中央统战部联合印发了进一步做好《实施意见》贯彻落实工作的通知，制定了商会改革任务分解方案。加强与中央有关部委沟通协调，与民政部联合印发了乡镇街道商会登记管理规范性文件，着力解决商会登记等重点难点问题。通过召开会议、举办培训、进行试点推动商会改革，不断改进全国“四好”商会建设和直属商会评价工作，基本明晰了商会改革发展的基本路径。各地工商联积极探索，形成了一批各具特色的经验做法。目前31个省份及新疆生产建设兵团全部出台了商会改革贯彻落实方案，其中28个方案以省级党委政府两办名义印发。江苏、宁夏将商会改革发展纳入了党委政府工作考核内容，北京、浙江、山东等地建立了由统战部牵头的联席会议机制，天津、广西、贵州等地成立了工作领导小组，河北、辽宁、吉林等地将商会改革工作纳入了当地深化改革总体方案。安徽在商会立法方面开了先河。有些省份建立了省领导联系商会制度。在大家的共同努力下，各级党委政府和社会各界推动商会改革发展的合力初步形成。

（二）商会组织覆盖面不断拓展

各地采取多种方式，扩大商会组织覆盖面，壮大商会会员队伍。河北、山西、江西等地重点围绕商贸行业以及楼宇、园区组建新商会；江苏、天津、山东、重庆等地在新兴产业、新兴业态领域大力发展新商会；四川围绕当地产业规划、产业体系推动商会成立；辽宁、安徽、新疆等地协调民政部门，推动乡镇街道商会依法登记；上海、海南、云南等地将过去不开展工作的商会发展成为团体会员，加强联系服务；有20个省份在商会改革贯彻落实方案中，明确规定异地商会归口工商联管理。目前，全国经济类社会组织约10万家，工商联作为业务主管单位的商会有3万余家，会员企业超过400万家，数量均较改革前有了一定增长，商会工作覆盖面有所扩大。

（三）商会政治引导功能逐步显现

我们不断深化思想认识，注重强化商会的政治引导功能，把理想信念教育摆在首要位置，开展了富有成效的工作。北京、吉林、上海等地在商会考核中加大理想信念教育的权重；江西、湖南、青海等地指导商会利用本地红色教育资源，开展主题教育活动。广大商会组织积极组织会员企业履行社会责任，在“万企帮万村”精准扶贫、光彩事业、抗击新冠肺炎疫情中发挥了重要作用。在抗疫斗争中，仅全国工商联直属商会就组织捐款捐物超过100亿元。很多商会积极利用新媒体，在重大时间节点讲述民营企业和企业家故事，不少商会还主动挖掘、培育、宣传企业家先进典型，推荐他们参与评选表彰。我们把商会党建作为重要牵引，进一步理顺了工作机制。全国工商联专门成立了直属商会综合党委，直属商会党组织实现了全覆盖，17个省级工商联也成立了类似商会党委。山西、河南、陕西分别开展专项行动，摸清商会党员底数，推动商会党组织应建尽建。目前，各级工商联所属商会中建立党组织（含联合党组织）的有2.18万家，党组织覆盖率达到69%，比改革前提高了26%。

（四）商会服务会员方式不断创新

在有关方面的指导和支持下，不少商会积极搭建政策、信息、金融、法律等服务平台，在服务会员上不断拓展领域、创新方式。全国工商联积极推动商会团体标准化建设，多家直属商会获国家团体标准制定资质；与最高人民法院共同建立了商会调解服务平台，福建、河南、黑龙江等多地也建立了商会人民调解工作机制。一些民营经济发达地区的商会还纷纷挖掘会员企业集聚资源，推动建设产业集群，促进了产业生态链的优化升级。北京、浙江、重庆等地一些商会积极承接政府转移职能，参与政府购买服务，在社会事务管理中发挥了积极作用。多地开展商会诚信体系建设，广西在全区建设了100多家诚信试点商会。江苏、福建、广东等地商会积极与境外商会社团建立合作联系，成了民营企业“走出去”的“服务站”。各地商会还围绕行业共性问题积极建言献策，特别在今年抗疫中，发挥行业专业优势，提出了不少合理化建议。目前多数省份基本建立了经济领域重要会议邀请商会代表参加的机制，涉及民营经济重要决策时，事先听取商会意见建议，山东、河南、甘肃还建立商会意见建议“直通车”制度，会员诉求反映渠道越来越畅通。

（五）商会自身建设不断规范

我们着力构建商会工作制度体系，推动商会健全法人治理结构、规范内部运行管理。全国工商联制定了直属商会3个制度性文件，其中，9家直属商会设立了常务会长会，9家探索实行会长轮值制，有力促进了商会民主管理。各地以“四好”商会建设为载体，大力推动商会规范化建设。内蒙古、上海等多地建立了商会会长述职评价制度，江苏、江西、湖北制定商会管理办法、工作范本，提供具体指导。各地重视秘书处建设，广东把秘书处人才纳入省社会组织人才建设“百千万”工程，浙江建立了商会专业化职员队伍的资格认证、职业发展等机制，湖南对秘书处开展标准化、标杆化建设。各地还开展集中整顿，注销、取缔了一批不规范的商会。各地商会品牌建设也在不断推进，扩大了商会的社会影响力。“商会观”“商会通讯”“商会平语”等专注于商会工作的自媒体纷纷出现，商会工作越来越走进大众视野。

在近几年的工作中，我们探索出了以下四条基本经验：一是始终坚持党的领导，认真贯彻落实习近平总书记关于新时代民营经济统战工作的重要指示和关于促进“两个健康”的重要论述，努力争取党委政府领导和职能部门支持，确保商会发展的正确方向。二是始终坚持把统战寓于服务之中，强化政治引导功能，提升服务会员能力，切实将思想政治建设融入商会工作各方面，推动统战工作有效覆盖。三是始终坚持壮大会员队伍，不设资产规模等门槛，广泛吸纳会员，更好发挥会员在商会改革发展中的主体作用。四是始终坚持改革创新，大力推进商会工作内容、方法手段、体制机制创新，确保商会工作充满生机与活力。

同志们！我们取得的成绩来之不易，积累的经验弥足珍贵。这是党中央、国务院高度重视，中央统战部有力指导的结果，是各方面大力支持的结果，是我们工商联系统勠力同心、攻坚克难的结果。在此，我代表全国工商联对各方给予的支持和大家的辛勤工作表示衷心感谢！

二、准确把握新形势新任务

党的十九届五中全会为今后5年乃至更长时期我国经济社会发展擘画了宏伟蓝图，对全面建设社会主义现代化国家进行了全面部署，为深化商会改革工作指明了前进方向、提出了明确要求。前不久，习近平总书记在参观张謇生平展示陈列时发表了重要讲话，赞誉他是民营企业家的先贤和楷模，这充分体现了总书记对民营企业家的高度重视和殷切希望。我们要认真学习贯彻五中全会精神和总书记重要讲话精神，站在“两个大局”的高度，立足促进“两个健康”，统筹谋划好新时代的商会改革发展工作。

一要把握对商会强化政治职能的新要求。当前和今后一个时期，我国发展仍然处于重要战略机遇期，但机遇和挑战都有新的发展变化。工商联及所属商会是民营经济统战工作的重要组织依托，这是党中央对工商联及所属商会组织属性的新定位。工商联所属商会不同于一般的经济类协会商会组织，是在民营经济领域以民营企业为主体而成立的，能够走近民营经济人士身边，深入民营企业生产经营一线，能够把统战工作做到人的心坎上，融进日常的联系服务中。这正是工商联所属商会承担统战特殊职能的优势所在，这也是在行业协会商会脱钩大背景下，工商联所属商会不脱钩的主要原因。我们要提高政治站位，准确把握商会统战职能的特殊性，在强化政治功能上立场鲜明，在明确不脱钩问题上态度坚定，发挥好商会在思想引导、情绪疏导、政策解读等方面的积极作用，引导会员企业坚定理想信念、听党话跟党走。

二要把握对商会高质量服务的新要求。“十四五”时期我国将以推动高质量发展为主题，坚持创新在现代化建设全局中的核心地位，把科技自立自强作为国家发展战略支撑，把安全发展贯彻到发展各领域和全过程，加快发展现代产业体系，推动经济体系优化升级，坚持扩大内需，推动构建新发展格局。这是进入新发展阶段，党中央做出的科学判断和战略选择。建设现代化经济体系，民营企业是重要主体；推动构建新发展格局，激发市场主体活力是关键所在；完善现代市场体系，商会组织是不可或缺的组成部分。商会跟随民营经济的布局而分布组建，在不同领域、不同行业和细分领域组建商会的趋势也越来越明显。商会最熟悉所在行业、所在领域的企业运行状况，能够推动产业政策和区域政策提升精准性和时效性，能够有针对性地动员组织会员企业参与实施国家战略，参与供给侧结构性改革，加快转型升级。这也是商会服务的核心竞争力所在。这要求商会始终围绕高质量发展主题，开拓视野，创新思路，针对会员企业需求和短板提供更有针对性的有效服务，推动政策精准落实，在科技创新、产业发展、市场发掘、区域协同、乡村振兴等方面，展现更大作为。

三要把握对商会参与社会治理的新要求。“十四五”时期，我国的治理效能将得到新提升，基层治理水平将会有明显提高。实现这一目标，需要充分发挥群团组织和社会组织在社会治理中的作用，畅通和规范市场主体参与社会治理的途径，这是现代化治理的应有之义。商会是多元治理格局下的重要主体，是参与基层社会治理的重要一极。我们的商会多数集中在县域，联系着众多的中小微企业，在反映会员诉求、维护合法权益、加强诚信建设、参与社会治理方面能够发挥重要作用。近年来，政商关系的一些风险、政企沟通的一些堵点、劳资关系的一些矛盾，主要都反映在基层和企业。商会应当成为利益输送的“防火墙”、政企沟通的“黏合剂”、劳资纠纷的“调解员”。这就要求商会在探索促进政企沟通联系，推动构建亲清政商关系，加强行业自律，维护企业和行业权益，引导企业履行社会责任，推动构建和谐劳动关系，促进政府科学民主决策等方面，担当起更多责任。

四要把握对商会提升现代化建设水平的新要求。中国的现代化不同于西方式的现代化，是人口规模巨大的现代化，是全体人民共同富裕的现代化，是物质文明和精神文明相协调的现代化，是人与自然和谐共生的现代化，是走和平发展道路的现代化。未来工商联和商会在我国现代化建设全局中居于什么地位？能发挥什么样的作用？这是我们要回答的历史性课题。下一步，我们的商会要努力引导会员企业促进高水平就业，参与脱贫攻坚和公益慈善事业，创造物质财富的同时弘扬企业家精神，推进绿色发展，开展国际合作。当然这也对商会不断提升现代化建设水平提出了新的更高要求。当前，关键是要把工商联商会改革发展作为突破口，用改革的方式来激发商会活力。现在我们的商会改革才刚起步，有的改革任务还没有“破题”，商会的服务能力和建设水平还很不平衡。对于这些问题，需要我们从理论上加强研究，在实践上进行探索和突破。

三、进一步推进工商联所属商会改革发展

商会是工商联的基层组织和工作依托，在工商联工作中具有基础性地位。今后一段时期，商会工作的总体思路是：认真学习贯彻习近平新时代中国特色社会主义思想，全面深入贯彻习近平总书记关于新时代民营经济统战工作重要指示批示和关于“两个健康”的重要论述精神，全面贯彻党中央关于加强新时代民营经济统战工作的各项决策部署，以促进“两个健康”为工作主题，以“四会”建设为总体要求，以培育“四好”商会为载体，统筹推进商会的思想政治建设、组织体系建设、服务能力建设和制度机制建设，切实履行工商联指导、引导、服务商会职能，引导广大民营经济人士在全面建设社会主义现代化国家新征程中发挥积极作用。

（一）进一步汇聚改革发展力量

一要争取各方支持。各级工商联要

积极主动向党委政府主要领导汇报工作，争取党委政府的领导和支持；要加强向同级党委统战部请示报告，主动接受党委统战部的指导，充分利用党委统战部统筹协调的优势，加大工作推进落实力度；要加强同有关部门沟通协调，重点推动商会登记注册、理顺党建工作机制、承接政府职能转移和出台地方性法规等工作。二要加强工作指导。全国工商联和各省级工商联要坚持重心下移，把资源和力量向商会倾斜，加强具体指导，加大直接引导，强化支持服务，推动统战工作在商会组织落地生根，使商会真正成为民营经济统战工作的坚实组织依托。三要发挥商会作用。有为才有位。商会要加强自身建设，努力提升服务能力，在推动区域经济社会发展中发挥积极作用，从而通过有效作为，赢得各方重视和支持，促进商会更好地发展。

（二）进一步加强商会政治建设

强化政治引导，必须要从思想引领、实践引导两个层面进行拓展深化。一要加强思想引领。继续深化民营经济人士理想信念教育，敢于和善于做思想工作，探索组织更多喜闻乐见、丰富多彩的参观考察、现场观摩、教育培训、座谈交流、典型宣讲等活动，发挥商会理想信念教育基地作用。坚持问题导向，做到有的放矢，提升理想信念教育的针对性和覆盖面，让企业家站前台、当主角，吸引更多的民营经济人士参与，改变“老办法”“老面孔”现象。突出国情党情、形势政策等教育，注重发挥老一辈企业家“传帮带”作用，引导年轻一代继承发扬老一辈企业家的创业创新精神和听党话、跟党走的光荣传统。适应信息技术发展新变化，善于运用互联网思维，加快搭建更多的教育和实践平台。二要强化实践引导。加强守法诚信教育，持续开展“法律三进”“法治体检”活动和“法治民企”建设，引导企业依法经营、依法治企、依法维权。继续引导广大民营企业致富思源、富而思进，积极参与光彩事业、公益慈善事业，踊跃投身乡村振兴战略，在履行社会责任中增强家国情怀，增进对党的情感认同和回报社会的责任自觉。

（三）进一步服务民营经济高质量发展

服务是商会的重要职责，要强化服务意识，积极争取赋能，不断拓展功能，搭建各类平台，为会员提供经贸、融资、信息、法律、技术、管理、人才、国际合作等服务。各级工商联要积极推动建立商会与党委政府有关部门沟通的机制，支持帮助商会承接政府转移职能，参与政府购买服务和社会服务。当前，商会要围绕民营经济高质量发展，重点做好以下四项服务：一要积极建言献策。积极参与提交政协团体提案、反映社情民意信息、参与政策法规制定和报送有关信息专报，有序参与政企协商和有关政策法规征求意见工作，主动参加工商联重点调研和课题研究，提升新时代工商联建言献策质量，为民营企业参与实施国家和区域发展战略营造良好的政策环境。各地工商联要从加强社会主义协商民主建设、构建亲清政商关系等方面看待和谋划商会建言献策的工作，探索商会建言献策的制度化、常态化、规范化机制，不断把民营经济人士的智慧和思想激发出来，主动参与建言献策。二要服务行业发展。严格行业自律，开展行业监测，进行行业研究，反映行业诉求，助力行业高质量发展。有条件的商会要积极参与制定行业标准，更要把团体标准建设作为重点来抓，探索建立技术类、管理类、服务类、自律类等团体标准，更好地提升商会的服务能力、引导能力、自律能力。三要开展企业维权服务。利用工商联与司法机关的沟通联系机制，发挥工商联维权服务中心作用，积极开展商会调解，努力化解会员企业面临的经济纠纷和劳动关系纠纷，维护好企业的合法权益。四要服务企业创新。引导会员企业运用互联网、大数据、人工智能等新技术，加快数字化、智能化改造，推动传统产业高端化、智能化、绿色化升级，促进新技术、新产品、新业态、新模式发展。加强共性技术平台建设，弥补产业链、供应链短板，推动产业链上中下游、大中小企业融通创新，推进区域产业集群建设，提升行业产业链、供应链水平。有条件的商会要牵头组建产业技术创新联盟，推广新型孵化模式，构建推动跨领域跨行业协同创新，促进产学研深度融合，带动企业技术、文化、制度、品牌和管理创新，带动产业组织、商业模式、物流链创新，提升行业整体创新能力。要继续开展好互学互促活动，以“学一防一推送一”的方式，推荐一批品牌案例供其他商会借鉴学习。

（四）进一步扩大商会组织覆盖面

商会组织覆盖，直接关系到民营经济统战组织的覆盖，是实现统战工作有效覆盖的重要前提。一要大力发展商会组织。积极培育和发展新商会，争取领导和管理所属商会党建工作，大力发展工商联团体会员，探索组建专业委员会，使商会组织尽可能覆盖民营经济各行业。尤其要加快组建新产业、新业态、现代生产性服务业商会或专业委员会，扩大工商联对企业的凝聚力和吸引力。支持省级以上直属商会吸纳基层相同领域商会作为团体会员，不断扩大商会的组织联系和工作影响。2022年底前，工商联所属和实际开展工作的商会数力争在现有基础上实现10%以上的增长。二要不断扩大会员数量。坚持广泛性和代表性相统一，科学制定会员发展规划和会员管理办法，坚持广泛涵盖、应入尽入，杜绝以资产规模设置入会门槛，要广泛吸纳中小微企业加入商会，增强商会的广泛性；要把本行业、本领域有代表性的企业尽可能吸引进商会，增强商会的代表性。规模较大、行业领域涵盖较广的商会，可结合所在行业特点成立专业委员会等分支机构，细化服务领域，提升商会工作的专业化水平。2022年底前，商会会员数力争在现有基础上实现10%的增长。三要创新搭建广泛联谊渠道。商会要建立走访联系会员制度，帮助会员解疑释惑，排解难题，增强会员黏性；要结合自身行业领域特点，开展灵活多样的活动，增强商会活力；要扩大交往视野，积极搭建与各方面的联系渠道，加强对非商会会员的联系服务，吸纳他们参加商会活动，最大限度团结凝聚本领域的民营经济人士，扩大工商联所属商会的影响力。

（五）进一步提升商会规范治理水平

规范运作是商会健康有序发展的重要保障。一要推进商会依法登记。目前全国仍有1.8万家由工商联发起成立的商会尚未登记注册。这其中有绝大部分是乡镇、街道等基层商会。各级工商联要落实好民政部、全国工商联联合印发的《关于加强乡镇、街道商会登记管理工作的通知》，推动符合条件的乡镇、街道商会尽快登记。同时，也要积极协调推动其他尚未登记的商会有序登记。二要健全法人治理结构。建立健全会长会决策、秘书处执行、监事会（独立监事）监督的运行机制，完善以章程为核心的内部管理制度，探索设立常务会长会，根据实际情况推进符合条件的商会实行会长轮值制，促进商会民主管理。加强商会领导班子建设，特别是抓好会长和秘书长两个关键人。三要加强秘书处职业化建设。配齐配强专职工作人员，选聘思想活跃的优秀年轻人才，合理制定薪酬，完善工作制度，加强工作培训，稳定人员队伍，提高秘书处执行力，推进商会秘书处向职业化建设方向发展。四要打造商会工作品牌。要树立品牌意识，善于结合自身实际谋划和打造工作品牌，突出在党政所需、企业所急、自己所能的领域找准着力点。每一个商会都要着力建设自己的工作品牌，并加大对品牌项目的宣传力度，不断提升品牌项目的影响力。五要积极培育先进商会文化。商会文化要根植于所在领域所在行业，反映行业特色文化，汲取中国优秀传统商业文明元素，借鉴现代市场经济治理的成功经验，使商会文化成为会员的理念支撑，成为商会凝聚力的显著标识。六要加快商会信息化网络化建设。鼓励商会与时俱进，支持开展技术创新，推进"互联网+商会"建设，提高商会服务和管理能力。抓好网上工商联建设，以商会需求为导向，提供更精准、更到位的信息化服务，提高工商联指导、引导、服务商会的效能。

同志们，推进新时代中国特色商会组织建设，需要新担当、新举措、新作为。我们要紧密团结在以习近平同志为核心的党中央周围，埋头苦干、攻坚克难，锐意进取、争创一流，为促进"两个健康"，开创新时代民营经济统战工作新局面做出新的更大贡献。

徐乐江同志在全国工商联商会工作会议上的讲话

（2020年11月23日）

党中央高度重视工商联所属商会改革工作，习近平总书记在不同场合多次就工商联和所属商会建设做出重要指示，明确指出，工商联作为人民团体和商会组织，同基层商会不能切断工作渠道；统战工作要向商会组织有效覆盖，发挥工商联对商会组织的指导、引导、服务职能，确保商会发展的正确方向。2018年，中共中央办公厅、国务院办公厅印发了《关于促进工商联所属商会改革和发展的实施意见》，对工商联所属商会改革发展做出全面部署；2019年，中共中央办公厅印发了《关于加强新时代民营经济统战工作的意见》，对促进工商联所属商会改革发展，推动统战工作向商会组织有效覆盖提出明确要求。商会改革两年来，中央统战部、全国工商联根据党中央统一部署，加强统筹谋划，及时跟踪督导，协调推进落实；各地工商联结合自身实际，聚焦改革重点，积极创新实践，改革工作取得了积极进展。

刚才，江苏省委副书记、省长吴政隆同志，民政部社会组织管理局负责同志分别做了致辞，高主席做了重要讲话，我们对抗疫先进商会组织和优秀调研成果进行了表扬，6个省级工商联围绕商会改革发展工作做了交流发言。特别是高主席的讲话，系统总结了两年来工商联所属商会改革工作取得的成效，充分肯定了各级工商联推进工商联所属商会改革所取得的成绩，分析研判了当前商会改革发展面临的新形势、新机遇、新挑战，站在新时代加强民营经济统战工作的高度，对深化工商联所属商会改革发展，推进中国特色商会组织建设做出了全面部署。高主席的讲话为下一步深化工商联所属商会改革提供了重要理论支撑和实践依据，请大家务必认真领会，抓好落实。

下面，我就贯彻落实高主席讲话精神，谈几点意见。

一要争取各方支持。各省级工商联党组要积极主动向省委、省政府汇报好商会改革工作，把习近平总书记关于新时代民营经济统战工作重要指示和关于“两个健康”的重要论述，以及党中央关于加强新时代民营经济统战工作和工商联所属商会建设的各项决策部署等汇报好，争取党委政府对工商联所属商会特殊功能的重视，支持其发挥作用，为商会改革发展创造更好条件。各级党委统战部要在党委领导和政府支持下，切实发挥统筹协调作用，与工商联共同推动将商会改革纳入地方全面深化改革总体方案，纳入党委政府工作考评内容，形成党政相关部门各司其职、密切协作的工作机制，着力解决好商会党建、组织覆盖、登记注册、功能作用发挥等重点问题，有序推进工商联所属商会改革发展。

二要重视调查研究。调查研究是工商联开展工作的基本方法，没有深入调查，就看不清、找不准问题，缺乏深入细致研究，就谋不好、提不出对策。当前随着工商联所属商会改革的持续深化，一些困扰改革的“卡脖子”问题亟待破解，有些问题甚至制约了改革任务落实。比如，党中央明确，要发挥工商联对商会组织的指导、引导、服务职能。那么到底我们对所属商会指导什么、引导什么、服务什么？怎么开展指导、引导、服务？这些问题需要我们深入研究，提出具体思路举措。今天，我把这个问题提出来，大家都要认真思考，争取能够出一些研究成果。这两年，全国工商联组织委员会、全国工商联直属商会与非公党建工作委员会注重加强理论研究，在工商联组织建设和商会党建工作方面取得一系列成果，为工商联组织建设提供了理论参考，希望今后继续保持。

三要加强商会党建工作。工商联所属商会是工商联的基层组织和工作依托，同工商联一样，都具有统战性、经济性、民间性有机统一的基本特征，承担着民营经济领域统战工作的特殊职能，必须加强商会党建工作，以党建带会建，不断强化商会的政治功能。要围绕习近平总书记关于推动商会党建工作真正“破题”的指示要求，进一步理顺商会党建工作领导和管理机制，省级工商联要积极推动成立商会党委，领导和管理所属商会党建工作；市、县级工商联要大力探索商会党建工作的有效途径，积极参与做好商会党建工作，符合条件的也要成立商会党委。推动商会建立党的组织，新成立商会应同步建立党组织，把党建工作有关内容写进商会章程，强化商会党组织把方向、议大事、促落实的政治领导职责，促进党建工作与业务工作有机融合，切实发挥商会党组织政治引领和战斗堡垒作用。要密切联系会员，了解会员企业家的思想动态，加大对涉企政策的宣贯力度，注重舆情信息收集，对重大、突发性事件和本行业、本领域的舆情，能够及时在会员中进行正确的宣传引导。

四要加强县级工商联建设。工商联所属商会绝大多数在县域，县级工商联处在推进商会改革发展的最前沿。从我们掌握的情况看，县级工商联“一个设立五个有”建设达标率有所下降，必须引起高度重视。省级和地市级工商联要联合统战部门大力加强县级工商联基础建设，以“一个设立、五个有”为抓手，不断提升县级工商联建设水平。对“一个设立、五个有”未达标的县级工商联，要做到因地制宜、一县一策，分批分项推动落实；对已达标的县级工商联，要大力推进“五好”县级工商联建设，继续巩固基础，防止倒退滑坡。全国工商联将在联系调研中加强与地方主要领导同志的沟通，推动基础薄弱的县级工商联解决实际困难。县级工商联也要主动担当作为，以工作实绩赢得各方信任和支持。

同志们！培育和发展中国特色商会组织任重而道远。让我们紧密地团结在以习近平同志为核心的党中央周围，高举中国特色社会主义伟大旗帜，深入贯彻落实党的十九届五中全会精神，继续奋力拼搏、砥砺前行，全面深化工商联所属商会改革，为开创新时代民营经济统战工作新局面做出新的更大贡献！

高云龙同志在全国“万企帮万村”精准扶贫行动现场交流会暨先进民营企业表彰会上的讲话

“万企帮万村”精准扶贫行动自2015年10月启动，伴随着脱贫攻坚战进程，经历了不平凡的5年。习近平总书记先后8次对行动做出重要指示批示，汪洋、俞正声、孙春兰、胡春华、尤权等中央领导同志多次对行动做出批示，社会各界对行动给予高度评价。近日，汪洋主席又专门对行动做出指示，胡春华副总理和尤权部长为此次会议做出大段批示，进一步指导推进行动开展。“万企帮万村”已不再是简单意义上的扶贫公益行动，而是一场政治意义深远的爱党爱国行动。在十九届五中全会刚刚胜利闭幕之际，我们召开这次现场交流会，学习贯彻会议精神，总结工作、交流经验、表彰先进、展望未来，意义重大。首先，我代表全国工商联，向受到表彰的先进民营企业和受到表扬的先进组织表示热烈的祝贺！并通过你们，向5年来参与精准扶贫行动的各地民营企业、各级工商联、扶贫办、光彩会、农发行，表示衷心的感谢！

此次现场交流会放在织金县召开有着特殊意义。织金是全国工商联定点扶贫县，是毕节试验区的组成部分；毕节是扶贫开发的试验区、科学发展的试验区、多党合作示范区，也是建设贯彻新发展理念的示范区。习近平总书记两次对毕节做出重要批示。此次会议是对“万企帮万村”助推毕节试验区建设成果的检验、对全国工商联定点扶贫工作的检验，也是对广大民营企业不折不扣地贯彻落实总书记重要批示精神的检验。

昨天，全体与会代表观摩了7个民营企业实施的“万企帮万村”帮扶项目，实施主体既有像正邦集团这样的大企业、也有像勐海豪扬这样的小企业，既有耀泓公司这样的东部企业，也有乌蒙利民这样的本地企业，既有恒大集团这样的大投入广覆盖、也有吉利集团这样的具体实事帮扶，模式多样、异彩纷呈，充分展现了织金作为工商联扶贫工作试验田、民营企业精准扶贫示范地的风采。刚才，谌贻琴省长的致辞，介绍了贵州省、毕节市的脱贫攻坚和“万企帮万村”工作，织金县委书记杨桦等8名同志做了交流发言，讲的都很好。刘永富主任和徐一丁副行长的讲话，系统回顾了“万企帮万村”行动五年来的成绩，介绍了各方推动工作的做法，总结全面，站位很高，评价中肯，我完全赞成。

下面，我讲四点意见。

一、“万企帮万村”行动取得了丰硕成果

首先，是带动和惠及了一大批建档立卡贫困群众脱贫。截至今年6月底，民营企业通过“万企帮万村”行动共帮扶12.71万个村，其中建档立卡贫困村6.89万个，通过产业、就业、公益、商贸等途径，带动和惠及1564.52万建档立卡贫困人口。受帮扶的群众，以脱贫攻坚战开始为起点，占2014年末贫困人口的22.3%。这些群众的脱贫，包含着民营企业的功劳，民营企业通过改善他们的生产生活条件、增加他们的收入来源，为他们如期高质量脱贫做出了重要贡献。短短五年帮助到这么多人，在我国扶贫史、世界扶贫史上是一个伟大的奇迹。

其次，是团结和凝聚了一大批听党话跟党走的民营企业家。“万企帮万村”行动制定方案时，目标是组织引导一万家以上的民营企业参与。截至目前，已有超过11万家民营企业的精准扶贫工作录进了行动台账（调研中我们也发现，还有大量民营企业虽然也参与了扶贫，但嫌麻烦没有录入台账）。这些民营企业积极响应总书记打赢脱贫攻坚战的号召，自备干粮、无需番号，踊跃投身这场向贫困宣战的人民战争，配合党委政府，没有分内分外，无论是东部相对贫困地区、革命老区、民族地区，还是“三区三州”深度贫困地区，包括脚下的乌蒙山区腹地，哪里有贫困哪里就是民营企业扶贫的战场。

再次，是为乡村振兴尤其是贫困地区的乡村振兴打下了基础。“万企帮万村”始终把产业扶贫作为重点，组织引导民营企业发挥特色优势，通过带动贫困群众发展产业，以期构建脱贫不返贫、可持续发展的长效机制。民营企业在产业扶贫上投入915.47亿元、实施了6.9万个产业扶贫项目，惠及7.04万个村、带动910.7万贫困人口，平均每个村投入130多万元。此外，为促进贫困地区产业发展，我们大力倡导消费扶贫，累计引导民营企业采购扶贫产品76.08亿元，帮助销售扶贫产品184.59亿元。通过改进生产加工技术、规范提升产品质量、对外疏通市场渠道、对内做大规模效益，这些项目不仅成为贫困群众脱贫攻坚阶段的加油站，在今后的乡村振兴阶段，同样将发挥重要的产业支撑作用。

最后，是营造了有利于非公有制经济健康发展的舆论环境。改革开放以来，民营经济从小到大、由弱变强，民营经济人士迅速成长为一个庞大的社会阶层。“万企帮万村”通过将民营企业引进农村、引入贫困地区，促进城乡融合、民族融合、东西部合作、农民和企业的合作，深化了彼此的交流和互信。通过行动，民营企业一方面向党和政府展示了积极履行社会责任、先富帮后富的正面形象，一方面向贫困地区干部群众展现了自强、实干、创新、担当的精神，在一定程度上改变了社会各界对民营企业的错误认识，进而在舆论层面提升了民营企业家的整体形象，这将对未来民营经济的健康发展产生深远且长久的影响。

二、“万企帮万村”行动的重要意义

“万企帮万村”的成功实践，充分印证了总书记“民营企业是自己人”的英明论断。2018年10月，习近平总书记在给“万企帮万村”行动中受表彰的民营企业家的回信中说：“看到有越来越多的民营企业积极承担社会责任，踊跃投身脱贫攻坚，帮助众多贫困群众过上了好日子，我非常欣慰。”同年11月，习近平总书记在民营企业座谈会上的重要讲话中强调：“民营经济是我国经济制度的内在要素，民营企业和民营企业家是我们自己人。”今年2月以来，面对突如其来的新冠肺炎疫情，民营企业积极行动、自觉担当，通过捐款172.14亿元、捐物118.83亿元、设立基金61.81亿元，为抗击疫情做出了重要贡献。据不完全统计，参与民营企业同样超过11万家。在今年9月召开的全国抗击新冠肺炎疫情表彰大会上，有33位民营经济人士、21家民营企业和2个商会受到了表彰。在脱贫攻坚战和疫情防控阻击战中，广大民营企业与党中央心往一处想、劲往一处使，与全国人民同呼吸、共命运，他们的表现是当之无愧的自己人、自家人。

“万企帮万村”的成功实践，充分彰显了中国特色社会主义的制度优势。习近平总书记指出：衡量一个国家的制度是否成功、是否优越，一个重要方面就是看其在重大风险挑战面前，能不能号令四面、组织八方共同应对。古今中外，政府诉求和企业诉求往往不能完全吻合。让几个企业出钱帮扶不难，让十几万家企业都自觉自愿地参与精准扶贫，则是一个创举。放眼全球，只有在中国共产党领导下的中国特色社会主义中国，才能实现这一目标。“万企帮万村”用实际行动展现了我们的制度优势，让我们不由自主地进一步坚定了道路自信、理论自信、制度自信和文化自信。

“万企帮万村”的成功实践，充分展现了中国民营企业的智慧，为世界减贫事业贡献了中国模式、中国方案。扶贫、减贫，是世界各国都倡导、全球人民都尊崇的事业。“万企帮万村”不仅展现了我国在组织社会力量参与扶贫上的制度优势，在企业具体“如何扶”上，同样探索创新了许多模式。如在产业扶贫上，就有土地集约提升型、能人大户带动型、扶贫资金入股型、电商平台拉动型等。这些模式下的项目，在我国的扶贫实践中生机勃勃、遍地开花。根本上看，这些行动改变了传统观念中企业发展为了谁的问题，从只为股东、资本服务，变成为经营者、劳动者、社会和国家服务并重。“万企帮万村”的创新和实践，集中体现了中国民营企业的智慧，深入挖掘梳理其理论内涵，必将进一步丰富和发展中国特色扶贫开发理论，作为中国模式、中国方案的组成部分，为世界各国企业扶贫、社会扶贫提供有益借鉴。

三、“万企帮万村”行动成功的基本经验

听党指挥，围绕中心、服务大局谋划工作，才能充分发挥优势、体现价值。“万企帮万村”响应总书记精准扶贫的号召而发起，始终听从总书记的号令而行动。2016年，总书记在银川就推进东西部扶贫协作发表重要讲话，我们马上召开专题会议推动“万企帮万村”开展跨区域帮扶；2017年，总书记在太原做出“万企帮万村”要向深度贫困地区倾斜的重要指示，我们连续3年组织开展了中国光彩事业“凉山行”“怒江行”“临夏行”“南疆行”和“精准扶贫西藏行”“民营企业南疆行”等一系列活动，实现“三区三州”帮扶全覆盖，指导民营企业聚焦深度贫困村发力；2018年，总书记在成都主持召开打好精准脱贫攻坚战座谈会，大段讲话肯定表扬“万企帮万村”行动，我们随即开展了以压实责任、推动落实为主题的全国台账评估交流；2019年，总书记在重庆就解决“两不愁三保障”突出问题发表重要讲话，我们通过实施定点扶贫“五个一”项目、光彩水窖、村医赋能、教育扶贫等工作促进短板补齐；今年3月，总书记就克服新冠肺炎疫情影响、凝心聚力脱贫攻坚发表重要讲话，扶贫办、工商联马上组织民营企业结对帮扶挂牌督战深度贫困村、开展“知名民企湖北行”活动助力当地脱贫攻坚。目前，全国1113个挂牌督战村都有民营企业帮扶。正是有了“总书记指到哪儿我们就组织民营企业攻打哪儿”的劲头，“万企帮万村”才成为脱贫攻坚十大行动的排头兵，成为攻坚战场上不可或缺的生力军。

义利兼顾，遵循市场规律、力求互惠共赢，才能构建脱贫发展的长效机制。“万企帮万村”始终坚持“义利兼顾、以义为先”的光彩理念，注重发挥民营企业优势，倡导通过行动实现企业和贫困群众的共同发展。汪洋同志在2016年10月的“万企帮万村”现场会上说：一些民营企业既扶贫又扶志，在与贫困户形成合作关系的同时，注重以帮扶外力促内生动力，转变贫困群众的观念，帮助他们融入现代社会生活，发挥了民营企业的独特作用。对于贫困群众，仅靠外部力量投入，帮扶措施一撤又返贫，只有通过互惠合作，将他们融入到城乡一体的产业链条中，才能有效激活贫困地区的土地、人力等资源优势，构建起可持续的发展机制。

目标导向，加强顶层设计、注重过程管理，才能做到精准聚焦、靶心不散。“万企帮万村”与其他脱贫攻坚行动、与工商联以往扶贫工作相比较，最大的特征是帮扶精准、有据可查。行动之初，我们就建立了台账系统，运用互联网来管理民营企业的扶贫活动。你在哪里扶贫、帮的是谁、是不是建档立卡贫困户？你怎么帮的、投入多少、有什么困难？在跟踪录入和管理台账过程中，一方面引导企业聚焦了真贫，杜绝了形式主义、数字扶贫，另一方面也对帮扶措施落地形成了促进作用。依靠台账，我们发现问题、发现典型，不断调整和改进工作，有针对性地开展服务、表彰先进、宣传榜样，保障了“万企帮万村”行动五年来始终是精准扶贫的金字招牌。

寓引于教，弘扬共富理想、传承家国情怀，才能凝聚起民营企业的磅礴力量。组织民营企业参与扶贫工作不能“拉郎配”，必须按照自觉自愿、量力而行原则。我们始终把“万企帮万村”与非公有制经济人士理想信念教育紧密结合，通过宣传“先富帮后富、最终达共富”的社会主义共同理想，追寻民营企业的来源和民营企业家的初心，通过弘扬中华民族扶危济困的传统美德，引导民营经济人士树立正确的事业观、财富观，争做爱国敬业、回报社会的典范。正是由于从“要我帮”到“我要帮”的转变，行动才得到了民营企业的踊跃支持。

服务先行，畅通帮扶渠道、形成多方合力，才能保障企业心无旁骛聚力攻坚。产业扶贫项目落地需要许多行政审批和水电路气的配套，就业和公益扶贫项目的落实需要基层有关部门的配合。“万企帮万村”始终强调要将民营企业的帮扶力量，纳入各级党委政府的脱贫攻坚大局统一规划、统一管理、统一服务。“万企帮万村”行动领导小组由工商联、扶贫办、光彩会和农发行四家单位组成，工商联、光彩会主要负责组织企业参与、做好台账管理，扶贫办负责对接、组织贫困群众，农发行负责对产业项目提供金融扶持。正是由于形成了多方合力，更加坚定了民营企业参与行动的信心，也让他们能够集中精力组织生产、开拓市场、创新创造。各级工商联、扶贫办、光彩会、农发行在行动中结下了深厚的战友情谊，我提议，让我们用热烈的掌声，对我们四方五年来紧密、友好、富有成效的合作表示祝贺！

四、继往开来，推动民营企业社会服务事业纵深发展

刚刚闭幕的党的十九届五中全会，再次强调全党全国各族人民要再接再厉、一鼓作气，确保如期打赢脱贫攻坚战。将"脱贫攻坚成果巩固拓展，乡村振兴战略全面推进"纳入"十四五"时期经济社会发展主要目标，将"促进共同富裕取得更为明显的实质性进展"纳入社会主义现代化远景目标，为民营企业社会服务事业纵深发展指明了方向。站在新的历史起点上，"万企帮万村"应在总结成功经验的基础上，百尺竿头更进一步，不负重托、继往开来，在巩固脱贫成果、实施乡村振兴战略的征途上星夜兼程、继续前进。

一要扶上马送一程，不稳定脱贫不脱钩。当前有不少群众，虽然符合"一达标两不愁三保障"的脱贫标准，但吃住行的质量还不是很高，观念还相对落后，技能还比较欠缺，就业还不稳定，产业才刚刚建立，稍有市场波动、家庭变故，很容易再次返贫。中国有句老话：帮人帮到底。希望所有参与"万企帮万村"的民营企业，继续发扬不到长城非好汉、不达目的不罢休的英雄气概，按照已经结对的帮扶关系，扶上马送一程，继续帮助贫困群众改善生活条件、改进生产方式，逐步实现稳定脱贫致富。

二要压茬推进精准扶贫向振兴乡村的稳步过渡。全面建成小康社会和全面建设社会主义现代化国家，最艰巨最繁重的任务在农村，最广泛最深厚的基础在农村，最大的潜力和后劲也在农村。乡村振兴离不开民营企业的参与、需要民营企业的智慧和贡献，反过来，民营企业持续健康的发展同样离不开农村稳定、需要农村的资源和市场。"万企帮万村"已经在推动产业兴旺、生态宜居、乡风文明、治理有效、生活富裕等方面体现出优势、发挥了作用，为下一步工作打下了基础。期待广大民营企业能够更踊跃、更有效地参与到乡村振兴战略实施当中，为第二个百年目标的实现继续贡献力量。

三要贯彻新发展理念，积极承担社会责任，多渠道参与社会服务工作。伴随着脱贫攻坚战的胜利，全国工商联扶贫与社会服务部也将更名为社会服务部，负责组织引导民营企业通过履行社会责任，为国家的扶贫事业、乡村振兴、生态文明建设、教育医疗养老等社会事业发展贡献力量。国家在不同的发展阶段有不同的主要矛盾。广大民营企业要深入贯彻创新、协调、绿色、开放、共享的发展理念，围绕解决"人民日益增长的美好生活需要和不平衡不充分的发展之间的矛盾"，不断调整和谋划企业发展方向。只有顺应人民需要的企业才能实现健康可持续发展，只有与党同心同德、同心同向、同心同行的民营企业家，才是优秀的中国特色社会主义事业建设者。

四要进一步信任民企、爱护民企、服务民企，共同促进"两个健康"。今年9月印发的《关于加强新时代民营经济统战工作的意见》，做出民营经济始终是坚持和发展中国特色社会主义的重要经济基础、民营经济人士始终是我们党长期执政必须团结和依靠的重要力量的重要论断，首次把"信任"纳入民营经济统战工作方针并摆在首位。自己人要信任自己人、爱护自己人。支持服务非公有制经济健康发展就是巩固我们的经济基础，团结引导非公有制经济人士健康成长就是巩固党的执政基础。各级工商联要按照工作分工，充分发挥在民营经济人士思想政治建设中的引导作用、在民营经济人士有序政治参与中的主渠道作用、在民营企业改革发展中的服务作用、在保障和改善民生、创新社会治理中的协同作用、在依法平等保护产权方面的民主监督作用，努力促进“两个健康”。希望各级扶贫办、农发行总结推广在“万企帮万村”行动中的合作经验，在今后的工作中进一步加大对民营企业的支持服务力度，同各级工商联、光彩会一道，在全社会营造信任、爱护、服务民营经济健康发展的良好氛围。

最后，我提议，来到织金参加会议的各位企业家，会后留点时间，到织金县城的集市、农贸市场逛一逛，购买些竹荪、皂角米等有特色、高质量的扶贫农产品，再自费到织金洞、百里乌江画廊等景点游一游，通过消费扶贫、旅游扶贫，用实际行动帮助织金巩固脱贫、助力毕节试验区发展。

同志们，“雄关漫道真如铁，而今迈步从头越”，让我们发扬“万企帮万村”精准扶贫行动中团结一心、不畏艰难的战斗精神，更加紧密团结在以习近平同志为核心的党中央周围，把握时代大势，坚定发展信心，心无旁骛创新创造，自觉担当社会责任，为实现中华民族伟大复兴的中国梦做出新的更大贡献。

徐乐江同志在工商联深化改革座谈会上的讲话

（2020年11月22日）

在全国工商联商会工作会议之前，我们专门召开工商联深化改革座谈会，主要目的是深入学习贯彻党的十九届五中全会精神和民营经济统战工作会议精神，贯彻落实习近平总书记关于加快推进工商联各项改革的重要指示和中央巡视组对全国工商联党组巡视反馈意见整改要求，交流经验做法，了解大家的情况，以商会的“点”上改革促进工商联的“面”上改革，对工商联整个系统改革进行再动员，推动工商联改革再出发。

刚才，10位省联负责同志作了发言交流。从发言来看，大家对改革重要性的认识都比较到位，对改革进展、取得成效和存在问题的评价比较客观，对下一步工作的考虑比较明晰，听了以后很受启发。会后，请有关部门进一步做好梳理，在今后的工作中采纳吸收。下面，我讲三点意见。

一、提高政治站位，做到认识再提升

2018年2月，中央统战部印发《全国工商联深化改革总体方案》，拉开了工商联改革的序幕。2020年1月，习近平总书记在同党外人士共迎新春时的讲话中指出，“全国工商联要加快推进工商联各项改革，更好促进非公有制经济健康发展和非公有制经济人士健康成长”，为工商联进一步深化改革指明了方向。当前，中华民族伟大复兴进入关键时期，世界百年未有之大变局进入加速演变期，更加需要我们深入理解工商联进一步深化改革的重要性、必要性、紧迫性，以思想解放引领改革深化。

第一，深化工商联改革是全面深化改革的重要内容。全面深化改革是新时代坚持和发展中国特色社会主义的基本方略之一。习近平总书记强调，“新时代谋划全面深化改革，必须以坚持和完善中国特色社会主义制度、推进国家治理体系和治理能力现代化为主轴。”党的十九届五中全会强调，推动改革和发展深度融合、高效联动。要实现“十四五”规划和二〇三五年远景目标，不改革不可能。工商联及所属商会改革是全面深化改革的重要内容，是推进国家治理体系和治理能力现代化的重要组成部分。随着中国特色社会主义进入新时代，工商联的各项工作都必须符合新发展阶段要求，围绕党和国家工作大局深化改革，立足核心职能，发挥更大作用。

第二，深化工商联改革是更好发挥群团组织作用的必然要求。习近平总书记强调，“工商联要发挥群团组织作用”，提出“要把团结好、引导好民营经济人士作为一项重要任务”。2015年，党中央印发《关于加强和改进党的群团工作的意见》，明确了党的群团工作的重大原则和重要举措。2018年，党中央印发《深化党和国家机构改革方案》，用专门篇幅强调阐述了“深化群团组织改革”相关举措。近年来，全国工商联紧扣强“三性”、去“四化”的改革方向，聚焦完善组织体制、优化运行机制、改进工作方式、加强干部管理抓改革，指导地方工商联推进改革工作。2019年，中央改革办对全国工商联在内的7家群团组织改革落实情况进行督查，指出了我们群团改革的特点不鲜明、社会动员力不够、地方群团改革方案出台缓慢等问题。这次中央巡视直接指出了我们“推动改革任务落实不到位”“对地方工商联指导不够”的问题，而且从深层次上看，我们在“四个落实”上存在各类问题的主要根源就是改革不到位。解决这些问题，根本动力还在于进一步深化改革，重点攻坚、系统推进。

第三，深化工商联改革是促进“两个健康”的迫切需要。习近平总书记强调，“促进非公有制经济健康发展和非公有制经济人士健康成长，既是重大经济问题也是重大政治问题”，对工商联在新时代发挥更大作用寄予厚望。当前，我国发展的外部环境日益错综复杂，民营经济的发展面临前所未有的挑战和考验。相比之下，民营经济的数量多了、规模大了，工商联组织和工作的覆盖面还不够；民营企业面临的问题多了，工商联干部的能力和素质还不够；企业家对民营经济未来发展的疑虑多了，工商联的教育和引导还不够；党和政府支持民营经济发展的政策多了，工商联推进落实的力度和成效还不够。面对新形势下的新问题，需要我们从坚决做到“两个维护”的政治高度，深入领会好贯彻好总书记的重要指示，通过深化改革更好承担起新使命。

二、总结改革成效，促进工作再抓实

近三年来，各级工商联创造性地开展了一些特色工作，工商联改革取得较大进步，成绩和成效是主流，但仍存在一些问题和矛盾。习近平总书记指出，“改革是由问题倒逼而产生,又在不断解决问题中而深化”。工商联改革就是要勇于发现问题，善于解决问题。回顾这几年的情况，我有以下几点感受。

第一，全国工商联发挥了牵引带头作用。全国工商联高度重视改革工作，认真组织落实深化改革总体方案，将4个方面改革内容分解为39项具体改革任务统筹推进。一是着力改革组织体制。我们深化会员制改革，实施代表任期制，切实纠正发展会员设置资产门槛的“贵族化”倾向。增强企业家执委履职意识和履职能力，开展企业家副主席副会长执委履职评价工作，强化企业家执委联系服务，开展会领导、机关局级干部与企业家执委谈心谈话。重设和扩展专门委员会，探索成立3家行业委员会。加强商会这一基层组织建设，推动16家直属商会登记，开展直属商会评价、全国“四好”商会认定等工作，与民政部共同研究起草《关于加强乡镇、街道商会登记管理工作的通知》，出台系列指导性文件，推动商会组织覆盖面稳步提升。调整优化全国工商联机关内设机构设置，拓展工作职能，增加“配合做好指导民营企业党建工作”“推动构建亲清政商关系”“促进工商联所属商会改革发展”职能，开展互联网舆情引导、开展防范和化解重大风险工作、参与信用体系建设、参与标准化工作、参与促进就业和污染防治等社会服务，推进中华工商时报社等直属单位改革。强化党建引领作用，推动机关部门、直属单位创建模范机关，组建成立直属商会综合党委等。二是着力创新运行机制。推动建立健全政企沟通协商制度，拓展工商联建言献策渠道，完善民营企业诉求反映和权益维护机制。参加了多个国家层面的工作机制，进一步健全部际合作机制，与国家发展改革委、工信部、税务总局等政府部门深化务实合作，连续2年召开民营经济法治建设峰会等，在法律维权、法治民企、标准化建设、金融支持民营企业等方面取得了一些突破性进展。拓展国际合作机制，搭建高端合作平台，进一步加强了与“一带一路”国家、非洲、东盟、欧洲等境外主流商会和政府机构的联系，与贸促会、国资委等部门联合举办论坛、活动，首次出席达沃斯世界经济论坛2019年年会，开展了具有影响力的对外交往。三是着力改革工作方式。深入开展联系调研，建立联系调研信息系统，增强了企业家执委工作参与度，加强了系统内沟通联系。加强对地方工商联的指导，召开全国工商联组织工作会议，出台省级工商联工作评价办法并开展评价，开展“一个设立、五个有”督导、“五好”县级工商联互学互促等活动。提高服务效能，加快建设“网上工商联”，创新服务、培训和维权平台载体。开展品牌建设，打造主席高端峰会、“德胜门大讲堂”、万家民营企业评营商环境、“万企帮万村”精准扶贫行动等工作品牌。发挥企业家主体作用，组织引导民营企业投身“三大攻坚战”“一带一路”建设、疫情防控等国家重大任务。四是着力争取改革合力。我们加强请示汇报，积极争取中央有关部门的指导和帮助。比如，全国工商联每年向中央改革委报告改革情况，提出重点改革任务建议，争取将改革项目提高到中央和国家层面来推动，制定年轻一代民营经济人士健康成长促进计划纳入了中央改革委年度工作要点。

第二，地方工商联发挥了探索创新作用。各级工商联以务实创新举措深入推进改革，取得了一定成效。一是改革思路清晰明确。据统计，31个省区市和新疆生产建设兵团已全部制发了商会改革发展的贯彻落实方案；27个省区市结合实际出台了工商联深化改革实施方案；其他地区虽然没有出台改革方案，但也推出了具体改革举措，如创新“服务包”制度、建立民营企业产权保护社会化服务体系等。二是改革举措务实创新。我们看到，各省级工商联在改革进程中，始终坚持问题导向，创新工作举措。在解放思想方面，浙江省工商联在全省工商联系统部署开展“新时代工商联的新样子”大讨论活动，推动补短板、强弱项、激活力、抓落实。在组织建设方面，部分省级工商联出台工商联组织建设工作规划，完善工作评价办法；有的创新组织机制，如江西省工商联成立省民营经济研究中心和省非公经济服务中心（非公企业维权中心），充实工作力量。在商会改革方面，部分省级工商联构建由政府部门、社会机构、市场、企业与行业商会等各类组织间的商会发展生态圈，成立非公企业和商协会行业党委，开展集中整治软弱涣散基层党组织工作等。三是改革成效逐步显现。通过不断深化组织体制、运行机制、工作方式和干部管理改革，工商联参与涉企政策制定、政策落实情况评估、民营企业运行情况监测等新的职能作用进一步发挥，凝聚力、影响力、执行力逐步增强，有些地方工商联工作的认可度更高了、工商联干部的交流轮岗更多了。部分工商联和有关部门合作，打造民营经济综合服务体系，有效破解民营企业融资难、民营经济数据资源少、“走出去”能力弱、企业家精神凝聚力不足等问题。部分工商联构建非公经济领域舆情管理服务机制，推进民营经济调查，地方党委政府部门对工商联调查数据越来越重视，如江苏省工商联的民营企业季度调查数据就被地方统计局采用。

第三，工商联深化改革才刚起步，整体来看还很不到位。我们也要看到，工商联改革与党中央的要求相比，与时代发展进步的要求相比，与服务“两个健康”的要求相比，还有很大差距。有的只是解决了“面”上的问题，许多“点”上还有待深入；有的只是解决了容易改的，难啃的还没有拿下来。究其原因，主要有以下几个方面：

一是思想上还不够重视。据了解，未出台改革方案的省级工商联，有的是等待地方改革办、统战部备案审批，有的是方案在机关内部征求意见后陷入停滞。出现这些情况，根本原因还是工商联领导班子对改革的重要性、必要性、紧迫性认识不足，主动作为、主动担当的意识不强，存在等靠要的思想。对于已出台方案的，在实践中还存在不同程度的形式主义、官僚主义现象，有的还停留在“书面改革”，没有产生“化学反应”，整个系统的点子不够多。从全国工商联改革来看，虽然我们与多家部门单位建立了协作机制，但是缺乏实质性合作内容；搭建的政企沟通机制还没发挥出应有效果，满足不了民营企业的普遍期待；机关“三定”方案启动研究比较早，但至今没有获批等等。再比如，近年来我们在制度建设上有很大进步，但是也出现了规章制度多、相互不衔接、问题导向不强、重建设轻落实等问题，很多制度是完成任务式的“一定了之”。这些问题都反映了我们对改革的重视程度还有差距。

二是认识上还存有误区。有的工商联干部对改革的目标、原则认识不深入，对一些改革举措存在认识上的分歧。比如，推进会员制改革过程中，一些地方对全国工商联、省级工商联不再保留企业会员和个人会员还有不同意见。有的干部忽略了改革要让企业家做主角，许多地方工商联改革集中在系统内部，接“天线”不接“地气”，我们联系的民营企业对改革情况的知晓度、认可度和获得感不是太高。有的干部不能正确看待改革进程中出现的阶段性问题。比如，联系调研工作作为一项改革举措，在宣传政策、指导工作、广泛联系等方面发挥了积极作用，达到了“认门、认人、认事”的初设目标，但在调研安排、人员编组、活动内容等方面，也出现了一些搞层层陪同、调研走马观花等新问题，需要我们在今后的工作中逐步改进。

三是重点难点还没“破题”。工商联

改革难在所属商会和直属事业单位改革，弱在基层党建，商会的改革需要去协调多个部门，直属事业单位的问题多是长期积累下来的老大难问题，基层党建问题更是复杂多样。从所属商会改革看，没有摸清工商联系统的商会底数，工商联所属商会的统战功能作用发挥不明显，规范化建设水平比较低，市县工商联所属商会活力不强。从直属事业单位改革看，体制机制性障碍比较突出，一些历史遗留问题没有解决。从基层党建看，工商联机关党建还有“灯下黑”问题，有的直属单位党组织领导作用发挥不到位，直属商会党建工作整体薄弱。面对这些难啃的“硬骨头”，我们还缺乏敢闯敢试、勇于担当的冲劲。

四是客观上有困难。工商联改革确实存在外部制约因素，个别地区党委政府对工商联和商会工作重视还不够，落实中央16号文件、30号文件精神有“欠账”，有些地区工商联在地方经济社会发展中的地位和作用不太明显、和党政部门的协调机制还不完善；全国工商联“三定”方案没有出台，影响了地方相关工作的开展。许多工商联反映工商联工作力量与面临的形势和任务不相适应，存在编制不足、人少事多、办公经费欠缺等问题。随着机构改革的深入，部分西部地区县级工商联还出现了力量被削弱、编制被压缩的现象。这些问题都需要我们发挥主观能动性，在改革中积极面对和解决。

对于以上这些问题，需要不断创新思路方法、加强分类指导、形成系统合力。《关于加强新时代民营经济统战工作的意见》和全国民营经济统战工作会议为我们提供了行动指南，但这并不是一个简单的“照方抓药”“药到病除”的过程，需要我们拿出自我革新的勇气，刀刃向内、去弊从新。

三、增强攻坚能力，推动改革再深入

习近平总书记多次强调要提高改革攻坚能力。我们要把工商联改革放到国家改革全局、党的群团改革大局中考虑，紧紧围绕新时代如何更好服务“两个健康”这个主题，始终扭住强“三性”、去“四化”这个关键，按照五中全会的部署要求，坚持抓“牛鼻子”重点攻坚、抓一体化系统推进的总体思路，提升改革攻坚能力，扎实抓好机关自身改革、直属事业单位和所属商会改革，落实好政治建会、团结立会、服务兴会、改革强会的总要求，不断增强工商联组织的凝聚力、影响力、执行力。

对下一阶段的改革，我再提四点要求。

第一，加强组织领导。改革能否取得实效，组织领导是关键，首先要落实领导责任。当前，我们还有5家省级工商联尚未出台改革方案，具体情况和内外原因各有不同，但是主席和书记要承担一定的责任。下一阶段，要以“一把手工程”的担当压实领导责任，遇到问题要亲自协调和督查，争取尽快出台改革方案。已经出台改革方案的省份要抓好方案落实，杜绝改革和工作“两张皮”的现象，将改革措施融入工作职能，用改革破解工作中的难点堵点，通过重点工作推进带动改革实施，让改革与发展深度融合、高效联动。

第二，突出工作重点。深入推进工商联改革，要进一步突出重点、抓住难点、找到创新点，力争在关键环节上取得突破性进展。要进一步搞好顶层设计，各级工商联要深入学习贯彻习近平总书记关于加快推进工商联改革的重要指示精神，扭住商会改革这个牛鼻子，抓好全国工商联、中国民间商会、直属商会改革，和省级工商联、总商会、所属商会改革，坚持以上率下，推动改革“落地生根”；推进“两个覆盖”，抓好县级工商联和商会党建工作；加强理论研究阐释，开展新时代工商联职责定位系列研究，探索回答“两个大局”中工商联职责定位问题；要通过组织开展理论研究创新成果和工作实践创新成果评选工作，推出一批改革创新成果。要进一步改革组织体制，加强执委企业家队伍建设，改进企业家执委履职评价办法；在民营经济集中的行业、新兴领域推动新组建商会和行业委员会；加快推进所属商会和直属单位改革，推动统战工作向商会组织有效覆盖，探索推进对直属商会负责人的考评工作。要进一步创新运行机制，深化现有部际合作、政企沟通、建言献策、联系服务、国际交往机制，把建章立制贯穿改革全过程，提高规范化和制度化水平；加强与中央主流媒体、企业自媒体等的交流合作机制，形成宣传民营企业和民营经济人士的工作合力。要进一步创新工作方式，严肃联系调研工作纪律，提高联系调研工作质量；做好省级工商联、直属商会评价工作，推进“五好”县级工商联和“四好”商会建设；创新服务、培训和维权平台载体，加快“网上工商联”建设。要进一步加强干部管理，研究推进干部素质能力建设，完善干部选拔任用制度，激发干部内生动力，培养一支信念坚定、为民服务、勤政务实、敢于担当、清正廉洁的年轻干部队伍。

第三，坚持系统观念。当前，工商联改革发展不平衡不充分的问题仍然突出，运行中的矛盾错综复杂，必须从系统观念出发加以谋划。一方面，要通过加强工商联系统内沟通指导实现上下贯通的内循环。要进一步完善机关联系基层、干部联系商会和企业家制度，推动干部走出机关大院、走进基层商会。上级工商联要定期对下级工商联和商会改革发展情况进行分析研判，完善以评价促提高的工作指导机制，用好重点工作落实情况通报、民营经济人士评议等举措。另一方面，要促进形成党政机关同工商联职能有机衔接的外循环。推动党委政府将工商联改革纳入整个党政机关改革的大局统筹考虑，提前谋划“十四五”时期系统改革和工商联参与改革重点任务。要充分发挥工商联作为党和政府联系民营经济人士的桥梁纽带作用，推动地方党委政府对地方工商联特别是县级工商联感知发生积极变化。

第四，树立基层导向。基层是改革的源头活水。县级工商联和所属商会既是工商联改革的重点难点，又是改革创新的源泉。明天商会工作会议还要专门对商会改革工作进行部署。我们要树立大抓基层的鲜明导向，推动资源向基层倾斜，夯实基层基础，抓住县级工商联“一个设立、五个有”达标和“五好”县级工商联建设这些工作重点，着力解决好商会党建“破题”、组织覆盖、登记注册、政治功能作用发挥和服务平台建设等难点问题。要指导地方各级工商联持续深化改革，找准定位，突出特色，有条件的地区要努力走在前列。要及时总结温州新时代“两个健康”先行示范区先行先试的改革经验，形成一系列可推广、可持续的试点成果。要持续深化商会改革，做好“三个有效覆盖”：一是加强和改进对商会的指导、引导和服务，综合利用好考核商会主要负责人、开展商会会员思想政治工作、教育培训等方式，在推动统战工作向商会组织有效覆盖上有实质性进展；二是坚持积极组建与规范建设并重，提升商会竞争力，在推动商会组织向民营经济各个行业和领域有效覆盖上有实质性进展；三是充分发挥党组织的政治引领功能，促进会建和党建融合发展，在推动商会党的组织和工作有效覆盖上有实质性进展。

“十三五”时期即将过去，“十四五”时期即将到来，工商联改革面临新的机遇和挑战。我们要紧跟形势、乘势而上，继续打硬仗、啃硬骨头，集中力量突破关键环节改革，为“十四五”时期工商联事业开好新局、谱好新篇。

强化使命担当 在建设现代化国家中展现新作为

——在第二届新时代民营企业党建经验交流会上的主旨讲话

（2020年11月28日）

高云龙

大家好。非常高兴参加今天的会议，与大家一起交流学习。

今天来参会的都是企业党建开展得很好的企业，大家对于坚持党的领导和抓党建的重要性，都有深刻的认识。历史和现实一次次证明，党的领导是我们战胜一切艰难险阻的制胜法宝，是中国特色社会主义制度的最大优势。企业党建实践也说明，党建强，企业兴。孙子兵法说：“激水之疾，至于漂石者，势也。”企业党建强了，党的政治优势、组织优势、群众工作优势发挥出来了，企业的创新优势、竞争优势、发展优势就更加凸显了。民营企业要善于因势利导，顺势而为，乘势而上，听党话、跟党走，紧跟党中央决策部署，走正企业发展方向，迈向更加广阔的舞台。

上个月，党的十九届五中全会胜利召开。全会对建设社会主义现代国家做出了全面部署。学习贯彻落实五中全会精神，建设社会主义现代化，民营企业大有可为。下面，我就民营企业参与现代化建设，谈5点思考。

一、要提升就业水平，为实现人口规模巨大的现代化多作贡献

目前，全球已经实现现代化的国家和地区，人口大约是10亿。中国是一个14亿人口的大国，如果中国整体迈入现代化社会，会彻底地改写现代化的世界版图，将是人类发展史上的一大伟业。过去我们在改革开放过程中，充分利用人口红利，以充足、廉价的劳动力承接国外产业转移，实现了经济迅速发展。但现在，情况已经发生变化。一方面，随着我国人民生活水平提高，低劳动力成本时代一去不复返，机器换人、黑灯工厂、无人车间等新技术新模式蓬勃兴起，劳动力就业形势发生重大变革。另一方面，巨大的人口规模也让资源承载着巨大的压力。如何实现人口规模巨大的现代化，是需要我们深入研究的课题。从当前形势看，民营企业至少可以在两个方面发力：

一方面，要努力稳岗扩员，促进充分就业，助力缓解人口众多的发展压力。人口规模对经济社会发展是一把双刃剑。人口多，“分母效应”就大，环境资源负荷就重，发展压力就大。英国的马尔萨斯认为，人口过多必然带来贫困。人口降不下来，我们就永远不可能达到发达国家人均收入水平和生活水平。目前，我国依然是世界人口第一大国。去年，在全国政协召开的促进就业政策的双周协商会上，大家形成一个共识，就是到2050年中国的就业压力依然很大。未来3年，城镇每年需要安排的就业人员仍然超过1200万人。受新冠肺炎疫情影响，今年就业形势格外严峻。党中央提出“六稳”“六保”决策部署，都把就业问题放在第一位。以美国经济学家阿瑟·奥肯命名的“奥肯定律”认为，失业率每高于自然失业率1%，实际GDP增长率便低于潜在GDP增长率2%。面对这个情况，对于就业主渠道的民营企业来说，要树立就业优先的理念，要在企业良性发展和力所能及的条件下，千方百计稳岗、扩员，扩大就业盘子，为缓解就业压力、稳定经济社会发展作贡献。我认为，提供就业是民营企业为实现人口规模巨大的现代化立的头功。

另一方面，要加强员工培训，兴办文化教育，助力提高我国的人口素质。中国的现代化、社会的全面进步，需要高质量人口作为支撑。我们要把人口的规模优势转化为质量优势，将人口压力转化为人口动力，进一步释放中国的人才红利，包括“工匠”红利和“工程师”红利。经过改革开放40多年的发展，随着市场经济的洗礼和工业化的推进，原来的一批低成本劳动力正在成长为熟练的技能工人，劳动生产率不断提高，劳动力整体素质不断提升，企业培训在其中起了关键性作用。企业和员工是利益共同体，提高员工素质是企业应尽的职责，也是企业高质量发展的重要基础。我们企业更要树立以人为本的理念，加大人力资本投入，加强对员工的职业技能培训，大力推行产教融合、校企合作，探索中国特色的师徒制，提升员工的科技文化素质。有条件的企业要积极参与文化教育事业，特别是职业技术教育，培养一批符合产业要求、适应企业管理的技术技能人才。

当然，我们也常说，人多力量大。人口规模也具有“分子效应”，人多意味着劳动力多，人才多，意味着发展的人口规模红利就大，劳动力密集的优势就强。当前的经济发展阶段，不少产业链依然需要劳动密集型企业，劳动密集型企业虽然有向低收入国家转移的趋势，但在国内依然有一定的提升空间。我们要从保护产业链完整性、供应链安全性的角度出发，实事求是，客观对待。讲到这里，我还想请大家多多关注“银发经济”。我理解“银发经济”包含两方面意思。一方面指的是服务“银发”的经济模式。比如，医疗救护、大健康、休闲养老等行业，可以说这些都是我们民营企业的机遇。另一方面指的是发挥“银发”的社会作用。现在很多企业员工不到60岁就退休了，其中也不乏一些高水平技能人才。对于这些人中有能力有意愿继续工作的，我们要通过岗位返聘或技术授权等方式，让“银发”继续发光发热。这不仅对企业创新有贡献，也可以增强他们的工资收入，提高他们的生活质量。当然，要注意把握好代际就业平衡。

二、要先富带后富，为实现共同富裕的现代化多做贡献

共同富裕是中国特色社会主义的本质要求，是中国人民根本的奋斗目标。中国古代的儒家曾提倡利民、富民的共生思想，“天下为公”“天下大同”“均贫富、等贵贱”，体现了朴素的经济民主理念。毛主席首倡“共同富裕”，小平同志说过，社会主义最大的优越性就是共同富裕，这是体现社会主义本质的一个东西。我们建设的社会主义现代化国家，与别的国家不一样。我们要立足自身国情和特色，既不能走以前“一大二公”的老路，也不能在条件尚不具备的情况下，照搬一些发达国家的高福利模式，而是要走出一条先富带后富、共同富裕的中国特色社会主义现代化道路。这是对大家共享理念和责任意识的直接检验。

一要办好企业，做大蛋糕，让国家富起来。实现共同富裕，关键还是要有强大的经济基础。中国是世界第二大经济体，有14亿人口的大市场，有独特的体制机制优势，中国经济有巨大的发展潜力、韧性和不断迸发的创新活力，呈现着强劲的发展势头。按照占比60%测算，2019年我国民营经济创造的生产总值约为55万亿元，折合约8万多亿美元，比日本5.1万亿美元的GDP多一大截；我们民营经济人士超过1.2亿，与日本总人口相当。只要我们专心做好自己的事情，只要企业发展得好，经济盘子做得大，促进共同富裕就有坚强的底气。

二要优化分配，让利员工，让员工富起来。提高员工收入，就是要在企业健康发展的前提下，合理规划企业的工资增长机制，构建和谐劳动关系，让员工更好地共享企业改革发展带来的成果。在这里也请大家对资本要素、科技要素、管理要素和劳动要素如何进行收益分配的问题，进一步加强研究。要破解这一难题，可能需要我们在理论和实践上进行探索和调整。比如，维持管理要素和科技要素的占比不变，适度将资本收益的一部分让渡给劳动收益，相当于在一次分配中，企业内部率先进行了转移支付，平衡资本和劳动要素的收益，让员工获取更多利益。

三要热心公益，回报社会，让社会富起来。总书记在江苏考察调研期间，参观了著名实业家张謇的生平展览。张謇先生践行实业救国理念，大力兴办教育、发展社会公益事业，造福乡梓，帮助群众，确实是中国民营企业家的先贤和楷模。义利兼顾，才能义利兼得。企业家先富起来了，还要富而有德、富而有爱、富而有责，要积极参与公益慈善活动，努力做热心公益的表率，带动全社会形成积极参与公益捐赠的良好氛围。农村是现代化建设的难点。希望民营企业加大对农村的投入，积极参与实施乡村建设行动，带动各类资本下乡兴业，为解决“三农”问题贡献更多力量。

三、弘扬企业家精神，为实现物质文明和精神文明相协调的现代化多做贡献

华夏文明，上下五千多年；儒家文化，传承两千余载。中华民族几千年来创造了灿烂的文化，被世人称为“文明古国，礼仪之邦”。改革开放40多年来，我国跃居世界第二大经济体，社会主义核心价值观引领社会风尚，中国经济和中华文化的国际影响力同步提升。民营企业家身上闪现的“光彩精神”“优秀建设者精神”“企业家精神”，也极大地丰富了中国特色社会主义精神文明的内涵。但我们应该清醒地认识到，社会主义现代化的一个显著特征，就是物的全面丰富和人的全面发展。这是对民营企业参与两个文明建设提出更高的标准和要求。新时代的民营企业家不仅要富“口袋”，还要富“脑袋”，努力成为精神文明建设的表率，带动全社会道德素质和文明程度进一步提升。

一要推动培育现代商业文明。当前，中国已经成为世界第二大经济体，国际社会的目光前所未有地聚焦中国，但与经济地位相比，我们在商业文化上的影响力仍有很大不足。文化自信是最深沉的自信。我们不能只看到中国传统上重农抑商、在商业文化上的缺陷，也要看到传统文化渗透出的深厚的基础。比如，中华传统文化中，孔子、孟子的义利观思想，计然、范蠡的经营策略思想，王阳明的“新四民说”，都值得我们继承发扬。党的革命文化和社会主义先进文化，对商业文化的发展具有统领性的指导作用。同时还要立足中华优秀传统文化，实现对中华传统商业文明的创造性转化和创新性发展；也要吸收一切人类商业文明价值的合理内容，实现对西方商业文明的现代超越。大家要积极实践，共同推动现代商业文明的进程。

二要大力弘扬企业家精神。中央一直高度重视弘扬企业家精神，激发企业家活力。总书记在企业家座谈会上提出，企业家要在爱国、创新、诚信、社会责任和国际视野等方面不断提升自己，我们要在实践中不断深化。今年以来，疫情肆虐、百业艰难，要带领企业战胜困难，尤其需要激发企业家们的冒险、创新精神，做到在危机中育先机、于变局中开新局。“德贵日新”“不日新者必日退”。办好企业离不开创新这一根本动力。当前第四次工业革命初露端倪，谁抓住了这个历史机遇，谁就抢占了未来。希望大家要有毅力和勇气，积极参与“揭榜挂帅”，在解决“卡脖子”的问题上勇于发力，在勇闯“无人区”的探索中敢于先行。要把企业打造成为强大的创新主体，在合法合规情况下去做一些以前没有做过的产品、尝试没有开拓过的市场，创造出划时代的产品。有实力的企业还可以积极发展创投基金，挖掘、支持创新型企业发展，支持新科研成果转化为生产力。不仅要给企业带来新的增长点，也要努力为全人类的发展作贡献。

三要积极创建健康的企业文化。企业是社会治理的一个单元，企业文化是社会主义精神文明建设大局的重要组成部分。企业要用社会主义核心价值观引领自身文化建设方向，大力弘扬中国精神、传播中国价值，在企业内部形成统一的精神指引、共同的理想信念，把先进文化转化为企业奋发向上的精神力量。当前我们已经进入了互联网时代，大型互联网企业和文化企业，要坚持把社会效益作为经营基础，扩大优质文化产品供给，加快发展新型文化企业、文化业态、文化消费模式，努力实现社会效益与经济效益的统一，成长为令人尊敬的“头部企业”。

四、加快绿色转型，为实现人与自然和谐共生的现代化多做贡献

“我见青山多妩媚，料青山见我应如是”。人因自然而生，与自然共生，是命运共同体。人类发展活动必须尊重自然、顺应自然、保护自然。中国古代先贤就非常注重环境保护，成汤“网开三面”，孔子“钓而不纲，弋不射宿”等朴素的环境主张体现了人与自然和谐相处的理念。在我们这样一个人口太多、人均资源占有量太少、生态环境脆弱的国家，走人与自然共生的现代化之路，是自身可持续发展的需要，展现的是对全人类负责的大国担当。当前，我国经济发展和生态保护在实践中的矛盾依然十分突出，这需要包括民营企业在内的社会各界继续坚定信念，坚决打赢污染防治攻坚战，努力让天更蓝、山更绿、水更清、环境更优美。

一要致力绿色生产。保护环境就是保护生产力，改善环境就是发展生产力。秦岭、祁连山等地生态环境破坏的案例，教训深刻，让人十分痛心。今年9月，习主席在第75届联合国大会一般性辩论上发表重要讲话，宣布中国二氧化碳排放力争于2030年前达到峰值，努力争取2060年前实现碳中和。排放权等同于发展权，但我们的发展必须是可持续发展，因为生态环境、气候变暖与每个人休戚相关。任何产业的发展只有尊重自然、保护生态，才能走得长远。我们要坚决摒弃破坏生态环境的发展模式和做法，积极通过技术创新、管理创新、融合创新，形成科技含量高、资源消耗低、环境污染少的绿色生产方式，走绿色低碳循环可持续的发展之路。要善于运用良好的生态环境，致力于发展生态农业、生态工业、生态旅游业，把生态环境变成绿色产品，为生态环境增值赋能。

二要投身绿色产业。推动生态环境根本好转，美丽中国建设目标基本实现，就必须有发达的绿色产业，解决好既有的污染存量。绿色产业规模大、商机多、意义大，我们要大力投资开发节能环保产业、清洁生产产业、清洁能源产业，积极参与环境污染防治和生态保护修复事业，做发展绿色产业的引领者、组织者、开拓者，为企业发展开辟新空间，为经济发展培育新的增长点。当然，绿色产业是个专业度很高的行业，我们在进入之前，一定要充分考虑企业自身条件，充分做好可行性调研。

三要践行绿色生活。大家可能注意到，在防控新冠肺炎疫情过程中，人们的生活方式正在悄然出现一些“绿色”的变化，出行戴口罩、保持社交距离、勤洗手多通风、分餐制、垃圾分类、拒食野味、制止餐饮浪费逐渐成为大众的共识。我们的企业家要积极主动做绿色生活方式的典范，发挥好自身的公众影响力，推动形成节约适度、绿色低碳、文明健康的生活方式和消费模式，推动营造全社会共同参与的良好风尚。

五、传递中国善意，为实现走和平发展道路的现代化多做贡献

中国始终是爱好和平的国家。从历史上看，中国人口数量长期占世界人口的20%左右。我们虽然有这么多的人口，却罕有走侵略扩张道路的时期。汉代，丝绸之路贸易连接东西；唐代，鉴真东渡传递中国文化；明代，郑和下西洋交流经济，我们都是礼尚往来、和平之旅。新中国成立后，我们依然走的是一条和平发展道路，从新中国成立之初提出的和平共处五项原则，到习近平总书记提出的构建人类命运共同体和形成以合作共赢为核心的新型国际关系等思想，都充分体现了中华民族、中华文化爱好和平的本质。我们始终坚持国家之间互利共赢，世界各国“各美其美、美美与共”“万物并育而不相害，道并行而不相悖”。民营企业在海外发展业务，要用实际行动展现、践行、传播我们和平发展的美意。

一要在合作中共赢。互利才有合作，共赢才能长久。这两年，贸易保护主义回潮，全球化和多边主义遭受逆风，但总体看，全球化和一体化趋势不会变。最近，RCEP刚刚签署，我们正在积极考虑加入CPTPP。RECP的签署昭示着多边主义和自由贸易的胜利。作为企业，我们要用好多边贸易协定，优化产业布局，科学布局产业链和创新链，畅通国内国际循环。走出去的企业要秉承利益共同体、命运共同体的理念，遵守当地的法律法规，尊重当地的风俗习惯，注重培育驻在国人才，提升驻在国的科技文化水平，积极助力驻在国的繁荣稳定和经济社会发展。

二要在开放中学习。虽然中国现在到了一定的发展阶段，但学习永无止境。故步自封，妄自尊大，必然走向封闭落后。当前，一些国家逆全球化、企图切断我们对外学习的渠道。这给我们制造了很多困难。我们要继续保持谦虚的心态、开放的胸襟，充分借助开放的环境，用好开放的资源，尊重发展规律和科技规律，学习国外先进理念、先进技术，博采众家之长，不断积累、不断升华，为在更多领域开拓更大空间，打下扎实基础。

三要在交往中宣传。民营企业在海外

发展，客观上也是宣传、传递中国声音的重要窗口。我们要积极通过海外的各种商业或非商业活动，增进与驻在国组织机构的交流，传播好中国故事、中国文化，以个人品行、企业作为，树立中华民族和善的形象，传递中国和平发展的思想。

以上观点与大家分享。

最后，祝愿学习交流会圆满成功，希望大家在这里能够有所学、有所思，回到企业能够有所行、有所为，进一步发挥党建引领作用，带领企业在全面建设社会主义现代化国家的新征程中发挥更大作用，实现更大发展。谢谢大家！

徐乐江书记在2020中国民营企业500强峰会上的演讲

今天，根据疫情防控常态化要求，2020中国民营企业500强峰会以现场加网络视频会议形式召开。在此，我向现场和通过网络参会的企业家代表和各界人士表示热烈的欢迎，向入围2020中国民营企业500强、制造业500强、服务业100强的企业表示诚挚的祝贺！

2019年，面对深刻变化的国际国内形势，广大民营企业家主动适应和把握经济发展新常态，坚定贯彻新发展理念，坚持实践高质量发展道路，全面推进企业改革发展，取得了明显成效。今天发布的500强调研分析报告显示，民营企业500强的入围门槛、资产总额、税后净利润总额等均有不同程度的提升。这充分说明，民营企业发展势头良好，质量效益稳步提升。

今年以来，突如其来的新冠肺炎疫情给我国经济社会带来了前所未有的冲击。面对复杂严峻局面，在以习近平同志为核心的党中央坚强领导下，疫情防控取得重大战略成果，我国经济运行呈现恢复性增长势头。在这背后，企业家们扮演着重要角色，企业家精神发挥着重要作用。7月21日，习近平总书记亲自主持召开企业家座谈会，希望广大企业家弘扬企业家精神，在爱国、创新、诚信守法、社会责任和国际视野等方面不断提升自己，带领企业战胜当前困难，走向更辉煌的未来。8月24日，总书记主持召开经济社会领域专家座谈会并发表重要讲话，对“十四五”时期我国发展阶段做出重要判断，指出我国将进入新发展阶段，强调要以辩证思维看待新发展阶段的新机遇新挑战，以畅通国民经济循环为主构建新发展格局，以科技创新催生新发展动能，以深化改革激发新发展活力，以高水平对外开放打造国际合作和竞争新优势，以共建共治共享拓展社会发展新局面。本次峰会以“弘扬企业家精神、激发市场主体活力”为主题，就是要认真学习领会、深入贯彻落实习近平总书记重要讲话精神，大力弘扬企业家精神，引领广大民营企业准确把握新发展阶段的深刻内涵，努力成为新时代构建新发展格局、建设现代化经济体系、推动高质量发展的生力军。

各位企业家、同志们、朋友们！

今年是“十三五”收官之年，也是“十四五”的接棒之年。习近平总书记指出，“十四五”时期是我国全面建成小康社会、实现第一个百年奋斗目标之后，乘势而上开启全面建设社会主义现代化国家新征程、向第二个百年奋斗目标进军的第一个五年，我国将进入新发展阶段。这是习近平总书记基于当今世界形势、国内外环境、今后一个时期将呈现的发展趋势等对我国所处历史方位做出的一个重大判断。我们要按照总书记的最新判断和指示要求，以辩证思维看待新发展阶段的新机遇新挑战，准确识变、科学应变、主动求变，在危机中育新机，于变局中开新局，努力实现质量更好、效益更高、竞争力更强、影响力更大的发展。

要深刻把握新发展阶段的新挑战。进入新发展阶段，我国发展面临的国内外环境出现深刻变化，给我国经济社会发展带来一系列新挑战。就国际环境而言，当今世界正经历百年未有之大变局，和平与发展仍然是时代主题，同时，国际环境日趋复杂，新冠肺炎疫情全球大流行使这个大变局加速变化。世界经济陷入严重衰退，主要国际组织纷纷下调2020年经济增速预期，国际国币基金组织预测全年世界经济下降4.9%；世界银行预测全年世界经济下降5.2%。各国出台的刺激政策规模空前，外溢影响相互交织。一些国家政治社会领域风险激化，民粹主义、保护主义和逆全球化思潮不断升温。国际安全形势复杂多变，我周边地缘政治局势依然严峻，这些都加大了我外部环境的不确定性。就国内环境而言，我国正处于转变发展方式、优化经济结构、转换增长动力的攻关期，“三期叠加”影响持续深化，经济下行压力持续加大。今年，突如其来的新冠肺炎疫情，又给我国经济社会发展带来了前所未有的冲击。虽然我国快速阻断了疫情在国内的蔓延，但是境外疫情尚未得到有效控制，在“外防输入”“内防反弹”常态化疫情防控下，国内经济恢复压力仍然很大。与此同时，疫情影响居民就业收入，制约了居民消费能力和消费意愿，加之海外市场萎缩，需求端恢复速度明显弱于供给侧，迟滞了经济的稳定恢复，国内经济完全消化疫情带来的不利影响还需时日。就民营经济而言，我国民营企业在自主创新能力、资源利用效率、信息化程度、内部治理结构、质量品牌效益等方面，与国际先进企业相比还有明显差距，“大而不强”的问题依然突出。今年突发的新冠疫情给很多民营企业带来严重冲击，很多民营企业，特别是一些大型企业，前些年热衷于铺摊子、上规模，在疫情影响等外部冲击下也出现了危机，仅上半年就有33只民营企业发行的债券发生违约。面对这一系列风险挑战，广大民营企业家要保持战略定力，增强发展信心，向改革要动力、向市场要活力，扎扎实实办好企业。

要深刻把握新发展阶段的新格局。加快形成以国内大循环为主体、国内国际双循环相互促进的新发展格局，是以习近平同志为核心的党中央在全面统筹国内国际两个大局基础上做出的战略部署和科学决策。我们要把新发展格局放在国内外发展大势中去把握，放在中华民族伟大复兴战略全局和世界百年未有之大变局中去认识。构建新发展格局是实现稳增长和防风险长期均衡的重要途径，是重塑我国国际合作和竞争新优势的战略抉择。在当前全球市场萎缩的外部环境下，我们必须充分发挥国内超大规模市场优势，通过繁荣国内经济、畅通国内大循环为我国经济发展增添动力，进而带动世界经济复苏。同时，新发展格局绝不是封闭的国内循环，而是开放的国内国际双循环。正如习近平总书记指出的那样，“我国在世界经济中的地位将持续上升，同世界经济的联系会更加紧密，为其他国家提供的市场机会将更加广阔，成为吸引国际商品和要素资源的巨大引力场。”以国内大循环为主体，正是要通过发挥内需潜力，使国内市场和国际市场更好联通，更好利用国际国内两个市场、两种资源，实现更加强劲可持续的发展。

要深刻把握新发展阶段的新机遇。形势的剧烈变动往往是破旧立新、格局重塑的重要推手。在世界经历百年未有之大变局之时，我国已进入高质量发展阶段，社会主要矛盾发生转化，发展空间更加广阔，发展机遇更加明显。新一轮科技革命、产业变革正在加速拓展，经济社会数字化转型方兴未艾，数字经济、智能制造、生命健康、新材料等战略性新兴产业正蓄势待发，“两新一重”建设项目正在持续推进，乡村振兴战略正全面展开，这些新的经济增长点、增长极将会为经济发展提供更多动力。突如其来的疫情给一些行业企业带来很大冲击，但也催生了许多新产业新业态新模式、孕育了一批新生企业。应对疫情不仅使我们加快补齐短板弱项、进一步加大改革创新力度，也倒逼很多企业主动转型升级。特别是我国在疫情防控中积累了有益经验，彰显出的制度体制等显著优势，为我国深度参与全球治理、更好吸引全球要素资源提供了新的契机。新发展阶段，国内外环境的深刻变化将带来一系列新挑战，但也会带来一系列新机遇，是危机并存、危中有机、危可转机。企业家们要保持敏锐的市场嗅觉，抓住新发展阶段的新机遇，努力攻坚新技术、发展新业态、研发新产品，让企业的高质量发展与经济社会发展同频共振。

各位企业家、同志们、朋友们!

海阔心无界，山高人为峰。企业是最重要的市场主体，企业家和企业家精神是企业的统帅和灵魂。新发展阶段，有效应对新的风险挑战、把握新的发展机遇、构建新的发展格局需要广大民营企业家大力弘扬新时代企业家精神，托举起实现高质量发展的时代重任。

一要坚持爱国敬业，让企业发展更有情怀。企业无国界，企业家有祖国，优秀企业家一定具有家国情怀和爱国敬业精神。国家好、民族好、人民好，企业才会好。新时代民营企业家爱国敬业，就要把个人理想融入民族复兴伟大实践和国家发展重大战略，努力实现国家繁荣、民族兴盛、人民幸福与企业发展的有机统一。新时代民营企业家爱国敬业，就要开拓进取、努力奋斗、锲而不舍、百折不挠，既要有对企业的热爱，也有要对国家、民族的责任，把经营企业与爱国奋斗相融合。新时代民营企业家爱国敬业，就要在企业经营中保持高度使命感、责任感，努力在新的起点上实现新作为，取得更大成就。当前我国经济下行压力不断加大，国际环境复杂多变，企业家要高度关注国家需要，临难不避，挺身而出，主动为国担当、为国分忧。

二要坚持创新发展，让企业发展更有动力。企业家的本质是创新，是能够实现生产要素重新组合的创新者。2019年，民营500强企业国内外发明专利数超过17万项，比上一年增长7.5%，以华为公司为代表的一批企业掌握了关键领域的核心技术，赢得了发展空间，提升了企业质量效益，为促进经济高质量发展做出了巨大贡献。但总体来看，我们仍然存在自主创新能力弱、核心技术短缺等不足。《科技日报》曾报道了35项卡脖子技术，这些还只是亟待攻克的核心技术的一部分，太多卡脖子的技术让我们在发展道路上不能扬眉吐气，只能埋头前行。习近平总书记强调，创新是引领发展的第一动力，企业家创新活动是推动企业创新发展的关键，希望企业家勇于创新，敢为天下先。企业家们要充分发挥民营企业体制机制灵活优势，加大研发投入和人才培养力度，抢抓新一轮产业革命孕育的新机遇，主动瞄准世界科技前沿，积极投身新一代信息技术、生物产业、高端装备制造产业、新能源产业、新材料产业等领域，在攻克关键领域核心技术上奋勇争先。

三要坚持诚信守法，让企业发展更有保障。习近平总书记指出，企业家要做诚信守法的表率，带动全社会道德素质和文明程度提升，企业要依法经营、依法治企、依法维权。近年来不断涌现的企业违约违规违法事件表明，作为安身立命之本，我们在这方面还有相当长的路要走。守法才能走得稳、走得远，诚信才能赢得客户、赢得长远。偷税漏税、走私贩私、制假贩假等违法的事情坚决不做，偷工减料、缺斤短两、质次价高的亏心事坚决不做，这些都是底线。以500强企业为代表的广大民营企业，要在守住底线的同时，坚持高标准严要求。要认真落实习近平总书记关于构建亲清政商关系的要求，坚持依法合规办企业；要加快完善现代企业制度，健全内部治理体系，坚持稳健审慎发展，提升风险管理能力；要建立企业诚信文化、重视开展信用修复，切实加强企业自身信用制度体系建设。

四要积极履行社会责任，让企业发展更有价值。饮水不忘思源，任何企业存在于社会之中，都是社会的企业。社会是企业家施展才华的舞台，企业家也要真诚回报社会、切实履行社会责任。总书记对民营企业的社会贡献给予了充分肯定。他提到，民营企业贡献了50%以上的税收，80%以上的城镇就业，为我国社会主义市场经济发展、农村富余劳动力转移等发挥了重要作用。长期以来，广大民营企业家积极投身“万企帮万村”精准扶贫行动和光彩事业，为打赢精准脱贫攻坚战做出了突出贡献。在抗击新冠肺炎疫情的斗争中，广大民营企业踊跃作为，捐款捐物支援一线，搁置主业转产抗疫物资，经营困难仍坚持不裁员，损失自身利益来扶持上下游企业共谋生存，通过各种形式全力参与疫情防控阻击战，彰显了责任担当、家国情怀。常态化疫情防控下，企业家们要努力办好企业、积极稳定就业，为“六稳”“六保”贡献更大力量。

五要积极扩展国际视野，让企业发展更有竞争力。改革开放40多年来，广大民营企业家通过企业“走出去”展示了中国制造、中国品牌，在享受经济全球化红利的同时，实现了企业的国际化发展。当前，境外疫情仍在持续蔓延，世界经济陷入深度衰退，保护主义、单边主义上升，经贸摩擦加剧。但是，以美国为代表的部分西方国家逆全球化的行为注定只能是开历史的倒车，并不能阻止国际合作的进程。近年来，我国积极促进贸易投资自由化、便利化，推动经济全球化朝着更加开放、包容、普惠、平衡、共赢的方向发展，为世界做出了表率，“一带一路”倡议也已被越来越多的国家认同和接纳。企业家们要立足中国，放眼世界，在有效把握国内市场的同时，积极参与“一带一路”建设，参与国际竞争和全球资源配置，在重大规划、重大项目、重大工程、重大活动中贡献力量、发现机会，积极拓展新的发展空间，提升企业的国际竞争力。

各位企业家、同志们、朋友们！

浩渺行无极，扬帆但信风。民营经济是中国经济社会发展的重要基础，500强企业是中国民营企业的领头羊，广大企业家要不忘初心、牢记使命，大力弘扬优秀企业家精神，为夺取疫情防控和经济社会发展双胜利、开启“十四五”做出新的更大贡献。

（孙昱、张志伟）

第五部分　调研报告

民营企业500强总体发展情况

2019年，我国经济运行总体平稳，国内生产总值达到99.1万亿元，增长6.1%。经济结构继续优化，先进制造业、现代服务业较快增长。发展新动能不断增强，营商环境日趋优化，全年减税降费2.36万亿元。外贸外资保持稳定，货物进出口总额较上年增长3.4%，其中对“一带一路”沿线国家进出口总额增长10.8%；实际使用外商直接投资增长5.8%。三大攻坚战取得关键进展，脱贫攻坚取得决定性成就，主要污染物排放量继续下降，生态环境总体改善；金融运行总体平稳。2019年民营企业500强规模持续增长、产业结构日趋优化、创新能力稳步提升。但是成本上升、融资难融资贵、国际市场持续低迷、风险隐患不断增加等问题依然突出，企业利润空间收窄、投资意愿下降，在一定程度上制约着民营企业500强的健康发展。

一、民营企业500强整体规模持续增长

2019年，民营企业500强门槛为202.04亿元，较上年增加16.18亿元，增速为8.71%，较上年下降9.79个百分点（见图1、表1）。

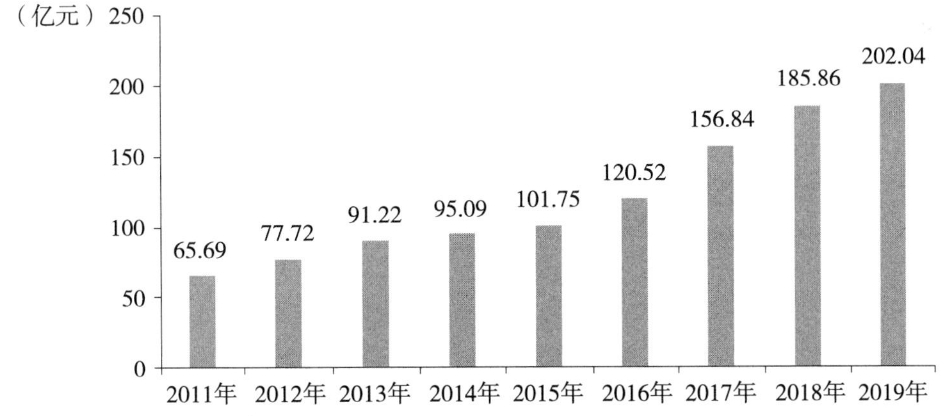

图1　2011—2019年民营企业500强入围门槛

表1　2018—2019年民营企业500强收入情况

项目指标		2019年	2018年	增长率
入围门槛（亿元）		202.04	185.56	8.71%
营业收入（亿元）	总额	301708.26	285033.67	5.85%
	户均	603.42	570.07	

2019年，民营企业500强的营业收入总额合计为301708.26亿元，户均603.42亿元。有57家企业营业收入总额超过1000亿元，106家企业营业收入总额在500亿～1000亿元之间，337家企业营业收入总额在100亿～500亿元之间。华为投资控股有限公司营业收入蝉联榜首，为8588.33亿元（见图2、表2）。

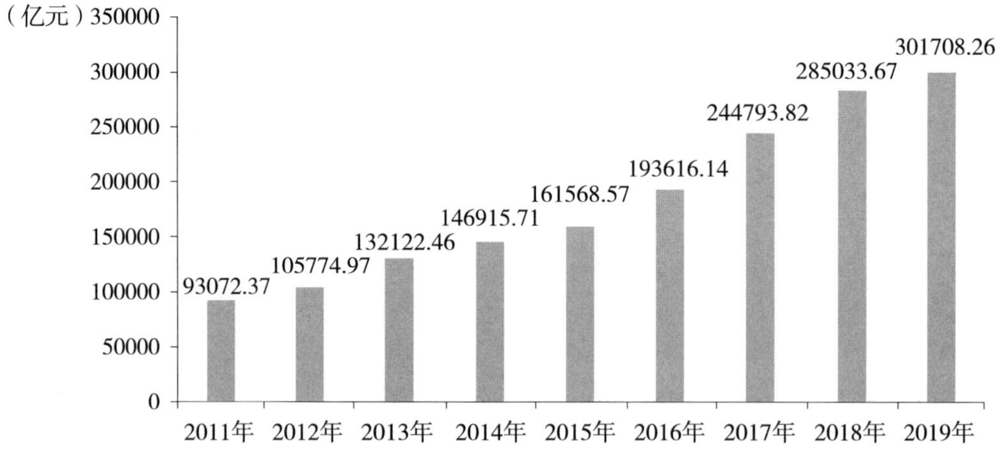

图2　2011—2019年民营企业500强营业收入总额

表2　2019年民营企业500强营业收入前20家

2019年排名	2018年排名	企业名称	所属行业	所在省份	2019年营业收入（亿元）	2018年营业收入（亿元）
1	1	华为投资控股有限公司	计算机、通信和其他电子设备制造业	广东省	8588.33	7212.02
2	3	苏宁控股集团	零售业	江苏省	6652.59	6024.56
3	4	正威国际集团有限公司	有色金属冶炼和压延加工业	广东省	6138.99	5051.18
4	8	恒力集团有限公司	化学原料和化学制品制造业	江苏省	5567.40	3717.36
5	7	碧桂园控股有限公司	房地产业	广东省	4859.08	3790.79
6	5	恒大集团有限公司	房地产业	广东省	4775.61	4661.96
7	9	联想控股股份有限公司	计算机、通信和其他电子设备制造业	北京市	3892.18	3589.20
8	10	国美控股集团有限公司	零售业	北京市	3717.01	3340.98
9	13	万科企业股份有限公司	房地产业	广东省	3678.94	2976.79
10	11	浙江吉利控股集团有限公司	汽车制造业	浙江省	3308.18	3285.21
11	19	中南控股集团有限公司	房地产业	江苏省	2821.40	2225.43
12	16	美的集团股份有限公司	电气机械和器材制造业	广东省	2793.81	2618.20
13	14	山东魏桥创业集团有限公司	有色金属冶炼和压延加工业	山东省	2792.81	2844.87
14	18	青山控股集团有限公司	黑色金属冶炼和压延加工业	浙江省	2626.02	2265.01
15	17	江苏沙钢集团有限公司	黑色金属冶炼和压延加工业	江苏省	2520.85	2410.02
16	20	阳光龙净集团有限公司	综合	福建省	2480.78	2208.96
17	28	浙江恒逸集团有限公司	化学纤维制造业	浙江省	2151.64	1447.22
18	24	小米通讯技术有限公司	计算机、通信和其他电子设备制造业	北京市	2058.39	1749.15

续表

2019年排名	2018年排名	企业名称	所属行业	所在省份	2019年营业收入（亿元）	2018年营业收入（亿元）
19	33	浙江荣盛控股集团有限公司	化学原料和化学制品制造业	浙江省	2056.37	1286.00
20	26	泰康保险集团股份有限公司	保险业	北京市	2038.14	1649.15

2019年末民营企业500强的资产总额合计为369608.01亿元，户均739.22亿元；固定资产净值总额为43654.93亿元，户均87.31亿元；净资产为110755.75亿元，户均221.51亿元（见表3）。

表3　2018—2019年末民营企业500强资产情况

项目指标		2019年末	2018年末	增长率
资产总额（亿元）	总额	369608.01	346127.53	6.78%
	户均	739.22	692.26	
固定资产净值（亿元）	总额	43654.93	45334.93	−3.71%
	户均	87.31	90.67	
净资产（亿元）	总额	110755.75	105858.91	−5.81%
	户均	221.51	211.72	

2019年末资产总额超过1000亿元的企业有80家，资产总额在100亿～1000亿元、50亿～100亿元的分别为336家和53家。其中，恒大集团有限公司、碧桂园控股有限公司、万科企业股份有限公司、大连万达集团股份有限公司四家企业资产总额超过万亿元。恒大集团有限公司以22065.77亿元的规模位居民营企业500强资产总额榜首（见表4、表5）。

表4　2017—2019年末民营企业500强资产总额结构表

资产总额（亿元）	2019年企业数量（家）	2018年企业数量（家）	2017年企业数量（家）
≥1000	80	76	61
100～1000	336	339	338
50～100	53	59	72
<50	31	26	29
合计	500	500	500

表5　2019年末民营企业500强资产总额前20家

2019年排名	2018年排名	企业名称	所属行业	所在省份	2019年末资产总额（亿元）	2018年末资产总额（亿元）
1	1	恒大集团有限公司	房地产业	广东省	22065.77	18800.28
2	2	碧桂园控股有限公司	房地产业	广东省	19071.52	16296.94
3	3	万科企业股份有限公司	房地产业	广东省	17299.29	15285.79

续表

2019年排名	2018年排名	企业名称	所属行业	所在省份	2019年末资产总额（亿元）	2018年末资产总额（亿元）
4	5	大连万达集团股份有限公司	综合	辽宁省	10068.45	9586.06
5	6	泰康保险集团股份有限公司	保险业	北京市	9354.87	8060.22
6	7	华为投资控股有限公司	计算机、通信和其他电子设备制造业	广东省	8586.61	6657.92
7	8	复星国际有限公司	综合	上海市	7156.81	6388.84
8	10	龙湖集团控股有限公司	房地产业	重庆市	6522.45	5068.84
9	9	联想控股股份有限公司	计算机、通信和其他电子设备制造业	北京市	6240.75	5582.67
10	12	华夏幸福基业股份有限公司	房地产业	河北省	4578.12	4097.12
11	13	广州富力地产股份有限公司	房地产业	广东省	4273.26	3661.94
12	14	阳光龙净集团有限公司	综合	福建省	4183.11	3541.69
13	15	浙江吉利控股集团有限公司	汽车制造业	浙江省	3956.88	3334.31
14	11	苏宁控股集团	零售业	江苏省	3714.52	4309.34
15	17	阳光保险集团股份有限公司	保险业	广东省	3315.25	2914.53
16	25	重庆市金科投资控股（集团）有限责任公司	房地产业	重庆市	3293.05	2386.97
17	21	中南控股集团有限公司	房地产业	江苏省	3203.83	2665.40
18	19	美的集团股份有限公司	电气机械和器材制造业	广东省	3019.55	2637.01
19	16	百度公司	互联网和相关服务	北京市	3013.16	2975.63
20	27	江苏沙钢集团有限公司	黑色金属冶炼和压延加工业	江苏省	2871.02	2298.24

二、民营企业500强经营效益持续改善

2019年民营企业500强利润水平小幅增加，盈利能力有所下滑；税后净利润为13930.65亿元，增幅为8.06%（见表6）。

表6　2018—2019年（末）民营企业500强盈利情况

项目指标		2019年	2018年	增长率
税后净利润（亿元）	总额	13930.65	12891.62	8.06%
	户均	27.86	25.78	
销售净利率		4.62%	4.52%	2.09%
资产净利率		4.04%	4.02%	0.63%
净资产收益率		13.45%	13.02%	3.29%

2019年民营企业500强共有6家企业发生亏损，亏损总额为153.16亿元，户均亏损额为25.53亿元。亏损企业所属行业分别为软件和信息技术服务业，互联网和相关服务，石油、煤炭及其他燃料加工业，黑色金属冶炼和压延加工业（见表7）。

表7　2019年民营企业500强亏损企业情况

所属行业	税后净利润（亿元）	亏损企业数量（家）	亏损企业平均亏损额（亿元）	本行业500强企业数量（家）
软件和信息技术服务业	-102.77	1	-102.77	3
互联网和相关服务	-42.90	3	-14.30	6
石油、煤炭及其他燃料加工业	-4.38	1	-4.38	27
黑色金属冶炼和压延加工业	-3.11	1	-3.11	61
合计	-153.16	6	-	97

从经营效率看，民营企业500强人均营业收入和人均净利润均较上年有所增加，总资产周转率连续两年下降，但降幅较小。2019年，人均营业收入为289.05万元、人均净利润为13.35万元，总资产周转率为87.56%（见表8、图3）。

表8　2018—2019年（末）民营企业500强运营情况

项目指标	2019年	2018年	增长率
总资产周转率	87.56%	88.83%	-1.43%
人均营业收入（万元/人）	289.05	269.56	7.23%
人均净利润（万元／人）	13.35	12.19	9.47%

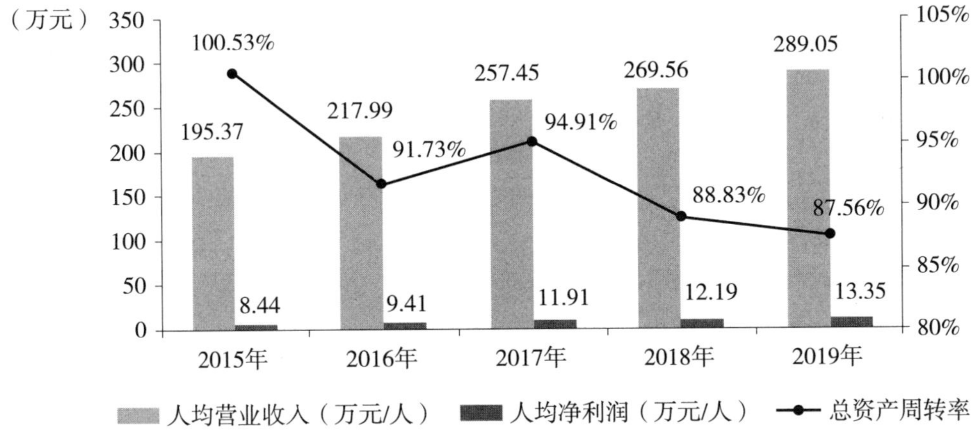

图3　2015—2019年民营企业500强经营效率情况

三、民营企业500强社会贡献总体平稳

总体来看，民营企业500强纳税总额继续保持增长态势。2019年纳税总额达13738.41亿元，占全国税收总额的8.70%（见表9、图4）。

表9　2018—2019年民营企业500强税收情况

项目指标		2019年	2018年	增长率
纳税（亿元）	总额	13738.41	13099.40	4.88%
	户均	27.48	26.20	

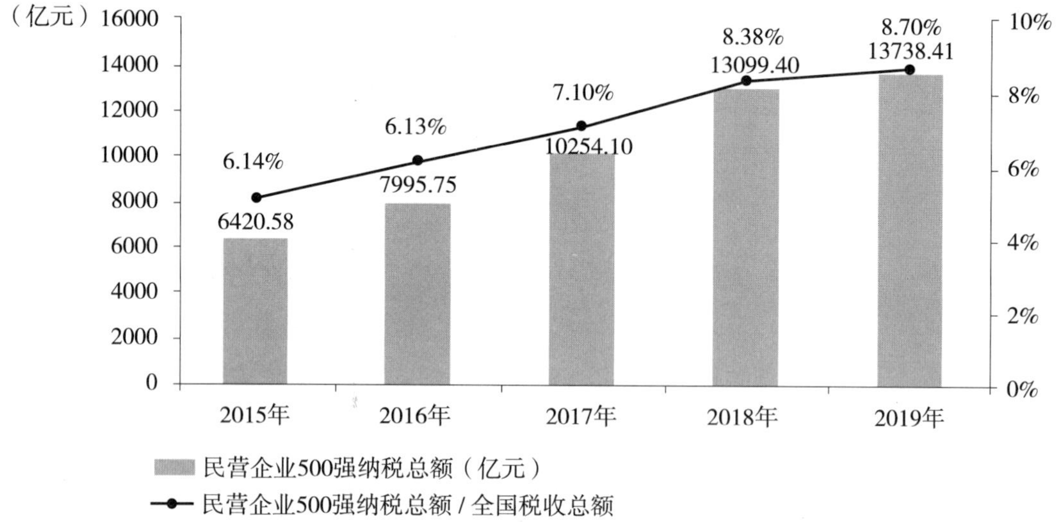

图4　2015—2019年民营企业500强纳税情况

2019年，纳税1亿元以上的500强企业数量为482家，占比96.40%。其中纳税额超过20亿元（含）的企业152家，占比30.40%。万科企业股份有限公司位居民营企业500强纳税额榜首，为1043.66亿元（见表10、表11）。

表10　2017—2019年民营企业500强纳税额结构分布

纳税额（亿元）	2019年		2018年		2017年	
	企业数量（家）	占500强比例	企业数量（家）	占500强比例	企业数量（家）	占500强比例
≥20	152	30.40%	157	31.40%	128	25.60%
10～20	105	21.00%	109	21.80%	108	21.60%
1～10	225	45.00%	213	42.6%	232	46.40%
<1	18	3.60%	21	4.20%	32	6.40%
合计	500	100.00%	500	100.00%	500	100.00%

表11　2019年民营企业500强纳税额前20家

2019年排名	2018年排名	企业名称	所属行业	所在省份	2019年纳税额（亿元）	2018年纳税额（亿元）
1	2	万科企业股份有限公司	房地产业	广东省	1043.66	762.96
2	1	华为投资控股有限公司	计算机、通信和其他电子设备制造业	广东省	1010.00	890.00

续表

2019年排名	2018年排名	企业名称	所属行业	所在省份	2019年纳税额（亿元）	2018年纳税额（亿元）
3	3	碧桂园控股有限公司	房地产业	广东省	702.00	625.00
4	4	恒大集团有限公司	房地产业	广东省	406.30	602.18
5	5	浙江吉利控股集团有限公司	汽车制造业	浙江省	395.92	388.45
6	21	恒力集团有限公司	化学原料和化学制品制造业	江苏省	303.53	90.31
7	6	大连万达集团股份有限公司	综合	辽宁省	272.80	283.80
8	7	龙湖集团控股有限公司	房地产业	重庆市	235.48	196.54
9	8	美的集团股份有限公司	电气机械和器材制造业	广东省	198.00	175.00
10	17	华夏幸福基业股份有限公司	房地产业	河北省	163.60	106.75
11	10	小米通讯技术有限公司	计算机、通信和其他电子设备制造业	北京市	149.70	44.94
12	12	广州富力地产股份有限公司	房地产业	广东省	148.07	135.83
13	20	重庆市金科投资控股（集团）有限责任公司	房地产业	重庆市	145.00	91.94
14	9	联想控股股份有限公司	计算机、通信和其他电子设备制造业	北京市	133.85	146.53
15	11	江苏沙钢集团有限公司	黑色金属冶炼和压延加工业	江苏省	126.88	137.83
16	13	山东东明石化集团有限公司	石油、煤炭及其他燃料加工业	山东省	126.26	124.65
17	18	荣盛控股股份有限公司	房地产业	河北省	112.34	94.57
18	24	阳光龙净集团有限公司	综合	福建省	102.53	76.50
19	16	山东魏桥创业集团有限公司	有色金属冶炼和压延加工业	山东省	100.68	109.23
20	31	中南控股集团有限公司	房地产业	江苏省	100.30	70.58

2019年民营企业500强员工总数为1043.80万人，占全国就业人员的1.35%（见表12）。

表12　2018—2019年民营企业500强就业情况

项目指标		2019年	2018年	增长率
员工人数（万人）	总额	1043.80	1057.41	-1.29%
	户均	2.09	2.11	

四、民营企业500强产业结构不断优化

2019年，民营企业500强产业仍以第二产业为主。制造业依然是民营企业500强的主导产业。民营企业500强产业结构进一步优化，第二产业资产规模占比继续降低，第三产业入围企业数量持续增加（见表13）。

表13　2019年民营企业500强产业分布

项目	2019年	2018年	增长率
第一产业（家）	5	6	–16.67%
第二产业（家）	331	337	–1.78%
第三产业（家）	164	157	4.46%

2019年民营企业500强的销售净利率为4.62%，共23个行业该项指标值高于4.62%的水平，其中有4个行业的销售净利率水平超过10%，较上年减少1个行业（见表14）。

表14　2019年民营企业500强中销售净利率超过10%的行业

所属行业	企业数量（家）	营业收入（亿元）	税后净利润（亿元）	销售净利率
房地产业	45	36887.98	3804.53	10.31%
畜牧业	2	1124.69	155.00	13.78%
皮革、毛皮、羽毛及其制品和制鞋业	2	554.60	68.17	12.29%
农、林、牧、渔专业及辅助性活动	1	219.22	60.25	27.48%

2019年末民营企业500强资产净利率为4.04%，有5个行业资产净利率超过10%，较上年增加1个行业（见表15）。

表15　2019年末民营企业500强资产净利率超过10%的行业

所属行业	企业数量（家）	资产总额（亿元）	税后净利润（亿元）	资产净利率
食品制造业	5	2060.31	180.31	13.78%
酒、饮料和精制茶制造业	4	1508.00	117.05	12.61%
畜牧业	2	1124.69	155.00	21.79%
皮革、毛皮、羽毛及其制品和制鞋业	2	554.60	68.17	16.01%
废弃资源综合利用业	2	512.27	38.13	14.63%

五、民营企业500强投融资活动更加审慎

2019年，民营企业500强新增投资的资金来源仍以自有资金、银行借贷为主，企业数量分别为466家、379家，增幅分别为2.64%、1.07%（见图5）。

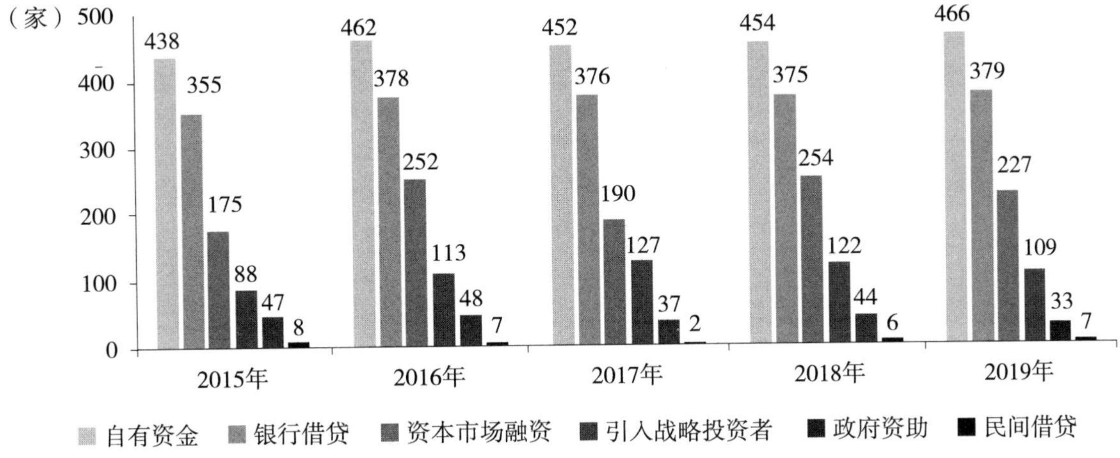

图5　2015—2019年民营企业500强新增投资的资金来源

2019年民营企业500强中，共有471家企业参与了各类国家战略，占比94.20%。其中，191家企业参与了“一带一路”建设、291家企业参与了乡村振兴战略，分别占填报企业的46.47%、61.78%（见表16）。

表16　2015—2019年民营企业500强参与国家发展战略建设情况

参与国家战略	2019年企业数量（家）	占填报企业比例	2018年企业数量（家）	2017年企业数量（家）	2016年企业数量（家）	2015年企业数量（家）
“一带一路”建设	191	46.47%	179	181	210	183
乡村振兴战略	291	61.78%	277	227	—	—

2019年，共有263家企业参与了区域协调发展战略，参与最多的是长三角区域一体化发展战略、长江经济带发展和粤港澳大湾区建设（见表17）。

表17　2019年民营企业500强参与区域协调发展战略情况

区域协调发展战略	东北振兴战略	京津冀协同发展	雄安新区建设	长江经济带发展	长三角区域一体化发展	粤港澳大湾区建设
企业数量（家）	78	89	30	100	152	97
占参与区域协调发展战略企业数量比例	29.66%	33.84%	11.41%	38.02%	57.79%	36.88%
占500强比例	15.60%	17.80%	6.00%	20.00%	30.40%	19.40%

2019年，民营企业500强认真落实党中央关于打好“三大攻坚战”的决策部署，积极投身“三大攻坚战”（见表18）。

表18　2018—2019年民营企业500强参与“三大攻坚战”情况

参与三大攻坚战	2019年参与企业数量（家）	占500强比例	2018年参与企业数量（家）	占500强比例
防范化解重大风险	475	95.00%	470	94.00%
精准脱贫	355	71.00%	355	71.00%
污染防治	403	80.60%	382	76.40%

六、民营企业500强品牌建设与技术创新能力不断提升

民营企业500强研发人员占比继续提升，但高研发经费投入强度企业数量有所减少。华为投资控股有限公司以1316.59亿元研发费用继续位居榜首（见表19、表20）。

表19　2015—2019年民营企业500强研发人员占比及研发经费投入强度变化情况

比例	研发人员占比					研发经费投入强度				
	2019年企业数量(家)	2018年企业数量(家)	2017年企业数量(家)	2016年企业数量(家)	2015年企业数量(家)	2019年企业数量(家)	2018年企业数量(家)	2017年企业数量(家)	2016年企业数量(家)	2015年企业数量(家)
≥10%	186	184	189	177	163	5	6	6	4	2
3%～10%	135	144	116	136	136	54	63	65	70	61
1%～3%	69	54	64	67	61	106	116	111	96	115
＜1%	24	27	26	24	50	242	229	223	224	221
合计	414	409	395	404	410	407	414	405	394	399

表20　2019年民营企业500强研发费用前五的企业

2019年排名	2018年排名	企业名称	所属行业	所在省份	研发费用(亿元)	研发经费投入强度
1	1	华为投资控股有限公司	计算机、通信和其他电子设备制造业	广东省	1316.59	15.33%
2	2	浙江吉利控股集团有限公司	汽车制造业	浙江省	207.30	6.27%
3	3	百度公司	互联网和相关服务	北京市	183.46	17.08%
4	5	山东魏桥创业集团有限公司	有色金属冶炼和压延加工业	山东省	103.61	3.71%
5	6	美的集团股份有限公司	电气机械和器材制造业	广东省	96.38	3.45%

2019年，民营企业500强中有370家企业获得政府科技资金支持，覆盖率达74.00%。其中，政府支持资金占本企业研发费用的比重超过30%（含）的企业有33家。比重小于1%、1%～5%、5%～10%、10%～30%的企业数量分别为148家、126家、45家和18家（见表21）。

表21 2019年民营企业500强获得政府资金支持的情况

政府支持资金占研发费用比例	企业数量（家）	占获得资金支持企业比例
≥30%	33	8.92%
10%～30%	18	4.86%
5%～10%	45	12.16%
1%～5%	126	34.05%
<1%	148	40.00%
获得政府资金支持企业数量	370	—

2019年，民营企业500强关键技术来源仍以自主开发与研制、引进人才及产学研合作为主，分别为402家、335家、316家（见表22）。

表22 2015—2019年民营企业500强关键技术来源情况

单位：家

序号	关键技术来源	2019年	2018年	2017年	2016年	2015年
1	自主开发与研制	402	402	401	394	389
2	引进人才	335	345	346	314	288
3	产学研合作	316	334	323	319	314
4	引进技术	265	306	291	270	251
5	并购企业	73	93	95	62	65
6	企业合资	59	74	74	85	82

2019年，民营企业500强国内外有效专利合计为398215项，较上年增长8.46%。其中国际有效专利120518项，增幅为83.06%（见表23、表24）。

表23 2015—2019年民营企业500强专利申请情况

项目	2019年	增长率	2018年	2017年	2016年	2015年
国内专利（项）	277697	-7.84%	301321	211122	181800	155313
国际专利（项）	120518	83.06%	65836	30891	26960	26117
合计	398215	8.46%	367157	242013	208760	181430

表24 2018—2019年民营企业500强有效专利数量前三的企业

企业名称	有效专利（项）		发明专利（项）		所属行业	所在省份
	2019年	2018年	2019年	2018年		
华为投资控股有限公司	85000	87805	76000	79023	计算机、通信和其他电子设备制造业	广东省
美的集团股份有限公司	69252	46831	16851	8570	电气机械和器材制造业	广东省
TCL（集团）	26202	20508	16258	11574	计算机、通信和其他电子设备制造业	广东省

2019年，民营500强拥有的国内外商标总量达162100个，较上年增加16141个，增幅为11.06%（见图6）。

图6 2015—2019年民营企业500强注册商标数量

2019年，民营企业500强参与国家、行业标准制定的数量较上年显著增长。参与制定国际、国家或行业标准达585家[①]，较上年增加317家，增幅为118.28%（见表25）。

表25 2015—2019年民营企业500强制定国际、国家或行业标准情况[②]

项目	2019年	增长率	2018年	2017年	2016年	2015年
牵头制定国际、国家或行业标准[③]（家）	—	—	167	222	139	134
参与制定国际、国家或行业标准（家）	585	118.28%	268	422	241	234

2019年，民营企业500强科技成果转化资金来源于自筹资金、银行贷款的企业数量分别为408家、140家，分别占500强企业的81.60%、28.00%（见表26）。

表26 2019年民营企业500强科技成果转化资金来源情况

项目	企业数量（家）	占填报企业比例	占500强比例
自筹资金	408	93.36%	81.60%
银行贷款	140	32.04%	28.00%
政府资金	100	22.88%	20.00%
合作方资金投入	55	12.59%	11.00%
风险投资公司投入	4	0.92%	0.80%
以上都是	16	3.66%	3.20%

① 存在对企业参与制定一项及以上国际、国家或行业标准的重复计算。
② 2017年开始采用新的填表方式。
③ 2019年度调研问卷中未包含牵头制定国际、国家或行业标准的问题。

2019年，民营企业500强认为“技术成果产业化困难”“缺少技术创新服务平台”、“相关政策落实不到位”的分别为242家、174家和149家（见表27）。

表27 2019年制约民营企业500强科技创新的主要外部因素

项目	企业数量（家）	占填报企业比例	占500强比例
技术成果产业化困难	242	60.80%	48.40%
缺少技术创新服务平台	174	43.72%	34.80%
相关政策落实不到位	149	37.44%	29.80%
技术市场不健全、缺乏公平的竞争环境	138	34.67%	27.60%
知识产权保护力度不够	121	30.40%	24.20%
社会文化氛围不够	54	13.57%	10.80%

七、民营企业500强“走出去”日趋规范理性

2019年，我国外贸进出口总额[①]达31.55万亿元，较上年增幅为3.43%，规模再创新高。其中，出口总额为172342.34亿元，较上年增长5.00%；进口总额为143162.41亿元，较上年增长1.62%。民营企业500强的出口企业数量为213家，出口总额为1212.41亿美元，出口总额占全国出口总额的4.85%（见图7）。

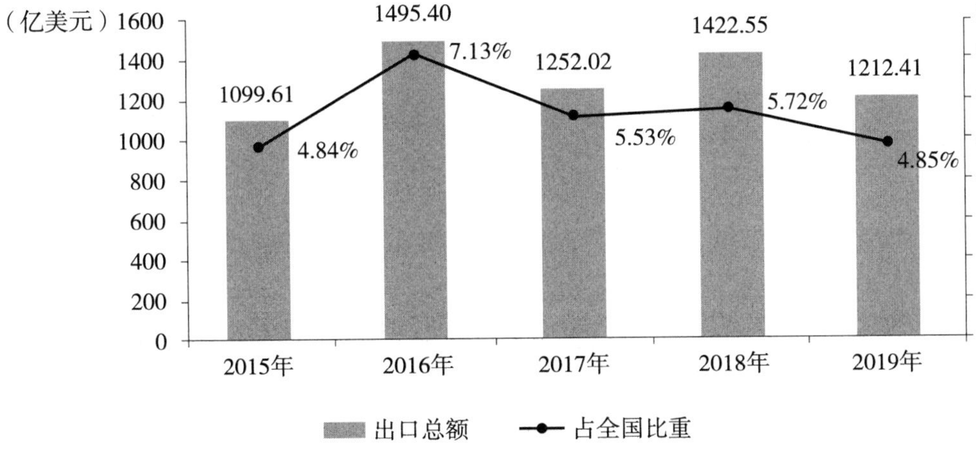

*注：全国出口总额数据来自国家统计局。

图7 2015—2019年民营企业500强出口情况

2019年，民营企业500强开展海外投资的企业数量为243家，海外投资项目（企业）数量达1858项（家）（见图8）。

① 进出口总额等相关数据来自国家统计局。

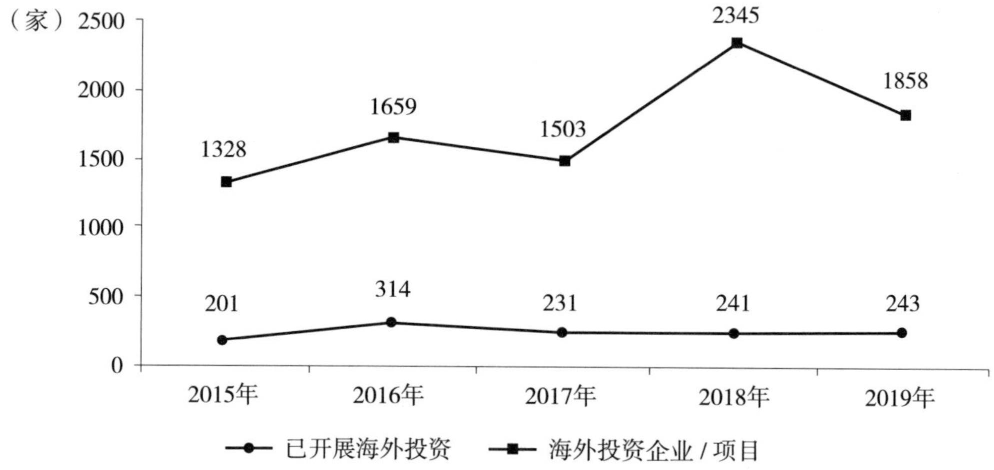

图8　2015—2019年民营企业500强海外投资情况

2019年，共有191家500强企业参与“一带一路”建设。有167家企业参与丝绸之路经济带（“一带”）建设，有126家企业参与21世纪海上丝绸之路（“一路”）建设；其中102家企业在“一带”和“一路”沿线国家及地区均有投资（见表28）。

表28　2015—2019年民营企业500强“一带一路”投资状况

投资区域	2019年	2018年	2017年	2016年	2015年
投资“一带”沿线的企业数量（家）	167	179	156	147	126
投资“一路”沿线的企业数量（家）	126	167	118	103	86

2019年，民营企业500强“走出去”的前三大动因依然是拓展国际市场，获取品牌、技术、人才等要素，获取国外原材料（见表29）。

表29　2017—2019年民营企业500强“走出去”的主要动因

动因	2019年			2018年			2017年		
	企业数量（家）	占500强比例	占填报企业比例	企业数量（家）	占500强比例	占填报企业比例	企业数量（家）	占500强比例	占填报企业比例
拓展国际市场	355	71.00%	91.03%	363	72.60%	89.85%	350	70.00%	88.83%
获取品牌、技术、人才等战略要素	197	39.40%	50.51%	224	44.80%	55.45%	223	44.60%	56.60%
获取国外原材料等资源	168	33.60%	43.08%	176	35.20%	43.56%	113	22.60%	28.68%
利用当地劳动力等要素降低产品成本	104	20.80%	26.67%	95	19.00%	23.51%	77	15.40%	19.54%
优势产能合作	93	18.60%	23.85%	112	22.40%	27.72%	113	22.60%	28.68%
填报企业数量	390	–	–	404	–	–	394	–	–

2019年，152家企业认为中美经贸摩擦对企业的影响有所加剧，占500强企业的30.40%；其中关税冲击导致对美出口成本增加，出口下滑、业务萎缩，美国营商环境不确定因素增加、美国市场投资为主要影响方面。246家认为影响未加剧的企业中，采取的应对措施主要为提升产品和服务质量、进一步提升国内市场、企业向高质量发展（见表30、表31）。

表30　2019年中美经贸摩擦对民营企业500强影响加剧的主要方面

项目	企业数量（家）	占填报企业比例	占500强比例
关税冲击导致对美出口成本增加	77	50.66%	15.40%
出口下滑，业务萎缩	71	46.71%	14.20%
美国营商环境不确定因素增加，美国市场投资受到影响	58	38.16%	11.60%
正常中美技术交流活动受限	19	12.50%	3.80%
政治影响海外雇员的工作稳定性	14	9.21%	2.80%
合法商业活动遭受不公正待遇	12	7.89%	2.40%
海外研发受到影响	9	5.92%	1.80%
国内员工裁员减薪	5	3.29%	1.00%
填报企业数量	152	—	—

表31　2019年民营企业500强应对中美经贸摩擦所采取的措施

项目	企业数量（家）	占填报企业比例	占500强比例
提升产品、服务质量	128	52.03%	25.60%
进一步提升国内市场	118	47.97%	23.60%
企业向高质量发展	101	41.06%	20.20%
（1）人员结构优化	64	26.02%	12.80%
（2）研发水平提升	68	27.64%	13.60%
（3）生产制造流程优化、高效	68	27.64%	13.60%
提高产品、服务科技或技术含量	86	34.96%	17.20%
开拓新市场	77	31.30%	15.40%
加大对“一带一路”沿线国家的出口	47	19.11%	9.40%
加大对其他国家的出口	28	11.34%	5.60%
填报企业数量	246	—	—

八、民营企业500强公司治理能力和法治水平持续提升

2019年，民营企业500强已形成讲法治、讲规则、讲诚信的企业法治文化，已建立健全法律风险控制体系和预警防范机制，已推进厂务公开和民主管理的企业分别为470家、461家和439家（见表32）。

表32　2017—2019年民营企业500强建设法治企业进展情况

类型	2019年			2018年			2017年		
	企业数量（家）	占500强比例	占填报企业比例	企业数量（家）	占500强比例	占填报企业比例	企业数量（家）	占500强比例	占填报企业比例
已执行现代企业制度，确保依法决策、民主决策、科学决策	478	95.60%	98.15%	477	95.40%	98.55%	466	93.20%	97.90%
已形成讲法治、讲规则、讲诚信的企业法治文化	470	94.00%	96.51%	467	93.40%	96.49%	459	91.80%	96.43%
已建立健全合同审核、决策论证等相关环节法律风险控制体系和预警防范机制	461	92.20%	94.66%	456	91.20%	94.21%	458	91.60%	96.22%
已推进厂务公开和民主管理，妥善处理劳动争议，在法治框架内构建和谐劳动关系	439	87.80%	90.14%	439	87.80%	90.70%	435	87.00%	91.39%
填报企业数量	487	—	—	484	—	—	476	—	—

2019年，民营企业500强中将诚信纳入核心经营理念、将企业信用建设纳入企业发展战略、建立企业信用制度的企业分别为475家、422家和413家（见表33）。

表33　2019年民营企业500强企业信用建设举措

举措	企业数量（家）	占填报企业比例	占500强比例
将诚信纳入核心经营理念	475	98.14%	95.00%
纳入企业发展战略	422	87.19%	84.40%
建立企业信用制度	413	85.33%	82.60%
尚未采取任何信用建设举措	9	1.86%	1.80%
填报企业数量	484	—	—

2019年，民营企业500强中已建立守法合规经营制度、预防财务违规制度、遵守商业道德制度的企业分别为456家、439家和409家，分别占500强企业的91.20%、87.80%和81.80%（见表34）。

表34　2019年民营企业500强企业信用制度建设情况

信用制度	企业数量（家）	占填报企业比例	占500强比例
已建立守法合规经营制度	456	94.61%	91.20%
已建立预防财务违规制度	439	91.08%	87.80%
已建立遵守商业道德制度	409	84.85%	81.80%
已建立企业信息披露制度	398	82.57%	79.60%
已建立企业内部信用奖惩制度	390	80.91%	78.00%
已建立信用承诺制度	387	80.29%	77.40%
已建立标准自我声明制度	280	58.09%	56.00%
填报企业数量	482	—	—

2019年，“依法依规开展企业生产经营”“加强质量管理，向客户提供优质产品和服务”“维护员工各项权益”的企业分别为481家、476家和471家（见表35）。

表35 2019年民营企业500强诚信经营的主要内容

项目	企业数量（家）	占填报企业比例	占500强比例
依法依规开展企业生产经营	481	99.59%	96.20%
加强质量管理，向客户提供优质产品和服务	476	98.55%	95.20%
维护员工各项权益	471	97.52%	94.20%
保护环境、参与社会公益事业	455	94.20%	91.00%
加强廉洁自律	448	92.75%	89.60%
与股东、投资人等利益相关者充分沟通，保护各方权益	441	91.30%	88.20%
填报企业数量	483	—	—

九、民营企业500强保持东部地区为主、中西部地区经营持续增长态势

2019年民营企业500强中，东部、中部、西部和东北地区入围企业数量分别为388家、58家、43家和11家。其中，东部地区营业收入规模246719.30亿元，占比81.77%；资产规模290736.89亿元，占比78.66%（见表36）。

表36 2017—2019年民营企业500强地区分布

地区		入围企业数量（家）			营业收入（亿元）			资产总额（亿元）		
		2019年	2018年	2017年	2019年	2018年	2017年	2019年	2018年	2017年
东部	数量	388	390	396	246719.30	234574.94	201035.25	290736.89	277668.16	219365.01
	占500强比例	77.60%	78.00%	79.20%	81.77%	82.30%	82.12%	78.66%	80.22%	77.81%
中部	数量	58	53	52	22594.18	19386.00	17056.07	23899.33	20180.91	16529.58
	占500强比例	11.60%	10.60%	10.40%	7.49%	6.80%	6.97%	6.47%	5.83%	5.86%
西部	数量	43	43	43	24817.69	21496.04	19295.15	40342.91	33671.08	33614.72
	占500强比例	8.60%	8.60%	8.60%	8.23%	7.54%	7.88%	10.92%	9.73%	11.92%
东北	数量	11	14	9	7577.08	9576.69	7407.36	14628.87	14607.37	12422.90
	占500强比例	2.20%	2.80%	1.80%	2.51%	3.36%	3.03%	3.96%	4.22%	4.41%

十、民营企业500强转型升级专题

2019年民营企业500强主要为做强做大、因政策支持引导而主动选择转型升级（见表37）。

表37　2017—2019年民营企业500强转型升级的动因

转型升级动因	2019年			2018年			2017年		
	企业数量（家）	占500强比例	占填报企业比例	企业数量（家）	占500强比例	占填报企业比例	企业数量（家）	占500强比例	占填报企业比例
做强做大企业的愿望	408	81.60%	86.26%	412	82.40%	88.79%	390	78.00%	85.53%
政策支持引导	250	50.00%	52.85%	265	53.00%	57.11%	265	53.00%	58.11%
产品技术升级换代	247	49.40%	52.22%	248	49.60%	53.45%	252	50.40%	55.26%
国内经济增长趋缓	224	44.80%	47.36%	205	41.00%	44.18%	182	36.40%	39.91%
成本负担上升	205	41.00%	43.34%	189	37.80%	40.73%	184	36.80%	40.35%
行业产能过剩	153	30.60%	32.35%	138	27.60%	29.74%	184	36.80%	40.35%
企业生存的压力	147	29.40%	31.08%	162	32.40%	34.91%	149	29.80%	32.68%
现有模式不可持续	92	18.40%	19.45%	98	19.60%	21.12%	111	22.20%	24.34%
国际市场持续低迷	76	15.20%	16.07%	66	13.20%	14.22%	66	13.20%	14.47%
填报企业数量	473	—	—	464	—	—	456	—	—

2019年，缴税负担、融资成本、原材料成本依旧是500强企业最主要的成本负担（见表38）。

表38　2019年影响民营企业500强发展的成本因素

序号	影响企业发展的因素	企业数量（家）	占500强比例	占填报企业比例
1	缴税负担	321	64.20%	69.78%
2	融资成本	285	57.00%	61.96%
3	原材料成本	269	53.80%	58.48%
4	工资成本	226	45.20%	49.13%
5	社保成本	183	36.60%	39.78%
6	环境保护成本	164	32.80%	35.65%
7	物流成本	155	31.00%	33.70%
8	土地成本	152	30.40%	33.04%
9	能源成本	133	26.60%	28.91%
10	制度性交易成本	84	16.80%	18.26%
11	中介服务费	20	4.00%	4.35%
填报企业数量		460	—	—

2019年，民营企业500强开展转型升级的最主要途径仍然为聚焦主业、提升核心竞争力（见表39）。

表39　2019年民营企业500强转型升级的途径

类型	转型升级的途径	企业数量（家）	占填报企业比例	占500强比例
依靠产业升级	聚焦主业，提升核心竞争力	432	90.57%	86.40%
	整合产业链资源，向产业链上下游延伸布局	354	74.21%	70.80%
	发展生产性服务业，提供制造加服务的整体解决方案	200	41.93%	40.00%
依靠创新	通过管理创新，提升管理水平，降低成本、提高效率	406	85.12%	81.20%
	通过技术创新，提升关键技术水平	395	82.81%	79.00%
	实施技术改造和设备升级	347	72.75%	69.40%
	提高产品附加值，走“专、精、特、新”发展道路	345	72.33%	69.00%
依靠质量品牌	严格质量控制，提升产品质量水平	427	89.52%	85.40%
	打造知名品牌，提升市场影响力	397	83.23%	79.40%
	参与行业标准制定	315	66.04%	63.00%
依靠绿色环保	提高现有产品环保性能	390	81.76%	78.00%
	研发生产绿色产品	267	55.97%	53.40%
依靠两化融合	运用互联网、大数据、人工智能等技术，发展新业态、新模式	380	79.66%	76.00%
	推进智能化生产，实现信息化和工业化深入融合	360	75.47%	72.00%
依靠国际合作	建立国际化销售渠道，拓展国际市场	299	62.68%	59.80%
	境外投资设厂，面向全球配置要素	149	31.24%	29.80%
	实施海外并购，增强国际竞争力	112	23.48%	22.40%
填报企业数量		477	—	—

十一、民营企业500强营商环境专题

2019年，影响民营企业发展的因素主要集中在用工成本上升、税费负担重、融资难融资贵等（见表40）。

表40　2017—2019年影响民营企业500强发展的前五大因素

序号	2019年		2018年		2017年	
	影响因素	企业数量（家）	影响因素	企业数量（家）	影响因素	企业数量（家）
1	用工成本上升	334	用工成本上升	313	用工成本上升	307
2	税费负担重	304	税费负担重	269	税费负担重	274
3	融资难融资贵	274	融资难融资贵	265	融资难融资贵	254
4	国内市场需求不足	192	国内市场需求不足	185	市场秩序不够规范	178
5	市场秩序不够规范	166	市场秩序不够规范	169	国内市场需求不足	169

民营企业500强认为融资难融资贵问题得到改善的共252家，主要体现在金融机构对民营企业的信贷投放加大、贷款需求响应速度和审批时效提高、普惠金融定向降准政策进一步完善等方面（见表41）。

表41　2019年民营企业500强融资难融资贵问题的改善情况

改善情况	企业数量（家）	占500强比例	占填报企业比例
金融机构对民营企业的信贷投放加大	148	29.60%	34.10%
贷款需求响应速度和审批时效提高	91	18.20%	20.97%
普惠金融定向降准政策进一步完善	83	16.60%	19.12%
金融机构服务流程优化	74	14.80%	17.05%
对民营企业票据融资的支持力度加大	70	14.00%	16.13%
再贷款和再贴现额度增加	48	9.60%	11.06%
同等条件下民营企业与国有企业贷款利率和贷款条件达到一致（贷款审批不存在歧视性条款）	18	3.60%	4.15%
金融机构服务收费减免	18	3.60%	4.15%
民营企业首发上市和再融资审核进度加快	16	3.20%	3.69%
支持非上市、非挂牌民营企业发行私募可转债	7	1.40%	1.61%
其他	14	2.80%	3.23%
填报企业数量	434	—	—

在获得银行贷款方面，认为银行更愿意贷款给国有企业、贷款利率高的企业数量分别为215家和209家；通过资本市场融资方面，认为债券市场融资难度大、市场对民营企业债券接受度降低、投资者对民营企业的投资意愿不高的企业分别为159家、133家和120家（见表42、表43）。

表42　2019年影响民营企业500强获得银行贷款的情况

影响企业获得贷款的原因	企业数量（家）	占500强比例	占填报企业比例
银行更愿意贷款给国有企业而不是民营企业	215	43.00%	52.83%
贷款利率高	209	41.80%	51.35%
银行信贷审核趋紧	142	28.40%	34.89%
银行服务民营企业的能力有限	106	21.20%	26.04%
企业缺乏足够的抵押和担保	93	18.60%	22.85%
政府性融资担保难获得，费率高或存在反担保等	71	14.20%	17.44%
贷款周期太短，需要过桥倒贷	44	8.80%	10.81%
银行出现不合理的抽贷、断贷现象	32	6.40%	7.86%
贷款中间环节存在不合理收费	16	3.20%	3.93%
企业经营管理不规范	5	1.00%	1.23%
其他	51	10.20%	12.53%
填报企业数量	407	—	—

表43　2019年民营企业500强通过资本市场融资情况

资本市场融资存在的困难	企业数量（家）	占500强比例	占填报企业比例
债券市场融资难度大	159	31.80%	43.44%
（1）融资门槛高，融资条件苛刻	104	20.80%	28.42%
（2）品种较单一	21	4.20%	5.74%
（3）企业债券发行规模小	30	6.00%	8.20%
市场对民营企业债券接受度降低	133	26.60%	36.34%
投资者对民营企业的投资意愿不高	120	24.00%	32.79%
股票市场融资难度大	118	23.60%	32.24%
（1）首发上市条件门槛高	49	9.80%	13.39%
（2）首发上市审核时间长	21	4.20%	5.74%
（3）已上市企业再融资审核时间长	35	7.00%	9.56%
（4）其他	18	3.60%	4.92%
受限于所处行业，资本市场投资意愿不高	83	16.60%	22.68%
其他	71	14.20%	19.40%
填报企业数量	366	—	—

2019年，民营企业500强参与营商环境改善情况调研的有447家，认为营商环境改善主要表现为政府服务企业力度加大、有利于民营经济发展的氛围进一步加强、税费负担有所降低、亲清政商关系进一步确立（见表44）。

表44　2019年民营企业500强对营商环境的感受情况

营商环境	企业数量（家）	占500强比例	占填报企业比例
政府服务企业力度加大	264	52.80%	59.06%
有利于民营经济发展的舆论氛围进一步加强	236	47.20%	52.80%
税费负担有所降低	209	41.80%	46.76%
亲清政商关系进一步确立	207	41.40%	46.31%
市场监管进一步加强	198	39.60%	44.30%
市场信用体系建设有所改善	175	35.00%	39.15%
有利于科技创新的氛围进一步加强	173	34.60%	38.70%
融资支持有所改善	145	29.00%	32.44%
政府诚信有所改善	127	25.40%	28.41%
市场准入有所改善	109	21.80%	24.38%
土地、劳动力、水电气等要素支撑有所改善	108	21.60%	24.16%
司法公正进一步加强	96	19.20%	21.48%
产权保护有所改善	87	17.40%	19.46%
涉企执法更加公正	77	15.40%	17.23%
企业维权难度降低	57	11.40%	12.75%
清理拖欠民营企业账款工作成效显著	28	5.60%	6.26%
填报企业数量	447	—	—

十二、民营企业500强应对新冠病毒肺炎疫情专题

有480家企业认为疫情对生产经营带来了不同程度影响，占比96.00%。其中320家企业认为影响较小，占比64.00%；有105家企业认为影响较大，占比21.00%（见表45）。

表45　新冠肺炎疫情对民营企业500强的影响

项目	企业数量（家）	占500强比例	占填报企业比例
没有明显影响	25	5.00%	5.17%
影响较小，企业经营出现一些困难，但经营总体保持稳定	320	64.00%	66.12%
影响较大，导致企业经营出现暂时性困难	105	21.00%	21.69%
为企业发展带来新的机遇	20	4.00%	4.13%
填报企业数量	484	—	—

民营企业500强受疫情影响主要表现为生产经营成本高企、有订单但无法正常生产经营、市场订单减少（见表46）。

表46　新冠肺炎疫情对民营企业500强生产经营的主要影响

项目	受影响企业数量（家）	占民营企业500强比例	占填报企业比例
生产经营成本高企	321	64.20%	66.32%
（1）人工成本支出增加	142	28.40%	29.34%
（2）原材料成本上涨	135	27.00%	27.89%
（3）物流成本增加	170	34.00%	35.12%
（4）税费压力大	69	13.80%	14.26%
（5）财务费用高	69	13.80%	14.26%
（6）其他	35	7.00%	7.23%
有订单但无法正常生产经营	304	60.80%	62.81%
（1）缺乏防疫物资	54	10.80%	11.16%
（2）员工无法正常返岗	129	25.80%	26.65%
（3）原材料供应商无法供货	86	17.20%	17.77%
（4）发货或物流通道受到影响（运输管制）	188	37.60%	38.84%
（5）其他	35	7.00%	7.23%
市场订单减少	274	54.80%	56.61%
企业经营现金流（资金）影响	248	49.60%	51.24%
（1）营业收入减少，流动资金紧张	177	35.40%	36.57%
（2）企业无法偿还贷款等债务，资金压力大	20	4.00%	4.13%
（3）无法按时履行交易合同需支付违约金	19	3.80%	3.93%
（4）企业短期融资能力下降	44	8.80%	9.09%
（5）其他	35	7.00%	7.23%
停工、停业造成生产进度拖延	216	43.20%	44.63%
交通、物流等方面的影响	190	38.00%	39.26%
产品市场需求受到抑制	174	34.80%	35.95%
原材料等上游供应链出现断裂	131	26.20%	27.07%
融资难度大	69	13.80%	14.26%
填报企业数量	484	—	—

民营企业500强主要采取加快新产品、新服务的开发，加大或开拓增值服务，增加贷款来应对疫情的主要措施（见表47）。

表47 民营企业500强应对新冠肺炎疫情采取的主要措施

应对措施	企业数量（家）	占500强比例	占填报企业比例
加快新产品、新服务的开发	281	56.20%	61.22%
加大或开拓增值服务	251	50.20%	54.68%
增加贷款	107	21.40%	23.31%
关停部分生产线、服务项目	55	11.00%	11.98%
阶段性停产歇业	43	8.60%	9.37%
现有股东提供资金	41	8.20%	8.93%
延迟支付款项	39	7.80%	8.50%
员工降薪	16	3.20%	3.49%
裁员	7	1.40%	1.53%
引入新股东	5	1.00%	1.09%
民间借贷	2	0.40%	0.44%
其他	95	19.00%	20.70%
填报企业数量	459	—	—

民营企业500强与中国企业500强对比分析①

根据中国企业联合会、中国企业家协会每年发布的《2020中国500强企业发展报告》中的数据，分析对比了自2010年以来中国民营企业500强以及中国企业500强的相关指标，发现：中国民营企业500强在营业收入总额、资产总额、税后净利润等指标上规模相对较小，近两年来复杂多变的外部环境对民营企业经营情况产生一定程度影响。2019年，中国民营企业500强在营业收入增幅和净利润增幅上均低于中国企业500强；但在资产总额增幅上超过了中国企业500强；在销售净利率、总资产周转率、资产净利率、净资产收益率等指标上连续多年超过中国企业500强，表明民营企业500强在企业经营效益上表现更好，民营企业对做强做优企业的目标仍坚定不移。入围中国企业500强的企业中，国有及国有控股企业依旧保持主导地位，利润水平较高的前十家企业大多分布在商业银行领域；中国民营企业500强中利润水平前十的企业大多分布在房地产、制造业、互联网和相关服务等竞争性较强

① 本报告中有关中国企业500强数据均来自中国企业联合会发布的《2020中国500强企业发展报告》。

的行业。在纳税和吸纳就业等方面，中国民营企业500强也做出了积极贡献。

一、中国企业500强民营企业上榜数量保持平稳

近十年来，民营企业在中国企业500强中的上榜数量总体呈上升趋势，国有企业数量占比整体呈下降趋势，但仍保持主导地位（见图1）。2019年中国企业500强中，国有企业数量占比为53%，与去年持平。从经营指标来看，国有企业的优势继续保持，2019年265家国有企业共实现营业收入59.26万亿元，占比68.89%；净利润25.11万亿元，占比64.51%；资产总额259.15万亿元，占比高达82.97%。

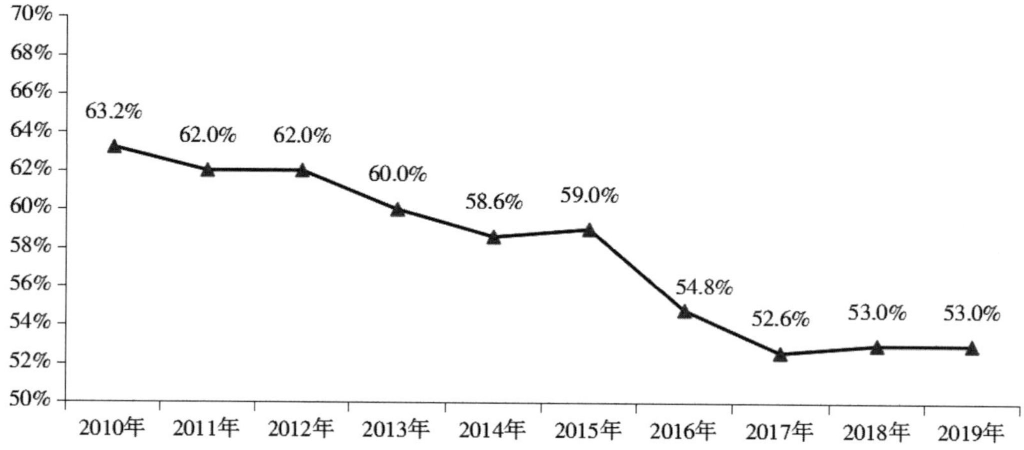

图1　2010—2019年中国企业500强国有企业数量占比情况

二、民营企业500强与中国企业500强规模差距不断缩小

中国民营企业500强与中国企业500强的入围门槛均呈现逐年增长趋势。从入围门槛来看，2019年中国民营企业500强入围门槛为202.04亿元，较上年增加16.18亿元；中国企业500强的入围门槛为359.61亿元，较上年增加36.37亿元。从增长率来看，2010—2018年中国民营企业500强入围门槛增速连续超过中国企业500强，而2019年则首次低于中国企业500强（见表1）。中国企业500强入围门槛规模与中国民营企业500强入围门槛规模的差距，已由2010年的2.81倍缩小至2019年的1.78倍。

表1　2010—2019年中国民营企业500强与中国企业500强入围门槛比较

年度	中国民营企业500强		中国企业500强	
	入围门槛（亿元）	增长率	入围门槛（亿元）	增长率
2019年	202.04	8.71%	359.61	11.25%
2018年	185.86	18.50%	323.25	5.33%
2017年	156.84	30.14%	306.89	8.40%
2016年	120.52	18.44%	283.11	16.29%
2015年	101.75	7.00%	243.46	3.12%
2014年	95.09	4.24%	236.10	3.28%
2013年	91.22	17.37%	228.60	15.07%

续表

年度	中国民营企业500强		中国企业500强	
	入围门槛（亿元）	增长率	入围门槛（亿元）	增长率
2012年	77.72	18.31%	198.67	13.48%
2011年	65.69	29.82%	175.07	23.30%
2010年	50.60	38.23%	141.99	28.10%

营业收入方面，2010—2018年中国民营企业500强的营业收入增速均高于中国企业500强，但2019年中国民营企业500强的营业收入增速为5.85%，较中国企业500强低2.9个百分点，首次低于中国企业500强（见图2）。资产总额方面，2010—2019年间，中国民营企业500强的资产总额增速均高于中国企业500强。2019年中国民营企业500强的资产总额增速为6.78%，高于中国企业500强2.37个百分点（见图3）。净利润方面，2010—2019年间，除2012年和2019年外，其他年份中国民营企业500强的净利润增速均高于中国企业500强，2019年中国民营企业500强增速为8.06%，较中国企业500强低2.14个百分点（见图4）。

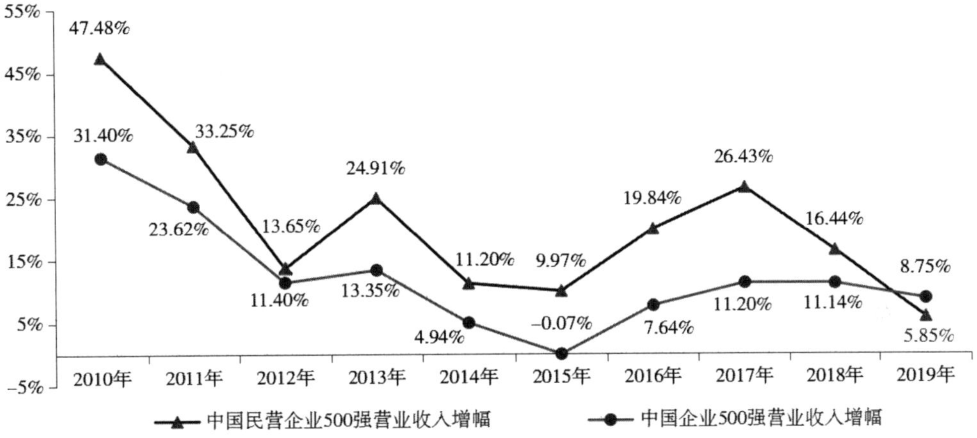

图2　2010—2019年中国民营企业500强与中国企业500强营业收入增长率对比

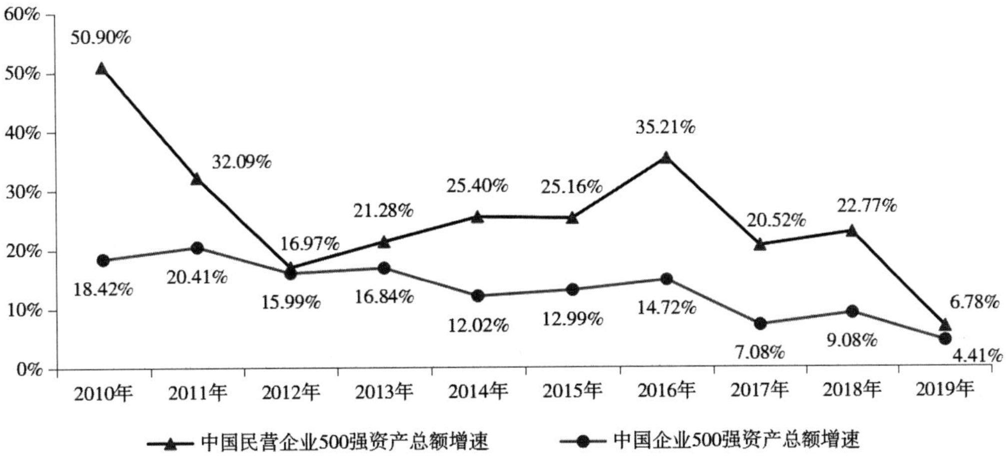

图3　2010—2019年末中国民营企业500强与中国企业500强资产总额增长率对比

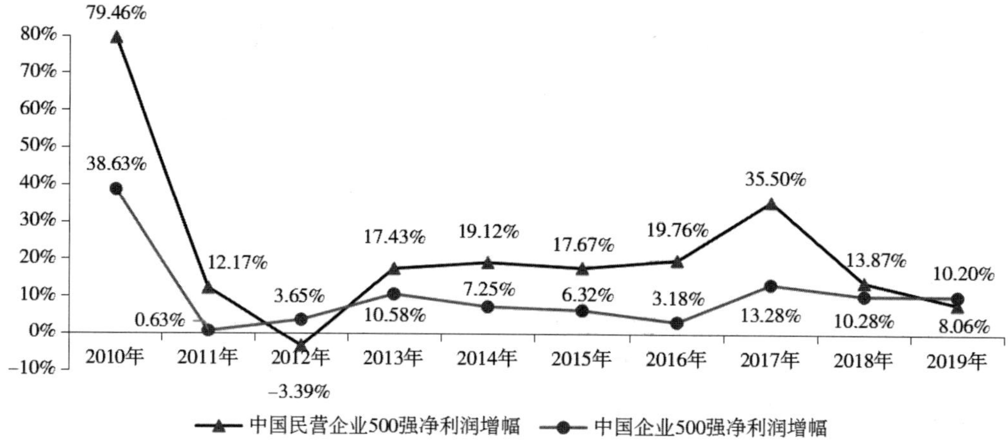

图4 2010—2019年中国民营企业500强与中国企业500强净利润增长率对比

三、民营企业500强利润水平高于中国企业500强

2019年中国民营企业500强的销售净利率为4.62%，高于中国企业500强0.09个百分点。中国民营企业500强销售净利率连续三年高于中国企业500强（见图5）。人均净利润方面，2019年，中国民营企业500强人均净利润继续增长，为13.35万元/人；中国企业500强人均净利润为11.75万元/人（见图6）。

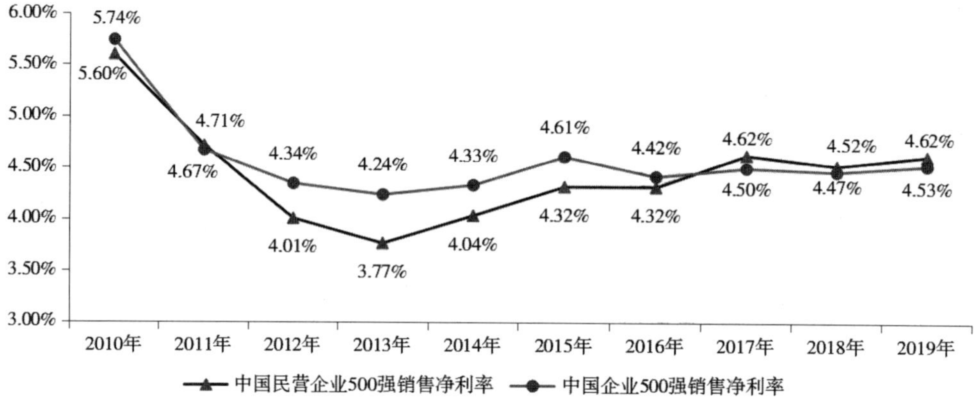

图5 2010—2019年中国民营企业500与中国企业500强销售净利率比较

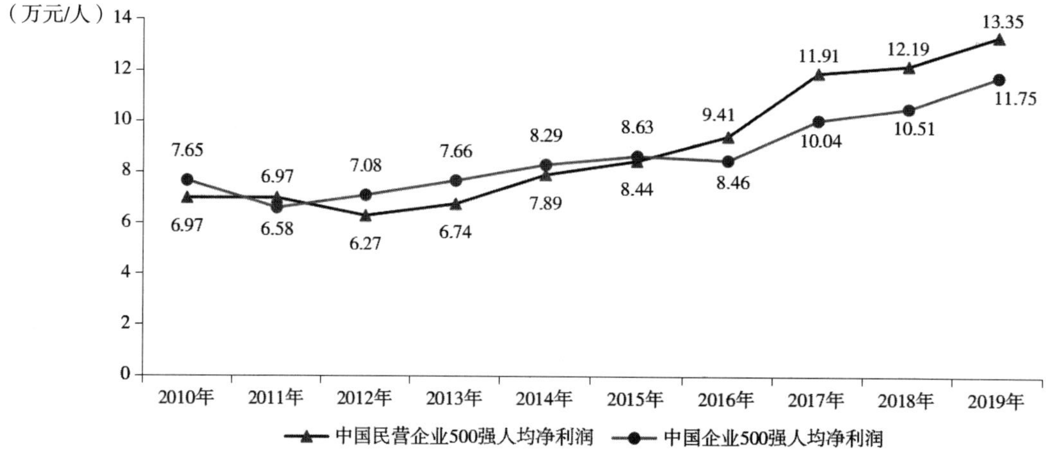

图6 2010—2019年中国民营企业500强与中国企业500强人均净利润比较

从净利润排名的情况来看，中国民营企业500强的前十家与中国企业500强的前十家在行业分布上存在明显差异。中国民营企业500强前十大盈利企业主要集中于房地产业，计算机、通信和其他电子设备制造业，互联网和相关服务，电气机械和器材制造业，保险业、化学原料和化学制品业、综合等竞争性行业，2019年实现净利润共计3493.25亿元，占中国民营企业500强的35.65%。中国企业500强前十大盈利企业集中于金融（以商业银行为主）、互联网服务、电信服务等行业，2019年共实现净利润16246.62亿元，占中国企业500强的41.74%（见表2）。由于商业银行、电信服务等行业的准入门槛较高，而绝大多数民营企业集中于竞争性领域，且竞争较为激烈，因此也导致了中国民营企业500强与中国企业500强在行业利润贡献上的较大差距。

表2　2019年中国民营企业500强和中国企业500强净利润前十家

序号	中国企业500强	净利润（亿元）	中国民营企业500强	净利润（亿元）
1	中国工商银行股份有限公司	3122.24	华为投资控股有限公司	626.56
2	中国建设银行股份有限公司	2667.33	碧桂园控股有限公司	612.02
3	中国农业银行股份有限公司	2120.98	万科企业股份有限公司	551.32
4	中国银行股份有限公司	1874.05	恒大集团有限公司	335.40
5	阿里巴巴集团控股有限公司	1494.33	龙湖集团控股有限公司	265.52
6	中国平安保险（集团）股份有限公司	1494.07	美的集团股份有限公司	252.77
7	腾讯控股有限公司	933.10	泰康保险集团股份有限公司	218.02
8	招商银行股份有限公司	928.67	恒力集团有限公司	215.63
9	中国移动通信集团有限公司	839.04	网易（杭州）网络有限公司	214.31
10	交通银行股份有限公司	772.81	复星国际有限公司	201.69
合计		16246.62	合计	3493.25

四、民营企业500强效率效益高于中国企业500强

中国民营企业500强的资产管理效率明显高于中国企业500强。2010年以来，中国民营企业500强的资产周转率长期处于较高水平；中国企业500强的资产周转率自2017年以来连续三年呈小幅上涨，但仍低于30%。中国民营企业500强连续两年出现下降，2019年末中国民营企业500强资产周转率为87.56%，较中国企业500强高出59.43个百分点（见图7）。

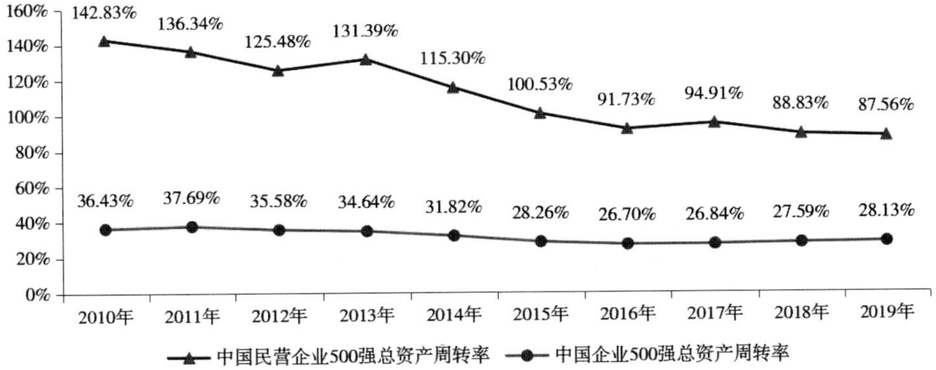

图7　2010—2019年末中国民营企业500强与中国企业500强总资产周转率对比

中国民营企业500强的资本运营效率和资本获利能力高于中国企业500强。2010—2019年间，民营企业500强的资产净利率和净资产收益率，一直高于中国企业500强。2019年末中国民营企业500强资产净利率为4.04%，高出中国企业500强2.79个百分点（见图8）；2019年末中国民营企业500强净资产收益率为13.45%，高出中国企业500强3.93个百分点（见图9）。

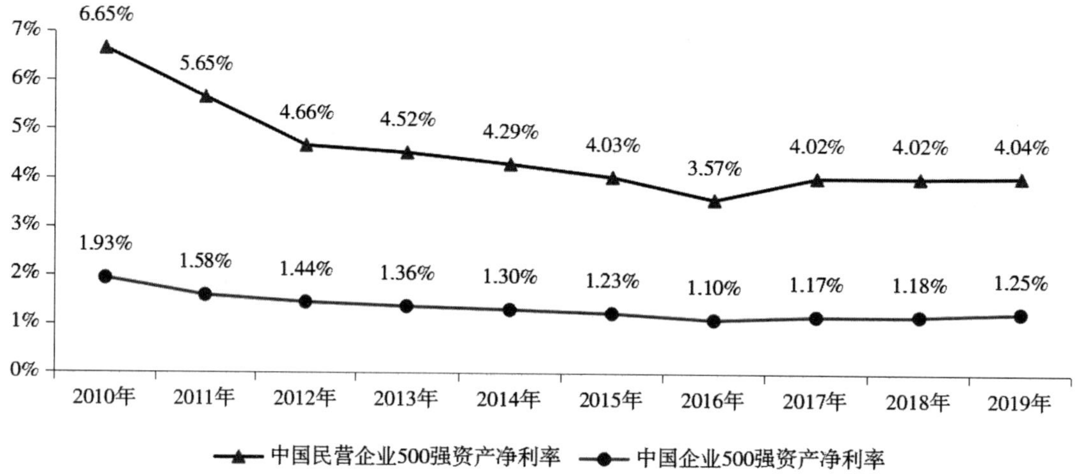

图8　2010—2019年末中国民营企业500强与中国企业500强资产净利率比较

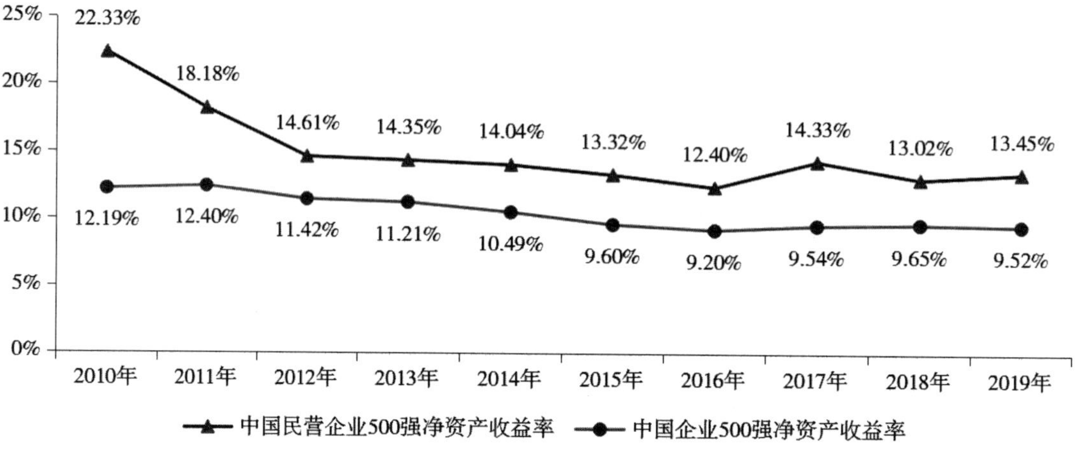

图9　2010—2019年末中国民营企业500强与中国企业500强净资产收益率比较

五、民营企业500强的社会贡献总体平稳

从纳税增长率来看，2013年以来中国民营企业500强的纳税增长率一直高于中国企业500强。2019年中国民营企业500强纳税总额增速出现明显下滑，为4.88%，高于中国企业500强2.41个百分点（见图10）。

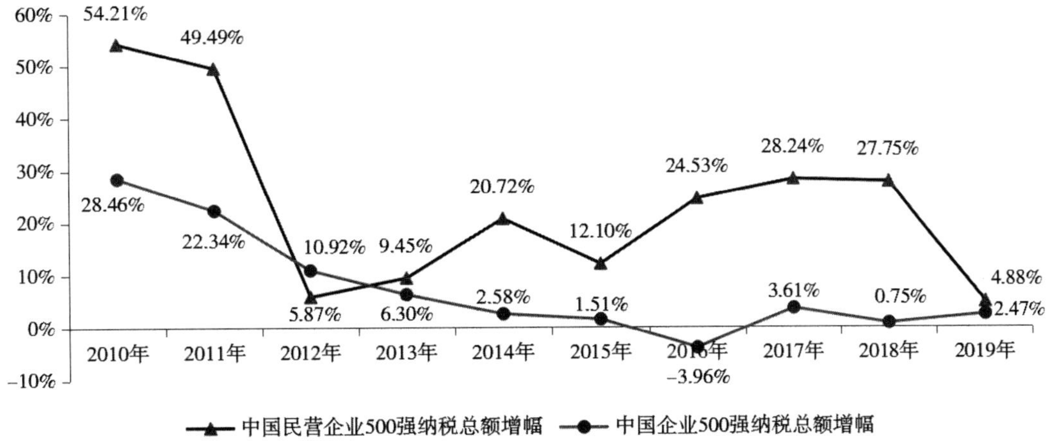

图10 2010—2019年中国民营企业500强与中国企业500强纳税总额增速比较

从就业增长率来看，2010—2019年间中国民营企业500强持续超过中国企业500强。2019年中国民营企业500强和中国企业500强就业增速均为负值，其中中国民营企业500强首次为负，降幅为1.29%，降幅较中国企业500强低0.09个百分点（见图11）。

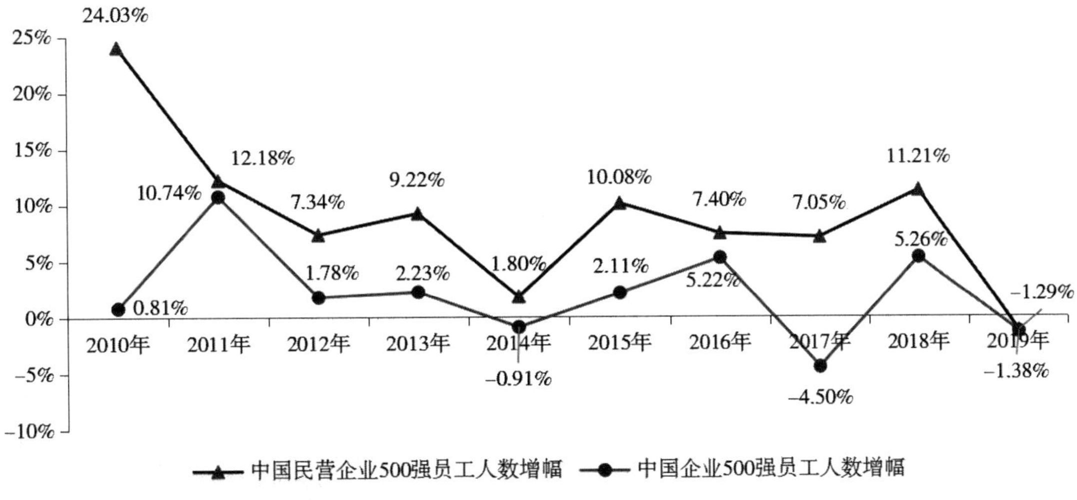

图11 2010—2019年中国民营企业500强与中国企业500强员工人数增速比较

六、民营企业500强以第二产业、竞争性行业为主

1. 民营企业500强和中国企业500强仍以第二产业为主

从入围企业数量和营业收入来看，中国民营企业500强与中国企业500强都集中在第二产业。2019年，中国民营企业500强有331家企业居于第二产业，较上年减少6家；中国企业500强有312家企业居于第二产业，较上年减少6家（见图12）。中国民营企业500强第二产业的营业收入占比为62.39%，较上年增加2.11个百分点，中国企业500强第二产业的营业收入占比为60.66%，较上年增加0.81个百分点（见图13）。

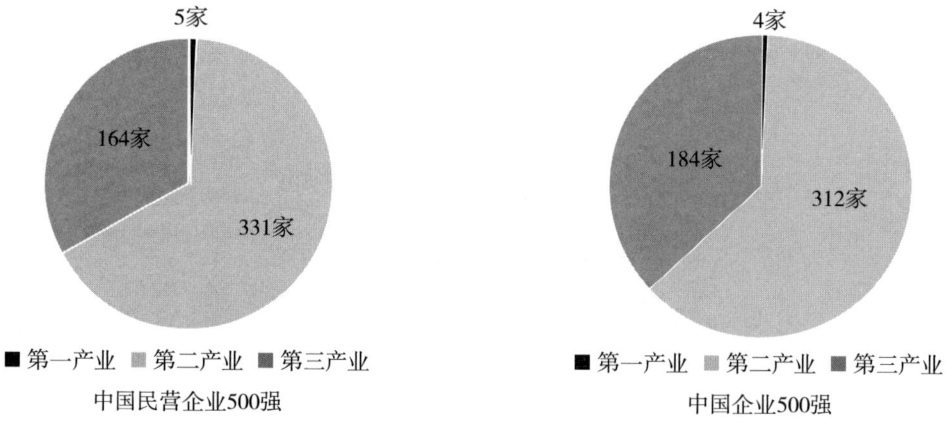

图12　2019年中国民营企业500强与中国企业500强三次产业入围企业情况

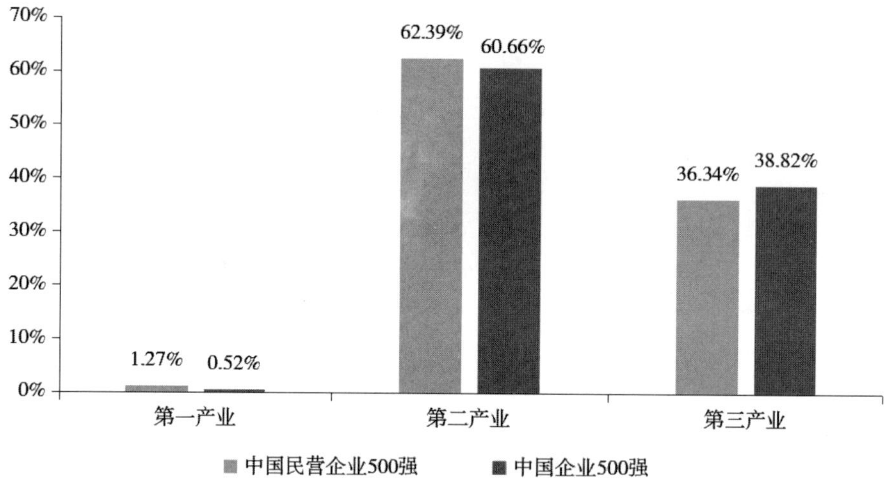

图13　2019年民营企业500强与中国企业500强三次产业营业收入占比

从净利润来看，中国企业500强的净利润集中于第三产业，占净利润总额比重为69.48%，较上年增加0.46个百分点；而中国民营企业500强的净利润则集中于第二产业，占净利润总额比重为55.35%，较上年下降6.26个百分点（见图14）。

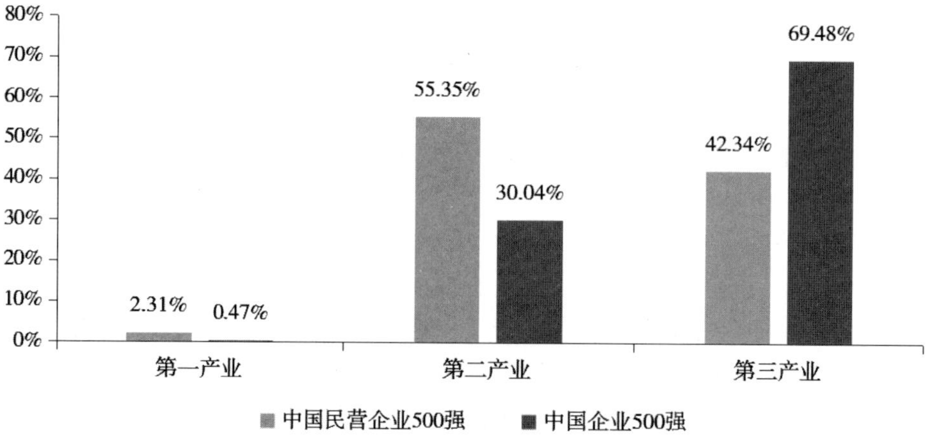

图14　2019年民营企业500强与中国企业500强三次产业净利润占比

从资产总额来看，中国民营企业500强和中国企业500强的资产均集中于第三产业。2019年末，中国民营企业500强的第三产业总资产占资产总额的比重为59.34%，较上年下降0.09个百分点；中国企业500强的第三产业总资产占资产总额的比重为78.21%，较上年下降1.19个百分点（见图15）。

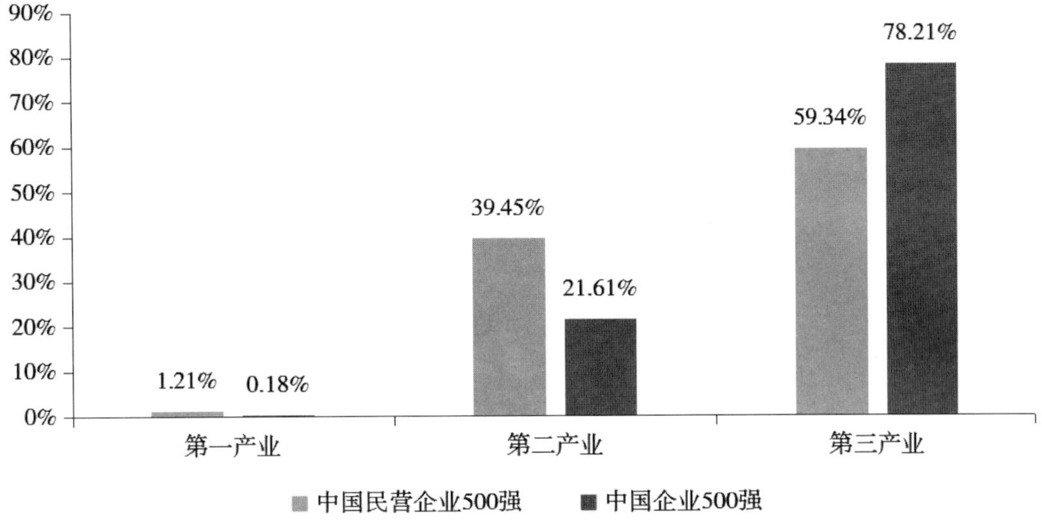

图15　2019年末中国民营企业500强与中国企业500强三次产业资产总额占比

2. 中国企业500强行业利润主要集中于金融领域

从行业营业收入来看，中国民营企业500强前十大行业均分布在竞争性行业；中国企业500强前十大行业则主要分布于商业银行、房屋建筑、黑色冶金，汽车及零配件制造，石油、天然气开采及生产业，石化及炼焦，煤炭采掘及采选业，电网，住宅地产，保险业等行业。入围中国企业500强金融业[①]的企业数量为31家，营业收入共计99191.71亿元，占比11.53%；净利润共计15705.58亿元，占比40.35%，利润相对集中。其中，商业银行入围企业数量为18家，净利润占中国企业500强净利润总额的36.90%。

中国民营企业500强前十大行业共有企业302家，营业收入总额占比68.93%，净利润占比70.66%；中国企业500强前十大行业共有企业195家，营业收入总额占比48.99%，净利润占比61.05%（见表3）。

① 金融业包括商业银行、保险业、其他金融业的入围企业，含有投资、资本市场服务等多种类业务的大型综合集团公司所属行业列入“综合”类行业。

表3　2019年中国民营企业500强与中国企业500强营业收入前十大行业

序号	中国民营企业500强				中国企业500强			
	所属行业	入围企业数量（家）	营业收入占比	净利润占比	所属行业	入围企业数量（家）	营业收入占比	净利润占比
1	房地产业	45	12.23%	27.31%	商业银行	18	7.98%	36.90%
2	黑色金属冶炼和压延加工业	61	11.31%	9.24%	房屋建筑	41	6.91%	3.62%
3	计算机、通信和其他电子设备制造业	23	7.80%	8.46%	黑色冶金	39	5.28%	2.68%
4	综合	36	7.27%	6.86%	汽车及零配件制造	19	5.14%	2.26%
5	零售业	20	6.82%	2.44%	石油、天然气开采及生产业	4	4.32%	2.07%
6	有色金属冶炼和压延加工业	19	6.02%	2.52%	石化及炼焦	15	4.20%	1.73%
7	电气机械和器材制造业	24	4.85%	4.86%	煤炭采掘及采选业	21	4.13%	1.10%
8	房屋建筑业	32	4.38%	2.70%	电网	3	3.84%	1.79%
9	化学原料和化学制品制造业	15	4.24%	3.68%	住宅地产	23	3.68%	5.49%
10	石油、煤炭及其他燃料加工业	27	4.01%	2.57%	保险业	12	3.50%	3.39%
合计		302	68.93%	70.66%	合计	195	48.99%	61.05%

3. 多数行业的民营企业500强效益高于中国企业500强

从行业经营效益来看，多数行业的中国民营企业500强在销售净利率、资产净利率、净资产收益率、人均营业收入和人均净利润等经营指标上超过中国企业500强，总体上表现出更强的盈利能力。

在汇总对比的39个行业①中，中国民营企业500强有29个行业销售净利率高于中国企业500强，占比74.36%；有36个行业资产净利率高于中国企业500强，占比92.31%；有29个行业净资产收益率高于中国企业500强，占比74.36%；有17个行业人均营业收入高于中国企业500强，占比43.59%；有30个行业人均净利润高于中国企业500强，占比76.92%（见表4）。

表4　2019年（末）中国民营企业500强与中国企业500强主要行业经营指标分析

单位：万元／人

所属行业	中国民营企业500强					中国企业500强				
	销售净利率	资产净利率	净资产收益率	人均营业收入	人均净利润	销售净利率	资产净利率	净资产收益率	人均营业收入	人均净利润
农业	4.27%	4.25%	13.65%	166.37	7.10	2.00%	1.71%	15.09%	166.37	3.33
畜牧业	13.78%	21.79%	35.64%	144.15	19.87	19.10%	21.30%	30.96%	146.17	27.92

① 中国民营企业500强和中国企业500强所属行业共计59个。其中，中国民营企业500强所属行业50个，中国企业500强所属行业49个。

续表

所属行业	中国民营企业500强					中国企业500强				
	销售净利率	资产净利率	净资产收益率	人均营业收入	人均净利润	销售净利率	资产净利率	净资产收益率	人均营业收入	人均净利润
农、林、牧、渔专业及辅助性活动	27.48%	9.91%	24.17%	43.06	11.83	-0.47%	-0.29%	-1.64%	21.08	-0.10
煤炭开采和洗选业	8.16%	4.28%	11.11%	826.84	67.49	1.20%	0.70%	4.39%	159.25	1.92
有色金属矿采选业	1.98%	1.67%	3.39%	717.46	14.19	1.25%	1.12%	4.61%	420.21	5.26
农副食品加工业	5.06%	9.07%	18.58%	279.84	14.15	2.19%	4.67%	13.75%	460.83	10.11
食品制造业	8.75%	13.78%	22.59%	127.23	11.13	3.83%	3.63%	11.00%	165.62	6.35
酒、饮料和精制茶制造业	7.76%	12.61%	22.08%	221.07	17.16	15.77%	8.09%	24.93%	310.40	48.95
纺织业	2.56%	5.33%	14.12%	399.07	10.23	2.65%	4.21%	17.50%	337.45	8.94
纺织服装、服饰业	5.01%	6.39%	11.50%	222.98	11.17	3.38%	4.03%	8.22%	329.86	11.15
皮革、毛皮、羽毛及其制品和制鞋业	12.29%	16.01%	27.46%	134.71	16.56	—	—	—	—	—
木材加工和木、竹、藤、棕、草制品业	1.66%	4.85%	11.01%	1116.83	18.48	—	—	—	—	—
造纸和纸制品业	5.42%	5.52%	12.14%	314.26	17.02	2.79%	3.14%	10.65%	466.53	13.04
文教、工美、体育和娱乐用品制造业	5.48%	9.04%	22.92%	223.54	12.24	—	—	—	—	—
石油、煤炭及其他燃料加工业	2.97%	4.65%	14.69%	991.85	29.41	1.83%	2.57%	7.60%	556.12	10.20
化学原料和化学制品制造业	4.01%	6.89%	17.15%	650.66	26.10	1.55%	1.52%	11.80%	546.15	8.48
医药制造业	7.44%	7.22%	14.45%	167.86	12.49	3.39%	4.72%	12.79%	293.54	9.96
化学纤维制造业	2.38%	5.27%	13.76%	744.10	17.68	1.26%	2.69%	12.89%	830.03	10.44
橡胶和塑料制品业	5.14%	7.15%	19.08%	275.71	14.18	1.21%	2.43%	8.35%	361.58	4.37
非金属矿物制品业	8.83%	7.84%	14.31%	244.98	21.64	2.61%	1.88%	10.79%	260.79	6.81
黑色金属冶炼和压延加工业	3.77%	6.84%	14.89%	503.17	18.97	2.33%	2.30%	8.99%	355.29	8.28
有色金属冶炼和压延加工业	1.93%	3.64%	7.53%	676.59	13.09	1.08%	1.40%	5.13%	482.28	5.22
金属制品业	1.48%	3.41%	9.04%	487.49	7.20	2.23%	2.13%	8.72%	189.34	4.22
通用设备制造业	5.28%	4.66%	17.42%	260.06	13.74	1.40%	0.97%	6.91%	262.73	3.67
专用设备制造业	8.84%	6.83%	17.69%	283.89	25.09	2.44%	1.17%	8.59%	252.18	6.15
汽车制造业	3.69%	3.33%	9.91%	154.17	5.69	1.99%	2.01%	9.30%	300.42	5.98
铁路、船舶、航空航天和其他运输设备制造业	7.54%	4.54%	11.97%	204.45	15.41	3.32%	1.76%	6.48%	132.29	4.39
电气机械和器材制造业	4.62%	5.14%	14.33%	274.12	12.66	3.53%	3.08%	12.64%	222.99	7.88
计算机、通信和其他电子设备制造业	5.01%	5.06%	16.25%	236.80	11.86	4.69%	4.18%	16.67%	287.32	13.46
其他制造业	5.16%	6.89%	11.57%	194.76	10.06	2.84%	8.20%	20.06%	1530.80	43.43
废弃资源综合利用业	7.44%	14.63%	24.49%	415.50	30.92	—	—	—	—	—
金属制品、机械和设备修理业	0.55%	4.27%	30.44%	9086.79	49.90	—	—	—	—	—

续表

所属行业	中国民营企业500强					中国企业500强				
	销售净利率	资产净利率	净资产收益率	人均营业收入	人均净利润	销售净利率	资产净利率	净资产收益率	人均营业收入	人均净利润
电力、热力生产和供应业	—	—	—	—	—	2.03%	0.87%	3.28%	237.35	4.81
燃气生产和供应业	6.88%	6.41%	18.08%	319.16	21.96	—	—	—	—	—
房屋建筑业	2.85%	5.53%	16.11%	101.57	2.89	2.23%	1.74%	11.87%	215.77	4.80
土木工程建筑业	1.75%	3.22%	9.80%	535.75	9.35	1.36%	0.76%	7.63%	282.10	3.84
建筑安装业	4.35%	8.29%	12.34%	297.12	12.91	—	—	—	—	—
建筑装饰、装修和其他建筑业	4.50%	3.81%	10.85%	209.13	9.42	—	—	—	—	—
批发业	1.06%	3.72%	11.09%	746.04	7.89	1.07%	1.28%	8.73%	620.23	6.65
零售业	1.65%	2.71%	8.12%	249.56	4.13	1.14%	1.54%	6.68%	295.24	3.36
铁路运输业	—	—	—	—	—	1.21%	1.52%	6.52%	1083.89	13.08
道路运输业	—	—	—	—	—	2.72%	0.49%	2.32%	232.32	6.31
水上运输业	—	—	—	—	—	4.02%	1.45%	5.42%	250.05	10.06
航空运输业	—	—	—	—	—	3.33%	1.46%	6.87%	138.60	4.61
装卸搬运和仓储业	2.79%	3.76%	6.26%	1873.13	52.20	—	—	—	—	—
邮政业	4.22%	7.28%	15.93%	128.25	5.41	5.00%	0.34%	8.63%	70.61	3.53
餐饮业	3.26%	6.95%	9.83%	30.99	1.01	—	—	—	—	—
电信、广播电视和卫星传输服务	—	—	—	—	—	6.52%	2.92%	6.16%	134.61	8.77
互联网和相关服务	5.26%	3.35%	5.57%	118.97	6.26	14.78%	9.02%	17.62%	358.91	53.03
软件和信息技术服务业	-6.76%	-3.85%	-10.64%	167.68	-11.34	2.94%	3.53%	9.82%	310.72	9.14
货币金融服务	—	—	—	—	—	20.91%	0.93%	11.25%	341.59	71.44
资本市场服务	—	—	—	—	—	2.06%	1.08%	4.14%	346.21	7.11
保险业	8.06%	2.07%	19.70%	126.07	10.16	4.39%	1.14%	15.16%	127.08	5.58
房地产业	10.31%	3.15%	17.36%	410.41	42.33	6.42%	1.73%	15.43%	491.87	31.60
商务服务业	1.27%	2.92%	9.57%	843.33	10.71	1.38%	1.27%	4.65%	458.21	6.34
生态保护和环境治理业	—	—	—	—	—	2.10%	0.42%	3.02%	139.91	2.94
其他服务业	2.60%	3.96%	9.36%	693.98	18.02	1.13%	1.63%	9.86%	693.98	7.81
文化艺术业	2.57%	4.02%	9.47%	556.00	14.31	—	—	—	—	—
综合	4.36%	2.36%	7.39%	330.56	14.40	5.21%	0.97%	10.15%	294.70	15.35

全国工商联
2020年“万家民营企业评营商环境”主报告

新冠肺炎疫情发生以来，世界经济受到冲击，党中央国务院高度重视疫情防控工作，出台一系列惠企惠民政策措施，统筹推进疫情防控和经济社会发展工作，中国经济率先复苏，展现出强大的韧性与潜力。当今世界正经历百年之未有之大变局，世界经济形势仍然复杂严峻，我国经济正处于高速增长向高质量发展的转型期，党中央国务院提出探索以国内大循环为主体、国内国际双循环相互促进的新发展格局，以扩大内需为战略基点，畅通经济循环。后疫情时代国内大循环背景下做好企业纾困政策支持的同时，进一步深化“放管服”改革，优化营商环境，更大激发市场主体活力意义重大。

2020年6月至10月，全国工商联连续第三年组织开展了2020年“万家民营企业评营商环境”工作。今年的营商环境评价一如既往体现4个特点，一是样本容量大。此次调查，参与大中小微民营企业共50625家，共收回有效问卷40216份，有效数据1200多万个。二是评价体系稳。继续沿用全国工商联营商环境评价指标体系框架，保持评价指标体系基本不变；参与调查的企业保持基本稳定，涵盖东中西地区、各行业大中小微企业。三是企业感受真。坚持“让企业说真话，反映企业的真实感受”，利用全国工商联民营企业调查系统和组织网络，全部问卷由企业直接线上填报；对外保密，使企业能够说真话，敢于说真话。四是报告结论实。采用科学的统计分析方法，调查分析人员对所得结论不做任何人工干预，不掺杂任何人为因素。

根据调查问卷主观数据和国家统计客观数据进行权重计算，得出营商环境总得分。最终形成全国营商环境优良的省份排名、城市排名和各专项环境排名。

一、全国营商环境的省份排名

经综合评定，浙江、广东、江苏、上海、北京、山东、四川、福建、河北、湖南等省份位居前十，其中浙江居首、广东排名上升，总体上看营商环境区域差异明显，东部沿海地区优势突出。

从五大环境来看，要素环境排名前五的省份：浙江、广东、西藏、上海、河北；法治环境排名前五：浙江、上海、山东、江西、北京；政务环境排名前五：浙江、江苏、福建、山东、上海；市场环境排名前五：浙江、上海、山东、江苏、北京；创新环境排名前五：浙江、江苏、上海、四川、北京。

二、全国营商环境的城市排名

2020年包括直辖市在内，合计有100个样本达标城市（去年仅60城市）参与排名。其中，杭州、上海、苏州、南京、北京、温州、宁波、深圳、广州、成都排名前十，其中成都是中西部城市的唯一代表。青岛、重庆、长沙、济南、厦门、天津、无锡、郑州、西安、武汉、合肥、贵阳、福州、珠海、昆明、东莞、南昌、南通、沈阳、石家庄等位居第11～30名。

要素环境排名前十的城市有：温州、杭州、宁波、衢州、上海、台州、南昌、德州、南京、嘉兴。法治环境排名前十的城市为：温州、德州、衢州、宁波、淮安、南通、玉林、台州、潍坊、苏州。政务环境排名前十的城市为：苏州、宁波、济南、南京、上海、温州、南通、潍坊、杭州、德州。市场环境排名前十的城市为：苏州、宁波、上海、温州、杭州、北京、青岛、南京、南通、济南。创新环境排名前十的城市为：杭州、苏州、上海、宁波、广州、无锡、长沙、成都、温州、南京。

三、全国营商环境总体情况和主要问题

（一）政务服务和法治建设向好，创新能力和市场化水平待提升

今年问卷邀请企业直接评价所在城市营商环境的整体印象，在五分制下，得分为4.03分，说明样本企业对营商环境总体满意，其中法治环境、政务环境得分最高，均为4.07分，创新环境得分最低为3.95分，要素环境、市场环境得分居中，分别为4.02分、4.01分。随着放管服改革的不断深化，政务服务便利度不断提高，法治化建设逐步推进，实体经济降成本逐步落地，企业获得感在稳步提升。

我国正处于高质量发展转型阶段，国内大循环对创新驱动提出新的要求；随着外部形势不确定性增加，企业对创新环境改善的需求更加迫切。

（二）企业对营商环境的三大诉求：政策落实、基础设施建设、人才引进

关于营商环境整体建设，企业希望政府部门帮助优先解决三方面问题：政策落实（31.39%）、城市基础设施（26.57%）、人才引进（24.73%）。其中云南、新疆、山东等省份企业对政策落实需求较大，广西、西藏、云南等省份企业对城市基础设施建设呼声更高，江苏、江西、西藏等省份企业对人才引进有更强需求。

关于要素环境优化，企业希望政府优先在用电成本下降（41.64%）、融资成本下降（37.68%）、用工成本下降（35.92%）方面提供更多支持以缓解企业经营压力。黑龙江、广西、天津等省市企业期待用电成本下降，福建、贵州、云南等省份企业对融资成本下降需求较大，上海、北京、江苏等省市企业对用工成本下降呼声更强。

关于营造更好的政务环境，企业希望在减税降费（46.01%）、网络办事（37.05%）、政策落实（27.41%）、政策稳定性（26.74%）、政务诚信（26.51%）等方面加强工作。在减税降费方面，北京、江苏、上海等省市企业呼声更大；在网络办事方面，北京、上海、天津等省市企业期待更高；在政策落实方面，北京、湖北、云南等省市企业诉求更强。

关于法治化营商环境，企业最主要的三项期待：建设企业维权统一服务平台（47.59%）、建立法律机关部门间涉企协调机制（38.90%）、督促行政执法部门依法行政（37.85%）等。北京、福建、广西等省市区企业对完善企业维权统一服务平台呼声更大，江苏、浙江、福建等省份企业对建立法律机关部门间涉企协调机制期待更多，黑龙江、江苏、山东等省份企业对督促行政执法部门依法行政需求更为迫切。

在市场环境方面，企业希望在产业政策支持（53.80%）、完善信用体系建设（40.12%）、降低市场准入门槛（34.80%）等方面加强力度，云南、浙江、广西等省企业对产业支持政策诉求较多，山东、天津、浙江等省市企业对完善信用体系建设需求更多，山东、广西、青海等省企业更期待降低市场准入

门槛。

关于创新环境，企业期望在高端人才引进（42.80%）、财政补贴政策支持（32.07%）、高等教育资源投入（31.47%）等持续改善。新疆、山东、黑龙江等省份企业希望在高端人才引进方面有更多支持，北京、青海、上海等省市企业希望更多的财政补贴政策，海南、浙江、新疆等省市企业希望在高等教育资源投入上更多倾斜。

（三）市场前景预期回升，企业经营压力较大

国内外经济形势依然复杂严峻，企业面临较大的经营压力，营业收入、利润较去年均有所下降；随着疫情防控、“六稳、六保”及营商环境等政策的落实，企业家信心强劲提振。本次调查9月下旬进行，数据显示，样本企业2019年营业收入整体较2018年有一定程度下滑，营收在1亿元以上的企业数量下降5.50%，2020年上半年经营形势严峻，实现盈利的企业仅占两成；超七成企业研发投入与2019年同期相比有所下降。

对2020年下半年当地经济前景、本企业盈利前景等表示乐观的企业，在全体样本占比均超过65%。全国企业对本市经济前景的信心（3.95分），高于去年（3.83分）。但在本市加大投资的意愿、推荐外地企业来本市投资得分较去年略有下调，均为3.89分；山东、江西、浙江等省份在这两项意愿略强于其他省份。。

（四）复工复产政务服务效果好，纾困政策落实力度稍弱

从抗疫援企工作来看，全国样本企业对各类纾困扶持政策的宣传力度（4.14分）、审核企业复工复产的工作效率（4.14分）最为满意；企业对出口/外贸企业的政策支持（4.04分）、各类纾困扶持政策的落实效果（4.07分）、应对疫情的政策创新程度（4.08分）、纾困扶持政策对所有企业一视同仁（4.08分）、各类纾困扶持政策的及时性（4.08分）较为满意。

关于纾困扶持政策宣传，浙江、上海、山东等省市企业评分较高，宁夏、甘肃、内蒙古等省份企业评分较低。就审核企业复工复产工作效率而言，浙江、上海、山东等省市企业评分较高，宁夏、陕西、山西等省份企业评分较低。对出口/外贸企业政策支持方面，浙江、上海、山东等省市企业评分较高，陕西、宁夏、西藏有待加强。就纾困政策落实效果而言，浙江、上海、山东等省市企业评分较高，宁夏、陕西、山西等省份企业评分较低。

疫情之下，企业对数字化转型意愿强烈，但相关配套政策及产业链上下游数据协同仍有不足。目前超五成企业正在或计划开展数字化转型，其中浙江、河南、山西企业对数字化转型行动力强，正全力开展数字化转型。从数字化转型相关因素来看，企业对疫情防控数字化应用（3.90分）满意度较高，对产业链上下游企业数据协同（3.71分）、数字化转型本地政策（3.68分）等满意度较低。

（五）减税降费获得感强，减租降息等落实较弱

疫情以来中央到地方等各级政府密集出台了若干纾困政策，在已享受的政策中，企业认为最有效的三项政策，分别是：对受疫情影响较大的困难行业企业年度亏损的延长转结，延期缴纳税款（29.55%）、放宽小微企业、个体工商户登记经营场所限制（24.71%）、阶段性缓缴或适当返还社会保险费（20.63%）。最有效的三项金融支持政策，分别为：对企业不盲目抽贷、断贷、压贷（29.00%）、适当下调贷款利率、增加中长期贷款

（25.87%）、对受疫情影响严重的企业到期还款困难的展期或续贷（23.92%）。

关于财政资金或补助获得，企业对社保减免、返还（3.61分）、税费减免（3.56分）等政策满意度较高，对科技创新券（2.21）、租金减免（2.39分）、职工培训补贴（2.47分）、吸纳就业补贴（2.53分）、抗疫物资补贴（2.54分）、贷款贴息（2.6分）等满意度偏低，说明相关政策的覆盖率与普惠性有待提升。

就减税降费而言，近七成企业表示2020年上半年税费较2019年同期有所下降，其中近1/4企业（24.19%）认为下降幅度在超过40%，但是仍有4.02%的企业反映税费不降反升。企业已享受的财税扶持政策，包括：社保降费（企业占比51.04%）、企业增值税税率降低（37.60%），小微企业普惠性政策（35.52%）。在五险一金方面，超四成企业反映员工养老保险、失业保险、工伤保险支出下降，近四成（38.28%）表示医疗保险支出降低，超三成企业认为生育保险支出减少，超两成（25.31%）企业反映住房公积金支出降低。但是，超半数企业认为失业、工伤、医疗、住房公积金人均支出没有明显变化，44.53%的企业反映养老保险人均支出没有变化。这表明社保相关政策重在延期缓期，实际费用下降仍有限。

数据显示，企业目前面临的三大挑战，分别是：经营成本上升（47.74%）、市场需求低迷（40.22%）、新员工招聘困难（28.44%）等。随着疫情防控常态化，企业希望疫情期间出台的部分政策常态化，主要集中在三个方面：各类就业补贴、稳岗补贴等（23.56%）、阶段性缓缴或适当返还社会保险费（22.47%）、减免行政事业性收费（24.48%）等。

（六）要素保障提升，用工、用地、物流仍需改善

1. 用电、用水保障满意度提高

从全国样本来看，企业对要素资源获得与保障的满意度评价较高，在满分为5分的框架下，得分为4.14分，较去年（3.96分）小幅提升；得益于各地在支持复工复产的若干举措，各项要素保障满意度都有提升，其中用工、用地提升最多，分别增加0.26分、0.18分。

具体来说，企业对用电（4.35分）、用水（4.29分）、用气（4.20分）保障满意度最高，均高于要素资源保障的总体得分，用工（4.04分，2019年3.78分）、用地（2020年4.04分，2019年3.86分）、热能（4.06分）保障满意度较低。

就用工获得与保障而言，上海、北京、浙江等省市得分居前，宁夏、四川、内蒙古等省份得分靠后。就用地获得与保障而言，上海、浙江、山东等省市得分较高，陕西、山西、宁夏等省份得分较低。就热能获得与保障而言，上海、浙江、北京等省市得分领先，青海、宁夏、甘肃等省份得分靠后。

就劳动力供应与监管而言，企业对劳动纠纷处置化解（3.92分）满意度较高，对企业招工支持（3.89分）、职工教育培训服务（3.89分）满意度较低。就各省比较来说，上海、浙江、山东等省市企业对要素资源总体评价较高，反映当地要素资源获得与保障较为便利。

2. 用工、用地、物流成本下降略有改善

数据显示，全国样本企业对要素成本下降满意度略有提升（2020年3.38分，2019年3.11分）。具体来看，用电（3.47分）、用网（3.44分）成本下降的满意度较高，企业对用工（3.25分，2019年2.92分）、用地（3.32分，2019年3.11分）、

物流（3.34分，2019年3.05分）成本下降不太满意，得分均低于要素成本下降总体满意度。各省陆续出台企业电价下降措施，效果显现。近年来用工、用地、物流成本有所降低，但幅度仍低于企业预期。

从各省样本来看，浙江、江西、山东等省企业对要素成本下降总体满意度较高，青海、甘肃、陕西等省企业对要素成本下降满意度较低。广西、江西、吉林等省份对用工成本下降满意度较高，青海、湖北、北京等省市得分较低。江西、浙江、山东等省份对用地成本下降评分较高，青海、甘肃、陕西等省份较低。江西、浙江、福建等省份对物流成本下降较为满意，青海、甘肃、湖北等省份不太满意。

（七）金融政策效果明显，企业对风险投资和政府基金较为期盼

对金融支持政策的总体效果，全国样本企业的满意度（3.58分）优于去年（3.24分）。就可获得性来说，企业认为各类金融资源获取难度较去年降低，其中银行贷款（3.62分，2019年3.30分）、风险投资（3.43分，2019年3.08分）、政府产业引导基金（3.46分，2019年3.12分）。值得注意的是，近五成企业表示，所在城市政府产业引导基金比较缺乏，认为风险投资机构资源不足、担保机构数量不足的企业比例分别为44.32%、36.56%。

从各省差异来说，浙江、山东、江西等省金融支持政策总体满意度较高，陕西、青海、甘肃较低。北京、广东、浙江对政府产业引导基金呼声更高，江苏、福建、湖南企业对风险投资机构较期待，云南、黑龙江、天津对担保机构需求较大。这说明在缓解企业资金难题的思路上，有关部门不应局限于银行系统。

（八）金融创新服务渐次落地，融资难融资贵明显缓解

1．疫情下企业融资首选银行，金融创新服务有成效

疫情背景下，大量企业资金链趋紧。数据显示，企业融资的主要来自银行，国有大型商业银行（38.68%）、中小型商业银行（37.57%）、民营银行（15.93%）；其次是民间借贷（14.41%）；企业上市（1.41%）、企业发债（1.59%）、风险投资（2.72%）等直接融资比例较小。

银行贷款时，企业遇到的主要困难有三项：普遍需要抵押物（45.09%）、贷款额度低（30.47%）、贷款门槛高（28.60%）。这说明疫情引发的不确定，促使部分银行加大了风险控制，促贷政策应更好帮助银行平衡相关风险。

全国工商联及各省市工商联今年与建设银行达成全面战略合作，为民企提供融资、培训等综合服务，是值得关注的新举措。

金融创新有助于破解融资难。在各类金融创新中，全国样本企业享受到的服务，以下三项比例较高：小微金融综合服务平台（27.96%）、银税互动（26.71%）、根据信用等级获得贷款（20.75%）。部分创新服务覆盖率较低，如上市孵化服务（1.04%）、风险投资（2.20%）、小微企业专项金融债券（2.42%）等。

广西、山东、青海等省企业较多受惠于中小微金融综合服务平台，浙江、江苏、河北等省银税互动效果较好，湖南、浙江、黑龙江等省企业更多获得了信用贷款。

2．贷款利率下降显著，违规收费现象改善

受益疫情以来金融惠企政策与有关部门督责，企业银行贷款成本下降显著，违规现象有所降低，贷款效率提升。

从贷款利率来看，自2019年7月到2020年8月曾获得银行贷款的全国样本企

业中，近九成表示最近一笔银行贷款综合年化利率低于8%，其中利率低于5%的企业接近六成（2019年，这一比例仅为26.35%）。从中间费用来看，36.69%的全国样本企业表示在银行贷款过程中没有缴纳额外费用，云南（52.42%）①、上海（52.03%）、北京（51.43%）三省市企业的此项比例最高。数据显示，目前企业向银行缴纳的费用，以手续费（34.36%）、抵押评估费(15.29%)、担保费(11.52%）三项为主。与去年相比，违规收费如咨询费（5.76%，2019年14.50%）、财务顾问费（4.92%，2019年10.86%）、贷款承诺费（4.33%，2019年10.72%）、资金管理费（6.08%，2019年19.13%）等均有下降。从年化利率与手续费这两项，说明企业融资贵确实得到一定缓解。

考虑疫情因素，2020年1月以来，超过三成企业今年没有新增银行贷款。在贷款额度方面，超四成获贷企业的贷款额度低于500万元，贷款额度3000万元以上约占5.96%。

在贷款周期方面，总体贷款效率提升，超短期贷款效率略有下滑。全国获贷企业中，最近一次获得贷款的时间（从申请到放款全部流程），一个月以内的企业占比达74.93%，较去年（70.30%）小幅提升；但是一周以内获贷的企业（17.72%）比例，较去年（23.50%）下降。

（九）法治化水平提升，知识产权、企业家维权仍是焦点

1．立改废满意度提高，及制定前瞻法规期待更高

在涉企法规的立、改、废等方面，企业满意度均达3.95分，较去年（3.62分）小幅提升，但都没有超过4分。具体来说，制定包容审慎的市场监管规定（3.97分）、清理歧视民企的法律法规（3.96分）、制定营商环境法律、法规（3.96分）、废止或修订不合理的涉企法律法规（3.95分）、制定新兴产业发展的前瞻法律法规（3.95分）；期待今年以来国家和地方营商环境条例的颁布实行，有助于此一工作的深化。

2．公检法司满意度提升，企业对律所满意度较低

从政法系统来看，公检法司的整体满意度评分均超过4分，略高于去年（最高分3.99分）。就部门来说，司法局（4.08分，2019年3.92分）满意度最高，其次是检察院（4.07分，2019年3.97分），公安局（4.06分，2019年3.99分）、法院仍然垫底（4.05分，2019年3.27分），但满意度提升幅度最大，说明近一年来，法院的改革成效最为显著。

关于法院涉企工作，企业对审判公正（36.01%）、立案效率（34.52%)等两项工作的满意度较高，对诉讼费用（7.44%）、在线办理（14.02%）两项满意度待提升。在审判公正方面，西藏、江苏、上海等省市满意度较高，宁夏、重庆、内蒙古等省市满意度较低；在立案效率方面，天津、广西、江苏等省市满意度较高，山西、重庆、四川满意度较低；在诉讼费用方面，辽宁、吉林、宁夏等省市满意度较高，四川、重庆、内蒙古等省市满意度较低。在线办理方面，北京、上海、浙江等省市满意度较高，重庆、四川、黑龙江等省市满意度较低。

关于检察院涉企工作，企业对维护

① 云南省2020年4月印发《关于支持实体经济发展的若干措施的通知》，提到严格落实金融机构各项减费让利措施，降低融资利率和办理费用。

法人涉案企业的正常经营秩序（40.16%）及对公安立案工作的监督（36.85%）满意度较高，而对法院审判活动的监督（12.80%）满意度较低。在维护法人涉案企业正常经营秩序方面，青海、广西、山东等省份满意度较高，四川、海南、重庆等省市满意度较低；在对公安立案工作监督方面，天津、浙江、山东等省市满意度较高，内蒙古、重庆、山西等省市满意度较低；在法院审判活动的监督方面，新疆、云南、吉林等省份满意度较高，内蒙古、四川、重庆等省市满意度较低。

关于公安涉企工作，企业满意度较高的两项是：打击诈骗等侵害企业的违法犯罪行为（39.23%）、执法公平合规（31.31%）；满意度较低的两项：规范拘留、查封财产等强制措施（满意度占比7.88%）、涉企纠纷排查化解（满意度占比13.81%）。就打击诈骗等公安工作而言，新疆、青海、广西等省份满意度较高，四川、山西、重庆等省市满意度较低；就执法公平合规而言，北京、云南、上海等省市满意度较高，山西、四川、重庆等省市满意度较低；就规范拘留、查封财产而言，辽宁、海南、吉林等省满意度较高，四川、重庆、湖北等省市满意度较低；就涉企纠纷排查化解而言，青海、湖南、湖北等省份满意度较高，河南、山西、内蒙古等省份满意度较低。

就法律服务机构来看，企业对商协会（4.13分）满意度最高，对律师事务所（4.03分）评价最低，人民调解机构（4.05分）和仲裁机构（4.04分）居中。具体来说，企业对商协会、人民调解机构、仲裁机构、律师事务所的满意度高于4分的比例分别为：76.42%、73.17%、73.04%、72.93%，表明律所等中介机构的规范性有待加强。就商协会而言，浙江、江西、山东等省市企业评分较高，宁夏、重庆、甘肃等省份企业评分较低。就律师事务所而言，浙江、山东、上海等省市企业评分较高，陕西、宁夏、山西等省份企业评分较低，这些西部省份在法治环境建设中应加强第三方服务机构的培育。

关于企业家维权的各类方式，企业家优先选择的比例较高的两项是：诉诸法院（38.05%）、向政府部门申诉（37.40%），托人向领导反映（2.57%）、向媒体反映（6.98%）等方式比例较低。

3. 知识产权宣传保护及企业家权益维护工作有待加强

就知识产权保护工作而言，企业最不满意度两项为：知识产权保护宣传力度（35.97%）、维权服务及时性（29.20%）。对审判公正性、知识产权立法与制定等较满意，不满意率仅为16.15%、13.33%。云南、新疆、浙江等省企业期待加大知识产权保护宣传力度，黑龙江、江苏、广西等省企业要求提高维权服务的及时性。

就维护企业家合法权益而言，企业最期待加强的三个方面：加强政务诚信建设（41.40%）、加大对侵犯民营企业合法权益的整治力度（29.77%）、细化或公示行政执法标准（29.54%）。新疆、云南、广西对政务诚信建设期待较高，湖南、云南、贵州对加大侵犯民营企业合法权益的整治力度需求更大，黑龙江、上海、山东对细化或公示行政执法处罚标准更急迫。

（十）政商关系持续向好，常态化沟通机制待完善

在政商关系方面，政商关系总体评分为4.07分，比去年（3.88分）略有提升。其中，政商交往行为规范、企业服务的方式与效率满意度最高，均为4.06分；政府诚信履约情况、政商常态化沟通机制等两项均为4.03分；对媒体或舆论对权力的监

督（4.00分）满意度较低。

在政商交往中的正面现象，政府人员在参加商（协）会举办的年会、茶话会、学习考察（83.29%，2019年81.45%）、调研企业期间按公务标准在企业食堂就餐（82.46%，2019年79.83%）等两项比例提升。85%的企业表示当地政府人员做到了：积极回应或协调办理涉企特事急事、主动向企业提供政策解读与明确指引等，尤其是西藏、宁夏、四川、甘肃、内蒙古、山西、陕西、辽宁等中西部省份。同时，部分企业建议当地政府及时解决企业各类历史遗留问题，比例超过20%，尤其是新疆、宁夏、山西、西藏、陕西等省份。

就政商关系负面现象来说，发生频率最高的两大现象是：在涉企服务中故意刁难、办事拖拉、推诿扯皮（13.77%）①、把普惠性政策优惠当成熟人的“福利”、“红包”（11.25%）②。值得注意的是，部分负面现象较去年有所增加，最突出的三项为：利用职权限制符合准入条件企业参与招投标采购（9.67%，2019年8.60%）、对企业随意性执法，向企业乱摊派、乱检查、乱收费（10.66%，2019年9.09%）、把普惠性政策优惠当成熟人的“福利”“红包”（11.25%，2019年9.85%）。这说明在亲清新型政商关系构建过程中，部分劣习仍有反弹，应开展精准督查，加大惩戒力度。

（十一）政务诚信有所提升，拖欠款项清理取得进展

在政务诚信方面，企业反馈两类失信现象较去年减少，分别是：政府部门相互推诿扯皮、不担当（7.04%，2019年10.53%）及政策不连续，存在“新官不理旧账”现象（7.19%，2019年10.33%），降幅3%左右。目前存在的诚信问题，比例较高的两项是：项目扶持资金不到位、到位慢（11.10%，2019年11.67%），贵州、宁夏、辽宁等省较多；政府随意拖欠企业的采购款或工程款（7.63%，2019年8.12%），贵州、海南、新疆等省较多。

关于清理拖欠中小企业款项，企业满意度评价为3.95分，较去年一定程度改善。浙江、江西、吉林等省企业对此评分较高，四川、重庆、内蒙古等省市企业评分较低。

（十二）政务便利化提升，通关、施工许可等仍是短板

在服务便利度方面，本次问卷覆盖了世行指标、国家发展改革委指标中的主要事项，数据显示税费缴纳、开办企业等项改善显著，建筑施工许可、海关通关、招标投标等仍是痛点。其中，税费缴纳便利度（4.18分)满意度最高，其后依次是：网上办事便利度（4.15分）、开办企业便利度（4.13分）、不动产登记便利度（4.06分）；企业注销便利度（4.05分）、招投标便利度（4.03分）、海关通关便利度（4.02分）、建筑施工许可便利度（4.01分）等满意度待提升。与各类改革类似，放管服也面临着啃硬骨头的难题。

就服务大厅等办事环境来说，服务大厅窗口排队情况（4.03分）、办事流程、材料一次性告知情况（4.03分）等满意度待提升。2020年中央要求各部门加大投资审批力度，本次调研发现，近六成企业表示，所在城市的投资项目审批速度加快，山东、浙江、江西三省企业感受最强烈。

具体来说，项目审批工作及各类配套

① 2020年海南、西藏、山西、河南、辽宁表现更为明显，2019北京、辽宁、海南、宁夏、黑龙江现象更突出。

② 2020年宁夏、海南、山西、西藏、辽宁表现更为明显，2019辽宁、北京、宁夏、黑龙江、吉林现象更突出。

保障服务（3.83分）满意度较高，土地供给政策（3.75分）满意度较低，仍是投资审批效率的瓶颈因素，今年刚刚开启的省级土地自主权改革，尚未见到成效。

（十三）涉企服务改善，企业家参与、政策兑现待优化

政策兑现是影响企业家获得感的关键环节。从全国样本来看，企业对政策服务一站式服务平台建设（4.04分）及政策发布及时性（4.04分）满意度最高，对政策制定过程企业家参与度（3.92分）、政策兑现便捷性（3.97分）满意度较低。疫情以来政策出台更快、更密集，国家与省市有关涉企政策制定的文件，落实效果不佳。上述这两项工作，东部省份明显占优，浙江、上海、山东等省市企业满意度较高；西部省份较为滞后，陕西、内蒙古、四川等省评分较低。

大变局下通过宏观政策稳定性，有效对冲企业经营的不确定性，正在成为地方政府的共识。今年调研发现，样本企业对政策稳定性有更高期待。具体来说，全国样本企业最希望保持稳定的三类政策是：税费减免（41.48%）、产业扶持（36.14%）、人才引进（20.98%）等。北京、天津、上海等省市企业对税费减免政策稳定性需求更大，云南、湖南、福建等省企业对产业扶持政策稳定性期待更高，辽宁、吉林、海南等省企业对人才引进政策稳定性诉求更强烈。

（十四）"双随机"满意度高，信用建设仍待加强

在市场监管方面，企业对按照法律规定办事（4.12分）、"双随机、一公开"执行情况（4.10分）满意度评价较高，对执法部门对监管规定的培训与解读（4.05分）、对同类企业一视同仁（4.05分）方面满意度评价较低。在市场监管各方面，浙江、上海、山东等省市企业满意度均较高；监管规定的培训解读方面，陕西、宁夏、四川等省企业满意度较低，宁夏、陕西、内蒙古等省企业对监管公平性呼声较高。

在信用体系建设方面，企业希望改善的三个方面分别是：守信激励（36.02%）、信用贷款政策（34.95%）、失信惩戒（25.71%）。上海、天津、山东等省市企业对守信激励呼声较大，贵州、西藏、青海等省企业对信用贷款政策期待更多，江苏、上海、吉林等省市企业对失信惩戒诉求更强。

（十五）企业认可教育、医疗等市场准入，期待政府加大对产业发展的政策扶持

在市场准入方面，企业反映民营投资进入门槛降低最明显的三个领域是：教育（28.84%）、医疗（24.51%）、养老（21.75%），对矿产（1.47%）、石油（2.19%）、天然气（3.45%）等领域感受较弱。海南、广东、广西等省企业进入教育领域更加便利，海南、西藏、吉林等省企业反映医疗领域更加放开，吉林、辽宁、河北等省企业表示养老领域门槛降低。市场准入是维护公平竞争、促进国内大循环的重要方向，这方面改革让民企提升了获得感。

在产业发展方面，企业最希望加大力度的三个方面分别是：政府引导与扶持（30.09%）、高端人才储备（26.61%）、产业链上下游配套（22.00%）。其中北京、新疆、云南的企业对政府引导与扶持需求较大，浙江、辽宁、江西的企业对高端人才储备方面需求较大。对数字经济等新兴产业而言，企业期待政府在产业基础（29.61%）、高端人才储备（28.25%）、政府引导与扶持（24.02%）等方面精准发力。传统产业企业对政府引导与扶持的需求更多，新兴产业的企业则更看重产业基础、高端人才等产业营商环境的支撑

条件。

（十六）创新政策获得感增强，人才、科技、金融等是预期重点

在科创资源与创新氛围方面，企业对创新平台与服务体系（3.86分）、创新创业政策力度（3.86分）满意度较高，科技成果的产业转化（3.80分）、服务科技企业的金融体系（3.80分）、高端人才吸引力（3.76分）等满意度略低。

就高端人才吸引力而言，上海、北京、浙江等省市企业评分较高，青海、陕西、新疆等省企业评分较低。就科技成果产业转化而言，上海、北京、浙江等省市企业评分较高，青海、陕西、新疆等省份企业评分较低。就服务科技企业的金融体系而言，上海、北京、浙江等省市企业评分较高，青海、陕西、甘肃等省企业评分较低。科创资源区域不平衡现象相当突出，东部省份优质资源集聚，西部省份在人才、科创资源、金融体系等创新发展的主要方面普遍较弱，对产业梯度转移、实现国内大循环将产生负面影响。

在创新政策方面，企业满意度较去年均有明显上升，其中落实效果提升最大，评分3.84分（2019年2.69分），其次是含金量3.84分（2019年2.70分）、创新政策完备性3.85分（2019年2.73分）。

就创新政策总体效果而言，上海、浙江、山东等省市企业评分较高，青海、陕西、甘肃等省份企业评分较低。企业反映，最需要强化落实力度的两项政策为：高端创新人才引进（3.77分）、科技金融扶持政策（3.81分）。

关于吸引创新型人才，企业希望加大力度的四个方面是：加大创新型人才激励（如人才补贴等）（43.19%,2019年55.10%）、加强人才住房保障（39.81%，48.31%）、优质医疗资源供给（36.69%，2019年35.37%）、强化人才落户保障（34.37%，2019年46.24%）。值得注意的是，受疫情影响，优质医疗资源需求比例较去年提高；但对创新型人才激励、人才住房保障和人才落户保障需求比例均较去年降低，说明在一定程度上得到缓解。广西、湖南、青海企业对加大创新型人才激励的期待较大，北京、黑龙江、福建企业对加强人才住房保障呼声更高，海南、广东、云南企业对优质医疗资源供给需求较大。

在科技成果产业转化方面，企业希望在以下三个方面出台更多政策：鼓励企业加大研发投入（39.61%）、创新科技投融资制度（30.63%）、设立技术经理人培训基地（31.91%）等。广西、浙江、北京等省市企业希望政府加大研发投入支持，黑龙江、贵州、福建等省企业期待创新科技投融资方面有更多制度供给，新疆、广西、青海等省份企业呼吁设立技术经理人培训基地。资金和人才是科技成果产业转化的两大难点，政府需要出台更多针对性的优惠政策，及时补齐短板、畅通要素循环。

（十七）公共服务设施逐渐改善，教育资源是企业核心诉求

在公共服务体系与生态环境方面，企业反映近一年来生活配套设施（49.02%）、交通设施（48.77%）、公共文化设施（41.01%）三方面较大改善，但在产业发展空间（20.07%）、教育资源（28.56%）两方面感受不明显。山东、上海、江苏等省市企业表示当地生活配套设施改善，广西、云南、江苏企业反映交通设施改善，广西、青海和山东企业认可公共文化设施改善。

四、样本企业基本概况

关于行业分布，今年全国样本企业占比较高的行业依次为：建筑业（10.79%）、商业零售（8.90%）、机械

制造（8.78%）、原材料（8.65%）、食品（7.29%）、新材料（6.24%）、能源（5.44%），其他行业均不足5%。去年主要行业分布为：建筑业（10.03%）、食品（8.29%）、商业零售（8.02%）、机械制造（7.37%）、原材料（4.16%）。除房地产行业（3.43%，去年4.58%，）有所减少外，行业集中度与去年基本一致，

关于员工规模，超九成企业2019年员工数量分布主要集中在500人以下，其中100人以下企业数量占比为61.67%，100～300人企业数量占比为21.28%，5000人以上企业占比仅有0.85%。

关于营收规模，全国样本企业中2019年营收规模，总体较2018年有所下滑，其中营收1亿元以上的企业数量减少5.50%（2019年12.22%，2018年17.72%），营收3000万元以下的企业数量增加5.92%（2019年70.82%，2018年64.89%）。具体来看，2019年55.60%的企业营收在1000万元以下，15.22%的企业营收在1001万～3000万元之间，3001万～1亿元的企业占比达16.96%，1亿元以上的企业占比达12.22%。全国样本中，2020年上半年近六成企业处于亏损状态，其中大幅亏损企业占比达18.58%；超两成企业实现盈亏平衡；近两成的企业实现盈利，其中18.86%的企业仅实现小幅盈利。

关于研发投入，近七成企业2019年研发投入占营收总额的比例在5%以内，仅6.39%的企业研发投入占营收比例超过10%，北京、广东、辽宁等省市企业研发投入比例较高。受疫情影响，与2019年同期相比，2020年上半年仅13.82%企业增加了研发投入，超七成企业减少了研发投入，其中超五成企业表示大幅减少。

附件1：企业家眼中营商环境最好的省份

本次营商环境评价的一项尝试，就是设立一道主观题，由全国样本企业自行填写印象中营商环境最好的三个省份和三个城市。按照该题填报结果，广东、浙江、江苏得票过万，成为“营商环境最佳口碑省份”，深圳、上海、杭州得票过万，成为“营商环境最佳口碑城市”。

企业家眼中营商环境最好的前10省份排名如表1所示。企业家眼中营商环境最好的前10城市排名如表2所示。

表1 企业家眼中营商环境最好的前10省份排名

排名	省份	总得票数量	外省得票数	本省投票数
1	广东	19919	17574	2345
2	浙江	18893	16957	1936
3	江苏	13837	12611	1226
4	上海	9990	9629	361
5	北京	6581	6347	234
6	山东	4742	3781	961
7	四川	4044	3403	641
8	福建	3720	3389	331
9	河北	2888	2128	760
10	湖南	2858	2389	469

表2 企业家眼中营商环境最好的前10城市排名

排名	城市	总得票数量	外市得票数	本市投票数
1	深圳	12454	12368	86
2	上海	11581	11187	394
3	杭州	10443	10080	363
4	北京	7823	7514	309
5	广州	7530	7246	284
6	苏州	4238	4161	77
7	南京	3273	3089	184
8	成都	2999	2944	55
9	重庆	2346	2200	146
10	天津	1985	1841	144

第六部分　全国工商联2020年大事记

一月

3日　全国工商联在京召开水产业、房地产、家具业、厨具业、新能源商会会长、秘书长联席会，回顾一年来工作实践，分享经验体会，交流创新举措。全国政协副主席、全国工商联主席高云龙出席会议并讲话，强调要深入学习习近平新时代中国特色社会主义思想，深刻领会党的十九届四中全会精神、习近平总书记在中央党的群团工作会议上的重要讲话精神，认真贯彻中央关于促进工商联所属商会改革和发展的实施意见，坚定正确政治方向，加强商会党建工作，大力推进中国特色一流商会建设。全国工商联党组副书记、副主席樊友山出席会议，全国工商联党组成员、副主席鲁勇主持会议。

7日　由全国工商联新能源商会主办的2020中国国际新能源年会在京召开,全国工商联副主席鲁勇出席会议并致辞，全国工商联新能源商会会长钟宝申、国家有关部委和300多位国内外企业、相关机构代表共襄盛会，共商转型和低碳发展大计。

9日　全国工商联经济服务工作会议在京召开。会议的主要任务是：深入学习贯彻党的十九届四中全会和中央经济工作会议精神，继续深入贯彻落实习近平总书记在民营企业座谈会上的重要讲话精神，贯彻落实全国工商联十二届三次执委会议精神和全国工商联2020年工作要点部署，总结2019年工作，对2020年经济服务重点工作进行部署。全国工商联副主席黄荣出席会议并讲话。

13日　全国工商联召开第二批“不忘初心、牢记使命”主题教育总结大会，深入学习贯彻习近平总书记在“不忘初心、牢记使命”主题教育总结大会上的重要讲话精神，对全国工商联主题教育特别是第二批主题教育进行总结，进一步明确巩固拓展主题教育成果的工作任务和具体要求。中央统战部副部长，全国工商联党组书记、常务副主席徐乐江就全国工商联第二批主题教育开展情况做总结报告。全国工商联党组副书记、副主席樊友山传达了习近平总书记在“不忘初心、牢记使命”主题教育总结大会上的重要讲话精神。中央第十一巡回督导组到会指导。

14日　全国工商联在机关召开平台企业研究机构座谈会。百度发展研究中心、腾讯研究院、阿里研究院、蚂蚁金服研究院、京东公共战略研究院、美团研究院、苏宁研究院、中国民生银行研究院、万得资讯9家平台企业研究机构围绕各自领域开展的主要工作，加强与全国工商联交流合作，为民营经济高质量发展献智献策发言。全国工商联副主席黄荣，全国工商联党组成员、副主席李兆前出席会议并讲话，全国工商联经济部部长林泽炎主持座谈会。

16日　全国“万企帮万村”精准扶贫行动领导小组第十次会议在全国工商联

机关召开。中央统战部副部长，全国工商联党组书记、常务副主席，中国光彩会会长徐乐江，国务院扶贫开发领导小组副组长、国务院扶贫办主任刘永富出席会议并讲话。会议由全国工商联副主席、中国光彩会副会长谢经荣主持。国务院扶贫办副主任洪天云，中国农业发展银行副行长徐一丁出席会议。

21日 全国工商联召开2020年党风廉政建设工作会议，深入学习贯彻十九届中央纪委四次全会精神，特别是习近平总书记在全会上的重要讲话精神，认真落实中央统战部党风廉政建设工作部署，总结、安排全国工商联党风廉政建设年度工作。

25日 大年初一全国工商联即发出通知，要求各级工商联迅速组织动员民营企业参与疫情防控工作。各地工商联、所属商会和广大民营企业纷纷响应、迅速行动，为抗击疫情凝心聚力，形成了齐心协力抗击新冠肺炎疫情的局面，彰显出工商联作为党领导的人民团体和商会组织强大的组织凝聚力、广泛的社会影响力和过硬的工作执行力。

27日 受全国政协副主席、全国工商联主席高云龙，中央统战部副部长、全国工商联党组书记徐乐江委托，全国工商联有关领导致电湖北省工商联，向湖北省工商联系统干部职工和广大楚商表示慰问。

2020年春节之际，新型冠状病毒肺炎疫情牵动着全国人民的心。1月26日，工业和信息化部副部长王江平在国新办发布会上表示，一线防护服短缺，春节假期国内的生产能力发挥不出来，目前复工复产率40%，难以满足需求。在武汉发出的需求清单中，每天需10万套医用防护服，一个月需要300万套。但目前国内有资质生产的、满足国内标准的企业有40家，分布在14个省，每天产能3万套，只能满足一部分产能，供需矛盾非常突出。关键时刻，诸多民营企业挺身而出，纷纷发挥各自营销网和产业链优势，在全球进行防疫紧缺物资的采购调配。

2020年春节之际，面对新型冠状病毒感染的肺炎疫情可能加速蔓延的严峻形势，党中央国务院高度重视，习近平总书记主持召开中央政治局常委会议做出重要指示，要求各级党委政府和各地各部门全面动员，全面部署，全面加强工作，把人民群众生命安全和身体健康放在第一位，全力做好防控；李克强总理受习近平总书记委托到武汉现场指导疫情防控工作。全国工商联充分发挥系统和组织优势，认真贯彻落实习近平总书记和党中央关于做好疫情防控工作的重要指示精神，成立了防控疫情工作组，向32个省级工商联和31家直属商会发出通知，广泛动员广大民营企业和商会组织积极参与疫情防控工作；与湖北省工商联和有关方面密切对接，及时了解疫区需求，做好民营企业精准有序支援疫区的组织工作。

2020年春节期间，面对新型冠状病毒感染的肺炎疫情蔓延的严峻形势，全国工商联认真贯彻落实习近平总书记关于做好疫情防控工作的重要指示精神，成立了防控疫情工作组，向32个省级工商联和31家直属商会发出通知，广泛动员商会组织和民营企业投身疫情防控这场看不见硝烟的战争。

二月

4日 新冠肺炎病毒疫情发生后，全国工商联成立了防控疫情工作组，并会同上海市慈善基金会、上海产业技术研究院联合发布了云逆行。新冠肺炎物资公益平台，汇集全国范围新冠肺炎医疗机构医疗物资需求信息，调动全国各级工商联及工商联所属商会，共同构建物资需求供给

“一张图”，组织力量保证防疫产品供应，积极投身疫情防控阻击战。

8日　在春节假期后上班的第一天召开党组扩大会议，主要任务就是集中传达学习贯彻落实习近平总书记关于疫情防控工作的重要指示精神和中央系列决策部署，对工商联做好疫情防控工作进行再动员再部署，非常时期检验各级党组织和广大党员干部行动。

21日　为充分落实《关于加强银行业保险业金融服务配合做好新型冠状病毒感染的肺炎疫情防控工作的通知》和《关于进一步强化金融支持防控新型冠状病毒感染肺炎疫情的通知》，经全国工商联与蚂蚁金服集团网商银行沟通，疫情期间，全国工商联会同网商银行并与中国邮政储蓄银行、上海浦东发展银行、中信银行、招商银行、广发银行、广州银行等25家银行合作，面向全国符合条件的小微企业，推出纯信用、无须担保或抵押的“无接触贷款”方案及相关优惠措施。旨在为帮助全国小微企业抗击疫情渡过难关，缓解经营困难助力有序复工复产。

三月

9日　全国工商联宣布成立餐饮业委员会并召开视频启动会议。全国工商联党组副书记、副主席樊友山出席会议并讲话，党组成员、秘书长赵德江主持会议。

10日　截至10日16时全国共有643家民营医院参与抗疫一线工作，累计收治确诊病例3419人、疑似病例1627人、治愈出院1484人，累计派遣260个医疗队共3991名医务人员，累计捐赠841855只口罩、42100副护目镜、24439件防护服、现金及其他用品若干。很多民营医院以强烈的责任、奉献与担当，奋力投入了疫情防控的人民战争。

11日　为深入贯彻落实习近平总书记重要讲话精神和党中央、国务院决策部署，近日，司法部、全国工商联和全国律协联合印发《关于深入开展民营企业“法治体检”活动 服务疫情防控和企业复工复产的通知》，就进一步发挥商会和律师作用为民营企业依法防控疫情和有序复工复产提供法律服务和法治保障做出部署。

18日　为贯彻习近平总书记在统筹推进新冠肺炎疫情防控和经济社会发展工作部署会议上的讲话精神，全国工商联以在线直播方式举办了第23期德胜门大讲堂。此次活动以“统筹推进疫情防控和企业复工复产”为主题，5位嘉宾结合当前国际国内疫情实际，从企业发展、商会作用、经济形势分析、工商联贡献等多个角度做了精彩发言。全国工商联经济部部长林泽炎主持活动。

20日　全国工商联扶贫与社会服务工作视频会议在京召开。全国工商联副主席谢经荣出席并讲话。

23日　为贯彻落实中央关于促进工商联所属商会改革和发展的实施意见和国务院深化标准化工作改革方案，近日，全国工商联和国家标准委联合印发《关于鼓励、引导和规范工商联所属商会开展团体标准化工作的意见（试行）》，就持续深化标准化改革和工商联所属商会改革，培育和发展具有市场竞争力和国际竞争力的团体标准，培育和发展中国特色商会组织，更好促进民营经济高质量发展，做出部署。

25日　为深入学习贯彻习近平总书记在决战决胜脱贫攻坚座谈会上的重要讲话精神，统筹谋划、扎实推进全国工商联今年的定点扶贫工作，巩固提升定点扶贫工作成效，做好与乡村振兴战略的有效衔接，全国工商联扶贫工作领导小组全体会议在京召开。全国政协副主席、全国工商联主席、扶贫工作领导小组组长高云龙，中央统战部副部长，全国工商联党组书记、常务副主席、扶贫工作领导小组副组长徐乐江出席会议并讲话。全国工商联副主席、扶贫工作领导小组副组长谢经荣主持会议。

31日 为充分发挥专委会优势，助力疫情防控形势下工商联法律服务工作，全国工商联法律服务和劳动关系委员会第三次全体会议以网络会议方式召开。全国工商联党组成员、副主席鲁勇，全国工商联副主席、法律服务和劳动关系委员会主任、正泰集团董事长南存辉，中国民间商会副会长、法律服务和劳动关系委员会执行主任、陕西荣民控股集团董事长史贵禄出席会议并讲话。全国工商联法律部部长白莲湘主持会议。

同日 全国工商联组织委员会以视频会议的形式召开工作部署会，谋划了今年加强和改进组织建设工作的任务和举措。全国工商联党组副书记、副主席樊友山，全国工商联副主席、组织委员会主任，天津市政协副主席、市工商联主席黎昌晋，全国工商联副主席、组织委员会副主任，四川省政协副主席、省工商联主席陈放，组织委员会全体委员，全国工商联会员部、机关党委负责人以及32家省级工商联会员组织部门的同志共计90余人参加会议。会议由全国工商联会员部部长、组织委员会副主任张新武同志主持。

四月

8日 全国工商联副主席谢经荣受邀参加中国资本市场50人论坛，以民营企业积极参与新冠肺炎疫情防控为题，进行线上直播演讲。百度、今日头条、新浪财经等网络平台进行现场直播。据统计，截至4月9日12时，共有144.35万人观看此次演讲。观众对民营企业在此次疫情防控中做出的贡献高度评价、反响热烈。

8—9日 为深入贯彻习近平总书记关于统筹推进疫情防控和经济社会发展重要指示精神，统筹加强常态化疫情防控中工商联法律服务工作，助力民营企业依法有序推进疫情防控、复工复产与构建和谐劳动关系工作，全国工商联于分别采取网络及视频方式召开了法律服务工作会议。全国工商联主席高云龙，全国工商联党组书记、常务副主席徐乐江提出要求，全国工商联党组成员、副主席鲁勇出席会议并讲话。各省级工商联分管法律服务工作的副主席和相关处室负责人、全国工商联直属商会负责人参加会议。法律部白莲湘部长主持会议。

16日 全国工商联召开创建“让党中央放心、让人民群众满意的模范机关”工作推进会，听取机关各部门、各直属单位创建工作进展情况汇报，对下一步工作进行再动员、再部署。中央统战部副部长，全国工商联党组书记、常务副主席徐乐江出席并讲话，全国工商联党组副书记、副主席、机关党委书记樊友山主持，机关部门和直属单位主要负责人做了交流发言和书面汇报。

同日 国务院联防联控机制举办新闻发布会，主题是民营企业、中小企业有序复工复产。工业和信息化部、全国工商联有关部门负责人出席会议并就制造业复工复产、金融支持民营企业等问题答记者问。

22日 全国工商联、最高人民法院就深入贯彻习近平总书记关于统筹推进疫情防控和经济社会发展重要指示精神，依法平等保护民营经济，为民营企业复工复产提供司法保障和法律服务进行座谈。最高人民法院党组书记、院长周强，全国政协副主席、全国工商联主席高云龙出席会议并讲话。

24日　第一期“助力民企走出去”微讲堂以线上直播方式正式开讲。本期微讲堂由全国工商联联络部和中国出口信用保险公司机构合作部共同主办，聚焦贯彻落实习近平总书记关于统筹推进新冠肺炎疫情防控和经济社会发展工作系列重要讲话精神，以“积极运用保单融资，支持民营企业复工复产”为主题，邀请了来自中国出口信用保险公司、中国银行、中国建设银行、地方工商联的6位嘉宾介绍贸易融资相关产品以及工商联服务民企“走出去”的做法，指导民营企业用好出口信用保险积极应对疫情，防范化解风险。会前，全国工商联党组成员、副主席邱小平同志会见了发言嘉宾。

24日　全国工商联通过网络视频互动交流方式，启动“政企面对面：决战脱贫攻坚”活动，深入贯彻落实习近平总书记在决战决胜脱贫攻坚座谈会上的重要讲话精神，沟通民营企业参与决战脱贫攻坚情况，解读政策，传递信息，分享经验，交换意见，为有关部门把握动态、有针对性地推出新举措，为工商联及所属商会、民营企业更好投身脱贫攻坚搭建了平台、架起了桥梁。全国政协副主席、全国工商联主席高云龙，中央统战部副部长，全国工商联党组书记、常务副主席徐乐江对搞好“政企面对面”活动的组织工作提出要求，全国工商联副主席谢经荣出席活动并讲话，全国工商联党组成员、副主席鲁勇主持活动。

28日　全国工商联知名企业委员会以视频方式召开启动会。全国工商联党组副书记、副主席樊友山出席会议并讲话，党组成员、秘书长赵德江主持会议。委员会全体成员参加了会议。

29日　天津市工商联成立70周年纪念座谈会在津举行。会议宣读了中央政治局委员、天津市委书记李鸿忠的批示，播放了全国政协副主席、全国工商联主席高云龙的祝贺视频。同时宣读了天津市市长张国清的批示。天津市政协主席盛茂林，天津市委常委、市委统战部部长冀国强出席并讲话。全国工商联副主席、天津市政协副主席、天津市工商联主席黎昌晋做主旨发言。

28—30日　全国工商联采用视频会议和网上文字交流的形式分别召开十二届十五次主席会议和省级工商联工作交流会，深入学习贯彻习近平总书记和党中央关于统筹做好新冠肺炎疫情防控和推动经济社会发展的一系列重要指示精神，分析当前形势，统一思想认识，听取意见建议，研究部署下一阶段工商联工作。全国政协副主席、全国工商联主席高云龙出席会议并讲话。中央统战部副部长，全国工商联党组书记、常务副主席徐乐江主持会议。

五月

6日　全国工商联举行“牢记习近平总书记寄语嘱托，让青春为祖国绽放”主题团日活动，深入学习领会习近平总书记五四寄语精神，号召广大工商联青年立足本职岗位、磨砺青春风采、书写奋斗风华。全国工商联党组副书记、副主席、机关党委书记樊友山出席活动并讲话。同日全国工商联党组召开第九次会议。会议传达学习全国网络安全和信息化工作会议精神，部署安排有关工作；听取并审议人事部有关人事事项的汇报。党组书记徐乐江主持。党组副书记樊友山，党组成员杨启儒、王永庆、赵德江出席。高云龙主席列席。

8日　全国工商联主办的2019—2020小微融资状况报告发布会在京举行。发布会以“小微企业——融易有你”为主题，采用线上线下相结合的方式召开，共同研究探讨如何解决小微企业融资难、融资贵的问题。全国工商联党组成员、副主席李兆前出席会议并致辞。

同日 为贯彻落实习近平总书记关于统筹推进疫情防控和经济社会发展的重要指示精神，加强标准化支撑服务，支持民营企业有序复工复产，全国工商联法律部和国家市场监督管理总局标准创新管理司联合举办了线上“助力民营企业复工复产标准化公益大讲堂”活动，此次活动由国家标准技术审评中心承办。全国工商联副主席鲁勇和市场监管总局副局长、国家标准委主任田世宏分别对办好标准化大讲堂提出工作要求。

10日 为认真贯彻落实习近平总书记“在湖北最艰难的时期搭把手、拉一把”的重要指示，全面落实中央政治局常委会研究确定支持湖北省经济社会发展一揽子政策，帮助湖北早日全面步入正常轨道，同全国一道完成决胜全面建成小康社会各项任务。全国工商联党组副书记、副主席樊友山同志以视频会议的形式，主持召开了“知名民企湖北行”工作对接会。全国工商联党组成员、副主席鲁勇，全国工商联党组成员、秘书长赵德江，湖北省委常委、省委统战部部长尔肯江·吐拉洪同志出席会议。

9—12日 全国工商联为进一步提升“三服务”水平，在工商联创建让党放心、让人民满意模范机关中努力发挥工商联办公厅（室）的重要作用，采取网络交流与视频会议方式召开了2020年省级工商联办公室工作交流会议。全国政协副主席、全国工商联主席高云龙，中央统战部副部长，全国工商联党组书记、常务副主席徐乐江对做好新形势下办公厅（室）工作提出要求，全国工商联党组成员、副主席鲁勇出席会议并讲话。各省级工商联办公室主任、全国工商联办公厅负责同志参加会议，全国工商联办公厅主任李春光主持会议。

14日 根据中央关于巡视工作的统一部署，中央第一巡视组巡视中华全国工商业联合会党组工作动员会召开。会前，中央第一巡视组组长许传智主持召开与中央统战部副部长，全国工商联党组书记、常务副主席徐乐江的见面沟通会，传达了习近平总书记关于巡视工作的重要指示精神，通报了有关工作安排。会上，许传智做了动员讲话，对做好巡视工作提出要求。全国政协副主席、全国工商联主席高云龙出席会议，徐乐江主持会议并讲话。

19日 中华全国总工会、人力资源和社会保障部、中国企业联合会/中国企业家协会和中华全国工商业联合会联合下发《关于应对疫情影响进一步做好集体协商工作的通知》（以下简称《通知》），《通知》要求各级协调劳动三方深入贯彻习近平总书记关于统筹推进新冠肺炎疫情防控和经济社会发展重要指示精神，积极应对疫情影响，发挥集体协商协调劳动关系作用，努力做好“六保”工作，保障职工权益，助力企业发展。

30日 由全国工商联、湖北省人民政府、中国光彩会联合主办的“全国工商联携手知名民企助力疫后重振脱贫攻坚湖北行”活动在线上启动。开幕式采取“双主会场+云视频直播+分会场”方式，各地近万家民营企业齐聚线上，从捐赠扶贫、产业扶贫、就业扶贫、消费扶贫、招商引资等方面入手，踊跃参与爱心认筹、项目超市、惟楚有才、味爱湖北、诗画荆楚等线上板块活动。同日，由全国工商联、湖北省人民政府、中国光彩会共同主办的“知名民企湖北行”活动在线上启动，系列活动之一“项目超市”上线。

30日 为认真落实习近平总书记关于

加强社会组织党建工作重要指示要求，推进全国工商联直属商会党建“破题”，全国工商联举办直属商会综合党委成立揭牌仪式，标志着全国工商联直属商会党建工作迈上新台阶，将为进一步探索创新，全面提升商会党建质量，推动新时代商会改革发展，建设中国特色一流商会提供坚强政治保证。全国政协副主席、全国工商联主席高云龙，中央统战部副部长，全国工商联党组书记、常务副主席徐乐江出席仪式并揭牌。

5月30—6月3日 全国工商联与湖北省人民政府拟共同开展“知名民企湖北行”活动，携手广大民营企业助力湖北疫后重振脱贫攻坚。活动采取“网上行+实地行”“省上行+市州行”“主题行+专题行”相结合方式进行。“民企网上湖北行”活动，设置全国工商联和湖北省两个主会场、湖北省17个市（州）分会场，举办网上就业招聘、特色农产品网上供采对接、招商引资项目对接、创业就业公益大培训等活动。

六月

4日 全国工商联、生态环境部在京联合召开支持服务民营企业绿色发展座谈会，深入贯彻习近平总书记重要讲话和指示批示精神，贯彻落实习近平生态文明思想，按照党中央、国务院决策部署，统筹做好常态化疫情防控和经济社会发展生态环保工作，主动服务“六稳”工作，全面落实“六保”任务，进一步深化两部门合作，共同支持服务民营企业绿色发展，坚决打赢打好污染防治攻坚战。

5日 为贯彻落实党中央、国务院部署要求，积极帮助受疫情影响大的湖北高校毕业生就业，人力资源社会保障部会同国务院国资委、全国工商联、湖北省人民政府，联合央视频、中国国际技术智力合作有限公司、国投人力公司、智联招聘、58同城、猎聘、前程无忧、抖音、科锐国际等市场主体启动实施“湖北高校毕业生就业促进行动”。

8—12日 中央统战部副部长，全国工商联党组书记、常务副主席徐乐江分别到全国工商联水产业商会、全联房地产商会就深入贯彻落实《关于加强新时代民营经济统战工作的意见》，更好促进工商联所属商会改革发展开展调研，与商会负责人、会员企业代表以及秘书处负责人就商会党建、组织建设、服务体系、行业发展等问题广泛交流，听取意见和建议。

15日 全国工商联大数据运维（网络安全）委员会以视频方式召开启动会，全国工商联党组副书记、副主席樊友山出席并讲话，党组成员、秘书长赵德江主持。委员会全体成员参加了会议。

18日 全国工商联在京召开全国民营经济人士理想信念教育推进视频会议，深入贯彻落实习近平总书记重要指示精神，全面推进落实中央关于加强民营经济统战工作决策部署，总结近年来理想信念教育工作的经验做法，研判民营经济人士理想信念教育工作面临的新形势新挑战，安排部署推进工作的新思路新举措。全国政协副主席、全国工商联主席高云龙出席并讲话，中央统战部副部长，全国工商联党组书记、常务副主席徐乐江主持会议并做总结讲话。

23日 全国工商联在线召开“政企面对面：保产业链供应链稳定”座谈会，深入贯彻落实中央“六稳”“六保”工作部署，共促制造业产业链供应链稳定发展。全国工商联党组成员、副主席鲁勇主持会议。国办督查室、国家发展改革委创新和高技术发展司、工信部规划司、工信部中小企业局、商务部综合司有关同志到会互动交流，并就大家关注的问题一一做了回应和解答。

同日 为深入贯彻落实习近平总书记关于统筹推进疫情防控和经济社会发展系列重要讲话精神，进一步提高走出去民营企业及其境外项目管理人员和员工的疫情防控意识和能力，帮助境外项目科学加强疫情防控，稳妥有序复工复产，全国工商联主办，上海市工商联承办了以“科学防控疫情、有序复工复产”为主题的民营企业境外疫情防控专题讲座。

29日 全国工商联在京召开促进年轻一代民营经济人士健康成长视频座谈会，深入贯彻落实习近平总书记对年轻一代民营经济人士健康成长的指示精神，听取部分年轻一代民营经济人士的意见建议，以更好地推进年轻一代教育培养工作。全国政协副主席、全国工商联主席高云龙出席并讲话，中央统战部副部长，全国工商联党组书记、常务副主席徐乐江主持会议并做总结讲话。

同日 全国工商联采取线上线下相结合的方式举办2020年第二期工商联大讲堂，聚焦《中华人民共和国民法典》展开专题辅导。全国政协副主席、全国工商联主席高云龙出席大讲堂。中央统战部副部长，全国工商联党组书记、常务副主席徐乐江就组织开展学习提出要求。全国工商联党组副书记、副主席樊友山，党组织成员、秘书长赵德江参加。大讲堂由全国工商联党组成员、副主席鲁勇主持。

七月

1日 在隆重庆祝中国共产党成立99周年之际，为进一步凝聚动员广大党员干部不忘初心、牢记使命，坚定理想信念、传承红色基因，发扬艰苦奋斗的好传统，振奋干事创业的精气神，全国工商联召开2016—2020年度优秀共产党员、优秀党务工作者和先进基层党组织表彰大会，激励广大党员干部在服务“两个健康”、助力脱贫攻坚以及统筹推进疫情防控和经济社会发展中持续发力，在民族复兴的新征程上继续奋勇前行。中央统战部副部长，全国工商联党组书记、常务副主席徐乐江，全国工商联副主席谢经荣，全国工商联党组成员、副主席李兆前、邱小平、鲁勇，全国工商联党组成员、秘书长赵德江等出席大会并为受表彰代表颁奖。全国工商联党组副书记、副主席，机关党委书记、直属商会综合党委书记樊友山主持会议。

同日 按照中央和国家机关工委要求，中央统战部副部长，全国工商联党组书记、常务副主席徐乐江围绕“强化政治机关意识，走好第一方阵，推动民营经济统战工作再上新台阶”，以线上线下结合的方式，为全国工商联机关、中央统战部非公经济局、光彩中心党员干部上了一堂生动的党课。

2日 为落实习近平总书记以人民为中心的发展思想，决胜全面建成小康社会、决战决胜脱贫攻坚，在纪念建党99周年之际，全国工商联第二联系调研工作组牵头召开会议，围绕“助力甘肃、云南脱贫攻坚”主题进行专题研讨。全国工商联党组副书记、副主席樊友山主持会议，机关党委、会员部、扶贫部以及旅游业商会、礼品业商会、农业产业商会、中国民营文化产业商会、餐饮业委员会有关负责同志参加会议。

7日 全国工商联召开民营企业参与“两新一重”投资状况重点调研广东民营企业座谈会。民营企业参与“两新一重”投资状况调研是全国工商联年度重点考察调研课题，也是全国工商联落实中央关于“六稳”“六保”决策部署的一项重点调研活动。全国政协副主席、全国工商联主席高云龙参加座谈会并讲话。全国工商联党组成员、副主席李兆前、邱小平参加座谈。

9日　全国工商联召开民营经济运行数据报送工作视频会议。全国工商联副主席黄荣主持会议并讲话，全国工商联经济部有关同志在机关主会场参加会议，各省、自治区、直辖市和新疆生产建设兵团工商联分管经济服务工作的副主席以及经济部（处）负责同志在各地分会场参加会议。

10日　按照中央和国家机关工委、中央统战部机关党委要求，根据全国工商联党组关于在“七一”前后讲专题党课的工作安排，党组副书记、副主席、机关党委书记、直属商会综合党委书记樊友山同志围绕“强化政治机关意识，以走好第一方阵的姿态，贯彻落实好党的十九届四中全会精神”，以线上线下相结合的方式为所分管联系机关部门、直属单位、直属商会的全体党员上了一堂专题党课。

11日　全国工商联结合第26期“德胜门大讲堂”，采取网上直播形式举办纪念建党99周年专题党日活动。活动的主题是“喜迎建党99周年，让党旗在商会和民企中高高飘扬”,旨在贯彻落实习近平总书记重要指示精神，激发广大民营企业和工商联所属商会抓党建工作的内生动力，推动工商联所属商会党建工作破题。与会嘉宾重点围绕对党的感恩之心及对党建工作的理解认识、如何推动商会党建破题、商会和民营企业党组织如何发挥作用等，谈感悟、谈体会、谈实践、谈成效。全国工商联党组副书记、副主席，机关党委、直属商会综合党委书记樊友山参加专题党日活动，活动由全国工商联副秘书长，机关党委、直属商会综合党委常务副书记，人事部部长郭孟谦主持。

13日　全国工商联召开民营企业参与“两新一重”投资状况重点调研四川企业座谈会。全国政协副主席、全国工商联主席高云龙主持座谈会并讲话。全国工商联专职副主席谢经荣、黄荣、李兆前参加座谈。

15日　中央统战部副部长，全国工商联党组书记、常务副主席徐乐江就深入贯彻落实《关于加强新时代民营经济统战工作的意见》，更好促进工商联所属商会改革发展，到全国工商联汽车摩托车配件用品业商会开展调研并与商会负责人、企业家代表座谈。

17日　2020年度全国工商联智库委员会全体委员会议以线下线上结合的形式在京召开，全国政协副主席、全国工商联主席、智库委员会主任高云龙出席会议并讲话，全国工商联党组成员、副主席李兆前主持会议。

20日　全国工商联以视频连线的方式召开民营企业参与“两新一重”投资状况重点调研浙江民营企业座谈会。中央统战部副部长，全国工商联党组书记、常务副主席徐乐江出席会议并讲话。全国工商联党组成员、副主席李兆前主持会议。

23日　全国工商联召开党组扩大会议，学习习近平总书记在企业家座谈会上的重要讲话精神，部署贯彻落实工作。全国政协副主席、全国工商联主席高云龙出席会议并讲话。中央统战部副部长，全国工商联党组书记、常务副主席徐乐江主持会议并讲话。

28日　全国政协副主席、全国工商联主席高云龙，中央统战部副部长，全国工商联党组书记、常务副主席徐乐江在机关一层大厅参观由法律部主办的“工商联法律维权服务在行动”主题展。全国工商联党组成员、副主席邱小平、鲁勇等会领导，出席全国工商联十二届五次常委会的部分常委以及机关有关部门负责同志陪同参观。

23日 全国工商联十二届五次常委会议在北京以视频会议形式召开。会议深入学习贯彻习近平新时代中国特色社会主义思想和党的十九大精神，认真贯彻落实习近平总书记关于统筹推进疫情防控和经济社会发展的重要讲话和指示要求，深入贯彻落实习近平总书记在企业家座谈会上的重要讲话精神，全面贯彻落实党中央关于新时代民营经济统战工作的决策部署，回顾总结今年以来主要工作，分析当前形势，研究部署下一步重点工作。全国政协副主席、全国工商联主席高云龙出席会议并讲话。中央统战部副部长，全国工商联党组书记、常务副主席徐乐江主持会议并作总结讲话。

23日 为深入学习贯彻习近平总书记在企业家座谈会上的重要讲话精神，引导推动广大民营企业激发市场主体活力、实现更好发展，弘扬企业家精神、发挥更大作用，助力“六稳”“六保”、决战脱贫攻坚，为全面建成小康社会作出新的贡献，全国工商联与贵州省人民政府共同举办2020全国工商联主席高端峰会暨全国优强民营企业助推贵州发展大会。会议以“助力‘六稳’‘六保’决战脱贫攻坚”为主题，以线上线下相结合方式举办，在北京和贵阳设双主会场，各省区市设分会场，9家媒体全程多平台网上直播。

30日 为深入贯彻以习近平同志为核心的党中央全面推进依法治国决策部署和十九届四中全会精神，有效落实最高人民法院、全国工商联《关于发挥商会调解优势，推进民营经济领域矛盾纠纷多元化解机制建设的意见》，推进商会调解服务平台建设，助力“六稳”“六保”，全国工商联、最高人民法院启动商会调解能力建设在线培训，全国工商联党组成员、副主席鲁勇出席开班式并讲话，最高人民法院立案庭庭长钱晓晨致辞，全国工商联法律部副部长王洪武主持，地方工商联及所属商会、商会调解组织有关同志，全国工商联直属商会有关同志共4000余人通过线上线下方式参加培训。

同日 中央统战部副部长，全国工商联党组书记、常务副主席徐乐江就深入贯彻落实习近平总书记在企业家座谈会上的重要讲话精神，更好促进工商联所属商会改革发展，到全国工商联金银珠宝业商会开展调研并与商会负责人就商会党建、商会服务、行业发展等问题开展交流，听取意见建议。

同日 全国工商联直属工会第一次代表大会召开。大会深入贯彻落实习近平新时代中国特色社会主义思想，确定了全国工商联直属工会的任务，选举产生全国工商联直属工会第一届委员会，标志着工商联工会建设迈上新台阶，为进一步规范工会组织建设、加强工会管理，增强工会活力，团结动员广大干部职工服务好工商联事业改革创新发展和促进“两个健康”工作大局奠定了坚实基础。全国工商联党组成员、副主席，全国总工会副主席邱小平，中央统战部机关党委副书记、统战系统工会联合会副主席张爽出席会议并讲话，来自全国工商联机关、直属单位、直属商会和中国民营经济研究会的58名工会代表出席了大会。

29—30日 在全国工商联十二届五次常委会议、2020全国工商联主席高端峰会暨全国优强民营企业助推贵州发展大会闭幕后，全国工商联党组副书记、副主席樊友山与部分参会企业和商会组织代表一道，赴全国工商联定点帮扶的贵州省毕节市织金县考察调研脱贫攻坚工作。

29—31日 全国工商联采用网络直播形式举办了第五期民族地区小微企业经营者培训班。本期培训班主要目的是深入贯彻落实习近平总书记关于统筹推进新冠肺炎疫情防控和经济社会发展重要指示和在7月21日企业家座谈会上的重要讲话精神，助力民族地区小微企业实现更好发展，为“六稳”“六保”和决胜脱贫攻坚做出积极贡献。

31日　在“八一”建军节即将来临之际，全国工商联召开退役军人座谈会，全国工商联党组副书记、副主席樊友山和退役军人代表畅谈军旅生活，交流工作体会。

八月

11—12日　“知名民企湖北行”实地行活动在武汉举行，活动以“心手相连、助力湖北”为主题，全国知名民营企业家齐聚武汉，为湖北疫后重振建言献策、加油助力。

同日　全国工商联和湖北省人民政府、中国光彩会在湖北武汉共同开展以“心手相连、助力湖北”为主题的“知名民企湖北行”实地行活动，巩固拓展“知名民企网上湖北行”活动成果。

同日　为贯彻落实习近平总书记“在湖北最艰难的时期搭把手、拉一把”的重要指示精神和党中央关于支持湖北省经济社会发展决策部署，由全国工商联、湖北省人民政府、中国光彩会共同主办的“全国工商联携手知名民企助力疫后重振脱贫攻坚湖北行”实地行大会在武汉举行。湖北省委书记、省人大常委会主任应勇，中央统战部副部长，全国工商联党组书记、常务副主席徐乐江出席会议并致辞。湖北省委副书记、省人民政府省长王晓东主持会议。湖北省政协主席徐立全出席会议。

10—16日　中央统战部副部长，全国工商联党组书记、常务副主席徐乐江就深入贯彻落实习近平总书记在企业家座谈会上的重要讲话精神，推进落实党中央关于新时代民营经济统战工作和工商联工作的决策部署，赴湖北省、重庆市，深入走访民营企业、基层工商联和当地深度贫困乡村，与部分企业家座谈交流，调研民营企业复产达产及参与“两新一重”建设、助力决战决胜脱贫攻坚情况。调研期间，中共中央政治局委员、重庆市委书记陈敏尔，湖北省委书记应勇分别会见了调研组一行，就民营企业转型发展和助推地方经济社会发展等情况深入交换意见。

17—19日　全国工商联召开2020年上半年落实全面从严治党主体责任暨党风廉政建设工作汇报会。中央统战部副部长，全国工商联党组书记、常务副主席徐乐江出席汇报会并讲话。全国工商联党组副书记、副主席，机关党委、直属商会综合党委书记樊友山主持会议。

18—22日　全国政协副主席、全国工商联主席高云龙在江苏调研民营企业参与“两新一重”投资状况。高云龙对江苏民营企业积极参与“两新一重”投资建设给予充分肯定。他强调，民营企业要把握机遇，发挥优势，在参与“两新一重”建设中扩大有效投资，拓展发展空间，为国家和区域经济社会发展提供新动力。调研期间，江苏省委书记娄勤俭，江苏省政协主席黄莉新看望了调研组一行。

23日　中央第一巡视组向全国工商联党组反馈巡视情况。中央巡视工作领导小组成员、办公室主任王鸿津主持召开向中央统战部副部长，全国工商联党组书记、常务副主席徐乐江的反馈会议，出席向全国工商联党组领导班子反馈会议，对巡视整改提出要求。会议向全国工商联党组主要负责人传达了习近平总书记关于巡视工作的重要讲话精神，中央第一巡视组组长许传智代表中央巡视组分别向全国工商联党组主要负责人和领导班子反馈了巡视情况。全国政协副主席、全国工商联主席高云龙出席会议。徐乐江主持向领导班子反馈会议并就做好巡视整改工作讲话。

24日 全国工商联召开落实中央巡视反馈意见整改工作动员部署会。中央统战部副部长，全国工商联党组书记、常务副主席徐乐江出席会议并做动员部署讲话。

26日 全国工商联召开联系调研工作交流会议，认真落实中央巡视整改要求，交流推广各工作组好做法，进一步提升联系调研工作质量，全国工商联党组副书记、副主席樊友山出席会议并讲话，机关各部门负责同志等参加会议。

31日 “全国工商联直属商会进甘南暨民企甘南行”活动主体大会在甘肃省甘南藏族自治州合作市举行。全国政协副主席、全国工商联主席高云龙出席会议并讲话。甘肃省委书记、省人大常委会主任林铎讲话。全国工商联党组副书记、副主席樊友山主持。甘肃省领导欧阳坚、马廷礼、石谋军、王玺玉、俞成辉、何伟、郝远及甘肃省政协秘书长王建太，全国工商联党组成员、秘书长赵德江等出席。

31日 2020年度全国工商联直属商会会长联席会议在甘肃省甘南藏族自治州召开，全国政协副主席、全国工商联主席高云龙出席并讲话。

8月29日—9月1日 中央统战部副部长，全国工商联党组书记、常务副主席徐乐江赴内蒙古调研。调研期间，徐乐江到呼和浩特、包头、鄂尔多斯3市的10余家民营企业详细考察企业转型发展情况，深入了解民营企业困难，听取民营企业家意见建议，鼓励广大民营企业家认真学习领会习近平总书记在企业家座谈会上的重要讲话精神，认真践行新发展理念，弘扬企业家精神，坚定发展信心，为做好“六稳”工作、落实“六保”任务做出积极贡献，在即将进入的“十四五”时期实现更好发展。

九月

1—2日 全国政协副主席、全国工商联主席高云龙赴甘肃省甘南藏族自治州和临夏回族自治州调研民营企业助力脱贫攻坚和乡村振兴情况。高云龙强调，民营企业要坚持绿色发展理念，把握市场需求、充分发挥民族地区特色优势，做强特色产业，为地方经济发展做出新的贡献，让群众切实感受脱贫攻坚成效。

2日 全国工商联、求是杂志社举办座谈会，深入学习贯彻习近平总书记在企业家座谈会上的重要讲话，进一步弘扬企业家精神，发挥民营企业家在做好“六稳”工作、落实“六保”任务中的重要作用。全国工商联党组成员、副主席李兆前，求是杂志社总编辑陈扬勇出席会议并讲话。全国工商联党组成员、副主席鲁勇主持会议。求是杂志社副总编辑张宇、童怀出席会议。

3日 全国工商联与中国工商银行在京签署战略合作协议并召开民营企业座谈会，双方发挥合力共同加强对民营企业的精准支持。全国政协副主席、全国工商联主席高云龙出席活动并讲话。全国工商联副主席黄荣，全国工商联党组成员、副主席鲁勇，全国工商联党组成员、秘书长赵德江，中国工商银行党委书记、董事长陈四清，中国工商银行行长、党委副书记谷澍，中国工商银行副行长王景武出席活动。

9—10日 全国工商联举办2020年民营企业法律风险防范与合规管理培训班。全国工商联党组成员、副主席鲁勇出席开班式并讲话，全国工商联法律部副部长王洪武主持。全国工商联执委企业法务工作负责人、各省级工商联法律部门和全国工商联直属商会等300余人通过会议系统参加培训，近10万人通过直播平台观看了学习课程。

10日　由全国工商联主办，市场监管总局、国务院扶贫办、中国工商银行支持的2020中国民营企业500强峰会在京举行。本届峰会以“弘扬企业家精神 激发市场主体活力”为主题，深入贯彻落实习近平总书记在企业家座谈会和经济社会领域专家座谈会上的重要讲话精神，结合“六稳”“六保”任务要求，弘扬企业家精神，引领广大民营企业准确把握新发展阶段的深刻内涵，努力成为新时代构建新发展格局、建设现代化经济体系、推动高质量发展的生力军。

9—13日　全国工商联副主席谢经荣率调研组赴西藏自治区林芝、昌都等地，围绕深入学习贯彻中央第七次西藏工作座谈会精神和习近平总书记在企业家座谈会上的重要讲话精神，推动“万企帮万村”精准扶贫行动深入发展，促进工商联和所属商会改革开展联系调研。西藏自治区政协副主席、区工商联主席阿沛·晋源一同参加调研。

13日　为深入贯彻落实习近平总书记在决战决胜脱贫攻坚座谈会上的重要讲话精神，助力织金县巩固脱贫成效、有机衔接乡村振兴、建设毕节示范区，樊友山副主席率全联旅游业商会、全联农业产业商会、中国民营文化产业商会、全国工商联餐饮业委员会、全国工商联家具装饰业商会五家商会，共68人，赴全国工商联定点帮扶的贵州省毕节市织金县调研脱贫攻坚工作。

15日　全国工商联召开“政企面对面：助力中小微型企业纾困政策落实”座谈会，认真学习贯彻习近平总书记在企业家座谈会上的重要讲话精神，引导广大中小微企业增强发展信心，助力政策落地落实。全国工商联党组成员、副主席鲁勇主持会议。会议采取“线上+线下”联动形式，工商联相关同志、在京单位和企业代表在京参会；其他同志线上远程参会。国家发展改革委、工信部、税务总局、市场监督管理总局等部门有关同志到会互动交流，并就大家关注的问题一一做了回应和解答。

22日　全国工商联与中国出口信用保险公司在京签署深化战略合作协议并召开“走出去”民营企业座谈会，双方深化合作共同服务民营企业高质量参与共建“一带一路”、稳健开展对外贸易。全国政协副主席、全国工商联主席高云龙出席会议。中央统战部副部长，全国工商联党组书记、常务副主席徐乐江，中国信保董事长、党委书记宋曙光出席会议并讲话。中国信保总经理、党委副书记蔡希良，中国信保副总经理、党委委员张辉出席会议。全国工商联党组成员、副主席邱小平主持会议。

23日　全国工商联贯彻落实全国民营经济统战工作会议精神视频会议京召开，传达学习全国民营经济统战工作会议精神，安排部署工商联系统贯彻落实工作。全国政协副主席、全国工商联主席高云龙出席会议并讲话，他强调，工商联系统要立足核心职能，紧扣“两个健康”主题，服务中心大局，准确把握新形势新挑战，为开创新时代民营经济统战工作新局面做出新的更大贡献。中央统战部副部长，全国工商联党组书记、常务副主席徐乐江主持会议并讲话。

25日　全国工商联大数据运维（网络安全）委员会座谈会在福建福州召开。全国政协副主席、全国工商联主席高云龙出席并讲话，全国工商联党组副书记、副主席樊友山主持座谈会，福建省委常委、统战部长庄稼汉，全国工商联和福建省工商联有关负责同志出席会议。

同日 第三届全国青年企业家峰会在福州举行。本次峰会以“弘扬企业家精神 发挥生力军作用”为主题，由全国工商联、福建省人民政府共同主办，全国工商联青年企业家委员会、中共福建省委统战部、福建省工信厅、福建省商务厅、福建省工商联、福州市人民政府承办。全国政协副主席、全国工商联主席高云龙，福建省委副书记、省长王宁出席开幕式并致辞。

26日 全国政协副主席、全国工商联主席高云龙赴福建省平潭综合实验区调研。调研期间，高云龙详细了解实验区规划和建设情况，先后实地调研了平潭新兴产业园、平潭瑞谦智能科技有限公司、澳前海峡客滚码头。

26日 为深入贯彻落实习近平总书记关于脱贫攻坚尤其是东西部扶贫协作的重要指示精神，更有效地组织引导民营企业参与东西部扶贫协作，助力打好脱贫攻坚战，全国工商联系统东西部扶贫协作工作座谈会在四川凉山州西昌市召开。全国工商联副主席谢经荣出席座谈会并讲话，全国工商联副主席、四川省政协副主席、省工商联主席陈放出席会议。

29日 为深入贯彻落实习近平总书记生态文明思想，“政企面对面：推进水产养殖业绿色发展”座谈会在全国工商联召开。全国工商联副主席谢经荣主持会议。会议采取网络视频互动形式进行，全国工商联有关部门负责人在全国工商联主会场参会；部分民营企业家代表及广东省工商联、湛江市工商联有关负责人等通过线上视频参会。自然资源部、生态环境部、国家海洋环境监测中心、全国水产技术推广总站、中国水产学会有关负责人到会交流。

十月

9日 为深入贯彻习近平新时代中国特色社会主义思想，深化落实党中央、国务院关于支持民营经济发展各项部署，全国工商联与中国建设银行在京签署全面战略合作协议。全国政协副主席、全国工商联主席高云龙，中国建设银行董事长田国立出席活动并致辞，中央统战部副部长，全国工商联党组书记、常务副主席徐乐江主持活动。全国工商联党组副书记、副主席樊友山，全国工商联副主席黄荣，全国工商联党组成员、秘书长赵德江，中国建设银行行长刘桂平，中国建设银行监事长王永庆，中国建设银行副行长吕家进，中国建设银行党委委员王浩出席活动。

11日 为深入贯彻落实习近平总书记关于扶贫工作的重要指示、第三次中央新疆工作座谈会精神特别是习近平总书记重要讲话精神，加快推进南疆深度贫困地区决战决胜脱贫攻坚工作进程，全国工商联、国务院扶贫办和新疆维吾尔自治区人民政府联合在和田地区举办“民营企业南疆行”活动。中央统战部副部长，全国工商联党组书记、常务副主席徐乐江，国务院扶贫开发领导小组副组长、扶贫办党组书记、主任刘永富，新疆维吾尔自治区党委副书记、教育工委书记、自治区脱贫攻坚指挥部指挥长李鹏新出席会议并讲话。

10日 全国工商联、国家市场监督管理总局联合召开民营经济领域标准化工作推进会，共促民营企业提质升级，共推商会团体标准建设，以高标准助力高质量发展。全国政协副主席、全国工商联主席高云龙，国家市场监督管理总局党组书记、局长张工出席会议并讲话，中央统战部副部长，全国工商联党组书记、常务副主席徐乐江主持会议。

24日 中共中华工商时报社委员会党

员大会在京召开。中央统战部副部长，全国工商联党组书记、常务副主席徐乐江出席会议并讲话。全国工商联党组副书记、副主席、机关党委书记樊友山，全国工商联党组成员、副主席李兆前出席会议。

27日　全国工商联小微企业工作委员会成立会议以视频会议形式在北京召开。全国工商联副主席黄荣出席会议并讲话，全国工商联党组成员、秘书长赵德江主持会议。

28—30日　由全国工商联、生态环境部共同主办的第二期全国民营企业家及工商联干部污染防治专题培训班在安徽省马鞍山市举办。全国工商联副主席谢经荣，安徽省政府副省长、省工商联主席王翠凤出席开班式并讲话。

30日　在习近平总书记民营企业座谈会上重要讲话发表两周年之际，第二届民营经济法治建设峰会隆重举行。本次峰会由全国工商联主办，最高人民法院、最高人民检察院、公安部、司法部支持，旨在深入落实习近平总书记在民营企业座谈会、企业家座谈会上的重要讲话精神和关于新时代民营经济统战工作的重要指示，全面贯彻党的十九届五中全会精神，总结“十三五”时期特别是民营企业座谈会两年来法治环境与法治民企建设成果，展望“十四五”时期工作。

30日　在深入贯彻落实习近平总书记民营企业座谈会上重要讲话精神过程中，最高人民法院、全国工商联共同推出了《关于发挥商会调解优势，推动民营经济领域纠纷多元化解机制建设的意见》，携手开发了“工商联商会调解服务平台”。商会调解服务平台正式上线运行。

31日　由中央统战部、全国工商联举办的“新时代民营企业家培养计划”（NEED）第三期开学仪式在清华大学经济管理学院举行。中央统战部副部长，全国工商联党组书记、常务副主席徐乐江，清华大学党委书记陈旭出席并讲话。全国工商联副主席、清华大学文科资深教授钱颖一出席仪式，清华大学经济管理学院院长白重恩致欢迎辞。

十一月

1日　全国工商联、浙江省人民政府在温州市共同举办2020中国（温州）新时代“两个健康”论坛。论坛以“新阶段·新格局·新使命”为主题，认真学习贯彻十九届五中全会精神，深入贯彻落实习近平总书记关于促进非公有制经济健康发展和非公有制经济人士健康成长的重要指示批示精神，研究探讨新发展阶段构建新发展格局过程中促进两个健康的新方法、新模式。中央统战部副部长，全国工商联党组书记、常务副主席徐乐江出席论坛并讲话。

2—3日　全国工商联召开党组会议暨党组理论学习中心组（扩大）会议，专题学习党的十九届五中全会精神。中央统战部副部长，全国工商联党组书记、常务副主席徐乐江主持会议。全国政协副主席、全国工商联主席及党外副主席出席会议并发言。

12日　全国“万企帮万村”精准扶贫行动现场交流会暨先进民营企业表彰会在贵州省织金县召开。会议传达了中共中央政治局常委、全国政协主席汪洋对“万企帮万村”行动的指示，传达了中共中央政治局委员、国务院副总理胡春华和中共中央书记处书记、中央统战部部长尤权对“万企帮万村”行动的批示。

18日　以“开放中创新，改革中转型”为主题的2020亚布力中国企业家论坛第二十届年会召开。全国政协副主席、全国工商联主席高云龙出席年会并讲话，黑龙江省委副书记、省长王文涛出席年会并致辞。

19—20日 由全国工商联与海南省人民政府共同主办的“民营企业助力海南自贸港建设投资对接峰会”在海口举行。

21日 “新时代民营企业家培养计划”（NEED）第二期结业座谈会在北京举行。中央统战部副部长，全国工商联党组书记、常务副主席徐乐江，清华大学党委常务副书记姜胜耀出席座谈会并讲话。“新时代民营企业家培养计划”第二期、第三期学员参加座谈会。中央统战部非公经济工作局负责人主持座谈会。

23—24日 全国工商联商会工作会议在南京举行。会议认真学习贯彻党的十九届五中全会精神，深入贯彻落实习近平总书记关于新时代民营经济统战工作的重要指示和全国民营经济统战工作会议精神，总结商会改革发展实践，分析研判新形势新任务，研究部署下一步重点工作。全国政协副主席、全国工商联主席高云龙出席会议并讲话。中央统战部副部长，全国工商联党组书记、常务副主席徐乐江主持会议。江苏省委副书记、省长吴政隆出席会议并致辞。

26日 全国工商联召开警示教育大会，学习贯彻习近平总书记关于全面从严治党重要论述，传达学习中央统战部警示教育大会精神，落实中央巡视反馈意见整改措施，发挥以案为鉴、以案促改作用。全国政协副主席、全国工商联主席高云龙出席会议。中央统战部副部长，全国工商联党组书记、常务副主席徐乐江讲话。全国工商联党组副书记、副主席樊友山传达中央统战部警示教育大会精神。驻中央统战部纪检监察组刘汝鹏同志传达驻中央统战部纪检监察组组长周小莹在中央统战部警示教育大会上所做的违纪违法典型案例通报。全国工商联党组成员、副主席李兆前通报2015年以来查处的全国工商联干部违纪违法案件。

26日 全国工商联召开学习贯彻党的十九届五中全会精神宣讲报告会。全国政协副主席，全国工商联主席高云龙出席会议。中央统战部副部长，全国工商联党组书记、常务副主席徐乐江就党的十九届五中全会精神做专题宣讲。他强调，学习宣传和贯彻落实好五中全会精神是全国工商联当前和今后一个时期的重要政治任务，要把学习成效转化为工作思路，把行动的落脚点放在工商联促进“两个健康”实践上。

同日 为深入学习贯彻党的十九届五中全会精神，认真贯彻落实习近平总书记关于民营经济统战工作、“一带一路”建设以及统筹推进疫情防控和经济社会发展的重要指示批示精神，全国工商联通过线上线下结合方式组织召开国际合作工作会议暨“两送一防”助推民营企业高质量走出去行动推进会。全国政协副主席、全国工商联主席高云龙，中央统战部副部长，全国工商联党组书记、常务副主席徐乐江做出批示，全国工商联党组成员、副主席邱小平出席会议并讲话。

27日 为深入贯彻落实国家标准化战略，培育和发展具有市场竞争力和国际竞争力的团体标准，助力民营企业高质量发展，全国工商联法律部、市场监管总局标准创新管理司联合举办第2期“民营企业标准化公益大讲堂”活动。活动由国家标准技术审评中心承办，通过网络直播方式面向各级工商联及所属商会、民营企业介绍相关知识。

十二月

8日 中国民营经济研究会五届二次理事会暨新阶段新格局新使命研讨会在北

京召开。会议认真学习贯彻党的十九届五中全会精神，贯彻落实习近平总书记关于促进非公有制经济健康发展和非公有制经济人士健康成长的重要指示批示精神，研究探讨新发展阶段构建新发展格局过程中服务促进“两个健康”的新方法、新模式、新路径。全国政协副主席、全国工商联主席高云龙，中央统战部副部长，全国工商联党组书记、常务副主席徐乐江出席会议并讲话。全国工商联党组成员、副主席、中国民营经济研究会会长李兆前主持会议。全国政协常委、政协经济委员会副主任杨伟民出席会议并做主题演讲。

11日　2020中非民营经济合作论坛在京召开，此次论坛主题为“疫情下中非工业与贸易合作的机遇与挑战”，在外交部、商务部的支持下，由中华全国工商业联合会、非洲联盟驻华代表处、塞内加尔驻华大使馆、摩洛哥驻华大使馆、埃塞俄比亚驻华大使馆共同主办，中非民间商会承办。中央统战部副部长，全国工商联党组书记、常务副主席徐乐江，塞内加尔经济、计划和合作部部长阿马杜·奥特，外交部非洲司司长吴鹏分别以线下线上方式出席论坛并致辞，全国工商联党组成员、副主席邱小平主持开幕式。

20日　广西优化营商环境暨民营企业助推全面建成小康社会工作汇报会在南宁召开。全国政协副主席、全国工商联主席高云龙，中央统战部副部长，全国工商联党组书记、常务副主席徐乐江出席会议。广西壮族自治区党委常委、政法委书记曾欣代表自治区党委、政府在会上做汇报。

21日　全国工商联十二届四次执委会议在广西南宁开幕。会议以习近平新时代中国特色社会主义思想为指导，深入学习贯彻党的十九届五中全会精神和中央经济工作会议精神，总结2020年工作，部署2021年工作。全国政协副主席、全国工商联主席高云龙出席会议并做工作报告。中央统战部副部长，全国工商联党组书记、常务副主席徐乐江主持会议。

21日　全国工商联十二届四次执委会议期间，广西高质量工业暨数字经济专题推介会在南宁召开。本次推介会由全国工商联与广西壮族自治区人民政府共同举办，全国工商联经济部、自治区工业和信息化厅、大数据发展局、通信管理局共同承办。中央统战部副部长，全国工商联党组书记、常务副主席徐乐江出席会议。全国工商联副主席黄荣、广西壮族自治区副主席费志荣出席会议并致辞。

22日　全国工商联十二届四次执委会议在南宁闭幕。全国政协副主席、全国工商联主席高云龙出席会议。中央统战部副部长，全国工商联党组书记、常务副主席徐乐江在闭幕会议上强调，工商联系统要在习近平新时代中国特色社会主义思想指引下，上下一心，协调一致，锐意进取，真抓实干，为“十四五”开好局、起好步做出积极贡献。

24日　全国工商联召开党组会议，传达学习中央经济工作会议精神。中央统战部副部长，全国工商联党组书记、常务副主席徐乐江主持会议并讲话。全国工商联党组成员出席会议并结合工作谈认识体会。

30日　为认真贯彻落实习近平总书记关于企业社会责任重要指示精神，全国工商联在北京召开民营企业履行社会责任工作座谈会，中央统战部副部长，全国工商联党组书记、常务副主席徐乐江出席座谈会并讲话。全国工商联副主席谢经荣主持会议，全国工商联党组成员、秘书长赵德江出席会议。

30日　为使社会全面了解民营企业履行社会责任的实践成就、树立和宣传我国民营企业履行社会责任的正面形象、引导更多民营企业积极履行社会责任，由全国工商联主办的“2020中国民营企业社会责任报告发布会”在北京举行，全国工商联副主席谢经荣在会上发布《中国民营企业社会责任报告（2020）》。全国工商联党组成员、秘书长赵德江主持发布会。

第七部分　地方工商联工作

北京市工商业联合会2020年工作综述

2020年，是新中国历史上极不平凡的一年，北京市工商联在市委的坚强领导下，在全国工商联和市委统战部的精心指导下，坚持以习近平新时代中国特色社会主义思想为指导，深入学习贯彻党的十九届二中、三中、四中、五中全会精神、中央经济工作会议精神、全国和北京市民营经济统战工作会议精神，统筹推进疫情防控和助力民营企业复工达产，围绕两个健康工作主题，主动作为、精准服务，促进“六稳”“六保”，主要开展了以下工作：

一、强化政治引领，不断增进民营经济人士“四个认同”

一是深入学习贯彻党的十九届五中全会精神。把学习宣传贯彻党的十九届五中全会精神作为最重要的政治任务，通过调研走访、座谈交流、教育培训等方式，推动中央和市委的各项决策部署进商会、进企业、进机关，教育引导民营经济人士用习近平新时代中国特色社会主义思想武装头脑、指导实践，在政治立场、政治方向、政治原则、政治道路上同党中央保持高度一致。

二是持续深化民营经济人士理想信念教育。召开北京市民营经济人士理想信念教育推进会，在京西红色党性教育基地、红色大庄科党建教育基地、叶青大厦、世纪科贸大厦党建e站、对外经济贸易大学、北京城市学院6个单位设立“北京市民营经济人士理想信念教育基地”。不断加大非公党建工作力度，召开所属商会加强党建工作座谈会，开展“两新”组织专题调研。注重对年轻一代教育培养，举办青年企业家培训班，扩充青年企业家专委会成员和创业导师队伍。

三是切实加强民营经济领域意识形态引领。修订印发《中共北京市工商联党组落实意识形态工作责任制实施细则》（试行），认真落实意识形态工作主体责任。打造“两微一端一网”自媒体矩阵，推动构建首都民营经济大宣传格局。广泛宣传民营企业战疫先进典型事迹，市工商联系统疫情防控新闻全媒体阅读量超过百万人次。制作系列专题片《我们的新时代》，被市委宣传部评为全市宣传思想文化工作创新亮点，荣获2020年度优秀网络短视频作品奖，累计播放量达478万次。

二、主动担当作为，统筹推进疫情防控和助力民营企业复工达产

一是高标准参与疫情防控。第一时间发出倡议和通知，动员各级工商联、商协会组织和广大民营企业坚决贯彻市委市政府关于疫情防控系列决策部署，助力打赢疫情防控阻击战。各区工商联、各级商会组织和广大民营企业采取多种形式，积极参与疫情防控，捐款捐物达21.15亿元，参与基层疫情防控13.4万人次。

二是高质量服务复工达产。结合民营企业受疫情影响情况，上门“送政策、送信息、送服务、送安全、送温暖”，广泛收集整理上报民营企业生产经营困难和意见建议，推动出台北京市“16条”“10条”“20条”等政策措施，为北京市委市政府科学决策提供了重要参考。组建由53个律所148名专业律师组成的抗疫律师志愿团；与北京12345市民热线合作提供免费法律服务；编发法律指南12期、微视频75期，受理咨询4600余件。及时汇编发布国家、地方各类惠企政策122篇，推出“互助汇”线上公益服务平台，举办70期线上活动。

三、优化品牌工作，助力首都民营经济高质量发展

一是创新开展百强调研与发布工作。进一步优化百强企业评价指标体系，新增中小百强榜单，将中小百强评选与市经信局“专精特新”中小企业培育认定工作有机融合。采取线上线下相结合的方式举办2020北京民营企业百强发布会，直播发布“1+4”百强榜单和调研报告。

二是推动民营企业产权保护社会化服务体系向基层延伸。召开市区两级民营企业产权保护社会化服务体系工作推进会，在城六区和昌平区、大兴区建立了区级民营企业产权保护社会化服务体系。开展市区两级“法治体检”工作，为民营企业提供法律援助，防范法律风险。与市区检察院同步举行21场“服务‘六稳’‘六保’护航民企发展”公众开放日活动。体系工作开展一年来，共接待咨询2166次，受理案件1362件，其中调解案件921起，调解涉及标的额219亿元。

三是持续助力优化营商环境。深入开展优化营商环境第三方评估，评估报告得到北京市政府主要领导的重要批示，并被纳入营商环境改善重点工作。建立营商环境社会监督员制度，聘请首批88位民营企业家和商协会负责人作为营商环境社会监督员。与北京市政务服务局合作，为每位监督员建立专属号码，将监督员反映的问题和建议纳入12345企业服务热线优先接办、优先处理的绿色通道，将反映集中的问题纳入企业服务热线接诉即办服务机制，协调解决落实。

四、聚焦目标任务，引导民营企业积极参与国家重大战略

一是落实落细决战决胜脱贫攻坚各项任务。以参与精准脱贫攻坚战和促进我市低收入农户增收为重点，共引导1514家民营企业帮扶2555个村，帮扶贫困人口2.4万户，22.5万人。组织20家民营企业、社会组织“一对一”帮扶新疆和田地区20个挂牌督战村，实现结对帮扶村全部脱贫。以驻村第一书记为纽带，扎实推进密云区燕落村增收帮扶，发挥党建引领和“互联网+”优势，助力燕落村成功脱低。

二是精准服务民营企业参与“一带一路”建设。在第23届京港洽谈会上与香港贸发局签订合作备忘录，助力京港企业共建“一带一路”。与中国信保第三营业部签订战略合作协议，建立政策性出口信用保险快速响应机制，举办信企对接系列现场推介会。

五、构建亲清政商关系，建立健全政企沟通长效机制

一是围绕政策制定加强政企对接。与北京市纪委市监委、市审计局等部门联合开展民营企业专题调研，推动出台市纪委市监委关于支持企业改革发展的指导意见。引导企业参与涉企政策制定全流程，围绕北京市优化营商环境条例积极建言献策，推动出台北京市关于进一步提升民营经济活力促进民营经济高质量发展的实施意见。

二是围绕企业需求实现精准服务。发挥民营经济统战工作联席会作用，召开北京市促进独角兽企业高质量发展座谈会，邀请相关政府部门现场办公解决实际问题。联合市金融局举办“畅融工程”系列活动，协调解决企业在融资、续贷、发债等方面的实际困难。搭建线上“金融超市”，推出一批适合民营、小微企业的信贷产品，累计帮助1800余家企业与银行机构实现需求精准对接。

三是围绕中心工作高水平建言资政。充分发挥经济、文化、国际联络、法治环境建设、新型政商关系和青年企业家专委会作用，推动行业健康发展。借助外脑优势，将参政议政智库基地扩容至30家。

六、加强自身建设，不断加大改革创新力度

一是聚焦作风建设，扎实推进全面从严治党。制定《2020年北京市工商联机关推进全面从严治党工作意见》和主体责任清单，建立党组、机关党委（纪委）、党支部三级联动工作机制。制定机关作风建设方案，召开专题部署会，严肃整改整治。制定北京市工商联处级领导干部选拔任用工作流程、机关公务员轮岗交流办法等，鼓励支持机关干部赴新疆、西藏、内蒙古等地挂职锻炼，全面加强干部队伍建设。

二是大力深化改革，提升工商联工作整体效能。制定出台《北京市工商业联合会深化改革实施方案》和任务清单，从改革组织体制、创新运行机制、改进工作方式、夯实基层基础、强化队伍建设等方面着力“去四化、强三性”，不断增强工商联的凝聚力、执行力、影响力。完成《加强新时代民营经济统战工作实施意见》起草工作，并由北京市委办公厅、市政府办公厅下发，为推动北京市民营经济统战工作高质量发展提供遵循。开展基层组织建设和所属商会党建工作专题调研，形成调研报告，报送全国工商联和市委。其中，《聚焦“四强”固本强基努力推动基层组织建设新发展》获得全国工商联2020 年度组织建设优秀调研成果突破创新奖。南锣鼓巷商会参与基层社会治理先进经验在全国工商联系统宣传推广。

天津市工商业联合会2020年工作综述

2020年，天津市工商联坚持以习近平新时代中国特色社会主义思想为指导，深入贯彻落实党的十九大和十九届二中、三中、四中、五中全会精神，深入学习习近平总书记在企业家座谈会上的重要讲话精神和全国民营经济统战工作会议精神，按照全国工商联部署要求，深化理想信念教育，心手相连汇聚磅礴伟力，同心协力助力“双战双赢”，一鼓作气决战脱贫攻坚，自强不息促进两个健康，工商联工作呈现出许多新进展、新成绩。

一、加强思想引领，理想信念得到新提升

1．深入开展思想政治教育。及时学

习贯彻党的最新理论成果，召开党组会议36次、理论学习中心组学习24次、举办读书班2期，通过民营企业座谈会、宣讲报告会、专题培训、专题党课、网络学习等多种形式，掀起领导班子带头学、党员干部主动学、商会组织全面学、民营经济人士一起学的学习热潮。

2．纪念天津市工商联成立70周年。召开座谈会，高云龙主席发来祝贺视频。市委书记李鸿忠和时任市委副书记、天津市长张国清分别做出重要批示，市政协主席盛茂林和市委常委、市委统战部部长冀国强莅临会议并讲话。编印《砥砺前行——天津民营经济发展历程》《天津市工商联大事记（2010—2019）》书籍，整理一批珍贵照片印制展板、编印成册。邀请工商联老领导、原工商业者、商会和企业家齐聚一堂，共同回顾70年光辉历程，号召全市民营经济人士秉承“听跟走”优良传统，坚持党的领导，坚定发展信心。

3．扎实开展理想信念教育。举办新时代民营经济统战工作专题培训班，新设4个理想信念教育基地，举办4期“创新大讲堂”、27期“商会讲习所”。加强微信公众号宣传引导作用，采编和发布信息1300余篇，原创文章1100篇，被分享3.5万次，阅读量达45万次。加强年轻一代民营经济人士教育培养，举办青年企业家充电营研修班。组织民营企业和商会代表观摩我市绿色屏障。推荐年轻一代企业家参加中央组织部、全国工商联组织的相关培训活动。

4．强化商会党建引领。开展“迎国庆·重走长征路”主题活动，召开会员企业党委党组织书记示范培训班，接收3家脱钩行业协会商会党组织关系，推动35家所属党组织完成换届。建立“商协会党建实践基地”和“党建培训基地”。完善行业协会商会党建管理体制，理顺异地商会党组织隶属关系，构建权责明晰、步调一致的商会党建工作格局。

二、动员各方力量，抗击疫情展现新担当

1．强化组织领导，扛起政治责任。第一时间传达学习习近平总书记一系列重要指示精神，成立疫情防控工作领导小组，部署工商联系统疫情防控工作，3名班子成员带头，33名党员干部参与社区疫情防控，推进复工复产，15人被所在街道党委评为先进，5人战疫事迹被人民网等媒体广泛宣传报道。

2．宣传战疫事迹，弘扬企业家精神。与天津日报宣传“疫情防控责任感企业（个人、商会）”，报道做出突出贡献的企业家和商会。收集报送民企抗疫情况，编辑报送《疫情防控工作专报》81期，获市领导批示20余次,编撰“党旗飘扬”系列信息30期，向人民日报、中华工商时报等80余家媒体推送相关新闻信息1300余条，转发20余万次，阅读量超过150万次。

3．广泛动员号召，形成强大合力。发出《坚定信心同舟共济坚决打赢疫情防控阻击战》等多份倡议书，鼓励机关党员干部、民营企业和商（协）会投身疫情防控，积极捐款捐物。据不完全统计，全市1900余家商会和企业累计捐款捐物3.3亿元，累计减免租金1.16亿元。全体机关党员干部自愿捐款3万余元。张荣华被评为“天津最美抗疫人物”。天士力等17家企业获“全国抗疫先进民营企业”表彰。天津市安徽商会等16家商会组织获得全国工商联“抗击新冠肺炎疫情先进商会组织”表彰。九安医疗等3家公司获得“天津市抗击新冠肺炎疫情模范集体”荣誉称号。

三、搭建平台机制，服务能力达到新水平

1．完善政企沟通联系机制。围绕培

育瞪羚雏鹰企业上市、老字号企业创新发展、推动政府向商会组织赋能等议题，召开9次政企对接会，其中老字号企业专题报告，得到天津市委书记李鸿忠批示，有效推动了相关问题解决。组织企业参加天津市委市政府联合督查组座谈会、天津市纪委支持保障市场主体发展调研座谈会，反映企业心声诉求。

2．完善与政法机关联系沟通机制。与天津市公安局举办12次“企业服务日”活动，协调解决问题119件。与天津市高级人民法院出台多元化解民营经济领域纠纷实施意见。与天津市人民检察院举办开放日活动，护航民企发展。与天津市司法局、天津市律协组建82个法律、律师公益服务团，成功调解各类案件784件。开展线上法律宣传29次，组织第八届法治文化征文活动，举办“宪法活动周”主题宣传日暨平安天津建设法律培训班。

3．完善与金融机构联系沟通机制。对接银行、保险、基金等机构，搭建“线上税融通”“线上抵押贷”平台，宣传推广天津“信易贷”平台，与工行和建行天津分行、中国出口信用保险公司签订战略合作协议，打造金融服务体系。举办“线上银企对接会‘抗疫’专场”和“线上融资推介会‘复工复产’专场”，帮助69家企业获银行授信2.95亿元。

4．完善与政府部门联系沟通机制。加强与天津市统计局等部门合作，开展第九届民营企业健康成长工程，举办“津榜之旅”培训，延伸服务举措。与天津市人社局等部门搭建民营企业与高校毕业生双向选择桥梁，举办7场招聘会，1000余家企业提供就业岗位万余个。与天津市委网信办等部门发起“网媒暖津”主题活动，免费为1200家企业全网推送价值5000万元的流量。

5．完善健康成长工程联席会议机制。与相关部门建立联席会议机制，全面筛选榜单数据，严格筛查企业信用，高标准开展第九届民营企业健康成长工程，召开“企业家精神铸津榜·高质量发展激活力”发布会，发布销售、纳税、科技创新、战略性新兴产业和促进就业五个百强榜单，公布《2020第九届天津市民营企业健康成长工程研究报告》。打造“津榜之旅”培训活动，延伸服务举措，走访榜单企业，逐一对接服务，助力榜单企业实现更高质量发展。

四、践行光彩精神，脱贫攻坚再创新佳绩

1．高质量完成“万企帮万村”扶贫任务。研究制定“1445”工作思路，即聚焦全面提升帮扶成效这一目标，用好四种手段，成立企业、商协会、电商和媒体四个联盟，通过产业、消费、就业、智力和民生五种帮扶模式，全面提升帮扶成效。全年，10次赴甘肃、新疆、西藏、青海、承德推进落实扶贫任务。全年，天津市累计2464家民营企业与五大对口支援地区的3112个贫困村结成帮扶对子，投入帮扶资金4.03亿元，圆满完成市委市政府交办的脱贫攻坚任务。天津市光彩办被推荐为全国脱贫攻坚先进集体。光彩办主任李雷被授予“天津市优秀共产党员”称号。云账户、华喜汇通荣获全国“万企帮万村”精准扶贫行动先进民营企业称号。崔凤祥被表彰为“天津市扶贫协作和支援合作工作先进个人”。天津市工商联《组建“四个联盟”，助推消费扶贫》荣获全国工商联工作实践创新成果一等奖。

2．统筹推进战“疫”与战“贫”。对口支援湖北恩施、孝感两地，召开消费扶贫对接会，建立平台线上推介湖北农产品，组织企业参加“知名民企助力疫后重振脱贫攻坚湖北行”活动，捐资200万元帮扶1000个建档立卡贫困人口。通过天津市光彩会支援湖北省疫情防控捐款5085万元，捐赠物资价值182万元。

3．促进民族团结和谐发展。组织企业参加“甘南行”“凉山行”活动。举办“2020手拉手关爱新疆学子公益活动”，慰问新疆内高班师生，为305名新疆优秀自强学子颁发证书和奖学金。配合开展天津社会力量助力决胜脱贫攻坚系列活动暨“海河有爱·津媒助力——天津海河传媒中心扶贫行动计划”。

五、积极参政议政，服务大局彰显新作为

1．聚焦时事建言资政。参加党外人士座谈会，围绕“十四五”规划建议、聚焦当前经济形势、结合天津市经济发展情况建言献策。在天津市政协大会上，以“深化商会改革，助力国家治理能力现代化”为题发言，提交团体提案13件，其中11件A类提案、1件重点督办提案。在天津市政协常委会、专题协商会上，围绕引育新动能、建设现代化产业体系、助推政府向商会组织赋能议政建言，关于构建天津市现代化产业体系的建议得到天津市委常委、常务副市长马顺清的批示。

2．聚焦问题调查研究。对冲疫情影响，形成《天津市民营企业应对疫情防控阻击战情况调查报告》，汇同多篇对策建议和社情民意，报送全国工商联和天津市委市政府，有效推动天津市惠企“21条举措”出台。依托民营企业调查点，深化与南开大学等高校合作，组织开展数字化赋能新经济、民营经济人士思想状况等专题调研，每季度形成民营经济运行状况报告。被全国工商联评为“抗击新冠肺炎疫情以来调查点工作先进省级工商联”和“2020年调查点工作先进省级工商联”。

3．服务国家重大战略。积极投身京津冀协同发展，发挥异地商会聚合效应，组织企业线上对接洽谈，促进产业对接。联合京、冀工商联，撰写《2019—2020京津冀民营经济发展报告》。推动落实“一带一路”安全保障体系建设，建立健全涉外事件应急处置机制，加强企业境外安全保障培训和风险防控指导。持续开展对口合作长春工作。

六、坚持改革创新，自身建设焕发新活力

1．深化工商联所属商会改革。制定《天津市工商联所属商会发展规划（2020—2022）》等相关制度，规范商会管理。建立和完善工商联所属商会数据库和民营经济代表人士数据库，推动会员发展工作。推进“四好”商会建设，向全联推荐13家商（协）会。加强商会组建力度，新成立行业商会3个、异地商会5个。指导雅爱社、天津市辽宁商会等3家商会完成换届工作。

2．落实机构改革任务。结合机构改革，落实三定方案，内设部室由原12个精减为10个，交流轮岗干部26名，调整率达38.8%，优化了干部队伍的梯次结构，实现了平稳过渡和有序调整。

3．加强机关自身建设。持续巩固“不忘初心、牢记使命”主题教育成果，深入开展“四史”学习教育活动。认真履行全面从严治党主体责任，加强统战和意识形态工作力度。运用监督执纪“四种形态”，加大监督执纪问责力度。严格落实“一岗双责”，完成机关11个党支部换届。定期组织安全保密工作检查，开展新时代文明实践志愿服务活动，积极参加文明单位创建，被评为市级2018—2020年文明单位。加强《天津市工商联工作动态》建设，创办《天津市工商联工作交流》期刊。全年，线下共采集编辑和发布报送信息39期、702条，被中央统战部采用1条，被全联采用30条，被天津市委、市政府采用2条，得到天津市领导批示3条。

河北省工商业联合会2020年工作综述

2020年，河北省工商联在省委、省政府的正确领导下，在全国工商联的具体指导下，坚持以习近平新时代中国特色社会主义思想为指导，深入学习贯彻党的十九大和十九届二中、三中、四中、五中全会精神，认真贯彻中央和河北省委、省政府各项决策部署，坚持围绕中心服务大局，坚持“两个健康”主题，推动工商联各项工作取得新进展。

一、深入学习贯彻习近平新时代中国特色社会主义思想

坚持把学习贯彻习近平新时代中国特色社会主义思想，作为党组会议、党组理论学习中心组学习会、主席办公会议的重中之重，作为支部学习活动和讲党课的必要内容，不断用党的创新理论武装头脑、指导实践、推动工作，进一步增强“四个意识”，坚定“四个自信”，做到“两个维护”，始终在思想上政治上行动上同以习近平同志为核心的党中央保持高度一致。召开全省工商联系统学习贯彻全国“两会”精神会议，组织十二届五次主席会议学习领会习近平总书记7月21日在企业家座谈会上的重要讲话精神，举办党的十九届五中全会精神宣讲会，推动工商联干部和民营经济人士切实把思想和行动统一到习近平总书记重要讲话精神上来，助力“六稳”“六保”。

二、不断深化民营经济人士理想信念教育

认真学习贯彻全国民营经济统战工作会议精神，制定《关于深入开展民营经济人士理想信念教育的实施方案》，召开河北省民营经济人士理想信念教育推进会议、河北省工商联宣传教育暨民营经济人士理想信念教育工作会议，推动民营经济统战工作和理想信念教育工作扎实开展。广泛动员民营企业投身疫情防控阻击战，奉献爱心和力量，累计为抗击疫情捐赠款物11.93亿元。举办12期民营企业家培训班，开展“线上培训——助力民营企业健康发展”活动，民营企业家8万多人次参加线上培训，提高了综合素质。联合河北广播电视台开展《新冀商传奇——冀商·在路上》主题宣传活动，宣传40多位优秀民营企业家抗击疫情、复工复产的典型做法。确定27家民营企业为工商联系统民营经济人士理想信念教育暨民营企业党建示范点，推荐的17家商会被授予全国工商联抗击新冠肺炎疫情先进商会组织荣誉称号，8家民营企业荣获全国“万企帮万村”行动先进民营企业荣誉称号。

三、积极搭建政企沟通交流平台

积极搭建政企沟通平台，举办一系列民营企业家座谈会，推动构建亲清政商关系。按照省委要求组织2次民营企业座谈会，王东峰书记、许勤省长亲自倾听民营企业的意见建议，帮助企业纾困解难，推动企业有序复工复产。会同省委统战部召开3次政企沟通协商季度座谈会，组织部分民营企业参加省纪委监委、省法院、省检察院等召开的座谈会，提出意见建议，为民营经济发展营造良好环境。每次民营企业座谈会后，省工商联都及时梳理、汇总民营企业家反映的问题和建议，协调省直单位逐一研究解决。同时，不断深化冀商e家平台与省政企服务直通信息化平台的对接机制，通过线上收集民营企业发展遇到的困难问题，协调有关部门予以解决，建立起线上诉求反映机制。

四、全力服务民营企业高质量发展

开展“三进三服务”活动，全面了解民营企业抗击疫情、复工复产情况，形成20余篇调研报告，《关于新冠肺炎疫情下中小民营企业融资情况的调研报告》得到王东峰书记、许勤省长的肯定批示，《新冠肺炎疫情下民营企业发展情况及对策建议》得到许勤省长的肯定批示，所提意见建议得到采纳，反映的问题得到较好解决。组织民营企业参与上规模民营企业调研，开展2020民营企业100强认定工作，发布2020河北省民营企业100强名单、制造业民营企业100强名单、服务业民营企业100强名单和《2020河北省民营企业100强调研分析报告》。举办12场“惠企政策进商会”活动，通过冀商e家网站、微信公众号、企业家微信群等，及时推送国家和我省出台的一系列惠企政策，引导民营企业用足用好政策。与建行河北分行建立联系合作机制，推动各市工商联与建行二级分行签订合作协议，协助164家民营企业获得贷款27亿元。组建民营企业法律服务中心和调解委员会，与省法院、省司法厅印发《关于全面推进民营经济领域纠纷多元化解机制建设的实施意见》，会同省司法厅开展“法治体检”活动，积极化解民营经济领域纠纷，维护民营企业合法权益。

五、扎实开展“千企帮千村”精准扶贫行动

召开全省扶贫脱贫“千企帮千村”工作经验交流会，印发《关于助力民营企业复工复产深入实施“千企帮千村”行动的通知》《省“千企帮千村”行动领导小组2020年工作要点》，指导各市扎实开展扶贫行动。发布《河北省民营企业社会责任报告（2020）》，开展“千企帮千村”行动成效“回头看”、“千企帮千村”行动产业帮扶情况检查，深入贫困村逐村检查帮扶情况，及时更新帮扶台账。截至年底，全省共有1.39万家民营企业帮扶1.88万个村，惠及175.77万贫困人口，实现对全省7746个贫困村的企业结对帮扶、产业帮扶全覆盖。指导中冀扶贫基金会举办第二届消费扶贫大会，在京东商城开设中冀扶贫馆，出资1029.6万元资助5148名贫困大学生，出资400余万元支持14个产业扶贫项目。由于工作突出，河北省工商联先后两次得到全国政协副主席、全国工商联主席高云龙的肯定批示，四次在全国性会议上做典型发言。

六、切实加强工商联自身建设

开展省工商联企业家副主席副会长履职评价，引导企业家执委围绕民营经济发展积极建言献策，强化企业家执委责任担当意识，全面有效履职。认真落实联系调研制度，召开河北省工商联组织工作会议、商会工作会议、直属商会秘书长工作会议，推进“五好”县级工商联和“四好”商会建设，确认107家省级“五好”县级工商联，57家商会被评为全国“四好”商会。会同河北省民政厅印发《河北省异地商会登记管理办法》《关于加强乡镇、街道商会登记管理工作的通知》，规范商会登记管理工作。召开第八届海内外冀商商协会联谊会，动员广大冀商回归创业发展。撰写的《县级工商联建设和作用发挥模式路径探讨》《关于推动工商联行业协会商会建设的思考》分别被全国工商联评为2020年度组织建设优秀调研成果探索实践奖、突破创新奖。加强商（协）会党建工作，选树商（协）会党建工作示范

点，召开商（协）会党建工作示范点现场交流会，命名7家商会党支部为党建示范点。全力支持、配合河北省委第一巡视组进驻河北省工商联开展巡视，针对河北省委巡视反馈意见，召开巡视整改专题民主生活会，及时制定整改措施，建立整改工作台账，认真抓好整改落实。以党的政治建设为统领规范机关党建工作，深入开展纠正“四风”和作风纪律专项整治，转变工作作风，提高干部队伍素质，全力服务“两个健康”。

山西省工商业联合会2020年工作综述

2020年，山西省工商联在全国工商联的有力指导下，在山西省委、省政府的坚强领导下，坚持深入学习贯彻党的十九届五中全会精神、习近平总书记视察山西重要讲话重要指示和关于民营经济系列重要讲话精神，按照“四为四高两同步”总体思路和要求，以全面落实省委“三项任务”为牵引，紧扣“两个健康”工作主题，深入落实加强民营经济统战工作意见精神，战疫情、助转型、优环境、稳预期、激活力，各项工作取得积极成效。中央统战部副部长、全国工商联党组书记徐乐江批示：“山西省工商联这两年工作开展的扎实有效，实属不易，应充分肯定！”全国工商联副主席鲁勇批示：“山西省工商联推动工作有站位、有特色、有重点、有成效，值得宣传。”

一、以“三项任务”为统领，全面贯彻落实党中央和省委省政府战略部署

2019年12月20日，山西省委书记楼阳生主持召开党外人士座谈会，对山西省工商联工作高度肯定并提出明确要求，亲自部署“企业家队伍建设”“以商招商”“优化营商环境”三项任务。山西省工商联高度重视，多次召开主席办公会、党组会研究，把“三项任务”作为工商联系统基础性、全局性、牵引性重点工作，成立以会主要领导担任组长的工作领导组，明确工作思路，制定《落实“三项任务”工作方案》，发动全省工商联系统三级联动，通过定目标、定任务、定措施、定责任、定时间，建账、理账、对账、交账、算账“五定五账法”，强化“三项任务”落实机制，确保“三项任务”扎实有序推进。

（一）着力加强企业家队伍建设

实施万名企业家培训计划。创办晋商培训学院，省委书记楼阳生做出重要批示，山西省民营企业家队伍建设开创新局面。全年共举办13期培训班，共计培训企业家1700余人。针对疫情，创新开展12期线上“晋商大讲堂”，学习人数超过2.4万人次。组织完成1798家商会，18252家企业信息，进一步完善代表人士数据库。

营造健康成长舆论氛围。深入宣传党中央和省委、省政府关于民营经济的政策措施，在新华社（新华网）、《中华工商时报》《山西日报》以及中华工商网、全联通、学习强国等全媒体平台刊文近400篇，《晋联通》推送信息2159条，展示民营企业和企业家良好形象。

探索开展新时代商德文化研究。邀请

40余位专家学者及企业家参与研究工作，从多个层次、多个维度深挖细研商德文化内涵和实践，形成研究成果30余篇。

举办民企百强发布会。发布2020山西民营企业100强、制造业20强、服务业20强和百强企业分析报告，创新设立最具发展潜力20家榜单，充分发挥骨干企业典型示范作用。

（二）着力搭建以商招商大平台

发挥系统优势推动以商招商。制定《关于推动开展以商招商工作的通知》，向各级工商联、省属商会、国内外异地晋商会发出号召，据不完全统计，共推动“以商招商”项目538个，涉及金额1189.88亿元；落地项目287个，涉及金额459.56亿元。

借力助力推进以商招商。以上海“进博会”为契机，联合有关部门举办2020第二届世界晋商（上海）论坛，召集全国70余家山西商会召开异地晋商组织联席会议。其间，召开山西“以商招商”推介会和转型综改示范区（上海）招商推介会。13个商会“以商招商”项目、16个转型综改区招商项目现场签约。

（三）着力促进营商环境不断优化

引导民营企业投身全省转型蹚新路。组织“向企业家学习——运城行暨全省民营经济转型发展推进会”，200多位民企代表与运城市进行了对接洽谈，成功签约26个项目，总投资129.14亿元。开展“民营企业进国企”活动，促进民企与国企合作发展。

深化双月政企对接活动。聚焦企业需求，加强部门合作，组织6期政企对接。针对民营企业融资问题，与人民银行太原支行共同举办“互信互促互赢”银企对接会，20家省级金融机构给17家民营企业授信超过56亿元。针对混改工作，联合举办了省属国有企业“腾笼换鸟”项目推介会，13个“腾笼换鸟”项目完成签约。

开展民营经济政策落实专题督导调研。围绕民营企业发展存在的问题开展专题调研，归纳出3大领域10个方面40条具体问题，形成专题调研报告，山西省委常委、统战部长徐广国充分肯定并做出批示，积极推动相关问题解决。进一步畅通诉求反映渠道，完善领导干部联系民营企业和商会制度，初步建立骨干企业直通车制度，协助省委办公厅、省政府办公厅、发展改革委等部门组织召开座谈会，推动民营企业和商会有效参与涉企政策制定，深化部门合作机制，推动问题有效解决。

创新开展法律服务，营造良好法治环境。与省检联合出台了《全省检察机关派驻工商业联合会检察联络室工作办法》，在省市县三级工商联设立检察联络室，选聘“护航民企”特约监督员。开展法治需求调研、民企进两院、法律进商会、宪法宣传周等系列活动。疫情期间组织149名律师，开展线上线下志愿服务，为中小微企业提供专业法律服务。指导推进商会人民调解工作，山西省广东商会人民调解委员会荣获司法部2020年度全国模范人民调解委员会称号。

二、以“两个健康”为主题，全面创新服务民营经济新模式

认真贯彻落实习近平总书记关于促进非公经济健康发展和非公经济人士健康成长的指示要求，积极引导鼓励支持全省非公经济发展。

（一）开展精准调研，形成“全会参政”新局面

围绕“四为四高两同步”总体思路和要求，坚持“一线工作法”，进一步听取民营企业和商会负责人意见建议，把调研成果转化为提案建议，提交提案23篇，19项立案，1项被列为省领导重点督办。2件提案被全国工商联选用提交全国“两

会”。疫情期间，开展“全省民营企业受疫情影响专题调研”和“全省民营企业复工复产情况调查”，两份调研报告受到林武省长、李佳主席、胡玉亭副省长的肯定批示。在民营企业调查点工作中，荣获全国先进省级工商联荣誉。在2020年全国工商联优秀调研成果评选中，获得1个一等奖、2个二等奖、2个三等奖。在全国工商联理论研究和工作实践创新成果评选中，获得1个二等奖、1个三等奖。

（二）加强组织建设，不断延长工作手臂

完成工商联届中调整，增补常委11名，执委27名。开展市级工商联工作评价，推动“五好”县级工商联和“四好商会”建设，开展“一个设立五个有”回头看工作，组织市县工商联和商会成立工作组进行互学互促。开展“光彩会”、民营经济研究会换届工作。推动成立工商联“关工委”，实现老一代企业家对年轻一代“传帮带”作用。推动工商联所属商会改革，出台《商会管理办法》。推动综改区和各级开发区成立工商联组织，3家开发区成立了工商联组织。

（三）引导民企履行社会责任，抗疫脱贫有成效

新冠疫情暴发后，山西省工商联发布《关于积极应对新型冠状病毒感染肺炎疫情防控的倡议书》《致海外晋商朋友的一封信》，引导各级工商联、商会、海外晋商组织和广大民营企业积极做好疫情防控阻击战。据不完全统计，全省4500多家民营企业、商会和海外晋商组织捐款捐物超5.5亿元。继续开展“千企帮千村——精准到户”扶贫行动，大力推进工商资本下乡。举办“民企助力巩固脱贫成果——临县行活动”，140家企业、商会认购农特产品1950万元、提供就业岗位5000余个。组织全省挂牌督战贫困县与龙头企业产业项目对接，签约产业合作项目49个，总投资额85.296亿元。截至目前，全省2576家民营企业投资42余亿元，实施帮扶项目10243个，帮扶6306个村的47.87万贫困人口。开展了山西省“千企帮千村——精准到户”扶贫行动先进民营企业表彰，对90家先进民营企业和33家组织工作先进集体进行通报表扬。山西省先后有12家企业获评全国“万企帮万村”先进民营企业，3名企业家荣获全国脱贫攻坚奖，81名企业家荣获全省脱贫攻坚奖。山西省工商联等4家单位荣获全国“万企帮万村”组织工作先进集体。

三、以“112233+N”为抓手，全面推动党建工作再上新台阶

为抓好非公企业和商会党建，2019年探索开展了“112233”党建工作，2020年继续深化“112233+N”，非公党建工作全面推进。

（一）扛起管党治党主体责任

始终坚持将党的政治建设摆在首位，坚决维护以习近平同志为核心的党中央权威和集中统一领导，坚决贯彻执行党中央和省委各项决策部署，深入学习《党委（党组）落实全面从严治党主体责任规定》和省委《贯彻落实〈党委（党组）落实全面从严治党主体责任规定〉实施细则》，研究制定了《省工商联党组领导班子、主要负责人及其他党组成员落实全面从严治党主体责任清单》。召开党建和党风廉政建设工作专题会议，签订党建和党风廉政建设责任书，层层压实责任。

（二）强化党建制度体系建设

建立了《落实习近平总书记重要讲话和中央、省委有关决策部署台账》，研究制定《省工商联党建工作分级责任清单》《省工商联党组监督事项清单》《省工商联廉政风险自查情况》等有关措施。建立“三重一大”信息台账，严格落实“三重

一大”的工作程序，形成了风清气正的良好政治生态。着力提升党组中心组学习效果，组织各支部开展灵活多样学习方式，强化制度落实，筑牢遵纪守法的思想防线，机关全体人员政治意识、规矩意识、制度意识进一步增强，为贯彻落实从严治党提供有力的制度保障。

（三）开展“十百千”党建工作

“十百千”非公企业和商会党建是指建立10个民企党建教育基地，打造100个民企党建示范点，创建1000个民企党建云端支部。6月推出“晋商党建”APP平台，目前上线支部已达1600余个，注册党建管理员2041位，正式党员18134人，预备党员1319人，流动党员5043人。山西省工商联执委企业、市级工商联常委企业“晋商党建”APP实现全覆盖。12月4日，山西省工商联组织召开了全省工商联系统非公党建示范培训班暨“十百千”非公党建工作推进会，对10个党建教育示范基地、100个党建示范党支部进行了授牌。

内蒙古自治区工商业联合会2020年工作综述

2020年，内蒙古自治区工商联以习近平新时代中国特色社会主义思想为指导，全面学习贯彻党的十九大和十九届二中、三中、四中、五中全会精神，以“两个健康”为主题，紧扣“政治建会、团结立会、服务兴会、改革强会”要求，落实全面从严治党主体责任，开展抗击疫情、复工复产，做好“六稳”“六保”工作，推动优化营商环境，引导民营企业科技创新绿色发展，促进非公有制经济健康发展和非公有制经济人士健康成长，各方面工作取得了新成效。

一、提高政治站位，坚持以习近平新时代中国特色社会主义思想武装头脑、指导实践、推动工作

（一）引导民营经济人士深入学习贯彻习近平重要讲话重要指示精神

采取蒙商大讲堂、专题培训、集中宣讲等形式，深入学习习近平新时代中国特色社会主义思想，重点学习宣传贯彻习近平总书记对内蒙古重要讲话重要指示批示精神、在全国人大三次会议内蒙古代表团审议时的重要讲话精神、在企业家座谈会上重要讲话精神、关于新时代民营经济统战工作重要指示精神，会领导带队进基层、进企业、进商会开展宣讲活动，并进行专题研究部署，制定方案，推进落实，引领非公经济人士坚定不移听党话、跟党走。

（二）深入贯彻落实党中央、国务院重大决策部署和自治区党委、政府重要工作部署

一是落实中央和自治区党委应对新冠肺炎疫情工作部署，成立疫情防控领导小组，统筹做好疫情防控、复工复产等工作。向民营企业连续发出5次抗击疫情倡议，5943家民营企业和商会捐款捐物等共计10.1亿元，全区30个民营企业、13家商会组织受到全国工商联表彰。研究制定印发工作方案和指南、政策汇编等，指导民营企业做好疫情防控、复工复产。向自治区党委报送的《民营企业100强复工复产

情况的调查报告》得到石泰峰书记批示，荣获全国工商联优秀调研报告三等奖。二是落实脱贫攻坚工作部署，组织动员民企参加“万企帮万村”精准扶贫行动，五年来，全区1255家企业参与帮扶建档立卡贫困户，与3139个嘎查村结对，建设3641个项目，累计投入47.36亿元，带动帮扶建档立卡贫困户7.71万户近25万人，内蒙古羊羊牧业股份有限公司荣获国家脱贫攻坚奉献奖，2个民营企业和3个单位获得全国工商联表彰。三是贯彻落实党的十九届五中全会精神、中央和自治区经济工作会议精神，开展“两送一防”助推民营企业高质量“走出去”行动，参加民营企业境外合规经营风险防范培训班。

二、加强思想引导，民营经济人士思想政治工作扎实开展

（一）民营经济人士理想信念教育深入开展

举办了企业家副主席副会长理想信念培训班、爱国主义培训班、年轻一代民营企业家理想信念教育专题培训班、“铸牢中华民族共同体意识”专题讲座等，坚定了民营经济人士跟党走的决心和信心。在《中华工商时报》《内蒙古日报》发布信息164篇、官方微信发布信息1147篇。加强舆情工作，及时稳妥处置民营经济领域的舆情信息8条，建立了全区工商联系统宣传员队伍。

（二）民营企业积极履行社会责任

组织引导民营经济人士参与“光明行”活动，截至2020年年底，筛查眼疾患者79.05万人次、实施白内障复明手术29972例。参与构建和谐劳动关系，与自治区相关部门完成构建和谐劳动关系考核评价工作。发布《内蒙古民营企业履行社会责任报告》，代表性地反映了民营企业履行社会责任的实践成就，荣获全国工商联2020年度优秀数据分析报告三等奖。

（三）非公企业党建持续加强

采取动员部署、摸底调研、多种形式建立党组织、选派党建指导员一系列措施，初步实现了41个直属商会党的组织和党的工作“两个覆盖”。面向各商会180名党员举办多期理论学习、政策讲座、专题培训、支部学习会等，党员党性修养进一步提升、党务工作者队伍建设进一步加强。《非公企业党建助力提升基层社会治理水平研究》《自治区工商联所属商协会党建工作调研报告》，为非公经济组织党建工作“破题”提供了依据。

三、履行参政议政职能，推动营商环境进一步优化

（一）推动构建亲清政商关系，助力优化营商环境

组织50家民营企业参加自治区党委、政府主要领导召开的民营经济座谈会，梳理出8个方面34个问题及建议上报党委、政府。落实自治区四大班子领导同志联系民营企业和商会组织工作，落实自治区党委统战部、工商联领导干部联系走访民营企业工作制度，走访调研全区140余家民营企业，形成调研报告4篇，整理上报企业困难诉求159个，解决56个。引导民营企业参与涉企政策制定，就民营企业产权保护、疫情期间惠企政策等10余个涉企政策提出意见和建议。

（二）发挥参政议政主渠道作用，积极建言献策

配合自治区政协开展优化营商环境民主监督专题协商调研，预选120家民营企业，完成专题调研报告。完成填报“万家企业评价营商环境”调查问卷1118份。在调研基础上，完成并上报了内蒙古民营经济发展报告、东北区域民营经济发展报告、上规模民营企业调研报告、军民融合调研报告等共11篇调研报告。加强提案和社情民意信息工作，向自治区政协会议

提交提案共立案24个，向全国工商联提交提案6个，其中1个提案被提交全国政协会议；反映民营经济痛点难点问题，10篇社情民意信息被自治区政协采用，其中1篇得到石泰峰书记批示，1篇社情民意信息荣获全国工商联三等奖。

四、注重服务实效，引导民营企业走以生态优先、绿色发展为导向的高质量发展新路子

（一）“科技兴蒙”取得丰硕成果

完成重点课题《内蒙古数字经济发展状况调研报告》，为内蒙古数字化转型建言献策。推荐71家企业纳入全国工商联创成型中小企业数据库，《加快科技创新平台建设促进民营经济高质量发展》荣获全国工商联调研成果二等奖。向全国工商联推荐民营企业科技创新人才12人、技能人才4人、项目类科技成果9个。举办内蒙古民营经济高质量发展培训班。召开内蒙古民营企业100强发布会，发布民营企业100强、民营企业履行社会责任报告。与中华国际科学交流基金会、上海交通大学内蒙古研究院分别签订合作框架协议。

（二）民营企业绿色高质量发展稳步推进

与生态环境厅建立支持民营企业绿色发展沟通协调机制。形成并上报《内蒙古民营企业践行绿色发展典型案例汇编》。共同举办2020第二届内蒙古绿色环保发展大会，启动5亿元的绿色投资发展基金，发布“内蒙古绿色发展百强企业”名录，举行“内蒙古绿色产业合作中心”揭牌仪式。

（三）助力打造“向北开放的桥头堡”

召开新疆阿勒泰地区招展暨内蒙古新疆民间经贸交流座谈会，组织我区多家民企和商会与阿勒泰地区签署合作协议，畅通了与蒙、俄等国经贸合作渠道；指导内蒙古食品商会打造“‘一带一路’国际食品城”，组织参加第三届中国国际进口博览会。

（四）“六稳”“六保”工作取得显著成效

开展了自治区民营企业稳就业线上招聘月活动，全区登记用工需求民营企业9200家，需求岗位99037个，达成就业意向38055人。与党委统战部、税务局联合召开“减税费、促发展、问需求、优服务”民营企业座谈会，疫情期间全区新增减税降费88.91亿元，下达出口退税计划20.39亿元、免抵调库计划5.47亿元。开展了疫情期间民企融资需求调查，共收集372家企业91.1亿元融资需求信息，推动各银行完成对72家企业27.8亿元的授信。举办了金融助力民营企业稳产达产对接会，助力银行业金融机构连线我区196家民营小微企业进行对接融资，融资金额高达228亿元，现场签约金额65.38亿元，至今已全部到位。

五、创新工作机制，持续推动法律维权服务工作

（一）做好疫情期间法律服务工作

成立“疫情防控律师公益服务团”，结合开展“法律三进”活动，推出10期线上法律政策免费公益直播课程，6400多名商会和企业财务人员在线上学习，发放《民营企业法律维权政策法规资料汇编》1000册。开展民营经济人士知识产权保护培训和调研。

（二）联合政法系统单位深入开展法律维权服务

与司法厅、内蒙古律师协会在全区范围内开展了“法治体检”活动,为162家商会和700余家民营企业提供法律咨询2000余次，帮助化解矛盾纠纷80余件。指导各级工商联与同级人民检察院共同开展了“服务六稳六保、护航民企发展”检察开放日活动、涉非公经济控告申诉案件清理和监督活动。与自治区高级人民法院建立了常态化工作机制。制定了“民营企业家法律维权服务联席会议制度”议事规则和办公室工作制度。全年共收集民营企业维权诉求36件，涉及金额60多亿元，近80%诉求得到妥善解决。

（三）商会人民调解委员会作用充分发挥

全区77家工商联所属商会调解组织调解矛盾纠纷300余起，涉及金额28.5亿元，《内蒙古工商联创新多元化解矛盾纠纷有效形式》荣获全国工商联工作实践创新二等奖。指导3家执委企业进行信用修复移出黑名单。

六、提供组织保障，进一步夯实组织基础

（一）工商联所属商会改革和发展有序推进

召开了自治区工商联商会改革和发展推进会，推动各盟市工商联开展所属商会改革和发展工作，《内蒙古工商联所属商会改革发展调研报告》荣获全国工商联探索实践奖。深入开展“四好”商会建设工作，全区31家商会被全国工商联认定为全国“四好”商会。开展了互学互促、“学一防一推送一”活动，依托9家外埠内蒙古商会挂牌成立了自治区总商会联络处。培育和发展商会组织，截至2020年年底，全区各级工商联共有团体会员1650个，其中自治区工商联161个（所属商会41个）、盟市工商联381个、旗县级工商联1108个。清理撤销了9个不合格商会的团体会员资格。

（二）基层工商联建设扎实开展

制定了盟市级工商联工作评价办法、组织建设工作三年规划（2020—2022），全区69%的县级工商联达到“五好”标准，97%的县级工商联实现了“一个设立、五个有”。

（三）民营经济代表人士队伍建设进一步加强

召开自治区工商联十二届四次执委会议，完成了22名执委、常委、副主席人选的增补替补工作。组织自治区工商联企业家副主席副会长、所属商会会长秘书长进行了述职。

七、加强机关自身建设，提升履职尽责水平

（一）机关党的建设不断加强

强化理论武装，全年共召开党组理论中心组学习会13次，专题研讨6次。落实意识形态工作责任制，建立了意识形态网络员队伍。推进机关“最强党支部”建设。巩固拓展“不忘初心、牢记使命”主题教育成果。机关党风廉政建设深入推进，制定了《党风廉政建设主体责任清单》，经常性开展警示教育，切实做好政治监督、专项监督和日常监督。持续纠正“四风”，全年召开全区性会议1次，向基层发放部署类文件23个。

（二）机关干部队伍素质明显提升

充分运用内蒙古干部网络学院、学习强国、法宣在线等平台进行自学，举办了组织数据库、党内统计、保密、网络安全等业务知识培训及辅导讲座。定向选调1名优秀大学生、招聘录用了6名事业编制人员、安置1名军转干部，干部年龄结构、知识结构进一步优化。

（三）机关规范化建设扎实推进

加快所属事业单位改革进度，自治区党委编办于2020年12月下旬印发了《关于自治区工商业联合会所属事业单位机构职能编制的批复》。制定机关各项制度17个，进一步加强机关规范化建设。内蒙古“网上工商联”工程建设项目已获批准立项。

辽宁省工商业联合会2020年工作综述

2020年，辽宁省工商联在省委的正确领导下，在全国工商联的精心指导帮助下，认真学习贯彻落实习近平新时代中国特色社会主义思想和党的十九大、十九届二中、三中、四中、五中全会精神，认真贯彻落实习近平总书记关于民营经济统战工作重要批示精神，贯彻落实全国民营经济统战工作会议精神，围绕省委省政府中心工作，履职尽责，担当作为，持续抓好各项重点工作，取得了积极成效。

一、深入学习宣传贯彻习近平新时代中国特色社会主义思想，扎实推进理想信念教育

（一）加强学习宣传

一是学习宣传习近平总书记“7・21”企业家座谈会上重要讲话精神，习近平总书记关于民营经济统战工作重要批示精神，向全省广大民营经济人士发出倡议，组织召开民营企业家专题座谈会，加强典型引领。二是及时宣传贯彻党的十九届四中、五中全会精神。第一时间制发深入学习宣传贯彻党的十九届四中、五中全会精神的工作方案。三是大力宣传抗击疫情好故事。在各类主流媒体累计刊发各类宣传报道1350余篇次，同时编发42期《省工商联抗疫工作简报》。

（二）抓好培训教育

一是树立品牌意识，打造全省民营经济人士理想信念教育基地。在抚顺雷锋学院挂牌设立了“全省民营经济人士理想信念教育基地”。二是创新培训模式。全年举办5期民营经济大讲堂，并积极开设线上培训课程，在省工商联公众号开设了公益类线上培训课程，受到广大民营经济人士好评。三是扎实开展意识形态工作。制定出台了《中共辽宁省工商业联合会党组关于意识形态工作责任清单和督查问责制度》，加强舆情阵地管理。

（三）选树先进典型

一是推荐沈阳新松机器人自动化股份有限公司总裁曲道奎等7名辽宁省优秀民营企业家代表荣获全国劳动模范称号。二是推荐22名民营企业家荣获2020年辽宁省五一劳动奖章。三是推荐大商集团等3家企业为第十一届“中华慈善奖”候选对象并获得全国表彰，推荐禾丰牧业等10家企业为最具爱心捐赠企业奖的候选对象，推荐姜成等7人为最具爱心捐赠个人奖的候选对象并获得省级表彰。

二、深入调查研究，积极为省委中心工作及“十四五”规划建言献策

（一）高质量完成省委重点调研任务

按照省委十二届十三次全会部署，由省委统战部牵头，省工商联具体负责就辽宁省支持民营企业发展的相关政策落实情况开展了专题调研工作。调研分9组对全省14个市和沈抚示范区及部分商会进行了实地调研，走访不同行业企业65家，召开集体座谈会20场，共与551位企业家、商会代表等不同层面的人士进行了面对面交流，组织各组填报问卷共计1823份，书面调研省（中）直相关单位和部门50家，最终形成了主体报告1份，分报告15份。9月22日张国清书记在《全省支持民营企业政策贯彻落实情况专题调研报告》上批示，同意工作建议，同时要求涉企政策要充分征求企业意见。

（二）疫情期间开展推进企业复工复产专题调研

我们深入到供应链保障企业就复工复产情况进行专题调研推动，同时利用民营企业调查系统进行线上调查，形成了《新冠肺炎疫情下我省民营企业生产经营情况调查和分析》报告，上报省政协，夏德仁主席批示转省委省政府，得到了时任省委书记陈求发书记的批示，要求做好支持企业复工复产工作。就全省重点项目辽西北供水二期工程进行调研推进，先后到铁岭市、锦州市和阜新市督导检查三市的辽西北二期工程及配套净水厂建设，解决了锦州14.23亿元的地债需求，铁岭市增加了6.9亿元地债投资，有力推动了三市水利工程项目进度。

（三）积极为“十四五”规划等重点协商建言献策

在省委省政府与民主党派协商会、省政协全会、常委会、主席协商会及月度协商会上，辽宁省工商联围绕“十四五”规划，就推进民营企业高质量发展、打造市场化法治化国际化营商环境、助力飞地经济发展、防范民营企业金融风险等专题积极参政议政。

三、围绕“六保”“六稳”，服务民营经济健康发展

（一）圆满完成2020辽宁民营企业百强评选和发布工作

按照省委十二届十三次全会部署，在省委统战部的具体领导下，辽宁省工商联认真组织2020辽宁民营企业百强企业评选。10月26日，召开2020辽宁民营企业百强发布会，发布2020辽宁民营企业100强榜单。

（二）积极引导民营企业高质量发展

一是组织动员全省民营企业参与项目类科技成果和科技创新人才评选工作，向全国工商联推荐9个科技项目，9位创新创业人才和3位技能人才。二是开展了第十次民营企业军民两用高新技术及产品研发生产情况专项调查，推荐沈阳西子航空等一批涉及航空航天以及海洋工程领域的民营企业，参加第六届军民融合发展高技术装备成果展。三是与沈阳建筑大学等高校建立全面的协同创新合作关系。

（三）多途径开展金融服务工作

一是与中国建设银行辽宁省分行洽商合作开办“辽商单位结算卡”。截至2020年9月末，办卡企业达2262户，融资金额145.86亿元。二是与省邮储银行合作，持续推动“万户送贷行动”。2020年以来“送贷”成效显著提升，全省各级商会累计向邮储银行推荐优质会员中小微企业3897户，成功授信3521户，放款超过20亿元。三是开展信用体系建设工作。参加全国“信易贷”工作视频会议，配合全联开展“信易贷”工作。与辽宁省信用中心（省发展改革委）和人民银行建立联系，达成初步合作协议。四是与农业银行、民生银行、光大银行、交通银行等多家金融机构建立合作机制，推动缓解民营企业融资难题。

（四）助力地方招商引资做好服务工作

11月13—17日辽宁省政府举办辽宁国际投资贸易洽谈会（简称“辽洽会”）。作为“辽洽会”组委会成员单位，省工商联积极做好“辽洽会”的相关筹备工作，并得到全国工商联领导的大力支持，顺利完成了重点企业的会议邀请任务，并积极向境外友好商会宣传推介辽宁日益优化的投资环境和辽宁对外开放的良好形象。此外，辽宁省工商联还组织10家辽宁民营企业参加了“2020中国企业国际融资洽谈会暨民企投融资洽谈会”。组织辽宁湖北商会10余家企业共同参加了在襄阳举办的

“2020楚商襄阳行”活动。

（五）搭建司企、税企沟通维权有效机制

一是与辽宁省委统战部、省检察院联合出台了《关于建立健全与民营企业沟通协商机制的实施意见》，通过建立健全与民营企业沟通协商机制，积极搭建制度化沟通平台，切实保障民营企业的平等权利。二是与辽宁省法院联合下发了《关于加强联络沟通服务保障民营经济健康发展的实施办法》（辽高法〔2020〕57号）。三是与辽宁省公安厅积极沟通，联合印发《关于加强服务保障民营经济健康发展的指导意见》。四是建立《国家税务总局辽宁省税务局与辽宁省工商业联合会建立民营企业政策宣讲合作机制》，开展涉税权益保护工作。

（六）积极引领民营企业履行社会责任

一是第一时间向民营企业发出倡议为抗击疫情贡献力量，疫情期间，全省工商联系统2900家民营企业、企业家、社会组织为疫情捐款捐物共计9.38亿元。二是积极开展“千企联千村”精准扶贫与社会服务工作。截至目前，全省有1346家民营企业参与，实施项目2376个，累计投入资金18.84亿元。精准帮扶贫困村1302个，带动和惠及建档立卡贫困人口12.15万人。

四、持续深化改革和抓好作风建设，不断提升工作能力和水平

（一）重点做好所属商会改革

一是推动出台《辽宁省促进工商联所属商会改革和发展实施方案》。二是召开全省工商联组织工作会议暨所属商会改革工作培训班。三是开展省级“四好”商会认定工作，制定并下发工作方案和通知，共有省福建商会等81家商会被认定为省级“四好”商会。四是开展省工商联直属商会规范整顿工作，下发了《关于开展省工商联直属商会规范整顿工作的通知》，启动商会规范整顿工作。

（二）巡视整改推动作风建设再上新台阶

2020年4月13日至7月10日，辽宁省委第二巡视组对辽宁省工商联作风建设方面进行了机动巡视。9月4日，辽宁省委第二巡视组向辽宁省工商联党组书面反馈了巡视意见，提出了四大方面共19个具体问题，我们研究形成了30项具体整改举措，截至目前，巡视反馈的19个问题有18个全部整改完成，其他1个力争在预定时间内完成，没有未进行整改事项。

吉林省工商业联合会2020年工作综述

2020年，在习近平新时代中国特色社会主义思想的统领下，在省委、省政府坚强领导下，在全国工商联和省委统战部有力指导下，省工商联围绕中心服务大局，充分发挥职能优势，牢牢把握“两个健康”主题，聚焦统筹推进疫情防控和经济社会发展重点任务，全力服务民营企业有序复工复产复商复市，切实为夺取疫情防控和经济社会发展双胜利、助力全省民营经济健康发展做出了积极贡献。

一、全力以赴做好疫情防控

坚决贯彻落实习近平总书记关于做

好疫情防控工作的重要指示要求，按照省委、省政府统一部署，第一时间发出《为打赢疫情防控阻击战贡献民营企业家力量》倡议书，搭建防控物资对接平台，畅通抗疫物资采购和捐赠渠道，广大民营企业累计捐款捐物5亿余元。积极发挥党组织战斗堡垒作用和党员先锋模范作用，开展“三看四比五带头”专项行动，与锦程街道十三局社区建立对口帮扶联络机制，选派党员干部参加党员志愿者突击队，构筑了群防群治的严密防线。广泛宣传吉林省民营企业投身抗疫的先进事迹，在央视《新闻联播》《中华工商时报》、吉林电视台等主流媒体报道先进事迹120余篇。省工商联组织带领广大吉商积极抗疫的做法，分别受到全国工商联党组书记徐乐江和时任省长景俊海的肯定批示。

二、主动服务企业复工复产

搭建复工复产服务平台。吉林省工商联班子成员带队赴省内会员企业、商会调研，主动了解复工计划和准备情况，帮助协调解决困难问题。编写《新型冠状病毒疫情防控期间企业劳动用工、生产经营等法律问题建议手册》，制定《关于“走出去”民营企业应对疫情的相关政策提示》，相关做法被全国工商联信息刊发。全面收集整理疫情期间各级惠企政策18期68条，通过微信公众号及时发布《吉林省应对疫情支持中小企业发展政策》，有效提高了政策知晓率，扩大了企业受益面，相关做法被省委办公厅《吉林信息》刊发。搭建普惠金融平台。召开金融助力民营企业发展大会，大力推广20家银行88种金融产品，形成《吉林省服务民营企业金融产品暨优质项目汇编》。与吉林银行、浦发银行签订战略合作协议，达成三年内为省内民企提供600亿元信贷计划，7家中小微企业现场签订3400万元贷款合同。与建设银行、交通银行、华夏银行等9家银行座谈，针对不同行业、不同类别、不同规模企业，分类实施帮助计划，开展差异化服务，创新设计“租金贷”“吉商贷”“流水贷”“云税贷”等金融产品，解决了部分企业的无抵押、零接触融资问题，缓解了欧亚、中东、圈楼等租户和企业疫情期间的资金压力，累计帮扶受疫情影响的51家民营企业，涉及融资金额11.97亿元。开展“金融服务进市州、进商会、进企业”活动，提升银企对接效率，累计帮助21115家企业，融资金额123.13亿余元。缓解民营企业融资难的相关做法被省委办公厅《吉林信息》转发推广，省委副书记高广滨给予肯定签批。搭建合作交流平台。与商务厅共同举办“第五届吉商大会”，持续扩大影响，参会规模、客商人数、引资金额均超上届。开幕式上签约重大合作项目72个，引资额达934.8亿余元。与吉林省发展改革委共同举办“吉浙百家企业手拉手”启动仪式，深化吉浙对口合作，促进了两省企业互学互鉴、合作对接。会同省商务厅、陕西省工商联共同举办“吉陕投资合作项目视频对接会”，现场发布吉林省重点项目500个，供两地企业家商谈对接。先后组织企业参加“2020吉泰企业洽谈会”、中国南亚国际贸易数字博览会等8场大型经贸交流会议；邀请16个省份252户企业赴吉林省进行项目考察、洽谈对接。搭建网络直销平台。召开2020首届中国吉品直播节，启动“吉品汇”电商销售平台，携手吉林交通广播电台打造《良知优品》，展示300余种扶贫产品，87家民营企业通过线上平台购买量达2314万余元，315家民营企业线下直购量221万余元。开展服务民营经济的相关活动和做法，先后得到了时任省委书记巴音朝鲁和时任省长景俊海的5次肯定批示。

三、深入开展理想信念教育

开展“同民营经济代表人士谈心活

动”，走访9位民营经济代表人士，密切了沟通联络。全面落实吉林省政府“吉商素质提升工程”要求，颁布《省工商联吉商素质提升三年教育培训规划》，举办吉林省“年轻一代民营企业家‘不忘初心创业、接力改革伟业’理想信念教育培训班”，引导广大年轻一代企业家坚定信念、听党话、跟党走。召开学习贯彻全国民营经济统战工作会议和吉林省企业家日座谈会，邀请优秀企业家代表谈认识、讲体会、话发展，提高了政治站位、凝聚了思想共识。与吉林省文联共同举办“砥砺奋进，同心筑梦2020年吉林省民营企业家春节联欢晚会”，得到吉林省委常委、省委统战部部长李景浩的肯定签批。

四、积极参政议政建言献策

会同全国工商联开展调查研究，先后组织1000余家民营企业参加8次网络问卷调查，填报各类信息8万余条。围绕服务吉林民营经济发展、企业转型升级、营商环境等方面，向全国工商联提交社情民意12篇，团体提案3篇；向省政协提交社情民意15篇、团体提案11份。其中，《吉林省持续优化营商环境促进民营经济加快发展的调研报告》《吉林省民营企业生产经营情况固定观察点2019年调查数据分析报告》等调研报告、提案、社情民意在全国工商联获奖。《吉林省民营经济发展报告》被全国工商联录入《中国民营经济发展报告（2019—2020）蓝皮书》。省工商联被评为全国工商联2020年民营企业调查点工作省级先进单位。

五、持续推进“民企帮扶脱贫攻坚光彩行动”

五年来，吉林省工商联深入贯彻落实党中央和吉林省委、省政府脱贫攻坚决策部署，按照全国工商联《“万企帮万村”精准扶贫行动的实施意见》安排，发挥自身优势，组织民营企业积极参与、踊跃贡献；广大民营企业和商会组织积极响应号召，积极践行光彩精神，勇于承担社会责任。全省1765家民营企业参与脱贫攻坚，精准帮扶1827个村，投入资金超过11.13亿余元，带动和惠及建档立卡贫困人口13.3万余人，在东北三省一区中，吉林省参与民营企业数量最多，为助力吉林省打赢脱贫攻坚战、全面建成小康社会发挥了应有作用，做出了重要贡献。港原集团、吉林省九台农商银行等5家民营企业，吉林省工商联经济部、吉林市工商联、前郭县工商联3个集体分别被全国工商联评为“‘万企帮万村’精准扶贫行动先进民营企业和组织工作先进集体”。梅河口市正源林业有限公司董事长张仲彬被评为第八届“光彩事业国土绿化贡献奖”。吉林金翼蛋品、吉林华宇集团、神华集团的经验做法在《中华工商时报》刊发。

六、积极助力营造良好营商环境

开展法律维权服务。依托民营企业法律维权服务中心开展法律维权服务，聘请12位涵盖刑法、民法、行政法等诸多领域的全国法律专家和14名省内知名律师，为民营企业涉法诉求提供法律服务。加强与政法机构、市场监管部门的合作，建立长效联系机制，依法维护民营企业合法权益，先后为40家民营企业提供法律维权服务，对一审判处有期徒刑10年的某民营企业家依法保释，帮助5家民营企业依法改判或轻罪免罚，既维护了企业的合法利益，也重拾了企业家干事创业的信心，产生了较好的政治效果、法律效果、社会效果。开展民企评议政府服务工作。深入贯彻落实习近平总书记关于“把改善营商环境作为振兴发展的重要突破口”的重要指示精神，落实《省委全面深化改革委员会2019年工作要点的通知》，会同省市两级统战部、工商联，联合开展全省民营企业评议政府服务调查问卷填写工作，采集有效样本9426份，形成吉林省民营企业评议政府服务工作总报告、经验报告、问题和困难汇总报告，做法被全国工商联评为“2020年工商联工作实践创新成果二等奖”。三份报告引起了吉林省委、省政府的高度重视，省委书记景俊海、省长韩俊都对该项工作给予了充分肯定和批示。

七、扎实推进工商联组织建设和所属商会改革发展

加强工商联组织建设。开展2020—2022年全省“五好”县级工商联建设工作，结合“一个设立，五个有”回头看活动，加强对市县工商联的调研督导，全省县级工商联“一个设立，五个有”工作已全部达标。组织全省工商联相关负责人员参加新办会员资质管理系统培训，提升了会员组织数据库管理人员能力。《吉林省工商联所属商会情况调研报告》和《吉林省县级工商联组织建设工作调研报告》被全国工商联评为2020年组织建设探索实践奖。推动工商联所属商会改革发展。积极开展2019—2020年度全国“四好”商会认定工作，推荐装饰材料行业商会等14家商会入选全国“四好”商会。对吉林省节能环保合同能源管理行业商会等4家商会的会长人选进行任前评价，督促直属商会完成民政年检并组织分级评价，加强商会规范化建设。会同山东省工商联开展全国“四好”商会互学互促活动，促进了吉鲁两省工商联、商会、会员企业交流学习。

黑龙江省工商业联合会2020年工作综述

2020年，在黑龙江省委、省政府的正确领导下，在全国工商联的精心指导下，黑龙江省工商联坚持以习近平新时代中国特色社会主义思想为指导，牢牢把握“两个健康”主题，坚持“信任、团结、服务、引导、教育”方针，坚持围绕省委、省政府中心工作，聚焦统筹疫情防控和经济社会发展大局，倾力履职尽责，各项工作取得积极成效。

一、强化引领，夯实工商联系统思想政治基础

先后举办学习贯彻习近平总书记在企业家座谈会上的讲话精神和全国民营经济统战工作会议精神培训班，联合举办民营经济代表人士座谈会、省工商联直属商会和团体会员商会座谈会，学习贯彻中央和省委一系列精神部署，凝聚共识、坚定信心。落实谈心制度，走访调研商会组织和重点民营企业，创新手段开展思想状况调查。实施“凝共识、强信心、促发展”理想信念教育实践活动，举办市地工商联党组书记“民营经济人士理想信念教育工作研讨会”。印发黑龙江省工商联党组意识形态工作责任制实施办法、意识形态领域风险点研判和舆情应急处置工作预案，举办全省工商联系统意识形态和舆情信息培训班，制定网络安全工作责任制实施细则、网络安全责任制检查考核制度，开展线上线下舆情收集研判。

二、奉献大爱，引导民营企业积极履行社会责任

动员凝聚抗疫合力。联合省红十字会发布“同心抗疫，龙江民企在行动”绿色通道，发动民营企业3125户（人）次捐赠款物总值6.43亿元；建立省工商联、省支援医疗队与湖北省和孝感市工商联对口支援沟通联络机制，组织捐赠款物1.31亿元，其中捐赠孝感市496万元；联合省总工会开展关爱援鄂人员家属活动，组织捐赠款物386万元；参加“黑龙江省应对新冠肺炎疫情进展”第21场新闻发布会，线上发布信息929期，向新闻媒体推送稿件500余篇，支持民营经济代表人士在香港媒体刊发理论文章宣传中国制度优势。合力助企复工复产。梳理细化14类427条惠企政策，推送政策专刊70余期，围绕疫情对民企影响深入开展调研，形成《2020年1—4月份全省民营企业运行分析报告》获省委书记张庆伟批示，《常态化疫情防控下支持我省民营企业生存发展的建议》被省委、省政府和全国工商联采纳。助力脱贫攻坚取得实效。截至12月底，在省工商联“百企帮百村联万户”精准扶贫行动中，共有1702户民营企业、投入金额18.46亿元、实施帮扶项目3621个，受益面达1986个村、16.26万贫困人口。省工商联帮扶甘南县巨变村50户建档立卡户85人全部脱贫；与省扶贫办联合认定省市县三级龙头企业243家，协调省农发行为66户纳入全国工商联“万企帮万村”扶贫台账企业投放贷款65.8亿元。2020年，飞鹤乳业董事长冷友斌被中共中央、国务院、中央军委评为“全国抗击新冠肺炎疫情先进个人”，3名企业家、18家企业、13家商会被相关部委和全国工商联评为抗疫民营经济先进个人、企业、商会组织；11名企业家、11家企业和省工商联宣教处、3个党组织被省委省政府评为抗疫先进个人、集体、基层党组织；2名企业家获第八届光彩事业国土绿化贡献奖，1家企业获第十一届中华慈善奖；1家市级工商联获评“万企帮万村”行动组织工作先进集体和省脱贫攻坚组织创新奖，1家企业获评“万企帮万村”行动先进民营企业，10名企业家获省脱贫攻坚奋进奖和贡献奖；省工商联集中表彰全省工商联系统544名（家）抗疫和脱贫攻坚先进个人、企业、商会及优秀组织单位。

三、服务发展，助力民企“六稳”“六保”

助力稳金融保市场主体运行。全省各级工商联与所在地金融服务队建立沟通联系机制、推动银企对接，协调省建行为63家企业融资3.09亿元，联合主办“送金融政策进中小微企业”活动，帮助大庆赛车小镇协调银行降低贷款利率，年节省利息3166万余元。助力稳投资保产业链供应链稳定。推进“千企联帮带”活动，21户企业实现小升规、3户企业实现规上亿；联合主办“服务龙江民营经济高质量发展农副产品对接会”，签约236项25.97亿元；向省发展改革委反馈民营企业参与国企混改61条对接意向。助力稳预期融入振兴大局。组织18家直属商会联合发布“抗击疫情承诺”，维护市场秩序；引导民营企业助力哈尔滨新区发展，已实施项目5个，完成投资187.24亿元，在民营企业与哈尔滨新区项目对接会上签约项目5个，计划投资142亿元；举办“化危机、育新机，融入国际国内双循环”“提升企业核心竞争力，助推民营经济创新发展”等培训班，稳定发展预期、提升发展能力。助力稳外贸支持民企“走出去”。举办“民营企业境外合规经营风险防范”培训班，与4家境外工商社团签订友好合作协议，组织民企参加2020年中国国际服务贸易交易会和第三届中国国际进口博览会，其中，进博会上480余家民企采购金额约4.5亿美元；联合中国出口信用保险公司黑龙江分公司建立政策性出口信用保险快速响应机制。助力稳就业维护社会稳定。梳理反馈232户企业用工情况和115户企业需求信息，联合开展“和谐同行”企业培育行动、百日要约行动、2020春风行动云聘会等，推进就业供需对接。

四、凝聚合力，优化法治化营商环境

开展法治护企“百千万”行动，与省法院联合实施“万名干警走访万家企业”活动，省市县三级组织共10248名领导干部和干警走访11862家企业，收到意见建议4910条；与省检察院联合实施“服务‘六稳’‘六保’护航民企发展”活动，省市县三级同步组织1016名企业家参加153场次“检察开放日”；举办“培训学习民法典服务民营经济”活动，3000多名企业家参加130余场（次）培训。协同督办民企涉法案件，帮助北方威特家具公司止损1000余万元、长风机械设备公司收回欠款100余万元、福庆纸业公司依法维权。制定落实加强民营企业信用体系建设实施方案。开展营商环境专项分析，《2019年黑龙江省民营企业评价营商环境总体情况报告》获省委书记张庆伟批示。“‘合力共维’法治营商环境活动”被全国工商联评为工作实践创新成果二等奖。

五、围绕中心大局，提高资政建言实效

制定调查研究工作制度，修订提案工作办法、反映社情民意信息工作规定，落实年度重点调研课题7个，在全国工商联系统优秀调研成果奖评选中，获一等奖1项、二等奖3项、三等奖2项。参加全省重大议政协商会议5次、省内外考察3次。聚焦争取国家层面支持解决龙江口岸基础设施建设、央企与龙江融合发展、资源枯竭型城市转型发展等重点难点问题，在全国和省“两会”期间提交提案8件。积极反映社情民意，形成民企同心抗疫、企业运营、行业发展等专题信息、意见建议20余篇，其中9篇获省领导批示15次。

六、深化改革，提升治理效能

推进工商联和商会改革。实施所属事业单位改革；开展“一个设立、五个有”工作回头看，解决鹤岗市6个区和大兴安岭地区2个县（市）工商联无编制问题；下发市地工商联、直属商会评价办法，完善直属商会和团体会员管理办法；组建省工商联农业商会，吸纳省注册会计师协会、省会展经济研究会为团体会员，发展24家省级异地龙商会为特邀团体会员；推荐21家商会参评全国“四好”商会，《坚持四好标准 强化四个功能 扎实开展商会建设工作》获全国工商联2020年度组织建设优秀调研成果探索实践奖。扎实做好巡视和整改工作。开展专题汇报、组织巡视谈话，提供各类档案和情况说明材料274套，针对巡视反馈的24个问题逐条分析研究，制定整改工作台账，健全完善11个制度性文件，切实提升内部治理规范化水平。加强机关建设和工作创新。修订完善《省工商联联系服务民营企业、市地工商联和所属商会的实施意见》，推进建立省市县三级工商联点对点联系和服务立省立市立县企业和项目制度；“黑龙江省民营经济服务平台”暨“网上工商联”“掌上工商联”上线运营，通过“云端+线下”运行联动、有机融合，为民企提供“信得过、找得到、用得上”的服务，被省政协评为“政协工作创新奖”一等奖；系统梳理“金助民企”“助企成长”等10余项品牌行动和重点工作，逐项形成流程图谱，促进经济服务系统化精细化；严格控制发文和会议数量，均达到精简要求。推进机关党建标准化规范化。制定党内生活制度流程，打造“机关网络学习月”“龙商讲堂”品牌，举办“让党旗在脱贫攻坚和疫情防控斗争中高高飘扬”主题党日，选树机关先进典型10名；落实“五细”要求提高干部职工服务意识和能力，在省直“机关工匠”评选中获评1名先进处长、2名先进干部；党风廉政建设、青年干部培养、老干部、工会等工作得到加强。省工商联机关党委被省直机关工委评为“中省直机关党建三年提升工程先进基层党委”。

上海市工商业联合会2020年工作综述

2020年，上海市工商联在市委、市政府以及市委统战部的领导下，在全国工商联的指导下，全面学习贯彻党的十九大及十九届二中、三中、四中、五中全会精神，学习贯彻全国民营经济统战工作会议精神、市委全会精神，围绕中心、服务大局，按照市委、市政府关于统筹做好“六稳”“六保”、奋力夺取疫情防控和经济社会发展双胜利的要求，实施各类务实工作举措全力支持上海民营经济高质量发展。

一、认真学习领会中央及市委重要精神，广泛凝聚思想共识、提振发展信心

深入学习宣传贯彻党的十九届五中全会精神，深刻领会精神实质和丰富内涵。将学习全会精神与学习总书记在民营企业座谈会、企业家座谈会上的重要讲话精神紧密结合，明确方向、学用结合、以学促行，以改革创新精神把全会精神落到实处。

深入学习宣传全国民营经济统战工作会议精神及本市实施方案，制订细化措施推进贯彻落实。面向广大民营经济人士和工商联干部、商会负责人开展多形式、分层次的学习培训和宣传，贯彻总书记重要批示和全国民营经济统战工作会议精神。制定贯彻落实市委实施方案的措施，加强组织领导、强化责任担当。

广泛动员民营企业抗击疫情、彰显责任担当。迅速响应抗疫部署要求，引导本市各级工商联、商会组织和广大民营经济人士同舟共济奋战抗疫保障一线。民营企业踊跃捐款捐物、赶制抗疫物资、参与工程建设、加速运输配送，组织医疗突击队火线驰援疫区。上海市工商联所属企业捐赠列各地工商联之首。众多上海民营经济人士、民营企业、商会获得全国、中央统战部、上海市抗疫先进个人、先进集体表彰和全国工商联抗疫先进民营企业、先进商会组织表扬。

扎实开展“四史”学习教育，巩固“不忘初心、牢记使命”主题教育成果。举办“工商联大讲堂”系列活动、《习近平谈治国理政》（第三卷）学习交流会，成立青年理论学习小组，开展贴合民营经济统战工作和工商联工作特点的学习教育。

二、放大工商联工作平台机制效应，激发民营企业活力、促进民营经济高质量发展

加强调查研究和议政建言，推动民营经济发展政策落实落地落细。疫情期间及时了解民营企业发展难题并研究提出意见建议，有力推动《上海全力防控疫情支持服务企业平稳健康发展的若干政策措施》制订出台。开展政策第三方评估、民企复工复产问卷调查、上海民营经济“十四五”创新发展研究等，为细化28条政策举措做好政策储备，促进培育新动能，持续推动高质量发展。获得全国工商联“抗击新冠肺炎疫情以来民营企业调查点工作先进省级工商联”“信息工作示范单位”荣誉。

强化“政会银企”四方合作，打通民营企业融资服务“最后一公里”。与上海市委统战部以及有关部门、单位、商（协）会共同建立“政会银企”四方合作机制，推动解决疫情影响下民营中小企业融资难问题。定期召开专题推进会，开展跟踪调研，合力持续推进。获得全国工商联“工作实践创新成果”一等奖。

精准传递政策信息，切实增强民营企业信心和预期。通过民营经济发展政策宣讲系列活动、劳动关系沙龙等平台开展政策宣讲和培训解读。承办民营企业境外疫情防控专题讲座。开展民法典、宪法宣传周，《上海市优化营商环境条例》系列宣传活动。

多措并举开展法律服务，推动法治民企建设。与市高院签署合作意见备忘录，与市检察院举办检察开放日暨高层会商活动，与市司法局开展民营企业公司律师试点、推动街镇商会与基层司法所合作机制实现各区全覆盖。市工商联民商事调委会继续开展民商事、知识产权、劳动争议案件调解。

三、主动围绕中心、服务经济社会发展大局，促进改善营商环境

发挥市民营经济发展联席会议机制作用，进一步凝聚各方工作合力。全面梳理总书记召开民营企业座谈会以来上海市各部门促进民营经济发展工作经验和成果，分析存在问题、提出对策建议。与市生态环境局签约建立支持服务民营企业绿色发展长效机制。与有关银行签约授信支持企业参与绿色产业发展。

贯彻“扎实推进长三角一体化发展座谈会”精神，指导长三角企业家联盟在沪举办圆桌会议。市委主要领导出席会议并讲话。三省一市企业家发起成立超导、软件信息服务、数字健康、人工智能首批4个产业链联盟。

加强国内合作、东西部扶贫协作与对口支援，助力打赢脱贫攻坚战。引导民营企业帮扶云南地区国务院挂牌督战贫困村，参与“万企帮万村”精准扶贫行动、市“双一百”村企结对、光彩事业“南疆行”，举办消费扶贫展示展销活动。有关企业和企业家获得全国脱贫攻坚奖奉献奖和创新奖、全国“万企帮万村”行动先进民营企业称号。

加大“走出去”服务力度，引导民营企业参与“一带一路”国际合作。按照市推进“一带一路”建设工作领导小组要求梳理报送民企海外重点项目。与中国新加坡商会·上海签署合作备忘录。建立在线融资对接服务机制、政策性出口信用保险快速响应机制、国际商事调解服务机制。开展“两送一防”专项行动。

强化线上线下服务，助力民企参与第三届进博会。应对疫情防控特殊形势，做好重点行业、重要领域民企采购商的发动、组织和服务工作，全程主动为企业提供信息申报指导、采购产品对接等多样化服务。

引导服务民营企业参与混合所有制改革，促进国企民企合作发展。与联合产权交易所围绕扩大混改项目信息发布渠道、服务非公产权交易等探索合作模式。参加央企民企协同发展项目推介会，支持民营资本参与国资混改以及重大投资、成果转化和资产整合。

坚持以商招商、以商育商、以商聚商、以商稳商，助力本市招商引资工作。编印试点区、新片区和示范区投资服务指南。积极与外省市中国民营企业500强建立联系，组织企业参与自贸区、新片区、虹桥商务区新一轮开发建设，做好招商引资推介和跟踪落地服务工作。

推进民营经济运行监测预测工作，为科学决策提供一手数据资料。按照新的统计口径，完善民营经济运行监测和预测工作机制，探索建立研究基地，加强资源整合。

四、加大引导、教育、培养和宣传力度，加强民营经济人士思想建设

深入开展理想信念教育，建立工作品牌形成上海特色。开展"区工商联争创特色工作、区青创联争创特色案例、基层商会指导点争创示范点"创建活动，突出重点、争取实效。

加强典型宣传，营造良好舆论氛围。疫情期间每日向主流媒体、工商联系统媒体推送民营经济领域抗击疫情、踊跃捐赠、复工复产典型报道，树立民营企业与党和国家同心同行的良好形象。加强重点工作专题宣传，扩大影响。建立执常委企业宣传员队伍，探索舆情应对工作机制。

加强民营经济代表人士和年轻一代教育培养。举办民营企业家研修班、代表人士培训班，提升守法诚信经营的理念和持续健康发展的信心。制订上海市《促进年轻一代民营经济人士健康成长工作意见》，举办青年企业家专题研修班，参加"沪港澳台未来领袖孵化营"，引导年轻一代坚定理想信念、增强家国情怀、做精做强主业。

引导民营企业践行光彩精神，履行社会责任。市光彩会赴云南会泽落实医疗帮扶项目，专项解决会泽搬迁安置群众医疗服务问题。广大民营企业积极响应党和政府关于促进疫后经济发展的部署、迅速投入复工复产，参与高校毕业生就业冲刺行动，努力提供就业岗位保障民生。

五、有效活跃商会，进一步加强组织建设和自身建设

深化所属商会改革发展工作，提升商会建设水平。推动在民营经济集中的重点区域和领域组建商会，指导金融服务商会等完成注册，筹备成立工业品服务商会、自贸区保税区商会、虹桥商务区商会等。开展"五好"工商联、"一会一品牌"建设和"四好"商会评比。全市所属商会年检合格率达100%。开展商会党建共建联建，实现对所属商会党的工作全覆盖。

深入推进机关党的建设和制度建设。抓好党风廉政教育、廉政风险防控和问题整改，推动支部规范化建设。按照市委、市政府"三个覆盖""三个一律"要求以及市委统战部疫情防控工作提示，制订执行疫情防控管理制度，切实管好"自己人"。

江苏省工商业联合会2020年工作综述

2020年是极不平凡的一年，江苏广大民营企业、企业家和各级工商联、商会组织都很了不起。一年来，全省共有88家（位）民营企业和企业家先后被全国和省表彰为抗疫先进企业（集体）和先进个人，共有40多家民营企业及企业家获得全国和省级抗疫工作之外的各项荣誉，全省工商联系统共计获得全国及省级各项表彰

60多项。回顾过去的一年，以下工作可圈可点：

一、增进共识，强化担当，引领企业家队伍健康成长

（一）把牢政治方向，增强思想共识

及时组织开展各类学习教育活动，建立民营企业家谈心谈话制度，组织年轻一代企业家和民营经济组织党组织负责人赴红色基地培训等，引导广大民营经济人士听党话、跟党走。召开全省民营经济统战工作会议，推动形成高效协同的民营经济统战工作格局。常州市率先建立全省首个“民营经济人士之家”，镇江市创建句容茅山理想信念教育基地，无锡市推动红豆集团设立首个民营企业教育基地等，打造了新时代统战工作的有形阵地。

（二）传承张謇精神，擦亮苏商招牌

迅速贯彻落实习近平总书记视察江苏时的重要讲话精神，组织开展学习张謇精神座谈会、培训班，推动设立张謇企业家学院。围绕讲好苏商故事，开展“江苏千亿民企高质量发展媒体行”、新时代江苏商会风采等展现民营经济重大成就的宣传工作，与相关单位合作创办《新时代商学院》电视节目，发布各类宣传稿件800多篇，充分展现新时代苏商“五有”的良好形象。发布《2020江苏民营企业社会责任报告》，推荐苏宁易购等10家企业入围“2020中国民营企业社会责任领先企业榜单”。无锡市在全省率先设立“企业家日”，淮安市开展“年度经济人物”评选，南通市举办“通商大讲堂”系列活动等，多角度、立体化同步宣传优秀企业家事迹和精神。

（三）投身脱贫攻坚，彰显责任担当

充分发挥精准扶贫基金效用，实施帮扶项目50个；打造泗洪县“光彩安居工程”，解决了465户特困群众的住房问题。深入实施“百企帮百村”活动，累计落实帮扶项目6500个，帮扶经济薄弱村4200个、低收入人口20.8万人。全力参与“万企联万村 共走振兴路”行动，汇通达等25家民营企业集中签约，在5000多个村启动联建项目超过6000个。强化东西部扶贫协作，带动6.1万人增收脱贫。维维、益客食品、协鑫、鑫缘茧丝绸等多家企业聚力脱贫攻坚，受到全国表彰。

二、凝聚力量，齐心战疫，奋力夺取“双胜利”

（一）广泛凝聚苏商抗疫力量

疫情发生后，全省工商联系统第一时间启动响应机制，发出系列倡议，构筑起齐心抗疫的统一战线。南京市发动商会、企业定向驰援黄石，苏州市促成民营企业对接支援重点抗疫地区。47家江苏民营企业火力全开参与火神山、雷神山医院建设。省工商联累计编发简报42期，刊发报道500多篇，“苏商天下”微信公众号采编故事260篇，通过宣传典型、营造氛围、鼓舞斗志，不断凝聚抗疫的强大合力。据不完全统计，疫情期间，全省民营企业累计捐款捐物21.67亿元。红豆集团周海江、康缘药业肖伟等88家（位）民营企业和企业家先后被全国和省表彰为抗疫先进企业（集体）和先进个人。

（二）全力推动企业复工复产

以纾困解难为己任，呈报《重点民营企业请求解决事项一览表》等调查报告和62条社情民意，省委书记娄勤俭、省长吴政隆专门作出批示，推动复工复产突出问题得到有效解决。推动出台“苏政50条”和“惠企22条”，编发《疫情防控涉企政策摘编》，发布“减免房租倡议”，仅常州市减免费用达3亿元。利用省金融综合服务平台，为近3000家小微企业解决融资需求87亿元；推广“无接触贷款”等融资平台，为200多家中小企业提供融资支持；启动“暖企抗疫、一路同行”法律公益行动，全方位为复工复产保驾护航。

三、务实举措，展现作为，服务经济高质量发展

（一）建立协调机制，凝聚更强合力

推动省市建立民营经济统战工作协调机制。开展“民营企业服务月”活动，集中调研走访6491家企业和商会组织。实施惠企政策落实情况调研评估。南京市开展“服务民企365”行动，镇江市构建信用修复“三个一”新模式，宿迁市建立“护企456”机制等，推动服务工作再上新台阶。首次发布江苏民营企业200强和创新100强，盐城市联动发布民营制造业企业50强、服务业企业10强，提振了民营企业的发展信心。深入推进区域民营经济营商环境评价，被中央统战部评为年度实践创新成果。常州（武进）“两个健康”先行区贡献了新经验，受到高云龙主席赞扬并批转各地学习借鉴。

（二）搭建平台载体，提升服务效能

深化“1+N”工作合作机制，密切与40多家部门合作，有效服务高质量发展。联合金融部门举办银企对接活动，累计授信628亿元；建立与省科技厅常态化合作机制，巨鲨显示、无锡宝通首次获得技术创新奖；与省人社厅等共同开展招聘周活动；与省生态环境厅建立支持企业绿色发展工作机制，发放30万份《服务企业生态环境政策口袋书》，发布《江苏生态文明20条》。持续开展民营企业进高校“三个一”品牌活动。打造省中小微企业委员会服务的样板工程，开展金融法律等特色服务。新成立马来西亚、墨西哥和肯尼亚江苏商会，与省商务厅建立对口联系工作机制，与省贸促会结成战略合作伙伴关系，助推苏商扬帆远航。

（三）深入调查研究，持续优化环境

贴近企业、走进上海，认真开展调研，积极向党委政府建言献策，形成重要调研成果11篇，其中4篇获全国工商联优秀调研成果一等奖；《民营进出口企业问题困难调查报告》获省委书记批示，推动帮扶外贸企业渡过难关的工作机制和措施出台。发挥民营企业调查点“数据阵地”作用，入库企业总数提升至2300家以上，全年高效完成调查任务12次，填报问卷13000多份，转化为成果10余篇（件）。深化“3+6”省政协委员活动机制，开展智能制造提速复工复产等主题考察调研活动，为民营经济高质量发展汇智聚力。将31类100多项民营经济数据纳入“江苏省部门综合统计一套表”，实现《江苏民营经济季度运行报告》定期采集和科学分析机制，为高质量发展提供数据参考，被全国工商联评为2020年度工作实践创新一等奖。

（四）聚合法制力量，护航健康发展

与省法院签署建立服务保障民营经济健康发展协作机制的框架协议。深入开展“法治体检四进四送”专项行动，推动部门合作共建志愿服务团队231个，走访民营企业5925家、商（协）会185家，化解矛盾纠纷2349件，挽回经济损失9亿余元。加强企业维权和商会调解，指导建立调解机构440个，实现省市工商联与司法系统工作联系全覆盖；全年开展法律培训961场，调解受理案件1775件，调解成功案件772件，涉及金额近1.9亿元。目前，无锡、盐城、淮安、扬州、镇江、连云港等市调解中心作用发挥较好，成为中小微企业纠纷维权的“强势阵地”。

四、完善机制，强健肌体，提升工商联整体效能

（一）商会改革发展稳步推进

率先构建依存度高、获得感强、成长性好的“商会发展生态圈”，组建科技装备、现代金融、数字经济等新业态商会。目前，全省工商联系统所属商会组织总数

4325个，位居全国第一；会员总数35.85万个，位居全国第二。主动对接省民政厅等部门制定《实施办法》，探索异地商会归口管理和规范登记路径。加强省直行业商会动态管理，依规注销9家不符合办会要求的商会。推动129家商会被认定为全国“四好”商会，数量位列全国第一。高规格高质量承办全国工商联商会工作会议，精心谋划“德胜门大讲堂走进江苏”活动，得到广泛好评。徐州市加强全国性区域商会联盟建设，盐城市开展“访老乡、看故乡、建家乡”活动，南通市组建长三角通商联盟，连云港市打造“六为”商会等，赋予基层商会改革发展新内涵。

（二）商会党建工作先行先试

召开全省工作推进会，开展集中攻坚行动，实现市级总商会党委全覆盖；7批次对34家直属商会开展业务培训和辅导，“两个覆盖”率达100%。通过选树典型、以点促面、压实责任等，全省商会党组织覆盖率、应建尽建率提高到50%以上。建立直属商会党建工作数据信息库，下发《直属商会党组织建设工作手册》，规范党建工作开展；举办商会党建先锋分享活动，发布19个“书记项目”，推动党建与会建有机融合。无锡市搭建“红色先锋”商会党建联盟，泰州市建立“四同步”党建工作机制，连云港市实施“四步阶梯工作法”等，不断摸索商会党建新模式，形成了齐抓共促新格局。

（三）机关自身建设全面加强

以巡视整改为契机，落实从严治党主体责任，开展“五抓五促”专项行动和“服务优化”主题年活动，加快“苏商 e 家”建设步伐，完善各项制度，鲜明用人导向，通过营造干事创业的浓厚氛围激励干部担当作为，助推工商联事业健康发展。

浙江省工商业联合会2020年工作综述

2020年，浙江省工商联以习近平新时代中国特色社会主义思想为指导，认真贯彻党中央、国务院和省委、省政府决策部署，对标对表“重要窗口”新目标新定位，坚持围绕中心、服务大局，将“新时代工商联的新样子”大讨论活动成果，转化为奋勇争先的奔跑姿态和解难破题的务实举措，做新时代“奔跑的工商联”，不断擦亮促进“两个健康”金字招牌，为高水平全面建成小康社会积极贡献力量。一年来，浙江省委、省政府主要领导对省工商联工作批示28次，在全国工商联开展的省级工商联工作评价中连续2年蝉联第一，在省委首次对省级单位领导班子进行的考核评定中，省工商联领导班子获得优秀。

一、持续强化思想政治建设，引领浙商永远跟党走

第一时间组织跟进学，及时组织广大浙商学习习近平总书记重要讲话、重要指示批示精神以及党中央和省委决策部署，发出浙商声音，掀起学习热潮；制定下发《关于做新时代“奔跑的工商联”，全力助推浙江省“重要窗口”建设的意见》，带动广大浙商以“奔跑”的姿态，凝聚建设“重要窗口”智慧力量。创新改进思想政治工作，采取“企业家讲、讲给企业家听”的方式。组织新时代浙江省民营企业家宣讲团，开展党的十九届五中全会、习近平总书记在企业家座谈会上重要讲话精神和省委十四届八次全会精神宣；开展“讲述浙商好故事、宣传浙商好典型、弘扬新时代浙商精神”主题活动；联合启动《浙商通志》编纂等工作，传承浙商红色基因。高标准实施教育培养工程，深入实施“品质浙商提升工程”“浙商青蓝接力工程”，举行“浙商永远跟党走”活动，加强商会党建工作，建强高素质创新型浙商队伍。加强宣传教育阵地建设，设立首批4家浙江省民营经济人士理想信念教育基地，联合浙报集团成立“浙商·浙江省工商联融媒体中心”，传递浙商正能量。加强舆情研判引导，开展民营经济领域意识形态分析研判工作，及时掌握和妥善应对重大涉企舆情，提升企业舆情应对处置能力。

二、深入贯彻“两手硬、两战赢”要求，交出抗疫情复生产高分答卷

携手民企共同抗疫，第一时间组建工作机构，建立系统联动工作机制，吹响战役先锋集结号；第一时间排摸调研34万多家企业，为省委、省政府科学部署防疫抗疫工作提供参考。广大浙商和商协会组织火速驰援抗疫一线。据不完全统计，浙商企业累计设立专项基金14.57亿元，捐资捐物18.65亿元；为浙江援鄂医疗队捐赠急需物资450万元，支援荆门市资金物资2000余万元；向浙江省海外侨胞捐款捐物1350余万元。服务民企有序复工复产，深入开展“助企抗疫情、联企复生产”“百地千名行长助企业复工复产”“云助力、拓市场”和服务中小微企业渡难关“暖春”行动等系列专项行动，帮助企业解决物资采购、劳动用工、法律维权等困难问题4490余个，落实贷款2874亿元，开通浙商国际商事调解专线，助企有序复工复产。助力民企稳增长促发展，联合省委统战部开展“精准服务民营企业、破解发展困难问题”工作，联合开展创新型成长型中小企业发掘培育等活动，首度发布2020浙江民营企业200强、就业100强、研发投入100强榜单。

三、推动营造一流营商环境，打造亲清政商关系健康生态

举行“亲清直通车·政企恳谈会”，创新搭建新时代政企沟通协商平台。围绕“强信心、保增长”等主题，全省工商联系统三级联动联合有关部门举办恳谈会300余场，2800多名民营企业家参加，收集各类问题和建议2500多个，有效解决问题1500个，并纳入省委“三服务”工作体系。“亲清直通车·政企恳谈会”工作，荣获中央统战部实践创新成果奖和全国工商联工作实践创新成果一等奖。助力提升政策含金量和宣传面，联动开展“对冲疫情影响稳企业保增长”系列调研，走访企业1.7万家次、掌上问卷调查企业家2.1万余人次；组建涉企政策制定万名企业家代表库；开展企业家“强信心、增动能”金点子征集活动；开展“百队千人政策大宣讲”活动，宣讲政策举措2.2万余次。全国工商联发布的《2020年“万家民营企业评营商环境”报告》显示，浙江省营商环境满意度排名全国第一。推动构建亲清政商关系，常态化落实构建亲清政商关系工作机制，全力支持宁波开展构建亲清政商关系试点工作，推进清廉民企建设。构建亲清政商关系课题研究成果，荣获全国工商联系统理论研究创新成果一等奖。推动构建法治化营商环境，深化与党政部门和司法机关沟通合作，省级层面有效处理民营企业维权案件42件，帮助企业挽回损失30余亿元，联合开展“法治体检”民营企业和商协会16万余家，联合省法院出台建立健全沟通联系机制的实施意见，获得全国工商联高云龙主席、徐乐江书记批示肯定。

四、聚力打造高能级服务平台，扎实推动民营经济高质量发展

浙江省96家民营企业入围中国民营企业500强，连续22年蝉联全国首位。打造创新赋能平台，与浙江大学建立全面战略合作关系，扎实推进“1351”计划和“十百千万”工程，联合发布“浙江大学科技项目供给榜”“民营企业科技服务需求榜”。与新华社中国经济信息社浙江中心建立长期合作关系。全力支持温州市创建新时代“两个健康”先行区，高质量办好第三届中国（温州）新时代“两个健康”论坛。打造开放合作发展平台，成立浙江省工商联（浙江省商会）国际合作商会，建立“浙商国际连线”协调服务机制，助力企业融入双循环新发展格局；与建设银行浙江省分行建立战略合作关系，为新浙商提供3000亿元授信支持；与乐清市、龙港市、嘉善县人民政府建立战略合作关系，助力县域经济高质量发展。打造企业家资源汇聚平台，牵头组建长三角企业家联盟和长三角浙商联盟，推动筹建8条产值超千亿元的产业链联盟，助力长三角地区高水平一体化发展；积极整合浙商资源，打响“天下浙商家乡行”和“知名浙商天下行”活动品牌，有力有效“服务浙商、服务浙江”。打造招才引才平台，联合开展“万企引万才”暨“揭榜挂帅”专项行动，服务民企引进国际高端创新人才。

五、主动扛起历史使命，引导浙商凝心聚力决胜全面小康

引导浙商参与东西部扶贫协作、对口合作和对口支援，积极推动“东西协作·浙商助力”“万企帮万村”精准扶贫活动向深度贫困地区倾斜；认真落实浙江省108个挂牌督战村结对任务，精心组织126家民营企业和社会组织进行结对帮扶，到位资金物资8264万元；开展浙江光彩事业行活动，浙商企业认筹和捐赠扶贫款700多万元、定向招聘9000余个岗位、帮扶贫困人口2760户；组织开展“吉浙百家企业手拉手”活动。引导浙商投身乡村振兴战略，持续跟踪、服务推动“千企结千村、消灭薄弱村”专项行动结对项目落地，积极参与乡村振兴“双百村结对行动”工作。开展民营企业“稳就业”帮扶活动，为建档立卡贫困户开辟招聘专场，帮助对口地区高校毕业生、农民工等重点群体就业，联合省人力社保厅举办民营企业稳就业专项行动启动仪式暨嘉兴市“百校万岗”招聘洽谈会，组织全省256家民营企业提供就业岗位1.4万余个。

六、全面深化自身改革，提升组织建设能力水平

深化推进工商联改革，开展县级工商联服务“两个健康”优秀案例评选等系列改革举措，不断强组织增活力。深入推动商会改革发展，以“商会，让企业更有力”为主题，举办首届“浙江商会周”，3403家商会组织共举办4306场（次）活动。创新开展创建“百家示范商会”活动，探索制定商会建设标准和管理办法，健全完善商会党建工作机制，试点开展商会审计，积极推进直接登记异地商会接管工作，努力打造商会改革浙江样本。深度改进机关工作方式，推进浙江省数字工商联平台建设并上线运行，开展“四个走进”等活动，提升工作效率和服务效能。

安徽省工商业联合会2020年工作综述

2020年，安徽省工商联坚持以习近平新时代中国特色社会主义思想为指导，全面贯彻党的十九大和十九届二中、三中、四中、五中全会精神，认真学习贯彻习近平总书记考察安徽重要讲话指示精神，牢牢把握“两个健康”主题，积极服务民营经济高质量发展，各项工作取得新成效。

一、加强政治建设，凝聚代表人士思想共识

（一）深入学习贯彻习近平总书记考察安徽重要讲话指示精神

及时传达学习习近平总书记考察安徽和在合肥主持召开扎实推进长三角一体化发展座谈会重要讲话精神，向全省工商联系统印发通知，就贯彻工作提出明确要求。制定省工商联贯彻落实方案，明确任务清单，细化落实举措，建立工作台账，推动任务落实。利用所属宣传阵地，宣传解读习近平总书记考察安徽和在合肥主持召开扎实推进长三角一体化发展座谈会重要讲话精神，省工商联网站先后刊发省工商联系统学习宣传贯彻稿件130篇，《工商导报》刊发各类稿件40余篇。

（二）不断深化理想信念教育

制定民营经济人士理想信念教育年度培训计划，举办县级工商联主席、党组书记培训班。建立包保机制，驻会负责同志均深入基层工商联、商会作专题辅导。举办学习贯彻习近平总书记考察安徽重要讲话指示、企业家座谈会重要讲话精神宣讲报告会，组织参加全国民营经济统战工作会议精神网络培训班。定期举办安徽省工商联大讲堂。落实与民营经济代表人士谈心交心制度。协助做好省光彩会换届工作。

（三）扎实推进商会党建

指导各市级工商联建立所属商会党建工作机构，推动具备条件的直属商会建立党支部，16个市工商联均成立所属商会党建工作机构，39家直属商会建立党支部25个，选派11名处以上党员干部担任直属商会党建工作指导员，实现直属商会党建工作全覆盖。开展所属商会党建体制机制建设调研，撰写的《全省工商联所属商会党建体制机制建设调研报告》，获全国工商联2020年度组织建设优秀调研成果一等奖,全国工商联2020年度商会党建工作“实践探索成果奖”。

二、强化服务职能，推动民营经济高质量发展

（一）精准建言献策

完善民营经济运行制度和专项调查机制，围绕要素市场化配置开展调研10余次，向省委、省政府报送工商联直通车5期，9篇社情民意被省政协采纳。向省政协十二届三次会议提交6篇团体提案，“推进民间资本在乡村振兴中发挥更大作用”提案由省委书记领衔督办，被评为年度好提案。先后获得全国工商联理论研究一等奖、实践创新成果一等奖、优秀调研成果奖、调查点工作省级示范单位等多项荣誉。

（二）持续开展融资服务

与建行安徽省分行、省担保集团签订合作推进金融服务民营企业高质量发展协议，召开三方合作金融服务推进会，建立

常态化合作机制。截至年底，建行安徽省分行累计放款44.4亿元。开展民营企业融资情况调研，举办民营企业财税金融培训班。

（三）扎实开展创新服务

组织近200名民营企业代表与大院大所开展科技创新交流活动，3家企业已与北航合肥创新研究院签订合作协议。依托安徽省学产研智能协作创新服务平台，联合省教育厅、省经信厅筹办第二届高校科技成果转移转化大赛。

（四）深化商会人民调解服务

推进人民法院调解平台与商会调解服务平台对接，安徽省被最高法与全国工商联确定为全国三个试点省份之一。天长市在第二届民营经济法治建设峰会上做经验介绍。建立健全商会人民调解组织运行管理和保障机制，做到组织、人员、经费、场所、制度“五落实”，累计聘请调解员1436人，实现省、市、县三级商会人民调解全覆盖。2020年，全省商会人民调解组织共受理调解案件22710件，成功调解9686件。滁州市总商会人民调解委员会被司法部表彰为“全国模范人民调解委员会”。

（五）发挥桥梁纽带作用

落实与非公有制经济代表人士谈心交心制度，持续推进领导干部联系基层工商联、行业商会、企业和扶贫点工作。搭建与行业商协会、民营企业制度化沟通联络平台，不断完善省委统战部、省工商联与民营企业家季度座谈会制度，全年召开3次民营企业家季度座谈会，宣传解读政策、听取企业意见建议，共梳理12个问题通过省“四送一服”办公室跟踪督办，均得到答复。

三、主动担当作为，服务全省经济发展大局

（一）凝聚民企力量同心抗疫复工

认真落实中央及省委各项疫情防控决策部署，广泛动员民营企业和所属商协会积极投身疫情防控阻击战。据不完全统计，2020年1月底至4月初，广大民营企业家共捐款捐物5.68亿元，紧急驰援湖北250吨农产品，刷新安徽省民营企业单项捐赠记录。省汽车经销商商会等17家商会、南翔集团等36家企业被全国工商联授予抗击新冠肺炎疫情先进商会组织、先进民营企业称号。

（二）引导民营企业参与“三大攻坚战”

一是持续推进“千企帮千村”精准扶贫行动。截至2020年年底，安徽省进入“千企帮千村”台账管理系统的民营企业已有11017家，投入总金额61亿元，帮扶贫困村6831个。6家民营企业、4家工商联组织荣获全国“万企帮万村”精准扶贫先进民营企业、组织工作先进集体，受表彰企业数全国第三。开展消费扶贫，2020年累计采购、代销贫困地区农产品价值2.7亿元。组织商会、企业与新疆皮山县33个挂牌督战村结对共建，捐款捐物829万元；向西藏山南市捐赠帮扶资金100万元。二是服务民营企业绿色发展。承办全国工商联第二期民营企业家及工商联干部污染防治专题培训班，与省生态环境厅共同举办第一期全省民营企业污染防治专题培训班、联合召开民营企业绿色发展座谈会，签订共同推进民营企业绿色发展战略合作协议。三是引导民营企业防范化解重大风险。组织我省部分外向型企业参加全国境外合规经营风险防范线上培训；加强对民营企业劳动关系的监测、分析和研判，有针对性地开展法治宣传，防范民营企业法律风险。

（三）扎实开展“四送一服”

2020年省工商联牵头“四送一服”第七工作组在淮南开展为期2个多月的“四送一服”专项行动，实地走访企业866

家、重点项目33个，收集企业反映问题671个，召开座谈会、宣讲会40场，举办要素对接会10场，协调解决土地指标9546.3亩，签订产学研项目23个，银企合作签约资金9.09亿元。

（四）着力加强区域合作

一是积极做好世界制造业大会相关工作。通过多种形式，邀请有影响的全国500强企业参会。据统计，世界制造业大会江淮线上经济论坛主会场签约民企项目16个，投资额554.5亿元；全省累计签约民企项目297个，总投资2658.2亿元。民营企业签约项目占全省签约总项目的44%，投资额占全省签约总投资的43%，民企项目平均投资约9亿元。二是积极参与长三角一体化发展。与沪苏浙工商联合作共建长三角企业家联盟并开展相关活动，安徽省工商联副主席、科大讯飞董事长刘庆峰当选长三角企业家联盟联席主席，安徽省另有4位企业家当选副主席，20位企业家当选理事。三是助力“一带一路”建设。组织民营企业参加中国国际服务贸易交易会与第三届中国国际进口博览会；举办“一带一路”建设相关专题培训班；与省外办等部门共同主办“安徽与东盟国家驻沪领事机构对话会”。

（五）完成民企百强排序

组织发动民营企业参与上规模民营企业调研和百强排序活动，成功召开2020安徽省民营企业百强发布会，发布年度营收百强、制造业百强、服务业百强榜单和百强分析报告。

四、持续推进改革，增强工商联组织凝聚力

（一）完善工作运行机制

做好常执委届中增补工作，出台省工商联会员代表大会代表任期制实施办法、专门委员会工作规则，筹建省工商联组织工作委员会、青年企业家工作委员会等6个专门委员会。分两期举办全省县级工商联主席、党组书记培训班，增强县级工商联领导班子履职能力。完善企业家副主席副会长履职情况评价办法并开展评价。持续推进“五好”县级工商联建设，组织县级工商联开展“一个设立、五个有”回头看。

（二）推动商会改革发展

制定全省工商联所属商会统战工作联络员制度，推动统战工作向商会覆盖。修订《安徽省工商联直属商会管理办法（试行）》，指导商会进行规范化建设。开展直属商会清理整顿工作，对工作长期停滞、整改无进展的6家商会分别给予撤销登记、暂停活动等处理。推进工商联所属商会登记注册，基本完成市级工商联所属商会登记注册，部署开展“四好”商会创建。

福建省工商业联合会2020年工作综述

2020年，福建省工商联坚持以习近平新时代中国特色社会主义思想为指导，围绕中心大局，落实加强新时代民营经济统战工作要求，着力创新理想信念教育载体，团结引领广大民营经济人士健康成长；广泛动员闽商抗击新冠肺炎疫情，开展“联百会助千企”行动，扎实落实“六稳”“六保”任务；扩大“工商联+N”效应，推动打造营商环境高地，切实服务民营经济高质量发展；巩固提升“千企帮千村”行动，弘扬企业家精神，助力决战决胜脱贫攻坚。服务民企“四访四通”机制、举办第三届全国青年企业家峰会、建言献策工作获有关领导批示19件次。

一、深入学习贯彻习近平总书记重要讲话重要指示批示精神和党的十九届五中全会精神

重视加强理论武装。全年共召开27次党组会、17次党组理论学习中心组学习扩大会、7次主席办公会，认真学习领会习近平总书记重要讲话重要指示批示精神，研究部署贯彻落实的具体举措。发挥领导班子成员领学促学的“关键少数”作用，深入基层和商会组织，带头宣讲习近平总书记关于民营经济发展重要论述和党的十九届五中全会精神，直接受众3000余人。通过办班培训、辅导讲座、座谈研讨，组织民营企业家跟进学习习近平总书记关于统筹推进疫情防控和经济社会发展一系列重要讲话精神，引导民营经济人士在助力打赢疫情防控阻击战、落实“六稳”“六保”任务中提高政治站位、彰显责任担当。

持续深化理想信念教育。创新打造“1+4+N”民营经济人士理想信念教育基地，推动古田干部学院挂牌设立全国民营经济人士理想信念教育基地，在厦门陈嘉庚纪念馆、泉州“晋江经验”教育基地、三明中央苏区（宁化）革命纪念馆、宁德摆脱贫困主题展览4地挂牌设立省级基地；指导各设区市挖掘主题教育资源，加快建设多个基地。各级工商联依托基地举办各级理想信念教育培训，累计受训人数3000多人。实施以年轻一代企业家为主的“万人培训工程”，联合省委统战部、省科协开展4期线上线下培训，全省工商联系统共培训1.5万人次。开展红色故事宣讲进商会活动，指导省民营企业商会、女企业家商会、青年闽商联合会、福建省浙江商会等所属商会举办多种形式的教育活动。

二、积极参与疫情防控和经济社会发展

全力投入疫情防控阻击战。第一时间成立疫情防控工作领导小组，及时向全省各级工商联、所属商会和海内外闽商发出落实疫情防控责任、合力抗击疫情的倡议书、公开信和通知，得到广大闽商的积极响应。据不完全统计，6000多家民营企业和商会组织捐款捐物共计19.33亿元；一批境外闽商和异地商会发挥自身优势，全球采购防疫物资驰援抗疫一线；异地闽籍商会协助福建派驻省外的23个疫情防控组，为入境返闽人员提供保障。福建圣农集团党委、柒牌时装常务副总裁洪炳文、永辉超市总经理陈颖获评全国抗疫先进典型，福耀集团、恒安集团、爹地宝贝获中央统战部等四部委表彰，福信集团等30家民营企业获评全国工商联抗疫先进企业，省民营企业商会等21家商会获评全国工商联抗疫先进商会组织。

大力开展“联百会助千企”复工复产行动。省工商联成立6个工作专班，全省9市1区工商联、1600家各级工商联所属商会、860多家异地闽籍商会同步跟进，形成联动机制。通过搭建“云招聘”、共享员工、共享设备、共享食堂、线上门店、直播销售等平台，协助包机包车（专列）接送员工等方式，帮助企业打通复工复产复商复市路上的“用工关”“物资关”“市场关”，为1.23万家企业解决疫情期间1万多个困难和问题，向省委办公厅等部门及时反映各类诉求建议46件次。

积极服务项目招商与经贸合作。2020

年9月，在福州成功举办第三届全国青年企业家峰会，期间以省政府名义举办产业项目招商推介会，组织企业对接产业项目155个、总投资2133亿元，其中签约项目21个、总投资685亿元。发挥广泛联系异地闽籍商会和海内外闽商优势，组织民企和商会参加第三届中国进口博览会、第三届数字中国建设峰会、“6·18”福建民营企业产业项目对接会、“9·8”厦门投洽会等重大经贸活动，帮助企业开拓市场、寻求商机。

三、持之以恒助力打赢脱贫攻坚战

巩固提升“千企帮千村”行动成果。召开“千企帮千村”行动巩固提升推进会，开展“四个一”回头看，巩固企村帮扶工作成果。截至2020年12月，共组织全省1445家民营企业和商会结对帮扶1498个贫困村，累计投资9.7亿元以上，惠及6.7万贫困人口。大东海集团、沈郎油茶有限公司获评全国“万企帮万村”先进民营企业。贯彻落实习近平总书记给宁德市寿宁县下党乡乡亲回信精神和省委工作要求，组织20家民企和商会结合当地资源禀赋，采取建设油茶产业基地、开发“定制茶园”等形式开展产业扶贫，帮扶当地发展，带动群众增收致富。

积极参与东西部扶贫协作。弘扬闽宁对口扶贫协作援宁群体的“时代楷模”精神，通过产业扶贫、消费扶贫、定向捐赠，落实闽宁协作、援藏援疆等帮扶任务。拨付宁夏工商联100万元用于当地深度贫困县建档立卡贫困村精准扶贫项目。组织企业家参加全国工商联“万企帮万村”甘南行、织金行活动，累计捐款捐物1000多万元。参与定点帮扶任务，帮助昌都市来闽举办专场招商推介会，4家闽籍企业签约投资1.62亿元。

大力推进光彩事业。以开展“光彩·助学”、“光彩·粉红丝带”等活动为抓手，引导广大闽商践行光彩精神。一年来，省光彩会共接收民营企业、商会公益捐款1.24亿元，实施扶贫公益项目74个，支出公益资金1.05亿元。全省同心助学活动共捐赠4336万元，资助贫困学生8260人。

四、全力以赴助力民营经济高质量发展

着力扩大“工商联+N”协同效应。与省高院举办“司法护航民企体验日”活动，联合成立福建省诉非联动中心，省工商联4家所属商会作为特邀调解组织。与省检察院举办“检察护航民企发展开放日”活动，推动成立检察服务中心，共同推行“驻企检务”“检企联防”。与省司法厅常态化开展民营企业“法律三进”“法治体检”等活动。与省公安厅建立服务保障民营经济发展合作机制。与省人社厅开辟民企职称评审绿色通道，截至2020年年底，累计评审确认高级职称4598人、中级职称37330人。加强与省发展改革委、工信厅、税务局、银保监局等政策主管部门合作，提高惠企政策制定的参与度，合力推动政策落实。联合省银保监局、工商银行、建设银行、交通银行等金融机构开展“金融服务助小微”行动，累计发放贷款550.69亿元，惠及4.5万家小微企业。联合中信保福建分公司建立民企“走出去”风险防范机制，带动2800余家小微企业享受“单一窗口+出口信保”服务。

着力优化营商环境。搭建政企沟通平台，与省委统战部、省信访联席办、省信访局共同建立服务民营企业“四访四通”机制（四访：开门接访、进门约访、登门走访、上门回访；四通：诉求表达畅通、意见建议直通、困难问题沟通、矛盾积案疏通）。发挥协商议政作用，围绕疫情对民营企业的影响、完善民营经济统战工作协调机制、民营企业运行情况分析、惠企政策落实情况等多个课题开展专题调研，参与涉企政策制定。落实好《福建省非公有制企业诉求受理处置反馈机制（试行）》和省工商联民企诉求办理试行办法，及时收集、反映企业的诉求建议。

着力维护民营企业合法权益。创新“12345”法律服务工作模式，着力营造依法、平等保护民营企业合法权益的法治环境。充分发挥专业人士服务民营企业公共平台、仲裁服务中心、法律维权服务中心作用，受理处置各类民商事纠纷50余件，收集民营企业涉政府产权纠纷等问题线索19件。大力推进多元化解纠纷机制建设，省工商联所属商会已有50家成立人民调解委员会，占比68.5%。2020年疫情期间，开通民营企业法律援助专线电话，组建专业律师团队，受理和答复涉企13个方面的法律保障问题。联合6家律师事务所、税务师事务所和仲裁机构，举办13期线上公益微课，共为3460家企业解决疫情引发的物业租赁、劳动用工、合同违约等法律问题。

五、坚定不移抓好工商联及所属商会改革发展

推进工商联全面深化改革。完善专门委员会工作制度，成立省工商联智库委员会。完善并落实企业家副主席、副会长、执委履职情况评价制度，联系基层工商联、商会制度等，优化工商联常委、执委组成。部署开展设区市工商联评价工作，加强对基层工商联、所属商会的联系指导，形成上下联动、横向贯通的工作合力。巩固提升“一个设立、五个有”和“五好”县级工商联建设成果，泉州、莆田、龙岩率先实现全国“五好”县级工商联全覆盖。

加大商会改革发展力度。出台工商联所属商会管理服务细则，加快在主导产业、新兴产业组建行业商会，持续推进镇街、园区商会建设。2020年商会改革发展取得丰硕成果，截至2020年12月，全省工商联所属商会达1974家，比增23%；其中镇街商会880家，比增49.6%，覆盖率从2019年的54%提高至2020年年底的80.8%。发挥省工商联社会组织行业党委职能，所属商会党的组织覆盖率达74%，党的工作覆盖率达100%，商会党建“5543工作机制”入选全省机关体制机制创新优秀案例。修订完善《关于指导引导和服务异地福建商会的实施办法》，密切与省外闽商的交流联系。实施闽商回归工程，鼓励在外闽商回乡投资兴业。

抓实模范机关创建。严明政治纪律和政治规矩，细化落实全面从严治党责任清单，层层传导压力，落实“一岗双责”。巩固省委巡视成果，立行立改、加强整改，落实整改措施83条，健全完善《中共福建省工商联党组工作规则》等制度规定。深入开展党支部达标创星活动和标准化建设，推进党建与业务工作深度融合，“机关一支部一特色”效应初显。提振干部干事创业精气神，引导机关党员干部特别是年轻干部投身新时代工商联实践，一批能力突出、苦干实干、群众认可的干部得到提拔使用。机关获评第十四届省级精神文明单位，经济联络部获评2020年省“战疫有我”学雷锋活动示范点，1位同志获得福建省“最美家庭”称号，4名党员荣获省直机关“抗疫最美奋斗者、守护者”称号，1名党员荣获省直机关“三八红旗手”称号。

江西省工商业联合会2020年工作综述

2020年是极不平凡、极其不易的一年。面对国际国内严峻复杂形势，特别是新冠肺炎疫情冲击，江西省工商联在省委、省政府的坚强领导下，在全国工商联、省委统战部的精心指导下，在疫情防控和企业复工复产上践行初心使命，在做好“六稳”工作、落实“六保”任务中恪守职责担当，为推动全省非公经济高质量跨越式发展做出新贡献。

一、加强思想政治引领，广泛凝聚共识

坚持政治建会，强化思想引导和政治引领，创新改进思想政治工作，凝聚发展共识，是工商联重要使命。一是加强政治理论学习。江西省工商联采取学习座谈、专题研讨、教育培训等形式，第一时间组织广大民营经济人士认真学习党的十九届五中全会、全国“两会”、民营经济统战工作会议、中央经济工作会议精神和习近平总书记关于非公经济、民营经济统战工作、抗击疫情系列重要讲话精神以及省委十四届十二次全会、省委经济工作会议精神。二是开展思想政治工作。召开民营企业家咨询恳谈会，开展民营经济代表人士谈心谈话活动，广泛听取民营企业家的意见建议。召开专题座谈会、开展一对一访谈、收集调查问卷、实地走访，摸清当前民营经济人士思想状况和关注问题，形成江西省民营经济人士思想状况调研报告。三是开展教育培训工作。举办江西省年轻一代民营企业家培训班和江西省第七期民营企业家高级研修班，全年省工商联培训640余人次。用直播的方式举办“赣商大讲堂”，及时引导民营企业家应对风险挑战，增强高质量发展本领。四是持续弘扬企业家精神。自主拍摄制作专题宣传片《俏梅战寒花先开——赣商战疫情促发展纪实》，通过《中华工商时报》《江西日报》，江西电视台、江南都市报等媒体，召开表彰会等形式大力宣传表扬江西民营企业和广大赣商在抗击疫情中的社会担当。

二、引导履行社会责任，强化责任担当

积极动员、大力引导全省民营企业家和广大赣商参与抗疫防汛、精准扶贫等工作，引导企业家履行社会责任。一是抗击疫情。疫情发生后，江西省工商联第一时间发出倡议书，动员全省民营企业家和广大赣商捐款捐物6.48亿元。受省委、省政府委托，江西省工商联联合省海外联谊会向38个境外江西商会社团组织捐赠72万个医用口罩。二是精准扶贫。着力构建稳定脱贫长效机制，持续动员引导民营企业参与“千企帮千村”精准扶贫行动，大力开展消费扶贫、教育扶贫。召开全省“千企帮千村”精准扶贫行动工作推进会，表扬了全省56家先进民营企业。编制《江西民营企业社会责任报告（2020）》优秀案例，首次发布社会责任领先指数，表彰了履行社会责任10家民营企业代表。三是抗洪救灾。动员民营企业捐款捐物2383.24万元，得到省委、省政府，全国工商联的充分肯定。江西省工商联表扬了235家在防控新冠肺炎疫情中做出突出贡献的民营企业，联合评选表彰了100家积极履行社会责任并踊跃投身脱贫攻坚的民营企业和42家精准扶贫行动组织工作先进集体。

三、推动企业复工复产，精准破解难题

面对疫情带来的挑战和冲击，江西省工商联主动担当，积极作为，全力为民营企业排忧解难，推动民营企业复工复产，达产达标。一是广泛调研。江西省工商联第一时间开展“防疫情、促发展”活动，广泛调研，收集了1894条各类意见建议，撰写系列调研报告，多数建议被省政府出台的稳定经济增长政策措施所采纳。二是监测运行。采用线上调查和书面访查等方式，跟踪了解企业发展困难和意见诉求，推动资金和政策直达基层、落在企业，全力指导企业有序复工复产。三是化解问题。成立应对新冠肺炎疫情律师志愿服务团，着力帮助民营企业规避化解因疫情所带来的纠纷。向经营性用房业主发送疫情期间减免租金《倡议书》，通过政策层面帮助民营企业复工复产。四是搭建平台。开发上线了“赣商动力”云直播服务平台，推出“金融直通车”“政策必达”“赣商大讲堂”“赣动说报”等栏目，着力帮助企业缓解融资难题，成功授信放款6.2亿元，得到省委、省政府的高度认可。

四、开展营商环境企业评价，优化营商环境

营商环境是软实力，是民营经济持续、稳定发展的根本保证。一是开展企业评价。江西省工商联开展全省营商环境企业评估工作，收集近1.4万份有效问卷，总结32项典型经验，全面、系统、综合反映了各地营商环境状况。二是形成调研成果。撰写形成“1+2+11”系列评价报告，即《江西省营商环境企业评价报告》和开发区、县域营商环境报告，以及11个设区市营商环境企业评价报告，并对11个设区市、赣江新区和全省各县（市、区）、工业园区进行排名。三是开展推选活动。开展第四届十佳优化营商环境县（市、区）和第一届十佳优化营商环境工业园区推选活动，得到县级党委、政府和工业园区的高度重视。江西省工商联营商环境评价工作获得全国工商联2020年度工作实践创新成果评选三等奖。

五、构建新型政商关系，畅通沟通渠道

着力推动构建亲清新型政商关系，为民营经济发展建净言、献良策，为党委政府当好参谋助手。一是政企座谈。2020年省“两会”期间，承办易炼红省长主持召开的“坚守主业做强实业，加快构建现代产业体系”民营企业座谈会。二是调查研究。撰写了系列调研报告，得到刘奇书记、易炼红省长批示肯定。三是参政议政。2020年省“两会”期间提交立案团体提案10项，其中2项列为省领导重点督办提案，大会发言被采纳12项；向全国工商联报送团体提案10项，其中2项被全国政协采纳。江西省工商联有2篇提案分别荣获一、三等奖；2篇调研报告分别荣获全国工商联一、二等奖；2篇社情民意信息分别荣获二、三等奖。四是课题研究。2020年6月，成立江西省民营经济研究智库，填补了江西省民营经济智库领域的空白，全年推动地市工商联、企业家和智库专家完成116项参政议政课题。

六、构建全省维权服务体系，维护合法权益

非公企业维权保护工作，是江西省工商联推动优化营商环境，促进民营企业发展的重要举措。一是构建工作网络。指导并推动建立省、市两级非公企业维权服务工作网络。二是形成工作合力。指导各级非公企业维权服务中心与同级政府部门、政法单位沟通联系，进一步激发各级政府部门帮助民营企业纾危解困，形成全省上下维护民营企业合法权益的工作合力。三是加强工作宣传。形成维权工作专报4期、工作简讯3期、集合形成34个典型案例并制作汇编。维权服务已成为江西省优化营商环境的一张亮丽“名片”，省非公企业维权服务中心受理实质性维权诉求520件，结率达84.6%。江西省工商联维权服务工作获得全国工商联2020年度工作实践创新成果评选一等奖。

七、精心做好服务，促进健康发展

聚焦做好“六稳”工作、落实“六保”任务，不断创新形式，精心为民营企业服务，是增强工商联凝聚力、向心力的保证。一是融资服务。采取“银行＋商会＋民企”服务模式，一站式金融综合服务平台共解决民营企业融资92.16亿元。二是人才服务。动员组织1.3万余家民营企业参加。联合人社厅等部门开展金秋招聘月活动，组织5254家民营企业参加，提供17.3万个招聘岗位。三是百强发布。百强发布已成为江西民营经济的“晴雨表”，2020年100强企业入围门槛为21.18亿元，比2019年高出1.54亿元。全省有7家企业入围中国民营企业500强，入围数量排全国第13位，中部地区第3位。四是发挥民营经济研究会作用。着力打造赣商“精神大厦”，非公经济档案库，建成五大类34本刊物书籍的档案库，全国工商联将之作为系统首创，报中央深改委并发给省级工商联学习借鉴。全年编辑出版12期《内参》、4期《专报》，《专报》已成为各级党政部门及时了解、掌握、决策江西民营经济发展的参考依据。

八、推进工商联组织建设，加强联系指导

强化“六网一胞”基层组织建设，着力提升工商联服务能力和水平。一是加强市县工商联建设。以市县工商联换届为契机，配强工商联领导班子，选优配强主席和党组书记，增强市县两级工商联工作力量。举办第5、6期全省工商联系统干部培训班，培训100人次。二是做好非公党建工作。指导会员企业、所属商会党组织全面推开“三化六有”建设，提升非公党建工作水平。形成《江西省工商联所属商会党建工作调研报告》，荣获全国工商联2020年度组织建设优秀调研成果突破创新奖。三是做好商会改革发展工作。推荐66个商会为全国“四好”商会，加强商会规范化建设，进一步完善商会法人治理结构。

2020年，江西省工商联工作虽然取得一定成绩，得到各级领导、上级部门、民营企业和社会各界的好评，但是，仍然存在一些问题和不足，如各级工商联、商会组织发展还不够平衡等，需要在今后工作中加以解决。

山东省工商业联合会2020年工作综述

2020年，山东省工商联在全国工商联的具体指导下，紧紧围绕省委、省政府中心工作，牢牢把握“两个健康”主题，按照“一二一二三”的总体工作思路，充分发挥职能优势，履职担当，攻坚克难，各项工作逆势而进、成效显著。

一、坚持把方向、强思想，筑牢思想政治工作基础

牢牢把握统战性第一属性，启动实施“政治引领工程”，以引领思想、引领方向、引领能力、引领责任为重点，最大限度调动积极因素，巩固扩大政治共识。推进理想信念教育扩面提效，组织召开学习贯彻习近平总书记企业家座谈会重要讲话精神和党的十九届五中全会精神座谈会、学习贯彻全国民营经济统战工作会议精神部署会；召开了全省领军民营企业座谈会，李干杰省长出席会议并讲话。建立落实同民营经济代表人士谈心交流制度，举办年轻一代民营企业家理想信念教育暨商会党支部书记培训班，推荐企业家代表列席省级会议、参与涉企政策制定，引导民营经济人士找到“一家人”“自己人”的感觉。成立青年企业家委员会，引导年轻一代继承发扬听党话、跟党走的光荣传统。指导7家商会建立了党组织，为16家商协会选派党建指导员，促进了会建和党建融合发展。

二、坚持抓实事、强担当，助力疫情防控和脱贫攻坚

疫情发生后，积极响应、闻令而动，建立系统联动机制，全力协调人财物助力疫情防控。疫情期间，全省工商联系统商会组织、民营企业捐款捐物达6463批次，累计捐赠款物总额17.62亿元；许多民营企业不休假、不停机，紧急复工转产保供应，努力驰援抗疫一线。依托微信公众号建立《抗击疫情—山东民企在行动》等宣传专栏，联合人民网、山东卫视、大众网等主流媒体开展抗疫图片、视频好故事征集活动，制作的《不忘》专题片、《硬核山东大爱鲁企》海报等引起良好反响，其中《不忘》专题片荣获山东政协新闻奖二等奖，营造了民营企业同舟共济、共克时艰的浓厚氛围。召开省总商会系统工商资本下乡助力乡村振兴现场推进会，引导民营企业积极参与脱贫攻坚和乡村振兴。截至2020年12月30日，全省共有2463家民营企业投身“千企帮千村”脱贫攻坚行动，帮扶贫困村4141个，帮扶贫困人口12.48万人，累计投入12.4亿元。加强东西部扶贫协作和对口支援工作，推动山东47家民营企业和商会组织与重庆48个村结对帮扶，广大民营企业为打赢脱贫攻坚战贡献了强大力量。联合大众报业集团、省国资委、省市场监管局开展了“2020山东社会责任企业”推选活动，积极推选热心公益事业，有责任、有担当、无私奉献的企业。

三、坚持优服务、强作为，促进民营经济健康发展

搭建民营企业复工复产精准服务平台。主动对接省直有关部门，聚焦融资难题，与人民银行济南分行举办金融服务民营企业座谈会，联合省建行、中行、工行、交行等推出21条惠企政策，与省建行签订全面战略合作协议，筛选100家民营企业配备金融辅导员，联合中国信保山东分公司建立政策性出口信用保险快速响应机制，与中国银行开展助力民营企业“走出去”战略合作。探索“银行+商会+企业”金融服务模式，指导商会开展“银企面对面”活动，举办了企业债务风险化解新路径专题培训会。深化与省公检法司部门合作机制，联合省司法厅依托省民营经济法律服务团成立了省防疫法律服务团，编印法律服务手册，与省法院、省检察院、省金融办、省贸促会等联合举办多场专题培训、座谈会，引导企业防范风险、合规经营；开展法律“三进”活动2300余次，为4000余家企业进行了法治体检，推动14家直属商会与省民营经济法律服务团结对，与省法院建立了网上调解平台，指导全省各级工商联成立调解机构86家；加强民营企业维权案件的协调处理，

2020年已结案15件，省工商联法律服务中心已经省委编委同意设立，正在积极推进。聚焦用工需求，联合齐鲁人才网等平台举办了3场线上专场招聘活动，累计发布岗位4.8万个，吸引了全省3588家企业和12.6万名求职者参与，达成就业意向7.1万人次。聚焦政策供给，梳理汇总各级抗疫惠企政策，依托微信公众号等平台持续向民营企业推送；丰富“齐鲁企业家大讲堂”形式，联合齐鲁晚报等媒体和高校、商会等举办了多期线上讲堂。深入实施“搭桥铺路工程”。树牢平台思维，延伸工作手臂，着力在党委政府、商会、民营企业之间搭建“同心桥”“联谊桥”“发展桥”，为商会和企业建平台、搭舞台，助力全省“双招双引”和民营企业转型升级。指导30个直属商会落实园区建设、高端论坛等项目48个，省级、副省级山东商会开工项目31个，推动伊利集团同潍坊、聊城成功签约10万头的现代化奶牛牧场项目。省女企业家商会主办的第五届“影响山东十大经济女性”评选活动、长三角山东商会联盟举办的“凝心聚力长三角，共谋发展新鲁商”高峰论坛等系列活动影响大、效果好，引起社会广泛关注。联合省广播电视台开设《高质量发展高端论坛》商协会专栏，为商会把脉问诊、解决难题。组织开展了“泰山行”“鄄城行”“网上潍坊行”等活动，协助做好第二届儒商大会暨青年企业家创新发展国际峰会筹备工作。

四、坚持深调研、强质量，精准建言服务党委政府决策

务实开展调研，重点围绕民营企业复工复产、资金链、走出去、商会改革等课题，坚持线上和实地调研相结合，形成了系列调研成果，建言献策成效显著。疫情期间形成的《山东省民营企业开工力调查报告》《山东省民营企业复工复产情况调查专报》得到省委、省政府主要领导肯定和批示，提出的延长暖企政策期限、简化复工复产审批程序条件等建议被省委、省政府政策文件吸收，民营企业债务风险化解、工商资本下乡等调研报告得到省委书记、省长等多位省领导批示，《山东省千家民营企业评价营商环境分析报告》等3篇调研分析报告分别荣获全国工商联系统优秀调研成果一、二等奖，两篇调研成果分别荣获全国工商联组织建设调研成果“最具价值奖”和“突破创新奖”。举办公文写作与处理培训班，加强信息采编、简报编发工作，信息工作在全国工商联位居前列；关于山东省民营企业评营商环境的分析报告被省委《今日信息》刊用，并得到省委主要领导批示。做好政协提案和社情民意工作，提交11件团体提案获省政协全部立案，《关于促进和支持民营经济发展政策落实的建议》被列为省政协重点督办提案，并荣获全国工商联系统优秀政协提案一等奖，《赋能商会协同共治》等大会发言获省政协肯定。健全民营经济运行监测体系，完成调查系统民营企业注册5000多家，累计突破1万家，调查点工作在全国工商联年度考核中位居第一名，荣获“全国工商联民营企业调查点工作省级示范单位”称号。

五、坚持建制度、强肌体，提升工商联系统整体效能

推进会员制改革，印发省工商联代表大会代表任期制实施办法和工商联会员工作的意见，完善省工商联企业家执常委履职监督与评价办法并开展了首次评价，会员入库率位居全国第四。制定落实驻会领导班子联系县级工商联和商会办法措施，协助做好省领导联系服务商会工作，开展了“五好”县级工商联和“四好”商会互学互促活动。制定落实省级异地商会秘书长联席会议制度，研究制定直属商会管理办法、联系服务异地山东商会工作办法等制度，指导成立3家直属商会，考察吸收10家团体会员入会，评选表彰了一批先进商会典型。在省干部学院举办了优秀中青年民营企业家培训班和所属商会改革发展培训班，与山东电视台合作录制《商会的改革和发展》节目并在山东卫视黄金档播出。扎实开展“创建模范机关、创建过硬党支部”工作，落实机关干部素质能力提升计划，深化流程再造，健全督查机制，机关整体效能不断提高。

河南省工商业联合会2020年工作综述

2020年，河南省工商联在全国工商联的大力支持和正确指导下，坚持以习近平新时代中国特色社会主义思想为指导，深入学习贯彻党的十九大和十九届二中、三中、四中、五中全会精神，认真贯彻落实中央和省委的决策部署，落实全国工商联的工作安排，紧紧围绕服务“两个健康”主题，突出高质量发展要求，贯彻新发展理念，扎实推动民营经济“两个健康”百县提升行动和“一联三帮”保企稳业专项行动（以下简称“两个行动”），积极助力做好“六稳”“六保”，各项工作都取得了新的成效。

一、围绕中心大局，贯彻落实党中央决策部署和省委省政府工作要求

一是助力做好疫情防控，服务民营企业复工复产。深入调研建言，重点围绕河南省民营企业疫情防控期间生产经营情况和思想动态开展了三次大调研，形成高质量调研报告，及时向省委报送《民企社情》，反映民营企业复产复工中存在的困难和问题，多项建议被河南省支持中小微企业平稳健康发展20条措施采纳。编发《工作信息》疫情防控专刊20期，向省委报送全省民营企业和商会组织参与疫情防控的积极举措和先进事迹。加强政策宣传，编印发放16期《政策速递》和40余万字的《应对疫情民营企业平稳健康发展政策汇编》，宣传推送优惠扶持政策，推动省政府20条措施落实落细。做好复工防控服务，组织引导1011家药企搭建“河南省平价药品健康服务平台”，为复工复产企业提供平价防疫物资，联系有资质企业为防控一线和民营企业提供核酸检测服务。联合清大教育、格局商学等教育机构，免费开展线上培训。引导民营企业积极履行社会责任，助力抗击疫情，全省工商联系统参与捐赠的民营企业、商会及个人共10565家，捐款捐物达12.33亿元，河南省参与企业数量在全国工商联系统位居第一，46家先进民营企业受到全国工商联通报表扬，22家商会被全国工商联评为抗疫先进商会组织。二是积极参与、深入推进“两个行动”。成立了以主席、党组书记任组长的推动落实“两个行动”工作领导小组，制定印发了贯彻落实“两个行动”实施方案，成立了“百千万”培训计划和民营企业诉求响应两个工作专班，明确措施，细化责任，形成了全力深度参与、持续全面推进的良好工作局面。制定全省民营经济人士“百千万”培训工作方案，不断提升培训的规模化、体系化、普惠化水平。截至目前，全省各级建立企业家学院185个，民营企业建立企业大学33个，省市县三级贯通的培训体系初步建成，累计开展培训926班次、7.9万人次，基本实现愿训尽训、应训尽训。在全国首创开发了“网端一体”的河南省民营企业诉求响应智慧平台，集成政策咨询、意见建议、法律维权、困难求助、举报投诉等功能模块，努力实现有诉必接、有求必应、有问必答、有难必帮。已建立诉求分类、移交转办、结果反馈、效果评价等全流程工作机制，平台接入省直部门25家、市县部门4391家，实现所有市县全覆盖；入网认证民营企业23663家，收集问题1624个，办结1518个，办结率93.5%。积极开展2020年度河南省民营经济“出彩河南人”宣传推介活动，评选100位标兵和10位年度人物，并于2021年1月底举办“建行杯”民营经济“出彩河南人”颁奖音乐会。三是引导民营企业积极助力脱贫攻坚。组织全省各级工商联和商会组织积极参与“千企帮千村”精准扶贫行动，参与度和帮扶成效持续提升。截至2020年12月底，河南省累计有13273家民营企业，精准帮扶18650个村的159.93万建档立卡贫困人口，累计投入产业资金88.4亿元，公益捐赠8.69亿元，安置就业8.84万人，技能培训8.3万人。参与企业数量在全国工商联系统占比超过10%，位居第二。全省各级工商联共建立千企销售“五进”行动试点企业1101家，组织消费扶贫献爱心活动519次，参与人数3.89万人。率先成立直播电商联盟、河南省消费扶贫“百企联盟”，汇聚企业570余家，帮助贫困地区销售农产品超4亿元。省工商联社会服务部荣获“全国‘万企帮万村’行动组织工作先进集体”和“2020年河南省社会扶贫先进集体”称号。四是引导服务民营企业绿色发展。开展了疫情对民营企业污染防治影响问卷调查，提出对策建议；与省委宣传部、省生态环境厅联合，以视频连线和网络直播的形式举办“河南省2020年六五环境日宣传活动”。与省生态环境厅联合举办全省重点排污行业企业绿色发展培训会、民营企业家及工商联干部污染防治培训班，开展了“千名专家进百县帮万企”绿色发展服务活动和“企业服务日”活动，还组织举办了第三届省生态环保行业人才交流会暨线上服务活动。五是服务民营企业防范化解金融风险。开展民营企业融资情况调研，组织民营企业参加银保监局小微企业座谈会，帮助企业反映意见诉求，推动问题解决。组织民营企业参加法律风险防范与合规管理培训班，帮助企业提升抗风险能力。发挥智慧金融服务平台的重要作用，依托省建行为10255家中小微企业提供70多亿元的信贷服务。

二、加强思想引领，促进民营经济人士健康成长

一是强化宣传引领。充分利用豫商课堂、报告会、工商联网站、《河南工商界》杂志、微信公众号等多种平台和载体，广泛宣传党的十九届四中、五中全会精神，习近平总书记关于新时代民营经济统战工作重要指示和全国民营经济统战工作会议精神等，推动学习向基层、商会和民营企业覆盖。组织召开了省民营经济界学习党的十九届五中全会精神座谈会和企业家学习习近平总书记给圆方集团职工回信座谈会，举办了2020黄河流域生态保护和高质量发展中原论坛等学习交流，开展谈心谈话活动，多种形式引导民营经济人士坚定不移听党话、跟党走。二是深化理想信念教育。深入开展民营经济人士思想状况调研，组织召开全省民营经济人士理想信念教育工作经验交流会，命名第二批河南省民营经济人士理想信念教育基地，推动理想信念教育常态化、制度化。三是推动构建亲清新型政商关系。联合省纪委、省监委开展亲清政商关系调研，征集问题线索。持续深入开展河南省工商界“反对贿赂·亲清政商”教育活动，召开河南省构建亲清政商关系助推企业疫情防控复工复产座谈会。贯彻落实省委、省政府出台的《关于规范政商交往行为构建亲清政商关系的若干意见》，引导民营企业家洁身自好走正道，遵纪守法搞经营。

三、加强服务引领，促进民营企业高质量发展

一是深入开展调研，积极建言献策。先后开展了8次大调研，共收集逾12000份调查问卷和意见建议，形成4篇调研报告和4篇信息专报，尹弘省长、孙守刚部长等分别作出批示，省委《综合与摘报》《中华工商时报》进行摘登，多条建议内容被有关部门采纳。向全国工商联报送团体提案线索6篇，向省政协十二届三次会议提交团体提案9件、大会发言3篇，其中《关于进一步支持民营经济高质量发展的提案》等3篇被省政协列为重点督办提案。编发《民企社情》21期，被中央统战部《统战工作》刊用1篇，《零讯》采用1篇，全国工商联采用2篇。参与省政企沟通联络工作机制建设，组织企业家和商会负责人提出意见建议。二是持续打造上规模民营企业调研和百强发布工作品牌。成功举办河南省民营经济“两个健康”高峰论坛暨2020河南民营企业百强发布会，发布2020河南民营企业100强、制造业100强、现代服务业100强、现代农业100强、社会责任100强榜单和调研分析报告。发布会规格高，影响力大，分析报告质量好，榜单影响力、公信力进一步增强。三是支持民营企业创新发展。联合省法学会、省地方金融监管局等单位共同举办企业上市发展论坛，引导民营企业提高利用资本发展实体经济的能力和水平。开展创新型、成长型民营中小企业发掘培育，推荐河南省近200家创成型中小企业，入选全国工商联企业库，享受平台提供的服务。四是服务军民两用高新技术企业发展。组织民营企业参加全国工商联民营企业军民两用高新技术及产品研发生产情况专项调查，29家企业入选《军民两用高新技术民营企业及产品推荐目录》。依托省装备制造业商会，联合省人防办、洛阳市政府主办全国人防科技创新交流和“四新”成果运用展示活动，省工商联被评为“特别贡献单位”。五是持续开展法律服务。与省检察院联合印发《关于健全联络机制服务保障民营经济健康发展的十条意见》，开展了民营企业涉经济犯罪情况联合调研，举办了以“服务‘六稳’‘六保’护航民企发展”为主题的检察开放日活动。与省委政法委建立了民营企业涉法涉诉案件移送联系机制，召开了民营企业涉法涉诉案件座谈会；筛选12起涉法涉诉案件案件，送交省委政法委推动解决。编印《地市工商联法律工作总结与典型案例选编》，召开全省工商联系统维权工作会议和企业诉前纠纷化解民营经济诉源治理座谈会，开展个案跟踪服务，维护企业合法权益。六是不断加强对外联络。开展民营企业“走出去”情况调研，组织参加民营企业境外合规经营风险防范培训班。引导民营企业赴“一带一路”沿线国家开展经贸考察和项目对接。

四、加强自身建设，不断提升履职能力和服务水平

一是加强执常委履职能力建设。组织省工商联企业家副主席、副会长，开展年度述职。做好省工商联执委会议人事增替补，开展执委会议、常委会议考勤通报。二是加强县级工商联建设。印发《2020—2022年“五好”县级工商联建设工作实施方案》，组织县级工商联建设互学互促活动，开展县级工商联情况调研，形成《县级工商联“一个设立、五个确保”现状调研报告》，被全国工商联评为组织建设优秀调研成果突破创新奖。*三是加强所属商会建设。*做好“四好”商会创建活动，向全国工商联推荐全国“四好”候选商会113家。开展“四好”商会互学互促活动，让商会会长互访交流，组织省直商会负责人学习观摩。加强与外地河南商会的联系，到发达省份河南商会走访调研，凝聚豫商力量，支持河南发展。加强对商会换届工作的统筹指导，川渝商会等8家省直商会顺利换届。*四是加强社会组织党建。*印发省工商联社会组织党委工作要点，把党建工作开展情况作为重要评价标准，推动“四好”商会创建。在濮阳农村党支部书记学院举办省工商联直属社会组织党组织书记培训班。*五是加强自身建设。*工商联党组认真履行党建工作责任制，扎实抓好党风廉政建设，牢牢把握意识形态领域主动权。自觉接受省委巡视监督，支持配合省委巡视组对省工商联党组的巡视工作。制定《省工商联营造“三个氛围”创建模范机关实施方案》《省工商联加强党内政治文化建设的实施办法》等，抓好党支部星级化管理，推动党支部标准化、规范化；制作“九要九不得”政商交往明白卡，促进机关干部与服务对象亲清有度、服务有力。

湖北省工商业联合会2020年工作综述

2020年是极不平凡的一年。在全国工商联的直接指导下，在湖北省委、省政府的坚强领导下，湖北省工商联围绕中心服务大局，充分发挥职能优势，各项工作迈上新台阶。

一、领导重视前所未有，工商联事业迎来新机遇

新冠肺炎疫情暴发以来，全国工商联坚决贯彻落实习近平总书记重要指示批示和党中央决策部署，紧急动员各省市区工商联和全国各地商会、民企驰援湖北。全国政协副主席、全国工商联主席高云龙，中央统战部副部长、全国工商联党组书记徐乐江，全国工商联各位副主席第一时间致电省工商联负责人，了解疫情，慰问干部。一年来，全国工商联把贯彻落实习近平总书记“在湖北最艰难的时期搭把手、拉一把”的重要指示和党中央关于支持湖北省经济社会发展的最新部署，作为全国工商联重要工作，开展了“知名民企湖北行”系列活动，全方位地支持湖北疫后重振，为湖北保卫战、武汉保卫战取得重大阶段性成效发挥了重要作用。

省委、省政府对民营企业和省工商联的重视程度前所未有。在武汉解封的第二天（4月9日），省委、省政府立即召开了省促进民营经济发展工作领导小组会议暨全省民营企业座谈会，听取企业关于疫情防控和复工复产的意见建议，研究帮助企业纾困解难工作。省委书记应勇出席会议并讲话，省长王晓东主持会议。应勇书记指出“湖北民营企业是英雄的企业，湖北民营企业家是英雄的企业家。民营企业兴则经济兴湖北兴，民企强则经济强湖北强。广大楚商、民营企业、民营企业家是自己人”，让全省广大民营经济人士和工商联系统干部职工倍感温暖，备受鼓舞。省委常委、省委统战部部长尔肯江·吐拉洪对工商联工作十分关心重视，对“知名民企湖北行”等重点工作亲自谋划、亲自对接、亲自协调，主持召开了贯彻落实总书记讲话精神加快湖北民营经济复苏发展座谈会、“亲清”政商座谈会暨助推民营企业参与疫后重振补短板强功能“十大工程”活动，牵头制订了《全省统战系统民营企业服务年活动方案》。5月12日，省委常委、省纪委书记、省监委主任王立山到省工商联调研，面对面征求民营企业代表对《全省纪检监察机关进一步服务保障民营企业发展十条措施》的意见，公布了自己的手机号码，对民营企业家提出的问题全部采纳。省政府副省长赵海山高度重视工商联工作，对省工商联提出的请求给予大力支持。

二、广泛凝聚思想共识，政治引领强劲有力

（一）狠抓理论学习，筑牢思想根基

进一步健全以党组理论学习中心组为龙头，支部主题党日为载体，每周一晨读为平台的全覆盖学习机制。集中学习贯彻落实党的十九届五中全会精神、习近平新时代中国特色社会主义思想、习近平总书记系列重要讲话精神，增强“四个意识”，坚定“四个自信”，做到“两个维护”。

（二）注重党建引领，激发内生动力

组织机关干部职工参观抗击新冠肺炎疫情专题展，引导机关干部职工更加深刻理解伟大的抗疫精神。组建省工商联楚商宣讲团，16支宣讲小分队赴基层、民营企业和商会开展宣讲党的十九届五中全会精神。召开全省民营经济人士理想信念教育视频推进会，积极开展民营经济人士各类学习活动，进一步坚定民营经济人士理想信念，弘扬优秀企业家精神，争做新时代“四个典范”。认真开展红旗党支部创建，选树4个“红旗党支部”、13名“优秀共产党员”先进典型。

（三）抓实共建共驻，提升基层治理水平

严格落实党员干部进社区“双报到”工作要求，省工商联49名在职党员，全部参与定点社区丁字桥社区和居住地社区工作。与丁字桥社区党委签订共建共驻协议书，扎实开展党员下沉社区常态化工作。

三、统筹疫情防控与经济社会发展，彰显责任担当

（一）勇于担当，争做抗疫先锋

疫情就是命令，防控就是责任。省工商联党组闻令而动，第一时间成立疫情防控工作领导小组并落实值班制度，第一时间发出疫情防控倡议书，动员广大楚商民企在紧急驰援、防护物资供应、保供稳价、稳定就业等方面积极作为，累计捐赠款物15.88亿元。省楚商联合会、卓尔控股有限公司党委等楚商民企被授予“全国抗击新冠肺炎疫情先进集体”称号，九州通、高德红外、劲牌公司等19家楚商民企被授予“湖北省抗击新冠肺炎疫情先进集体”称号，36家所属商会和40家省外湖北商会被全国工商联授予抗击新冠肺炎疫情先进商会组织，集中展现了新时代楚商精神和民企力量。省工商联通报表扬96家商(协)会、414家楚商民企。机关全体干部职工下沉武昌区丁字桥、张家湾和硚口区荣荟3个社区，连续值守77天，1人被评为全省抗击新冠肺炎疫情先进个人，6人被评为省直统战系统疫情防控工作先进个人。在湖北疫情防控取得决定性成果的进程中，展现了工商联勇于担当的良好形象。

（二）创新服务，当好“店小二”

在疫情防控常态化条件下，省工商

联迅速行动，多措并举，做好企业复工复产的政策宣传和协调服务工作，助力打赢疫后重振民生保卫战和经济发展战。一是联系服务增信心。制定《湖北省工商联领导班子成员走访服务企业专项活动实施方案》，班子成员走访调研22家民营企业，帮助企业纾困解难、提振信心，收集企业发展诉求和意见建议47条。组织开展全省工商联系统走访服务民营企业专项活动，各级工商联和所属商（协）会走访企业4496家，收集企业困难诉求538个（类），已经帮助解决325个（类），正在推进解决的问题213个（类）。二是建言献策优环境。围绕应对疫情影响、复工复产开展问卷调查，向省政协和全国工商联报送了8篇社情民意，《关于湖北省分区分批有序复工复产的分析报告》得到高云龙主席、徐乐江书记批示。民营外贸企业出口转内销及小微工业企业生产经营情况调研，得到尔肯江·吐拉洪部长批示。“大力发展磷石膏产业”提案线索，被全国政协列入年度重点提案，由工信部主办督办，得到全国政协和全国工商联多位领导的关注和肯定；《培育“芯”人才，造就“芯”未来》被省政协列为2020年度重点提案，由省政协主席徐立全亲自督办。在2020年全国工商联系统优秀调研成果评选中，数据分析报告获一等奖1篇，调研报告获二等奖1篇、三等奖1篇，政协提案、社情民意信息获三等奖1篇。《发挥商会参与基层社会治理的作用》获全国工商联2020年理论研究创新成果二等奖。民营企业调查点实现了三个增长，被全国工商联评为“抗疫新冠肺炎疫情以来民营企业调查点工作示范单位”和“全国工商联2020年民营企业调查点工作省级示范单位”。三是部门联动促发展。与省纪委监委、省税务局、省住建厅、省人社厅等联合开展了亲清对话活动，搭建疫情期间税费政策宣传服务、稳岗就业、法律维权等协作机制和服务平台。

（三）主动作为，服务引导民营企业有序复工复产

深入贯彻习近平总书记关于统筹推进疫情防控和经济社会发展工作的重要讲话精神，研究制定《关于进一步加强全省民营企业疫情防控稳妥有序推进复工复产工作的通知》，深入开展民营企业“法治体检”活动，组建成立“省应对新冠肺炎疫情公益律师服务团”，编制《企业疫情防控法律服务指引》《企业疫情防控复工复产专题法律服务指引》，帮助民营企业尽快恢复正常的生产经营，努力把疫情带来的损失降到最低限度。

四、紧扣中心大局，工作质效显著提升

（一）打造服务平台，不断优化营商环境

一是搭建政策宣传平台。积极宣传贯彻全省营商环境建设大会精神，广泛宣讲“优化营商环境30条”等重要政策文件，提振民营经济发展信心，促进惠企政策落实落地。二是搭建亲清政商平台。聚焦疫情对民营企业影响，组织民营企业与相关职能部门负责人开展亲清政商对话活动2期，助推民营企业参与疫后重振补短板强功能“十大工程”，为推进实现“十大工程”与民营企业发展“双赢”开拓了良好局面。三是搭建金融服务平台。与工商银行湖北省分行，光大银行武汉分行等金融机构合作，开通小微贷款线上直通车“小微e贷”，阳光复工贷等专项产品。与交通银行湖北省分行签署服务民企发展合作协议，帮助民营企业解决融资等方面的具体问题。四是搭建法律服务平台。开展“法律三进”活动，走进省激光行业协会等11家商协会开展法律服务，解答企业生产经营中的法律问题，为企业发放《企业

管理者法律知识百问》等资料，推进法律顾问制度建设、推动商会人民调解、开展会员企业信用建设，指导12家直属商会成立了人民调解委员会。五是搭建投诉服务平台。健全全省统一规则、统一流程、统一管理的投诉服务体系，指导各级工商联开展投诉服务中心机构建设和投诉受理工作。六是搭建“走出去”平台。组织湖北省民营企业参加进博会，邀请长三角地区中国民营企业500强代表参加省政府在上海举办的2020中国—北欧经贸合作论坛暨湖北省新产业项目合作对接会，为湖北招商引资牵线搭桥。与丝路国际产能合作中心举办“一带一路”国际产能合作的机遇与挑战研讨会，探讨共同筹建丝路国际产能合作中心湖北分会。举办2020年湖北民营企业参与“一带一路”建设风险防范培训班，通过线上、线下开展培训，提升工商联系统服务企业“走出去”工作水平，提高我省民营企业海外投资和对外贸易活动风险防范能力。

（二）争取全国工商联驰援湖北，“知名民企湖北行”活动取得实效

抢抓习近平总书记“在湖北最艰难的时期搭把手、拉一把”重要指示精神和中央支持湖北一揽子政策优势，根据省委决策部署，在全国工商联、省政府、中国光彩会的大力支持下，8个兄弟省市工商联、光彩会、扶贫基金会等960家单位（个人）参与爱心认筹，认筹金额 1.13亿元，实现湖北省现有贫困人口帮扶全覆盖。598家民营企业（商会组织）结对帮扶湖北454个扶贫攻坚村，实现了村企帮扶全覆盖。开展“味爱湖北”版块，联合各直播平台、企业家代表、新媒体平台、知名艺人等共同助力，重点推介一批湖北特色农产品，完成销售额近3.49亿元。设立“知名名企湖北行·惟楚有才”招聘专区，共组织2193家省内外民营企业参与招聘活动，为湖北省提供就业岗位106203个。中央电视台《新闻联播》两次宣传报道此次活动，中央、省内30多家媒体共刊发400余篇报道，大力宣传活动成果和企业家投资湖北的热情。

（三）畅通民营企业诉求渠道，建成全省一张网、三级全覆盖的非公有制企业投诉服务体系

坚持“全省一张网、三级全覆盖”，推进省市县三级投诉服务中心建设，全省已实现市县两级投诉服务中心全覆盖，省级投诉服务平台注册用户达12万户。7月22日，省工商联建立全省非公有制企业投诉服务平台被省委依法治省办、省委政法委、省司法厅评选为2019年湖北省十大法治创新案例第一名。

（四）“千企帮千村”行动提质增效，助力打赢脱贫攻坚战

2020年，动员组织全省民营企业以省政府工作报告确定的“决战5.8万人脱贫”为帮扶对象，开展“两帮两助”工作，实现帮扶全覆盖。6家湖北民营企业荣获全国“万企帮万村”行动先进民营企业荣誉称号，省工商联经济部、麻城市工商联荣获“万企帮万村”行动组织工作先进集体。

（五）强基固本促改革，组织建设持续加强

一是推进商会党建工作有效覆盖。积极主动向省委组织部、省委“两新”工委争取批复省工商联成立所属商会党委，探索商会党建工作方式方法，形成了全省工商联所属商会党建“直属统一管理、系统协同推进”的工作格局。始终把商会党建工作有形覆盖向有效覆盖转变。指导湖北省海南商会等8个直属商会建立党组织，实现了省工商联直属商会党建工作全覆盖。组织直属商会入党积极分子参加省直机关党校培训，发展党员50名。二是召开

全省组织工作会议。加强全省各级工商联标准化建设和提升组织力，着力建设了一个体系健全、结构合理、运行高效的组织体系，形成了“网格化”工作格局。三是开展“四好”商会认定工作。推荐湖北省安徽商会等51家商会为全国“四好”商会候选单位、鄂州市花湖经济开发区商会等113家商会为全省“四好”商会。四是加强县级工商联建设。开展全省县级工商联“一个设立、五个有”回头看在线调研工作。制定湖北省《2020—2022年全国“五好”县级工商联建设工作实施方案》，明确了工作举措和发展目标。

湖南省工商业联合会2020年工作综述

2020年，湖南省工商联深入贯彻落实习近平新时代中国特色社会主义思想、十九届二中、三中、四中、五中全会精神和习近平总书记在民营企业座谈会上的重要讲话及考察湖南时的重要讲话精神，紧扣“两个健康”工作主题，开拓进取，奋发有为，在打赢疫情防控阻击战、服务民企复工复产、推动民营经济高质量发展、积极参与“三大攻坚战”等重大工作中，体现了工商联的责任与担当。

一、加强党的建设，理论武装和政治建设深入推进

一是加强理论武装，坚定政治自觉。湖南省工商联把贯彻落实习近平新时代中国特色社会主义思想、党的十九届五中全会精神、习近平总书记考察湖南讲话精神作为统领一切工作的总抓手。研究制定《2020年湖南省工商联工作要点》《湖南省工商联党组理论学习中心组2020年理论学习计划》《2020年湖南省工商联党建工作要点》等，开展12次党组理论学习中心组专题学习，深入学习习近平新时代中国特色社会主义思想，进一步筑牢思想根基，坚定政治自觉。二是机关和商协会党的建设进一步强化。以政治建设为统领，深入开展“三表率一模范”机关建设，持续加强党支部“五化”建设。党组会议先后10次研究机关党建工作。组织机关党员赴汝城沙洲村等地接受理想信念教育，砥砺初心使命。积极开展党风廉政教育，组织主题教育和巡视反馈问题年中“回头看”深化整改。围绕“强化政治机关意识，努力做到‘四个带头’”，开讲“七一”专题党课。培训商协会党组织书记86人次、党务专干75人次、入党积极分子360人次。选派党建联络员，推进党建“标杆”，充分发挥商协会党组织在脱贫攻坚等工作中的积极作用；动员机关党员干部104人为抗疫踊跃捐款80300元。深化机关党支部联村联点联商会活动，实现机关党建和商会党建双提升。三是民营经济人士思想政治工作做深做实。专题召开工商联系统传达学习全国“两会”精神、工商联系统学习贯彻习近平总书记在湖南考察时重要讲话和全国民营经济统战工作会议精神大会，三级联动开展学习贯彻活动。不断强化非公经济人士理想信念教育和典型宣传，推荐4批次青年企业家参加全联理想信念教育培训和文化传承活动，引领年轻代表人士争做“四个典范”。总结提炼“忠毅担当、创新图强”新时代湘商精神。开展2次政企面对面和3次“红色故事进市州进园区进企业”活动。开辟“抗击疫情湘商在行动”“抗疫复产双胜利”“复工复产进行时”专栏，全面展示湘商湘企使命担当。举办党员民营企业家培训班。深入推进非公领域意识形态工作，出台《关于加强和改进新时期非公有制经济人士思想政治建设的意见》《关于加强工商联系统意识形态工作监管的意见》；开展民营意识形态工作专项督查调研，举办意识形态培训班；召开全省工商联思想政治暨意识形态工作推进会和全省工商联宣教工作会议。在全省范围内开展了民营经济人士思想状况调研。湖南加强民营经济领域思想政治建设的经验做法，得到了全国政协副主席、全国工商联主席高云龙，中央统战部副部长、全国工商联党组书记徐乐江等领导的批示肯定。

二、注重调查研究，参政议政建言献策成果丰硕

一是扎实做好提案和建议办理工作。通过全国工商联提交全国政协十三届三次会议提案2件，“关于支持工业互联网平台企业发展”提案做重点办理。在省政协十二届三次会议开幕式上，工商联代表做《关于把湖南打造成为一流营商环境高地的建议》大会发言，向全会提交集体提案11件，其中《高质量对接“一带一路”的建议》得到省领导批示，1件提案列入重点督办提案。高质量完成13件提案和4件建议办理工作。2020年省工商联9件集体提案、民营企业家个人提案评为省政协优秀提案。二是认真开展好调研研究工作。依托全联民营企业调查系统，开展四次网络问卷调查，参调企业6000家。利用填报数据进行统计分析，先后撰写专题调研报告8篇，及时报送各项工作专报，得到许达哲书记等省领导26次肯定批示。牵头联合11个厅局编撰《2019年民营经济发展报告》，为党委政府决策提供重要参考。三是深入开展2020年全省营商环境主观评价工作。根据湖南省2020年营商环境评价工作安排，湖南省工商联面向全省采集民营市场主体信息约30000家，组织数据库内民营市场主体网上填报，完成了数据汇总分析、评分和评价报告。

三、服务中心大局，在打赢疫情防控阻击战和助推民营经济高质量发展中彰显作为

一是组织动员参与疫情防控阻击战主动作为。广泛动员民营企业、商协会和海内外湘商积极参与疫情防控工作，全省工商联和海内外湘商为抗击疫情发动捐款捐物共计金额7.6亿元，其中捐款3.4亿元，捐赠医疗防疫物资总价值4.2亿元。国内疫情相对稳定后，组织圣湘生物等湘商湘企积极参与国际抗疫合作。推荐湖南省山东商会等20家商协会获得全国工商联“抗击新冠肺炎疫情先进商会组织”通报表扬；推荐湖南省浙江总商会、湖南省物业管理行业协会、江苏省湖南商会获得省委省政府“抗击新冠肺炎疫情先进集体”表彰，20位民营企业家受到省委省政府和行业系统抗疫先进表彰。二是为民企复工复产和纾难解困竭尽全力。积极筹备由省长主持召开的民营企业“六稳”“六保”座谈会，为民营企业解难题、明方向、强信心。全省统战、工商联系统省市县三级联动，开展“万企大走访、同心促发展”活动，累计走访座谈13859家民营企业、344个园区和895个商协会，共收集到问题9936个，已转交问题3501个，已解决问题4283个。向省政府提出了需要省级层面研究解决的43个具体问题，省政府主要领导专门批示，对有关问题进行交办督办，在全省形成了解决民营企业困难诉求、支持民营企业发展的浓厚氛围。7月中旬开始，组织7个调研走访组赴全省22个部门和单位开展“服务民营经济‘六稳’‘六保’”走访活动，取得了良好成效。推动缓解民营企业融资难问题，向各直属商（协）会下发了《关于推动银企合作助力企业复工复产的通知》，各大银行共对接近4000家会员企业，其中交通银行向企业或商会授信90亿元，建设银行授信17亿元。指导市州工商联搭建银企合作平台，帮助民营企业解决资金难题。14个市州工商联共举行银企对接会689场，参与企业14253家，获授信659.3亿元，实际获得贷款企业为7725家，贷款总额387.4亿元。邀请工信、税务等职能部门负责人举办了多场次“政企”面对面活动。联合38名律师组成省工商联支持企业复工复产法律服务团，为企业提供法律在线服务。省高院、省司法厅、省工商联联合下发《关于深入推进商会调解、多元化化解矛盾纠纷工作的实施意见》。三是参与创新引领开放崛起，推动高质量发展。开展2019年度上规模民营企业调研，成功举办2020湖南民营企业100强发布和第三届三湘民营企业家论坛。举办“知名民营企业家株洲行”暨湖南省工商联（总商会）主席会长会议活动，120位知名企业家到访株洲，湖南交建新基建、环保产业及总部基地，航空零部件加工中心等10个项目成功签约，项目总投资近百亿元。与老挝国家工商会、澳门工商业会、澳门中小企业协会签订了友好合作协议；协调省工商联青商会与澳门青年企业家协会签订友好合作协议。利用多米尼加驻华大使来湖南省工商联访问交流的机会，推进与多米尼加国家企业家理事会建立友好合作关系。组织152位民营企业家参加全国工商联等单位主办承办的涉外业务培训，有效提高民营企业宏观判断、市场把握、风险把控能力，提升民营企业“走出去”质效。组织开展万名民营企业评价营商环境工作。四是助力三大攻坚战，彰显民营企业责任担当。组织动员广大民营企业积极投入脱贫攻坚。6486家民营企业对接帮扶8568个村，其中建档立卡贫困村6283个，实施项目16083个，累计投入资金91.8亿元，帮扶贫困人口114.7万人。湖南省参与“万企帮万村”企业数、实施项目数居全国前列。动员民营力量参与消费扶贫，与省扶贫办联合开展“百企入驻、千品上架、万户消费”活动，共发动组织1000余家扶贫企业、超3000种扶贫产品在平台上架交易，民营企业采购扶贫产品3.35亿元，帮助销售扶贫产品2.86亿元。与省委统战部联合推动“统战扶贫车间”建设，全省4000余家企业、合作社参与创建4844个扶贫车间，吸纳就业28.9万人，其中贫困劳动力就业7.3万人，占比25.3%。在省政协第十二届四次会议上，有26名民营企业家获评“全省政协扶贫行动先进个人”称号。

四、夯实工作基础，自身改革发展迈上新台阶

参与制定《湖南省加强新时代民营经济统战工作实施意见》。提请省委深改委审议通过《湖南省工商联深化改革方案》并以省委统战部名义印发。落实常执委履职管理办法，严格积分管理措施，协助全联做好2019年度执委履职考核积分考核工作。召开第十二届三次常委会议，选举增（替）补36名湖南省工商联第十二届执行委员会成员；开展“树品牌、强示范、促提升”活动，建立省工商联企业家副主席（副会长）轮值工作制度和履职工作档案；建立执委企业家生日慰问制度。细化量化了“五好”县级工商联建设标准。以商协会改革为主线，启动行业商协会扩面提质赋能计划，打造“迎老乡、回故乡、建家乡”行动升级版。先后在深圳、南宁举办“迎老乡、回故乡、建家乡”湘商代表座谈会与招商推介活动，会同省政府驻上海办事处先后在杭州、南昌召开华东六省一市湖南商会工作联席会议，会同省政府驻广州办事处组织广东省湖南商会女企业家委员会回湘开展商务考察，推进对接粤港澳大湾区重点工作。申报全国“四好”商会86家，比2018—2019年度增加63家，并向行业商协会、乡镇（街道）商会倾斜，体现商协会工作导向。认定全省“四好”商会186家，增加57家。对45个“四好”商会进行工作激励。召开省联商协会换届工作座谈会，强化《湖南省工商联所属商协会换届工作指引》，指导21家商会完成换届工作。规范商协会活动，指导省内外52家商协会召开年会、论坛、节会活动。

广东省工商业联合会2020年工作综述

2020年，广东省工商联按照中央的部署和省委省政府的要求，在省委统战部的领导和全国工商联的具体指导下，坚持以习近平新时代中国特色社会主义思想为指导，深入学习贯彻党的十九大和十九届四中、五中全会精神，围绕中心、服务大局，扎实做好新时代民营经济统战工作，大力推进“双统筹”参与“双循环”夺取“双胜利”，组织引导广大民营企业投身疫情防控和复工复产，聚焦做好“六稳”工作，落实“六保”任务，促进“两个健康”，为决胜全面建成小康社会、决战脱贫攻坚做出积极贡献。多项工作得到省委省政府和全国工商联的肯定和表彰表扬。

一、学习贯彻习近平总书记重要讲话和重要指示批示精神取得新成效

严格落实第一议题制度，制定《省工商联党组关于办好政治要件推动习近平总书记重要指示批示精神贯彻落实具体措施》，全年召开党组会议48次，中心组学习24次，安排第一议题97个，全部纳入政治要件台账。协助省委、省政府召开民营企业座谈会；与省委统战部联合召开民营企业育新机开新局座谈会等系列交流座谈会，努力把思想和行动统一到党中央各项决策部署和省委、省政府的要求上来。

二、广泛动员民营企业抗击疫情体现新担当

疫情暴发后，广东省工商联迅速进入战时状态，1月23日在全国率先向广大粤商发出倡议书，并向全系统发出通知，动员积极投身疫情防控阻击战。一是慷慨解囊踊跃捐赠。全省民营企业和商协会、民营企业家捐赠款物及疫情防控专项基（资）金超61.1亿元。二是紧急驰援抗疫一线。华为、中兴、格力等几十家民营企业直接参与援建武汉火神山、雷神山医院。三是转产扩产保障供给。比亚迪、中顺洁柔、广东柏堡龙等民营企业主动跨界转产或扩产口罩、消毒液、防护服等，海王、翰宇药业、健帆生物、香雪制药等医药企业迅速扩大防疫药品生产。四是全球采购缓解急需。玖龙纸业、香江集团等紧急从全球采购紧缺医疗物资，缓解国内抗疫所急。五是关心关爱医护人员。联合省委统战部等开展“你出征我出力——同心赢战疫”关爱抗疫一线医务人员活动。一大批民营企业和商协会、企业家受到全国全省表彰表扬。广东省工商联1名干部被广东省委省政府评为抗疫先进个人。

三、扎实开展暖企行动全力服务“六稳”“六保”有新作为

一是聚焦打通惠企政策落地见效“最后一公里”，联合开展“优惠政策话你知·暖企行动”。通过各级统战部、工商联和商协会在各种媒体向企业广泛推送各类惠企政策，提高惠企政策知晓度和获得感。与省税务局联合召开税企座谈会，推动减税降费政策精准落地。二是聚焦保护民营企业在疫情期间的合法权益，与省司法厅、省律师协会等联合开展“法律服务保权益·暖企行动”。与省公安厅、省法院、省检察院建立保护民营企业健康发展沟通合作机制。在全国率先成立抗疫律师志愿服务团、暖企公证服务团，创立29个“暖企法律服务基地”，在“粤商通”开通法律咨询专栏，为330余家商协会、6万多家民营企业进行“法治体检”。三是聚焦缓解中小企业资金链断裂问题，与省金融局等联合开展“普惠金融助融资·暖企行动”。组建中小企业融资应急协调小组，积极推广“无接触贷款助微计划”。与省建行、省交通银行等共同开展金融服务，累计为中小企业贷款约1700亿元。四是聚焦帮助民营企业克服困难树立信心，与省委统战部开展“走访谈心开新局·暖企行动”。组成5个调研组通过实地走访、个别访谈、集体座谈，送政策、摸困难、问需求、听建议，摸清民营企业家思想状况，帮助解决困难问题。全省共有941家民营企业代表参加走访谈心活动。五是聚焦解决民营企业用工难和大学生就业难问题，与省人社厅、省教育厅等开展“援企稳岗扩就业·暖企行动”。动员各地开通专车专列接送异地务工人员返粤，联合举办高校“民企招聘‘1+1’行动”、助力大学生圆梦网上招聘月等活动，发动民企参与“粤菜师傅”“广东技工”“南粤家政”工程。六是聚焦保市场主体、保产业链供应链，与省委统战部、省工信厅、省市场监管局联合开展“落实‘六保’促发展·暖企行动”。参与“中小企业26条”“民营经济十条”等政策的制定修订。培育认定822家专精特新企业，发掘180家创新型、成长型中小企业纳入全国工商联企业库重点培育。开展冬季暖企、会银对接、民营企业服务周等系列活动，参与企业达10多万家。

四、服务国家重大战略和省重大部署有新贡献

一是大力服务粤港澳大湾区建设。选派3名处级干部参加粤港澳大湾区交流活动。会同省科技厅等在广州民营科技园举办粤港澳大湾区民营企业科技成果数字经济专场对接会。协助省科技厅紧急支持成立粤港澳实验动物共享服务与技术创新等3家技术创新联盟。与团省委等联合启动“展翅计划”港澳台大学生实习专项行动，发动民营企业为港澳台大学生提供实习岗位436个。与香港贸发局合作开展“广东民企国际化服务计划”，与澳门贸易投资促进局签订《友好合作框架协议》。二是落实省工商联支持深圳先行示范区建设和广州“四个出新出彩”老城市实现新活力特事特办机制。支持广州、深圳创建“两个健康”示范城市。《从特区到先行示范区 深圳民营经济发展成就经验与展望》获全国工商联理论研究成果一等奖。大力支持汕头、湛江、茂名、潮州4市乡村振兴工作，推动构建“一核一带一区”区域发展格局。三是大力引导民营企业参与“一带一路”建设。实施“送政策、送服务、防风险”的“两送一防”行动，助推民企高质量“走出去”。组织企业参加“进博会”、香港亚洲金融论坛、澳门国际贸易投资展览会等线上线下国际经贸交流活动。联合中信保广东公司举办“走出去”民营企业风险防范化解线上培训活动，合作建立政策性出口信用保险快速响应机制。

五、凝心聚力打赢脱贫攻坚战实现新突破

一是大力推进“万企帮万村”行动。引导民营企业积极参与打赢脱贫攻坚战，全省8728家民营企业参与“万企帮万村”行动，投入资金超80亿元，实施帮扶项目4378个。二是开展脱贫攻坚挂牌督战工作。我会挂牌督战的汕头市潮阳区建档立卡贫困人口均达到脱贫标准，贫困村达到出列标准。三是积极做好东西部扶贫协作工作。发动2442家民营企业及商协会参与对口帮扶，实施项目3844个，帮扶贫困村3616个，带动133.2万贫困人口脱贫。与广西工商联开展粤桂民营企业助力国家挂牌督战村暨产业扶贫协作活动，受到全国工商联肯定。四是扎实推进省工商联驻点陆河县新东村扶贫工作。协调投入帮扶资金近4000万，全村建档立卡贫困户全部脱贫出列，村容村貌有了明显变化，干部精气神明显提振。

六、加强民营经济人士思想政治引领有新提升

一是加强政企沟通。组织民营企业参加“粤商·省长面对面”协商座谈会，参与省发展改革委关于企业家参与涉企政策实施办法的制定，出台《关于建立广东省各级工商联领导干部联系民营企业和商会协会制度的意见》《广东省工商联领导干部联系民营企业和商会协会的实施方案》，推动构建亲清新型政商关系。二是创新开展年轻一代教育培训。在长隆、立白等10家民营企业建立全省非公经济人士理想信念教育基地。与省委统战部联合举办年轻一代民营经济人士培训班、全省优秀民营企业家研修班。我省加强年轻一代民营经济人士教育培训的经验做法得到全国工商联肯定并在《中国统一战线》刊发。三是严格落实意识形态工作责任制。举办非公经济领域网络传播实务培训班，建立民营经济领域舆情监测和分析研判机制。四是大力弘扬新时代粤商精神。加强与《南方日报》《羊城晚报》《中华工商时报》合作。开设“粤商大讲堂”，继续打造《风云粤商》栏目，超50万人在线收看。

七、深入调查研究建言献策有新成果

一是开展民营企业应对疫情防控专题调研。《关于广东省民营企业在疫情防控期间运行情况及政策需求的调研报告》等多篇调研报告得到上级肯定，1篇被上级采用。5篇调研成果获全国工商联系统优秀调研成果一、二等奖，3篇获全国工商联系统理论和实践创新成果一、二等奖，2份提案被省政协评为2020年优秀提案，《关于进一步降低疫情对企业用工的影响切实“稳就业”的提案》被确定为省长督办的重点提案。省工商联被全国工商联评为“抗击新冠肺炎疫情以来调查点工作先进省级工商联”“2020年调查点工作示范省级工商联”。二是开展营商环境专题调研。与省发展改革委联合开展“疏解治理投资堵点”调研、民企参与“两新一重”调研。开展民营企业评价营商环境专题调研。全国工商联发布的《2020年“万家民营企业评营商环境”报告》显示，广东被综合评定为全国营商环境最好的十个省份第二名，比2019年进步了三名；广东省和深圳市分别被评为全国营商环境最佳口碑省份和城市第一名。三是与省工信厅开展广东百强民营企业调研排序。发布“2020广东省百强民营企业”榜单，58家企业入围2020中国民营企业500强，其中前10强我省占五席。四是开展民营经济领域标准化建设情况调研。在全国率先成立省工商联标准化工作委员会，得到全国工商联肯定并在大会上做经验介绍。

八、非公经济领域党建工作迈出新步伐

实施“红色领航”“‘两个覆盖’跃升”“‘红色引擎’点燃”“‘党建+’融合提升”四大行动。完善工作体系，实现21个地级以上市非公党委全覆盖。开展工商联所属商会和工商联商协会会长企业“双同步”工作，省工商联“五类”执委企业221个中已建党组织165个。选育“双强六好”“六有”示范党组织35个，创建星级党组织28个。联合省委“两新”工委举办全省非公经济领域党建工作示范培训班。建立机关党建与非公党建结对传导工作机制，实施党建暖企重点项目。成立省工商联商会党委，指导成立省青年企业家联合会党支部。制定《关于加强新时代广东省民营企业党建工作的指导意见（试行）》《关于加强新时代广东工商联所属商会党建工作的指导意见（试行）》。

九、工商联基层组织建设迈上新台阶

一是推进乡镇街道商会建设。开展乡镇、街道商会登记管理和改革发展调研，推进依法注册登记和创新发展，获全国工商联组织建设优秀调研成果突破创新奖。二是培育和发展新商会组织。推动成立省商业创新创业联合会和素食产业促进会，指导筹建广东省粤港澳大湾区数字经济商会、省科技装备业商会、省新零售产业联合会，吸收省机器人协会等6家商会为团体会员，认定103家商会为2020年广东“四好”商会。三是加强对各地工商联的指导服务。制定《广东省地级以上市工商联工作评价办法》，广东省96%的县级工商联达到广东省“五好”标准。推动会员组织数据库建设，指导21个地级以上市工商联和92家省属商协会完成数据录入工作。

十、加强“五联五防”推进改革发展有新进展

一是加强领导班子和干部队伍建设。充分发挥党组把方向、管大局、保落实的领导核心作用。加强干部队伍建设，出台机关干部轮岗交流、新进干部跟班学习制度，选派干部到潮州、茂名等地挂职锻炼，成立青年理论学习小组。二是落实《省工商联加强“五联五防”推进改革发展的实施方案》。坚持在“联”字上下功夫，与30多个单位建立常态化沟通机制，与公检法司等10多家单位签订合作协议。持续在“防”字上做文章，推进工商联制度体系建设，制定完善30多项规章制度。广东省工商联加强“五联五防”推进改革发展做法获全国工商联实践创新成果一等奖。三是实行重点工作项目化管理。对30项重点工作实行项目化管理，突出重点、突破难点、凸显亮点，以点带面推动整体工作提速增效。四是严格落实“一岗双责”。加强机关党建和党风廉政建设，开展纪律教育学习月、“学王烁、战疫情、强自信、建功业”活动。五是创新机关工作方式。推动“网上工商联”建设，灵活采取视频会、在线培训、在线调研等形式，提升工作实效。

广西壮族自治区工商业联合会2020年工作综述

2020年，广西壮族自治区工商联以习近平新时代中国特色社会主义思想为指导，学习贯彻党的十九大和十九届二中、三中、四中、五中全会精神，围绕中心服务大局，发挥职能优势，促进“两个健康”工作取得新进展。

一、加强政治引领，广泛凝聚共识汇聚同心力量

一是学习贯彻习近平新时代中国特色社会主义思想。自治区工商联安排专题学习22次，学习《习近平谈治国理政（第三卷）》等30多项内容。二是开展理想信念教育。举办年轻一代民营经济人士培训班5期、商会讲坛4期。在百色、桂林、河池建立3个广西民营经济人士理想信念教育基地；在南宁、桂林、北海、百色市18家企业设立广西民营企业现代管理创新研学点。

二、积极引导民营企业主动作为抗击新冠肺炎疫情

一是吹响集结号。自治区工商联利用新闻媒体、微信公众号、短信等媒介推出《致全区广大民营企业的公开信》，发出抗击疫情倡议。二是帮助企业复工复产。引导民企复工复产，增加产能，优先生产急需物资捐赠到抗疫一线。三是组织民企捐资捐物。广西1.1万家民企、商会捐款捐物超过4亿元参与全区抗疫和援助湖北抗疫，特别是组成“广西工商联系统民企驰援湖北十堰物资专列”，捐赠价值1008万元的食品和医疗物资。四是守望相助驰援东盟十国。携手小米公益基金会、李书福公益基金会以及华立、正泰、盛隆、天昌、瑞安等民企，向东盟十国捐赠100多万个医用外科口罩。

三、落实自治区“三企入桂”部署，牵头开展“民企入桂”工作彰显作为

全区“民企入桂”签订合同项目991个，总投资12201亿元。一是认真筹备活动前期工作。牵头起草《“民企入桂”招商工作方案》，组成由7位自治区领导任组长、7家政府部门为牵头单位的招商工作小组。二是积极“走出去”招商推介。共“走出去”20个省（市），举办178场推介座谈会，“走出去”签约合作项目159个，在各省市现场签约意向金额1908.165亿元。三是主动“请进来”考察洽谈。推动正泰、玖龙、隆基绿能、四川明宇、天立教育、艾尔菲生物科技等民企来桂洽谈并对接项目。推动金马凯旋、景安大数据、联东U谷、东华软件、北新大弘、月星集团、太平洋建设、金牛智慧农业、娜菲健康等企业来桂考察。推进吉利集团与自治区政府签订战略合作框架协议。

四、参与承办全国工商联十二届四次执委会议暨全国知名民营企业助推“建设壮美广西 共圆复兴梦想”大会取得显著成效

一是设计大会总体方案和组织架构。代拟《全国工商联十二届四次执委会议暨全国知名民营企业助推“建设壮美广西共圆复兴梦想”大会总体方案》，设计“1+1+3”（即1个助推大会、1个汇报会、3个平行专场活动）方案。组委会下设指挥中心及七个工作组。二是配合设计“助推大会”广西招商推介方案和文案。

三是推动全国工商联与自治区政府共同举办推进广西高质量工业暨数字经济专题、广西自贸试验区暨西部陆海新通道专题、广西文化旅游和健康产业专题3个平行专场活动。四是推进各市开展招商活动。五是配合做好“民企入桂”成果发布会暨签约仪式和视频开工活动。签订项目60个，总投资2083亿元；开工项目28个，总投资2139亿元。六是推动广西优化营商环境暨民营企业助推全面建成小康社会工作汇报会成功举办。七是推动全国工商联执委民营企业发起广西倡议。八是做好宣传造势。

五、引导民营企业勇挑重担，助力广西打赢脱贫攻坚战

一是推进“万企帮万村”精准扶贫行动。进入全国“万企帮万村”精准扶贫行动台账管理的广西民营企业18401家，精准帮扶10669个村，帮扶建档立卡贫困人口200万人。二是深化粤桂扶贫协作。举办2020年粤桂民营企业助力国家挂牌督战村暨产业扶贫协作活动，落实广东52家、广西55家民企结对帮扶广西48个国家挂牌督战贫困村，被全国工商联评选为工作实践创新成果三等奖。三是树典型强示范。联合广东省工商联、自治区扶贫办、广东省第二扶贫协作工作组表扬184家粤桂扶贫协作先进民营企业；联合自治区扶贫办举办2020年广西“万企帮万村”精准扶贫行动先进民营企业表扬活动，为300家先进民营企业授牌匾。

六、助力复工复产，服务民营企业恢复运行常态

一是汇编发布惠企政策。及时梳理和汇编国家及自治区应对新冠肺炎疫情的143份惠企政策文件在官网、微信公众号等发布，服务民营企业战疫情、渡难关、稳发展。二是协调解决企业复工复产防疫物资。向自治区疫情防控指挥部申请调拨，帮助企业购买防护口罩几十万个；争取更多民企进入自治区重点保障企业目录。三是搭建金融服务平台。举办2020年民营企业复工复产政金企融资对接签约会，促成建行广西分行与12家民营企业签订总金额为12亿元的贷款合同。与农发行广西分行举办“万企帮万村”行动金融对接活动，29家民企获授信55亿元。四是积极助力稳就业。与自治区人社厅共同举办2020广西民营企业招聘周、招聘月系列活动，组织600家企业参加招聘，提供就业岗位3.5万个。

七、开展“服务民营企业创新发展年”活动，助力民营企业高质量发展

一是举办广西民营企业100强发布活动。发布2020广西民营企业100强、民营企业制造业50强、民营企业纳税10强、最具竞争力民营企业、最具潜力民营企业榜单。二是创新开展法律服务。与自治区高院开展“关于加强民营企业产权司法保护研究”课题调研，与自治区检察院开展检察开放日、认罪认罚从宽制度落实调研及服务民营经济“十百千万”专项活动，与自治区司法厅开展“法治体检”“法律三进”活动。三是助力科技型企业“专精特新”发展。联合自治区工信厅、科技厅开展“广西最具竞争力民营企业”“广西最具潜力民营企业”评选和发布。会同自治区科技厅举办第九届中国创新创业大赛广西赛区活动，组织1051家企业参赛。四是推动优化营商环境。参与立法协商，对《广西优化营商环境条例》等地方法律法规和行政规范性文件提出意见建议。推动全区台账内拖欠民营企业中小企业账款清偿完毕，清偿率100%。五是引导民营企业参与“一带一路”建设。组织企业参与第三届中国国际进口博览会、第十七届中国—东盟博览会及中国东盟—商务与投资峰会系列活动。组织企业参与全国工商联举办的“中国驻东盟国家经商参赞与民营企业家云对话活动”“线上民营企业境外合规经营风险防范培训班”等活动。

八、加强调查研究，提升资政建言水平

在全国工商联开展的优秀调研成果和理论创新成果评选中，自治区工商联获一等奖1篇、二等奖4篇，三等奖3篇。一是参与政党协商和政协协商。参与自治区政党协商4次、政协协商3次，围绕广西完善沿边开放发展、推进西部陆海新通道建设、对接粤港澳大湾区发展等问题建言献策。二是抓好政协提案和大会发言工作。关于加大对无本续贷、贷款延期、免增值税等政策落地督查力度的建议得到国务院办公厅现场转财政部办理；加大“民企28条”督查和落实的建议得到全国政协信息局采纳并转商务部办理。三是推进民营企业调查点工作。广西工商联被全国工商联评为“抗击新冠肺炎疫情以来调查点工作先进省级工商联”“2020年民营企业调查点工作先进省级工商联”。

九、深化商会改革，推进工商联组织建设

一是加强商会建设。全年认定广西“四好”商会146家，推荐69家商会参加全国“四好”商会评选。二是深化异地商会归口管理和乡镇（街道）商会登记工作。全区市级以上异地商会归口管理完成率达91 %；全区乡镇（街道）商会实现登记369家，登记率达33%。三是创新开展工商联商会诚信体系建设。围绕“建机制、定规范、建试点、强党建、树形象”，形成重点推进、示范引领、以点带面、效果明显的诚信商会争创局面。广西工商联诚信商会建设工作荣获全国工商联工作实践创新成果二等奖。

海南省工商业联合会2020年工作综述

2020年，海南省工商联坚持以习近平新时代中国特色社会主义思想为指导，持续深入学习贯彻党的十九届四中、五中全会、习近平总书记“4・13”重要讲话、中央12号文件、《海南自由贸易港建设总体方案》和省委七届八、九次全会精神，紧紧围绕省委省政府中心工作，贯彻落实中央《关于加强新时代民营经济统战工作的实施意见》，紧扣“两个健康”工作主题，以“我为加快推进海南自贸港建设做贡献”为牵引，按照“信任、团结、服务、引导、教育”工作方针，团结引领民营经济代表人士战疫情、助发展、强引导、促改革、激活力，不断壮大听党话跟党走的民营经济人士队伍，强化依法办事依法经营的意识，统一思想，凝心聚力，积极投身海南自由贸易港建设，取得了积极成效。2020年海南省工商联主要开展以下10个方面的工作：

一、做好教育引导工作，切实把民营经济人士思想和行动统一到中央和省委决策部署上来

及时组织广大民营经济人士学习习近平总书记重要讲话精神、中央和省委最新决策部署。印发《关于深入学习贯彻党的十九届五中全会精神的通知》，组织各市县工商联和商协会学习五中全会精神。组织民营企业深入学习习近平总书记给圆方集团职工回信重要精神，进一步提振民营企业复工复产的信心。召开民营企业座谈会，传达学习习近平总书记对海南自由贸易港建设的重要指示精神和《海南自由贸易港建设总体方案》并进行交流研讨。线上开播“海南自贸港建设投资发展机遇解析”系列活动，累计在线6万余人关注。线下分四个片区开展自贸港建设政策分片区宣讲活动，覆盖近2000人。

二、广泛动员抗击疫情，为疫情防控和经济社会发展做出民企贡献

疫情发生后，工商联立即行动，充分发挥组织优势，建立系统联动机制和防疫物资对接机制，广泛动员民营企业和商会参与抗疫斗争。据不完全统计，我省参与抗击新冠肺炎疫情民营企业（含个体户）、商协会捐赠总金额37840.775万元，其中现金捐款6561.125万元。海南省工商联推荐的海马投资集团等10家民营企业被全国工商联评为抗击疫情先进民营企业。

三、积极承担社会责任，为决战脱贫攻坚和决胜全面建成小康社会汇聚民企力量

积极引导民营企业加大产业扶贫、就业扶贫、消费扶贫力度，带动贫困户稳定增收，取得了较好成效。截至2020年11月，自开展“百企帮百村”精准扶贫行动以来，共发动全省1005家民营企业参与帮扶1343个村，实施帮扶项目2307项，投入帮扶资金约8.99亿元，累计帮扶贫困人口27.07万人次。海南天地人公司荣获全国脱贫攻坚奉献奖，海南家园生态农业开发公司荣获全国“万企帮万村”行动先进民企荣誉称号，海南省工商联经济联络处、乐东县工商联荣获全国“万企帮万村”行动组织工作先进集体，五指山中部旅游公司等6家企业负责人荣获2019年度省打赢脱贫攻坚战先进个人。

四、扎实做好经济服务，为自贸港建设良好开局做贡献

全力承办海南省人民政府和全国工商联主办的“民营企业助力海南自贸港建设投资对接峰会”，与14家全国工商联直属商会签订合作协议，20多家企业与相关单位和园区达成合作意向，6家公司签署战略合作框架协议。做好广东百企来琼投资考察交流活动，已有3个项目落地，总投资金额为27.6亿元。与省建行、省交行等金融机构建立合作关系，开展民营企业金融服务系列活动，为企业提供融资对接和咨询服务。

五、开展2020海南民营企业100强发布，发挥民企标杆作用

在2019年民营企业100强和上规模民营企业调研的基础上，以企业2019年度营业收入为评选指标，坚持民营企业自愿参与原则，对报名参与企业的申报表进行审核、统计、汇总后，评选出2020海南省民营企业100强，并于8月在海口召开2020海南民营企业100强发布会。充分展示海南省民营经济发展成就及贡献，进一步增强了企业家的获得感和荣誉感，提振发展信心。

六、持续推动优化营商环境，助力自贸港建设

持续开展全省民营经济发展软环境评价工作，推动优化营商环境。加强法律服务，持续推进“法律三进”，先后开展民法典和宪法进企业活动。深入做好民营企业应对疫情司法需求调研工作，为民营企业应对疫情提供法律咨询和法律援助，着力解决民营企业的实际困难。打造商会调解品牌。指导推动海南省知识产权协会等4家商协会建立了调解委员会。指导22家商会调解组织做好台账建立和规范化建设有关工作，进一步健全了民企维权机制。参与构建和谐劳动关系，保障企业和职工的合法权益，促进经济发展和维护社会稳定。

七、履行参政议政职能，服务自贸港建设

2020年“两会”期间，向全国工商联和省政协报送了《关于加快推进海南自由贸易港法律体系建设的提案》等8件团体提案。疫情期间，将收集到的问题及时通过社情民意、意见建议等方式向全国工商联、省委省政府、省政协等方面反映，毛万春主席在《关于新冠肺炎疫情对海南中小企业的影响及对策建议》《关于海南民营企业复工复产面临的困难和政策期待及对策建议》等作了批示，省工信厅作了反馈。对房地产企业反映的问题深入调研，向省政府报送《关于大力推广保证金替代类保险的建议》，沈丹阳副省长、冯忠华副省长分别作出批示，并转海南银保监局、省住建厅。其中《建立民营经济发展软环境评价机制》获中央统战部十佳创新案例和全国工商联工作实践创新成果二等奖，《海南省民营经济发展软环境2019年度评价报告》获优秀民营企业调查系统数据分析报告二等奖；《工商联发挥总商会功能作用形式研究——以海南省总商会实践为例》和《以“网上工商联”助推民营经济统战工作》分别获得全国工商联理论研究创新和工作实践创新成果二等奖、三等奖。

八、加强民营经济领域党建工作，扩大“两个覆盖”

抓好商会党组织覆盖工作，截至目前，所属商会党组织覆盖率已达到51%。抓好所属的海马、海航等8个企业党委的年度工作考核。召开了党建示范点现场会，进一步推动基层党组织规范化、标准化建设。不断扩大基层党组织党员队伍，截至目前共指导发展党员1087名。开展培训，提升党务工作者党建工作业务水平，巩固拓展了主题教育成果。在省非公有制经济组织综合党委所属党组织中，开展学四史迎建党百年活动和“我为加快推进海南自由贸易港建设做贡献”活动。

九、推进工商联组织建设，进一步夯实组织基础

加快推进和完善自贸港建设背景下“三张网”（工商联组织、行业商会协会、琼籍商会）和“两个面向”（老一辈企业家和青年企业家）工作，初步形成“纵向到底、横向到边”组织网络体系，市县工商联全部实现“一个设立、五个有”，9个市县被认定为全国“五好”县级工商联。截至2020年12月，海南省工商联系统共有会员123377个，其中企业会员37505个，占30%，个人会员85487个，占69%，团体会员417个；全省工商联所属商会共417家，其中省工商联本级所属商会125家，市县工商联基层商会292家，已建立党组织的有103家。目前，海南省乡镇（街道）商会覆盖率达82%，指导18个市县工商联成立了青年企业家委员会，与国内外38家琼籍商会建立了联系。

十、以巡视整改为契机加强工商联机关建设

以巡视整改作为全面加强党的领导，增强“四个意识”、坚定“四个自信”、做到“两个维护”，推动工商联事业创新发展的重要契机。结合实际，重新修订《省工商联（总商会）会议活动制度》，研究出台《省工商联所属商会管理办法（试行）》《关于加强和改进机关调查研究工作实施细则》等7项制度办法及措施，形成用制度管理、按制度办事的长效机制。创新工作方式，积极推进“网省工商联”建设，初步实现民营经济统战工作数据可视化和对民营经济发展预测分析。针对巡视反馈的26个问题和4条意见建议分解76条整改任务，明确了具体责任，狠抓整改落实，取得了阶段性成效。认真履行全面从严治党主体责任，规范机关纪委执纪监督。强化干部教育培训、选拔任用，提升工作能力。持续改进工作作风，加强会议活动统筹，切实为基层减轻负担。机关和干部队伍建设得到不断加强。

重庆市工商业联合会2020年工作综述

2020年，重庆市工商联紧紧围绕全市改革发展大局，坚持“两个健康”工作主题，牢牢把握政治建会、团结立会、服务兴会、改革强会工作要求，以“争创一流、走在前列”为目标，扎实推进各项工作取得明显成效。

一、加强思想政治引领，促进民营经济人士健康成长

一是抓好党的方针政策学习宣传。召开民营企业家座谈会，传达习近平总书记在全国“两会”期间、在企业家座谈会上的重要讲话精神。以“学讲做”、百日大走访、暑期谈心会等活动为载体，会领导深入区县、商会、企业宣讲习近平总书记重要讲话精神、全国民营经济统战工作会议精神、党的十九届五中全会精神及党中央最新决策部署，提振民营企业发展信心。二是抓好理想信念教育。召开全市民营经济人士理想信念教育推进会，健全理想信念教育报告团制度，调整充实报告团成员，形成规范化、常态化推进机制。在永川区开展“诚信永商”建设试点，推进“诚信渝商、法治民企”建设。推动卢作孚民营经济学院成功创建“全国民营经济人士理想信念教育基地”，开展培训9期569人次。抓好年轻一代培养教育，制定年轻一代民营企业家成长工程方案，市工商联25家所属商会建立了青委会，发展会员1000余人。市工商联在全国工商联理想信念推进会上作交流发言。三是抓好民营经济领域意识形态工作。开展线上线下舆情收集梳理分析，修订完善宣传思想工作制度23项，全市工商联系统宣传员达3400余人。四是抓好典型示范。宣传报道全市民营经济领域抗击疫情、复工复产典型474篇，评选表彰15名年度渝商和14名年度新锐渝商。

二、推动落实“六稳”“六保”，激发民营经济发展活力

一是支持民营企业复工复产。深入区县指导民营企业对接相关惠企政策，推动加快复工复产、复商复市。针对餐饮、文旅、房地产等受疫情影响较大的行业，形成9期专报呈送市委市政府。会同重报集团开设“渝商微课”，线上培训47期65万人次。二是开展“百日大走访”。大力开展“抓‘六稳’促‘六保’民营企业百日大走访”活动，走访民营市场主体10.2万家，收集困难问题35816个，办结32071个，惠及7.9万家民营市场主体。获评2020年度全国工商联工作实践创新成果二等奖。三是加强就业服务。与市人力社保局共同举办线上线下招聘会524场，支持民营企业引才用才、复产复工。前三季度，全市中小企业新增从业人员32.1万人，吸纳就业达881.5万人。

三、完善服务机制，促进民营企业健康发展

一是强化困难问题办理机制。坚持非公经济工作联席会议制度、困难问题办理机制等制度，协调相关部门解决了一批企业解困重整问题。二是强化法律服务机制。强化法治宣传教育，坚持办好“法治大讲堂”，举办“中华人民共和国民法典”专题讲座。各级工商联会同司法部门、市律协为98个园区、4804家民营企业提供“法治体检”服务。推动优化法治营商环境，与市发展改革委共同牵头起草完成《重庆市优化营商环境条例（草案）》，已经市人大一审通过。指导50家所属商协会建立了调解组织。巩固服务民营经济发展联席会议机制，优化与司法机关和行政执法机关的沟通联系机制，建立自贸区民营企业商事纠纷诉调对接机制，推动解决民营企业涉法涉诉问题。市工商联协调办理民营企业维权案件62件，涉案标的逾35亿元。三是建立银企对接机制。与金融部门推动设立民营小微企业首贷续贷中心，缓解企业融资难。前三季度，重庆市民营企业贷款余额7932亿元，累计新发放民营企业贷款5520亿元。

四、推动融入新发展格局，赋能民营经济高质量发展

一是助力成渝地区双城经济圈建设。与四川省工商联签订《推进成渝地区双城经济圈民营经济高质量发展合作框架协议》，共同举办首届川渝民营企业家合作峰会和成渝地区双城经济圈商会合作峰会。二是引导民营企业“走出去”。健全涉外常态联络机制，与韩国贸易馆、老挝国家工商会等签订战略合作协议。组织400余家民营企业参加10余次产业对接，促成一批合作项目。三是推动民营企业挂牌上市。新增民营上市公司2家，达到29家，占重庆上市公司比例为51.8%。四是服务民营企业人才建设。推荐遴选10名“创业领军人才”，推荐3名企业家获“重庆市杰出英才奖”，5名非公人才获享国务院政府特殊津贴。组织200余名民营企业人才参加“双千双师交流计划”，72名非公专业技术人才获评高级职称。五是扩大民营经济影响力。组织民营企业参评中国“民企500强”，6家入围“制造业500强”，7家入围“服务业100强”。发布重庆民营企业100强以及制造业、房地产业、餐饮业及软件和信息服务业10强榜单。

五、弘扬企业家精神，引导民营企业履行社会责任

一是动员民营企业抗击疫情。向全市民营企业和各地渝商发出倡议，动员投身疫情防控阻击战。据不完全统计，全市2300家民营企业、商会累计捐款捐物3.4亿元，为巴基斯坦及7个海外重庆商会捐赠一批防疫医疗物资。二是推进“万企帮万村”精准扶贫行动。全市2299家民营企业精准帮扶1975个村，其中贫困村1161个，投入资金31.97亿元。三是开展民营企业履行社会责任表彰。授予11名民营经济人士重庆市“光彩事业贡献奖”。对“万企帮万村”和抗击新冠肺炎疫情中做出贡献的216家民营企业和55家商会通报表扬。16家商协会和20家民营企业获全国工商联通报表扬。重庆市工商联经济部获全国“万企帮万村”精准扶贫行动组织工作先进集体。发布《重庆市民营企业社会责任报告（2020）》。

六、提高建言献策质量，履行参政议政职能

一是高质量完成2019年民营经济发展报告。报告得到市委、市政府主要领导肯定性批示，要求坚持不懈地支持和服务好民营企业稳定健康发展。二是加强民营企业运行监测。完成全国工商联问卷调查

11次，开展全市民营企业运行状况调查2次。获评“2020年调查点工作先进省级工商联”。三是不断提升调研质量。开展成渝地区民营经济交流合作、上规模民营企业等10余项专题调研，转化为市政协集体提案7个、市委政党协商课题3个。2020年，市工商联获全国工商联系统优秀调研成果和理论研究创新成果二等奖3个、三等奖3个，组织建设调研成果最具价值奖、突破创新奖各1个。

七、深化改革创新，加强工商联组织建设

一是夯实区县工商联建设基础。区县工商联全部实现市级“五好”目标，24个区县工商联被认定为全国“五好”。全面推进会员体制改革，全市会员已超过15万，其中企业会员8.5万。二是稳步推进商会改革发展。深入贯彻落实渝委办〔2019〕63号文件精神，推进民营经济领域组织覆盖和工作覆盖。吸纳28家团体会员入会，全市所属商会已达1657个。协助市民政局开展商会整改工作，市工商联主管的8家商会依法登记。评定市级“四好”商会101 家，全国“四好”商会48家。出台《团体会员发展和管理办法（试行）》，将异地商会纳入工商联引导服务工作范畴。三是有力推进商协会党的组织和党的工作全覆盖。已建商协会党组织110家，组建率达91.67%。8个区县工商联成立社会组织综合党委。开展“功能型特设党委”试点，2家党支部、1家党总支升格为党委。加强商协会党建工作，制定党建工作标准规范，29家商协会党组织完成换届，发展党员37名。重庆市工商联在全国工商联直属商会与非公党建工作委员会课题调研工作会上做交流发言。

八、以巡视整改为契机，加强机关自身建设

一是抓好巡视整改落实。积极配合市委巡视组，认真履行全面从严治党主体责任，针对反馈意见，建立和完善各项制度性文件37个，完成整改措施50项。二是加强机关建设。用好职务职级并行政策，研究制定干部选拔工作流程和晋升原则，职务提拔1人，职级晋升7人，轮岗交流3人，遴选年轻干部2人。扎实推进机关党建各项工作，持续增强党支部的政治功能和组织力。严格执行中央八项规定精神，践行亲清政商关系，营造健康向上、充满活力的机关文化。

四川省工商业联合会2020年工作综述

2020年，四川省工商联在省委、省政府的正确领导下，在全国工商联和省委统战部的有力指导下，围绕中心、服务大局，按照“一部三中心”工作定位，创新工作思路，完善改革举措，突出特色亮点，强化自身建设，积极主动、全面有效发挥职能作用，战疫情、抓机遇、促改革、助发展，高质量完成各项工作任务。

一、打好疫情防控阻击战，助力民营经济恢复常态

一是迅速做好动员和宣传工作。第一时间发出《关于全力抗击新型冠状病毒肺炎的倡议书》《积极为推动全省经济平稳发展作贡献》的公开信，广泛动员民营企业和商会参与抗疫斗争做好复工复产工作。迅速建立系统联动机制和防疫物资对接机制，广大民营企业火速响应配合，累计捐款捐物8.48亿元。17家商会、33家民营企业分别荣获全国工商联抗击新冠疫情“先进商会”“先进民营企业”；及时开展民企抗疫信息收集和报送工作，主动向上级和相关部门报送信息180余条；开设“川商头条”——《抗击疫情、川企在行动》专栏，编写发布专题报道400余篇，创作发布抗疫公益歌曲及MV《时光复苏》。二是全力推动惠企政策制定落实。及时开展3批次专题调研，实地和网络调研民营企业2000余家，《关于应对新冠肺炎疫情 支持中小微企业发展对策建议的报告》获省委彭清华书记等5位省领导批示，对策建议被“川13条”采纳。利用各类媒体平台、调研、活动、会议机会宣讲国家和省级惠企政策，指导民营企业学好用好政策，推动资金和政策直达基层、落在企业。三是大力支持民营企业恢复常态。印发《跟踪落实民营企业复工状况的通知》和《全力做好服务民营企业有序复工复产工作的通知》，搭建“抗疫助企——企业线上培训”网络直播学习平台，举办“疫情挑战与机遇”系列公益课程50余期，开通“复工进行时”专栏，吸引超过10万企业家、企业员工关注，累积点播量达20万次，极大提升了民营企业复工复产、满产达产的信心和进度。四是靠前服务帮助民企纾困解难。聚焦抗疫物资、原材料供应、纠纷和资金等方面的突出困难，多措并举帮助企业渡过难关。积极组织涉医企业全天候生产、储备和供应防疫物资，对接省防疫应急指挥部，了解口罩、额温枪等物资采购渠道，为100余家企业提供便利。积极协调全国工商联、省应急指挥部以及省直有关部门，助力民营企业海外采购运输、重点物资物流供应。与建行四川省分行签署全面战略合作协议，联合中行四川省分行、交行四川省分行等金融机构开展“小微贷款直通车”宣传活动。下发《疫情期间切实做好民营企业法律服务工作的通知》，为民营企业提供法律服务。

二、强化思想政治引领，做实宣传教育培训

构建“1+1+N”体系（民营企业家学院+理想信念教育基地+高校）。一是扎实开展民营企业家理想信念教育。召开全省民营经济人士理想信念工作推进会，交流总结部署理想信念教育工作。在汶川映秀成功创建“全国民营经济人士理想信念教育基地”，并举办全省民营经济人士理想信念教育培训班，全国工商联副主席李兆前为基地揭牌并做专题授课。出台《四川省民营经济人士理想信念教育基地管理办法》，在巴中挂牌设立全省第六个理想信念教育基地，巴中川陕革命根据地遗址、广安邓小平故居、建川博物馆等地借助基地资源和特色优势，开展理想信念教育活动。在全国工商联理想信念教育推进会上做经验交流发言，全国工商联理想信念专刊、《中华工商时报》、全联通等予以专题报道。《以“宣”战疫 以“教”聚力——以理想信念教育汇聚川商团结战疫的强大思想动力》居工商联（商会）工作2020年度“创新中国”最佳案例榜首。二是大力培育民营企业家队伍。与中国人民大学、人民教育等机构合作，创新开设企业微课、云峰会、“中国策系列”网络培训云课堂。举办“民营企业合伙人制度及并购重组”“成渝地区双城经济圈建设及转型发展”等专题研修培训班7期，邀请高层次专家学者授课，参训人数达600人次。聚焦“百千万”川商精英培育目标，制定出台《“十四五”川商精英培育实施方案》。三是创新形式做活宣传工作。举办“我们走在大路上——四川民营企业成就巡礼”大型展览，参展民营企业200余家、展品2000余份，全面展示了四川民营企业成长之路、先锋人物和川商精神。召开“民营企业百强”“绿色发展报告”“法律维权服务成果”等新闻发布会5次，有力提升了工商联工作的影响力。继续加强省工商联官网、《新川商》、“川商头条”等阵地建设。四是整合媒体资源形成宣传攻势。与《中华工商时报》《四川日报》、今日头条等合作，刊出新闻报道500余篇（次），推出《风云川商》专访栏目20余期。与省生态环境厅、四川电视台合作录制“美丽中国 我是行动者”活动线上“云启动”。与川商传媒合作开展“魅力女川商”“杰出青年川商”“杰出民营企业家”推选表彰活动，联合推出“脱贫攻坚”“川商展望十四五”等特别报道。与华西都市报开展“企业社会责任论坛”、2020成渝地区双城经济圈品牌大会等宣传活动。

三、围绕中心建言献策，切实提升参政议政水平

一是高质量开展调查研究。精准对接省委省政府和省政协年度协商计划，全国工商联、省委统战部和省委政研室等调研任务，围绕民营经济参与成渝地区双城经济圈建设等多项重点课题高质量完成年度调研任务33项，其中2篇调研报告分别获得省委书记彭清华、时任省长尹力的肯定性批示。在全国工商联优秀调研成果评选中，荣获一等奖2项、二等奖4项、三等奖2项，获奖数量与江苏并列全国第一，创历史新高。在全国工商联理论研究和实践创新评选中，荣获二等奖1项、三等奖2项，获奖数量并列全国第三。二是切实履行参政议政职能。高质量服务省委决策，在省委、省政府主要领导主持召开的建言献策会上发言4次、在省政协会议发言8次，相关建议得到重视和采纳。积极向国家层面反映民营企业诉求，在全国政协常委会发言2次、全国工商联发言4次。全年培育团体提案19件，其中1件被省政协确定为重点督办提案，2件提案被评为全省优秀提案。全年报送社情民意54件、党外人士意见建议15条。四川省工商联报送的《关于大力发展智慧物业的建议》获全联一等奖，省建筑业商会报送的《关于疫情下为建筑行业民营企业提供政策支持的建议》、眉山市工商联报送的《关于将鹌鹑列入〈畜禽遗传资源目录〉的建议》，引起了全国人大、政协等部门重视，直接服务行业政策制定、产业发展。三是全面打造调研工作品牌。全国首创编撰发布《四川民营企业绿色发展报告》绿皮书，指导民营经济绿色健康发展，得到全国工商联高云龙主席等领导肯定性批示。高水平编撰出版《四川省民营经济发展综合报告》蓝皮书1500册。全年编发《调研工作动态》12期，全面展示工商联系统调研进度和成果，相关数据、观点多次被相关部门采用。推动民营企业调查点提质增效，全年新增入库企业1512家，现有入库企业3652家，累计入库企业达4216家。组织完成线上调研17次，共8798家（次）参与调查，调查点工作被全国工商联表彰为先进省级工商联。

四、打造特色亮点品牌工作，切实加强经济联络服务

一是推动成渝地区民营经济联动合作。与重庆市工商联签订合作框架协议，联合桂、贵、滇、藏、陕、甘、青等9省（市、区）工商联，共同发出“川渝民营企业家携手合作，同心共建双城经济圈”成都倡议，建立泛成渝地区商会联席会议机制。与省委统战部及重庆市委统战部、市工商联共同举办“首届川渝民营企业家合作峰会”，川渝两地优秀企业家代表等500余人参加，发布了倡议书和合作宣言，进一步凝聚起西部地区民营经济力量，加快协同发展、合作共赢进程，全国工商联专致贺信。共同举办“首届成渝双城经济圈商会合作峰会”，组织四川省企业前往重庆参会，共谋发展机遇。二是持续加强经贸交流。参与协办第八届科博会，参与举办“2020中外知名企业四川行”，联合主办知名企业促投资谋发展座谈会，主办四川知名企业消费扶贫阿坝行暨汶川县投资推介会。分别协助贵州、甘肃、广西、西藏在四川省开展投资推介会。与省发展改革委共同向民间资本推介回报机制明确、预期收益合理、政府积极支持的重点领域项目245个，总投资额1298亿元。三是扎实开展精准服务。科学制定“百强民营企业精准培育计划”，高质量发布“2020四川民营企业100强”榜单。组织四川民营企业参评2020年中国民营企业500强，四川省12家企业上榜。出台《关于推进民营企业转型升级的指导意见》《关于推进民营企业并购重组的指导意见》，成立四川省商会上市与并购服务中心，推动民营企业提档升级。开展“2020年民营企业招聘周”和“2020年四川省异地商会联合招聘会”等活动，完成“百日冲刺 圆梦盛夏”大学生线下招聘活动，组织新希望等大型民营企业，提供岗位600个。完成全国工商联在成都组织的“全国军民融合发展政策培训会”，收到全国工商联的感谢信。四是全力推进精准扶贫。精心组织召开四川省“万企帮万村”精准扶贫行动提质增效推进大会，组织捐款捐物1005万元，签署投资项目、消费扶贫、教育扶贫及就业技能培训协议12项，投资金额7.15亿元，提供就业技能培训3000人次，提供就业岗位1745个。协助承办全国工商联系统东西部扶贫协作座谈会暨民营企业凉山行活动，100余家民企捐款捐物1431.5万元，助力凉山州7个深度贫困县脱贫攻坚。截至目前，全省7.6万家民营企业、商协会参与脱贫攻坚，7695家民营企业和商协会与8210个贫困村建立结对帮扶关系，结对数量位列全国第三，实施项目16516个、结对投入资金106.6亿元、惠及124.4万贫困人口。启阳、域上和美、巨能天然气、四川松柏、四川三溪5家公司和巴中市、达州市、雷波县3家工商联被全国“万企帮万村”精准扶贫行动领导小组表彰先进民营企业和组织工作先进集体。持续擦亮以“光彩凉山行”为主题的四川光彩事业金字招牌，截至目前已履约项目126个、履约率84.56%，开工项目110个、开工率73.83%，累计到位资金372.69亿元。持续帮扶绵阳市平武县，“8·17”特大暴雨灾害后及时调研指导灾后重建工作，捐款捐物价值470多万元，平武县以优异成绩实现脱贫摘帽。《四川省工商联“四大举措”助力打赢脱贫攻坚战》被全国“万企帮万村”精准扶贫行动领导小组刊用。

五、保障民营企业合法权益，持续优化法治化营商环境

一是着力抓好平台机制建设。印发《关于进一步加强民营企业法律维权服务工作机构建设的意见》，累计建成法律服务工作机构115个，实现21个市（州）全覆盖，县（市、区）级85个，省级商会法律服务工作站9个；全省共建立商会调解组织94个，其中市（州）级10个、县（市、区）级52个、行业商会32个，全面构建法律维权服务“一张网”。会同省法院共同推进全省人民法院调解平台与商会调解服务平台对接，会同检察机关落实宽严相济刑事政策。参加最高检与全国工商联举办的“第三十六次检察开放日”活动，并代表全国工商联系统发言。二是切实维护企业合法权益。加大民营企业诉求调处力度，及时会同司法机关、行政部门妥善处置，全年共受理企业诉求45件，协调办结43件。总结法律服务民营企业12个典型案例，其中“某实业进出口公司与某国有医疗器械公司买卖合同纠纷案”，被评为全省依法保障民营企业合法权益十大典型案例。《四川省建立民营企业法律维权服务中心的探索》被中央统战部评为“民营经济统战工作实践创新十佳案例”。《关于民营企业法律维权服务工作开展情况的报告》获得全国工商联高云龙主席等领导和省委领导肯定性批示。三是深入开展“法治民企”建设。举办全省民营企业应对疫情复工复产法律法规政策解读等大型公益网络直播课堂。举办“中华人民共和国民法典”“弘扬宪法精神 护航民营企业发展”等专题宣讲会，为民营企业提供线上线下法治宣讲22场次，累计覆盖4万余人次。海特高新、科伦药业等10家民营企业获评“全国模范劳动关系和谐企业”。四是不断优化法治化营商环境。组织民营企业参加司法机关服务“六稳”“六保”护航民企发展座谈会、保障和服务民营经济座谈会和全省性常态化“法治体检”等活动。与省网信办、省委统战部、省公安厅等单位联合开展“优化营商环境打击网络侵权”主题活动，助推形成良好司法环境，得到全国政协、全国工商联、省委、省政府领导充分肯定和民营企业高度认可。与国家知识产权部门联合，在国家知识产权局专利局四川审查协作中心召开工商联商会及民营企业知识产权保护座谈会。在今年全国工商联发布的“万家民营企业评营商环境”报告中，四川营商环境由去年全国第10名上升到今年第7名，位居中西部第一，创新环境全国第4名。

六、积极拓展会员工作，切实加强组织体系建设

一是大力推进商会改革发展。指导推进10家商会筹建工作，正式成立数字文旅产业商会、川商创新发展商会等2家直属商会，徽商联合会等3家已召开会员代表大会。在全国工商联系统率先启动成立专业委员会，发挥行业引领带动作用。探索加强异地商会管理服务，与省民政厅联合开展调研，扩大工作覆盖。规范年度工作述评、商会年检、换届等工作，加大直属商会指导力度。下发《关于加强乡镇、街道商会登记管理工作的通知》，推动乡镇、街道商会有序登记发展。扎实开展“四好”商会建设，推荐22家商会参评全国工商联“四好”商会。印发《直属商协会联合党委所属党组织建设标准》，举办党建专题培训，建成党建教育示范基地，筹建省百强民营企业党建联盟，指导10家商会成立综合党委。二是大力推进地方组织建设。举办省工商联（省商会）副主席、副会长及市（州）工商联主席书记研修班。开展县级工商联“一个设立、五个有”回头看和全省“五好”考评认定工作，编印《县级工商联服务“两个健康”优秀案例汇编》，巩固县级工商联建设成果。指导各级工商联扎实开展“网上工商联”会员组织管理系统建设工作，全省2020年工商联组织信息填报率100%；填报商会信息2000余条，会员信息近8万条，民营经济代表人士信息1.5万余条，在全国工商联交流“网上工商联”工作经验。对照中央和省委要求，指导推进市（州）商会改革，细化实施方案；广元、遂宁等工商联成立了负责直属商协会党建工作的专门机构。三是大力加强代表人士队伍建设。围绕企业家副主席副会长和执常委作用发挥、省工商联领导联系基层工商联和所属商会、健全顾问制度等制发一系列意见、办法，加强代表人士队伍管理和联系；认真履行民营企业职称评定主管部门职责，为民营企业解决专业技术人员职称评定难点痛点，指导推动四川省建筑业商会取得人社厅授权，并成立职称服务受理点。推荐10余名代表人士到全国工商联直属商会等组织任职。

贵州省工商业联合会2020年工作综述

2020年，贵州省工商联坚持以习近平新时代中国特色社会主义思想为指导，认真贯彻落实党的十九届四中、五中全会精神，省委十二届六次、七次、八次全会精神，围绕中心、服务大局，牢牢把握“两个健康”主题，团结带领全省各级工商联和广大会员主动作为，改革创新，助推我省民营经济高质量发展，不断推进工商联各项工作取得新进展。

一、强化政治引领，切实做到“两个维护”

贵州省工商联把学习贯彻落实习近平总书记对民营经济统战工作的重要批示和关于民营经济和工商联工作重要论述精神作为首要政治任务，积极开展工商联干部和民营经济人士的学习活动，牢固树立“四个意识”、坚定“四个自信”、坚决做到“两个维护”。一是推动学习常态化。认真梳理2018年以来省工商联党组会议学习贯彻习近平总书记重要指示批示情况和中央、省委重大决策部署的情况，建立台账，抓好落实，推进学习贯彻习近平新时代中国特色社会主义思想常态化。二是开展集中宣讲。先后通过执委会、常委会、专题培训会、专题宣讲会等方式，向工商联干部、民营企业、商（协）会广泛宣传党中央国务院、省委省政府重要会议精神和文件精神。三是组织教育培训。联合贵州民族大学、中国人民大学、上海交通大学等高校及人民教育股份有限公司，持续推出线上公益讲座和免费培训课程。举办2期“贵商大讲堂”，200余人参与线下学习，网络点击量达63万。围绕商会党建、年轻一代培养、民营企业守法诚信等举办7期培训班，现场参课人数达700余人，网络直播观看人数达61万人次。

二、广泛凝聚力量，助力打赢疫情防控阻击战

新冠疫情发生后，贵州省工商联坚决贯彻落实省委省政府决策部署，充分发挥联系广泛、资源众多优势，举全省工商联和全球贵商之力，助力打赢疫情防控阻击战，得到省委省政府主要领导的充分肯定和社会各界的广泛赞誉，贵州省贵商总会被授予“全国抗击新冠肺炎疫情先进集体”荣誉称号。一是开展紧缺医用物资的筹集捐赠。先后两次向海内外贵商群体发出全力支持打赢疫情阻击战的倡议，发起紧缺物资特别是医用物资的“全球采购”。截至2020年3月30日，全省工商联系统捐赠的现金和物资折合人民币总计6.4094亿元。二是开展“优医优属”公益活动。在全省民营企业中发起“优医优属”活动，为医务工作者家属提供生活物资，累计捐赠物资折合人民币311万元。三是服务会员企业抗击疫情复工复产。开展民营企业复工复产专题调研，形成调研报告获省主要领导的批示和肯定，有力推动了贵州复工复产相关政策制定出台。分14批次发放了20万个口罩、180万个口罩市、143件防护服用于支持民营企业复工复产。联合人社部门开展农民工稳岗就业工作，为省外贵州籍农民工提供8.76万个就业岗位。

三、围绕决战脱贫攻坚，不断夯实“千企帮千村”精准扶贫行动成果

一是开展“千企帮千村”行动互学互检活动。邀请全国工商联有关领导、专业人士和省、市（州）工商联相关人员以全国和省授牌的示范项目、观摩项目和表彰表扬企业为重点，进行走访慰问和交叉核查，进一步核实核准帮扶项目开展情况。截至2020年12月底，贵州省有5849家民营企业参与“万企帮万村”精准扶贫行动，帮扶6914个贫困村，累计投入帮扶资金236.8亿元，帮助166.13万贫困人口脱贫。二是扎实开展脱贫攻坚挂牌督战。制定《贵州省工商联脱贫攻坚挂牌督战织金县南部战区实施方案》，有目的、有计划、有步骤地开展挂牌督战工作。完成了织金县南部战区6个乡镇、107个村、969户建档立卡贫困户、2753个贫困人口定点督战工作，督战贫困户覆盖率达100%。三是承办全国“万企帮万村”精准扶贫行动现场交流会暨先进民营企业表彰会。积极争取会议在我省织金县召开。全国政协副主席、全国工商联主席高云龙，时任贵州省委副书记、省长谌贻琴，中央统战部副部长、全国工商联党组书记、中国光彩会会长徐乐江，国务院扶贫办主任刘永富，中国农业发展银行副行长徐一丁出席会议并讲话。我省4家民营企业获全国“万企帮万村”精准扶贫行先进民营企业表彰，省工商联扶贫与社会服务部获全国“万企帮万村”行动组织工作先进集体表彰。四是组织召开贵州省“千企帮千村”精准扶贫行动先进民营企业表彰会。传达学习了全国“万企帮万村”精准扶贫行动现场交流会暨先进民营企业表彰会精神，通报了2015年以来贵州省“千企帮千村”精准扶贫行动开展情况，为全省100家“千企帮千村”行动先进民营企业授牌。五是积极做好黔货出山消费扶贫工作。制定《贵州省工商联贯彻落实“消费扶贫”行动工作措施》，召开贵州省工商联“黔货出山、消费扶贫”工作推进会，“黔货出山、消费扶贫”体验馆揭牌正式运营。53家省外商会推广中心共投入资金1.1264亿元，建成实体销售展厅12303平方米。

四、助力“六稳”“六保”，协办2020全国工商联主席高端峰会暨全国优强民营企业助推贵州发展大会（2020贵商大会）

一是招商成效丰硕。省政府成立由时任省长谌贻琴同志担任组长，6位副省级领导担任副组长的招商工作领导小组，分赴19个省（市、区）开展招商，联系对接企业3654家，与1902家全国优强民营企业、33个全国工商联直属商会，19个发达省（市）工商联321家所属商会建立联系，为我省招商引资储备了丰富资源。大会实现拟签约项目616个，投资总额3159.51亿元。二是会议精彩有序。作为2020年贵州省公开举办的第一次全国性重大会议和重大招商活动，会议创新采用线上+线下同步方式举行，在北京和贵州设立2个主会场，各省，港、澳地区设33个分会场。会议全程网络直播，近200多万人在线上同步参会或观看大会直播，会议规模空前，参与人数空前。三是宣传效果空前。新华社、人民网、中国新闻网《中华工商时报》、贵州省内各主流媒体，以及百度、今日头条、新浪网、凤凰网、360等20余家主要新闻媒体共发布会议相关信息1200万余条。

五、不断提升促进“两个健康”工作水平，服务民营经济高质量发展

一是积极参政议政。向省政协十二届三次全体会议提交团体提案13件，其中4

件提案列入重点督办提案。同时，在政协会议期间的省长联组会和界别联组会上，省工商联作3次发言。向全联提交7件提案和7篇社情民意，2件提案被选送全国政协，2篇社情民意被全联综合采纳报全国政协。二是调查研究成果丰硕。高质量完成七次民营企业调查系统问卷调查工作，获全国工商联先进调查点表扬。围绕疫情期间民营企业运行状况、复工复产、产业扶贫项目、参与“两新一重”投资状况、工商联所属商会党建工作、营商环境评价、创新发展等开展专题调研，形成一批具有较高质量的调研报告，得到省委、省政府主要领导及分管联系省领导批示，4篇调研成果获得全国工商联理论创新和优秀调研成果表彰。开展上规模民营企业调研，贵州通源集团和中天金融集团股份有限公司入围2020年500强民营企业。三是开展信用体系建设。制定《贵州省工商联民营企业信用体系建设实施方案》向全省工商联和所属商会推广。起草《企业信息披露制度》等7项企业制度模板。举办民营企业信用体系建设培训会，邀请专家对信用建设基础知识和信用修复知识进行讲解。四是强化法律服务。与法院共同搭建调解服务网络平台，实现了法院案件推送调解、调解申请司法确认互通互联。持续开展“两长会谈”和民营企业法治体检活动。受理49起民营企业反映的案件和请求事项，帮助民营经济解决困难和问题。五是服务民营企业高质量发展。与省市场监管局共同签署《标准化工作助推民营经济高质量发展战略合作框架协议》，组织召开培训会，对贵州省商（协）会、民营企业的标准化组织管理工作提出具体要求。制定《贵州省工商联开展“两送一防”助推民营企业高质量走出去行动实施方案》，以我省赴境外投资和对外贸易民营企业为对象，启动以“送政策、送服务、防风险”为主要内容的专项行动，开展贵州省赴境外投资、对外贸易民营企业摸底调查，拓展服务“走出去”民营企业工作内容和方法。

云南省工商业联合会2020年工作综述

2020年，云南省工商联以习近平新时代中国特色社会主义思想为指导，深入学习贯彻党的十九大和十九届二中、三中、四中、五中全会精神，突出加强民营经济人士思想政治引领，广泛动员民营企业抗击疫情，积极开展复工复产调研和推动纾困惠企政策落实，各项工作取得较好成效，为全面建成小康社会、促进云南高质量发展做出了积极贡献。

一、切实加强思想政治工作

举办理想信念教育和党的十九届五中全会精神专题培训班。召开习近平总书记考察云南和在企业家座谈会上的重要讲话精神专题学习研讨会。组织民营企业家参加全国工商联贯彻落实全国民营经济统战工作视频会议和全省民营经济统战工作会议。把一心堂药业集团股份有限公司、抗战胜利纪念堂博物馆列为首批理想信念教育基地并开展活动。实施民营经济代表人士“头雁领飞”、中小微企业“云羚助跑”和年轻一代企业家“接力奋进”计划，在延安、井冈山等地举办各类教育培训班34个，培训人数3745人。举办非公党组织书记培训班；指导38个非公党组织、108个党支部健全工作制度、规范工作流程。

二、全力做好疫情防控和复工复产工作

第一时间向全省民营企业和商（协）会发出抗疫倡议，3395个民营企业、商（协）会和非公党组织迅速行动，捐资捐物2.64亿元，设立医护人员意外保险专项基金1000万元，21家民营企业得到全国工商联抗击疫情先进表彰。深入12个州（市)、38个县（市、区）、168户企业和商（协）会开展复工复产专项调研，利用民营企业调查点平台开展11次线上问卷调查，形成调研成果17项，社情民意信息39件，为省委、省政府及有关部门出台支企助企政策提供参考；编印《防控新型冠状病毒感染肺炎疫情工作法律法规汇编》《助力企业复产达产防范涉企经济犯罪风险指引》，编写企业复工复产问题解答文章16 篇、法律知识问答411条。

三、大力提高参政议政水平

省工商联提出的开展“千企兴千村”行动被写入2021年省政府工作报告，“调整2025年民营经济增加值占GDP比重”的建议被云南“十四五规划”纲要采纳；报送全国工商联理论研究工作实践创新成果5篇，其中《扎实推进新时代非公党建提质创新》获三等奖。报送全国工商联优秀调研成果7篇，其中4篇分别荣获一、二、三等奖。撰写提案15件，《关于加快电商发展促进“云品出滇”的提案》等被遴选为重点提案，得到省政协和省政府办公厅重点督办。关于《支持举办中国（云南）国际人工智能与智慧生活应用博览会的建议》被列为重要提案。

四、努力推动改善营商环境

参与制定《云南省构建亲清政商关系行为清单》；组织1870家民营企业参与线上年度营商环境评价，组织6185个市场主体对30个政府职能部门进行评议，将评议出的517条负面清单逐一反馈到相关部门进行整改；制定《云南省“和谐同行”能力提升三年行动计划》，与省总工会等7部门共同组织开展云南省和谐劳动关系企业评选，推荐上报4家直属会员劳动关系和谐企业；制定《民营企业诉求处理工作制度》，受理企业投诉和请求协调事项37件。

五、积极参与法治建设

开展“法治体检”工作，组建由317名律师组成的5个专项法律服务团，为287家民营企业提供法律意见2340条。推动全省成立法律服务团 89个，参加律师5621人，为党委政府出台政策进行合法性审查论证168次、提供法律意见252件，开展法治宣传和法律咨询5782次、受众56213人。在“法律三进”中，认真开展民法典公开课、营商环境条例解读等专题讲座，安排“检察开放日”等专场座谈。开展示范培训6期，培训522人。

六、推动纾困惠企政策落实

结合复工复产调研，深入基层工商联和民营企业、商（协）会开展政策宣传解读27场次，编印《应对新冠肺炎疫情支持企业复工复产政策简编》5版1万余册；采用线上线下调查方式，开展政策落实评估和监测工作，了解企业发展困难和意见诉求，及时将政策落实过程中的难点堵点问题向省委省政府和相关部门反映，推动资金和政策直达基层、落在企业。

七、努力破解发展难题

向全国工商联、省委省政府和相关

部门收集上报民营企业面临的困难问题16条、意见建议10条、问题线索29条，推动省政府召开玉昆钢铁项目推进会和祥丰公司天然气停供专题协商会，协助配合组织省政府金融支持民营经济发展座谈会、民建省委金融支持民营经济对接会等；开展融资专题调研，将381.04亿元融资需求及时推送相关部门和金融机构；开展企业上市倍增三年行动，推荐“金种子”后备企业4户，推动省建设银行、交通银行分别为非公百强企业授信100亿元。

八、不断加大宣传工作力度

向《云南商联资讯》、省工商联微信公众号等推送各类信息1500条。《关于贯彻落实习近平总书记在企业家座谈会上重要讲话精神的八条措施》获得全国工商联主要领导批示肯定；开展“新闻记者进民企”“民营企业家进校园”活动，向省内外主流媒体推送云南省各级工商联、商（协）会、企业抗疫及复工复产典型信息近1000条，向《中华工商时报》《云南日报》、云南电视台等推送40多家脱贫攻坚先进典型民营企业。《云南工商联吹响战“疫”集结号》等稿件，被学习强国等近20家媒体转载。

九、扎实推进就业创业

完成创业担保贷款11528户，贷款18.2亿元；推动省总商会人力资源服务中心第二批民营中小微企业职业技能提升培训工作，收集企业4570户、工种431个、职业技能提升培训需求3.79万人；鼓励支持省内外企业、商（协）会在不裁员、不减员的基础上提供就业岗位40621人；协同举办云南省退役军人网络专场招聘会和“金秋招聘月”活动，提供就业岗位10502个，累计投递简历11472份。

十、打造线上经济展会

开展5期线上互联网营销直播专题培训，培训企业1500余户；举办“千企万户上直播，万千云品出云南”直播带货活动，参播企业70余户，点击量达80余万人次，当天线上销售额201万元；帮助支持建水“紫陶汇”、数字三月街直播电商、开远云品发现推广计划、迪庆高原特色产品“北上深杭”体验店及互联网营销推广4个电商平台开展线上展销，点击量达1.27亿人次，带动中小微企业1100家、农户6600户，销售额4729万元。

十一、扩大对外交往合作

举办“中国（云南）—泰国商品贸易云上洽谈会”，64家云南民营企业与43家泰国企业通过网络进行119轮洽谈，中泰企业家通过视频窗口推介产品。《“云上洽谈会”助力滇泰经贸合作共赢》被中华工商时报社评为工商联（商会）工作2020年度“创新中国”最佳案例；举办民营企业福建行、“一带一路”国际合作研修班等；组织71家民营企业参与第三届进博会，现场签约金额5.8亿美元；整理编印《云南民营企业参与国（境）外合作名录》《云南对泰合作企业名录》，积极与国外企业建立合作关系。

十二、积极助推脱贫攻坚

5591户企业、商（协）会参与“万企帮万村”精准扶贫行动，实施14101个项目，投入65.5亿元资金，受帮扶村5884个，受帮扶贫困人口317万人；全省4138家民营企业参与消费扶贫63亿元；“怒江行”获得1.68亿元的物资捐赠、完成投资2.17亿元；协调投入孟连县拉嘎村产业帮扶、基础改造资金105万元，投入支持镇雄县脱贫摘帽、姚安县巩固脱贫成效资金95万元。

十三、持续推进组织建设

推动“五好”县级工商联和“四好”商会创建；制定《州（市）工商联工作评价办法》；制定《关于加强所属商会分类指导的意见》；在省小微企业联合会等

19家重点商会中建立统战联络员制度；组织开展商会会长培训班，完成省中小企业协会等9家商（协）会改革任务，指导云南省数字经济协会以及山西省、宁波市等外阜云南商会完成筹建；发展团体会员5户、重点联系服务企业18户，有效扩大组织覆盖面。

西藏自治区工商业联合会2020年工作综述

2020年，在区党委、政府的坚强领导和全国工商联、区党委统战部的有力指导下，西藏自治区工商联始终坚持深入学习贯彻习近平新时代中国特色社会主义思想和党的十九大、十九届四中、五中全会精神，贯彻落实中央第七次西藏工作座谈会精神和新时代党的治藏方略，贯彻落实区党委九届七次、八次、九次全会精神，紧扣区党委政府中心工作和“两个健康”工作主题，按照“四会”建设总要求，扎实做好“六稳”“六保”工作任务，主动作为、勇于创新，工商联各项工作取得新进展，全区民营经济得到持续健康发展。

一、参与疫情防控尽责任，民营企业复工复产成效明显

第一时间成立工作专班，及时研究部署，发出倡议动员，慰问机场、车站、医院、寺庙等防控一线。主要领导多次带队深入企业开展调研，了解反映困难问题，形成《关于应对新冠肺炎疫情缓解民营企业生产经营困难的政策措施建议》，上报自治区人民政府决策参考。建立民营企业复工复产情况统计上报制度，集中开展纾困惠企政策宣讲活动，全力服务企业复工复产达产。

面对疫情，广大民营经济人士视抗疫为己任，在自己企业遭受损失的情况下踊跃参与爱心捐赠活动，用大爱谱写家国情怀，展现了我区民营企业的企业家精神、民企力量、民企担当。据不完全统计，全区867家民营企业、商（协）会累计捐款捐物折合7844.57万元，捐款百万以上企业达20余家，会员企业主动减免房租达1000余万元。西藏湖北商会、西藏四川商会荣获全国抗击新冠肺炎疫情先进商会组织称号。西藏宏发集团等8家企业荣获全联抗击新冠肺炎疫情先进民营企业。对广大民营经济人士表现出的社会责任和担当，吴英杰书记和齐扎拉主席做出重要批示给予高度评价。

二、着眼长治久安聚人心，民营经济统战工作开创新局面

研究制定《西藏自治区贯彻落实〈关于加强新时代民营经济统战工作的实施意见〉实施方案》，配合筹备全区新时代民营经济统战工作会议。召开党建、党风廉政建设、意识形态工作暨“三基三强”教育活动部署会议，出台《关于进一步落实意识形态工作责任制的方案》。在民营经济人士中持续开展“不忘合作初心、继续携手前进”主题教育，组织20余场1000余人次学习会、培训会、宣讲会，先后举办11期800人次培训班。加强舆论引导，大力宣传民营经济人士抗击疫情、履行社会责任先进典型事迹，弘扬正能量。坚持政治底线，始终把“共产党员不得信仰宗教，不得助推宗教热，任何人不得以任何方式资助十四世达赖及达赖集团分裂破坏活动”作为严肃政治要求，旗帜鲜明消除十四世达赖利用宗教所产生的负面影响，坚定不移反对分裂、维护祖国统一和民族团结，确保了全区民营经济领域持续稳定。

三、立足高质量发展聚合力，营商环境进一步优化

推动政策措施出台。配合发展改革委等部门研究出台《西藏自治区2020年优化营商环境工作方案》《关于支持保护市场主体发展的若干政策措施》《西藏自治区中小企业发展专项资金管理办法》等刚性文件。提交民营经济工作领导小组全体会议审议通过《关于进一步推动政策措施落地见效促进民营经济保生存谋发展的重点举措》《关于构建民营企业诉求快速反应机制的意见》《西藏自治区政商交往正负面清单制度》等政策文件，进一步完善民营经济发展政策体系。

助推惠企政策落实。牵头开展全区民营经济工作考评督导，召开民营经济政策宣讲动员部署会议，举办全区民营企业高级管理人员培训班。围绕民营经济政策落实情况进行全面督导调研，上报《督导调研报告》，得到自治区领导高度评价。完成《习近平总书记关于民营经济工作重要论述摘编》《西藏民营经济政策汇编2018—2019》《西藏民营经济发展研究报告2017—2019》编印工作。

全方位服务企业。评选推荐七大产业16个行业重点民营企业31家，出台配套扶持政策。与财政、经信、金融等部门合作，组织民营企业申报中小企业发展专项扶持资金，做好民营经济领域防范金融风险工作，开展“百名行长进百企”活动，建立“重点民营企业一企一策金融支持工作机制”，组织企业和商业银行对接贷款37.75亿元，建立西藏科技创新型民营企业库，出台依法服务保障民营经济健康快速发展的系列文件，组织律师服务团队为100多家规上民营企业免费法律体检。出台管理办法，规范企业“走出去”。积极推进地产产品进民企工作，引导民营企业参与军民融合发展。

着力构建亲清政商关系。旦科常委带头与全区民营经济人士谈心谈话，广泛征求意见建议，形成报告上报区党委。配合筹备自治区企业家座谈会、积极配合人大常委会围绕民营经济发展专题询问，配合政府召开“2019西藏自治区民营企业20强”发布会暨政策宣讲会。贯彻落实《政商交往正负面清单制度》，及时受理民营企业反映困难问题。

四、聚焦中心工作下功夫，民营企业履行社会责任成果显著

招商引资再结硕果。在全国工商联的协调帮助下，赴内地8省市进行招商引资，共推介招商引资项目438个，签约项目62个，签约总金额253.54亿元，其中合同项目18个，金额43.116亿元；协议项目44个，签约金额210.424亿元，超额完成自治区下达的任务指标。助推中国民营企业500强国美、正泰布局西藏。

就业工作再创佳绩。通过全国工商联协调四川、江苏、云南、重庆四省市工商联，按照“定向招聘、单独划线”要求，为西藏籍高校毕业生提供就业岗位4330个。动员组织区内民营企业、商（协）会提供就业岗位729个，超额完成自治区下达的任务指标。区内各类民营企业吸纳3000余名高校毕业生。

精准扶贫圆满收官。五年来，西藏自治区录入全国工商联“万企帮万村”精准扶贫行动台账管理系统的民营企业达714家，结对1374个贫困村（其中建档立卡贫困村1367个），投入资金高达15.5亿元，共带动9.9万名贫困群众脱贫或受益，为西藏自治区基本消除绝对贫困和全国一道步入小康做出了积极贡献。

五、围绕全面发展布好局，巩固拓展对口援藏工作成果

在调研基础上，提出下一步对口援藏工作总体思路，形成《西藏工商联系统受援工作情况汇报》上报区党委、政府，并多次向全国工商联汇报，高云龙主席、徐乐江书记给予充分肯定和高度重视，提出具体要求。9月份，带领七地（市）工商联主要负责同志赴7个对口援藏省市对接工作，就下一步对口援藏工作思路达成共识。目前，《全国工商联系统加强援藏工作方案》已经印发。

六、紧扣作用发挥打基础，工商联和商（协）会改革有序推进

落实全国工商联、区党委深改委的部署要求，统筹推进工商联改革和商（协）会改革，制定《西藏自治区工商联深化改革实施方案》，已经区党委统战部部务会议审议通过并印发。研究提出《西藏自治区促进工商联所属商会改革和发展实施方案》，已经区党委深改委会议通过，下一步将印发执行。持续推进“五好”县级工商联和“四好”商（协）会建设，加强工作指导，获批全国“五好”县级工商联总数达到24个。西藏四川商会、福建商会、青海商会、四川富顺商会被评为2019—2020年度全国“四好”商会。成立西藏自治区光彩事业促进会，全区工商联系统商（协）会达100家，共有会员4181家。

七、突出基层组织筑堡垒，党的建设进一步加强

在机关，围绕巡视整改，制定99条整改措施，完成整改任务95条。修订完善62项规章制度，对高风险岗位人员廉政提醒谈话3次，结合排查廉政风险点11个、开展提醒谈话18人。持续开展“三基三强”教育活动，建立开放式任务分工合作机制和工作台账，加强督查督办，促进任务落实，机关管理进一步规范，各处室职能进一步理顺，干部职工管理进一步严格，工商联战斗力执行力进一步增强。

在民营经济领域，新组建党组织22家，发展党员135名，行业党委所辖党组织达到145个，党员达到1206名。举办三期入党积极分子培训班，培训人数305名。选派8名党建工作指导员负责指导16家商（协）会党建工作，评定和整顿软弱涣散党组织，对2名参加宗教活动党员作出组织处理，慰问疫情防控工作中突出的党支部，党组织工作得到进一步规范化。

陕西省工商业联合会2020年工作综述

2020年，陕西省工商联在省委、省政府的正确领导下，在全国工商联和省委统战部的具体指导下，坚持以习近平新时代中国特色社会主义思想为指导，深入学习贯彻习近平总书记来陕考察重要讲话重要指示和企业家座谈会重要讲话精神，紧紧围绕“两个健康”工作主题，聚焦统筹推进陕西省疫情防控和经济社会发展要求，扎实做好“六稳”工作，全面落实“六保”任务，开展了一系列卓有成效的工作，为促进陕西民营经济高质量发展做出了贡献。

一、凝心聚力，深入学习贯彻习近平总书记重要讲话重要指示精神

始终把学习好、宣传好、贯彻好习近平总书记来陕考察重要讲话重要指示和企业家座谈会重要讲话精神作为重要政治任务来抓，及时部署安排，制定工作方案，第一时间组织工商联系统干部和民营企业家学习总书记重要讲话，深入商会、民营企业宣讲习近平总书记来陕重要讲话重要指示精神，真正做到学懂弄通做实、入脑入心入行。陕西省各级工商联、商会组织和广大民营经济人士积极响应，开展了一系列各有特色、富有成效的学习宣传贯彻活动，掀起学习宣传贯彻总书记重要讲话重要指示精神的热潮。广大民营经济人士畅谈学习心得和感想体会，《中华工商时报》《陕西日报》《华商报》等多家主流媒体先后报道。

二、强化引领，推动理想信念教育实践活动不断深入

持续推进民营经济人士理想信念教育实践活动，举办全省年轻一代民营经济人士理想信念教育培训班，开展民营经济人士思想政治情况调研和谈心活动，组织部分执常委走进陕西日报社，座谈交流并签订战略合作协议。与省纪委监委联合开展警示教育活动，组织近2000名民营企业家参观“陕西省以案促改警示教育展”，在延安干部学院等红色教育基地对500余名企业家代表进行现场教学，举办反洗钱普法知识讲座等讲座培训30余场，开展“法润商会 共赢未来”等活动30余次，编印《教育读本》4500余册。在各界导报开辟《商界企业家风采》专栏报道33期，与陕西广播电视台合作的《民企面对面》栏目播出12期。

三、主动驰援，积极组织民营企业抗击疫情共克时艰

新冠肺炎疫情发生后，省工商联第一时间发出《关于防疫情、促发展的倡议书》，广大陕西、陕籍民营企业和商协会组织，包括15家国（境）外商协会组织和29家异地陕西商会，主动捐资捐物，累计捐赠、设立基金总额达到6.49亿元。在官网增设“疫情阻击战，工商联在行动”专栏，编发《抗击疫情专报》178期，《中华工商时报》《陕西日报》和陕西电视台等省主流媒体多次报道陕西省民营企业抗击疫情事迹。世纪荣华等23家企业和陕西省湖北商会等12家商会被全国工商联评为抗击新冠肺炎疫情先进企业和先进商会。

四、深入调研，为统筹疫情防控和经济社会发展建言献策

围绕优化营商环境、企业复工复产达产、融资情况、民营企业社会责任、劳动关系、“稳就业”、军民两用高新技术及产品研发生产情况等主题，通过实地走访典型民营企业、召开企业家代表座谈会等形式，深入开展调查研究，形成多篇高质量调研报告。依托民营企业调查点平台组织开展线上调查9次，累计填报问卷7873份。积极参加全国工商联组织的“两新一重”投资状况调研和省政协组织的陕西国有控股上市公司高质量发展情况调研、城镇老旧小区改造调研。向省政府报送《关于出台我省疫情期间支持中小微企业发展相关措施的建议》和《关于请求帮助解决受疫情影响企业困境的报告》，推动《陕西省人民政府关于坚决打赢疫情防控阻击战促进经济平稳健康发展的意见》和《陕西省人民政府办公厅关于印发应对新冠肺炎疫情支持中小微企业稳定健康发展若干措施的通知》两个文件及时出台，全年共有6篇调研报告及数据分析报告得到省委省政府主要领导批示及阅签。向省政协会议提交提案8件，大会发言4篇，月度协商交流材料1篇，其中3件提案被评为优秀提案，1件被列为重点督办提案。《2019年陕西营商环境评价报告》获得2020年全国工商联系统优秀调研成果评选数据分析报告类一等奖，《关于我省“稳就业”情况的调研报告》获得2020年全国工商联系统优秀调研成果评选调研报告类三等奖。被全国工商联评为2020年民营企业调查点工作省级先进单位、抗击新冠肺炎疫情以来调查点工作先进省级工商联。

五、对冲疫情，全力助推民营企业复工达产稳产

先后以“对冲疫情影响、助力民企发展”“对冲疫情影响、共促文旅复苏”“促进中医药行业发展”“促进健康养老产业发展”为主题，召开省政府部门与民营企业季度恳谈会四期，省发展改革委、省科技厅等部门现场解读政策、回应关切，印发对冲疫情影响助力民企发展《国务院及部委政策汇编》和《陕西省政策汇编》。分别与省退役军人事务厅、省国资委、省发展改革委、省教育厅、省科技厅、省知识产权局等部门联合举办“‘戎耀三秦’2020年陕西省退役军人就业创业服务季专场网络招聘直播活动”“2020创新驱动与合作发展论坛”“第四届陕西省高校科技成果展暨校企对接会”、知识产权质押融资银企培训对接会等活动。组织召开吉林与陕西投资合作项目视频对接会、西藏·陕西招商引资推介会等经贸交流活动。组织企业参加中国杨凌农高会全球推介大会、第五届全球吉商大会、第三届中国国际进口博览会、2020中国（温州）新时代“两个健康”论坛等大型经贸活动。与省市场监督管理局、省检察院、省高院联合开展“送法送政策进商会”活动、服务保障民营企业工作对接会议、服务保障民营经济健康发展座谈会。组建调解员队伍，正式启动陕西省总商会民商事调解工作站，全年调解完结案件432起，其中调解成功107起，调解成功率为24.8%。

六、决战脱贫，扎实推进“万企帮万村”精准扶贫行动

深入参与“万企帮万村”精准扶贫行动重点企业，调研企业复工复产情况和在帮扶过程中存在的困难和问题，积极协调相关职能部门予以解决。通过组织召开“消费扶贫”推进会、设立消费扶贫展馆、组织扶贫企业参加第八届全国慈展会等方式，深入开展“万企帮万村”消费扶贫行动。截至2020年年底，8647家民营企业进入陕西省“万企帮万村”精准扶贫行动台账管理系统，累计帮扶村9337个，投入资金66.55亿元，实施项目24359个，受益贫困人口146.87万人，企业参与数量与帮扶村数量均位列全国第一方阵。全省2229家企业销售扶贫产品17.92亿元，2934家企业采购扶贫产品4.43亿元。2020年，省工商联荣获全省脱贫攻坚组织创新奖，6家企业获全国“万企帮万村”精准扶贫行动先进民营企业荣誉称号，4家集体被评为全国“万企帮万村”精准扶贫行动组织工作先进集体。

七、深化改革，全面加强商会组织和工商联自身建设

开展“一个设立、五个有”情况调查，制定并下发“五好”县级工商联实施方案，持续加强县级工商联建设。积极在商会党组织中开展“评星晋级、争创双强”“党旗飘扬守初心、抗击疫情担使命”等活动，先后深入商会督导党建工作70余次，引导商会党建与企业党建有机结合，形成“党委抓支部、支部管党员、党员带会员”的纵向引导新模式。中华工商时报以《党建带会建，双建促发展——陕西省总商会党建工作创新破题》为题进行专题报道，《陕西省总商会党建工作创新破题》获全国工商联2020年工作实践创新成果三等奖。推动商会规范化建设，召开省级异地商会座谈会，完成省级异地商会归口管理，新吸纳25家商会。全年共有47家商会被认定为全国“四好”商会，28家商会被认定为全省“四好”商会，3家商会党组织被评为五星级党组织，5家商会党组织被评为四星级党组织。《探索有效方式，丰富服务内容，充分发挥民间商会（总商会）功能作用》被全国工商联评为2020年理论研究创新成果二等奖。扎实推进“以案促改”和巡视整改，认真做好意识形态、选人用人专项检查和财务审计工作，风清气正、务实高效、干事创业、担当作为的机关氛围初步形成，升工商联干部服务“两个健康”能力和水平进一步提升。

甘肃省工商业联合会2020年工作综述

2020年，甘肃省工商联坚持以习近平新时代中国特色社会主义思想为指导，深入学习贯彻党的十九大和十九届二中、三中、四中、五中全会精神，紧扣“两个健康”工作主题，落实“四会”要求，推动各项工作创新发展。

一、提高政治站位，深入学习贯彻习近平新时代中国特色社会主义思想

甘肃省工商联党组始终把深入学习贯彻习近平新时代中国特色社会主义思想作为首要政治任务，坚持“第一议题”制度，以党组理论学习中心组、党组会议等为抓手，推动习近平总书记系列重要讲话精神往深里走、往心里走、往实里走，增强“四个意识”、坚定“四个自信”、做到“两个维护”。广泛开展教育培训，举办了甘肃省第十四期民营经济人士高级培训班、“第九届工商联大讲堂——科技创新与西部发展机遇”、全省工商联系统主席党组书记培训班等，推动学习贯彻党的十九届五中全会精神与落实工商联工作紧密结合。

二、强化政治引领，夯实民营经济人士团结奋进的思想基础

创新民营经济人士政治引领和教育引导工作，探索“互联网+培训”新模式，联合全国工商联、中国人民大学，搭建了“抗疫助企云培训”平台，定期推送线上精品课程。落实意识形态责任制，及时收集报送和分析研判民营经济人士的思想动态。加强民营经济领域统战阵地建设，将玉门铁人干部学院设立为甘肃省首个民营经济人士理想信念教育基地，把弘扬优秀企业家精神同“铁人精神”相结合。注重年轻一代民营企业家培养教育，举办了“致敬英雄践初心·不负韶华担使命”理想信念教育实践活动，召开青年企业家委员会第一次全体会议，为青年企业家搭建了交流学习平台。

三、发挥职能优势，统筹推动疫情防控和复工复产

面对突如其来的新冠肺炎疫情，按照省委、省政府的部署要求，省工商联第一时间做出工作安排，动员商会、民营企业做好疫情防控，积极捐款捐物，共有4887个民营企业和商会捐款（捐物）约3亿元。指导各级工商联开展复工复产调研，及时向党委政府反映民营企业复工复产中遇到的困难和问题，与省政协经济委员会召开“全面推动我省企业复工复产”月协商座谈会，《关于全面推动我省企业复工复产的几点意见》得到省政协主要领导的肯定。甘肃省11家商会、19家民营企业分别获全国工商联“抗击新冠肺炎疫情先进商会组织”“抗击新冠肺炎疫情先进民营企业”荣誉。

四、精准精确施策，发挥脱贫攻坚社会帮扶生力军作用

始终牢记习近平总书记关于“深化脱贫攻坚，坚决攻克最后的贫困堡垒”的重要指示精神，发扬敢死拼命的精神，助力甘肃省打赢脱贫攻坚战。主动谋划实施“百村攻坚”活动，推动95家民营企业与150多个贫困村建立联系。组织开展脱贫增收技能培训，培训建档立卡贫困户劳动力2007人。探索消费扶贫模式，举办“消费扶贫促发展·农副产品进社区”活动，组织75家商会和企业参与。强化典型引领，2位企业家荣获2020年度全国脱贫攻坚奖先进个人、3家企业荣获全国工商联“万企帮千村”精准扶贫行动先进集体、4家企业荣获全省脱贫攻坚帮扶先进集体。扛起定点帮扶责任，甘肃省工商联帮扶的漳县石川镇赵家庄村、三眼泉村全面脱贫。截至2020年12月31日，参与甘肃省“千企帮千村”精准扶贫行动的民营企业2550家、帮扶村5508个、企业投入56.13亿元、帮扶贫困人口104.3万人。

五、提升调研质量，充分发挥参政议政职能

围绕省委、省政府中心工作，部署15个调研课题，集中力量开展5次大调研，确保工商联建言献策在服务省委省政府科学决策上起作用、有影响。调研工作成绩显著，《2019年营商环境评价数据调查与分析报告》《关于甘肃省民营企业复工复产情况的调查与建议》《关于甘肃省突破风光新能源发展壁垒的建议》分获2020年全国工商联优秀调研成果一、二、三等奖；《2019年甘肃省营商环境评价问卷数据调查与分析报告》得到全国政协副主席、全国工商联主席高云龙批示肯定，其他专题调研报告分别被省委、省政府、省政协主要领导批示5次；甘肃省调查点工作被评为2020年全国十个示范省级工商联之一，酒泉市工商联等2市6县区获评2020年调查点工作全国先进基层奖。认真履行资政建言职能，通过参加专题协商座谈会、调研协商座谈会和社情民意信息等方式，为全省经济社会发展建良言、献实策；发挥提案服务大局作用，向全国工商联、省政协提交提案12篇，其中1篇获全国工商联优秀调研成果提案类别三等奖，《关于引导民间资本进入文化产业的提案》被评为“甘肃政协成立70年来有影响力重要提案”。

六、凝聚各方力量，促进民族地区加快发展步伐

积极主动谋划，认真研究制定《“全国工商联直属商会进甘南暨民企甘南行”活动总体方案》，指导甘南州抓好项目编制。疫情基本得到控制后，带领甘南州、兰州新区相关部门赴天津、广东、四川、西藏等地开展招商引资活动，举办了甘肃省工商联商会联席会第十四次会议暨“全国工商联直属商会进甘南暨民企甘南行”活动项目考察对接会。8月31日，“全国工商联直属商会进甘南暨民企甘南行”活动主体大会在合作市举行，签约招商引资合同项目85个、总金额72.6亿元；在全省范围举办的“民企陇上行”活动中，签约合同项目14个、金额34.6亿元；共有

220家单位（个人）承捐5608.3万元，其中承捐资金2419.18万元，承捐物资价值3189.12万元。推动全国工商联餐饮业委员会、四川易田电子商务有限公司与甘南州、临夏州和8个县签订金额7亿元的消费扶贫意向书。

七、围绕纾困解难，持续推动优化营商环境

省委统战部、省工商联以“双百千”培育对象为重点，省、市、县统战部和工商联三级联动，组成6个调研组赴14个市州、兰州新区开展调研，省级层面走访企业、商会150余家，召开座谈会22场，收集整理问题线索949条、典型案例120个，《关于我省民营企业复工复产情况的调查与建议》得到省委林铎书记的批示肯定；推动对省级层面解决的63个问题分解到相关部门；对需要市县级层面解决的886个问题，由各级政府分送相关部门协调解决，调研中收集到的问题基本得到解决或已答复企业。深化“维护民企权益 优化营商环境”专项行动，在省检察院网站开通了“甘肃省检察机关 甘肃省工商联系统服务保障民营企业权益信息平台”，配合省检察院出台《涉民营企业案件“慎捕慎诉”实施细则（试行）》；全省各级检察机关、工商联走访24471家商会和民营企业，召开座谈会议、联席会议235次，收集问题线索2657件，帮助民营企业挽回经济损失2500余万元。

八、紧扣高质量发展，深化“双百千”培育工程

以全国工商联上规模调研数据库为基础，建立了“双百千”培育工程基础数据库；在省级层面，将2020年18家年销售收入超10亿元、发展态势良好的民营骨干企业和20名左右优秀民营企业家纳入培育数据库。搭建政银企对接平台，收集各市州、兰州新区民营企业融资需求433个，与省发展改革委举办全省民营企业融资专题对接会，在甘19家银行与80家企业签约，签约金额112.49亿元；甘肃省工商联与甘肃银行签订战略合作协议，甘肃银行向8家企业授信29.99亿元。开展创新型、成长型民营中小企业培育工作，推荐20家企业进入全国工商联创新型、成长型中小企业数据库，推荐6家企业负责人成为全国工商联小微企业委员会委员。

九、坚持改革创新，推进工商联和所属商会改革发展

深入贯彻习近平总书记在中央党的群团工作会议重要讲话精神，制定《甘肃省工商联深化改革实施方案》，建立了《甘肃省工商联（民间商会）企业家副主席副会长常委执委履职情况评价办法（试行）》《甘肃省工商业联合会关于建立同民营经济代表人士谈心交心制度的意见（试行）》等制度。扎实开展“五好”县级工商联建设，基层基础不断夯实。深入贯彻落实《甘肃省关于促进工商联所属商会改革和发展的实施意见》，开展所属商会改革发展情况调研活动，强化对商会建设的分类指导。指导成立甘肃省地理标志产业协会、甘肃省内蒙古商会，由甘肃省工商联发起并作为业务主管单位。加强“四好”商会建设，开展全省异地商会登记管理调研活动，规范商会注册登记管理工作；表扬全省“四好”商会103家，认定全省27家商会为2019—2020年度全国“四好”商会。加强商会党建工作，正在积极筹备省工商联商协会党委。

十、加强党的领导，提升工商联自身建设水平

坚持以政治建设为统领，在政治立场、政治方向、政治原则、政治道路上同以习近平同志为核心的党中央保持高度一致，增强“四个意识”、坚定“四个自信”、做到“两个维护”。加强机关党建工作，巩固提升“不忘初心、牢记使命”主题教育成果，开展“让党中央放心、让人民群众满意的模范机关”创建活动，以实际行动彰显工商联作为党的政治机关的鲜明特色。加强党风廉政建设和反腐败斗争，制度建设体系不断完善，形式主义官僚主义问题得到有力遏制。推动文明单位、文明部室建设，营造了良好的机关氛围。

青海省工商业联合会2020年工作综述

2020年，面对错综复杂的国际国内形势，特别是新冠肺炎疫情对青海省民营经济的严重冲击，青海省工商联坚持围绕中心服务大局，紧扣“两个健康”主题，在引导民营企业凝聚思想共识、服务复工复产中彰显作为，在做好“六稳”工作、落实“六保”任务中积极发挥作用，在促进民营经济高质量发展中体现担当，各项工作取得新的成效。

一、坚持思想政治引领，理想信念进一步坚定

强化政治引领，组织民营经济人士学习习近平新时代中国特色社会主义思想，十九届四中、五中全会精神以及党中央和省委的最新决策部署，配合中央统战部、全国工商联在海北州建成青海首个国家级民营经济人士理想信念教育基地，组织民营经济代表人士及年轻一代民营企业家到井冈山、海北州接受革命教育，集中开展省、市（州）两级统战部、工商联领导同186名民营经济人士面对面谈心谈话活动，建立商协会统战工作联络员制度，出台加强民营经济人士综合评价相关制度，收到了良好的政治和社会效应。建立省工商联与省级商协会合作开展宣教活动机制，与青海省浙江商会共同主办2020年青海民营企业大讲堂。讲好民营企业故事，广泛挖掘宣传民营经济领域先进典型，在省内外主流媒体、网络平台刊发宣传报道28篇次，有50名民营企业家荣获青海省第五届非公有制经济人士优秀中国特色社会主义事业建设者称号。

二、积极履行社会责任，社会担当进一步彰显

落实中央和省委省政府关于疫情防控部署要求，向省内民营企业及商协会发出《倡议书》，广泛动员民营经济领域积极履行社会责任，捐款捐物、奉献爱心，驰援疫区和青海省救治机构，共有1610家民营企业和商协会累计捐款捐物1.02亿元。主动对接省内外相关机构及民营企业采购紧缺防疫物资，助力省内民营企业率先组建防疫物资生产线，为疫情防控贡献力量。今年，表扬了全省经济领域100家抗疫先进民营企业，12家民营企业荣获全国工商联抗击新冠肺炎疫情先进民营企业称号，1家民营企业和1名个人荣获全省抗击新冠肺炎疫情先进集体和先进个人称号，展现了民营企业担当作为的良好形象。

三、抓“六稳”促“六保”，全省经济基本盘进一步稳固

抓好稳岗就业工作，通过“高校毕业生进民企”“金秋招聘月”等活动，先后有450余家民营企业提供3341个岗位，促成供需精准对接，促进劳动关系和谐稳定。打好脱贫攻坚收官之战，发挥工商联、商协会的“联动”作用，推进“双百”精准扶贫行动行稳致远。截至2020年年底，共有793家民企参与“双百”行动，帮扶贫困村1950个，投资11.35亿元，实施项目数3500个，3家基层组织和1家民营企业荣获全国“万企帮万村”表彰，5家民营企业荣获全省社会扶贫先进单位称号；推进消费扶贫行动，搭建“联成e家·青海扶贫馆”消费扶贫平台，多渠道组织产销对接，有626家民营企业入驻各类扶贫电商平台，销售额达5.15亿元。巩固拓展脱贫攻坚成果，争取支农资金200万元，推动10家民企助力乡村振兴示范村项目取得初步成效，并积极谋划民营企业“百企兴百村”行动，正式写入省委关于制定国民经济和社会发展第十四个五年规划和二〇三五年远景目标建议。引导民企开展光彩事业，召开省光彩会三届二次理事会，完成届中调整，成功申报全国光彩事业重点项目2个，光彩事业扶贫贷款项目6个，为2家公司申请发放光彩事业扶贫贷款2500万元，开展“光彩事业三江源行”系列活动，70家民营企业走进玉树州，签订合作项目和意向性项目32个、总投资16亿元，公益捐赠175万元。

四、助推企业纾困解难，经济服务成效进一步明显

深入企业摸清困难和问题，推动信贷展期、税费延缴、防疫补贴等各项纾困政策落实到位。积极搭建金融服务平台，与相关政府部门和金融机构共同探讨提出设立省级中小微企业增信贷款风险补偿资金的意见建议，为政府决策提供了理论和实践基础。今年累计推荐35家民营企业申请政策性贷款，向175家企业落实7360万元的专项扶持资金。加大招商引资力度，圆满完成第二十一届“青洽会”客商邀请及招商引资工作任务，邀请全国政协委员、正威国际集团董事局主席王文银参加青洽会开幕式并做主旨演讲，配合省政府在杭州、广州完成青洽会新闻发布会工作，促成签约项目6个，签约金额14.1亿元。持续跟进2019中国民营企业500强峰会招商引资项目，为全省民营经济可持续发展注入活力。整合资源组建法律服务委员会，设立法律服务窗口，开通法律服务热线，深入民营企业开展“法治体检”，与省检察院共同举办“检察开放日”活动，畅通民营企业法律诉求反映渠道。开展民营企业评价营商环境专项调研工作，积极推动形成稳定透明公平可预期的法治化营商环境。召开省工商联十一届五次常委会议，专题学习全省生态环境保护警示教育大会精神，教育引导民营企业深刻吸取木里矿区非法开采的沉痛教训，深刻认识“三个最大”省情定位，深刻反省王建军书记提出的“三问”，与生态环境厅共同举办民营企业生态环保专题讲座，引导民营企业坚定不移走生态优先、绿色发展道路。

五、推进调研成果转化，参政议政水平进一步提升

组建成立省工商联智库，聘请51名专家学者为智库成员，搭建青海首个民营经济领域专家咨询服务平台，以有偿服务方式实施2项重大课题调研任务，向省政协提交大会发言5份，团体提案5件、立案4件，向全国工商联提交团体提案2件。全面开展“大走访大调研”活动，形成《疫情常态化防控形势下青海民营经济重点工作调研报告》《2019年青海省民营经济发展报告》等调研报告8篇，省委省政府以参阅信息、信息专报形式采用4篇，2篇调研报告分别荣获2020年度全国工商联优秀调研成果二等奖和三等奖。充分利用全国工商联民营企业调查系统平台，组织开展8次民营企业在线调查活动，参与企业达

1200家，为精准决策提供了真实可靠的基础数据。

六、持续推进深化改革，工作基础进一步夯实

细化重点改革任务推进方案，探索建立领导干部联系民营企业和商协会工作、民营企业评价政府部门等工作机制，省工商联深化改革工作和引导非公有制经济人士成为合格中国特色社会主义事业建设者工作获全国工商联“实践创新成果三等奖”和“探索实践奖”。充分发挥省工商联社会组织党委职能作用，理顺商会党组织隶属关系，推动“两个覆盖”规范化、制度化、常态化。截至目前，已有11家所属商会党组织关系转至省工商联社会组织党委，在册党员达487名。配合全国工商联对县级工商联“一个设立、五个有”情况进行摸底调查，指导市州工商联开展换届工作，开展“五好”县级工商联评选认定工作，组织部分省工商联企业家副主席、省商会企业家副会长进行年度述职，完成2019年度省工商联及青海籍全国工商联执常委的工作评价。建立省工商联与异地青海商会联系走访机制，积极培育吸收商协会团体会员，省工商联团体会员达到64个。开展全国工商联“四好”商会参评和省级“四好”商会评审认定工作，加强互学互促活动，申请设立商会专项工作经费，推动商协会建设规范化。认真履行党组全面从严治党主体责任，重新调整组建机关7个党支部，深入推进机关党风廉政建设，积极构建亲清政商关系，推动党内生活的严肃化、规范化和经常化；全面梳理工商联制度建设成效，结合“人员大培训、岗位大练兵、环境大整治”和作风突出问题集中整治专项行动，开展“模范机关”和“文明部室”创建活动，提升了机关干部服务“两个健康”的工作水平。建成OA网上办公系统，实行了机关督查工作星级督办制度，实现对重要工作的闭环管理，夯实了服务民营经济发展的基础。

宁夏回族自治区工商业联合会2020年工作综述

面对突如其来的新冠疫情，宁夏工商联深入学习贯彻习近平总书记重要讲话和指示批示精神，全面落实统筹推进疫情防控和经济社会发展各项决策部署，按照全国工商联和自治区党委工作安排，聚焦决战决胜全面小康社会目标任务，紧扣促进“两个健康”工作主题，重引导聚共识、战疫情保增长、优服务促转型、助脱贫建小康、抓改革谋发展，引导全区民营经济人士攻坚克难、坚定信心，推动民营经济高质量发展。

一、以政治建设为统领，深入学习贯彻习近平总书记视察宁夏重要讲话精神，坚决做到“两个维护”

始终把政治建设摆在首位，深入贯彻党中央和自治区党委各项决策部署，站稳政治立场。一是持续抓好学习宣传。严格落实党组理论学习中心组、机关集中学习等制度，开展学习研讨，深化理解领悟。召开常委会和民营企业座谈会，开展专题培训等，教育引导民营企业经济人士加强理论学习，坚定听党话跟党走的政治自觉。开展“送政策·进民企”等系列活动，组织党的十九届五中全会和全国“两会”精神和《中华人民共和国民法典》等专题宣讲，编印《应对新冠肺炎疫情惠企政策》2000册赠送企业。二是突出常态化教育引导。深入贯彻全国民营经济统战工作会议精神，落实与民营经济代表人士联系交流和谈心谈话制度，主动走访困难民营企业和所属商会，及时回应重大关切，给予政策指引和帮助指导。严格落实意识形态工作主体责任，开展民营经济人士思想状况大调研，建立舆情员队伍，加强分析研判，实践创新成果荣获全国工商联二等奖。三是主动参与先行区建设。贯彻落实自治区党委十二届十一、十二次全会精神，按照自治区党委《决定》和《分工方案》，制定4个方面31条具体措施和17项33条落实清单。围绕自治区九大重点特色产业布局，组织异地宁夏商会参加葡萄酒博览会，开展在宁异地商会和民营企业到石嘴山、吴忠等地考察交流，促进重点产业和民营企业发展。

二、以疫情防控为重点，组织动员民营企业和所属商会攻坚克难，统筹推进疫情防控和经济社会发展

迅速启动重大疫情防控工作，全力投身疫情防控阻击战。一是严格落实防控措施。及时下发通知公告、印发倡议书、推送防控举措等，督促指导严格落实疫情防控决策部署，宁夏民营企业和商会未发生新冠传染病例。二是捐款捐物支援抗疫。动员民营企业和商会担当作为、奉献爱心，积极参加社会志愿活动，捐款捐物支援抗疫。据不完全统计，截至4月底，全区共有850多家民营企业和商会捐款捐物超过1.9亿元，减免租金超过5300万元。6家商会和13家民营企业受到全国工商联通报表彰。三是有序推进复工复产。根据疫情形势，引导民营企业采取错峰倒班、延长工时等措施，科学有序推进复工复产复市。会同人社厅等部门，帮助民营企业做好员工返岗等工作，妥善处理因疫情影响所产生的合同纠纷和劳动争议。加强跟踪监测和调研，及时了解和反映民营企业复工复产面临的困难问题，共商应对困难的思路措施，积极做好政策宣传、沟通交流和鼓舞士气等工作。

三、以促进“两个健康”为主题，创新工作机制和方式方法，积极为民营企业排忧解难

聚焦疫情影响、融资纾困等困难，发挥桥梁纽带作用，搭平台、建机制尽力帮扶。一是调研协商解难题。开展重点课题调研，收集汇总职工返岗难、供销链条不畅通等问题，及时报送相关部门协商解决。围绕企业创新转型、政策落实等问题，通过提案和社情民意建言献策。一年来向宁夏政协报送提案22件（立案18件、并案4件），情民意80篇、采用12篇。二是融资纾困渡难关。与建行宁夏分行、宁夏银行签署《合作协议》，联合举办金融政策宣讲和产品推介，先后向6家银行推送300多家民营企业融资需求，协调解决100多家企业超过20亿元的信贷支持。三是搭建平台促合作。邀请中央统战部民营企业家培训班学员和湖南民营企业家代表团来宁考察调研。开展浙江、江苏等地走出去宁商“回乡行”，组织宁夏民营企业家走出去考察学习，参加各类博览会和产业推介等。四是法律服务防风险。与公、检、法等部门建立协商沟通机制，组织民营企业家走进检察机关增进认同，开展检察护航民企活动。与公安厅经侦总队研究护航民企工作。与司法厅联合开展民营企业“法治体检”、宪法进企业和法律“三进”等活动，宣讲解读《中华人民共和国民法典》等，依法保护企业合法权益。五是精准建言出实招。利用自治区党委和政府召开意见征求会等时机，围绕“十四五”规划、先行区建设等重点内容向自治区主要领导建言。组织推荐民营企业家参加座谈会和意见征询会等，面对面反映诉求和建议。

四、以决胜全面小康为目标，主动参与脱贫攻坚和精准帮扶，民营经济人士的社会责任更加凸显

聚焦“最难啃的硬骨头”，引导民营经济人士巩固拓展帮扶成果，助力如期建成全面小康。一是持续开展精准帮扶。开展“百企帮百村”摸排调研，组织12家民营企业和商会负责人走进贫困村精准对接，确定实施26个帮扶项目，共投入资金173万元发展适宜产业。争取福建省工商联100万元帮扶资金，用于西吉县小岔沟等3个贫困村壮大集体经济。宁夏工商联扶贫和法律服务中心等4家单位被评为全国“万企帮万村”先进单位。二是深入推进消费扶贫。配合开展“消费扶贫月”活动，组织70多家民营企业和商会负责人，在西吉县将台堡开展消费扶贫推介活动，启动“九分田”电商APP。帮助福建宁夏商会等深入推进闽宁扶贫协作和消费扶贫，支持宁夏善易购创建消费扶贫宁夏馆，线上线下集中展销特色产品1100多种。三是积极推进慈善事业。倡导义利兼顾、以义为先的理念，引导和支持民营经济人士量力而行参与捐资助学、扶贫济困等慈善事业。宁夏燕宝慈善基金会新增捐款3亿元，资助贫困学生3万人。

五、以教育培训为抓手，实施素质提升工程，着力抓好民营经济人士队伍建设

始终把民营经济人才教育培养作为重点工作，坚持久久为功，常抓不懈。一是深化理想信念教育。在六盘山干部学院举办理想信念教育专题培训，发挥所属商会党组织作用，在将台堡等地开展党课教育和主题党日活动，激励民营企业家走好新时代的长征路，扛起“六稳”“六保”政治责任。二是加强教育培训。成立宁夏工商联青年企业家委员会，举办民营企业高质量发展专题培训。探索建立疫情防控培训新模式，组织民营企业家参加知名经济学家线上专题讲座，引导其正确面对经济形势。三是广泛开展典型选树。开展“我身边的战疫模范”系列宣传，在区内外媒体共推出13个集体26名企业家抗疫复产典型事例，宁夏工商联副主席党彦宝荣获全国抗疫先进个人。四是加强宣传阵地建设。紧跟中央和自治区重大工作部署开展宣传工作，在区内外媒体及时推出一系列宣传报道，在工商联网站和微信公众号及时推送惠企政策和工作动态等，办好《宁夏商会》杂志。一年来，编发商会杂志6期16000册，微信公众号推送各类信息360多条。

六、以改革创新为突破，贯彻落实工商联和所属商会改革发展要求，扎实推进基层组织建设

坚持问题导向和目标导向，着力解决体制机制性问题，提升工商联的凝聚力和影响力。一是抓实基础工作。印发《全国“五好”县级工商联建设方案》，细化“一个设立、五个有”标准要求，扎实开展“五好”县级工商联创建工作。指导成立宁夏企业道德促进会，指导7家商会按程序完成换届，推动37家乡镇、街道商会完成登记注册。开展“四好”商会建设互学互评活动，评定16家自治区和11家全国工商联“四好”商会。二是落实改革举措。推动党的领导写入所属商会章程，推行商会会长等主要人选综合评价和任前考察备案，督促完善法人治理结构和内部运行管理等规章制度，不断加强所属商会规范化建设。三是抓实商会党的建设。打造宁夏江苏商会等3家党建示范点，指导宁夏湖南商会等4家商会成立党组织，接转宁夏四川商会等7家商会党组织归口工商联管理。加大教育培训，发展党员38名，处理违纪党员3名。建立机关各处室党支部联系指导所属商会党建工作机制，探索形成“联建共育”模式。

七、以严格落实法规制度为基础，认真履行全面从严治党主体责任，抓实机关党建和党风廉政建设

严格落实“三重一大”民主决策议事规则和党组会议、主席办公会议等制度，发挥企业家副主席、副会长和执委常委作用，在教育培训、课题调研、建言献策等重大活动中站前台、当主角，不断加强领导班子建设。建立机关干部平时考核制度，督促抓好自身学习，树立干事创业的正确导向，激励干部担当作为，不断加强机关干部队伍建设。召开党建和党风廉政建设座谈会，完善全面从严治党“两个责任”“三个清单”，持续推进“三强九严”工程，开展文明机关创建、星级服务型党组织创建和廉政警示教育，贯彻落实整治形式主义突出问题为基层减负的部署要求，不断加强机关党组织建设。

新疆维吾尔自治区工商业联合会2020年工作综述

2020年以来，在自治区党委领导下，在全国工商联的大力指导和帮助下，在自治区党委统战部的统一领导、统一管理下，自治区工商联以习近平新时代中国特色社会主义思想为指导，深入学习贯彻党的十九大和十九届二中、三中、四中、五中全会精神和第三次中央新疆工作座谈会精神，以及习近平总书记系列重要指示批示和重要讲话精神，贯彻落实新时代党中央治疆方略特别是社会稳定和长治久安总目标，贯彻落实自治区党委九届九次、十次、十一次全会精神和自治区党委、人民政府各项工作部署，坚持政治建会、团结立会、服务兴会、改革强会，发挥桥梁纽带助手作用，团结引导全区工商联系统和广大非公有制经济人士，积极面对新冠肺炎疫情带来的影响，扎实做好“六稳”工作、全面落实“六保”任务，为实现社会稳定和长治久安总目标、全面建成小康社会贡献力量。

一、突出政治引领，持续深入推动学习贯彻习近平新时代中国特色社会主义思想

坚持以党的政治建设为统领，强化政治机关意识，始终牢记初心使命，履职尽责、团结奋进，不断增强“四个意识”、坚定“四个自信”、做到“两个维护”。

一是注重强化机关干部的政治意识。建立从党组到党支部的全链条全覆盖的学习体系，坚持以党组理论中心组学习带动机关理论学习，凡是自治区党委、政府传达的中央有关会议精神和召开的重要会议要求跟进学习的有关内容，都在第一时间进行传达和学习。全年开展专题学习53次、973人次参加，交流研讨35场次、184人次交流发言，撰写心得体会232篇。

二是狠抓机关党的建设。认真学习贯彻习近平总书记在中央和国家机关党的建设工作会议上的重要讲话精神，贯彻落实自治区党委《关于加强和改进机关党的建设的实施意见》，制定《自治区工商联机关2020年党建工作要点》《创建“让党中央放心、让人民群众满意的模范机关”实施方案》《自治区工商联党组、机关党委、党支部抓机关党建责任清单》《机关党支部建设质量提升三年攻坚行动方案》，通过创新党建工作载体，提高政治能力，提升组织力。组织召开机关第四次党员大会，选举产生第四届机关委员会和第一届机关纪律检查委员会。

三是注重加强对工商联系统和民营经济代表人士的政治引领和理想信念教育。印发《关于认真学习宣传贯彻习近平总书记在企业家座谈会上重要讲话精神的通知》（新联机发〔2020〕8号）、《关于学习宣传贯彻全国民营经济统战工作会议精神的通知》（新联机发〔2020〕13号）、《关于学习宣传贯彻第三次中央新疆工作座谈会和自治区党委九届十次全会精神的通知》（新联机发〔2020〕16号），通过主席办公会、常委会、执委会和谈心谈话等形式，与民营企业家交流座谈、听取意见，不断加强对民营经济代表人士的思想引领。同时，会领导带队深入到直属商会开展20余场次、400余人次的学习和政策宣讲，常态化的对各级工商联组织和民营经济代表人士加强理想信念教育。

二、凝心聚力、主动作为，积极应对疫情带来的困难和挑战

充分发挥工商联桥梁纽带的重要作用，积极引导民营企业正确面对疫情带来的困难，通过宣传政策、发现问题、推动政策的完善和问题的解决，帮助民营企业坚定信心，在应对挑战中开创新局面，在攻坚克难中实现新发展。

一是引导民营企业履行好社会责任。引导各级工商联、商会和民营企业千方百计克服新冠肺炎疫情影响，肩负起民营企业的社会责任。据不完全统计，全疆共有781家商会组织和民营企业为疫情防控捐资捐物共计17966余万元。11家商会、11家民营企业和2名民营企业家，分别获得全国抗击新冠肺炎疫情民营经济领域先进商会组织、先进民营企业和先进个人。

二是扎实推进企业复工复产。1月中旬，召开由发改、财政等12家职能部门领导参加的座谈会，系统梳理新疆维吾尔自治区民营企业发展面临的困难问题、研究推进工作的对策措施报送自治区人民政府。2月疫情封闭期间，自治区工商联通过电话等多种“非接触”方式持续调研，积极与相关部门、地州工商联、商会沟通，提出了26条复工复产的建议上报自治区人民政府。4月下旬，组织召开直属商会会长座谈会，重点指导商会和会员企业用好相关政策，帮助解决疫情防控期间复工复产存在的困难问题。6月初，召开十一届自治区工商联第七次常委会议，传达学习全国“两会”精神，落实党中央和自治区党委近期决策部署，推进民营企业复工复产和社会扶贫工作。9月初，制定《关于贯彻落实国务院部署进一步规范商会行业协会收费工作的通知》（新联发〔2020〕21号），明确从2020年起调整自治区工商业联合会（总商会）会费收缴范围和会费标准，以主动服务的方式落实更大规模减税降费政策、进一步优化营商环境。

三是推动纾困惠企政策落实。制定《自治区工商联推进企业“科学防控疫情、有序复工复产”工作会领导联系直属商会方案》，主要领导带队到自治区工商联直属商会、新疆广东商会等商会和会员企业进行调研，加强对商会的指导；与交通银行新疆分行举行金融支持自治区民营经济高质量发展政银座谈协调会，积极就协调解决民营企业融资难、融资贵等情况进行沟通对接。国庆节前，由会领导带头，分五个组赴37家自治区工商联直属商会，组织开展“落实政策纾困惠企”专项走访活动，重点宣传《自治区关于进一步统筹推进疫情防控和经济社会发展各项扶持性政策落实的意见》，了解商会及会员企业在复工达产过程中存在的困难和问题，推动纾困惠企政策的落实和完善，推动存在的困难和问题的解决，稳定企业家信心。

四是助力营造更优法治营商环境。与自治区司法厅、自治区律师协会联合下发《关于深入开展民营企业“法治体检”活动 服务疫情防控和企业复工复产的通知》，开展为期两个月的专项“法治体检”活动，全力做好援企稳岗各项法律服务工作，帮助民营企业有效防范风险。与自治区人民检察院共同举行以“服务‘六稳’‘六保’ 护航民企发展”为主题的检察开放日活动，邀请民营企业家走进检察机关，近距离了解检察职能和服务“六稳”“六保”的举措。

三、汇聚民营企业力量，助力打赢脱贫攻坚收官战

面对新冠肺炎疫情给今年决战决胜脱贫攻坚带来的新挑战，自治区工商联继续引导民营企业克服疫情影响，助力打赢脱贫攻坚收官战。

一是引导民营企业积极开展社会扶贫工作。印发《自治区工商联关于认真贯彻落实自治区党委九届九次全会精神进一步发挥民营经济在决战决胜脱贫攻坚中的作用的意见》（新联发〔2020〕9号）和《自治区工商联2020年参与脱贫攻坚行动工作要点》，深化“千企帮千村”精准扶贫行动，广泛动员民营企业采取产业扶贫、就业扶贫、公益扶贫、消费扶贫等方式助力脱贫攻坚。截至目前，自治区1633家民营企业参与“千企帮千村”精准扶贫行动，帮扶1993个村，帮扶建档立卡贫困户11.26万户、39.38万人；投入产业帮扶资金39.62亿元，安置就业2.1万余人，公益帮扶17.45亿元，技能培训近3万人，为确保全疆如期完成脱贫攻坚目标任务贡献了力量。自治区2家民营企业获得2020年全国“万企帮万村”精准扶贫行动先进民营企业；于田县工商联、沙雅县工商联荣获全国“万企帮万村”精准扶贫行动组织工作先进集体；80家民营企业获得自治区“千企帮千村”精准扶贫行动先进民营企业。

二是配合开展有关扶贫活动。协助自治区扶贫办，顺利完成国务院扶贫办、全国工商联2020年“民营企业南疆行”活动，活动中签订项目协议106个、签约总金额339.41亿元。签约项目主要以就业带动能力强、带贫益贫作用明显的产业为主，涉及电子产品、纺织服装、农副产品加工等项目。积极跟踪服务2018年“中国光彩事业南疆行”和2019年“民营企业南疆行”活动签约项目，项目落地率都在95%以上。

三是认真做好对口帮扶工作。坚持立足定点帮扶村资源优势，培育壮大特色优势产业，加强对脱贫监测户边缘户的扶持、动态监测和跟踪服务，通过项目扶持、产业发展、消费扶贫等巩固了脱贫攻坚成果。实施了投资总额1652万元的2公里防洪坝、2座桥梁、10.5公里排碱渠、1.09公里柏油路、44套安居房建设等扶贫项目，改善了村民生产生活条件。引进帮扶资金，建成产能3万吨的玉米烘干加工厂；为贫困户、低收入家庭和村委会提供150吨煤炭；协调疆内外企事业单位、餐饮企业以及利用网络平台帮助销售农副产品；对贫困家庭高校学生进行资助。在工作队的带领下，定点帮扶村在2019年脱贫退出的基础上，今年又顺利通过国家脱贫攻坚普查工作，并成功创建阿克苏地区级文明村，还被乌什县委、县人民政府评为民族团结进步模范村。

四、聚焦总目标，坚决落实维护稳定政治责任

教育引导机关干部职工和商会、民营企业牢固树立总目标意识和稳定工作“没有局外地区、没有局外单位、没有局外人”的思想，始终把维护稳定作为压倒一切的政治任务、重于泰山的政治责任，坚持警钟长鸣、警惕常在，推进发声亮剑活动常态化。坚定坚决贯彻落实自治区党委关于疫情防控的各项决策部署，成立自治区工商联疫情防控工作领导小组，加强单位内部防控和对直属商会的防控指导，机关干部职工及家属没有发生一起疫情。主要领导带领全体党组成员及10余名干部在疫情封闭期间坚守工作岗位，确保了机关工作的正常运转。同时，按照自治区党委安排，主要领导陪同省级领导赴乌鲁木齐市社区进行核酸检测和社区管理服务工作，一名副主席两次赴哈密参加防疫督导。

扎实有效推进“访惠聚”驻村和“民族团结一家亲”活动。以选优配强驻村工作力量为支点，深入开展“访惠聚”驻村和“民族团结一家亲”工作。建立驻村帮扶工作责任体系，引导工作队树立在地方党委政府领导下开展工作的理念，聚焦“1+2+5”工作任务，开展社会稳定类工作四类37项、脱贫攻坚成果巩固类工作三类14项、群众工作五类8项、基层组织建设工作三类7项，覆盖群众3万余人次。实施各类为民服务项目39个，累计协调资金3120万元，大力实施基础设施建设，积极开展庭院整治、安居房修缮、村级阵地建设等，有效改善了村民生产生活条件。机关干部职工完成四轮7批次结亲住户活动，171人次参加，解决困难问题127个，捐款捐物达7万余元。

五、苦练内功，为推动民营经济高质量发展贡献力量

参政议政是工商联一项重要职能，调查研究建言献策是工商联工作的基本方式，今年以来自治区工商联通过“苦练内功”，努力提高自身能力，更好地发挥工商联在服务民营经济高质量发展方面的助手作用。

一是通过调查研究，主动向党委政府及有关部门建言献策。组织开展自治区民营企业融资情况、参与“两新一重”投资情况、应对疫情冲击帮助复工复产、民营经济人士思想状况等调研，协助配合自治区人大、政协等部门开展相关调研。形成调研报告（工作专报）16份，其中《关于贯彻落实自治区新冠肺炎疫情防控工作指挥部视频会议精神情况的报告》（安排部署开展 “落实政策纾困惠企”专项走访活动）得到自治区党委书记陈全国同志批阅，另有8份报告受到自治区领导批示；有关推动民营经济高质量发展的意见建议被自治区党委九届十一次全会吸纳；报送各类工作信息19篇，其中1篇得到全国政协副主席、全国工商联主席高云龙同志的批示。

二是积极履行参政议政职能。向自治区政协提交提案3份，办理1件主办提案、回复4件会办提案，积极提交大会发言材料、月度协商会发言材料和提案选题。组织自治区重点民营企业，积极参与国家“十四五”规划纲要征求意见和自治区“十四五”规划编制意见建议征求座谈会，积极为推动民营经济高质量发展出谋划策、建言献策。

三是主动加强与政府职能部门的联系，借势借力借智打造服务民营经济健康发展工作合力。全年办理自治区发展改革委等政府职能部门的征求意见稿60余件。

赴市场监督管理局、税务局等部门，查阅了解民营企业有关数据，分区域、行业、注册资本、营业收入等内容建立了民营企业及民营经济代表人士数据库，收集各类信息8万余条。

四是以商会改革发展和县级工商联建设为重点，加强工商联组织建设。制定《自治区工商联2020—2022年“五好”县级工商联建设工作实施方案》，与民政厅联合印发《关于加强乡镇、街道商会登记管理工作的通知》，坚持摸清底数，督导各地工商联及直属商会积极完善“网上会员组织系统”数据填报工作。进一步规范商会的年检工作，推荐20家商会申报全国“四好”商会。

五是以商会党建为抓手，扎实开展非公有制经济领域党建工作。按照自治区党委组织部的安排，牵头承担了自治区非公经济组织党的建设课题研究工作，通过对各地州市工商联、所属商会、企业开展非公经济组织党的建设情况的调研，较全面地掌握了自治区非公经济组织党的建设工作现状和成效，形成了课题研究报告。积极争取党委组织部、直属机关工委的支持，成立自治区工商联直属商会党委，建立机关党员干部联系直属商会党组织制度，完善直属商会党支部及党员信息数据库，积极探索以规范化的党建促规范化的会建，激发商会党组织活力。采取以会带训的形式，分两批对商会党组织书记和党务工作者进行业务培训。积极推广商会组织在阵地建设、党员发展、党建工作与商会工作紧密融合方面的经验做法，授予新疆生态园林商会、新疆鞋业商会等6家商会党组织为“直属商会党建工作示范单位”。通过经常性的联系调研和与民营经济人士谈心交心，进一步了解直属商会及会员企业意识形态领域情况和民营经济人士思想状况。在各地州市和自治区工商联执委以上企业建立了宣传员队伍，为进一步做好宣传工作、守牢民营经济领域意识形态阵地奠定了基础。

六、不断加强机关自身建设

我们始终坚持贯彻落实作风建设的各项要求，坚持正风肃纪，始终把干部置于党组织的监督和管理中，努力打造风清气正、机制健全、服务高效、作风优良的工商联机关。制定印发《自治区工商联机关干部职工履职尽责不力责任追究办法（试行）》（新联党发〔2020〕6号）、《自治区工商联公务员平时考核办法（试行）》（新联党发〔2020〕38号），建立严管和厚爱相结合的机关工作机制，积极营造想干事、能干事、干成事的良好氛围。认真履行党组落实党风廉政建设主体责任，推动党风廉政主体责任和监督责任得到落实。运用监督执纪“第一种形态”处理干部11人，其中提醒谈话1人、批评教育3人、责令检查6人、诫勉谈话1人，干部职工精气神较往年有了较大提升。不断加强干部队伍建设，提拔处级干部1人，职级晋升6人，调入干部1人，轮岗交流3人，接收第十批中央单位援疆干部人才1人，干部队伍结构不断优化。按照自治区党委巡办、自治区纪委监委的要求，以壮士断腕的决心坚决配合驻党委统战部纪检组完成了2012—2015年公务接待公款送礼专项整改工作。召开了领导班子脱贫攻坚专项巡视“回头看”反馈问题整改专题民主生活会。

在全体干部职工的共同努力下，机关获得了2019年度自治区区直单位文明机关、2020年度自治区级精神文明单位和2020年自治区级综合治理先进单位。

新疆生产建设兵团工商业联合会2020年工作综述

2020年，兵团工商联坚持以习近平新时代中国特色社会主义思想为指导，深入学习贯彻党的十九大和十九届二中、三中、四中、五中全会精神及第三次中央新疆工作座谈会精神，认真贯彻落实习近平总书记关于新时代民营经济统战工作的重要指示精神、全国民营经济统战工作会议精神，贯彻落实全国工商联和兵团党委对工商联工作的新要求，紧紧围绕兵团党委中心工作，牢牢把握“两个健康”工作主题，团结带领兵团工商联全体党员干部不断提升服务民营经济人士和民营经济发展的能力和水平。

一、坚持党的领导，全面加强工商联建设

1．加强政治建设。一是坚持不懈巩固拓展“不忘初心、牢记使命”主题教育成果，对主题教育中检视问题的整改情况跟踪检查，抓常抓细抓长，保持作风转变的好势头，带领全体党员干部不断增强“四个意识”、坚定“四个自信”、做到“两个维护”。二是着力抓好“学”的基础。以党组理论学习中心组学习研讨、党支部集体学习、专题辅导讲座、撰写心得、交流发言等多种方式，组织党员干部系统学习党章党规，系统学习习近平总书记系列重要讲话和重要指示精神，读原著、学原文、悟原理，推动学习教育往深里走、往心里走、往实里走。三是深入学习贯彻党的十九届四中、五中全会精神及兵团党委决策部署，结合工商联工作实际，切实把会议精神转化为推动兵团民营经济高质量发展的强大动力。

2．加强思想建设。深入学习贯彻党的十九大和十九届二中、三中、四中、五中全会精神，特别是习近平总书记系列重要讲话精神，贯彻落实第三次中央新疆工作座谈会精神和兵团党委七届七次、八次、九次全会精神，深刻领会、完整准确把握党中央和兵团党委关于兵团深化改革和向南发展的重大决策部署，把“两个维护”作为推动工商联事业不断发展前进的根本政治保证，巩固“不忘初心、牢记使命”主题教育活动成果，团结、教育、引导、服务民营经济人士和民营企业，围绕新疆工作总目标，在兵团经济社会发展中多做贡献。

3．加强组织建设。按照全国工商联的部署要求，在兵团党委统战部领导下，成立工商联改革工作领导小组，起草《关于加强和改进兵团工商联工作的意见》（送审稿），正在履行报批手续。6月10日，经兵团党委同意，兵团工商联召开了五届四次执委会议，听取兵团工商联五届四次执行委员会工作报告，审议通过《兵团工商联五届执行委员会届中人事调整方案》，优化执、常委队伍结构，加强工商联执常委队伍建设。组织撰写的《兵团工商联关于加强会员队伍建设的调研报告》获得全国工商联2020年度组织建设优秀调研成果探索实践奖。2020年，有9家异地商会作为团体会员加入兵团工商联。

4．加强干部队伍建设。严格贯彻执行《党政领导干部选拔任用工作条例》，坚持激励与约束并重、聚焦总目标选拔使用干部。对1名职级干部担任领导职务、4

名干部进行了职级晋升，担任领导职务、晋升职级干部均有驻村工作经历，把好干部标准落到实处。

5．加强作风建设。认真学习贯彻王君正书记在兵团机关作风推进会上的讲话精神，贯彻落实《中共新疆生产建设兵团委员会关于进一步加强和改进兵团机关作风建设的意见》，结合工商联工作实际，列出问题清单，认真查找根源，并提出整改措施加以落实，促进工商联作风建设更上一个台阶。制定《兵团工商联贯彻〈中国共产党重大事项请示报告条例〉实施细则》，严守政治纪律和政治规矩，不断提升全体党员干部的纪律意识。

二、落实疫情防控任务和复工复产调研工作

1．组织做好疫情期间民营企业捐赠工作。新冠疫情发生之后，组织兵团民营企业，开展抗击疫情捐赠行动，共捐款捐物共计4012.11万元，其中2家商会、10家民营企业荣获全国工商联评选的抗击新冠肺炎疫情先进商会组织和先进民营企业称号，体现了兵团民营企业家积极履行社会责任的良好形象。同时，在兵直工委发出抗疫捐款的号召后，工商联机关全体党员积极响应、踊跃缴纳特殊党费4380元。

2．抓好复工复产调研工作。按照兵团党委主要领导要求，4月6—12日，兵团工商联与兵团党委统战部联合组织6个调研组，分赴14个师开展民营企业“双复”工作调研，形成调研报告上报兵团。对调研中发现问题的落实情况开展了“回头看”，督促各级党委、有关部门高度重视民营企业在复工复产中存在的困难和问题，推动解决了一批问题。

三、加强思想引领，持续深化民营经济人士理想信念教育

1．开展民营经济人士理想信念教育。坚持以“诚信守法经营，坚定发展信心”为重点，扎实开展民营经济人士理想信念教育实践活动。配合兵团党委统战部在兵团党委党校举办民营经济人士培训班，首次将兵团商会负责人培训班纳入兵团干部教育班次，邀请专家学者就十九届四中、五中全会精神和第三次中央新疆工作座谈会精神做专题辅导，教育引导民营企业家深入学习习近平新时代中国特色社会主义思想，不断增强“四个意识”，坚定“四个自信”，坚决做到“两个维护”，听党话、跟党走。11月27日、30日工商联召开所属商会、异地商会负责人座谈会，宋光杰同志对党的十九届五中全会和第三次中央新疆工作座谈会精神进行了宣讲、解读，引导兵团民营企业和民营经济代表人士听党话、跟党走，提振民营企业参与兵团经济社会发展、特别是向南发展信念和信心。

2．组织参加各类培训班。按照全国工商联的要求，组织各师市工商联、商会和中小企业参加了全国工商联组织的贯彻全国民营经济统战工作会议精神培训班、全国工商联民营企业法律风险防范和合规管理培训班等培训，共有300多名工商联干部、商会和中小企业负责人参加培训。

3．扎实推进法律服务工作。与司法局联合下发《关于深入开展民营企业“法治体检”活动服务疫情防控和复工复产的实施方案》，开展为期两个月的专项“法治体检”活动，充分发挥兵团律师法律服务职能作用，全力做好援企稳岗的各项法律服务工作。疫情期间主动开展送政策、送法律进民企活动，通过举办座谈会、培训班等形式认真开展普法工作。开展2020年民营企业劳动关系状况调查，推进商会和民营企业积极构建和谐劳动关系。10月23日举办以“法律服务进商会”为主题的主席（会长）日活动，宣讲第三次中央新疆工作座谈会精神，并邀请司法局、检察院的专家学者对“民法典”进行解读。

四、主动作为，服务民营经济高质量发展

1．深入调查研究，及时反映民营经济发展中存在的困难问题。一是协助全国工商联办公厅开展疫情防控对民营企业污染防治的影响调查、民营经济调查点第一季度调查、民营企业参与“两新一重”投资状况调研等活动，如实反映情况，推动问题解决，助力民营经济发展。二是赴兵团进出口商会和辽宁商会调研，反映的问题被《每日要情》登载并得到兵团王君正政委的批示，根据分管领导的指示，对有关问题提出了解决的意见建议，协调推动问题的解决。

2．积极开展经济服务工作。一是开展企业融资需求对接。与兵团金融办建立联系监测民营中小企业融资信息互通机制，积极开展民营企业融资需求调查统计，帮助解决民营企业融资难、融资贵问题。与银行对接企业贷款，已对接企业70多家。向全国工商联上报《兵团民营企业融资情况调研报告》。二是开展民营经济运行监测工作。与兵团发展改革委、工信局等主要部门联系沟通，建立兵团民营经济统计报表制度，监测民营经济季度、年度运行情况。第一师、四师工商联荣获全国工商联民营企业调查点工作基层先进单位。组织撰写《2019年度兵团民营经济发展报告》，为各级党委了解民营经济运行情况，促进民营经济健康发展提供依据。

3．助力招商引资工作。一是组织有关商会、民营企业家分别赴六师、十一师、十二师、十四师实地调研，分别在重点团场和师部召开项目对接会，研究投资项目和投资机会；二是协调江苏省工信厅，将兵团重点招商的21个化工项目发往江苏省有关市和工业园区，帮助兵团5个师化工园区开展招商；三是组织民营企业参加9月18—21日在深圳举办的第八届慈展会，并开展招商引资活动。四是组织26家民营企业参加11月6—10日在上海举办的第三届进口博览会，并组织企业赴长三角地区开展招商引资活动。五是利用全国工商联企业家网络平台，组织动员兵团各直属商（协）会企业开展招商引资活动，工商联直接招商引资4家企业落地十四师。2020年，兵团工商联系统在兵团辖区内共签订招商引资项目149个，签约金额368.12亿元，实物量投入98.94亿元。其中，兵团工商联机关签订招商引资项目5个、签约金额8.96亿元、实物量投入1.43亿元；各师市工商联机关签订招商引资项目89个、签约金额135.42亿元、实物量投入7.63亿元；兵团所属商会签订招商引资项目55个、签约金额223.74亿元、实物量投入89.88亿元。为兵团经济社会发展做出了积极贡献。

4．助力脱贫攻坚。一是组织各师市工商联、商会和民营企业家开展光彩事业消费扶贫活动。组织民营企业参加第八届中国公益慈善项目交流展示会，兵团工商联被评为第八届中国公益慈善项目交流展示会消费扶贫共建伙伴奖。二是由工商联领导带队三次赴225团巴格托格拉克村，开展脱贫攻坚成果督战工作，深入了解脱贫农户家庭收入情况和存在的实际问题，研究探讨助力225团经济社会发展的思路和举措。通过工商联招商引资的新疆修真农业发展有限公司已在225团注册，将带动更多农户就业增收。三是组织撰写《2019年度兵团工商联组织引导民营企业履行社会责任工作报告》，上报全国工商联。四是扎实做好十四师一牧场“访惠聚”工作。围绕一牧场“强牧、稳农、精企、兴游”的发展思路，以标杆连队创建工作为载体，通过强班子、带队伍、抓重点、转作风、促落实，推动驻连工作和连队各项工作取得明显成效。

五、加强班子自身建设，不断提高履职能力

1. 加强理论学习，提高思想政治素质。为不断提高班子成员的综合素质和推进落实各项工作的能力水平，制定《2020年兵团工商联党组理论学习中心组学习计划》，通过坚持集体学习和个人自学相结合的方式，深入学习贯彻习近平新时代中国特色社会主义思想，党的十九大和十九届二中、三中、四中、五中全会精神，第三次中央新疆工作座谈会精神，密切结合工商联工作，把学习成果用于实践，服务民营经济发展。全年共开展党组理论学习中心组学习16次。

2. 落实“一岗双责”，履行好主体责任。一是明确责任。建立完善抓落实的责任体系，层层分解责任，建立完整的责任链条，把主体责任落到人头，形成齐抓共管的工作格局。二是做好表率。主要领导和一班人坚持做好表率，做到管好自己、抓好班子、带好队伍，带头遵守党纪国法和廉洁从政规定，自觉接受组织和群众监督，当好廉政表率；教育管理好亲属和身边工作人员，树立为民务实清廉形象；坚持原则、敢抓敢管，克服好人主义倾向，切实督促班子成员落实“一岗双责”。

3. 坚持民主集中制，发挥班子领导核心作用。落实“三重一大”事项及时报告、会议研究决定制度。严格按照兵团工商联党组工作规则和兵团工商联主席办公会议制度，实行集体决策，对事关工商联发展、班子建设等重大问题，严格遵守组织程序，广泛征求干部意见，反复酝酿，做到科学民主决策。同时强化班子建设，努力提高班子谋划全局、科学决策、推动工作的能力。积极争取相关部门的支持，助推工商联各项工作的开展。全年共召开18次党组会、8次主席办公会。

4. 贯彻执行党内法规，提高依法办事能力和治理能力。将学习党内法规作为重大政治任务纳入党组理论学习中心组学习和党员理论学习重要内容。结合实际制定出台新的制度，抓好制度落实，使制度真正生根生效，发挥治理效能。